Die Pflichten des Herzens

Rabbi
Bachja ibn Pakuda
Rabbeinu Bachya

Chovot HaLevavot
Duties of the Hearts

Übersetzen

Saphir Schalom Toledano

SimchatChaim.com

There is no known book without mistakes. Therefore, I ask in every language of application if anyone has any questions, comments, clarifications, corrections, please send to: book@simchatchaim.com

All material used in this section may not be used for commercial purposes, but only for study and teaching.
To get this book or books and information Email me at:

book@simchatchaim.com

Copyright©All Rights Reserved to
www.simchatchaim.com

647-818-6747

Übersetzen©Saphir Schalom Toledano

First Edition 2023

Die Pflichten des Herzens

Chovot HaLevavot

Rabbeinu Bachya

Rabbi Bachja ibn Pakuda

Der Inhalt des Buches

Seite	Inhalt
2.	Rabbeinu Bachya
5.	Einleitung des Autors
30.	Kapitel Eins - Erste Abhandlung über die Einheit
73.	Kapitel Zwei - Zweite Abhandlung über die Prüfung
104.	Kapitel Drei - Dritte Abhandlung über den Dienst an G-tt
157.	Kapitel Vier - Vierte Abhandlung über Vertrauen
215.	Kapitel Fünf - Fünfte Abhandlung über die Frömmigkeit
247.	Kapitel Sechs - Sechste Abhandlung über die Unterwerfung
272.	Kapitel Sieben - Siebte Abhandlung über die Buße
299.	Kapitel Acht - Achte Abhandlung über die Erforschung der Seele
351.	Neunte Abhandlung über Enthaltsamkeit
378.	Kapitel Zehn - Zehnte Abhandlung über die Hingabe zu G-tt
401.	Nachtrag

Die Pflichten des Herzens — Rabbeinu Bachya

Rabbeinu Bachya

Rabbi Bachja ibn Pakuda

Rabbi Bachja ben Josef ibn Pakuda (Hebräisch: בחיי אבן פקודה, Arabisch: بهية بن فاقودا) war ein jüdischer Moralphilosoph und Dichter aus Saragossa, Spanien, den man auf die zweite Hälfte des 11. Jahrhunderts datiert, Er war ebenfalls als Rabbeinu Behaye bekannt. Er schrieb die erste systematische Darstellung der jüdischen Ethik, welches zu einer der wichtigsten Werke der jüdischen Philosophie wurde: Das „Lehrbuch der Herzenspflichten".

Nicht viel ist über Bachjas Leben bekannt. Es ist in Erfahrung gebracht worden, dass er im Muslimischen Spanien, wahrscheinlich Saragossa, lebte. Vermutlich arbeitete er als Richter (dayan) in einem Rabbinatsgericht in Saragossa.

Bachjas Hauptwerk: „Lehrbuch der Herzenspflichten" (Originaltitel auf Arabisch: كتاب الهداية إلى فرائض القلوب, Hebräisch: חובות הלבבות, Englisch: Duties of the Heart) wurde um 1080 auf Arabisch verfasst und 1161 von Jehuda ibn Tibbon ins Hebräische übersetzt. Die hebräische Version wurde schnell bekannt und beeinflusste die jüdische pietistische Literatur bedeutend. So entwickelte es sich zu einem jüdischen Volksbuch. Die Herzenspflichten wurden später auch ins Spanische, Portugiesische, Italienische und Jiddische übersetzt. In den letzten Jahren wurden die Herzenspflichten ebenfalls ins Englische (Duties of the Heart, übersetzt von Moses Hyamson, 1962), Deutsche (Choboth ha-L'baboth. Lehrbuch der Herzenspflichten, übersetzt von M. E. Stern, 1856) und Französische (Introduction aux devoirs des coeurs, übersetzt von André Chouraqui, 1950) übersetzt.

Die Pflichten des Herzens   Rabbeinu Bachya

Bachja wurde stark von der muslimischen Mystik und dem arabischen Platonismus, besonders durch Saadja Gaon (882–942), inspiriert. Er übernahm die Struktur seines Werkes von seinen zeitgenössischen muslimischen Denkern, sowie Definitionen, Aphorismen und Beispiele, mit welchen er seine Glaubenssätze illustrierte. Seine direkten Quellen sind schwer zu finden. Die Annahme, dass er stark von Abū Hāmid Muhammad ibn Muhammad Al-Ghazali (833–931) beeinflusst wurde ist ebenfalls wenig fundiert. Auch wenn die Herzenspflichten wichtige Grundstrukturen von muslimischen Denkern übernahm und sein Wissen weniger auf jüdische Quellen basiert, wird Bachjas Werk als einer der wichtigsten und wegweisendsten jüdischen Büchern anerkannt.

In Übereinstimmung mit den platonischen Lehren, die auch seine Arbeit beeinflussten, behauptet er, dass die Seele eines Menschen, auch wenn sie himmlischer Herkunft ist, in seinem Körper wohnt. Die menschliche Seele erhält Hilfe vom Intellekt, da diese ohne Hilfe seine Herkunft und Aufgabe vergisst. Um diesen Punkt zu veranschaulichen, greift Bachja auf die Mu'tazilite Theologie zurück (siehe: Kalām). Hier werden die Pflichten des Körpers in rationale und traditionelle Gebote unterteilt, während die Pflichten des Herzens rein im Intellekt verwurzelt sind.

Vor allem andalusisch-jüdische Denker popularisierten asketische Lebensentwürfe, welche sie den sufistischen Vorstellungen ihrer muslimischen Zeitgenossen entlehnten.

Eine Höhle in Galiläa im Heiligen Land

Die Pflichten des Herzens

Bachja ibn Pakuda

Die Pflichten des Herzens

Chovot HaLevavot

Einleitung

Einleitung des Autors

Gesegnet sei der Ewige, G-tt Israels, dem die wahre Einheit zugeschrieben werden kann, dessen Existenz ewig ist, dessen Wohltaten unaufhörlich sind, der alles, was es gibt, als Zeichen seiner Einheit erschaffen hat, der Wesen geformt hat, um als Zeugen seiner Macht zu dienen, und der neue Dinge ins Leben gerufen hat, um seine Weisheit und sein großes Wohlwollen zu bezeugen, wie geschrieben steht: "Ein Geschlecht wird dem andern deine Werke preisen und deine großen Taten verkünden" [Ps. 145,4]. Und - "alle deine Werke werden dir danken, o Ewiger, und deine Heiligen werden dich preisen; sie werden von der Herrlichkeit deines Reiches reden und von deiner Macht erzählen, um den Menschenkindern seine großen Taten kundzutun" [Ps. 145 :10-12].

Das größte Geschenk, das der Schöpfer seinen Dienern, den Menschen, gemacht hat, nachdem er sie zur vollen Erkenntnis und zum vollständigen [reifen] Verstehen gebracht hat, ist die Weisheit, die das Leben ihres Geistes und die Leuchte ihres Verstandes ist; sie bringt sie in die Gunst G-ttes und bewahrt sie vor seinem Zorn in dieser und in der nächsten Welt, wie die Schrift sagt, "denn der Ewige gibt Weisheit; aus seinem Munde kommt Erkenntnis und Verstand" [Sprüche 2,6]; und Elihu sagte: "Es ist aber ein Geist im Menschen, und der Odem des Allmächtigen, der ihnen Verstand gibt" [Hiob 32,8]; und Daniel sagte: "Er gibt den Weisen Weisheit und denen, die Verstand haben, Erkenntnis" [Daniel 2,21], und "Ich bin der Ewige, dein G-tt, der dich zu deinem Nutzen lehrt, der dich auf dem Weg führt, den du gehen sollst" [Jesaja 48,17].

Die Weisheit lässt sich in drei Bereiche unterteilen:
Die erste Kategorie ist die Wissenschaft von der Natur, auf Arabisch "Al-Ilm al-tibi" genannt. Dieser Wissenszweig befasst sich mit den wesentlichen und zufälligen Eigenschaften der materiellen Körper.

Die Pflichten des Herzens Einleitung Rabbeinu Bachya

Die zweite Kategorie besteht aus den praktischen Wissenschaften, auf Arabisch "Al-Ilm al-riazi" genannt. Dazu gehören Arithmetik, Technik, Astronomie und Musik.

Die dritte Kategorie, auf Arabisch "Al-Ilm al-ilahi" genannt, ist die Wissenschaft der Theologie, die sich mit dem Wissen über G-tt, dem Wissen über Seine Tora und anderen [geistigen] Dingen, wie der Seele, dem Intellekt und den geistigen Wesen, beschäftigt.

Alle diese Kategorien der Weisheit und ihre jeweiligen Zweige sind Tore, die der Schöpfer für die Menschen geöffnet hat, durch die sie [ein Verständnis] der Religion und der Welt erlangen können. Nur dass einige Wissenschaften mehr für religiöse Angelegenheiten gebraucht werden, während andere mehr für weltliche Interessen gebraucht werden.

Die Wissenschaften, deren Nutzen den weltlichen Angelegenheiten am nächsten steht, sind die Naturwissenschaft, die die niedrigste Wissenschaft ist, und die praktische Wissenschaft, die die zweite ist. Diese beiden Wissenschaften unterrichten über alle Geheimnisse der physischen Welt, ihren Nutzen und ihre Vorteile, ihre Industrien und Berufe und tragen zum physischen und materiellen Wohlstand bei.

Die Wissenschaft, die für die Religion am meisten gebraucht wird, ist die höchste Wissenschaft - die Theologie. Es ist unsere Pflicht sie zu studieren, um unsere Religion zu verstehen und aufrechtzuerhalten. Aber es ist verboten, sie zu studieren, um weltliche Vorteile zu erlangen. Unsere Lehrer sagten [Nedarim 62a]: 'Du sollst den Ewigen, deinen G-tt, lieben, auf Seine Stimme hören und Ihm anhangen' [Das bedeutet], dass man nicht sagen soll: 'Ich werde die Schrift lesen, damit ich ein Gelehrter genannt werden kann.' Ich werde [Mischna] studieren, damit ich Rabbi genannt werden kann, ich werde [Talmud] studieren, um ein Weiser zu sein und in der Versammlung [der Weisen] zu sitzen; aber lerne aus Liebe, und die Ehre wird am Ende kommen.". Und: " Tut [gute] Taten um ihres Schöpfers willen, und sprecht von ihnen [Worten der Tora] um ihrer selbst willen. Mache sie nicht zu einer Krone, mit der du dich schmückst, noch zu einem Spaten, mit dem du gräbst" [ebd.]. Und "'Glücklich ist der Mann, der den Ewigen fürchtet, der sich an seinen Geboten erfreut' [Ps. 112:1], erklärt R. Eleazar so: 'In seinen Geboten', aber nicht in der Belohnung seiner Gebote. Dies ist genau das, was wir gelernt haben. Er pflegte zu sagen: 'Seid nicht wie die Knechte, die dem Fürsten unter der Bedingung dienen, dass sie einen Lohn erhalten; sondern seid wie die Knechte, die dem Fürsten ohne die Bedingung dienen, dass sie einen Lohn erhalten.'" [Avodah Zara 19a].

Die Pflichten des Herzens   <small>Einleitung</small>   Rabbeinu Bachya

Die Pfade, die der Schöpfer für das Wissen über:

Seiner Gesetze und seiner Religion geschaffen hat, sind drei:

<u>Der erste</u> ist ein [gesunder] Intellekt, der frei von jeglichen Schaden ist.

<u>Der zweite</u>, das Buch Seines Gesetzes, das Seinem Propheten Moses offenbart wurde.

<u>Der dritte</u>, die Überlieferung, die wir von unseren alten Weisen erhalten haben, die sie ihrerseits von den Propheten, Friede sei mit ihnen, erhalten haben. Der große Rabbi Saadia seligen Angedenkens hat diesen Weg bereits hinreichend erörtert.

Darüber hinaus lässt sich die Wissenschaft der Tora in zwei Bereiche unterteilen.

<u>Der erste</u> zielt auf die Lehre von den Pflichten der Gliedmaßen [praktische Pflichten] ab und ist die Wissenschaft von den äußeren Verhaltensweisen.

<u>Der zweite</u> befasst sich mit den Pflichten des Herzens, nämlich mit seinen Gefühlen und Gedanken, und ist die Wissenschaft des inneren Lebens.

Die Pflichten der Gliedmaßen lassen sich ebenfalls in zwei Bereiche einteilen.

Die erste besteht aus Geboten, die die Vernunft diktiert hätte, auch wenn die Thora sie nicht verpflichtend gemacht hätte.

Die zweite besteht aus Geboten, die durch die Offenbarung empfangen wurden und die die Vernunft weder vorschreibt noch ablehnt, wie das Verbot, Milch mit Fleisch zu trinken, Schatnez [Kleidungsstücke aus Wolle und Flachs], Kelaim [verschiedene Samen zusammen säen] und ähnliche Gebote, deren Grund für das Verbot oder die Verpflichtung uns unbekannt ist.

Die Pflichten des Herzens sind jedoch alle in rationalen Prinzipien verwurzelt, wie ich mit G-ttes Hilfe erklären werde.

Alle Gebote sind entweder positive Gebote oder negative Gebote. Für die Pflichten der Gliedmaßen brauchen wir das nicht zu erklären, weil sie allgemein bekannt sind. Ich werde jedoch, mit G-ttes Hilfe, die positiven und negativen Gebote der Pflichten des Herzens erwähnen, um Beispiele für diejenigen zu bringen, die nicht zitiert werden.

Zu den positiven Geboten der Pflichten des Herzens gehören: zu glauben, dass die Welt einen Schöpfer hat, der sie aus dem Nichts erschaffen hat, dass es keinen gibt, der Ihm gleicht, dass wir Seine Einheit anerkennen, dass wir Ihm in unserem Herzen dienen, dass wir über die Wunder Seiner Werke nachdenken, damit diese als Beweise für Ihn dienen, dass wir Ihm vertrauen, dass wir uns vor Ihm demütigen, dass wir Ihn verehren, dass wir uns fürchten und uns schämen, wenn wir bedenken, dass Er unser äußeres und inneres Wesen beobachtet, dass wir uns danach sehnen,

Die Pflichten des Herzens   Einleitung   Rabbeinu Bachya

Seinen Willen zu tun, dass wir unsere Handlungen Seinem Namen widmen, dass wir Ihn und die, die Ihn lieben, lieben, um Ihm nahe zu kommen, dass wir Seine Feinde hassen und ähnliche Pflichten, die mit den Sinneswahrnehmungen nicht zu erkennen sind.

Die negativen Gebote der Pflichten des Herzens sind das Gegenteil der eben genannten. Dazu gehört auch, nicht zu begehren, zu rächen und nicht zu grollen, wie geschrieben steht: "Du sollst nicht rächen und nicht grollen" [Levit 19,18].

Darunter, dass unser Geist nicht über Frevel nachdenkt, nicht begehrt und nicht beschließt, sie zu tun, und andere ähnliche Dinge, die im Menschen verborgen sind und von niemandem außer dem Schöpfer beobachtet werden, wie geschrieben steht: "Ich, der Ewige, erforsche das Herz, ich prüfe den Verstand" [Jer. 17:10] und "Eine Leuchte G-ttes ist der Geist des Menschen, der alle inneren Tiefen des Herzens erforscht" [Spr. 20:27].

Da sich die Wissenschaft der Tora mit zwei Teilen befasst, den äußeren und den inneren Geboten, studierte ich die Bücher unserer Vorgänger, die nach den [Verfassern des] Talmuds lebten. Sie verfassten viele Werke, die sich mit den Geboten befassen. In der Erwartung, von ihnen die Wissenschaft der inneren Religion zu lernen, stellte ich jedoch fest, dass alles, was sie zu erklären und zu erläutern beabsichtigten, in drei Kategorien fällt:

<u>Die erste</u>, die Tora und die Bücher der Propheten zu erklären, und zwar auf eine von zwei Arten: entweder die Worte und den Inhalt zu erklären, wie es Rabeinu Saadya, seligen Andenkens, in seinen Kommentaren zu den meisten Büchern der Heiligen Schrift tat. Oder man erklärt die Sprache und Grammatik, die grammatikalischen Formen und Gebräuche in all ihren Varianten und achtet auf die Genauigkeit des Textes, wie die Bücher von Ibn Ganach, den Massoriten und ihrer Schule.

<u>Die zweite</u>, die Erklärung der Gebote in zusammengefasster Form zusammenzustellen, wie das Werk von Rav Chefetz ben Yatzliach seligen Andenkens. Oder nur die Gebote, die heute gelten, wie Halachot Pesukot, Halachot Gedolot und ähnliche Sammlungen; oder spezielle Themen, wie es die Geonim in ihren Responsa über praktische Pflichten und in ihren Entscheidungen taten.

<u>Die dritte</u>, unseren Glauben an die Dinge der Tora in unseren Herzen durch logische Beweise und die Widerlegung von Ketzern wie das Buch Emunot [von Rabbi Saadia], die Sharashei Hadat, das Sefer Mekametz und ähnliche Werke zu bestätigen.

Ich untersuchte diese Schriften, konnte aber unter ihnen kein Buch finden, das sich speziell mit der inneren Weisheit befasst. Ich stellte fest,

Die Pflichten des Herzens   Einleitung   Rabbeinu Bachya

dass diese Weisheit, die aus den Pflichten des Herzens besteht, völlig vernachlässigt worden war. Es gab kein Werk, in dem ihre Wurzeln und Verzweigungen systematisch erklärt worden waren.
Ich wunderte mich sehr darüber und dachte mir, vielleicht ist diese Art von Pflichten nicht von der Tora vorgeschrieben, sondern nur eine ethische Verpflichtung, deren Ziel es ist, uns den richtigen und gerechten Weg zu lehren. Möglicherweise gehört sie zu den zusätzlichen Praktiken, die freiwillig sind und für die wir weder zur Rechenschaft gezogen noch für ihre Vernachlässigung bestraft werden. Deshalb haben unsere Vorgänger es unterlassen, ein spezielles Buch über sie zu schreiben. Ich untersuchte die Pflichten des Herzens anhand der Vernunft, der Schrift und der Tradition [Talmud, Midrasch usw.], um herauszufinden, ob sie verpflichtend sind oder nicht, und stellte fest, dass sie die Grundlage aller Gebote bilden und dass, wenn ihre Einhaltung mangelhaft ist, keine der äußeren Pflichten richtig erfüllt werden kann.
Zunächst die Argumente der Vernunft. Es ist bereits bekannt, dass der Mensch aus Körper und Seele besteht. Beide gehören zu den Vorzügen, die G-tt uns geschenkt hat. Eines dieser Elemente unseres Wesens ist sichtbar und das andere unsichtbar. Deshalb sind wir verpflichtet, dem Schöpfer einen sichtbaren und einen unsichtbaren Dienst zu erweisen. Der äußere Dienst ist die Einhaltung der Pflichten der Körperglieder wie Beten, Fasten, Almosen geben, die Tora lernen und lehren, eine Sukka machen, einen Weidenzweig schwenken [am Fest Sukkot], Tzitzit, Mezuza, Maake und ähnliche Gebote, deren Erfüllung durch die körperlichen Glieder vollzogen wird.
Der innere Dienst besteht jedoch in der Erfüllung der Pflichten des Herzens, wie zum Beispiel: die Einheit G-ttes in unseren Herzen anzuerkennen, an Ihn und Seine Tora zu glauben, Seinen Dienst zu verrichten, Ihn zu verehren und uns vor Ihm zu demütigen, Ihn zu lieben, Ihm zu vertrauen und Ihm unser Leben zu übergeben, uns von dem zu enthalten, was Er hasst, unsere Handlungen Seinem Namen zu widmen, über die Wohltaten nachzudenken, die Er schenkt, und ähnliche Dinge, die von den Gedanken und Gefühlen des Herzens ausgeführt werden, aber nicht mit der Aktivität der sichtbaren Glieder des Körpers verbunden sind.
Ich bin sicher, dass [auch] die Pflichten der Glieder nicht richtig erfüllt werden können, wenn sie nicht vom Willen des Herzens, vom Verlangen der Seele, sie zu tun, und vom Wunsch des Herzens, sie zu erfüllen, begleitet sind. Wenn es uns in den Sinn käme, dass wir nicht verpflichtet sind, den Dienst G-ttes zu wählen und uns danach zu sehnen, dann wären wir von den Pflichten der Glieder befreit, denn keine Handlung kann

Die Pflichten des Herzens   Einleitung   Rabbeinu Bachya

ohne die Zustimmung der Seele vollständig sein. Und da es klar ist, dass der Schöpfer uns verpflichtet hat, die Pflichten der Glieder zu erfüllen, wäre es für uns nicht vernünftig, anzunehmen, dass unsere Seele und unser Herz, die auserlesensten Teile unseres Wesens, davon befreit sein sollten, Ihm nach dem Ausmaß ihrer Fähigkeiten zu dienen, weil ihre Mitarbeit für den vollständigen Dienst G-ttes erforderlich ist. Daher ist es klar, dass wir verpflichtet sind, äußere und innere Pflichten zu erfüllen, damit unser Dienst für den gesegneten Schöpfer ganz und vollständig ist und sowohl unser inneres als auch unser äußeres Wesen einschließt. Nachdem mir ihre Verpflichtung aus den Gründen der Vernunft klar geworden ist, sagte ich zu mir selbst: "Vielleicht steht diese Angelegenheit nicht in der Tora geschrieben, deshalb haben sie es unterlassen, ein Buch zu schreiben, das darüber unterrichtet und es demonstriert."

Aber als ich in der Tora nachgeschaut habe, habe ich festgestellt, dass es häufig erwähnt wird. Zum Beispiel [Deut. 6:5-6]: "Du sollst den Ewigen, deinen G-tt, lieben von ganzem Herzen, von ganzer Seele und von ganzer Kraft; und diese Worte, die ich dir heute gebiete, sollen auf deinem Herzen sein", und "daß ihr den Ewigen, euren G-tt, liebet und seiner Stimme gehorchet und ihm anhanget" [Deut. 30:20], und "den Ewigen, deinen G-tt, zu lieben und ihm zu dienen von ganzem Herzen und von ganzer Seele" [Dtn 11:13], und "Du sollst den Ewigen, deinem G-tt, nachfolgen und ihn fürchten" [Dtn 13:5], und "du sollst deinen Nächsten lieben wie dich selbst" [Levit.19 :18], und "Nun, Israel, was verlangt der Ewige, dein G-tt, von dir, als dass du den Ewigen, deinen G-tt, fürchtest" [Dtn 10:12], und "Darum sollst du den Fremden lieben, denn du warst ein Fremder im Land Ägypten" [Dtn 10:19]. Und die Ehrfurcht vor G-tt und die Liebe zu Ihm gehören zu den Pflichten des Herzens.

Zu den negativen Geboten [der Pflichten des Herzens] schreibt die Tora: "Du sollst nicht begehren usw." [5. Mose 5,18], "Du sollst nicht rächen und keinen Groll hegen" [Levit. 19,18], "Du sollst deinen Nächsten nicht hassen in deinem Herzen" [Levit. 19:17], "und damit du nicht nach deinem eigenen Herzen und deinen eigenen Augen trachtest" [Numeri 15:39], "du sollst dein Herz nicht verhärten und deine Hand nicht vor deinem armen Nächsten verschließen" [Dtn 15:7] und viele andere ähnliche Stellen.

Später reduzierte die Tora den gesamten [religiösen] Dienst auf den Dienst des Herzens und der Zunge, indem sie sagte: "Denn dieses Gebot, das ich dir heute gebiete, ist nicht vor dir verborgen, und es ist auch nicht fern; es ist nicht im Himmel..., sondern es ist ganz nahe bei dir, in deinem Mund und in deinem Herzen, damit du es tust" [Dtn 30,11]. Auch in den

Die Pflichten des Herzens   Einleitung   Rabbeinu Bachya

anderen Büchern der Propheten haben sie sich ausführlich zu diesem Thema geäußert und es an mehreren Stellen erwähnt. Ich brauche sie nicht zu erwähnen, denn sie sind zahlreich und bekannt.

Nachdem mir klar geworden war, dass die Pflichten des Herzens aus der Tora und aus der Vernunft heraus verpflichtend sind, suchte ich in den Schriften unserer Weisen nach diesem Thema. Ich fand, dass sie in ihren Worten noch deutlicher sind als das, was in der Tora erklärt und aus der Vernunft abgeleitet wird. Einige von ihnen sind als allgemeine Prinzipien formuliert, wie z.B. "G-tt will das Herz" [Sanhedrin 106b] und "das Herz und die Augen sind die beiden Agenten der Sünde" [Yerushalmi Berachos 1:5]. Einige von ihnen im Traktat Avos, auf die nicht näher eingegangen werden muss. Ich habe auch viele in ihren Eigenschaften und Gewohnheiten gefunden, als sie danach gefragt wurden, wie geschrieben steht: "Worauf führst du dein langes Leben zurück?" [Megila 27b].

Ich habe in der Tora gefunden, dass jemand, der jemanden unabsichtlich tötet, nicht mit der Todesstrafe bestraft wird. Ebenso muss jemand, der unabsichtlich eine Sünde begeht, die, wenn sie absichtlich begangen worden wäre, entweder die Todesstrafe oder die Strafe der Karet [bezieht sich auf eine Person, die aus der Nation Israel ausgeschlossen wurde] nach sich ziehen würde, nur ein Sündopfer oder ein Schamopfer für sie bringen. All dies ist ein klarer Beweis dafür, dass die wesentliche Bedingung für die Verhängung der Strafe die Verbindung von Geist und Körper bei einer verbotenen Handlung ist, der Geist durch seine Absicht und der Körper durch seine Bewegung.

So sagten auch unsere Weisen: "Wer eine religiöse Pflicht verrichtet, aber nicht die Absicht hatte, sie um G-ttes willen zu tun, der wird dafür keine Belohnung erhalten."

Und da das Scharnier und die Säule aller Taten auf dem Fundament der Absicht und des verborgenen Gefühls des Herzens ruht, sollte ein System der Pflichten des Herzens von Natur aus einem System der Pflichten der Gliedmaßen vorausgehen.

Nachdem mir durch die Vernunft, die Schrift und die Tradition klar geworden war, dass die innere Wissenschaft in der Tat eine Pflicht ist, sagte ich zu mir: "Vielleicht ist diese Klasse von Geboten nicht zu allen Zeiten und an allen Orten verpflichtend, ähnlich wie Schmita, Jowel [Jubeljahr] und [Tempel-]Opfer".

Aber als ich mich tiefer in das Thema vertiefte, fand ich heraus, dass wir in ihnen ständig, ohne Unterbrechung, unser ganzes Leben lang verpflichtet sind und dass wir keinerlei Anspruch [Entschuldigung] haben, sie zu vernachlässigen. Das gilt zum Beispiel für solche Pflichten

Die Pflichten des Herzens   Einleitung   Rabbeinu Bachya

wie die, die Einheit G-ttes in unserem Herzen anzuerkennen, Ihm innerlich zu dienen, Ihn zu verehren und zu lieben, sich danach zu sehnen, die uns auferlegten Gebote zu erfüllen, wie die Schrift sagt: "O meine Hoffnung ist, dass meine Wege darauf gerichtet sind, Deine Satzungen zu beobachten" [Ps. 119:5]; auf Ihn zu vertrauen und uns Ihm hinzugeben, wie geschrieben steht: "vertraue auf Ihn allezeit, schütte dein Herz vor Ihm aus" [Ps. 62:9]; Hass und Eifersucht aus unserem Herzen zu entfernen, uns von den überflüssigen weltlichen Dingen zu trennen, die uns vom Dienst G-ttes ablenken - in all diesen Dingen sind wir ständig in der Pflicht, zu jeder Zeit und an jedem Ort, jede Stunde, jede Sekunde und unter allen Umständen, solange wir Leben und Verstand haben.

Die Analogie dazu ist die eines Sklaven, dessen Meister ihn mit zwei Aufgaben betraut. Die eine im Haus und die andere auf dem Feld. Die letztere bestand darin, den Boden zu bewirtschaften und ihn zu bestimmten Zeiten zu pflegen. Wenn diese Zeiten vorbei sind oder wenn er aufgrund einer Verhinderung nicht in der Lage ist, dort zu arbeiten, wird er von seiner Verantwortung für die Arbeit auf dem Feld entbunden. Aber er ist niemals von der Arbeit befreit, die er im Haus zu tun hat, vorausgesetzt, es gibt kein Hindernis oder eine andere Sache, um die er sich kümmern muss. Daher wird er ständig beauftragt, im Haus zu arbeiten, wenn er dazu frei ist.

So verhält es sich auch mit den Pflichten des Herzens, die für uns immer verbindlich sind. Wir haben keine Entschuldigung für ihre Vernachlässigung, und es gibt nichts, was uns an ihrer Erfüllung hindert, außer der Liebe zu dieser Welt und dem Mangel an Verständnis für unseren Schöpfer, wie geschrieben steht: "Sie denken nicht an das Werk G-ttes" [Jesaja 5,12].

Ich sagte mir: "Vielleicht gibt es in dieser Gebotsklasse nicht viele Gebote. Deshalb haben sie sie aufgegeben und kein eigenes Buch über sie verfasst".

Aber als ich ihre Anzahl und ihre Ableitungen untersuchte, stellte ich fest, dass ihre Ableitungen äußerst zahlreich sind, bis ich dachte, dass das, was David, Friede sei mit ihm, sagte: "Ich habe eine Grenze für alle Vollkommenheit gesehen, aber Dein Gebot ist überaus weit" [Ps. 119:96], sich auf die Pflichten des Herzens bezog. Denn die Pflichten der Gliedmaßen sind eine bekannte Zahl, nämlich 613. Aber die Pflichten des Herzens sind außerordentlich zahlreich, bis hin zu den unzähligen Verzweigungen, von denen sie sich ableiten.

Ich sagte weiter: "Vielleicht sind sie so klar und jedem vertraut, und jeder Mensch hält sich an sie, dass ein Buch über dieses Thema unnötig ist".

Die Pflichten des Herzens   Einleitung   **Rabbeinu Bachya**

Als ich jedoch das Verhalten der Menschen durch die Zeitalter hindurch untersuchte, wie es in den Büchern aufgezeichnet ist, fand ich, dass sie von dieser Klasse von Geboten weit entfernt sind, mit Ausnahme einiger eifriger Individuen, besonderer Auserwählter von ihnen, nach dem, was über sie berichtet wird. Was aber die übrigen betrifft, wie sehr bedurften sie der Ermahnung und Belehrung! Dies gilt umso mehr für die meisten Menschen unserer Generation, die selbst die Gebote der Gliedmaßen vernachlässigen, ganz zu schweigen von den Geboten des Herzens.

Und wenn einer von ihnen sich dem Studium der Tora widmet, dann aus dem Motiv heraus, von den Massen als "weise" bezeichnet zu werden und sich einen Namen unter den Großen zu machen. Und so weicht er vom Weg der Tora ab und wendet sich Dingen zu, die ihm weder beim geistigen Aufstieg helfen noch ihn vor geistigem Straucheln bewahren. Und er studiert unnötige Dinge, für deren Unwissenheit er nicht bestraft werden würde, während er es unterlässt, die Wurzeln der Religion und die Grundlagen der Tora zu erforschen, die er weder ignorieren noch vernachlässigen sollte und ohne deren Kenntnis und Ausübung kein Gebot richtig erfüllt werden kann. Was zum Beispiel die Anerkennung der Einheit G-ttes betrifft, so stellt sich die Frage, ob wir verpflichtet sind, dies im Lichte der Vernunft zu untersuchen, oder ob es ausreicht, wenn wir es allein aus der Tradition heraus annehmen, d.h., dass wir wie der Einfaltspinsel und der Narr erklären, dass "G-tt einer ist", ohne Argument oder Beweis. Oder ob wir verpflichtet sind, durch rationale Untersuchung den Unterschied zwischen wahrer Einheit und relativer Einheit zu erforschen, um [die Einheit G-ttes] von anderen existierenden Einheiten, die wir "eins" nennen, zu unterscheiden.

Unsere Religion erlaubt es dem Gläubigen nicht, in Unkenntnis darüber zu bleiben, denn die Tora ermahnt uns dazu, indem sie sagt: "Darum wisse heute und bedenke in deinem Herzen, dass der Ewige G-tt ist im Himmel oben und auf der Erde unten. Es gibt keinen anderen" [Deut. 4:39].

Das Gleiche gilt für andere Gebote des Herzens, die wir bereits erwähnt haben oder noch erwähnen werden. Der Glaube des Gläubigen ist erst dann vollständig, wenn er diese Pflichten kennt und praktiziert. Sie sind die innere Wissenschaft, das Licht des Herzens und der Glanz der Seele. Dazu sagt die Schrift: "Lass mich Freude und Wonne hören" [Ps. 51,8].

Es wird von einem Weisen erzählt, der die erste Hälfte des Tages in der Gesellschaft anderer Menschen verbrachte. Wenn er aber allein war, rief er "O verborgenes Licht", womit er auf die Pflichten des Herzens verwies.

Einer der Weisen wurde wegen eines merkwürdigen Falles über die

Die Pflichten des Herzens Einleitung Rabbeinu Bachya

Gesetze der Ehescheidung befragt. Er antwortete dem Fragesteller: "Du fragst nach etwas, das dir nicht schaden wird, wenn du es nicht kennst. Weißt du schon alles, was du von den Geboten wissen sollst und was du nicht vernachlässigen darfst und was du nicht vernachlässigen sollst, dass du dich dann an weit entfernte Fragen wendest, die dir keinen Fortschritt bringen und keine Krümmung in deiner Seele bewirken. Seht, ich schwöre, dass ich mich seit 35 Jahren mit dem beschäftigt habe, was für die Kenntnis und Ausübung der Pflichten meiner Religion wesentlich ist. Ihr wisst, dass ich mich sehr intensiv mit dem Studium befasst habe und dass ich eine große Bibliothek von Büchern besitze. Und doch habe ich mich nie mit der Sache befasst, auf die du deine Aufmerksamkeit gerichtet hast und nach der du fragst." Und er fuhr fort, ihn wegen dieser Angelegenheit zu tadeln und zu beschämen.

Ein anderer Weiser sagte: "Ich habe 25 Jahre lang gelernt, meine Taten zu läutern."

Ein dritter Weiser sagte: "Es gibt Weisheit, die in den Herzen der Weisen verborgen liegt, wie ein geheimer Schatz. Wenn sie sie verbergen, kann der Mensch sie nicht entdecken. Wenn sie sie offenbaren, kann der Mensch die Richtigkeit ihrer Worte darüber nicht leugnen. Und so heißt es in der Schrift: "Die Weisheit im Herzen des Menschen ist wie ein tiefes Wasser, aber ein verständiger Mensch wird sie herausziehen" [Spr 20,5], d.h. die Weisheit ist dem Menschen angeboren, in seiner Natur und seinen Wahrnehmungsfähigkeiten, wie Wasser, das in den Tiefen der Erde verborgen ist. Der intelligente und verständnisvolle Mensch wird sich bemühen, sein Potential und seine inneren Fähigkeiten zu erforschen, um diese Weisheit zu entdecken und freizulegen, und er wird sie aus seinem Herzen hervorholen, so wie man nach Wasser sucht, das in den Tiefen der Erde verborgen ist.

Ich fragte einmal einen Mann, der zu den Weisen der Tora gezählt wurde, über einige der Themen, die wir in Bezug auf die innere Weisheit erwähnten, und er antwortete, dass bei diesen und ähnlichen Dingen die Tradition ausreicht, um an die Stelle der rationalen Untersuchung zu treten.

Ich sagte zu ihm: "Das gilt nur für diejenigen, die wegen geringer Wahrnehmungsfähigkeit und Schwäche des Verstandes nicht in der Lage sind zu fragen, wie Frauen und Kinder oder Schwachsinnige [Übersetzer: Frauen waren früher viel weniger gebildet als in unserer Zeit]. Aber ein Mann, der genügend Verstand und Wahrnehmungsvermögen hat, um Gewissheit über die Wahrheit der Überlieferung zu erlangen, und er hat es aus Faulheit oder weil er die Gebote G-ttes und Seine Tora gering schätzt, versäumt, dies zu erforschen - sicherlich wird er dafür bestraft

Die Pflichten des Herzens   Einleitung   Rabbeinu Bachya

werden, und er sündigt, weil er sie vernachlässigt hat.

Diese Angelegenheit ist ähnlich wie [die folgende Illustration]. Ein Offizier wurde vom König beauftragt, Geld von den Beamten seines Reiches entgegenzunehmen. Der König gab ihm besondere Anweisungen, die Münzen zu zählen, sie zu wiegen und ihre Qualität zu überprüfen. Der Beamte war intelligent und geschickt genug, um alles zu erfüllen, was der König ihm befohlen hatte. Doch die königlichen Diener umgarnten ihn geschickt mit Worten, bis er ihnen vertraute. Sie brachten ihm das Geld und versicherten ihm, dass es nach Betrag, Gewicht und Qualität richtig sei. Er glaubte ihnen und war zu faul, sich selbst vom Wahrheitsgehalt ihrer Worte zu überzeugen, womit er gegen die Anordnungen des Königs verstieß. Als die Angelegenheit den König erreichte, ordnete er an, dass das Geld vor ihn gebracht werden sollte. Als der König den Offizier nach der Gesamtzahl und dem Gewicht des Geldes befragte, konnte dieser keine Antwort geben. Obwohl der Geldbetrag korrekt gewesen sein mag, verurteilte der König ihn, weil er sich in einer Angelegenheit, über die er sich selbst hätte Gewissheit verschaffen können, auf die Worte des Dieners verlassen hatte. Nur wenn er nicht fähig gewesen wäre, eine Buchhaltung zu führen, hätte er sich nicht schuldig gemacht, weil er sich auf die Diener verlassen hatte.

Wenn du also nicht in der Lage wärst, dieses Thema mit deinem Verstand zu erfassen, wie es bei den Gründen für die empfangenen Gebote der Fall ist, dann wäre deine Entschuldigung, von dieser Untersuchung abzusehen, gültig. Ebenso, wenn dein Verstand zu kurz kommt und deine Wahrnehmung zu schwach ist, um es zu verstehen, würdest du nicht für deine Nachlässigkeit bestraft werden, und du würdest wie Kinder und Frauen betrachtet werden, die es aus der Tradition annehmen. Wenn du aber ein Mann des Verstandes und des Verständnisses bist, der fähig ist, Gewißheit über das zu erlangen, was du von den Weisen und Propheten über die Wurzeln der Religion und die Angelpunkte der Taten erhalten hast, dann wird dir befohlen, deinen Verstand zu gebrauchen, bis du die Sache begreifst, so daß sie dir sowohl aus der Tradition als auch aus der Vernunft klar wird. Wenn du dies aber ignorierst und nachlässig bist, wirst du als unzulänglich in deinen Pflichten gegenüber dem gesegneten Schöpfer angesehen.

Dies wird auf zwei Arten erklärt:

Erstens, aus dem, was die Heilige Schrift sagt: "Wenn dir eine Sache zu schwer wird vor Gericht, zwischen Blut und Blut, zwischen Einrede und Einrede, zwischen Trübsal und Trübsal ... so sollst du tun nach dem Urteil, das sie dir verkünden" [Dtn 17,8-10]. Wenn man untersucht,

Die Pflichten des Herzens Einleitung Rabbeinu Bachya

welche Themen im ersten Vers enthalten sind, wird man feststellen, dass es sich um Dinge handelt, die durch die Methode der Überlieferung und nicht durch die der logischen Beweisführung aus der Vernunft allein detailliert, unterschieden und diskutiert werden müssen. Ihr seht, der Vers schließt keine Dinge ein, die durch die Vernunft erlangt werden können. Denn er sagte zum Beispiel nicht: "Wenn du eine Frage über die Einheit G-ttes hast"; oder bezüglich der Namen und Attribute des Schöpfers, oder bezüglich irgendeiner der Wurzeln der Religion, wie der Dienst G-ttes, das Vertrauen in Ihn, die Unterwerfung vor Ihm, die Hingabe von Aktivitäten an Ihn, die Reinigung des Verhaltens vom Schaden schädlicher Dinge, die Reue von Sünden, die Furcht und Liebe zu Ihm, die Beschämung vor Ihm, die Erstellung einer spirituellen Rechenschaft, und ähnliche Pflichten, die durch Vernunft und Erkenntnis erfüllt werden können. Er hat nicht gesagt, dass man sie aufgrund der Autorität der Weisen der Tora annehmen und sich nur auf die Tradition verlassen soll. Im Gegenteil, die Schrift sagt in Bezug auf diese, dass du sie mit deinem Herzen bedenken und deinen Verstand auf sie anwenden sollst, nachdem du sie zuerst aus der Tradition angenommen hast, die alle Gebote der Tora, ihre Wurzeln und Zweige umfasst. Ihr solltet sie mit eurem Verstand, eurem Verständnis und eurem Urteilsvermögen untersuchen, bis ihr die Wahrheit davon von den falschen [Vorstellungen] unterscheiden könnt, wie geschrieben steht: "So sollst du nun heutigestages wissen und zu Herzen nehmen, daß der Ewige, G-tt ist" [Dtn 4:39].

Ebenso werden wir in Bezug auf alles, was wir in der Lage sind, mit der Vernunft zu erfassen, sagen, wie unsere Weisen sagten [Rabbi Yishmaels 7. Regel zur Erklärung der Tora]: "Wenn etwas, das in einem allgemeinen Satz enthalten ist, zum Gegenstand einer besonderen Aussage gemacht wird, ist das, was von dieser besonderen Aussage verkündet wird, nicht so zu verstehen, als sei es auf sich selbst beschränkt, sondern wird auf den gesamten allgemeinen Satz angewandt". Das Wissen um die Einheit G-ttes ist nur ein Zweig der Themen, die durch die Vernunft verstanden werden können. Und da es unsere Pflicht ist, diese Methode bei diesem Thema [der Einheit G-ttes] anzuwenden, ist es ebenso unsere Pflicht, dies bei allen Themen zu tun.

Das zweite Argument wird aus der Heiligen Schrift gezogen: "Habt ihr nicht erkannt? Habt ihr nicht gehört, dass der Ewige, G-tt ist" [Jesaja 40,28]. Es heißt "erkannt", was Wissen aus rationalen Beweisen impliziert, und danach "gehört", was aus der Tradition impliziert. Und ebenso: "Habt ihr nicht gewusst? Habt ihr nicht gehört? Hat man es euch nicht von Anfang an gesagt?" [Jesaja 40,21]. Der Prophet hat das Wissen

Die Pflichten des Herzens Einleitung **Rabbeinu Bachya**

aus dem rationalen Beweis dem Wissen, das aus der empfangenen Tradition stammt, vorangestellt. Und auch Mose, unser Lehrer, sagte: "Vergelten Sie so den Ewigen, oh törichtes und unkluges Volk? Ist Er nicht euer Vater, der euch erworben hat? Hat Er euch nicht erschaffen und euch gegründet? Denkt an die alten Tage, denkt an die Jahre vieler Generationen. Fragt euren Vater, und er wird es euch zeigen; eure Ältesten, und sie werden es euch sagen." [Deut. 32:6]. Dies ist ein Beweis für das, was wir erwähnt haben, dass, obwohl die Überlieferung von Natur aus vorausgehen sollte, denn die Schüler müssen sie zuerst lernen, es dennoch nicht richtig ist, sich nur auf sie zu verlassen, wenn man in der Lage ist, sie durch die Methode der rationalen Demonstration zu verstehen. Es ist daher richtig, dass jeder, der dazu fähig ist, die Pflicht hat, mit seinem Verstand zu forschen und logische Beweise dafür zu erbringen, und zwar durch den Beweis, den ein überlegtes Urteil unterstützen würde.

Nachdem ich mich davon überzeugt hatte, dass die Gebote des Herzens in der Tat verpflichtend sind und dass wir aus den erwähnten Gründen dazu verpflichtet sind, stellte ich fest, dass diese Pflichten vernachlässigt worden waren und dass kein Buch speziell über sie geschrieben worden war. Ich dachte darüber nach, wie wenig sie von meinen Zeitgenossen beachtet wurden, weil sie sie nicht verstehen konnten und deshalb erst recht nicht in der Lage waren, sie zu erfüllen oder sich darin abzumühen. Ich wurde durch die Gnade G-ttes angeregt, die innere Wissenschaft zu erforschen.

Ich bemerkte auch aus der Praxis unserer Weisen und aus ihren Aussprüchen, die wir erhalten haben, dass sie eifriger und engagierter in ihren persönlichen Pflichten waren als in der Entwicklung von Schlussfolgerungen von Gesetzen und entfernten, zweifelhaften Fragen. Sie bemühten sich zunächst, die allgemeinen Grundsätze des Urteils zu bestimmen, um klarzustellen, was erlaubt und was verboten ist.

Danach bemühten sie sich, ihre aktiven Verpflichtungen und inneren Pflichten zu klären. Wenn sie mit einem seltsamen Fall konfrontiert wurden, der zu den Schlussfolgerungen aus den bestehenden Gesetzen gehörte, untersuchten sie ihn, sobald er ihnen vorgelegt wurde, und leiteten das Gesetz aus den ihnen bekannten Prinzipien ab. Aber sie haben sich nie vorher Gedanken über diese Dinge gemacht, denn sie betrachteten weltliche Angelegenheiten als unbedeutend.

Und wenn sie in dieser Angelegenheit ein Urteil zu fällen hatten, dann entschieden sie auf dieser Grundlage, wenn das Urteil für sie aus der Überlieferung, die ihnen von den Propheten übermittelt wurde, klar war. Wenn es sich um eine Frage handelte, die eine Erläuterung der

Die Pflichten des Herzens   Einleitung   Rabbeinu Bachya

Überlieferung erforderte, untersuchten sie sie mit dem Licht der Vernunft. Wenn sie sich alle einig waren, gaben sie ein Urteil ab. Wenn sie sich jedoch nicht einig waren, entschieden sie nach der Mehrheitsmeinung, wie es im Sanhedrin [Talmud Sanhedrin 88b] heißt: "Wenn ihnen eine Frage gestellt wurde, gaben sie, wenn sie eine Tradition dazu hatten, die Entscheidung sofort bekannt. Wenn sie anderer Meinung waren, stimmten sie ab. Wenn die Mehrheit entschied, dass die Sache rein war, wurde sie für rein erklärt. Wenn die Mehrheit es für unrein hielt, wurde es für unrein erklärt. Dies geschah nach dem Prinzip 'die Entscheidung folgt der Mehrheit'". Sie verfassten im Traktat Avot die Überlieferungen der moralischen Grundsätze und ethischen Normen der Rabbiner, wie sie von jedem von ihnen zu seiner Zeit und an seinem Ort gelehrt wurden.

Die Berichte der Männer des Talmuds über ihre Lehrer reichen aus, um die Tiefe ihrer Weisheit und die große Mühe, die sie bei der Läuterung ihrer Taten auf sich genommen haben, zu beweisen. Zum Beispiel [Berachot 20a]: "R. Papa sagte zu Abaye: Wie kommt es, dass für die früheren Generationen Wunder vollbracht wurden und für uns keine Wunder vollbracht werden? Es kann nicht an ihrem [überlegenen] Studium liegen, denn in den Jahren von Rab Juda beschränkte sich ihr ganzes Studium auf Nezikin [die Mischna-Ordnung der Geldentschädigung], während wir alle sechs Ordnungen studieren... Und doch, als Rab Juda einen Schuh auszog, kam Regen, während wir uns quälen und laut schreien, und man nimmt keine Notiz von uns! Er antwortete: Die früheren Generationen waren bereit, ihr Leben für die Heiligkeit des Namens [G-ttes] zu opfern; wir opfern unser Leben nicht für die Heiligkeit des Namens [G-ttes]", und [Avodah Zara 17b]: "Derjenige, der nur die Tora studiert, ist wie ein Mensch, der ohne G-tt ist, wie es heißt [Chronik II 15,3] 'Nun war Israel lange Zeit ohne den wahren G-tt'. Daher muss das Torastudium mit Taten der Güte kombiniert werden".

So wurde mir klar, dass alle Wurzeln der Taten, die man für Seinen Namen beabsichtigt, auf der Reinheit des Herzens und des Verstandes und der Einzigartigkeit des Geistes beruhen. Wo das Motiv verdorben ist, werden gute Taten, wie zahlreich und fleißig sie auch sein mögen, nicht angenommen; wie die Schrift sagt: "Auch wenn ihr viele Gebete sprecht, werde ich euch nicht erhören. Wascht euch, macht euch rein; tut das Böse eurer Taten ab vor meinen Augen; hört auf, Böses zu tun" [Jesaja 1,16]. Und: "Aber die Sache ist sehr nahe bei dir, in deinem Mund und in deinem Herzen, dass du sie tust" [Dtn 30,14], und: "Gib mir dein Herz, und deine Augen sollen meine Wege bewahren" [Spr 23,26]. Und unsere

Die Pflichten des Herzens   Einleitung   **Rabbeinu Bachya**

Weisen haben gesagt: "Wenn du mir deine Augen und dein Herz gibst, weiß ich, dass du mein bist" [Jeruschalmi Berachos 1,5]; und die Schrift sagt: "Du sollst nicht nach deinem Herzen und nach deinen Augen wandern" [Numeri 15,39], und "womit soll ich vor dem Ewigen treten und mich vor G-tt in der Höhe verneigen? Soll ich mit Olah-Opfern kommen?" [Micha 6,6], und die Antwort lautete: "Er hat dir gesagt, o Mensch, was gut ist und was der Ewige von dir verlangt, nämlich Recht zu tun, Güte zu lieben und demütig zu wandeln mit deinem Ewigen" [ebd. 6,8]; und "wer sich aber rühmt, der rühme sich dessen, dass er mich versteht und kennt, dass ich der Ewige bin, der Güte, Recht und Gerechtigkeit tut" [Jer. 9,23]. Die Erklärung ist, dass ein Mensch, der sich rühmt, sich rühmen sollte, G-ttes Wege zu verstehen, seine Wohltaten zu erkennen, über seine Schöpfung nachzudenken, seine Macht und Weisheit zu erkennen, wie sie sich in seinen Werken manifestiert. Alle diese Verse, die ich gebracht habe, sind Beweise für den verpflichtenden Charakter der Gebote des Herzens und der Disziplin der Seele.

Ihr solltet erkennen, dass das Ziel und der Wert der Pflichten des Herzens darin besteht, dass unser Äußeres und unser Inneres im Dienst G-ttes gleich und übereinstimmend sind, so dass das Zeugnis des Herzens, der Zunge und der Glieder gleich ist und dass sie sich gegenseitig unterstützen und bestätigen, anstatt sich zu unterscheiden und zu widersprechen. Das ist es, was die Heilige Schrift "tamim" [unschuldig/vollkommen] nennt, wenn sie sagt: "Du sollst vollkommen sein vor dem Ewigen, deinem G-tt" [Dtn 18,13], und "Noah war ein gerechter Mann und vollkommen in seinen Generationen" [Gen 6,9], und "wer aufrichtig wandelt und Gerechtigkeit wirkt und die Wahrheit in seinem Herzen redet" [Ps 15,2], und "Ich will auf den Weg der Rechtschaffenheit achten ... Ich will in meinem Hause wandeln mit einem vollkommenen Herzen" [Ps 101,2].

Andererseits wird jemand, dessen inneres [Wesen] nicht mit seinem äußeren [Leben] übereinstimmt, von der Heiligen Schrift verurteilt, wie geschrieben steht: "Sein Herz war nicht ganz bei dem Ewigen, seinem G-tt" [Könige 11,4], und "sondern sie schmeichelten ihm mit ihrem Munde und logen mit ihrer Zunge. Denn ihr Herz war nicht gefestigt bei Ihm" [Ps. 78,36].

Wer sich in Wort und Tat widersprüchlich verhält, dem glaubt man bekanntlich nicht, dass er integer ist und hat kein Vertrauen in seine Aufrichtigkeit. Ebenso, wenn unser Äußeres im Widerspruch zu unserem Inneren steht, wenn die Absicht unseres Herzens im Widerspruch zu unseren Worten steht, wenn unsere physischen Aktivitäten nicht mit den Überzeugungen unserer Seele übereinstimmen - wird unser Dienst für

Die Pflichten des Herzens   Einleitung   Rabbeinu Bachya

unseren G-tt nicht vollständig sein, denn Er wird keinen betrügerischen Dienst von uns annehmen, wie geschrieben steht: "Ich kann keine Ungerechtigkeit mit Versammlung ertragen" [Jesaja 1: 13], und "Denn ich bin der Ewige, der Gerechtigkeit liebt und Raub am Brandopfer hasst" [Jesaja 61:8], und "Wenn ihr ein blindes Tier als Schlachtopfer darbringt, ist das nicht schlecht? Und wenn ihr ein lahmes und krankes Tier darbringt, ist das nicht schlecht? Biete das einmal deinem Statthalter an! Ob er wohl Gefallen an dir hat und dich freundlich ansieht?" [Maleachi 1,8], und "Siehe, gehorchen ist besser als ein Friedensopfer, und hören ist besser als das Fett der Widder" [Samuel 15,22].

Daher kann ein Gebot, je nach dem Herzen und der Absicht, mit der es ausgeführt wird, viele Gebote aufwiegen, und ebenso kann eine Übertretung viele Übertretungen aufwiegen. Sogar der Gedanke, ein Gebot zu tun, und das Verlangen, es aus Ehrfurcht vor G-tt zu tun, obwohl man nicht in der Lage war, es tatsächlich zu erfüllen, kann dennoch viele Gebote aufwiegen, die ohne diese Ehrfurcht ausgeführt wurden, wie G-tt zu David sagte: "weil es in deinem Herzen war, meinem Namen ein Haus zu bauen" [2. Chronik 6,8], und "da sprachen die g-tt-ehrfürchtigen Männer zueinander, und der Ewige hörte und erhörte es. Und ein Buch des Gedenkens wurde vor Ihm geschrieben für die, die den Ewigen fürchteten, und für die, die an Seinen Namen dachten" [Maleachi 3,16], und unsere Weisen erklärten die letzten Worte [Schabbat 63a]: "Was ist mit 'an Seinen Namen denken' gemeint?" - [Antwort:] "Wenn jemand die Absicht hatte, ein Gebot zu erfüllen, aber daran gehindert wurde, so wird es ihm angerechnet, als hätte er es getan."

Als mir diese Argumente aus der Vernunft, der Schrift und der Tradition klar wurden, begann ich, mich darin zu üben, und ich machte es mir zur Aufgabe, sie zu kennen und zu praktizieren. Die Entdeckung eines Grundsatzes brachte einen anderen hervor, der mit ihm zusammenhing, der wiederum zu einem dritten führte, bis die Materie so umfangreich wurde, dass es mir schwerfiel, sie immer im Gedächtnis zu behalten. Ich befürchtete, dass ich vergessen könnte, was ich mir bereits überlegt hatte, und dass sich das, was sich in meinem Geist verfestigt hatte, auflösen könnte, zumal es in unserer Zeit so wenig Hilfe zu dieser Weisheit gibt. Ich beschloss, ein Buch über sie zu verfassen, das ihre Wurzeln und die sie umgebenden Abteilungen und einen Großteil ihrer Ableitungen enthalten sollte; und so würde ich mich immer wieder dazu drängen, sie zu kennen und mich verpflichten, sie zu tun.

Wo meine Praxis mit meinen Worten übereinstimmte, danke ich G-tt, der mir dabei half und mich Seine Wege lehrte. Aber wo meine Praxis nicht mit meinen Worten übereinstimmte und hinter dem zurückblieb, was ich

Die Pflichten des Herzens Einleitung Rabbeinu Bachya

sagte, beschuldige und kritisiere ich meine Seele und streite mit ihr, damit meine Seele von dem Maßstab der Gerechtigkeit, der in diesem Werk dargelegt ist, ihre eigene Ungerechtigkeit erkennt, und von ihrem Maßstab der Gerechtigkeit, ihre eigene Abweichung, und von ihrer Aufrichtigkeit, ihre eigene Verkehrtheit, und von der Vollkommenheit, die dort gelehrt wird, ihre eigenen Unzulänglichkeiten.

Ich hielt es für richtig, das Buch zu einem Buch von bleibendem Wert zu machen, zu einem verborgenen Schatz, zu einer Lampe, die die Wege der Menschen erhellt und sie den Weg lehrt, den sie gehen sollen. Ich hoffte, dass das Buch für andere von noch größerem Nutzen sein würde als für mich selbst, um meinen Wunsch zu erfüllen.

Ich sagte zu mir selbst, dass ich ein Buch über dieses Thema verfassen werde, das systematisch nach den Wurzeln der Pflichten des Herzens und der inneren Gebote gegliedert sein würde; das umfassend und der Sache angemessen wäre, den guten und richtigen Weg aufzeigen würde; das als Leitfaden für die Bräuche der früheren Weisen und die Disziplin der Frommen dienen würde; die Menschen aus ihrem sinnlosen Schlaf aufwecken; in die Tiefen dieser Weisheit eindringen; den Menschen die Erkenntnis G-ttes und seiner Tora in Erinnerung rufen, das Wohl der Seele fördern; die Aufmerksamen ermutigen, die Nachlässigen aufrütteln, die Eifrigen auf den rechten Weg bringen, die Frühen aufrichten, die Anfänger leiten und den Verwirrten den Weg zeigen.

Aber als ich daran dachte, meinen Entschluss, dieses Buch zu schreiben, in die Tat umzusetzen, sah ich, dass ein Mann wie ich nicht in der Lage ist, ein Werk wie dieses zu verfassen. Ich schätzte, dass meine Kräfte nicht ausreichten, um die Teile richtig aufzuteilen, da das Thema in meinen Augen zu umfangreich, mein Wissen zu unzureichend und meine intellektuellen Fähigkeiten zu schwach waren, um die Themen zu erfassen. Außerdem beherrsche ich nicht die Feinheiten der arabischen Sprache, die für die meisten meiner Zeitgenossen am leichtesten zu verstehen ist. Ich befürchtete, dass ich mich mit einer Aufgabe abmühen würde, die nur dazu dienen würde, meine Unzulänglichkeiten aufzuzeigen, und dass ich damit die Grenzen der Verschwiegenheit überschreiten würde. Ich sagte daher meiner Seele, sie solle den Gedanken zurückziehen und von dem, was sie sich vorgenommen hatte, ablassen.

Als ich dann beschloss, mich von der Last dieses Unterfangens zu befreien und meinen Plan, dieses Werk zu verfassen, aufzugeben, vermutete ich erneut, dass meine Seele die Ruhe gewählt hatte, um in der Stätte der Faulheit in Frieden und Stille zu verweilen. Ich befürchtete, dass dieser Entschluss, das Vorhaben aufzugeben, vielleicht von der Lust

Die Pflichten des Herzens   Einleitung   Rabbeinu Bachya

am Vergnügen herrührte und dass es das war, was mich auf den Weg des Friedens und der Ruhe gelockt hatte, um zu beschließen, diesen aufzugeben, um in der Gesellschaft der Faulheit zu sitzen.

Ich wusste, dass viele große Werke aufgrund von Angst verloren gingen und viele Verluste durch Besorgnis verursacht wurden. Ich erinnerte mich an das Sprichwort: "Es gehört zur Klugheit, nicht übermäßig klug zu sein". Ich sagte mir, wenn jeder Mensch, der jemals ein gutes Werk verfasst oder den aufrechten und richtigen Weg gelehrt hat, gewartet hätte, bis alle seine Wünsche erfüllt waren, hätte kein Mensch jemals ein Wort nach den Propheten gesprochen, die G-tt als Seine Vertreter erwählt und mit Seiner g-ttlichen Hilfe gestärkt hatte. Wenn jeder Mensch, der alle guten Eigenschaften erlangen wollte, sie aber nicht erlangen konnte, alles aufgegeben hätte, was er davon erlangen konnte, dann wären alle Menschen ohne alles Gute und ohne allen Vorzügen. Sie würden unaufhörlich falschen Hoffnungen nachjagen, die Pfade der Rechtschaffenheit wären verwüstet, und die Wohnstätten der Güte wären verlassen worden.

Ich verstand, dass die Seelen der Menschen zwar sehr danach gieren, böse Ziele zu erreichen, aber träge sind, sich um das Edle zu bemühen. Sie sind träge, wenn es darum geht, das Gute zu suchen, und wandeln immer auf den Pfaden des Gelächters und des Frohsinns.

Wenn ihnen eine Vision der Lust erscheint und sie anlockt, erfinden sie Unwahrheiten, damit sie sich ihr zuwenden. Sie untermauern ihre Argumente, um ihre Täuschung aufrecht erscheinen zu lassen, um ihre Lügen zu verstärken, um ihre Lockerheit zu festigen. Aber wenn das Licht der Wahrheit einladend vor ihnen aufleuchtet, erfinden sie faule Vorwände, um sich ihr nicht zuzuwenden. Sie argumentieren gegen sie, erklären ihre Wege für irreführend und widersprechen ihren Behauptungen, um sie als widersprüchlich erscheinen zu lassen und so eine Entschuldigung zu haben, sich von ihr zu trennen. Der Feind eines jeden Menschen sitzt zwischen seinen eigenen Rippen. Es sei denn, er hat einen Beistand von G-tt, einen Zurechtweiser, der immer bereit ist, seine Seele zurechtzuweisen, einen mächtigen Statthalter, der seine Seele mit dem Sattel des Dienstes anschirren und sie mit dem Zaum der Gerechtigkeit mundtot machen, sie mit dem Stock der Zucht schlagen wird; und wenn er sich entschließt, Gutes zu tun, sollte er nicht zögern, und wenn sein Herz ihn auf einen anderen Weg lockt, sollte er es schelten und überwältigen.

Daher sah ich mich gezwungen, meine Seele zu zwingen, die Aufgabe der Abfassung dieses Buches zu tragen, und beschloss, seine Themen mit jeder Sprache oder Analogie darzulegen, die die Dinge leicht

Die Pflichten des Herzens   Einleitung   Rabbeinu Bachya

verständlich machen würde. Von allen Pflichten des Herzens werde ich nur die erwähnen, die mir einfallen, und mich nicht bemühen, sie alle zu erläutern, damit das Buch nicht zu lang wird. Ich werde jedoch unter den Dingen, die für die Klärung jeder ihrer Wurzeln notwendig sind, in dem ihr zugewiesenen Abschnitt zitieren. Und von G-tt, der wahren Einheit, möge ich Hilfe erhalten. Auf Ihn setze ich mein Vertrauen und bitte Ihn, mich den rechten Weg zu lehren, den Er wünscht und der Ihm wohlgefällig und annehmbar ist, in Wort und Tat, im inneren und äußeren Verhalten.

Als meine Überlegungen abgeschlossen waren und ich mich schließlich entschlossen hatte, es zu schreiben, legte ich das Fundament. Ich baute es auf der Grundlage von zehn Prinzipien auf, die alle Pflichten des Herzens abdecken, und teilte das Buch dementsprechend in zehn Teile, wobei jeder Teil einem Prinzip gewidmet ist und dessen Umfang und Unterteilung, die Dinge, von denen es abhängt, und die Dinge, die ihm abträglich sind, erörtert.

Ich schlage vor, die direkteste [einfachste] Methode zu wählen, um zu erwecken, zu lehren und zu belehren, indem ich eine klare, direkte und vertraute Sprache verwende, damit meine Worte leichter verstanden werden. Ich verzichte auf eine tiefe Sprache, auf ungewöhnliche Begriffe und auf Argumente in der Art der "Niederlage" [nitzuach], die die Logiker im Arabischen "Algidal" nennen, und ebenso auf entfernte Fragen, die in diesem Werk nicht gelöst werden können, denn ich habe nur solche Argumente gebracht, die nach den der Wissenschaft der Theologie eigenen Methoden zufriedenstellend und überzeugend sind.

Wie der Philosoph sagte, "ist es nicht angemessen, für jede Untersuchung eine Schlussfolgerung in Form einer Motette [eines unwiderlegbaren Beweises] anzustreben, da nicht jedes Thema in der rationalen Untersuchung in diesem Umfang nachgewiesen werden kann. Ebenso sollten wir uns in der Naturwissenschaft nicht mit der Methode des "Hinreichenden" zufrieden geben [da ein vollständiger "raya"-Beweis erreicht werden kann]. Auch in der Wissenschaft der Theologie sollten wir nicht danach streben, mit den Sinnen zu begreifen oder Vergleiche mit physikalischen Phänomenen zu ziehen." Wir sollten auch keine logischen Beweise für die Grundgesetze der Natur verlangen. Ebenso wenig sollten wir den logischen Nachweis der Beweise für die Grundsätze der ersten Natur verlangen.

Wenn wir diese Dinge sorgfältig vermeiden, wird es für uns leichter sein, unsere Ziele zu erreichen. Wenn wir dies nicht tun, werden wir von unserem Thema abschweifen, und es wird uns schwerfallen, den beabsichtigten Zweck zu erreichen.

Die Pflichten des Herzens Einleitung Rabbeinu Bachya

Da es sich um ein theologisches Werk handelt, habe ich auf die in den Wissenschaften der Logik und der Mathematik üblichen Beweismethoden verzichtet, außer in der ersten Pforte, wo möglicherweise die Subtilität der Fragestellung den Rückgriff auf diese Methoden erzwingt.

Ich habe die meisten meiner Beweise aus Sätzen abgeleitet, die als vernünftig akzeptiert werden, und diese habe ich durch bekannte Beispiele verdeutlicht, an denen es keinen Zweifel geben kann. Ich habe sie mit dem untermauert, was ich in der Heiligen Schrift gefunden habe, und danach mit den Worten der Tradition, die ich von unseren Weisen erhalten habe. Ich habe auch die Frommen und Weisen anderer Völker zitiert, deren Worte uns überliefert sind, in der Hoffnung, dass die Herzen meiner Leser sich ihnen zuneigen und ihrer Weisheit Beachtung schenken, wie zum Beispiel den Worten der Philosophen, den ethischen Lehren der Asketen und ihren lobenswerten Bräuchen. Unsere Rabbiner haben dazu bereits gesagt [Sanhedrin 39b]:

"In einem Vers heißt es: 'Nach den Wegen der umliegenden Völker habt ihr gehandelt' [Hes 11,12], während es in einem anderen Vers [im Widerspruch] heißt: 'Nach den Wegen der umliegenden Völker habt ihr nicht gehandelt' [Hes 5,7]. Wie lässt sich das vereinbaren? Wie folgt - ihre guten Wege hast du nicht nachgeahmt; ihre bösen hast du befolgt."

Ebenso sagten die Rabbiner [Megila 16a]: "Wer eine weise Sache sagt, wird sogar unter den Nichtjuden als ein Weiser angesehen". Sie sagten auch, dass sie Analogien heranzogen, um schwierige Konzepte leichter verständlich zu machen: "Er lehrte es durch Zeichen und erklärte es durch Analogien" [Eruvin 21b]; und der Weise sagte: "ein Gleichnis und ein Bild zu verstehen, die Worte der Weisen und ihre Rätsel" [Spr 1,6].

Als ich die Aufgabe annahm, dieses Buch über die Unterteilung der Pflichten des Herzens zu schreiben, wollte ich die umfassendsten auswählen, die zu den anderen führen würden.

Ich legte ihre Hauptwurzel und ihr großes Fundament auf die uneingeschränkte Akzeptanz von G-ttes Einheit. Danach untersuchte ich, welche der Pflichten des Herzens am geeignetsten sind, um mit der [ganzherzigen Annahme der] Einheit G-ttes verbunden zu werden. Ich erkannte voll und ganz, dass der Schöpfer die wahre Einheit ist und weder dem Wesen noch dem Geschehen unterworfen ist, so dass es für uns unmöglich ist, Ihn unter dem Aspekt Seiner glorreichen Essenz zu erfassen. Wir sind daher gezwungen, Ihn unter dem Aspekt Seiner Schöpfungen zu erkennen und zu begreifen. Dies ist das Thema der zweiten Abhandlung, der Pforte der Untersuchung von G-ttes Werken.

Die Pflichten des Herzens Einleitung **Rabbeinu Bachya**

Deshalb habe ich diese Prüfung zur zweiten Wurzel der allgemeinen Prinzipien der Pflichten des Herzens gemacht.

Ich habe dann über die Souveränität nachgedacht, die der wahren Einheit zukommt, und darüber, welcher Dienst Ihm dementsprechend von Seinen Geschöpfen zusteht. Ich setzte daher die Annahme Seines Dienstes als dritte Wurzel der allgemeinen Grundsätze der Pflichten des Herzens.

Es wurde mir dann klar, was in Bezug auf die wahre Einheit angemessen ist, dass, da Er allein alle Dinge regiert und alle Vorteile und Nachteile, die wir erhalten, von Ihm kommen und unter Seiner Erlaubnis stehen, wir verpflichtet sind, unser Vertrauen in Ihn zu setzen und uns Ihm zu überlassen. Deshalb habe ich das Vertrauen in G-tt zur vierten Wurzel der allgemeinen Prinzipien der Pflichten des Herzens gemacht.

Danach dachte ich über das Konzept der absoluten Einheit nach, dass, da G-tt in Seiner Herrlichkeit einzigartig ist, nichts mit irgendetwas gemeinsam hat, noch irgendetwas anderem ähnelt, wir uns deshalb damit verbinden müssen, dass wir Ihm allein dienen und dass wir alle Aktivitäten Ihm widmen, da Er keine Anbetung akzeptiert, die mit anderen als Ihm verbunden ist. Deshalb habe ich die Hingabe von Handlungen an G-tt als fünfte Wurzel der allgemeinen Prinzipien der Pflichten des Herzens gesetzt.

Danach habe ich darüber nachgedacht, was wir der wahren Einheit schulden, wenn es darum geht, seine Herrlichkeit und Größe zu verkünden. Da es niemanden gibt, der Ihm gleicht, haben wir beschlossen, uns dem anzuschließen - uns vor Ihm zu demütigen, so weit wir es können. Daher habe ich die Demut/Unterwerfung zur sechsten Wurzel der allgemeinen Prinzipien der Pflichten des Herzens gemacht.

Als ich darüber nachdachte, was den Menschen widerfährt, dass sie den Dienst, den sie dem gesegneten Schöpfer schulden, vernachlässigen und versäumen, und welchen Weg sie einschlagen können, um ihre Krummheit und ihre Unzulänglichkeiten zu korrigieren, nämlich die Reue und die Bitte um Vergebung, setzte ich daher die Reue als siebte Wurzel der allgemeinen Grundsätze der Pflichten des Herzens.

Als ich zu begreifen suchte, was unsere inneren und äußeren Pflichten gegenüber G-tt wirklich sind, und erkannte, dass es für uns unmöglich ist, sie zu erfüllen, solange wir uns nicht vor G-tt Rechenschaft über sie ablegen und dabei sorgfältig sind, machte ich die geistige Rechenschaft zur achten Wurzel der allgemeinen Grundsätze der Pflichten des Herzens.

Als ich über die Angelegenheit der wahren Einheit meditierte, sah ich, dass die rückhaltlose Anerkennung Seiner Einheit unmöglich in der Seele des Gläubigen bestehen kann, wenn sein Herz vom Wein der Liebe dieser

Die Pflichten des Herzens   Einleitung   Rabbeinu Bachya

Welt betrunken ist und er den materiellen Vergnügungen zuneigt. Aber wenn er danach strebt, sein Herz zu leeren und seinen Geist von den Überflüssigkeiten dieser Welt zu befreien und sich von ihrem Luxus zu trennen, nur dann wird er G-ttes Einheit vollständig akzeptieren und sich auf ihre Ebene erheben. Ich habe daher die Enthaltsamkeit als neunte Wurzel der allgemeinen Prinzipien der Pflichten des Herzens festgelegt.

Danach erkundigte ich mich, was wir dem gesegneten Schöpfer, der das Ziel all unserer Wünsche und der Zweck all unserer Hoffnungen ist und mit dem alle Dinge beginnen und enden, schuldig sind, und was wir Ihm in Bezug auf die Liebe zu Seiner Gunst und die Furcht vor Seiner Vergeltung schulden, wobei das Erstere das höchste Gut und das Letztere das größte Übel ist, wie die Schrift sagt: "Denn Sein Zorn währt nur einen Augenblick; in Seiner Gunst ist Leben; Weinen mag eine Nacht währen, aber Freude kommt am Morgen" [Ps. 30:6], habe ich daher die Liebe zu G-tt als zehnte Wurzel der allgemeinen Grundsätze der Pflichten des Herzens gesetzt.

Nachdem ich diese Prinzipien durch Überlegung gefunden hatte, durchsuchte ich unsere Schriften und Traditionen und fand sie an vielen Stellen angegeben. Ich werde jedes von ihnen in der jeweiligen Abhandlung mit G-ttes Hilfe erklären. Ich habe dem Buch einen Titel gegeben, der meine Absicht widerspiegelt, es zu schreiben. Es heißt "Unterweisung in den Pflichten des Herzens".

Mein Ziel in diesem Buch ist es, Weisheit für mich selbst zu erlangen und gleichzeitig die Einfachen und Nachlässigen unter den Anhängern unserer Tora und denjenigen, die die Gebote unserer Religion übernommen haben, aufzurütteln, indem ich ausreichende Beweise bringe, die die Vernunft über ihre Solidität und Wahrheit bezeugen kann und die nur von den Heuchlern und Falschen angefochten werden, denn für solche Menschen ist die Wahrheit eine Last und ihr Wunsch ist es, es sich selbst leichter zu machen. Ich werde mich nicht bemühen, ihnen zu antworten, denn mein Ziel in diesem Buch war nicht, diejenigen zu widerlegen, die die Grundlagen unseres Glaubens anzweifeln. Mein Ziel ist es vielmehr, das ans Licht zu bringen, was bereits in unseren Köpfen verankert und in unseren Seelen von den Grundlagen unserer Religion und den Eckpfeilern der Tora verankert ist. Wenn wir unseren Geist erwecken, um über sie nachzudenken, wird uns ihre Wahrheit innerlich klar, und ihr Licht wird auch unser Äußeres erhellen.

Das Folgende ist eine Analogie dafür: Ein Astrologe betrat den Hof seines Freundes und ahnte, dass sich dort ein verborgener Schatz befand. Er suchte danach und fand Unmengen von Silber, das durch eine Rostkruste, die sich darauf gebildet hatte, schwarz geworden war. Er

Die Pflichten des Herzens   Einleitung   Rabbeinu Bachya

nahm einen kleinen Teil, schrubbte ihn mit Essig und Salz, wusch und polierte ihn, bis er seinen ursprünglichen Glanz wiedererlangt hatte. Danach ordnete der Besitzer [des Hofes] an, dass auch der Rest des Schatzes so behandelt werden sollte.

Meine Absicht ist es, dasselbe mit den verborgenen Schätzen des Herzens zu tun, nämlich sie zu enthüllen und ihre glänzende Vortrefflichkeit zu demonstrieren, damit jeder, der sich G-tt nähern und sich an Ihn klammern möchte, das Gleiche tun kann.

Wenn du, mein Bruder, dieses Buch gelesen und sein Thema begriffen hast, nimm es zur Erinnerung. Bringe deine Seele zu einem wahren Urteil. Denke darüber nach, entwickle seine Gedanken. Behalte es in deinem Herzen und deinem Geist. Wenn du einen Fehler darin findest, berichtige ihn; jede Auslassung, ergänze sie. Habe die Absicht [beim Lesen], seinen Anweisungen und seiner Führung zu folgen. Habe nicht das Ziel, durch seine Weisheit einen Namen zu erwerben oder Ruhm zu erlangen. Verurteile mich nachsichtig, wenn du irgendeinen Fehler, einen Makel oder irgendeine andere Unzulänglichkeit in seinen Themen und Worten findest. Denn ich habe mich beeilt, es zu verfassen, und habe nicht gezögert, weil ich fürchtete, der Tod würde mich überraschen und mich von meinem Ziel abhalten, es zu vollenden. Ihr wisst, wie schwach die Kraft des Fleisches ist, um irgendetwas zu erreichen, und wie unzulänglich der Mensch ist, um es ganz zu erfassen, wie die Schrift sagt: "Wahrlich, die Söhne der Menschen sind eitel, die Söhne der Menschen sind eine Lüge; wenn sie in die Waagschale steigen, so sind sie allesamt leichter als Eitelkeit" [Ps. 62,10]. Ich habe mich bereits zu Beginn zu meiner unzureichenden Kraft bekannt. Möge dieses Eingeständnis für die Fehler und Unzulänglichkeiten, die es enthält, entschädigen.

Ihr solltet wissen, dass alle Pflichten des Herzens und alle Disziplinen der Seele, ob positiv oder negativ, unter diese zehn Wurzeln fallen, die ich in diesem Buch zusammengestellt habe, genauso wie viele der Gebote unter die Gebote "Liebe deinen Nächsten wie dich selbst" [Levit. 19:18] und unter "Er tat seinem Nächsten nichts Böses" [Ps. 15:3] und unter "Wende dich vom Bösen ab und tue Gutes" [Ps. 34:15] fallen.

Präge sie dir ein. Bringe sie immer wieder in deine Gedanken. Ihre Ableitungen werden dir mit G-ttes Hilfe offenbart werden, wenn Er sieht, dass dein Herz sie begehrt und ihnen zugeneigt ist, wie geschrieben steht: "Wer ist der Mann, der den Ewigen fürchtet? Ihn wird er unterweisen in dem Weg, den er wählen soll" [Ps. 25,12].

Ich hielt es für angebracht, die Einleitung dieses Buches mit einem wundersamen Gleichnis abzuschließen, das dich anregen wird, seinen Inhalt zu studieren, und das dich aufrütteln wird, die besondere

Die Pflichten des Herzens   Einleitung   Rabbeinu Bachya

Bedeutung dieser Klasse von Geboten gegenüber den anderen zu erkennen, wie auch den Unterschied zwischen der Ebene der physikalischen, philosophischen und sprachlichen Weisheiten und der Ebene der Weisheit der Tora. Versuche dieses Gleichnis zu verstehen, wenn du es liest. Rufe es dir in deinen Gedanken ins Gedächtnis. Mit G-ttes Hilfe wirst du finden, was du suchst.

Ein König verteilte Seidenknäuel an seine Diener, um ihre Intelligenz zu prüfen. Der fleißige und kluge Diener sortierte die ihm zugeteilten Seidenknäuel aus und wählte die besten aus. Dann tat er das Gleiche mit den übrigen, bis er seinen gesamten Anteil in drei Klassen einteilte - fein, mittel und grob. Dann machte er aus jeder Sorte das Beste, was sich daraus machen ließ, und ließ das Material von geschickten Handwerkern zu teuren Kleidern in verschiedenen Farben und Stilen verarbeiten, die er in Gegenwart des Königs trug, wobei er Kleider wählte, die dem Anlass und dem Ort angemessen waren.

Der törichte unter den Dienern des Königs benutzte alle Seidenknäuel, um das zu machen, was der weise Diener mit der schlechtesten Sorte gemacht hatte. Er verkaufte es um jeden Preis, den er dafür bekommen konnte, und verprasste das Geld eilig für gutes Essen und Trinken oder Ähnliches.

Als der König davon erfuhr, freute er sich über die Taten des fleißigen und klugen Dieners, zog ihn zu sich heran und beförderte ihn zu einem seiner wertvollsten Diener. Die Taten des törichten Dieners waren in seinen Augen böse, und der König verbannte ihn in die fernen Wüstengebiete seines Reiches, um dort unter denen zu wohnen, die den Zorn des Königs auf sich gezogen hatten.

In gleicher Weise gab der gesegnete Allmächtige Seinen Dienern die Thora der Wahrheit, um sie zu prüfen. Der denkende, intelligente Mensch wird sie, wenn er sie liest und klar versteht, in drei Bereiche unterteilen. Die erste ist die Kenntnis der feinen spirituellen Themen, nämlich die innere Weisheit, wie die Pflichten des Herzens, die Disziplin der Seele und wird seine Seele immer darauf verpflichten. Danach wird er den zweiten Teil, nämlich die praktischen Pflichten der Glieder, auswählen und jede zu ihrer Zeit und an ihrem Ort tun. Danach wird er die dritte Abteilung, die geschichtlichen Teile der Schrift, benutzen, um die verschiedenen Menschentypen und ihre Geschehnisse in historischer Reihenfolge und die Ereignisse vergangener Zeitalter und ihre verborgenen Botschaften zu kennen. Er wird jeden Teil je nach Anlass, Ort und Notwendigkeit verwenden.

So wie der fleißige Diener sich der Werkzeuge der Handwerker bediente, um seine Absichten bei der Herstellung der Seide des Königs zu

Die Pflichten des Herzens   Einleitung   Rabbeinu Bachya

verwirklichen, so wird der intelligente Mensch in jeder dieser Abteilungen die Hilfe der praktischen Wissenschaften, der Wissenschaft der Logik, der Wissenschaft der Sprache usw. in Anspruch nehmen, die er als Einführung in die Wissenschaft der Theologie verwenden wird. Denn wer darin nicht bewandert ist, kann die Weisheit des Schöpfers in der Natur nicht erkennen, und er wird nicht wissen, wie sein eigener Körper funktioniert, geschweige denn, was außerhalb seiner selbst ist.

Der törichte und zerstreute Mensch, wenn er sich mit dem Buch G-ttes beschäftigt, benutzt es, um die Rätsel der Alten oder die historischen Berichte zu lernen. Er beeilt sich, es für weltliche Vorteile anzuwenden und wird Argumente daraus ziehen, um das Verfolgen weltlicher Vergnügungen zu rechtfertigen, den Weg der Enthaltsamkeit [vom Überflüssigen] zu verlassen, seinen eigenen Weg zu gehen und den Ansichten und Wünschen jeder Art von Person zu folgen, der er begegnet, wie geschrieben steht: "Er wird ohne Lehre sterben, und in der Größe seiner Narrheit wird er in die Irre gehen" [Spr. 5:23].

Prüfe, mein Bruder, diese Analogie. Überlege es dir gut. Lies aus dem Buch G-ttes ab, worauf ich dich aufmerksam gemacht habe. Suche Hilfe dabei, indem du die Bücher von Rabeinu Saadiah Gaon liest, die den Geist erleuchten, das Verständnis schärfen, die Unwissenden belehren und die Faulen aufwecken.

Möge der Allmächtige uns den Weg Seines Dienstes lehren, wie Sein Geweihter Ihn anflehte: "Du zeigst mir den Weg des Lebens; in deiner Gegenwart ist Freude in Fülle; in deiner Rechten ist.

Die Pflichten des Herzens

Kapitel Eins

Erste Abhandlung über die Einheit

Einleitung

Der Autor sagt: Nachdem wir untersucht haben, was die wichtigsten Eckpfeiler und Grundlagen unserer Religion sind, haben wir herausgefunden, dass die uneingeschränkte Akzeptanz der Einheit G-ttes die Wurzel und das Fundament des Judentums ist. Sie ist das erste der Tore der Thora, und sie unterscheidet zwischen Gläubigen und Ketzern. Sie ist das Haupt und die Vorderseite der religiösen Wahrheit, und wer von ihr abweicht, wird nicht in der Lage sein, religiöse Taten zu vollbringen, und sein Glaube wird keinen Bestand haben.

Deshalb waren die ersten Worte, die G-tt am Berg Sinai an uns richtete, folgende: "Ich bin der Ewige, dein G-tt... du sollst keine anderen Götter neben mir haben", und später ermahnte er uns durch seinen Propheten mit den Worten: "Höre, Israel, der Ewige ist unser G-tt, der Ewige ist Einer" [Dtn 6:4].

Studiere dieses Kapitel von Schma Jisrael bis zu seinem Ende, und du wirst sehen, wie seine Worte von einem Thema zum anderen übergehen und 10 Themen umfassen, wobei diese Zahl den Zehn Geboten entspricht. Die Erklärung ist wie folgt:

Zuerst gibt es das Gebot, an den Schöpfer zu glauben, wenn es heißt: "Höre, Israel, der Ewige". Seine Absicht war nicht das Hören mit dem Ohr, sondern vielmehr der Glaube und die Akzeptanz des Herzens, wie der Vers sagt: "Wir werden tun und wir werden hören" [Ex 24,7], sowie "Höre nun, O Israel, und achte darauf, es zu tun" [Dtn 6,3], und ähnlich bei anderen Versen, die den Begriff "Hören" verwenden, mit der Absicht, zum Glauben und zur Akzeptanz zu verhelfen.

Nachdem Er uns verpflichtet hat, an die Wirklichkeit Seiner Existenz zu glauben [durch rationale Überlegungen für diejenigen, die dazu fähig sind, wie in Kap. 3], werden wir dann aufgefordert, zu glauben, dass Er unser G-tt ist, wie es in dem Wort "unser G-tt" angedeutet wird, und

Die Pflichten des Herzens Kapitel Eins Rabbeinu Bachya

danach befiehlt Er uns zu glauben, dass Er [allein] wirklich einer ist, indem Er sagt: "G-tt ist einer".

Nachdem Er uns geboten hatte, diese drei Prinzipien zu glauben und zu akzeptieren, ging Er zu dem über, was uns obliegt, ihnen zu folgen, nämlich G-tt von ganzem Herzen zu lieben, im Privaten und in der Öffentlichkeit, mit unserem Leben und mit unserer Kraft, wie Er sagte: "Und du sollst den Ewigen, deinen G-tt, lieben von ganzem Herzen, von ganzer Seele und mit all deiner Kraft" [Dtn 6,5]. Ich beabsichtige, diese Angelegenheit im Tor der Liebe zu G-tt [Tor Nr. 10] mit der Hilfe des Allmächtigen zu klären.

Danach fuhr Er fort, über die Pflichten des Herzens zu ermahnen, indem Er sagte: "Und diese Worte, die ich euch heute gebiete, sollen auf eurem Herzen sein", was bedeutet, dass ihr sie in eurem Herzen verankern und sie in eurem Inneren glauben sollt.

Danach ging Er zu den Geboten der Glieder über, die sowohl Denken als auch Handeln erfordern, indem Er sagte: "Du sollst sie deinen Söhnen beibringen".

Und damit du, wenn du keinen Sohn hast, nicht fälschlicherweise denkst, dass das [Gebot des] mündlichen Lesens davon abhängt, dass du einen Sohn hast, sagte Er: "Du sollst in ihnen sprechen".

Danach fuhr Er fort: "und du sollst in ihnen sprechen, wenn du in deinem Haus sitzt und wenn du auf dem Weg gehst und wenn du dich niederlegst und wenn du aufstehst", denn das Herz und die Zunge sind niemals daran gehindert, die Pflichten zu erfüllen, die für sie gelten, im Gegensatz zu den anderen Gliedern [die von verschiedenen Zeiten und Umständen abhängen]. In der Einleitung zu diesem Buch haben wir bereits darauf hingewiesen, dass die Pflichten des Herzens eine ständige Pflicht sind.

Und der Zweck von all dem ist es, zudem zu ermahnen, was Er zuvor gesagt hat: "Diese Worte, die Ich dir heute befehle, seien in deinem Herzen, präge sie deinen Kindern ein und sprich davon", was bedeutet, dass die Gewohnheit, sie immer auf der Zunge zu haben, das Herz zum Gedenken bringt und dass man sein Herz niemals davon abwenden sollte, sich immer an G-tt zu erinnern, und dies ist ähnlich wie das, was König David, Friede sei mit ihm, sagte: "Ich habe den Ewigen immer vor mir gesehen" [Tehilim 16:8]. Und die Heilige Schrift sagt: "Aber das Wort ist sehr nahe bei dir, in deinem Mund und in deinem Herzen, dass du es tust" [Dtn 30,14].

Danach ging Er zu den Pflichten der Körperglieder über, die nur aus Handlungen bestehen, und gab drei Beispiele, wie Er sagte: "Und du sollst sie als Zeichen auf deine Hand binden; und sie sollen wie Totafot zwischen deinen Augen sein; und du sollst sie an die Türpfosten deines

Die Pflichten des Herzens Kapitel Eins Rabbeinu Bachya

Hauses und an deine Tore schreiben", und das bezieht sich auf die Tefilin der Hand, des Kopfes und der Mezuza, die alle bewirken, dass man sich an den Schöpfer erinnert, ihn von ganzem Herzen liebt und sich nach ihm sehnt, und wie die Schrift sagt, wie Liebende ihre Liebe im Gedächtnis behalten: "Setze mich wie ein Siegel auf dein Herz, wie ein Siegel auf deinen Arm" [Hoheslied 8,6], und "Siehe, ich habe dich auf die Handflächen meiner Hände eingraviert" [Jesaja 49: 16], und "An jenem Tag, spricht der Ewige aller Heerscharen, will ich dich, Zerubavel, meinen Knecht, den Sohn Scheliels, nehmen, sagt der Ewige, und will dich zum Siegelring machen; denn ich habe dich erwählt" [Chagai 2,23], und "Ein Bündel Myrrhe ist Geliebt für mich; es [die Myrrhe] soll zwischen meinen Brüsten liegen" [Hohelied 1,13]. G-tt ordnete drei Zeichen an, damit sie stärker und beständiger sind, wie der weise Mann sagte: "Eine dreifache Schnur reißt nicht so schnell" [Prediger 4,12].

Daher enthält dieses Kapitel
zehn Themen, von denen fünf das Geistige [Geist/Herz] und fünf das Körperliche [den Körper] betreffen.

Die 5 geistigen:
[1] Dass der Schöpfer existiert.
[2] Er ist unser G-tt.
[3] Er ist die wahre Einheit.
[4] Dass wir Ihn von ganzem Herzen lieben.
[5] Dass wir Ihm von ganzem Herzen dienen.

Die 5 Gesetze:
[1] Ihr sollt sie euren Kindern lehren.
[2] Du sollst in ihnen sprechen/schärfen
[3] Du sollst sie als Zeichen auf deine Hand binden
[4] Sie sollen wie Totafot zwischen deinen Augen sein.
[5] Du sollst sie an die Türpfosten deines Hauses und an deine Tore schreiben.

Und unsere Rabbiner lehrten: "Warum geht das Rezitieren des Kapitels 'Höre, o Israel' dem Rezitieren des Kapitels 'Und es soll sein...' voraus? [d.h. das zweite Kapitel. Antwort:] Um zu lehren, dass man zuerst die Souveränität G-ttes anerkennen und danach die Pflicht übernehmen muss, Seine Gebote zu erfüllen" [Berachot 13a]. Deshalb hielt ich es für angemessen, das Tor der Einheit den anderen Toren dieses Buches voranzustellen.

Die Pflichten des Herzens Kapitel Eins Rabbeinu Bachya

Es wird nun notwendig sein, dass ich zum Thema der uneingeschränkten Anerkennung der Einheit [G-ttes] zehn Dinge kläre:
1. Was ist die Definition der rückhaltlosen Akzeptanz der Einheit G-ttes?
2. In wie vielen Bereichen teilt sich das Thema der Einheit auf?
3. Ob es unsere Pflicht ist, die Angelegenheit intellektuell zu untersuchen oder nicht.
4. Auf welche Weise wir sie ermitteln und welche Einführungen wir kennen müssen, bevor wir die Einheit erforschen?
5. Die Voraussetzungen zu beweisen, dass die Welt einen Schöpfer hat, der sie aus dem Nichts erschaffen hat.
6. Wie wir sie anwenden, um die Existenz des Schöpfers zu beweisen.
7. Beweise dafür zu erbringen, dass er eins ist.
8. Die Frage einer konventionellen [relativen] Einheit gegenüber einer wahren Einheit zu klären.
9. Zu zeigen, dass G-tt allein die wahre Einheit ist und dass es außer Ihm keine wahre Einheit gibt.
10. Die g-ttliche Eigenschaften, die von der Vernunft abgeleiteten und die in der Heiligen Schrift niedergeschrieben sind, sowie die Art und Weise, wie diese G-tt zugeschrieben oder verweigert werden sollten.

Kapitel Eins

Der Autor sagt: Die Definition der uneingeschränkten Akzeptanz der Einheit G-ttes ist, dass das Herz und die Zunge bei der Anerkennung der Einheit G-ttes gleich sind, nachdem sie auf dem Weg der logischen Beweise die Gewissheit Seiner Existenz und die Wahrheit Seiner Einheit verstanden haben. Denn die Anerkennung der Einheit G-ttes unter den Menschen unterscheidet sich je nach ihrem Intelligenz- und Verstehensniveau.

Unter ihnen: Einer, der die Einheit [G-ttes] nur mit seiner Zunge verkündet, und zwar so, dass er die Menschen etwas sagen hört, und er wird nach ihnen gezogen, ohne die Bedeutung dessen, was sie sagen, zu verstehen.

Unter ihnen: Einer, der die Einheit G-ttes mit seinem Herzen und seiner Zunge verkündet, der die Bedeutung dessen, was er sagt, durch die Tradition, die er von seinen Vorfahren erhalten hat, versteht, aber er versteht nicht die Erläuterung dessen, was er von dieser Sache erhalten hat, und die Wahrheit dessen, was er in dieser Sache glaubt.

Unter ihnen: Einer, der Seine Einheit verkündet, nachdem er durch logische Beweise die Wahrheit der Sache verstanden hat, aber er wird die Einheit G-ttes wie andere zu findende Einheiten begreifen, und er wird

Die Pflichten des Herzens Kapitel Eins Rabbeinu Bachya

dazu kommen, eine materielle Vorstellung des Schöpfers zu bilden und Ihn mit einer Form und Ähnlichkeit darzustellen, weil er die wahre Natur Seiner Einheit und die Sache Seiner Existenz nicht versteht.

Unter ihnen: Einer, der die Einheit G-ttes mit seinem Herzen und mit seiner Zunge verkündet, nachdem er das Konzept der wahren Einheit gegenüber der relativen Einheit verstanden hat, und er kann Beweise bringen, um G-ttes Existenz und wahre Einheit zu demonstrieren - diese Klasse von Menschen ist die vollständige [makellose] Gruppe in Bezug auf die Sache der Einheit G-ttes.

Deshalb definierte ich die rückhaltlose Anerkennung der Einheit [G-ttes] - dass es die Angleichung der Zunge und des Herzens [Verstandes] an die Einheit des Schöpfers ist, nachdem man weiß, wie man Beweise dafür erbringen kann und die Wege Seiner wahren Einheit durch rationale Untersuchung versteht.

Kapitel Zwei

Der Autor sagt: Auf die Frage, auf wie viele Arten man sich die Einheit des Schöpfers vorstellt, werde ich wie folgt antworten: Seitdem sich das Wort "Einheit" unter den Menschen der Einheit [Juden] verbreitet hat, haben sie sich angewöhnt, es häufig in ihrer Sprache und Rede zu verwenden, bis es zu einem Ausdruck der Verwunderung wurde, sei es im Guten oder im Schlechten.

Und sie benutzen es, um ihre Furcht vor großem Unheil auszudrücken und es zu überspitzen und ihre Verwunderung darüber auszudrücken, und sie nehmen es sich nicht zu Herzen, die wahre Sache dessen zu verstehen, was durch ihre Zunge geht [wenn sie die Shema rezitieren], aufgrund von Unwissenheit und Faulheit. Und sie meinen, die Sache der Einheit sei für sie erledigt, wenn sie ihre Worte [rezitieren] beenden, und sie spüren nicht, dass ihr Herz leer ist von Seiner Wahrheit und dass ihr Verstand leer ist von ihrer Bedeutung, weil sie Seine Einheit mit ihrer Zunge und in Worten verkünden. Sie stellen sich Ihn in ihren Herzen als mehr als Eins vor [d.h. mit Formen von "Pluralität", wie erklärt wird] und repräsentieren Ihn in ihrem Verstand mit der Ähnlichkeit anderer "Einheiten", die zu finden sind, und sie sprechen von Seinen Attributen in einer Art und Weise, die nicht zur wahren Einheit gehören kann, weil sie die Angelegenheit der wahren Einheit im Gegensatz zur vorübergehenden Einheit nicht verstehen, mit Ausnahme einiger weniger, die die Tiefen der Weisheit ausloten und die Angelegenheit des Schöpfers im Gegensatz zum Geschaffenen verstehen, und die Eigenschaften der wahren Einheit und worin G-tt einzigartig ist.

Die Pflichten des Herzens Kapitel Eins Rabbeinu Bachya

Der Philosoph sprach die Wahrheit, als er sagte: "Niemand kann der Ursache der Ursachen und dem Anfang der Anfänge dienen, außer dem Propheten der Generation mit seinen Sinnen oder dem primären [vollkommenen - Üb] Philosophen mit der Weisheit, die er erworben hat, aber andere dienen anderen als Ihm, da sie nicht begreifen können, was existiert, sondern nur das begreifen können, was zusammengesetzt ist.

Aus diesem Grund fällt die Akzeptanz der Einheit in vier Bereiche, die den verschiedenen Ebenen des Erkennens und Verstehens im Menschen entsprechen:

[1] Die Einheit G-ttes nur in der Zunge. Diese Stufe wird von dem Kind und dem Einfaltspinsel erreicht, der die Materie der [wahren] Religion nicht versteht und in dessen Herzen ihre Wahrheit nicht verankert ist.

[2] Die Einheit G-ttes im Geist und in der Zunge durch die Tradition, weil er denjenigen glaubt, von denen er sie erhalten hat, aber er versteht die Wahrheit der Sache nicht durch seinen eigenen Intellekt und sein eigenes Verständnis. Er ist wie der Blinde, der dem Sehenden folgt, und es ist möglich, dass derjenige, dem er folgt, die Überlieferung von einem Empfänger wie ihm selbst erhalten hat, wodurch es wie eine Prozession von Blinden wäre, bei der jeder seine Hände auf die Schultern des anderen vor ihm legt, bis an der Spitze ein Sehender steht, der sie alle führt. Wenn der Sehende sie im Stich lässt oder sie vernachlässigt und nicht darauf achtet, sie zu bewachen, oder wenn einer der Blinden in der Kette stolpert oder ein anderes Unglück geschieht - dann teilen sie alle dasselbe Schicksal und kommen vom Weg ab; und es ist möglich, dass sie in eine Grube oder einen Graben fallen oder über etwas stolpern, das ihren Weg blockiert.

Ebenso kann man nicht sicher sein, dass derjenige, der die Einheit aus der Tradition heraus verkündet, nicht zu einer Vereinigung kommt, dass, wenn er die Worte der Meschanim und ihre Behauptungen hört, es möglich ist, dass er seine Ansichten ändert und sich irrt, ohne es zu merken. Aus diesem Grund sagten unsere Weisen: "Seid eifrig beim Studium der Tora und wisst, was ihr einem Apikoros [Ketzer] antworten sollt" [Pirkei Avos 2:14].

[3] Die dritte Gruppe: Die Einheit G-ttes mit dem Verstand und der Zunge, nachdem man logische Beweise für die Wahrheit Seiner Existenz vorbringen kann, aber ohne die Sache der wahren Einheit gegenüber der vorübergehenden Einheit zu verstehen. Dies ist wie ein sehender Mann, der auf der Straße unterwegs ist und ein weit entferntes Land erreichen möchte. Er kennt zwar die allgemeine Richtung, aber die Straße teilt sich in viele unsichere Wege, und er erkennt nicht den richtigen Weg, der zu der Stadt führt, die er erreichen möchte.

Die Pflichten des Herzens Kapitel Eins Rabbeinu Bachya

Er wird sich sehr anstrengen und sein Ziel nicht erreichen, weil er den [richtigen] Weg nicht kennt, wie der Vers sagt: "Die Mühsal des Toren wird den ermüden, der nicht weiß, wie man eine Stadt erreicht" [Prediger 10:15].

[4] Die vierte Gruppe: Die Anerkennung der Einheit G-ttes mit dem Verstand und der Zunge, nachdem man weiß, wie man Beweise dafür erbringen kann, und die Wahrheit Seiner Einheit durch intellektuelle Ableitung und richtiges, gesundes Denken begreift - das ist die vollständige und wichtige Gruppe, und das ist die Stufe, zu der uns der Prophet mit den Worten ermahnt: "So wisset nun heute und nehmt es in euer Herz, dass der Ewige G-tt ist" [Dtn 4,39].

Kapitel Drei

Bezüglich der Frage, ob es unsere Pflicht ist, die Einheit G-ttes rational zu erforschen oder nicht, möchte ich folgendes sagen: Für jeden, der in der Lage ist, diese und andere derartige Fragen durch rationales Nachforschen zu untersuchen, ist es Pflicht, dies entsprechend seiner Intelligenz und Wahrnehmung zu tun.

Ich habe bereits in der Einleitung zu diesem Buch genügend Argumente geschrieben, die die Verpflichtung dieser Angelegenheit aufzeigen. Jeder, der es versäumt, sich damit zu befassen, ist schuldig und gehört zu der Klasse von Menschen, die in Weisheit und Lebensführung zu kurz kommen. Er ist wie ein kranker Mann [ein Arzt], der ein Experte für die Natur seiner Krankheit und die richtige Heilmethode ist, sich aber stattdessen auf einen anderen Arzt verlässt, um ihn zu heilen, der verschiedene Heilmethoden anwendet, während er faul ist, mit seiner eigenen Weisheit und seinem Verstand die Methoden des Arztes zu untersuchen, um zu sehen, ob der Arzt ihn richtig behandelt oder nicht, obwohl er leicht in der Lage wäre, dies zu tun, ohne dass ihn etwas daran hindert. Die Tora hat uns bereits dazu verpflichtet, wie geschrieben steht: "So wisset nun heute und nehmt zu Herzen, dass der Ewige G-tt ist, im Himmel oben und auf Erden unten; es gibt keinen anderen" [Dtn 4,39].

Der Beweis dafür, dass sich "zu Herzen nehmen" auf eine intellektuelle Untersuchung bezieht, ergibt sich aus dem, was der folgende Vers sagt: "Und niemand nimmt es sich zu Herzen, und es gibt weder Erkenntnis noch Verstand" [Jesaja 44,19]. So drängte auch David seinen Sohn: "Und du, mein Sohn Salomo, erkenne den G-tt deines Vaters und diene ihm mit reinem Herzen und mit williger Seele; denn der Ewige erforscht alle Herzen" [Chronik 28,9].

Und David sagte: "Erkenne, dass der Ewige G-tt ist" [Ps. 100,3].

Die Pflichten des Herzens Kapitel Eins Rabbeinu Bachya

Und: "Weil er seine Liebe auf mich gelegt hat, darum will ich ihn erlösen: Ich will ihn in die Höhe setzen, weil er meinen Namen erkannt hat" [Ps. 91,14], und "Wer sich aber rühmt, der rühme sich dessen, dass er mich versteht und kennt" [Yirmiya 9,23], und unsere Weisen sagten: "Seid fleißig im Studium der Tora und wisst, was ihr einem Ketzer antworten sollt" [Avos 2:14], und die Tora sagt: "So behaltet sie und tut sie; denn das ist eure Weisheit und eure Einsicht vor den Völkern..." [Deut. 4:6].

Und es ist unmöglich, dass die Völker unseren Anspruch auf überlegene Weisheit und Einsicht anerkennen, solange es keine Beweise und Indizien gibt, die zusammen mit dem Zeugnis des Verstandes für uns die Wahrheit unserer Tora und unseres Glaubens bezeugen können. Und unser Schöpfer hat uns bereits versprochen, dass Er den Schleier der Unwissenheit von ihrem Verstand entfernen und uns Seine prächtige Herrlichkeit als Zeichen für die Wahrheit unserer Tora zeigen wird, als Er sagte: "Und die Völker werden durch dein Licht wandeln" [Jesaja 60,3], und "Und viele Völker werden hingehen und sagen: Kommt her und laßt uns hinaufgehen auf den Berg des Ewigen, zum Hause des G-ttes Jakobs..." [Jesaja 2:3].

Aus der Logik, der Schrift und der Tradition ist nun klar, dass es unsere Pflicht ist, das zu erforschen, was wir mit unserem Verstand klar zu erfassen vermögen.

Kapitel Vier

Was die Art und Weise betrifft, wie man die Wahrheit der Einheit erforscht, und welche Einführungen wir wissen müssen, bevor wir diese Einheit erforschen, möchte ich Folgendes sagen.

Jede Sache, die man verstehen möchte, wenn man an ihrer Existenz zweifelt, muss man zuerst fragen: "Existiert sie oder nicht?" Nachdem man ihre Existenz festgestellt hat, muss man dann fragen, was sie ist, wie sie ist und warum sie ist. Was aber den Schöpfer betrifft, so kann der Mensch nur fragen, ob er existiert. Und wenn seine Existenz durch rationale Untersuchung bewiesen ist, können wir weiter fragen, ob er einer oder mehr als einer ist. Und wenn es klar ist, dass Er einer ist, können wir nach der Einheit fragen und danach, auf wie viele Arten dieser Begriff verwendet wird, und auf diese Weise werden wir für uns selbst die vollständige Anerkennung der Einheit G-ttes herstellen, wie der Vers sagt: "Höre, o Israel, der Ewige ist unser G-tt, der Ewige ist einer" [Dtn 6,4].

Deshalb müssen wir uns zuerst fragen, ob diese Welt einen Schöpfer hat oder nicht. Wenn klar ist, dass die Welt einen Schöpfer hat, der sie als

Die Pflichten des Herzens Kapitel Eins Rabbeinu Bachya

etwas Neues erschaffen hat, können wir weiter fragen, ob er einer oder mehr als einer ist. Wenn dann festgestellt wird, dass Er einer ist, können wir die Frage nach der wahren [absoluten] Einheit und der vorübergehenden [relativen] Einheit untersuchen und dann überlegen, was wir über den Schöpfer in Bezug auf Seine wahre Materie sagen können, und dadurch werden wir die Sache der Anerkennung der Einheit G-ttes in unseren Herzen und unserem Verstand mit G-ttes Hilfe abgeschlossen haben.

Kapitel Fünf

Es gibt drei Voraussetzungen, die zu der Schlussfolgerung führen, dass diese Welt einen Schöpfer hat, der sie aus dem Nichts geschaffen hat:
[1] Eine Sache kann sich nicht selbst erschaffen.
[2] Anfänge [Ursachen] sind in ihrer Anzahl begrenzt; daher müssen sie einen ersten Anfang [erste Ursache] haben, der keinen Anfang [Ursache] vor ihm hatte.
[3] Alles Zusammengesetzte muss ins Dasein gerufen worden sein [kann nicht ewig, d.h. ohne Anfang sein].
Wenn diese drei Prämissen feststehen, wird die Schlussfolgerung für denjenigen, der sie anzuwenden und zu kombinieren versteht, sein, dass die Welt einen Schöpfer hat, der sie aus dem Nichts erschaffen hat, wie wir mit G-ttes Hilfe zeigen werden.
Der Beweis für diese drei Prämissen lautet wie folgt.

BEWEIS DER ERSTEN PRÄMISSION - Alles was existiert, nachdem es nicht existiert hat, kann einer von zwei Möglichkeiten nicht entkommen: Entweder hat es sich selbst erschaffen oder etwas anderes hat es erschaffen.
Wenn es sich selbst erschaffen hat, dann kann es auch einer von zwei Möglichkeiten nicht entkommen: Entweder hat es sich selbst erschaffen, bevor es existierte, oder nachdem es existierte.
Beides ist unmöglich, denn wenn wir annehmen, dass es sich selbst erschaffen hat, nachdem es existierte, dann hat es nichts getan, da es nicht notwendig war, sich selbst zu erschaffen, weil es bereits existierte, bevor es irgendetwas tat, also hat es nichts getan.
Wenn wir annehmen, dass es sich selbst erschaffen hat, bevor es existierte - dann war es "efes v'ofes" [absolut nichts - Üb], und das, was efes [nichts] ist, kann weder eine Handlung noch eine Vorbereitung [Potential] für eine Handlung durchführen, weil das Nichts nichts tun

Die Pflichten des Herzens Kapitel Eins Rabbeinu Bachya

kann. Daher ist es für etwas unmöglich, sich in irgendeiner Weise selbst zu machen.
Die erste Prämisse ist geklärt.

BEWEIS DER ZWEITEN PRÄMISSE - [Anfänge sind zahlenmäßig begrenzt] Der Beweis der zweiten Prämisse lautet wie folgt: [Kommentare folgen]
Was immer eine Grenze/ein Ende hat [d.h. endlich ist], muss einen Anfang haben, denn es ist offensichtlich, dass etwas, das keinen Anfang hat [d.h. ewig existiert], keine Grenze/kein Ende hat [d.h. endlich ist], da es für den Menschen unmöglich ist, die Grenzen dessen zu ergründen, was ohne Anfang ist.
Daher wissen wir, dass das, was eine Grenze/ein Ende hat, einen ersten Anfang gehabt haben muss, der keinen Anfang vor sich hatte, und einen Anfang, der keinen Anfang vor sich hatte. Und wenn wir den begrenzten Charakter aller in der Welt gefundenen Anfänge betrachten, müssen wir zu dem Schluss kommen, dass sie einen ersten Anfang hatten, dem kein Anfang vorausging, und einen ersten Anfang, dem kein Anfang vorausging, da es keine unendliche Kette von [nicht ewigen] Anfängen geben kann.

ZWEITER BEWEIS, DASS ANFÄNGE ENDLICH SEIN MÜSSEN - Darüber hinaus ist es offensichtlich, dass alles, was Teile hat, ein Ganzes haben muss, da ein Ganzes nur die Summe seiner Teile ist. Es ist nicht denkbar, dass etwas Unendliches aus Teilen besteht, denn ein Teil ist per Definition eine von einer anderen Menge getrennte Menge, und durch den Teil wird das Ganze gemessen, wie Euklid in der fünften Abhandlung seines Buches der Maße erwähnt.
Wenn wir in unseren Gedanken etwas betrachten, das in Wirklichkeit unendlich ist, und wir nehmen einen Teil davon ab, wird der Rest zweifellos weniger sein, als er vorher war. Und wenn der Rest auch unendlich ist, dann wird ein Unendliches größer sein als ein anderes Unendliches, was unmöglich ist.
Oder wenn der Rest [des Ganzen] nun endlich ist und wir den Teil, den wir weggenommen haben, wieder einsetzen - dann wird das Ganze endlich sein, aber es war ursprünglich unendlich, wenn also dasselbe endlich und unendlich ist, was ein Widerspruch und unmöglich ist. Und deshalb ist es unmöglich, einen Teil aus etwas herauszunehmen, das unendlich ist, da alles, was aus Teilen besteht, unzweifelhaft begrenzt ist. Wenn wir nun von allen Dingen [Individuen], die jemals in der Welt existiert haben, einen Teil aus dieser Gesamtzahl herausnehmen, wie z.B.

Die Pflichten des Herzens Kapitel Eins Rabbeinu Bachya

alle individuellen Dinge, die von den Tagen Noahs bis zu den Tagen Moses ins Dasein kamen. Die Gesamtzahl der einzelnen Dinge dieses Teils ist begrenzt, also ist auch das Ganze zusammen begrenzt. Und da das Ganze dieser Welt in der Zahl seiner Einzeldinge begrenzt ist, so muß auch die Zahl seiner Anfänge [Ursachen] begrenzt sein, und zwangsläufig hat diese Welt eine erste Ursache, die keine vorherige Ursache hatte, und es ist deshalb notwendig, daß die Anfänge ein Ende erreichen.

BEWEIS DER DRITTEN PRÄMISSE - Der Beweis der dritten Prämisse: Alles Zusammengesetzte ist offensichtlich aus mehr als einem Ding zusammengesetzt, und diese Dinge, aus denen es zusammengesetzt ist, müssen ihm von Natur aus vorausgehen. Ebenso muss das, was das Zusammengesetzte zusammengesetzt hat, ihm von Natur aus und zeitlich vorausgehen.

Das Kadmon [das, was immer existierte], ist das, was keine Ursache hat, und das, was keine Ursache hat, hat keinen Anfang, und das, was keinen Anfang hat, hat keine Grenze/kein Ende [wie zuvor]. Folglich ist das, was einen Anfang hat, nicht kadmon, und alles, was nicht kadmon ist, ist mechudash [erschaffen, aus dem Nichts ins Dasein gebracht], da es keinen dritten Begriff gibt, der zwischen ewig und erschaffen stehen kann, der weder ewig noch erschaffen ist. Wenn dem so ist, ist alles, was zusammengesetzt ist, nicht ewig und muss daher geschaffen worden sein. Da die dritte Prämisse bewiesen ist, sind alle drei Prämissen bewiesen.

Kapitel Sechs

Die Anwendung der zuvor erwähnten Prämissen, um die Existenz des Schöpfers zu beweisen, ist wie folgt.

Wenn wir diese Welt betrachten, stellen wir fest, dass sie zusammengesetzt und zusammengefügt ist. Es gibt keinen Teil von ihr, der nicht den Charakter von Zusammensetzung und Koordination hat. Unseren Sinnen und unserem Verstand erscheint sie wie ein gebautes und eingerichtetes Haus, in dem alles, was es braucht, vorbereitet ist. Der Himmel oben wie ein Dach, das Land unten wie ein Teppich, die Sterne in ihrer Anordnung wie Kerzen. Alle Gegenstände, die darin versammelt sind, wie Schätze - alles hat seinen Bedarf. Der Mensch ist wie der Herr des Hauses, der alles nutzt, was in ihm ist. Die verschiedenen Pflanzenarten sind zu seinem Nutzen zubereitet; die verschiedenen Tierarten dienen ihm, wie David sagte: "Du hast den Menschen geschaffen, damit er über die Werke deiner Hände herrsche; du hast ihm

Die Pflichten des Herzens Kapitel Eins Rabbeinu Bachya

alles unter die Füße gelegt, alle Schafe und Rinder und die Tiere des Feldes, die Vögel des Himmels und die Fische des Meeres und alles, was auf den
Wegen der Meere umherzieht" [Ps 8,7].

Und die Ordnung des Sonnenaufgangs und des Sonnenuntergangs - um die Tages- und Nachtzeit festzulegen, und den Auf- und Untergang der Sonne, um die Hitze und die Kälte, den Sommer und den Winter festzulegen, für die Angelegenheiten der Jahreszeiten und ihren Nutzen, und ihren ständigen Wechsel nach dieser Ordnung ohne Unterbrechung, wie geschrieben steht: "Der der Sonne gebietet, und sie geht nicht auf, und die Sterne versiegelt." [Iyov 9:7], und "Du machst Finsternis, und es ist Nacht" [Ps. 104:20].

Und die Bahnen der Planeten, mit ihren verschiedenen Bewegungen und Perioden, und die Sterne und Sternbilder, die präzisen Bewegungen und exakten Ordnungen folgen, ohne sich zu verirren und ohne sich zu verändern, und der Zweck von allem ist zum Nutzen der Menschheit, wie Salomo sagte: "Ein jegliches hat seine Zeit, und ein jeglicher Zweck unter dem Himmel hat seine Stunde" [Prediger 3,11], und "auch hat er die Welt in die Herzen der Menschen gelegt" [Prediger 3,1].

Und alles, ob in Teilen oder als Ganzes, kann als zusammengesetzt und zusammengesetzt beobachtet werden. Wenn wir eine Pflanze oder ein Lebewesen untersuchen, stellen wir fest, dass sie aus den vier Elementen - Feuer, Luft, Wasser und Erde - bestehen, die getrennt und unterschiedlich sind.

Wir sind nicht in der Lage, die vier Elemente auf natürliche Weise miteinander zu verbinden, da sie unterschiedlich sind und sich sogar gegenseitig abstoßen. Wenn wir versuchen, sie künstlich zu verbinden, verändert sich das Ergebnis rasch und zerfällt, während die von der Natur geschaffene Synthese vollständig ist und bis zum [festgesetzten] Zeitpunkt ihres Endes Bestand hat.

Einige der Philosophen glaubten, dass die Planeten, die Sterne und die himmlischen Ishim aus dem Element des Feuers bestehen, und ähnlich sagte David: "Er macht die Winde zu seinen Boten und die Feuerflammen zu seinen Dienern" [Ps. 104:4], und das ist eine Stütze für diese Ansicht, und dass sie nicht aus einem fünften Element [Quintessenz] sind, wie Aristoteles meinte.

Da alle existierenden Dinge, die wir vorfinden, aus den Elementen stammen und aus ihnen zusammengesetzt sind, und wir wissen, dass sie nicht aus sich selbst heraus zusammengefügt wurden und sich von Natur aus aufgrund ihrer abstoßenden Eigenschaften nicht miteinander verbinden, ist es für uns klar, dass etwas anderes sie zusammengefügt

Die Pflichten des Herzens Kapitel Eins Rabbeinu Bachya

und gebunden haben muss und sie entgegen ihrer Natur mit Kraft verschmolzen haben muss - dies ist ihr Schöpfer, der sie zusammengefügt und ihre Vereinigung angeordnet hat.

Wenn wir die vier Elemente untersuchen, werden wir feststellen, dass sie aus Materie [chomer] und Form [tzura] bestehen, die das Wesen [etzem] und das Geschehen [mikre] sind.

Die [formlose] Materie der Elemente ist die Urmaterie, die die Wurzel der vier Elemente ist, das Physische oder "Hiyuli" von ihnen.

Ihre Form ist die ursprüngliche Form, die alle Formen umfasst und die die Wurzel aller Formen ist, sei es die Essenz oder ein Ereignis wie Hitze, Kälte, Nässe, Trockenheit, Schwere, Leichtigkeit, Bewegung, Ruhe usw.

[Zusammenfassend lässt sich sagen, dass Kombination und Vereinigung in der ganzen Welt zu finden sind, als Ganzes und in all ihren Teilen, in ihren Wurzeln und in ihren Zweigen, im Einfachen und im Komplexen, im Oberen und im Unteren. Daraus folgt, dass die Welt vollständig mechudash [erschaffen] ist, denn es wurde geklärt, dass alles, was zusammengesetzt ist, in die Existenz gebracht worden sein muss. Daher ist es richtig, dass wir zu dem Schluss kommen, dass die Welt mechudash ist, und da dies so ist und es nicht möglich ist, dass etwas sich selbst erschafft, muss es einen Schöpfer geben, der sie ins Leben gerufen hat.

Und da wir gezeigt haben, dass es keine unendliche Kette von Ursachen geben kann, muss es eine erste Ursache ohne vorherige Ursache und einen Anfang ohne vorherigen Anfang gegeben haben - und Er ist derjenige, der es geformt und aus dem Nichts ins Dasein gebracht hat, nicht mit Hilfe von irgendetwas oder für irgendetwas.

Wie der Vers dazu sagt: "Ich bin der Ewige, der alles macht, der den Himmel allein ausbreitet und die Erde durch mich ausbreitet" [Jesaja 44,24], und "Er spannt den Norden über die Leere aus und lässt die Erde über dem Nichts schweben" [Ijow 26,7]. Er ist der Schöpfer, den wir mit unserer Vernunft und unserem Intellekt erforscht und gesucht haben. Er ist der Kadmon [Ewige], für den es keinen Anfang gibt, und der Erste, dessen Ewigkeit endlos ist, wie geschrieben steht: "Ich bin der Erste und ich bin der Letzte" [Jesaja 44,6], und "Wer hat es getan und getan und die Geschlechter von Anfang an gerufen? Ich, der Ewige, der Erste und der Letzte, ich bin es" [Jesaja 41,4].

Es gibt Leute, die behaupten, die Welt sei zufällig entstanden, ohne einen Schöpfer, der sie geschaffen hat, und ohne einen Macher, der sie geformt hat. Es ist für mich erstaunlich, wie ein vernünftiger, gesunder Mensch auf eine solche Idee kommen kann. Wenn ein solcher Mensch von einem anderen Menschen hören würde, der dasselbe über ein Wasserrad sagt, das sich dreht, um einen Teil eines Feldes oder eines Gartens zu

Die Pflichten des Herzens Kapitel Eins Rabbeinu Bachya

bewässern, und behauptet, dass es ohne einen Handwerker entstanden ist, der es entworfen und mit viel Mühe zusammengebaut und jedes Teil für einen nützlichen Zweck eingesetzt hat - der Zuhörer wäre sehr erstaunt über ihn, würde ihn für einen völligen Narren halten und ihn schnell einen Lügner nennen und seine Worte zurückweisen. Und da er eine solche Vorstellung für ein einfaches, unbedeutendes Wasserrad ablehnen würde, das nur wenig Einfallsreichtum erfordert und nur einen kleinen Teil der Erde in Ordnung bringt - wie könnte er es sich erlauben, eine solche Vorstellung für das gesamte Universum zu hegen, das die Erde und alles in ihr umfasst und das eine Weisheit aufweist, die kein vernünftiger menschlicher Verstand zu ergründen vermag, und das zum Nutzen der ganzen Erde und allem auf ihr vorbereitet ist. Wie könnte man behaupten, dass sie ohne Absicht und Gedanken eines fähigen, weisen Seins entstanden ist?

Es ist für uns offensichtlich, dass Dinge, die ohne die Absicht eines Beabsichtigers [d.h. einer Intelligenz] zustande kommen, keine Spur von Weisheit oder Fähigkeit aufweisen. Wenn ein Mensch plötzlich Tinte auf sauberes Papier schüttet, wäre es unmöglich, dass darauf eine geordnete Schrift und leserliche Linien entstehen, wie es mit einer Feder der Fall wäre, und wenn ein Mensch uns eine geordnete Schrift vorlegen würde, die ohne den Gebrauch einer Feder nicht geschrieben werden kann, und er würde sagen, dass Tinte auf das Papier geschüttet wurde und die Form der Schrift sich von selbst ergab, würden wir ihn schnell als Lügner bezeichnen. Denn wir wären uns sicher, dass dies nicht ohne die Absicht eines intelligenten Menschen geschehen sein kann.

Da dies für unsere Augen bei bloßen Symbolen [dem Alphabet], deren Form lediglich konventionell ist, unmöglich erscheint, wie könnte man bei etwas, dessen Technik weitaus feiner ist und dessen Formation unendlich viel feiner, tiefer und jenseits unseres Verständnisses ist, auf die Idee kommen zu sagen, dass es ohne die Absicht eines Beabsichtigers und ohne die Weisheit eines weisen und mächtigen Seins ist.

Was wir gebracht haben, um die Existenz des Schöpfers unter dem Aspekt Seiner Taten zu beweisen, sollte für jeden, der intelligent ist und die Wahrheit anerkennt, ausreichen, und es ist eine ausreichende Widerlegung für die Gruppe der Kadmut, die behaupten, die Welt sei kadmon [immer schon da], und um ihre Behauptungen zu widerlegen. Wisse es gut!

Kapitel Sieben

Der Beweis, dass der Schöpfer einer ist, lautet wie folgt. Da uns durch

Die Pflichten des Herzens Kapitel Eins Rabbeinu Bachya

logische Beweise klar geworden ist, dass die Welt einen Schöpfer hat, obliegt es uns, ihn zu untersuchen, ob er einer oder mehr als einer ist, und wir werden die Wahrheit seiner Einheit mit sieben Argumenten beweisen.

ERSTES ARGUMENT FÜR DIE EINHEIT G-ttes - Das erste ergibt sich aus unserer Untersuchung der Ursachen der existierenden Dinge. Wenn wir sie untersuchen, stellen wir fest, dass die Ursachen immer weniger sind als ihre Wirkungen, d.h. je höher man in der Kette der Ursachen aufsteigt, desto weniger Ursachen gibt es, und je weiter man in dieser Kette aufsteigt, desto weniger werden es, bis man schließlich zu einer Ursache gelangt, die die Ursache aller Ursachen ist.

Die ausführlichere Erklärung dazu: Die einzelnen Dinge [Ishim], die existieren, sind zahllos. Wenn wir die Arten [Minim] untersuchen, aus denen sie bestehen, werden wir feststellen, dass ihre Zahl geringer ist als die der Individuen unter ihnen, denn jede Art umfasst viele Individuen, und sie sind nicht unzählig. Und wenn wir die Arten in die [umfassendere Kategorie] "Typen" [sugim] einteilen, die die Arten einschließt, werden wir feststellen, dass die Anzahl der Typen geringer ist als die Anzahl der Arten, da jeder Typ viele Arten einschließt, und je weiter man aufsteigt, desto geringer wird die Anzahl, bis man die primären Typen erreicht.

Der Philosoph [Aristoteles] sagte bereits, dass die allgemeinen Arten zehn sind: Etzem, Kama, Eich, Mitztaref, Ana, Matay, Matzav, Kinyan, Poel, und Nifal. [Erklärung in den folgenden Kommentaren]

Die Ursachen für diese zehn allgemeinen Typen sind fünf: Bewegung und die vier Elemente - Feuer, Luft, Wasser und Erde.

Die Ursachen der vier Elemente sind zwei: Materie [chomer] und Form [tzura], und wenn wir die Ursache dieser beiden weiter untersuchen, wird sie zweifelsohne geringer sein als diese. Diese [Ursache] ist der Wille des Schöpfers, und es gibt keine Zahl, die kleiner ist als zwei, sondern nur eine, und wenn das so ist, ist der Schöpfer einer.

Und auch David, Friede sei mit ihm, sagte: "Dein, o Ewiger, ist das Reich, und Du bist erhaben als Haupt über alles" [Chronik 29,11], was bedeutet, dass G-tt erhaben ist über alles, was erhaben ist, erhaben über alles, was erhaben ist. Er ist der Erste aller Anfänge und die Ursache aller Ursachen.

DAS ZWEITE ARGUMENT FÜR DIE EINHEIT G-ttes - Das zweite Argument wird aus der Perspektive der Zeichen der Weisheit gezogen, die sich im Universum manifestieren, sei es oben oder unten, in den unbelebten Dingen, den Pflanzen und den Tieren in ihm.

Die Pflichten des Herzens Kapitel Eins Rabbeinu Bachya

Wenn wir die Welt betrachten, wird es offensichtlich, dass sie der Entwurf eines Denkers und das Werk eines Schöpfers ist. Wir finden, dass ihre Wurzeln und Fundamente in ihren Ableitungen ähnlich und in ihren Teilen einheitlich sind. Die Zeichen der Weisheit, die sich sowohl in den kleinsten als auch in den größten Geschöpfen manifestieren, bezeugen, dass sie das Werk eines einzigen weisen Schöpfers sind. Wenn diese Welt mehr als einen Schöpfer hätte, würde die Form der Weisheit in den verschiedenen Teilen der Welt unterschiedliche Formen aufweisen und sich in ihrem allgemeinen Charakter und ihrer Gliederung unterscheiden.

Kein Teil ist ohne die Hilfe eines anderen Teils vollendet, wie die Glieder einer Rüstung, die Teile eines Bettes, die Glieder des menschlichen Körpers oder andere Dinge, deren Funktionieren von anderen Teilen abhängt.

Kannst du sehen, dass der Mond und die Planeten das Licht der Sonne brauchen, dass die Erde den Himmel und das Wasser braucht, dass die Tiere einander brauchen und dass einige Arten sich von anderen Arten ernähren, wie Raubvögel, Fische und Tiere des Waldes, die alle einander brauchen? Und die Notwendigkeit des Menschen für alles und die Korrektur von allem durch den Menschen [der Mensch gibt allem einen höheren Zweck]. Länder, Städte, Wissenschaften und Berufe sind voneinander abhängig.

Und die g-ttliche Weisheit zeigt sich in den kleinen Geschöpfen ebenso wie in den großen, denn die Weisheit, die sich in der Bildung eines Elefanten manifestiert, ist trotz seines riesigen Körpers nicht wundersamer als die Weisheit, die sich in der Bildung einer winzigen Ameise manifestiert. Im Gegenteil, je kleiner das Geschöpf ist, desto mehr Weisheit und Kraft scheint es widerzuspiegeln, und desto mehr zeugt es von der wundersamen Fähigkeit des Schöpfers.

Dies lehrt, dass sie alle der Entwurf eines einzigen Designers und Schöpfers sind, da sie ähnlich und gleich sind in der Förderung und Vollendung der natürlichen Ordnung und Erhaltung der Welt in all ihren Teilen. Wenn es mehr als einen Schöpfer gäbe, wäre die Form der Weisheit in einigen ihrer Teile unterschiedlich, und die Dinge wären nicht voneinander abhängig. Da die Welt, obwohl sie in ihren Wurzeln und Grundlagen unterschiedlich ist, in ihren Ableitungen und Verbindungen gleich ist, kann man sehen, dass ihr Schöpfer, der sie zusammengefügt hat, ihr Lenker und Gestalter einer ist.

Ein Philosoph hat einmal gesagt: "Kein Teil von dem, was G-tt geschaffen hat, ist wundersamer als ein anderer Teil". Das bedeutet, dass die Weisheit in einem winzigen Geschöpf dieser Welt der Weisheit in

Die Pflichten des Herzens Kapitel Eins Rabbeinu Bachya

einem großen Geschöpf ähnlich und gleich ist, wie David, Friede sei mit ihm, sagte: "Ewiger, wie vielfältig sind Deine Werke, mit Weisheit hast Du sie alle gemacht, und die Erde ist voll von Deinen Gütern" [Ps 104,24], und "Ewiger, wie groß sind Deine Werke! Deine Gedanken sind unendlich tief" [Ps 92,6].

DAS DRITTE ARGUMENT - Das dritte Argument aus dem chidush [nicht-ewige Natur], das für das gesamte Universum gilt. Da unsere vorherigen Beweise gezeigt haben, dass die Welt geschaffen ist [siehe Kapitel 5-6], folgt daraus, dass sie einen Schöpfer gehabt haben muss. Denn es ist unmöglich, dass etwas aus sich selbst heraus entstanden ist. Und wenn wir sehen, dass ein Ding existiert, und wir sind sicher, dass es zu einer bestimmten Zeit nicht existierte - dann wissen wir durch das Zeugnis eines gesunden Verstandes, dass etwas anderes als es selbst es geschaffen, ins Leben gerufen und geformt hat.

Da wir festgestellt haben, dass die Welt einen Schöpfer hat, der sie erschaffen und ins Dasein gebracht hat, brauchen wir nicht darüber nachzudenken, ob er mehr oder weniger als einer ist, denn es ist unmöglich, dass die Welt ohne mindestens einen Schöpfer existiert. Und wenn es möglich wäre, sich vorzustellen, dass die Welt mit weniger als einem Schöpfer entstanden sein könnte, würden wir dies in Betracht ziehen. Da wir uns aber nicht vorstellen können, dass etwas weniger als einer etwas ins Dasein bringen kann, schließen wir, dass der Schöpfer einer sein muss. Denn bei Dingen, die durch logische Beweise nachgewiesen wurden und deren Existenz nicht zu leugnen ist, brauchen wir nicht mehr anzunehmen, als notwendig ist, um die Phänomene zu erklären, die der Beweis zeigt.

Die Analogie dazu: Wenn wir einen Brief mit einheitlicher Handschrift und gleichem Stil sehen, wird uns sofort einfallen, dass eine Person ihn geschrieben und verfasst hat, weil es nicht möglich ist, dass es nicht mindestens eine Person gab. Wäre es möglich, dass er von weniger als einer Person geschrieben worden ist, würden wir diese Möglichkeit in Betracht ziehen. Und selbst wenn es möglich ist, dass er von mehr als einer Person geschrieben wurde, ist es nicht angemessen, dies in Betracht zu ziehen, es sei denn, es gibt Beweise, die dies bezeugen, wie z. B. eine unterschiedliche Handschrift in einem Teil des Briefes oder ähnliches.

Da dies so ist, ist es nicht notwendig, ihn von Angesicht zu Angesicht zu kennen, wenn dies nicht möglich ist, und es reicht aus, wenn wir den Brief sehen und die Handlungen des Schreibers, nämlich die Form des Schreibens, als Beweis akzeptieren, anstatt den Schreiber selbst zu sehen. Dann wissen wir mit Sicherheit, dass es einen Schreiber gibt, der

Die Pflichten des Herzens Kapitel Eins Rabbeinu Bachya

schreiben kann und der fähig ist zu schreiben, und der diesen Brief geschrieben hat.

Er hat ihn nicht in Zusammenarbeit mit jemand anderem geschrieben. Das können wir an der geordneten Form und der einheitlichen Handschrift erkennen, denn die Arbeit zweier Schreiber ist unterschiedlich. Es ist nicht einheitlich und geordnet auf eine Art und Weise, und es ändert sich in Qualität und Charakter.

Ähnlich werden wir in Bezug auf den Schöpfer sagen: Da die Zeichen der Weisheit in seinen Schöpfungen ähnlich und gleichförmig sind, müssen wir daraus schließen, dass ein Schöpfer sie erschaffen hat und dass sie ohne Ihn nicht hätten entstehen können, obwohl der Schöpfer nicht etwas ist, das weder in Etzem [Wesen] noch in Mikre [Ereignis] wahrgenommen werden kann. Und da Er nicht gesehen werden kann, ist es unmöglich, Ihn zu finden und zu erkennen, außer durch die Beweise und Beobachtungen Seiner Werke, die auf Ihn hinweisen. Dann wird unser Glaube feststehen, dass Er existiert und dass Er Einer ist, dass Er Kadmon [ewig] ist, der war und der sein wird, der Erste und der Letzte, mächtig, weise, lebendig.

Da Er nicht zu den Dingen gehört, die man sehen kann, werden die Beweise für Ihn für uns an die Stelle des Sehens treten.

Daher müssen wir zu dem Schluss kommen, dass ein Schöpfer die Welt erschaffen hat, denn ohne Ihn ist die Existenz der geschaffenen Dinge unmöglich. Die Annahme von mehr als einem Gott ist überflüssig und unnötig. Daher kann jemand, der dies behauptet, nicht als legitim angesehen werden, es sei denn, er bringt einen soliden logischen Beweis außer dem, den wir gebracht haben. Aber es ist unmöglich, einen solchen Beweis zu erbringen, da zwei stichhaltige logische Beweise einander nicht widersprechen.

Alle Beweise zeugen somit von Seiner Einheit und verneinen, dass Ihm irgendeine Pluralität, Verbindung oder Ähnlichkeit zugeschrieben wird, wie G-tt selbst erklärt: "Gibt es einen Gott außer mir?" [Jesaja 44,8], und "Ich bin der Erste und der Letzte" [ebd. 44,6], und "Meine Hand hat die Grundfesten der Erde gelegt, und meine Rechte hat den Himmel ausgebreitet" [Jesaja 48,13], und "ein gerechter G-tt und ein Erlöser; es gibt keinen außer mir" [Jesaja 45,21].

DAS VIERTE ARGUMENT - [Übersetzer: Wichtiger Hinweis. In diesem Argument geht es um geistliche Dinge, die sehr tiefgründig sind. Man kann über sie nicht auf dieselbe Weise nachdenken wie über physische Dinge. Der Autor hat bereits in Kapitel 2 davor gewarnt, dass nur wenige diese sehr subtilen Argumente verstehen können.

Die Pflichten des Herzens Kapitel Eins Rabbeinu Bachya

Kommentare folgen!] Das vierte Argument: Wir werden jedem, der glaubt, dass der Schöpfer mehr als einer ist, folgendes sagen. Es muss so sein, dass das Wesen all dieser [angeblichen Schöpfer] entweder eins oder nicht eins ist.

Wenn du sagst, dass sie ihrem Wesen nach eins sind, dann sind sie eine Sache, und der Schöpfer ist nicht mehr als einer.

Wenn du sagst, dass jeder von ihnen seinem Wesen nach anders ist als der andere, dann muss es also eine Unterscheidung zwischen ihnen geben, die auf ihrer Verschiedenheit und Nicht-Ähnlichkeit beruht. Wenn dem so ist, ist alles, was unterschieden ist, begrenzt/gebunden. Und was auch immer begrenzt/gebunden ist, ist endlich. Und was auch immer begrenzt ist, ist zusammengesetzt - und was auch immer zusammengesetzt ist, wurde in die Existenz gebracht, und was auch immer in die Existenz gebracht wird, muss einen Schöpfer haben.

Wer also meint, der Schöpfer sei mehr als einer, muss auch annehmen, dass dieser Schöpfer ins Dasein gerufen wurde. Wir haben jedoch bereits gezeigt, dass der Schöpfer Kadmon [ohne Anfang] ist, und dass Er die Ursache aller Ursachen und der Anfang aller Anfänge ist. Daher muss Er einer sein und wie der Vers sagt: "Du bist der Ewige, Du allein" [Nechemia 9:6]. [Ende des Beweises].

DAS FÜNFTE ARGUMENT - Das fünfte Argument, das sich aus den Begriffen der Pluralität und der Einheit ergibt, lautet wie folgt. In seinem Buch definiert Euklid die Einheit wie folgt: "Die Einheit ist die Eigenschaft, durch die wir von jedem Ding sagen, dass es eins ist". Das bedeutet, dass die Einheit von Natur aus dem einzelnen Ding vorausgeht, so wie wir sagen, dass die Wärme einem heißen Gegenstand vorausgeht. Wenn es keine "Einheit" gäbe, könnten wir von nichts sagen, dass es eins ist.

Die Vorstellung, die wir uns von der Einheit machen müssen, ist die einer vollständigen Einheit, einer Einzigartigkeit, die absolut frei von Zusammensetzung oder Ähnlichkeit ist. Frei in jeder Hinsicht von Pluralität oder Zahl, die weder mit etwas verbunden noch von etwas getrennt ist.

Die Idee der Pluralität ist die einer Summe von Einheiten. Die Pluralität kann daher der Einheit, aus der sie gebildet wurde, nicht vorausgehen. Wenn wir etwas Pluralität mit unserem Intellekt begreifen oder durch unsere Sinne wahrnehmen, wissen wir mit Sicherheit, dass die Einheit ihr vorausgegangen ist, so wie beim Zählen die Zahl Eins den übrigen Zahlen vorausgeht. Wer meint, der Schöpfer sei mehr als einer, muss also trotzdem zugeben, dass es eine vorangegangene Einheit gab,

Die Pflichten des Herzens Kapitel Eins Rabbeinu Bachya

so wie die Zahl Eins den anderen Zahlen vorausgeht, und so wie der Begriff der Einheit dem der Vielheit vorausgeht. Daher ist der Schöpfer absolut Einer, und Ewig [Kadmon], und keiner ist Ewig außer Ihm, wie geschrieben steht: "Vor mir war kein G-tt, und nach mir wird keiner sein" [Jesaja 43:10].

DAS SECHSTE ARGUMENT - Das sechste Argument, das von den Mikre [zufälligen] Eigenschaften ausgeht, die mit allem verbunden sind, was Plural ist. Die Pluralität ist eine zufällige Eigenschaft, die dem Etzem [Wesen] zugeschrieben wird, und fällt unter die Kategorie "Kamus" [Menge]. Da Er der Schöpfer des Wesens und des Zufalls ist, kann keines dieser Attribute Seinem herrlichen Wesen zugeschrieben werden. Denn es ist durch die Schrift und die Vernunft klar bewiesen worden, dass der Schöpfer über und jenseits aller Vergleiche und Ähnlichkeiten mit seinen Schöpfungen steht, und da die Pluralität, die dem Wesen von allem, was plural ist, anhaftet, eine zufällige Eigenschaft ist, kann diese Eigenschaft nicht angemessen dem herrlichen Wesen des Schöpfers zugeschrieben werden. Und wenn Er nicht als Plural beschrieben werden kann, muss Er sicherlich Einer sein, denn es gibt nichts zwischen den beiden Möglichkeiten, wie Chana sagte: "Es gibt niemanden, der so heilig ist wie der Ewige, denn es gibt niemanden außer Dir" [Shmuel I 2:2].

DAS SIEBTE ARGUMENT - Wenn es mehr als einen Schöpfer gäbe, dann wäre entweder jeder dieser hypothetischen Schöpfer in der Lage, das Universum selbst zu erschaffen, oder er hätte es nicht ohne die Hilfe des anderen tun können.
Wenn einer von ihnen fähig ist, dann ist der andere Schöpfer überflüssig, da der erste auch ohne ihn fähig ist und die Hilfe des anderen nicht braucht.
Und wenn die Erschaffung der Welt nicht vollendet werden kann, ohne dass sie sich zusammentun, dann hatte kein einziger von ihnen die volle und vollständige Kraft und Fähigkeit. Jeder hatte nicht die nötige Kraft und Fähigkeit und war schwach. Was schwach ist, ist begrenzt an Kraft und Wesen. Was endlich ist, ist gebunden. Was auch immer gebunden ist, ist zusammengesetzt. Was auch immer zusammengesetzt ist, wurde in die Existenz gebracht, und alles, was in die Existenz gebracht wurde, muss jemanden haben, der es in die Existenz gebracht hat [einen Schöpfer].
Daher kann das Schwache [Begrenzte] unmöglich das Ewige sein, denn das Ewige ist in keiner Hinsicht unzulänglich und braucht auch nicht die Hilfe eines anderen. Daher ist der Schöpfer nicht mehr als Einer.

Die Pflichten des Herzens Kapitel Eins Rabbeinu Bachya

Wenn es möglich wäre, dass der Schöpfer mehr als einer ist, wäre es auch möglich, dass es bei der Erschaffung der Welt Unstimmigkeiten zwischen ihnen gäbe und die Sache nicht vollendet wäre. Da wir feststellen, dass die ganze Welt einer einzigen Ordnung und einer einheitlichen Bewegung für alle ihre Teile folgt, die sich im Laufe der Generationen nicht ändert, noch scheint sie sich in der Art ihres Verhaltens zu ändern, wissen wir daher, dass ihr Schöpfer und Herrscher Einer ist und dass niemand außer Ihm sein Werk ändert oder seine Herrschaft verändert, wie die Schrift sagt: "Und wer, wie ich, wird rufen und es verkünden und es für mich in Ordnung bringen" [Jesaja 44,7], und David sagte: "Ewig, Ewiger, steht dein Wort fest im Himmel; deine Treue währt für alle Geschlechter: Du hast die Erde gegründet, und sie bleibt bestehen" [Ps 119,89-90].

Die vollkommene Herrschaft des Schöpfers, die wir an seinen Geschöpfen beobachten [auch ein Hinweis auf seine Einheit - Rabbi Hyamson]. Denn eine Regierung kann nur dann vollkommen und beständig sein, wenn ein einziges Individuum Entscheidungen trifft und die Angelegenheit leitet, wie bei einem König, der ein Land regiert, oder bei der Seele, die den Körper kontrolliert.

So sagt Aristoteles in seinem Buch über die Einheit: "Es ist nicht gut, viele Köpfe zu haben, sondern nur einen Kopf". So sagte auch Salomo: "Für die Übertretung eines Landes sind viele seine Fürsten" [Mischlei 28,2].

Was wir hier dargelegt haben, sollte dem verständigen Menschen genügen, um den Gläubigen der doppelten Gott oder der dreifachen Gott der Christen und anderer zu antworten. Denn wenn wir die Einheit des Schöpfers der Welt nachweisen, werden alle, die behaupten, er sei plural, automatisch widerlegt. Merke dir das gut.

Kapitel Acht

Die Unterscheidung zwischen wahrer [absoluter] Einheit und konventioneller Einheit ist wie folgt.

Der Begriff "eins" leitet sich von dem Begriff "Einheit" ab. Der Begriff wird in zwei Bedeutungen verwendet. Die eine ist mikri [zufällig], das ist die konventionelle Einheit. Die zweite ist die essentielle und dauerhafte - das ist die wahre [absolute] Einheit.

Die zufällige Einheit lässt sich in zwei Bereiche unterteilen. In der einen zeigt sich der Charakter der Vielheit, der Kollektivität und der Aggregation, wie eine Gattung, die viele Arten umfasst, oder wie eine

Die Pflichten des Herzens Kapitel Eins Rabbeinu Bachya

Art, die viele Individuen umfasst, und wie ein Mensch, der aus vielen Teilen besteht, oder eine Armee, die viele Männer umfasst. Oder wie wir sagen, ein Hin [Maß], ein Rova [Maß] oder ein Liter [z.B. von Reis oder Wasser], die kleinere Maße enthalten, von denen jedes auch "eins" genannt wird. Jedes dieser Dinge, die wir erwähnt haben, wird konventionell "eins" genannt, weil die Dinge, die unter dem einen Namen zusammengefasst sind, gleich sind. Jedes von ihnen kann auch "Plural" genannt werden, da es viele Dinge umfasst, die, wenn sie getrennt und isoliert werden, jeweils "eins" genannt werden. Die Einheit in all diesen erwähnten Formen ist Mikre [zufällig]. Jedes ist aus einer Perspektive eine Einheit und aus einer anderen Perspektive ein Plural.

Die zweite Unterteilung der beiläufigen Einheit ist die Einheit, die einem einzelnen Individuum zugeschrieben wird, das, obwohl es scheinbar nicht plural und keine Ansammlung mehrerer Dinge ist, doch im Wesentlichen plural ist, - da es aus Materie und Form, Wesen und Begebenheit besteht, empfänglich für "Schöpfung" und "Zerstörung", Teilung und Kombination, Trennung und Vereinigung, Veränderung und Variation. [siehe Kommentare]

Pluralität muss allem zugeschrieben werden, auf das eines der genannten Dinge zutrifft, denn sie stehen im Widerspruch zur Einheit. Die Einheit, die allem zugeschrieben wird, was wesentlich plural und in irgendeiner Weise veränderlich ist, ist zweifellos Mikre [eine zufällige Eigenschaft]. Es ist Einheit im herkömmlichen Sinne, aber nicht im wahren Sinne. Bemühe dich, dies zu verstehen.

Die wahre [absolute] Einheit ist ebenfalls von zweierlei Art. Die erste im abstrakten Denken und die zweite in der tatsächlichen Realität.

Die abstrakt gedachte Version ist die numerische Einheit, nämlich die Wurzel und der Anfang aller Zahlen. Sie ist das Zeichen und Symbol eines Anfangs, den kein anderer Anfang kennt. Denn jeder wahre Anfang wird als "Eins" bezeichnet, wie zum Beispiel: "Und es wurde Abend und es wurde Morgen, ein Tag" [Gen 1,5]. Anstatt "der erste Tag" zu sagen, verwendet der Vers den Begriff "ein [Tag]", denn der Begriff "einer" bezieht sich auf einen Anfang, der von keinem anderen Anfang übertroffen wird. Wenn er wiederholt wird, wird er "der zweite" genannt, und wenn er noch einmal wiederholt wird - "der dritte", und so weiter bis zu den Zahlen "zehn", "hundert", "tausend", die ebenfalls Einheiten neuer Reihen sind, und so weiter bis ins Unendliche.

Daher ist die Definition der Zahl, dass sie eine Summe von Einheiten ist. Der Grund, warum ich es "abstraktes Denken" genannt habe, ist, dass der Begriff der Zahl nicht mit den physischen Sinnen wahrgenommen wird. Vielmehr wird er nur in Gedanken erfasst. Es ist allein das "nummerierte"

Die Pflichten des Herzens Kapitel Eins Rabbeinu Bachya

Objekt, das von den fünf Sinnen oder von einigen von ihnen wahrgenommen werden kann.

Die zweite Art der wahren Einheit existiert tatsächlich. Sie ist das, was weder plural noch anfällig für Veränderung oder Variation ist, nicht durch eines der körperlichen Attribute beschrieben wird, nicht der "Schöpfung", der Zerstörung oder dem Ende unterworfen ist. Es bewegt sich nicht und schwankt nicht, es ähnelt nichts und nichts ähnelt ihm, und es ist mit nichts verbunden. Sie ist aus allen möglichen Perspektiven die wahre Einheit und die Wurzel von allem, was plural ist. Denn wie wir bereits gesagt haben, ist die Einheit die Ursache der Pluralität.

Die wahre Einheit hat weder einen Anfang noch eine Begrenztheit, denn alles, was einen Anfang oder eine Begrenztheit hat, muss notwendigerweise dem Entstehen und der Zerstörung unterworfen sein. Und alles, was diesen unterworfen ist, ist auch dem Wandel unterworfen, und Wandel ist mit der Einheit unvereinbar. Folglich wäre sie mehr als eine, da sie als eine Sache existierte und sich dann in eine andere Sache verwandelte, und dies impliziert notwendigerweise Pluralität.

Ähnlichkeit ist auch eine zufällige Eigenschaft [mikre] in allem, was ähnlich [zu etwas anderem] ist, und alles, was eine zufällige Eigenschaft hat, ist Plural. Aber die absolute Einheit in ihrem glorreichen Wesen unterliegt in keiner Hinsicht irgendwelchen zufälligen Eigenschaften.

Wenn jemand behauptet, dass die Eigenschaft der "Einheit" selbst eine zufällige Eigenschaft des absolut Einen ist.

Wir werden dies wie folgt beantworten: Die Zuschreibung der wahren Einheit soll den Ausschluss von Vielheit und Pluralität zum Ausdruck bringen. Wenn wir Ihn als Eins bezeichnen, meinen wir nur die Verneinung jeglicher Vielheit oder Pluralität. Aber die wahre Einheit kann durch kein Attribut beschrieben werden, das in seinem herrlichen Wesen irgendeine Vielheit, Veränderung oder Variation bedeuten würde. Damit haben wir unsere Ausführungen über die wahre Einheit und die relative Einheit abgeschlossen. Merke es dir gut.

Kapitel Neun

Der Beweis, dass der Schöpfer die wahre [absolute] Einheit ist und dass es außer ihm keine wahre Einheit gibt, ist folgender.

Jedes zusammengesetzte Ding entsteht erst dann vollständig, wenn sich die Teile, aus denen es besteht, zusammenfügen und vereinigen. Die Vereinigung [der Teile] ist die Einheit.

Und ebenso ist die Existenz von etwas Zusammengesetztem nicht möglich, ohne dass die Teile, aus denen es besteht, geteilt [oder

Die Pflichten des Herzens Kapitel Eins Rabbeinu Bachya

aufgelöst] werden, da die Zusammensetzung notwendigerweise mehr als einen Teil impliziert. Die Teilung der Teile ist die Pluralität.

Und da die Zeichen der Zusammensetzung, der Synthese und der Anordnung sowohl im Universum als Ganzes als auch in seinen Einzelheiten und Teilen, in seinen Wurzeln und Ableitungen zu finden sind, unterliegt es notwendigerweise der Synthese und der Teilung und muss die Grundprinzipien der Einheit und der Pluralität enthalten.

Und da die Einheit dem Wesen nach der Pluralität vorausgeht, so wie die Zahl Eins den anderen Zahlen vorausgeht, folgt daraus, dass die erste Ursache von allem, was Plural ist, die an der Spitze aller Anfänge stand, selbst nicht plural ist, da dem Plural aller Dinge die Einheit vorausgeht.

Und da die Ursachen an ihrem Anfang eine Grenze erreichen müssen und es nicht möglich ist, daß ein Ding sich selbst erschafft, so ist es unmöglich, daß die Ursache der Einheit und der Vielheit selbst von der Einheit und der Vielheit wie diese ist.

Und da die erste Ursache der Schöpfungen selbst weder Pluralität noch eine Kombination von Pluralität und Einheit sein kann, muss es notwendigerweise so sein, dass die Ursache eine wahre [absolute] Einheit ist.

Und wir haben bereits gezeigt, dass, je weiter man in der Folge der Ursachen aufsteigt, die Ursachen immer weniger werden, bis man schließlich die Wurzel aller Zahlen erreicht - dies ist die wahre Einheit, und diese wahre Einheit ist der Schöpfer.

Darüber hinaus ist bekannt, dass alles, was als zufällige Eigenschaft in etwas zu finden ist, auch in etwas anderem als dessen wahre Essenz existieren muss und nicht von diesem [etwas anderem] getrennt werden kann, ohne es zu zerstören. Zum Beispiel ist die Hitze, eine zufällige Eigenschaft von heißem Wasser, die permanente Essenz des Feuers. Oder die Feuchtigkeit, eine zufällige Eigenschaft verschiedener Objekte, ist die permanente Essenz des Wassers.

Und es ist bekannt, dass alles, was in einem Objekt als zufällige Eigenschaft zu finden ist, dieses Objekt die zufällige Eigenschaft von etwas anderem erhalten haben muss, für das diese zufällige Eigenschaft in seiner Essenz ist, wie zum Beispiel die Hitze in heißem Wasser, die zufällig im Wasser ist. Sie wurde dem Wasser vom Feuer gegeben, dessen Hitze zu seinem Wesen gehört. Und wenn wir Feuchtigkeit in feuchten Dingen als zufällige Eigenschaft sehen, wissen wir, dass sie ihnen vom Wasser übertragen wurde, dessen Nässe in seinem Wesen liegt. Ähnlich verhält es sich mit allen Dingen, wenn wir ihre Materie untersuchen.

Durch dieses Prinzip können wir unsere Worte auf die Sache der Einheit

Die Pflichten des Herzens Kapitel Eins Rabbeinu Bachya

richten. Da die Einheit in jedem erschaffenen Ding als eine zufällige Eigenschaft zu finden ist, wie wir eingeführt haben, folgt daraus notwendigerweise, dass sie eine wahre und dauerhafte Essenz in der Ursache aller erschaffenen Dinge sein muss, und von ihr haben alle erschaffenen Dinge die Materie der Einheit als eine zufällige Eigenschaft abgeleitet, wie wir erklärt haben.

Als wir die Angelegenheit der wahren [absoluten] Einheit unter den geschaffenen Dingen untersuchten, fanden wir sie in keinem von ihnen als absolut oder dauerhaft. Wenn wir versuchen, sie auf einen der Sugim [Arten, d.h. breite Kategorie, wie z.B. Tiere], minim [Arten, Kategorien einer Art, wie z.B. Pferde], ishim [Individuen, Unterkategorien von Arten, wie z.B. ein einzelnes Pferd], Etzemim [Wesen der Dinge], [mikre] zufällige Eigenschaften, Planeten, Sterne, spirituelle Körper, Zahlen, nummerierte Objekte, [um es zusammenzufassen] alles, was endlich und begrenzt ist, und wir versuchen, es eins zu nennen, und versuchen, ihm den Begriff "Einheit" zuzuschreiben - das können wir nicht richtig tun, um es "eins" zu nennen, außer in einem flüchtigen [relativen] Sinn. Denn jedes von ihnen umfasst Dinge, die aufgrund ihrer Ähnlichkeit und ihrer Zusammengehörigkeit in einer Hinsicht kollektiv "eins" genannt werden.

Aber im Grunde genommen ist jedes von ihnen plural, da es der Vielfalt und dem Wandel, der Teilung und der Trennung, der Verbindung und der Trennung, der Vermehrung und der Verminderung, der Bewegung und der Ruhe, der Erscheinung und der Form und anderen zufälligen Eigenschaften unterworfen ist, ob sie nun spezifisch oder allgemein sind, wie es bei jeder Schöpfung der Fall ist.

Absolute Einheit wird in keinem erschaffenen Ding gefunden oder wahrhaftig zugeschrieben. Und da die Einheit unter den geschaffenen Dingen als zufällige Eigenschaft existiert, während alle Beweise darauf hindeuten, dass der Schöpfer Einer ist, werden wir mit Gewissheit ableiten, dass die relative Einheit, die wir irgendeinem der geschaffenen Dinge zugeschrieben haben, von dem wahren [absoluten] Einen ausgeht. Und diese wahre [absolute] Einheit kann nur dem Schöpfer von allem zugeschrieben werden. Er ist das wahre Eine. Außer Ihm gibt es keine wahre [absolute] Einheit.

Alle Implikationen der absoluten Einheit, die wir erwähnt haben, gelten nur für Ihn. Alles, was Pluralität, zufällige Eigenschaften, Veränderung, Bewegung, Vergleich oder irgendeine Eigenschaft ist, die nicht mit der wahren Einheit übereinstimmt, kann Ihm nicht zugeschrieben werden, wie David sagte: "Vielfältig, o Ewiger, mein G-tt, sind Deine wunderbaren Werke und Deine Gedanken an uns, es gibt keinen

Die Pflichten des Herzens Kapitel Eins Rabbeinu Bachya

Vergleich mit Dir" [Ps. 40,6], und "Wem willst Du denn G-tt gleichstellen? Oder welches Bild willst du ihm vergleichen?" [Jesaja 40,18], und "Unter den Gotten [Engeln] ist keiner wie Du, Ewiger, und es gibt keine Werke wie Deine Werke" [Ps. 86,8].

Es ist geklärt und bewiesen, dass der Schöpfer der Welt die wahre Einheit ist und dass es keine andere wahre Einheit außer Ihm gibt. Denn alles, was neben dem Schöpfer als "eins" bezeichnet wird, ist unter einem Aspekt eine Einheit, unter einem anderen Aspekt aber eine Mehrzahl. Aber der Schöpfer ist in jeder Hinsicht eins, wie wir erklärt haben. Was wir in dieser Angelegenheit gebracht haben, sollte für den intelligenten Menschen ausreichend sein.

Kapitel zehn

Was die g-ttliche Eigenschaften betrifft, die dem Schöpfer zugeschrieben werden, ob sie nun aus der Vernunft oder aus der Schrift bekannt sind, so sind die Absichten in ihnen zahlreich, entsprechend den zahlreichen Schöpfungen und den ihnen erwiesenen Wohltaten.

Sie [die g-ttliche Eigenschaften] teilen sich in zwei Bereiche auf: Wesentlich [im Wesen] und aktiv [d.h. aus seinen Taten].

Der Grund, warum wir sie wesentlich [im Wesen] nennen, ist, weil sie dauerhafte Eigenschaften G-ttes sind, die Ihm gehörten, bevor die Schöpfungen erschaffen wurden, und nach ihrer Erschaffung gelten diese Eigenschaften weiterhin für Ihn und Sein glorreiches Sein.

Diese Attribute sind drei:
1. Dass Er [ständig] existiert
2. Dass Er Eins ist
3. Dass Er ewig ist, ohne Anfang.

Wir schreiben Ihm diese drei Eigenschaften zu und sprechen von ihnen, um auf Sein Wesen und Sein wahres Dasein hinzuweisen, um auf Seine Herrlichkeit aufmerksam zu machen, um den Menschen zu verstehen zu geben, dass sie einen Schöpfer haben, dem sie zu dienen verpflichtet sind.

Wir müssen Ihm "Existenz" zuschreiben, denn Seine Existenz wird durch Beweise gezeigt, die auf den Beweisen Seiner Werke beruhen, wie geschrieben steht: "Erhebt eure Augen in die Höhe und seht, wer diese Dinge geschaffen hat. Er, der ihre Heerscharen zählt und sie alle beim Namen nennt. Durch die Größe seiner Macht, und weil er stark ist in seiner Kraft, versagt nicht eines" [Jesaja 40,26].

Wir müssen Ihm notwendigerweise die Existenz zuschreiben, denn es ist ein von unserer Vernunft akzeptierter Grundsatz, dass etwas, das nicht

Die Pflichten des Herzens Kapitel Eins Rabbeinu Bachya

existiert, keine Wirkung oder kein Ergebnis haben kann. Da seine Werke und Schöpfungen offenkundig sind, ist seine Existenz für unseren Verstand ebenso offenkundig.

Wir schreiben Ihm die Ewigkeit [kein Anfang] zu, weil rationale Argumente gezeigt haben, dass die Welt ein Erstes [Ursache] haben muss, das keine vorherige Ursache hatte, und einen Anfang, der keinen vorherigen Anfang hatte. Es wurde nachgewiesen, dass die Anzahl der Ursachen nicht unendlich sein kann. Daraus folgt logischerweise, dass der Schöpfer der erste Anfang ist, vor dem es keinen Anfang gibt, und das ist es, was mit seiner Ewigkeit gemeint ist, wie geschrieben steht: "Von Ewigkeit zu Ewigkeit bist Du G-tt" [Ps. 90,2], und "vor mir ist kein Gott gewesen, und nach mir wird keiner sein" [Jesaja 43,10].

Was die Aussage von Ihm betrifft, dass Er Einer ist, so haben wir dies bereits durch wohlbekannte Argumente hinreichend bewiesen, und es wurde durch eindeutige Beweise festgestellt, dass wahre Einheit untrennbar mit Seinem herrlichen Wesen verbunden ist. Diese Einheit impliziert die Abwesenheit von Pluralität in Seinem Wesen, die Abwesenheit von Veränderung, Verwandlung, Ereignis, Ursprung oder Zerstörung, Zusammenschluss oder Entfernung, Vergleich oder Vereinigung oder irgendeine andere Eigenschaft von Dingen, die Plural sind.

Es ist notwendig, dass du verstehst, dass diese Attribute keine Veränderung in Seinem herrlichen Wesen bedeuten, sondern nur die Negation ihres Gegenteils. Was die Zuschreibung dieser Attribute in unseren Köpfen vermitteln soll, ist, dass der Schöpfer der Welt weder in der Mehrzahl ist, noch nicht existiert, noch erschaffen wurde.

Ebenso ist es notwendig, dass du verstehst, dass jedes dieser drei Attribute, die wir erwähnt haben, die beiden anderen impliziert, wenn wir sie analysieren. Die Erklärung dafür ist wie folgt:

Wenn die wahre Einheit die untrennbare und dauerhafte Eigenschaft eines Dings ist, muss dieses Ding notwendigerweise auch ewig existent [ohne Anfang] sein, da dem, was nicht existiert, weder Einheit noch Vielheit zugeschrieben werden kann. Wenn also die wahre [absolute] Einheit das Attribut einer Sache ist und wesentlich zu ihr gehört, so folgt daraus logisch, dass das Attribut der Existenz mit seinen Implikationen ebenfalls zu ihr gehört. Sie muss auch ewig [ewig existierend] sein, weil die wahre [absolute] Einheit weder entsteht noch vergeht, sich weder verändert noch umgewandelt wird. Folglich muss sie ewig sein, denn sie hat keinen Anfang. Daher hat das, was der Materie der wahren Einheit angehört, auch die Eigenschaften der Existenz und der Ewigkeit.

So sagen wir auch, dass das Attribut der dauerhaften Existenz, das einer

Die Pflichten des Herzens Kapitel Eins Rabbeinu Bachya

Sache zugeschrieben wird, die Zuschreibung der absoluten Einheit und Ewigkeit [ohne Anfang] impliziert.

Es impliziert die absolute Einheit, da das, was dauerhaft existiert, nicht aus dem Nichts entstanden sein kann und nicht aus dem Zustand der Existenz in den der Nichtexistenz übergehen kann. Ein solches Ding ist nicht plural, denn das, was plural ist, ist nicht dauerhaft existent, da ihm eine Einheit vorausgegangen sein muss. Daher ist das, was dauerhaft existiert, nicht plural und ist dementsprechend eins.

Das Attribut der Ewigkeit [ohne Anfang] gehört ebenfalls dazu, denn das, was dauerhaft existiert, hat weder Anfang noch Ende und ist daher ewig. So behaupten wir auch, dass das Attribut der Ewigkeit, das zu einem beliebigen Wesen gehört, in diesem Wesen auch die Attribute der absoluten Einheit und der dauerhaften Existenz impliziert.

Es impliziert die Einheit, denn das Ewige hat keinen Anfang, und das, was keinen Anfang hat, ist nicht plural, denn alles, was plural ist, hat einen Anfang, nämlich eine [übergeordnete] Einheit. Daher ist das, was plural ist, nicht ewig, und das, was ewig ist, kann nur eins sein. Daher ist das Attribut der absoluten Einheit im Attribut der Ewigkeit impliziert.

Ebenso ist das Attribut der Existenz in dem der Ewigkeit impliziert. Denn das Nichtexistente kann weder als ewig noch als geschaffen bezeichnet werden.

Wir haben klargestellt, dass diese drei Attribute in ihrer Bedeutung eins sind und das Gleiche bedeuten. Sie implizieren keine Veränderung des herrlichen Wesens des Schöpfers, noch implizieren sie irgendeine zufällige Eigenschaft oder Pluralität in Seinem Wesen, denn alles, was wir darunter verstehen sollen, ist, dass der Schöpfer weder nichtexistent, noch geschaffen, noch plural ist. Wenn wir sein Wesen mit einem einzigen Wort ausdrücken könnten, das alle drei Eigenschaften, wie sie vom Intellekt verstanden werden, bezeichnen würde, so dass diese drei Eigenschaften in unserem Geist auftauchen würden, wenn das eine Wort verwendet wird, würden wir dieses Wort verwenden, um es auszudrücken. Aber da wir in keiner der gesprochenen Sprachen ein solches Wort finden, das die wahre Vorstellung von G-tt bezeichnen würde, sind wir gezwungen, es mit mehr als einem Wort auszudrücken. Diese Pluralität in den Attributen des Schöpfers existiert jedoch nicht in Seinem herrlichen Wesen, sondern ist auf die Unzulänglichkeit der Sprache seitens des Sprechers zurückzuführen, um die Vorstellung in einem einzigen Begriff auszudrücken. Ihr müsst verstehen, dass es in Bezug auf den Schöpfer keinen gibt, der Ihm gleicht, und von welchen Eigenschaften wir in Bezug auf Ihn auch immer sprechen, ihr müsst daraus die Verneinung ihres Gegenteils ableiten. Wie Aristoteles sagte:

Die Pflichten des Herzens Kapitel Eins Rabbeinu Bachya

"Die Verneinung von Eigenschaften G-ttes gibt eine wahrere Vorstellung von Ihm als die Bejahung von Eigenschaften". Denn alle bejahenden Attribute, die G-tt zugeschrieben werden, müssen notwendigerweise Eigenschaften von Etzem [Wesen] oder Mikre [zufällige Eigenschaften] zuschreiben, und Er, der Etzem und Mikre geschaffen hat, hat nicht die Eigenschaften Seiner Geschöpfe in Seinem herrlichen Wesen. Aber die Leugnung solcher Eigenschaften für Ihn ist zweifelsohne wahr und Ihm angemessen. Denn Er steht über allen Eigenschaften und Formen, Ähnlichkeiten und Vergleichen. Deshalb mußt du aus diesen Eigenschaften verstehen, daß sie sich auf die Verneinung ihrer Gegensätze beziehen.

DIE AKTIVEN ATTRIBUTE - Die aktiven Attribute G-ttes sind diejenigen, die wir über den Schöpfer in Bezug auf seine Werke sprechen. Wenn wir von ihnen sprechen, ist es möglich, Ihn mit einigen Seiner Schöpfungen in Verbindung zu bringen. Es ist uns jedoch erlaubt, Ihm diese Attribute zuzuschreiben, weil wir gezwungen sind, uns mit Seiner Existenz vertraut zu machen und sie zu erkennen, damit wir uns die Pflicht auferlegen, Ihm zu dienen.

Wir haben bereits festgestellt, dass die Tora und die Bücher der Propheten diese aktiven Attribute ausgiebig verwenden, ebenso wie in den Psalmen der Propheten und Heiligen. Sie werden auf zweierlei Weise verwendet:

Erstens Attribute, die die physische Form bezeichnen, wie in dem Vers "So schuf G-tt den Menschen zu seinem Bilde, zum Bilde G-ttes schuf er den Menschen" [Gen 1,27], "denn G-tt schuf den Menschen zu seinem Bilde" [Gen 9,6], "durch das Wort G-ttes" [Num 9,18], "Ich, ja meine Hände, haben den Himmel ausgespannt" [Jes 45,12], "in den Ohren G-ttes" [Num 11,1], "unter seinen Füßen" [Ex. 24:10], "der Arm G-ttes" [Jesaja 51:9], "der meine Seele nicht umsonst genommen hat" [Ps. 24:4], "in den Augen G-ttes" [Gen. 6:8], "G-tt sprach in seinem Herzen" [Gen. 8:21] und andere ähnliche Verse, die sich auf körperliche Glieder beziehen.

Zwei, Attribute, die körperliche Bewegungen und Handlungen bezeichnen, wie geschrieben steht: "und G-tt roch den angenehmen Geruch" [Gen 8,21], "Und G-tt sah ... und G-tt bereute" [Gen 6,5-6], "und G-tt kam herab" [Gen 11,5], "und G-tt erinnerte sich" [ebd. 8,1], "und G-tt hörte" [Numeri 11,1], "Da erwachte G-tt wie aus dem Schlaf" [Ps 78,65] und viele weitere Handlungen des Menschen, wie sie Ihm zugeschrieben werden.

Unsere Rabbiner umschrieben bei der Auslegung der Heiligen Schrift die

Die Pflichten des Herzens Kapitel Eins Rabbeinu Bachya

Ausdrücke, die für diese Klasse von Attributen verwendet wurden, und achteten darauf, sie in einer ehrenvollen Weise wiederzugeben, und schrieben sie alle der "Herrlichkeit des Schöpfers" zu. Zum Beispiel gaben sie den Vers "siehe, G-tt stand über ihm" [1. Mose 28,13] wieder - "die Herrlichkeit G-ttes war bei ihm"; "und G-tt sah" [ebd. 6,5] gaben sie wieder - "es wurde vor G-tt offenbart"; "und G-tt kam herab" [ebd. 11,5] - "die Herrlichkeit G-ttes wurde offenbart"; "und G-tt ging hinauf" [ebd. 35,13] - "die Herrlichkeit G-ttes ging von ihm weg".

Sie gaben alles in ehrfürchtiger Weise wieder und vermieden es, sie dem Schöpfer zuzuschreiben, um ihm nicht irgendeine Art von Körperlichkeit oder zufälliger Eigenschaft zuzuschreiben.

Der große Meister Rabeinu Saadia hat dies bereits ausführlich im Sefer Emunot Vedeot, in seinem Kommentar zu Parscha Bereishis, Parscha Vaera und im Sefer Yetzira dargelegt, und wir brauchen seine Erklärungen in diesem Buch nicht zu wiederholen. Wir sind uns alle einig, dass die Notwendigkeit uns gezwungen hat, Ihm Körperlichkeit zuzuschreiben und von Ihm mit den Attributen Seiner Schöpfungen zu sprechen, damit die Menschen eine Möglichkeit haben, die Existenz des Schöpfers zu begreifen. Die Bücher der Propheten haben Ihn mit körperlichen Begriffen bezeichnet, weil diese unserem Verstand und Verständnis näher sind.

Hätten sie in einer genaueren Weise von Ihm gesprochen, indem sie Worte und Dinge benutzten, die geistige Dinge bezeichnen, hätten wir weder die Worte noch die Dinge verstanden, und es wäre uns unmöglich gewesen, etwas anzubeten, das wir nicht kennen, denn es ist nicht möglich, ein Unbekanntes anzubeten. Deshalb war es notwendig, dass die Worte und Begriffe dem Verständnisvermögen des Zuhörers entsprechen, damit die Materie zunächst im Geist des Zuhörers in einem verständlichen, körperlichen Sinn aus den konkreten Begriffen erfasst wird. Danach werden wir ihn aufklären und ihm erklären, dass dies alles nur metaphorisch war, um ihm die Sache näher zu bringen, und dass die wahre Sache zu fein, zu erhaben, zu erhaben und zu weit entfernt von den Fähigkeiten und Kräften unseres Verstandes ist, um sie zu erfassen. Der weise Denker wird sich bemühen, die Schale der Begriffe und ihre Körperlichkeit zu entfernen, und wird in seinem Geist Schritt für Schritt aufsteigen, bis er die wahre, beabsichtigte Bedeutung erreicht, je nach der Kraft und Fähigkeit seines Geistes, sie zu erfassen.

Der Törichte und Einfältige wird den Schöpfer nach dem buchstäblichen Sinn der Metapher begreifen, und wenn er den Dienst seines Schöpfers annimmt und sich bemüht, zu seiner Ehre zu arbeiten, hat er in seiner Einfalt und seinem Mangel an Verständnis eine große gültige

Die Pflichten des Herzens Kapitel Eins Rabbeinu Bachya

Entschuldigung, denn ein Mensch wird für seine Gedanken und Taten nur nach seinen Fähigkeiten, seiner Intelligenz, seinem Verstand, seiner Kraft und seinen materiellen Mitteln zur Rechenschaft gezogen. Wenn aber der Törichte fähig ist, Weisheit zu lernen, und er vernachlässigt sie - dann wird er dafür zur Rechenschaft gezogen und für sein Fehlen und Unterlassen des Studiums bestraft.

Hätten die Schriften eine genauere, wahrere Terminologie verwendet, dann hätte sie niemand außer dem weisen, verständnisvollen Leser verstanden, und der größte Teil der Menschheit wäre ohne Religion und ohne Tora [Führung] geblieben, weil ihr Intellekt begrenzt und ihr Verständnis in geistigen Angelegenheiten schwach ist. Aber das Wort, das in einem materiellen Sinn verstanden werden kann, wird dem verstehenden Menschen nicht schaden, weil er seine wahre Bedeutung erkennt, und es ist gleichzeitig nützlich für den einfachen Menschen, damit es sich in seinem Herzen und seinem Verstand festsetzt, dass es einen Schöpfer gibt, dem zu dienen seine Pflicht ist.

Dies ist vergleichbar mit einem Mann, der einen Freund besuchte, der zur wohlhabenden Klasse gehörte. Sein wohlhabender Gastgeber fühlte sich verpflichtet, seinen Freund mit einer Mahlzeit und auch mit Futter für die Tiere, die er mitbrachte, zu versorgen. Der reiche Mann schickte ihm eine große Menge Gerste für seine Tiere und eine kleine Menge an Nahrung, die für ihn geeignet war, aber nur für seinen Bedarf reichte.

Auch die heiligen Schriften und die Bücher der Frommen verwenden reichlich materielle Analogien, wenn sie sich auf die Eigenschaften des Schöpfers beziehen, entsprechend dem Verständnis der Massen und entsprechend der gemeinsamen Sprache, die die Massen sprechen. Deshalb sagten unsere Rabbiner in diesem Zusammenhang: "Die Tora spricht wie die gewöhnliche Sprache der Menschen" [Bava Metzia 31b]. Und die Schriften geben wenige Hinweise auf geistige Dinge, die nur den [wenigen] weisen und verständigen Menschen verständlich sind.

Auf diese Weise sind, obwohl alle Menschen unterschiedliche Ansichten über G-ttes herrliches Wesen haben, alle Menschen gleich, was die Kenntnis der Existenz des Schöpfers betrifft.

Ebenso werden wir für alle subtilen Angelegenheiten, die in der Thora zu finden sind, wie die Belohnung in der nächsten Welt oder ihre Bestrafung, sagen.

Und ebenso werden wir für die Klärung der inneren Weisheit [die Pflichten des Herzens] sprechen, die wir in diesem Buch zu klären beabsichtigten. Die Tora war sehr kurz bei der Erläuterung ihrer Angelegenheiten und verließ sich auf die intelligenten Menschen. Die Tora deutete sie nur an, um einen darauf aufmerksam zu machen, wie in

Die Pflichten des Herzens Kapitel Eins Rabbeinu Bachya

der Einleitung dieses Buches erwähnt, so dass jeder, der in der Lage ist, sie zu erforschen und zu untersuchen, dazu angeregt wird, dies zu tun, bis er sie verstanden und gemeistert hat, wie geschrieben steht: "Diejenigen, die G-tt suchen, werden alle Dinge verstehen" [Mischlei 28:5].

Der Prophet [Mosche Rabeinu] hat uns bereits davor gewarnt, zu denken, dass G-tt eine Form oder ein Abbild hat, wie geschrieben steht: "So nehmt euch nun in Acht; denn ihr saht keine Gestalt an dem Tage, da der Ewige zu euch redete am Horeb [Sinai] mitten aus dem Feuer" [Dtn 4:15]. 4:15], und "Und der Ewige redete zu euch mitten aus dem Feuer; ihr hörtet die Stimme der Worte, aber ihr saht keine Gestalt; nur eine Stimme habt ihr gehört" [ebd. 4:12]. Als er sagte: "Gebt gut Acht", warnte er uns in unserem Geist und in unseren Gedanken, den Schöpfer nicht unter irgendeiner Form [tavnis] darzustellen oder Ihn unter der Ähnlichkeit [demus] von irgendetwas oder irgendeinem Vergleich [dimyon] zu begreifen, da eure Augen niemals irgendeine Form oder Ähnlichkeit wahrgenommen haben, als Er zu euch sprach.

Und es steht geschrieben: "Mit wem wollt ihr G-tt vergleichen? Welches Bild wollt ihr mit Ihm vergleichen?" [Jesaja 40,18], und "Mit wem wollt ihr mich vergleichen, dass ich ihm gleich werde, spricht der Heilige" [ebd. 40,25]

Und es steht geschrieben: "Denn wer unter dem Himmel ist dem Ewigen vergleichbar?" [Ps 89,7], und "Unter den Mächtigen ist keiner wie Du, O Ewiger" [Ps 86,8], und vieles mehr.

Da es unmöglich ist, sich mit dem Verstand ein Bild von Ihm zu machen oder Ihn sich mit der Vorstellungskraft vorzustellen, finden wir, dass die Heilige Schrift die meisten ihrer Lobpreisungen dem "Namen" G-ttes zuschreibt, wie geschrieben steht: "Und sie sollen deinen herrlichen Namen preisen" [Nehemia 9,5], und "damit du diesen herrlichen und verehrten Namen fürchtest" [Dtn 28,58], und "Sie sollen deinen Namen preisen, groß und verehrt" [Ps. 99,3], und "vor meinem Namen fürchtete er sich" [Maleachi 2,5], und "Euch aber, die ihr meinen Namen fürchtet, wird die Sonne der Gerechtigkeit aufgehen mit heilenden Flügeln" [Maleachi 3,20], und "Singt G-tt, lobt seinen Namen, preist den, der über den Himmeln reitet, dessen Name der Ewige ist" [Ps 68,5].

All dies dient dazu, Sein herrliches Wesen zu ehren und zu verherrlichen, denn abgesehen davon, dass wir wissen, dass es Ihn gibt, ist es für uns unmöglich, irgendetwas über Sein Wesen zu wissen, außer Seinem großen Namen.

Aber von Seinem herrlichen Wesen und Seiner wahren Natur gibt es kein Bild oder Abbild, das wir mit unserem Verstand erfassen könnten. Deshalb wird Sein Name in der Tora und auch in den Büchern der

Die Pflichten des Herzens Kapitel Eins Rabbeinu Bachya

Propheten häufig geändert.

Denn wir können nichts über Ihn verstehen, außer Seinem Namen und dass Er existiert. Sein herrlicher Name ist auch mit Himmel und Erde und den Geistern verbunden, wie Abraham sagte: "Und ich will dich schwören lassen bei dem Ewigen, dem G-tt des Himmels und dem G-tt der Erde" [1. Mose 24,3], und Jona sagte: "Ich fürchte den Ewigen, den G-tt des Himmels" [1,9], und Mosche sagte: "den G-tt des Geistes allen Fleisches" [Numeri 27,16]. Und der Vers verkündet: "Siehe, ich bin der EWIGE, der G-tt allen Fleisches" [Jirmija 32,27].

Der Grund dafür ist, dass Er uns so bekannt ist, wie es durch die Überlieferungen unserer Vorväter möglich ist, von denen wir das Wissen um Seine Wege geerbt haben, wie geschrieben steht: "Denn ich habe ihn [Abraham] erkannt, damit er seinen Kindern und seinem Haus nach ihm gebiete, den Weg des Ewigen zu bewahren, Recht und Gerechtigkeit zu tun" [Gen 18,19].

Vielleicht hat sich G-tt ihnen offenbart, weil sie in ihrer Generation die einzigen waren, die Ihm dienen wollten, denn die Menschen ihrer Generation beteten andere "Götter" an [Götzen, Sonne, Mond, Geld usw.]

In ähnlicher Weise werden wir erklären, warum Er [in der Schrift] "der G-tt der Hebräer" [Ex. 3:18], "der G-tt Jisraels" [Gen. 33:20] genannt wird, denn der Vers sagt: "Nicht wie diese ist der Anteil Yaakovs, denn Er ist der Schöpfer von allem" [Yirmija 10:16].

Und David sagte: "O Ewiger, der Anteil meines Erbes und meines Bechers" [Ps. 16:5]. Und wenn wir in der Lage wären, Sein wahres Wesen zu begreifen, würden wir Ihn nicht durch andere Dinge kennenlernen.

Da es unserem Intellekt nicht möglich ist, Sein wahres Wesen zu erfassen, beschreibt die Schrift Ihn, wenn sie sich auf Sein herrliches Wesen bezieht, als den G-tt der auserlesensten Seiner Schöpfungen, seien sie rational oder nicht. Als Mosche Rabeinu G-tt fragte: "Wenn die Israeliten mich fragen, wie Sein Name lautet, was soll ich ihnen antworten?", antwortete G-tt ihm: "So sollst du zu den Nachkommen Israels sagen: 'Ehe-ye' hat mich zu dir gesandt'". Und da G-tt wusste, dass die Israeliten die wahre Natur dieses Namens [Ehe-ye] nicht verstehen würden, fügte Er eine Erklärung hinzu und sagte: "So sollst du zu den Israeliten sagen: "Der Ewige, der G-tt eurer Vorväter, der G-tt Abrahams, der G-tt Isaaks und der G-tt Jakobs hat mich zu euch gesandt, dies... [Ex. 3:15]".

G-tt wollte damit sagen [zu Mosche Rabeinu], dass, wenn die Menschen diese Worte und ihre Bedeutung nicht mit dem Verstand verstehen, sie

Die Pflichten des Herzens Kapitel Eins Rabbeinu Bachya

durch die Überlieferung, die sie von ihren Vorfahren erhalten haben, kennen. Der Schöpfer hat keinen anderen Weg eingerichtet, um Ihn zu kennen, als diese beiden Wege, nämlich [1] des intellektuellen Verstandes, der durch die Beweise Seiner Werke, die in Seiner Schöpfung sichtbar sind, bezeugt wird, [2] und der Überlieferung unserer Vorfahren, wie die Schrift sagt: "Was die Weisen von ihren Vätern erzählt haben und nicht verborgen haben" [Iyov 15:18].

Und da unsere Wahrnehmung aller existierenden Dinge auf eine der drei Arten erfolgt:

1. Physische Wahrnehmung, z. B. durch Sehen, Hören, Schmecken, Riechen oder Tasten.

2. Durch unsere Vernunft, durch die die Existenz von etwas durch seine Anzeichen und Wirkungen bewiesen wird, bis die Realität seiner Existenz und Natur für uns so feststeht, als ob wir es mit unseren physischen Sinnen wahrnehmen würden.

Dies wird im Buch der Sprichwörter als "Verstand und intellektuelle Disziplin" bezeichnet [Mishlei 1,2-3].

3. Wahre Berichte und zuverlässige Überlieferungen.

Da es uns nicht möglich ist, den Schöpfer mit unseren Sinnen wahrzunehmen, können wir Ihn nur durch wahre Überlieferungen oder durch Erkenntnisse über Ihn kennen, die auf den Beweisen Seiner Taten beruhen.

Und da die Beweise, die aus den Beweisen Seiner Taten in den Schöpfungen gezogen werden, feststehen und sehr zahlreich sind, sind auch die Attribute, die Ihm aufgrund dieser zugeschrieben werden, zahlreich.

Die Heiligen und die Propheten beschrieben Seine Eigenschaften auf unterschiedliche Weise. Mosche Rabeinu sagte: "Der Fels, sein Werk ist vollkommen, denn alle seine Wege sind gerecht" [Dtn 32,4], und er sagte auch: "Er ist G-tt der Götter und der Ewige der Ewigen, der große G-tt, der mächtige und der ehrfurchtgebietende" [Dtn 10,17], und auch "Er fordert Gerechtigkeit für die Waisen und die Witwe" [Dtn 10,18]. Und G-tt selbst beschrieb seine eigenen Eigenschaften, wie geschrieben steht: "Und der Ewige, der Ewige, ging vor ihm vorüber und verkündete: 'Der Ewige, der Ewige, G-tt, barmherzig und gnädig, langmütig und reich an Güte und Wahrheit, der Barmherzigkeit bewahrt bis ins tausendste Geschlecht und vergibt Missetat und Übertretung und Sünde usw.'" [Ex. 34:6].

[Dass G-tt diese Eigenschaften besitzt, sehen wir an den Beweisen Seiner Taten gegenüber Seinen Geschöpfen und auch an der Weisheit und Macht, die Seine Taten widerspiegeln. Und wenn wir diese

Die Pflichten des Herzens Kapitel Eins Rabbeinu Bachya

Angelegenheit mit unserem Intellekt und Verstand untersuchen, werden wir es nicht schaffen, den kleinsten Teil Seiner Eigenschaften zu erfassen, wie David sagte: "Vielfältig, Ewiger, mein G-tt, sind Deine wunderbaren Werke, die Du getan hast, und Deine Gedanken, die mit uns sind ..." [Ps. 40,6], und "Wer kann die großen Taten des Ewigen aussprechen, wer kann all sein Lob verkünden?" [Ps. 106,2], und "Und gepriesen sei Dein glorreicher Name, der über allen Segen und Lobpreis erhaben ist" [Nehemia 9,5]. Und die Weisen sagten im Talmud [Berachos 33b]:

Eine gewisse Person leitete den Gebetsdienst vor Rabbi Chanina und sagte: "Der Große, der Mächtige, der Ehrfurchtgebietende, der Erhabene, der Mächtige, der Ruhmreiche, der Gewaltige, der Gefürchtete, der Starke, der Kraftvolle, der Gewisse und der Hochgeschätzte G-tt!". R' Chanina wartete, bis er geendet hatte. Als er fertig war, sagte R' Chanina zu ihm: "Hast du alle Lobpreisungen deines Meisters vollendet? Selbst wir, diese drei Lobpreisungen, die wir [in den täglichen Gebeten] sprechen, wären nicht in der Lage, sie zu sprechen, wenn nicht Mosche Rabeinu sie in der Tora gesagt hätte [Dtn 10,17] und die Männer der großen Versammlung gekommen wären und sie im Gebet festgelegt hätten! Und du sagst all diese Lobpreisungen und machst weiter? Es ist wie bei einem König aus Fleisch und Blut, der Tausende und Abertausende von Goldmünzen besaß, und man lobte ihn, weil er Silbermünzen besaß, ist das nicht eine Schande für ihn"?

Und "Schweigen ist Dir Lob" [Ps. 65,2], worauf unsere Lehrer sagten: "Der beste Trank ist Schweigen, je mehr man eine makellose Perle lobt, desto mehr wertet man sie ab" [Megila 18a].

Deshalb solltest du deinen Geist anstrengen, bis du den Schöpfer durch die Beweise seiner Werke kennst und nicht danach streben, ihn in seinem glorreichen Wesens zu erkennen. Denn Er ist dir von seinen Taten her sehr nahe, aber unendlich weit entfernt, wenn es um die Darstellung seines Seins oder den Vergleich mit ihm geht. Wie bereits gesagt, werden wir Ihn auf diese Weise niemals finden können. Wenn du an dem Punkt angelangt bist, an dem du es aufgibst, Ihn durch deine Gedanken und Sinne zu finden, weil Er auf diese Weise nicht erfasst werden kann, und du Ihn stattdessen in den Beweisen Seiner Werke findest, als ob Er untrennbar mit dir verbunden wäre - das ist der Gipfel der Erkenntnis von Ihm, zu dem uns der Prophet ermahnt, wenn er sagt: "So wisse nun heute und bedenke es in deinem Herzen, dass der Ewige G-tt ist im Himmel oben und auf der Erde unten; es gibt keinen anderen" [Dtn 4:39].

Einer der Weisen sagte: "Je mehr man das Wissen über den Schöpfer vergrößert, desto mehr ist man voller Ehrfurcht vor Seinem Sein.".

Die Pflichten des Herzens Kapitel Eins Rabbeinu Bachya

Andere sagten: "Der wahrhaft weise Mensch in der Erkenntnis G-ttes erkennt seine Unwissenheit bezüglich Seines glorreichen Wesens, während der Unwissende denkt, dass er das glorreiche Sein G-ttes versteht.".

Einer der Weisen wurde über den Schöpfer gefragt: "Was ist Er?". Er antwortete: "Ein G-tt". Der Fragesteller fragte dann: "Wie ist Er?". Er antwortete: "Ein großer König". Dann fragte er: "Wo ist Er?" Er antwortete: "Im Verstand".

Der Fragende: "Ich habe dich nicht danach gefragt".

Der Weise antwortete: "Du hast mich nach den Eigenschaften gefragt, die auf die geschaffenen Dinge zutreffen, nicht auf den Schöpfer. Und die Eigenschaften, die man dem Schöpfer zuschreiben kann, habe ich dir geantwortet, der Grund, warum wir sie ihm zuschreiben, ist, weil es uns sonst unmöglich wäre, ihn zu kennen.

Es wird von einem der Weisen gesagt, der in seinem Gebet sagte: "Mein G-tt, wo kann ich Dich finden, und wo kann ich Dich nicht finden. Du bist verborgen und unsichtbar, und doch ist alles von Dir erfüllt, ähnlich wie in dem Vers "Erfülle ich nicht Himmel und Erde, spricht der Ewige" [Yirmiya 23:24].

Der Gipfel des Kennenlernens ist es, das Stadium zu erreichen, in dem du zugibst und glaubst, dass du die Wahrheit über Sein glorreiches Wesen nicht kennst.

Wenn Sie sich in Ihrem Geist ein Bild oder eine Vorstellung vom Schöpfer machen, bemühen Sie sich, Sein Wesen zu erforschen.

Dann werdet ihr Seine Existenz klären.

Und du wirst jede Art von Bildnis von Ihm ablehnen, bis du Ihn nur noch auf dem Weg des Denkens findest.

Die Analogie dazu: Wir erkennen die Wahrheit der Existenz der Seele, ohne von ihr irgendeine Form oder Ähnlichkeit, oder Erscheinung oder Geruch wahrzunehmen, obwohl ihre Wirkungen sichtbar und ihre Handlungen in uns erkennbar sind.

Ebenso der Verstand, dessen Wirkungen und Zeichen offensichtlich und spürbar sind, doch der Verstand hat keine Form oder Ähnlichkeit, noch können wir ihn in unseren Gedanken vergleichen.

Und erst recht - der Schöpfer von allem, dem keiner gleicht. Und ein Philosoph sagte: "Wenn unsere Bemühungen, die Seele vollständig zu erkennen, vergeblich sind, so gilt dies umso mehr für die Materie des Schöpfers".

Da wir in unserer Diskussion bis hierher gekommen sind, ist es nicht notwendig, weiter zu gehen.

Die Pflichten des Herzens Kapitel Eins Rabbeinu Bachya

Der Grund dafür ist, dass es unsere Pflicht ist, in Furcht und Ehrfurcht zu leben und uns davor zu hüten, wie einige der Weisen sagten: "Das, was über dich hinausgeht, sollst du nicht erklären, das, was dir verborgen ist, sollst du nicht erforschen. Was dir erlaubt ist - betrachte es. Mit verborgenen Dingen sollst du dich nicht befassen" [Ben Sira in Megila 13a].

Und unsere Weisen sagten: "Wer nicht um die Ehre seines Schöpfers besorgt ist, für den ist es besser, wenn er nicht erschaffen wurde" [Chagiga 11b]. Und sie erklärten den Vers: "Soll man ihm sagen, dass ich spreche? Wenn ein Mensch spricht, wird er sicherlich verschlungen werden" [Iyov 37:20] - Wer auch immer kommt, um die Macht G-ttes zu sprechen, wird zerstört werden [Talmud Yerushalmi Berachos 9a]. Und der Vers sagt: "Und er schlug die Männer von Beth-Schemesch, weil sie in die Lade des Ewigen geschaut hatten" [Shmuel 6:19] [die sie mit grobem Herzen anstarrten, ohne die gebührende Ehrfurcht], und "Es ist die Pracht G-ttes, etwas zu verbergen" [Mishlei 25:2], was bedeutet, sein Geheimnis vor den Menschen zu verbergen, die nicht weise sind, und "das Geheimnis G-ttes ist bei denen, die ihn fürchten" [Ps. 25:14].

Außerdem haben wir die körperlichen Sinne und die geistigen Fähigkeiten erwähnt, nämlich Gedächtnis, Denken, Vorstellungskraft, Rat/Wille, Erkennen, die sich alle auf eine Kraft beziehen, nämlich den Verstand, der ihnen die Fähigkeit verleiht, Dinge zu erfassen.

DIE PHYSISCHEN SINNE - Jeder der [physischen] Sinne hat eine bestimmte Fähigkeit, bestimmte Arten von Empfindungen wahrzunehmen, die den anderen Sinnen fehlen. Zum Beispiel können Form und Farbe nur durch den Sehsinn wahrgenommen werden. Stimmen und Musik können nur durch den Hörsinn wahrgenommen werden. Düfte und verschiedene Gerüche - nur über den Geruchssinn. Verschiedene Dinge, die man schmecken kann - nur durch den Geschmackssinn. Heiß und kalt und viele Dinge der Qualität - durch den Tastsinn.

Jeder Sinn hat die Fähigkeit, die entsprechende Empfindung bis zu einem bestimmten Grad wahrzunehmen, über den hinaus er nicht in der Lage ist, weitere Empfindungen wahrzunehmen. Der Sehsinn zum Beispiel hat die Fähigkeit, etwas in der Nähe wahrzunehmen, und je weiter man sich entfernt, desto schwächer wird seine Fähigkeit, es wahrzunehmen, bis er schließlich ganz aufhört, es wahrzunehmen. Das Gleiche gilt für den Hörsinn und auch für die anderen Sinne.

Und es ist unmöglich, eine Empfindung ohne den dafür vorgesehenen Sinn zu erfassen. Wer danach strebt, sie mit einem anderen Sinn zu

Die Pflichten des Herzens Kapitel Eins Rabbeinu Bachya

erfassen, wird seinen Wunsch nicht erfüllen können. Wer zum Beispiel versucht, eine Melodie mit dem Sehsinn oder sichtbare Dinge mit dem Geruchssinn oder den Geschmack mit dem Tastsinn zu erfassen, wird sie nicht finden oder erfassen können, obwohl sie existieren, weil er versucht, sie ohne die für die Wahrnehmung dieser Empfindungen vorgesehenen Körperglieder wahrzunehmen.

Ähnlich verhält es sich mit den erwähnten geistigen Fähigkeiten. Jede von ihnen hat eine bestimmte Fähigkeit, eine bestimmte Sache wahrzunehmen, die die anderen nicht wahrnehmen können, und eine Grenze, bis zu der sie nicht weiter greifen kann, wie wir es bei den physischen Sinnen erwähnt haben.

Das Gleiche gilt für den Verstand [im Ganzen], der die intellektuellen Dinge von selbst oder durch Beweise erfasst. Bei Dingen, die ihm nahe sind, wird er ihre Wahrheit direkt durch sich selbst erfassen, während er sie bei Dingen, die weit entfernt und verborgen sind, durch den Aufbau von Beweisen, die auf sie hinweisen, erfassen wird.

Und da der Schöpfer von der Seite seines glorreichen Wesens für uns unendlich weit entfernt und verborgen ist, kann der Verstand nur begreifen, dass er existiert.

Und wenn er danach strebt, Sein glorreiches Wesen zu erfassen oder sich Ihn vorzustellen - dann wird ihm sogar Seine Existenz verborgen bleiben, weil er danach strebt, etwas zu erfassen, was seine Fähigkeiten übersteigt, so wie wir es beim Versuch, eine Empfindung mit dem falschen Sinn zu erfassen, erwähnt haben.

Deshalb müssen wir die Existenz G-ttes durch die Beweise Seiner Taten in den Schöpfungen suchen - und diese werden für uns Beweise für Ihn sein. Und wenn Seine Existenz auf diese Weise für uns feststeht, müssen wir damit aufhören und dürfen nicht versuchen, Ihn in unseren Gedanken zu vergleichen oder zu versuchen, Ihn in unserer Vorstellung darzustellen oder abzubilden, oder zu versuchen, Sein glorreiches Wesen zu begreifen. Denn wenn wir dies tun und denken, dass wir Ihn besser verstehen werden - wird sogar die Erkenntnis Seiner Existenz von uns verschwinden, weil alles, was wir uns in unseren Gedanken vorstellen, etwas anderes als Er sein wird. Und die Heilige Schrift sagt: "Habt ihr Honig gefunden? Esst nur so viel, wie ihr braucht, damit ihr nicht satt werdet und ihn erbrechen müsst" [Mischlei 25,16].

Ich hielt es für angebracht, Ihnen das Thema anhand von zwei Illustrationen näher zu bringen.

Die erste der beiden wird zeigen, dass jeder physische Sinn seine Klasse von Empfindungen wahrnimmt und dann seine Grenze erreicht, wobei der nächste physische Sinn dort weitermacht, wo er aufgehört hat. Und

Die Pflichten des Herzens Kapitel Eins Rabbeinu Bachya

danach erreicht auch er seine Grenze, und der nächste Sinn beginnt, und so geht es mit allen Sinnen weiter. Wenn sie alle ihre Wahrnehmungsgrenze erreicht haben, beginnt der Intellekt mit der Wahrnehmung dessen, was in seiner Macht steht, zu begreifen. Dies soll anhand eines Objekts demonstriert werden.

Stellen Sie sich vor, dass ein Stein weit weggeworfen wurde. Er macht ein pfeifendes/krachendes Geräusch und trifft einen Mann. Der Mann hat mit seinem Sehsinn das Aussehen des Steins und seine Form wahrgenommen. Dann nimmt er mit seinem Hörsinn das pfeifende/brechende Geräusch wahr, dann nimmt er mit seinem Tastsinn die Kälte und Härte des Steins wahr. Danach hören die physischen Sinne auf, den Stein weiter wahrzunehmen. Dann nimmt der Intellekt wahr, dass der Stein einen Werfer gehabt haben muss, der ihn geworfen hat, denn es ist ihm klar, dass der Stein sich nicht von selbst von seinem Platz bewegt hat.

Das, was normalerweise mit den physischen Sinnen wahrgenommen wird, kann vom Verstand nicht ohne die physischen Sinne erfasst werden. Und erst recht kann das, was normalerweise vom Intellekt wahrgenommen wird, nicht von den physischen Sinnen wahrgenommen werden.

Die zweite Illustration wird zeigen, dass es bei geistigen Dingen, sobald wir von ihrer Existenz überzeugt sind, nicht angebracht ist, ihre Natur zu erforschen, weil dieser Ansatz nur unseren Intellekt ruiniert. Das ist wie bei jemandem, der versucht, die Sonne zu verstehen, indem er ihr Licht, ihre Ausstrahlung, ihren Glanz und ihre Kraft, die Dunkelheit zu vertreiben, beobachtet. Wenn er ihre Existenz akzeptiert, wird er von ihr profitieren, ihr Licht nutzen und alles erreichen, was er von ihr erhofft. Aber wer sich bemüht, ihre Rundheit zu studieren und seine Augen darauf zu richten, sie anzustarren - dessen Augen werden trübe und [schließlich] verlieren sie ihre Sehkraft und er wird keinen Nutzen aus der Sonne ziehen.

Das Gleiche wird mit uns geschehen. Wenn wir die Existenz des Schöpfers anhand der Beweise Seiner Zeichen in den Schöpfungen studieren, die Weisheit, die sich in ihnen manifestiert, Seine Macht, die sich in all Seinen Schöpfungen zeigt - dann werden wir denken und Sein Wesen verstehen. Dann wird unser Verstand mit Wissen über Ihn erleuchtet werden und wir werden alles erreichen, was für uns möglich ist, wie geschrieben steht: "Ich bin der Ewige, dein G-tt, der dich zu deinem Nutzen lehrt, der dich auf dem Weg führt, den du gehen sollst" [Jesaja 48,17].

Aber wenn wir unseren Verstand anstrengen, um die Materie Seines

Die Pflichten des Herzens Kapitel Eins Rabbeinu Bachya

glorreichen Wesens zu verstehen, und versuchen, Ihn in unseren Gedanken zu vergleichen oder darzustellen - werden wir unseren Intellekt und unser Verständnis ruinieren/verringern, und wir werden nicht einmal das erfassen, was uns bekannt ist, so wie es mit unseren Augen geschehen würde, wenn wir in die Sonne starrten. Wir müssen in dieser Angelegenheit vorsichtig sein und uns daran erinnern, wenn wir über die Existenz G-ttes nachforschen.

Ebenso müssen wir vorsichtig sein, wenn es um Seine Eigenschaften geht, seien es die, die Sein glorreiches Sein beschreiben, oder die, die die Propheten Ihm zuschreiben - wir dürfen sie nicht wörtlich nehmen oder nach dem, was in einem physischen Sinn erscheint.

Vielmehr müssen wir klar wissen, dass sie in einem metaphorischen und beiläufigen Sinn sind, entsprechend dem, was wir mit unseren Fähigkeiten des Erkennens, des Verstehens und des Intellekts zu erfassen vermögen, aufgrund unseres entscheidenden Bedürfnisses, ihn und seine Erhabenheit zu kennen. Aber Er ist unendlich viel größer und erhabener als all das, und wie der Vers sagt: "Gelobt sei Dein glorreicher Name, der über allen Segen und Lobpreis erhaben ist" [Nehemia 9,5].

Einer der Philosophen sagte: "Derjenige, dessen Verstand zu schwach ist, um die Angelegenheit des Ausscheidens zu verstehen, hält an den Begriffen in den g-ttlich gegebenen Schriften fest und erkennt nicht, dass die Begriffe in den Schriften der Intelligenz derer angepasst sind, an die sie gerichtet wurden, nicht aber der Intelligenz dessen, der sie gerichtet hat. Vielmehr sind sie wie der Pfeifruf an eine Viehherde zur Zeit des Wassertrinkens, der sie viel wirksamer zum Trinken bringt als klare und genaue Worte."

Wenn du diese Ebene der Einheit in deinem Intellekt und deinem Verständnis meisterst, widme deine Seele dem Schöpfer, bemühe dich, Seine Existenz zu begreifen, indem du Seine Weisheit, Seine Macht, Seine Gnade, Seine Barmherzigkeit und Seine reichhaltige Vorsehung über Seine Schöpfungen beobachtest. Werde Ihm wohlgefällig, indem du Seinen Willen tust. Dann wirst du unter den Suchern G-ttes sein [und es steht geschrieben: "Diejenigen, die G-tt suchen, werden alles verstehen" [Mishlei 28:5] - ML], und dann wirst du von Ihm die Hilfe und die Kraft erhalten, Ihn zu verstehen und Sein wahres Wesen zu erkennen, wie David sagte: "Das Geheimnis des Ewigen ist bei denen, die ihn fürchten, und er wird ihnen seinen Bund zeigen" [Ps. 25,14]. Ich werde Ihnen im zweiten Tor dieses Buches einige Illustrationen erläutern. Wenn du sie praktizierst und auf ihrem Weg gehst, wird die Sache für dich mit G-ttes Hilfe leichter sein.

Die Pflichten des Herzens Kapitel Eins Rabbeinu Bachya

SCHÄDLICHE DINGE - Die Dinge, die der [vollherzigen Akzeptanz von G-tts] Einheit abträglich sind, sind zahlreich. Unter ihnen ist die Verbindung anderer Wesen mit dem Schöpfer. Dies geschieht auf verschiedene Weise.

Dazu gehört der Glaube an mehrere G-tt, die Verehrung von Formen, der Sonne, des Mondes, der Sternbilder, des Feuers, der Pflanzen, der Tiere.

Dazu gehört, dass man dem Schöpfer Körperlichkeit zuschreibt, obwohl man die wahre Absicht der Schrift versteht.

Dazu gehört auch die verdeckte Assoziation, d. h. der Versuch, bei anderen Menschen in religiösen Angelegenheiten beliebt zu sein. Dies geschieht auf verschiedene Weise. Ich werde sie im fünften Tor dieses Buches mit G-tt's Hilfe erklären.

Dazu gehört die [übermäßige] Hinwendung zu den körperlichen Vergnügungen. Das ist eine subtile Assoziation - dass ein Mensch den Dienst an seinen Lüsten mit dem Dienst am Schöpfer verbindet. Und der Vers sagt: "Es soll kein fremder Gott in dir sein", wozu unsere Rabbiner erklären: "Was ist der 'fremde Gott', der im Körper des Menschen ist? - Das ist die böse Neigung" [Talmud Schabbos 105b].

Vielleicht wird der einfache und törichte Mensch, wenn er dieses Buch liest und darüber nachdenkt, was wir in diesem Tor geschrieben haben, zu sich selbst sagen: "Wird die Angelegenheit der Einheit G-ttes jedem unbekannt sein, der auch nur eine Seite der Tora liest, wodurch dieser Autor es nötig hat, uns zu rühren und zu belehren?"

Ich werde darauf antworten, wie der weise Mann antwortete: "Antworte einem Narren nach seiner Torheit" [Mischlei 26:5]. Denn derjenige, der dies fragt, ist zu schwach im Verstand, um die Tragweite eines universellen Themas zu begreifen, das sich an verschiedene Klassen von Menschen richtet. Ein solches universelles Thema wird unterschiedlich verstanden, je nachdem, ob der Betreffende viel oder wenig davon verstanden hat und ob er einen starken oder schwachen Intellekt hat.

Die Analogie dazu ist der Nutzen des Sonnenlichts, der für alle Menschen gilt. Wir finden, dass dieser Nutzen in drei Klassen unterteilt ist:

Die erste Klasse: Diejenigen, deren Augen gesund und frei von allen Krankheiten sind. Sie profitieren von der Sonne, nutzen ihr Licht und erlangen alle Arten von Nutzen aus ihr.

Die zweite Klasse: Die völlig Blinden, deren Augenlicht vollständig verloren ist. Das Licht der Sonne schadet ihnen nicht und nützt ihnen nichts. Sie profitieren von ihm durch andere Menschen [die sie leiten].

Die dritte Klasse: Menschen, deren Augen zu schwach sind, um das Licht der Sonne zu ertragen, und das Licht der Sonne wird ihnen schaden, wenn sie es nicht meiden. Wenn sie sich beeilen, ihre Augen mit

Die Pflichten des Herzens Kapitel Eins Rabbeinu Bachya

Medikamenten, Tränken und therapeutischen Diäten zu heilen, und gleichzeitig darauf achten, ihre Augen nicht dem Licht der Sonne auszusetzen, ist es möglich, dass sie gesund werden und von der Sonne profitieren, die ihnen zuvor geschadet hat. Aber wenn sie die Heilung ihrer Augen hinauszögern, werden sie schnell ihr Augenlicht vollständig verlieren und zur Klasse der völlig Blinden gehören.

In ähnlicher Weise teilen sich die Klassen des Verstehens der Einheit G-ttes, die in der Tora gelehrt werden, in drei Klassen. Die Materie wird allen vernünftigen Wesen gelehrt, so wie das Licht der Sonne allen sehenden Wesen zugänglich ist.

Die erste Klasse: Menschen mit klarem Verstand und reinem Verständnis.

Die zweite Klasse: Menschen, deren Verstand völlig zu schwach ist, um irgendetwas von dem zu verstehen, was in der Tora geschrieben steht.

Die dritte Klasse: Menschen, deren Verstand zu schwach ist, um das zu begreifen, was die erste Klasse zu begreifen vermag, die aber über genügend Intelligenz verfügen, um das meiste der nahen und einfachen Dinge zu verstehen.

Die erste Klasse, nämlich die Menschen mit vollständigem Verstand, frei von jeglichem Nachteil. Wenn sie sich zu Herzen nehmen, was sie in der Thora über die Einheit erfahren haben, werden sie es verstehen, und der Inhalt wird durch ihr starkes Verständnis und ihren reinen Intellekt in ihr Herz eindringen. Sie gehören zu denen, die dieses Buch nicht brauchen, außer um sie an das zu erinnern, was ihrer Aufmerksamkeit entgangen ist.

Die zweite Klasse kennt G-ttes Tora nicht, erst recht nicht die Sache der Einheit darin. Sie hören ihre Lehre, aber sie begreifen nicht, worum es geht. Sie werden weder Nutzen noch Schaden von diesem Buch haben.

Die dritte Klasse, die die Sache der Einheit, die in G-tt's Tora erwähnt wird, mit einigem Verständnis versteht, aber sie haben nicht die intellektuelle Kraft, ihre Materie zu verstehen und ihre wahre Bedeutung zu erkennen. Wenn ein Lehrer sie unterrichtet und sie die Materie auf dem Weg wahrer Beweise und gesunder intellektueller Argumentation verstehen lässt, wird ihnen die Bedeutung klar werden, und ihr Geheimnis wird ihnen offenbart werden, und sie werden die Stufe der ersten Klasse erreichen.

Wenn sie sich aber davor scheuen, zu forschen, und faul sind, das zu untersuchen, was ihren Verstand stärkt und ihren Intellekt schärft, werden sie auf die Stufe der Törichten sinken.

Für die Angehörigen dieser Klasse wird dieses Buch von großem und umfassendem Nutzen sein, denn sie sind fähig, zu forschen. Es wird

Die Pflichten des Herzens Kapitel Eins Rabbeinu Bachya

ihnen nützen, so wie Tränke denen nützen, die ein schwaches Augenlicht haben und hoffen, durch ihre Anwendung geheilt zu werden.

Schon die Heilige Schrift vergleicht den törichten Menschen mit einem Blinden, die Weisheit mit dem Licht und die Torheit mit der Finsternis, indem sie sagt: "Da sah ich, dass die Weisheit die Torheit übertrifft, so wie das Licht die Finsternis übertrifft" [Prediger 2,13], und "Die Augen des Weisen sind in seinem Kopf, aber der Narr wandelt in der Finsternis" [Prediger 2,14], und "Höre, du Taube, und schaue, du Blinde, dass du siehst" [Jesaja 42,18].

Und sie verglichen Weisheit und Mussar mit einem Baum des Lebens, wie geschrieben steht: "Er ist ein Baum des Lebens für die, die ihn ergreifen" [Mischlei 3,18], und "Denn sie sind Leben für die, die sie finden" [Mischlei 4,22].

Möge der Allmächtige uns den Weg zu seiner Erkenntnis lehren, uns zu seinem Dienst anleiten und uns in seiner Barmherzigkeit und seinem Erbarmen mit seiner Gnade beschenken. Amen.

Die Pflichten des Herzens

Kapitel Zwei

Zweite Abhandlung über die Prüfung

Einleitung

Der Autor sagt: In der vorherigen Abhandlung haben wir uns mit den verschiedenen Arten befasst, auf die die Einheit G-ttes bewiesen werden kann, sodass sie von ganzem Herzen anerkannt wird. Wir haben festgestellt, dass die Betrachtung der im Universum manifestierten Weisheit, der nahestehende Weg ist, um Seine Existenz zu ermitteln und der klarste Weg, um Seine Realität zu erkennen. Wir halten es für eine Pflicht, uns mit diesem Thema zu befassen und bei jeder Abhandlung, ein naheliegendes Thema einzubinden, denn dies gehört zu den Gebieten, mit denen wir uns im Hinblick auf den Dienst des Allmächtigen zu befassen haben, dem Zweck, zu dem wir erschaffen wurden, wie der weise Mann sagte [Kohelet 3:14]: "Und G-tt hat es so gemacht, dass der Mensch sich vor Ihm fürchten soll".

Zunächst müssen wir feststellen, dass die Wohltaten, die G-tt Seinen Geschöpfen gewährt, zwar allumfassend sind, wie die Schrift sagt: "Der Ewige ist gut zu allen" [Tehilim 145:9], dass aber die Mehrheit der Menschen zu blind ist, um diese Wohltaten zu erkennen oder ihre hohe Vortrefflichkeit zu begreifen, und dass sie aus drei Gründen nicht über ihre Angelegenheiten nachdenken.

Einer dieser Gründe: ihre Versunkenheit in die Dinge dieser Welt und ihre Vergnügungen, ihre Begierde nach dem, was sie davon nicht erlangen werden, ihre Vernachlässigung, auf die Wohltaten zu schauen, die G-tt ihnen schenkt, weil ihre Herzen mit dem beschäftigt sind, was sie sich erhoffen, mit der Befriedigung ihrer Begierden und der Erfüllung ihrer Wünsche. Denn egal, welche Stufe sie davon erreicht haben, sie fahren fort, das zu suchen, was höher ist als sie, und streben nach dem, was danach ist. Die vielen Vorteile, die ihnen zuteil werden, sind in ihren Augen nur wenige. Die großen Gaben, die ihnen bereits zuteil geworden sind, halten sie für gering. Bis sie jeden Vorteil, den ein anderer besitzt,

Die Pflichten des Herzens Kapitel Zwei Rabbeinu Bachya

so betrachten, als sei er ihnen genommen worden, und wenn andere einen Vorteil erlangen, ist es, als sei ihnen ein Unglück widerfahren. Sie verstehen die Werke G-ttes nicht, der ihnen Gutes schenkt, wie die Schrift sagt [Tehilim 10,4]: "Der Gottlose in seinem Hochmut fragt nicht nach. G-tt ist in keinem seiner Gedanken".

Der zweite Grund ist, dass der Mensch, wenn er in diese Welt kommt, wie ein törichtes Tier und ein Eselsfohlen ist, wie die Schrift sagt [Iyov 11:12] "Wie ein wildes Eselsfohlen ist der Mensch, wenn er geboren wird". Sie wachsen mit einer Fülle von ständigen und wiederkehrenden g-ttlichen Wohltaten auf, die sie ständig erfahren und an die sie sich so sehr gewöhnt haben, dass sie diese als feste Bestandteile ihres Wesens betrachten, die sie während ihres ganzen Lebens nicht entfernen oder von sich trennen können. Obwohl sich ihre Intelligenz entwickelt und ihre geistigen Fähigkeiten stark werden, ignorieren sie törichterweise die Wohltaten, die der Schöpfer ihnen zuteil werden ließ, und denken nicht an die Verpflichtung zur Dankbarkeit für die g-ttliche Wohltat, denn sie sind sich des unermesslichen Ausmaßes der Wohltat und der unendlichen Größe des Wohltäters, der sie ihnen zukommen ließ, nicht bewusst.

In dieser Hinsicht ähneln sie einem Säugling, der von einem gutherzigen Mann in der Wüste gefunden wurde. Der Mann hatte Mitleid mit dem Säugling, nahm ihn in sein Haus auf, zog ihn auf, ernährte ihn, kleidete ihn und versorgte ihn großzügig mit allem, was gut für ihn war, bis er heranwuchs und die Wege der vielen Wohltaten verstand, die er erhalten hatte.

Später hörte der [gleiche] gutherzige Mann von einem Mann, der in die Hände seines Feindes gefallen war, der ihn lange Zeit mit äußerster Grausamkeit behandelte, aushungerte und nackt hielt. Das Leiden des Gefangenen erregte das Mitleid des gutherzigen Mannes. Er beschwichtigte den Feind, bis dieser den Gefangenen freiließ und ihm seine Schuld vergab. Der gütige Mann nahm den Mann in sein Haus auf und tat ihm weniger Gutes als dem Säugling. Dennoch erkannte der Mann das Gute mehr und war dankbarer als der Säugling, der bei ihnen aufwuchs. Der Grund dafür ist, dass er von einer Situation des Elends und des Leidens zu einer Situation des Guten und der Ruhe kam, während seine geistigen Fähigkeiten reif waren. Daher erkannte er die Güte und die Freundlichkeit seines Wohltäters voll und ganz. Der Säugling hingegen erkannte das große Ausmaß der Güte nicht, selbst nachdem seine Wahrnehmung und sein Verständnis gereift waren, weil er seit seiner Kindheit daran gewöhnt war.

Kein intelligenter Mensch wird bezweifeln, dass die Güte gegenüber dem Kind einen größeren Umfang hatte und deutlicher erkennbar war, und

Die Pflichten des Herzens Kapitel Zwei Rabbeinu Bachya

dass daher in seinem Fall eine größere Verpflichtung zu ständiger Dankbarkeit und Lob an den Wohltäter bestand.
Dies ist vergleichbar mit dem, was die Heilige Schrift sagt [Hosea 11,3]: "Und ich trug Ephraim und nahm sie auf meine Arme, aber sie wussten nicht, dass ich sie heilte."
Der dritte Grund ist, dass die Menschen in dieser Welt mit verschiedenen Missgeschicken und Schäden an ihrem Körper und ihrem Besitz konfrontiert werden, und sie verstehen nicht, dass diese Missgeschicke ein Mittel sind, um ihnen zu nützen, und auch nicht den Nutzen von Prüfungen und Leiden, wie die Schrift sagt: "Glücklich ist der Mensch, den Du, o Ewiger, züchtigst und aus Deinem Gesetz lehrst" [Tehilim 94,12].
Sie vergessen, dass sie selbst und alles, was sie haben, Wohltaten sind, die ihnen der Schöpfer in seiner Großzügigkeit und Liebe geschenkt hat, und dass er sie nach seiner Weisheit gerecht behandelt hat. Sie sind nachtragend, wenn Sein Gericht über sie verhängt wird, und sie preisen Ihn nicht, wenn sich Seine Barmherzigkeit und Güte ihnen gegenüber offenbart.
Ihre Torheit verleitet sie dazu, die Wohltaten und den Wohltäter zu leugnen. Ihre Torheit mag viele von ihnen sogar dazu bringen, sich einzubilden, sie wüssten besser Bescheid über G-ttes Werk und die verschiedenen Schöpfungen, die Er zu ihrem Wohlergehen geschaffen hat.
In dieser Hinsicht gleichen sie Blinden, die in eine eigens für sie errichtete Einrichtung aufgenommen wurden, die mit allem ausgestattet war, was sie für ihr Wohlbefinden brauchten. Alles war an seinem Platz und zu ihrem Vorteil so angeordnet, wie es dem Zweck der Verbesserung ihres Zustandes am besten dienen konnte. Es wurden auch nützliche Heiltränke bereitgestellt und ein erfahrener Arzt ernannt, der sie durch die Anwendung dieser Tränke heilen sollte, damit ihr Augenlicht wiederhergestellt werden konnte. Sie unterließen es jedoch, sich um die Heilung ihrer Augen zu bemühen, und befolgten nicht die Anweisungen der Ärzte, die sie zu heilen suchten.
Sie irrten ziellos in der Anstalt umher, unglücklich wegen ihrer Blindheit. Oft stolperten sie beim Gehen über Gegenstände, die zu ihrem Nutzen aufgestellt worden waren, und fielen auf ihr Gesicht. Einige erlitten Prellungen, andere gebrochene Gliedmaßen. Ihre Schmerzen und Verletzungen nahmen zu und vervielfachten sich. Dann beschwerten sie sich über den Eigentümer und Erbauer des Hauses, verurteilten seine Arbeit, warfen ihm vor, seine Pflichten nicht zu erfüllen und verurteilten ihn als schlechten Verwalter. Sie waren der Überzeugung, dass es nicht

Die Pflichten des Herzens Kapitel Zwei Rabbeinu Bachya

sein Ziel und seine Absicht war, ihnen Gutes zu tun und ihnen Freundlichkeit zu erweisen, sondern ihnen Schmerz und Schaden zuzufügen. Diese Geisteshaltung veranlasste sie schließlich, seine Güte und Freundlichkeit zu verleugnen, so wie der weise Mann sagte [Koheles 10,3]: "Ja, wenn ein Narr auf dem Weg wandelt, verlässt ihn der Verstand, und er erklärt allen, dass er ein Narr ist".

Da dies so ist, haben weise und wissende Menschen es für ihre Pflicht gehalten, diejenigen aufzurütteln, die die Wohltaten des Schöpfers nicht verstanden haben, und die Menschen zu lehren, durch ihren eigenen Verstand den hohen Grad zu erkennen. Denn viele Wohltaten bleiben gänzlich ungenutzt oder ihr Genuss wird getrübt, weil sie nicht erkannt werden und ihr hoher Grad nicht bekannt ist. Wenn aber die Aufmerksamkeit der Nutznießer auf ihren hohen Grad gelenkt wird und ihnen offenbart wird, was ihnen verborgen war, werden sie ihrem g-ttlichen Wohltäter in reichem Maße Lob und Dank darbringen und so in ihrem Leben hier Freude und Glück haben und im Jenseits ihren guten Lohn empfangen.

Der weise Mann sagte schon zu diesem Thema "Die Worte der Weisen sind wie Stacheln, und wie Nägel, die festgefügt sind, sind die Kompilatoren [Baale Asufoth]" [Koheles 12:11]. Die Worte der Weisen werden von den Weisen mit Stacheln verglichen, weil sie aufrütteln und anspornen; sie werden auch mit Nägeln verglichen, die fest verankert sind, weil sie die Weisheit immer in ihren Herzen festhalten und ihre Weisheit in ihnen bleibt.

Der Ausdruck "Baale Asufoth" bedeutet nach Ansicht der Kommentatoren "Kompilatoren von Büchern". Der Begriff "Divre" in der ersten Hälfte des Verses gilt auch für seine zweite Hälfte, die wie folgt zu übersetzen ist: "und wie festgenagelte Nägel sind die Worte der Kompilatoren". Denn die Bücher, die über die Zweige der Weisheit verfasst wurden, haben Bestand, ihr Nutzen ist ohne Unterbrechung [für alle Generationen], und deshalb werden sie mit feststehenden Nägeln verglichen.

Wir müssen nun sechs Themen zum Gebiet der Prüfung [der geschaffenen Dinge] erörtern:

Was ist unter der Prüfung und ihrer wahren Bedeutung zu verstehen?

Ist die Untersuchung des Geschaffenen eine Pflicht oder nicht?

Welches sind die verschiedenen Arten, in denen sie durchgeführt werden soll?

Wie viel Zeichen der himmlischen Weisheit in den geschaffenen Dingen, sollen wir untersuchen?

Welches von ihnen ist uns am nächsten und sollte mehr Aufmerksamkeit

Die Pflichten des Herzens Kapitel Zwei   Rabbeinu Bachya

erhalten als die anderen?
Die Faktoren, die der Untersuchung und ihren Ergebnissen hinderlich sind.

Kapitel Eins

Was ist die Prüfung? Die Betrachtung der Zeichen der Weisheit des Schöpfers, die sich in den geschaffenen Dingen manifestieren, und die Bewertung dieser Zeichen entsprechend der eigenen geistigen Fähigkeit. Denn obwohl die [himmlische] Weisheit in ihren Manifestationen in den geschaffenen Dingen unterschiedlich ist, ist sie grundsätzlich und im Wesentlichen eins - so wie die Sonne ein einziger Körper ist, während das Aussehen ihrer Strahlen, wenn sie durch weiße, dunkle, rote oder grüne Gläser fallen, variiert und jeweils die Farbe des jeweiligen Mediums annimmt, und so wie das Wasser, mit dem ein Park besprengt wird, die Farbe der Blüten annimmt, auf die es fällt. Deshalb betrachte G-tt's
Schöpfungen, von den kleinsten bis zu den größten, und denke über die Dinge nach, die dir gegenwärtig verborgen sind; und mit der Hilfe des Allmächtigen wirst du feststellen, dass sie so sind, wie ich es dir gesagt habe. Und weil diese Zeichen der himmlischen Weisheit in den geschaffenen Dingen verschieden sind, ist es unsere Pflicht, sie zu betrachten und über sie nachzudenken, bis sich die ganze Sache in unserer Seele festsetzt und in unserem Bewusstsein bleibt.
Wenn diese Zeichen [der himmlischen Weisheit] in allen geschaffenen Dingen gleich wären, würde kein Mensch an ihnen zweifeln [dass sie alle aus einer Quelle stammen]. Der Weise und der Narr wären in ihrer Erkenntnis gleich. Denn wenn ein und dasselbe Ding immer auf die gleiche Weise erzeugt wird, ist es klar, dass der Schöpfer kein freiwilliger Akteur ist, sondern eine Kraft, die gemäß der ihr auferlegten Natur handelt - die sie zwingt, auf eine bestimmte Weise zu handeln, die sie nicht ändern kann, so wie das Feuer, dessen einzige Funktion es ist, zu brennen, oder das Wasser, dessen Natur es ist, zu kühlen. Aber jemand, der die Macht hat, so zu handeln, wie es sein Wille verlangt, wird zu verschiedenen Zeiten auf verschiedene Weise handeln.
Da der Schöpfer in allem, was er tut, einen freien Willen hat, nicht gezwungen ist, nichts braucht und von keiner Natur gezwungen wird, hat er die Dinge verschiedenartig geschaffen, so wie es seine Weisheit jedes Mal vorschrieb, damit die Verschiedenartigkeit auf seine Einheit und seinen freien Willen in allem, was er tut, hinweist, wie es heißt: "Was dem Ewigen gefällt, das hat er im Himmel und auf Erden getan" [Tehilim

Die Pflichten des Herzens   Kapitel Zwei   Rabbeinu Bachya

135:6].

G-tt allein weiß, ob es nur aus diesem Grund ist, dass nicht alle Geschöpfe in einer einzigen Form und Ähnlichkeit geschaffen wurden; rational betrachtet würde es scheinen, dass dies der Zweck der Vielfalt der Zeichen der Weisheit ist, die sich in den geschaffenen Dingen zeigt. Aber die Weisheit des Schöpfers ist zu hoch für uns. Was wir gerade erwähnt haben, ist nur einer von vielen anderen Gründen, deren Kenntnis wir nicht erlangt haben. Die vollkommene Weisheit gehört G-tt allein, und es gibt keine Macht neben Ihm.

Kapitel Zwei

Ist es unsere Pflicht, die geschaffenen Dinge zu untersuchen oder nicht? Wir antworten, dass die Untersuchung der geschaffenen Dinge und die Ableitung der Weisheit des Schöpfers aus ihnen eine Pflicht ist, die sich aus der Vernunft, der Schrift und der Tradition [der mündlichen Tora] ableiten lässt.

Aus der Vernunft: Denn unsere Vernunft bezeugt, dass die Überlegenheit eines vernunftbegabten Geschöpfes über ein irrationales darin besteht, dass es die Zeichen der Weisheit, die im ganzen Universum zu finden sind, besser wahrnehmen, verstehen und erkennen kann, wie die Schrift sagt: "Er lehrt uns mehr als die Tiere des Feldes und macht uns weiser als die Vögel des Himmels" [Hiob 35,11].

Und wenn ein Mensch über diese Grundlagen der Weisheit nachdenkt und ihre Spuren im Universum untersucht, steigt seine Überlegenheit gegenüber den Tieren im Verhältnis zu seinem Verständnis. Vernachlässigt er aber das Beobachten und Nachdenken, ist er dem Tier nicht gleich, sondern unterlegen, wie die Schrift sagt: "Der Ochse kennt seinen Besitzer und der Esel die Krippe seines Herrn, aber Israel weiß nicht, mein Volk denkt nicht nach" [Jeschaja 1,3].

Aus der Heiligen Schrift:
Das Gleiche lässt sich aus der Heiligen Schrift beweisen, denn es heißt: "Erhebt eure Augen in die Höhe und seht, wer sie geschaffen hat" [Jeschaja 40,26]. Und weiter: "Wenn ich deinen Himmel betrachte, das Werk deiner Finger, den Mond und die Sterne, die du geschaffen hast" [Tehilim 8,4]. Die Schrift sagt auch: "Habt ihr nicht gewusst, habt ihr nicht gehört, ist es euch nicht von Anfang an gesagt worden? [Jeschaja 40,21]; "Höre, o Taube, und schaue, o Blinder, dass du siehst" [Jeschaja 42,18]; "Es ist besser, in das Haus der Trauer zu gehen als in das Haus der Feste, denn das ist das Ende aller Menschen, und der Lebendige wird

Die Pflichten des Herzens   Kapitel Zwei   Rabbeinu Bachya

es zu Herzen nehmen" [Kohelet 7,2]; "Der Weise hat seine Augen im Kopf, aber der Narr wandelt in der Finsternis" [Kohelet 2,14]. "Der Weg des Gerechten aber ist wie das Licht der Morgenröte, das immer mehr scheint, bis der Tag vollkommen ist. Der Weg der Gottlosen ist wie Finsternis; sie wissen nicht, worüber sie stolpern" [Mischlei 4,18-19].

Aus der Überlieferung: Die Weisen sagten [Sabbat 75a]: "Wer fähig ist, den Lauf der Sterne und Planeten zu berechnen, und es nicht tut - von einem solchen sagt die Schrift [Jeschaja 5:12]: 'Und Harfe und Leier, Pauke und Flöte und Wein sind in ihren Festen; aber sie achten nicht auf das Werk des Ewigen, noch betrachten sie das Werk seiner Hände'". Und sie sagen weiter [Sabbat 75a]: "Woher wissen wir, dass es eine Pflicht ist, die Bahnen der Sterne und Planeten zu berechnen?" Denn es heißt [Devarim 4,6]: "So beachtet sie und tut sie, denn das ist eure Weisheit und euer Verstand vor den Augen der Völker, dass sie, wenn sie alle diese Satzungen hören, sagen werden: 'Dieses große Volk ist ein weises und verständiges Volk'. Dieser Vers bezieht sich auf die Pflicht, astronomische Berechnungen vorzunehmen."

Weiter heißt es [Pirkei Avos 2:1]: "Bedenke den Verlust, der durch das Verrichten einer Mitzwa [Gebot] entsteht, gegen ihren Lohn und den Gewinn, der durch das Verrichten einer Sünde entsteht, gegen den Verlust, den sie mit sich bringt".

Und sie sagten weiter [Eruvin 100b]: "Wäre die Tora den Juden nicht gegeben worden, hätten wir Anstand von der Katze, Keuschheit von der Taube, Anstand vom Hahn und Ehrlichkeit von der Ameise lernen können".

Bis hierher wurde gezeigt, dass es eine Pflicht ist, die geschaffenen Dinge zu untersuchen und aus den Zeichen der himmlischen Weisheit, die sich in ihnen zeigt, die entsprechenden Schlüsse zu ziehen. Merke es dir gut!

Kapitel Drei

Wie sollen die verschiedenen Arten der Untersuchungen durchgeführt werden?

Die Untersuchung der geschaffenen Dinge bedeutet ein genaues Studium der Elemente, aus denen das Universum zusammengesetzt ist; der Erzeugnisse, die sich aus der Kombination dieser Elemente ergeben; des Charakters der Bestandteile jedes Verbundstoffes; der Art und Weise, in der er nützlich ist; der Zeichen der Weisheit, die sich in seiner Herstellung, Form und Gestalt und in dem Zweck, zu dem er geschaffen wurde, zeigen; der schönen Geistigkeit dieser Welt; ihrer Ursachen und Wirkungen; und die vollkommene Vollkommenheit, für die sie

Die Pflichten des Herzens Kapitel Zwei Rabbeinu Bachya

geschaffen wurde; ihren Inhalt zu kennen - das Geistige und das Physische, das Rationale und das Irrationale, das Unbewegliche und das Bewegliche [Festes und Flüssiges], die Mineralien und die Pflanzen; ihre höheren und niederen Teile; und zu erkennen, dass der Schöpfer das Universum in einer vollkommenen und geordneten Zusammenstellung geschaffen hat - jedes seiner Teile deutlich erkennbar, - so dass es auf den Schöpfer hinweist und lehrt, wie ein Werk auf den Handwerker oder ein Haus auf den Erbauer.

Es ist richtig, dass ihr wisst, dass die ganze Welt eine Synthese aus dem Physischen und dem Geistigen ist, die so innig miteinander vermischt und verschmolzen sind, dass jedes von ihnen das andere stützt, wie Körper und Seele in lebenden Wesen.

Die Zeichen der Weisheit, die sich in all dem zeigen, sind von dreierlei Art.

[1] Die der ersten Art sind klar und offensichtlich und entgehen selbst dem Narren nicht, und natürlich auch nicht dem denkenden Menschen. Ein Beispiel ist die [relative] Bewegung der Sonne über der Erde, um den bewohnbaren Teil des Globus zu erhellen und den dort lebenden Geschöpfen zu nützen; wie die Schrift sagt [Tehilim 104:22-24]: "Die Sonne geht auf, sie versammeln sich und kauern in ihren Höhlen. Der Mensch geht hinaus zu seiner Arbeit und zu seiner Mühe bis zum Abend. Wie mannigfaltig sind Deine Werke, o Ewiger! Mit Weisheit hast Du sie alle gemacht. Die Erde ist voll von Deinen Gütern".

[2] Die zweite Art besteht aus Zeichen der Weisheit, deren Nutzen und Notwendigkeit den meisten Menschen verborgen bleibt und nur dem intelligenten Menschen bekannt ist, der begreift, dass sie richtig sind. So wie der Tod, das Schicksal, das alles Fleisch ereilt und das für das Wohlergehen der Welt notwendig ist. Unsere Weisen erklärten den Vers: [Bereischis 1:31] "Und G-tt sah alles, was er gemacht hatte, und siehe, es war sehr gut". 'Siehe, es war sehr gut' - das bezieht sich auf den Tod." [Bereischis Raba 9:5]. So sagte auch der weise König: "Darum habe ich die Toten, die schon tot sind, mehr gelobt als die Lebenden, die noch leben" [Koheles 4,2].

[3] Die dritte Art besteht aus Zeichen der Weisheit, die teils undeutlich und teils klar sind. Ein Mensch, der nur mit geringen geistigen Kräften ausgestattet ist, wird sie nicht erkennen, es sei denn, er denkt über sie nach und studiert sie bis ins kleinste Detail. Ein Beispiel dafür sind die Veränderungen, die im Jahr stattfinden, die vier Jahreszeiten usw.

Der weise und intelligente Mensch wird aus der Welt die feinen und geistigen Elemente zum Studium auswählen; er wird sie als Leiter benutzen, um Beweise für die Existenz des Schöpfers von allem zu

Die Pflichten des Herzens Kapitel Zwei   Rabbeinu Bachya

erlangen, an dessen Dienst er sich dann entsprechend seiner von Herzen kommenden Anerkennung der Größe und Erhabenheit des Schöpfers und seiner Erkenntnis der gnädigen Güte des Allmächtigen gegenüber all seinen Schöpfungen festhalten wird, und dass G-tt ihm gnädig eine Fülle von Wohltaten erwiesen und ihn [über die Tiere usw.] erhoben hat, während er nichts getan und nichts besessen hat.], obwohl er nichts getan hat und keine moralische Eigenschaft besaß, die ihn dazu berechtigen würde, eine g-ttliche Belohnung zu verdienen.

Danach wird er sich von den materiellen Dingen nur die aussuchen, die seinen körperlichen Nutzen und sein materielles Wohlergehen fördern, aber nur in dem Maße, wie es notwendig und ausreichend ist. Den Rest, die Überflüssigkeiten und weltlichen Begierden, die das Herz von G-tt abwenden, wird er aufgeben. Vielmehr wird er sich mit der Arbeit für sein endgültiges Zuhause beschäftigen, dem Ort, an den er nach seinem Tod gehen wird. Die Welt und ihre Besitztümer wird er als ein Mittel betrachten, um für den ihm bestimmten Tag, sein letztes Ende, vorzusorgen. Er wird von dieser Welt nur das mitnehmen, was ihn auf seiner Reise begleiten kann.

Ein Mensch aber, der die Wege der Welt und ihre Beweise für g-ttliche Weisheit nicht kennt, betrachtet sie als seine ewige Heimat und seinen festen Wohnsitz. Er beschäftigt sich eifrig mit ihr, setzt sein ganzes Herz und seine ganze Energie auf sie, weil er denkt, dass er seine eigenen Interessen schnell vorantreibt, und er erkennt nicht, dass die Früchte seiner Arbeit und der Überfluss, den er gesammelt hat, möglicherweise zu seinen Lebzeiten und zweifellos nach seinem Tod an andere gehen werden. Und so vernachlässigt er seine Interessen im Jenseits völlig.

Wie vergleichbar sind diese Typen mit zwei Brüdern, die von ihrem Vater ein Stück Land erbten, das bebaut werden musste. Sie teilten es unter sich auf. Keiner von ihnen besaß etwas anderes. Der eine war vernünftig und fleißig, der andere war das Gegenteil.

Der vernünftige Bruder erkannte, dass er, wenn er sich nur mit seinem Stück Land beschäftigte, nicht in der Lage war, seinen Lebensunterhalt zu verdienen und seine unmittelbaren Bedürfnisse zu befriedigen. So verdingte er sich als Tagelöhner auf dem Feld eines anderen und konnte so von dem Lohn leben, den er erhielt. Nachdem er seine tägliche Arbeit beendet hatte, arbeitete er jeden Abend eine Stunde lang fleißig und eifrig auf seinem eigenen Feld. Wenn er von seinem Lohn so viel gespart hatte, dass er einen oder mehrere Tage davon leben konnte, hörte er auf, für andere zu arbeiten, und arbeitete mit größter Energie und Eifer auf seinem eigenen Grundstück. Das tat er so lange, bis sein Grundstück in einem guten Zustand war. Wenn die Erntezeit kam, sammelte er die

Die Pflichten des Herzens Kapitel Zwei Rabbeinu Bachya

Erzeugnisse seines Feldes und seines Obstgartens ein, lagerte sie und hatte so genügend Produkte, um sich für das nächste Jahr zu versorgen. Dann bebaute er sein Land nach Belieben und pflanzte weitere Bäume, bis es nicht nur genug für seinen Unterhalt abwarf, sondern einen Überschuss abwarf, mit dem er weiteres Land kaufte.

Der törichte Bruder, der erkannte, dass er mit der Arbeit auf seinem Land allein keinen Lebensunterhalt verdienen konnte, vernachlässigte seinen Besitz völlig, verdingte sich bei anderen als Feldarbeiter, gab den gesamten Lohn aus, den er erhielt, und sparte nichts. Wann immer er von seinem Verdienst genug übrig hatte, um sich einen Tag lang zu ernähren, machte er daraus einen Tag der Erholung, des Müßiggangs und des Vergnügens, ohne auch nur einen Gedanken an seinen Besitz zu verschwenden. Die Stunden, die er an den Tagen, an denen er arbeitete, frei hatte, verbrachte er im Bad. Sein Land lag brach und warf nichts ab. Es war über und über mit Dornen und Disteln bedeckt. Seine Zäune waren kaputt. Die Bäume waren von einer Flut weggeschwemmt worden. Es befand sich in dem Zustand, den der weise Mann im Text [Mischlei 24,30-31] beschreibt: "Ich ging an dem Acker des Faulen und an dem Weinberg des Unverständigen vorbei, und siehe, er war ganz mit Dornen überwuchert; Nesseln bedeckten seine Fläche, und seine Steinmauer war zerbrochen."

Der kluge Leser, der aufmerksam über dieses Gleichnis nachdenkt, wird daraus die Lehre für sein letztes Ziel ziehen, das seine wahre Heimat ist, und er wird mit aller Kraft daran arbeiten. Für seine irdischen Bedürfnisse wird er arbeiten, wie man für andere arbeitet, in Maßen und nur in dem Maße, wie es unbedingt notwendig ist. Der Narr hingegen handelt in zweierlei Hinsicht gegensätzlich. Seine Interessen hier auf Erden verfolgt er mit Eifer und Fleiß, während er sein Wohlergehen im Jenseits völlig vernachlässigt; so wie der Weise sagte, als er den Narren beobachtete [Mischlei 24,32]: "Da sah ich es und hielt es für gut. Ich sah ihn an und zog meine Lehren".

Kapitel Vier

Wie viele Merkmale der g-ttlichen Weisheit gibt es in den geschaffenen Dingen, die wir untersuchen können?

Darauf antworten wir, dass, obwohl es viele Arten von geschaffenen Dingen gibt und jede Art viele Bestandteile hat, die Eckpfeiler der Weisheit, die man in ihnen findet, sieben Kategorien sind.

Eines davon ist das Zeichen der Weisheit, das sich in den primären und grundlegenden Elementen des Universums zeigt. Wir beobachten, dass

Die Pflichten des Herzens Kapitel Zwei Rabbeinu Bachya

die Erde im Zentrum steht; in ihrer Nähe und über ihr ist das Wasser; in der Nähe des Wassers ist die Atmosphäre; über allem ist das Feuer in einem gerechten und unveränderlichen Gleichgewicht und Maß. Jedes dieser Elemente behält seine ihm zugewiesene Stellung bei. Der Meeresgrund mit den darin eingeschlossenen Wassern bleibt an seinem Platz und überschreitet seine Grenzen nicht, trotz des Tötens der Wellen und des Wütens der Winde, wie geschrieben steht: "Und Ich habe ihm Meine Ordnung vorgeschrieben und Riegel und Türen gesetzt und gesagt: 'Bis hierher sollst du kommen, aber nicht weiter, und hier sollen deine stolzen Wellen aufgehalten werden'" [Ijow 38,9-11].

Über die Stabilität von Himmel und Erde sagt die Heilige Schrift [Ps 119:89-91]: " Für immer, Ewiger, steht dein Wort fest im Himmel, deine Treue währt für alle Generationen; du hast die Erde errichtet und sie steht. Sie steht heute nach deinen Ordnungen; denn alle Dinge sind deine Diener". Auch David beschäftigt sich in seinem Psalm [104] mit diesem Thema, der mit den Worten beginnt: "O meine Seele, lobe den Ewigen. [Er zieht das Licht an wie ein Gewand, breitet den Himmel aus wie einen Vorhang".]

Der zweite Eckpfeiler ist das Zeichen der Weisheit, das sich in der menschlichen Spezies zeigt, - ein Universum im Kleinen, das die geordnete Reihe der Schöpfung vervollständigt und ihre krönende Schönheit, Herrlichkeit und Vollkommenheit darstellt. David, Friede sei mit ihm, bezog sich auf den Menschen, als er rief: "O Ewiger, unser Ewiger, wie herrlich ist Dein Name auf der ganzen Erde." [Tehilim 8:1].

Der dritte Eckpfeiler ist das Zeichen der Weisheit, das sich in der Bildung des einzelnen Menschen zeigt, - seine physische Struktur, die Fähigkeiten seines Nefesch [niedere Seele] und das Licht der Vernunft, mit dem der Schöpfer ihn ausgezeichnet und ihm damit eine Überlegenheit gegenüber anderen Lebewesen gegeben hat, die irrational sind.

Der Mensch gleicht dem großen Universum, da er ihm im Grunde und in seinen ursprünglichen Elementen gleicht. Darauf bezieht sich Hiob, wenn er sagt [Hiob 10,10-12]: "Hast du mich nicht wie Milch ausgegossen und wie Käse geronnen? Mit Haut und Fleisch hast du mich bekleidet, und mit Knochen und Sehnen hast du mich zusammengehalten. Leben und Gunst hast du mir geschenkt, und deine Vorsehung hat meinen Geist bewahrt".

Der vierte Eckpfeiler ist das Zeichen der Weisheit, das sich in anderen Arten von Lebewesen manifestiert, von den kleinsten bis zu den größten. Diejenigen, die fliegen oder schwimmen oder kriechen oder sich auf vier Füßen fortbewegen, mit ihren verschiedenen Formen, Merkmalen, Nutzen, Vorteilen und Zielen in der Welt. Davon ist in der Rede die Rede,

Die Pflichten des Herzens Kapitel Zwei Rabbeinu Bachya

in der der Schöpfer Hiob zurechtweist, um ihn auf seine Pflicht aufmerksam zu machen [Hiob 38,41]: "Wer versorgt den Raben mit seiner Beute? usw." und die weiteren Hinweise [Hiob 39] auf verschiedene Tierarten, die in den Wüsten und Meeren leben.

Die fünfte ist das Zeichen der Weisheit, das sich in den Pflanzen und anderen Naturprodukten [z. B. Mineralien] zeigt, die zur Verbesserung des Menschengeschlechts vorgesehen sind, weil sie dem Menschen je nach ihrer Natur, ihrer Beschaffenheit und ihren Kräften auf verschiedene Weise nützlich sind. Schon die Alten haben dieses Thema in ihren Werken nach ihren Vorstellungen dargelegt. So heißt es [Melachim 5,13]: "Und er [Salomo] sprach von den Bäumen, von der Zeder auf dem Libanon bis zum Ysop, der aus der Mauer sprießt; er sprach auch von den Tieren, den Vögeln, den Kriechtieren und den Fischen".

Das sechste ist das Zeichen der Weisheit, das in den Wissenschaften, Künsten und Handwerken zu erkennen ist, die der Schöpfer, gepriesen sei er, für den Menschen vorgesehen hat, um zu seiner Vervollkommnung beizutragen und ihn in die Lage zu versetzen, seinen Lebensunterhalt zu verdienen und andere Vorteile allgemeiner und besonderer Art zu erlangen. Auf dieses Merkmal der g-ttlichen Weisheit verweist die Schrift in Hiob 38,36: "Wer hat die Weisheit in das Innere gelegt? Oder wer hat dem Verstand Einsicht gegeben?" und wiederum [Spr 2,6] "Denn der Ewiger gibt Weisheit; aus seinem Mund kommt Erkenntnis und Einsicht".

Das siebte ist das Zeichen der Weisheit, das sich in der Einsetzung der Tora und ihrer Satzungen zeigt, um uns zu lehren, wie wir dem Schöpfer dienen können, und um demjenigen, der fleißig nach ihren Geboten lebt, das unmittelbare Glück im Diesseits und den Lohn im Jenseits zu sichern, wie es geschrieben steht [Jes. 55:2-3]: "Höret mir fleißig zu und esset, was gut ist, und lasset eure Seele sich des Wohlgefallens freuen. Neige dein Ohr und komm zu mir; höre, und deine Seele wird leben." Dazu kommen noch die Sitten, durch die die Regierung anderer Völker geregelt wird, und ihre nützlichen Eigenschaften. Bei diesen Völkern treten diese Bräuche an die Stelle der Tora - aber nur in weltlichen Angelegenheiten.

Es ist gesagt worden, dass das Verhältnis der Natur zur Tora das eines Dieners zu seinem Herrn ist. Die Kräfte der Natur im Universum wirken in Harmonie mit der Lehre der Tora, wie es heißt [Schemot 23,25]: "Und ihr sollt dem Ewigen, eurem G-tt, dienen, und er wird euer Brot und euer Wasser segnen, und ich werde die Krankheit aus eurer Mitte wegnehmen". Und weiter: [ibid. 15:26] "Wenn ihr auf die Stimme des

Die Pflichten des Herzens   Kapitel Zwei   Rabbeinu Bachya

Ewigen, eures G-ttes, hört und tut, was recht ist, und auf seine Gebote hört und alle seine Satzungen haltet, so werde ich keine der Krankheiten, die ich über die Ägypter gebracht habe, über euch bringen; denn ich bin der Ewiger, der euch heilt", und viele andere Stellen wie diese.

Einige sind der Meinung, dass der weise Mann, als er sagte [Mischlei 9:1]: "Die Weisheit hat ihr Haus gebaut; sie hat ihre sieben Säulen herausgehauen", die sieben Ecksteine im Sinn hatte, die wir erwähnt haben.

Kapitel Fünf

Welche Kategorie [der Beweise der g-ttlichen Weisheit] ist uns am nächsten, so dass es unsere Pflicht ist, sie genauer zu untersuchen? Darauf antworten wir, dass das genaue Studium jeder einzelnen der [sieben] Kategorien, die zuvor aufgezählt wurden, zwar notwendig und zwingend ist, dass aber der Beweis der himmlischen Weisheit, der uns am nächsten und klarsten ist, derjenige ist, der sich in der menschlichen Spezies manifestiert, einem Mikrokosmos des Universums, der engsten Ursache [Endzweck] für die Existenz der größeren Welt.

Daher ist es unsere Pflicht, den Anfang des Menschen zu studieren, seine Geburt, die Zusammensetzung seiner Teile, das Zusammenfügen seiner Körperglieder, den Zweck jedes Gliedes/Organs und die Notwendigkeit, die ihn in seiner jetzigen Form hervorgebracht hat. Als nächstes sollten wir die Vorzüge des Menschen studieren, seine verschiedenen Temperamente, die Fähigkeiten seines nefesh [niedere Seele], das Licht seines Intellekts, seine Qualitäten - die wesentlichen und die nebensächlichen; seine Begierden und den letzten Zweck seines Daseins. Wenn wir die genannten Dinge in Bezug auf den Menschen verstanden haben, wird uns ein großer Teil des Geheimnisses dieses Universums klar werden, denn das eine gleicht dem anderen.

Und so erklärten einige Weisen, dass die Philosophie die Selbsterkenntnis des Menschen ist, d.h. die Erkenntnis dessen, was wir über den Menschen gesagt haben, so dass er durch den Beweis der himmlischen Weisheit, die sich in ihm selbst zeigt, den Schöpfer erkennt; wie Hiob sagte [Hiob 19,26]: "Von meinem Fleisch aus sehe ich G-tt".

Da dies so ist, ist es angemessen, dass wir ein wenig Aufmerksamkeit auf jedes der Themen lenken, die in Bezug auf den Menschen erwähnt wurden, um den Nachlässigen auf das aufmerksam zu machen, was er immer im Kopf haben sollte; und so wird er dazu gebracht, die Dinge weiter zu untersuchen, die ich nicht erwähnt habe. Und dann, wenn er die Fülle von G-tt's liebender Freundlichkeit und Güte ihm gegenüber

Die Pflichten des Herzens   Kapitel Zwei   Rabbeinu Bachya

erkennt, wird er mit dem Geist der Demut und Unterwerfung gegenüber dem Schöpfer erfüllt sein, und seine Dankbarkeit gegenüber seinem Schöpfer wird im Überfluss vorhanden sein, wie David, Friede sei mit ihm, sagte: "Ich will Dir danken, denn ich bin furchtbar und wunderbar gemacht; wunderbar sind Deine Werke, und das weiß meine Seele sehr wohl. Meine Gestalt war Dir nicht verborgen, als ich im Verborgenen gemacht und in den Tiefen der Erde gewirkt wurde. Meine ungeformte Gestalt sahen Deine Augen, und in Deinem Buch waren sie alle geschrieben, in den Tagen, da sie geformt werden sollten, während noch nichts von ihnen da war." [Tehilim 119:14-16]

Das erste Thema, auf das ihr eure Aufmerksamkeit richten solltet, ist der Ursprung des Menschen und die frühesten Prozesse seiner Entwicklung. Ihr werdet dann sehen, dass es die g-ttliche Güte ist, die ihn aus dem Nichts ins Dasein gebracht hat. Die Grundelemente der Welt, aus denen er gebildet wird, gehen in den pflanzlichen Zustand über, der zur Nahrung wird und sich in Samen und Blut verwandelt. Dieses wird in allgemeines Leben umgewandelt, das schließlich die Form und die Natur des Menschen annimmt - lebendig, vernünftig und sterblich -, der durch das Leben reist und Veränderungen und Metamorphosen und ständig wechselnde Bedingungen und Umstände erfährt, die nach einem richtig durchdachten und koordinierten Plan miteinander verbunden sind.

Wenn ihr darüber nachdenkt und die Beweise der Güte, Weisheit und Macht des Schöpfers seht, die sich in allem manifestieren, dann betrachtet und denkt über die sichtbaren Bestandteile des menschlichen Wesens nach, nämlich seinen Körper und seine Seele. Du wirst feststellen, dass sein Körper aus verschiedenen Elementen mit unterschiedlichen Eigenschaften zusammengesetzt ist. Diese hat der Schöpfer durch seine allmächtige Macht zusammengefügt, durch seine Weisheit kombiniert und aus ihnen einen stabilen Organismus geformt, der dem Anschein nach den Charakter einer Einheit hat, aber sein Körper ist aus verschiedenen Elementen mit unterschiedlichen Eigenschaften zusammengesetzt. Diesem menschlichen Körper hat G-tt eine geistige und ungreifbare Essenz hinzugefügt, die der Spiritualität der höheren Wesen [Engel] ähnlich ist. Diese Essenz ist seine Seele, die in ihm mit dem Körper durch Mittel verbunden ist, die geeignet sind, diesen beiden Extremen zu dienen. Diese Mittel sind der Ruach Chaim [Lebensgeist], die natürliche Wärme [Lebenskraft], das Blut, die Venen, Nerven und Arterien. Um sie zu schützen und vor Verletzungen zu bewahren, hat G-tt Fleisch, Knochen, Sehnen, Haut, Haare und Nägel bereitgestellt. All dies sind Schilde und Verteidigungsanlagen, um Verletzungen abzuwehren.

Die Pflichten des Herzens   Kapitel Zwei   Rabbeinu Bachya

Betrachte die Wohltaten, die der Schöpfer bei der Führung des Menschen durch seine Vorsehung erwiesen hat.

Zu Beginn der menschlichen Existenz hat der Schöpfer den Körper der Mutter als Wiege für den Fötus bestimmt, damit er an einem sicheren Ort verbleibt, sozusagen in einer stark bewachten Festung, wo ihn keine Hand berühren kann, wo er weder von Hitze noch von Kälte betroffen ist, sondern geschützt und behütet ist und wo seine Nahrung für ihn bereitsteht. Hier wächst und entwickelt es sich weiter, wird sogar fähig, sich zu bewegen und zu drehen, und erhält seine Nahrung ohne jede Anstrengung und Belastung. Diese Nahrung wird ihm an einem Ort zur Verfügung gestellt, an dem es von niemandem erreicht werden kann, und sie wird mit der Entwicklung des Fötus bis zu einer bestimmten Zeit gesteigert.

Dann verlässt es den Bauch seiner Mutter auf einem schmalen Pfad, ohne dass es selbst etwas dafür tun muss, sondern allein durch die Kraft des weisen, barmherzigen und gnädigen G-ttes, der sich seiner Geschöpfe erbarmt, wie er zu Hiob sagte [39,1-2]: "Weißt du, wann die wilden Ziegen auf dem Felsen gebären? Oder kannst du erkennen, wann die Hirschkühe kalben? Kannst du die Monate zählen, die sie erfüllen? Oder kennst du die Zeit, wenn sie gebären?"

Danach kommt der Säugling in diese Welt - alle seine Sinne, außer denen des Tastsinns und des Geschmacks, sind schwach - und der Schöpfer versorgt ihn mit Nahrung aus der Brust seiner Mutter. Das Blut, das ihn vor seiner Geburt ernährte, wird nun an der Brust der Mutter in Milch umgewandelt, die angenehm und süß ist und wie eine sprudelnde Quelle fließt, wann immer sie gebraucht wird. Die Milch ist weder so reichlich, dass sie der Mutter zur Last fallen und ohne Saugen austropfen könnte, noch so spärlich, dass sie das Kind an der Brust ermüdet.

Die g-ttliche Gnade zeigt sich auch darin, dass Er die Öffnung der Brustwarze wie ein Nadelöhr gemacht hat, nicht so weit, dass die Milch ohne Saugen auslaufen würde, woran das Kind beim Saugen ersticken könnte, und auch nicht so eng, dass der Säugling sich anstrengen müsste, um seine Nahrung zu bekommen.

Danach werden die körperlichen Fähigkeiten des Säuglings stärker, so dass er in der Lage ist, Anblicke und Geräusche zu unterscheiden. G-tt inspiriert die Herzen der Eltern mit Güte, Liebe und Mitgefühl für ihren Nachwuchs, so dass die Aufzucht des Kindes für sie nicht übermäßig beschwerlich ist. Sie haben mehr Verständnis für seine Bedürfnisse in Bezug auf Essen und Trinken als für ihre eigenen Bedürfnisse. All die Mühen und Anstrengungen, die damit verbunden sind, es aufzuziehen, zu baden und zu kleiden, es behutsam zu führen und alles Schädliche,

Die Pflichten des Herzens Kapitel Zwei Rabbeinu Bachya

auch gegen seinen Willen, abzuwehren, sind in ihren Augen von geringer Bedeutung.

Danach geht der Sprössling vom Säuglingsalter in die Kindheit über. Die Eltern werden seiner nicht überdrüssig und ärgern sich nicht über seine zahlreichen Bedürfnisse und die geringe Anerkennung der Last, die sie durch seine Pflege und Versorgung tragen. Im Gegenteil, die Sorge, die sie für ihn empfinden, nimmt zu, bis er das Jugendalter erreicht, in dem er bereits gelernt hat, richtig und angemessen zu sprechen, und seine körperlichen Sinne und geistigen Fähigkeiten stark genug geworden sind, um Weisheit und Wissen zu erwerben. Dann nimmt er einige physische Phänomene mit seinen Sinnen und einige intellektuelle Ideen mit seinen geistigen Fähigkeiten wahr, wie der weise König sagte [Sprüche 2,6]: "Denn der Ewiger gibt Weisheit; aus seinem Mund kommt Wissen und Einsicht."

Zu den vielen Vorteilen, die ein Mensch hat, gehört, dass er in seiner Kindheit kein Denker ist und das Gute nicht vom Bösen unterscheiden kann. Wäre er nämlich während seines Heranwachsens mit einem reifen Intellekt und einer reifen Wahrnehmungsfähigkeit ausgestattet gewesen und hätte er die Überlegenheit der Erwachsenen in ihrer Fähigkeit, für sich selbst zu sorgen, sich frei zu bewegen und sauber zu bleiben, erkennen können, und hätte er den umgekehrten Fall erkannt, den sein Zustand in all diesen Hinsichten darstellt, wäre er vor Sorge und Kummer gestorben.

Es ist auch bemerkenswert, dass das Weinen, wie gelehrte Ärzte behaupten, dem Säugling zuträglich ist. Denn in den Gehirnen der Säuglinge befindet sich ein Humor [Schleim], der, wenn er dort unerledigt bliebe, üble Folgen hätte. Das Weinen löst diesen Schleim auf und leitet ihn aus dem Gehirn ab, und so werden die Säuglinge vor seinen schädlichen Auswirkungen bewahrt.

Die große Gnade, die der Schöpfer dem Menschen erwiesen hat, zeigt sich auch darin, dass die neuen Zähne einzeln, einer nach dem anderen, ausfallen, so dass das allmähliche Ausfallen der alten Zähne während des Ersetzungsprozesses die Fähigkeit zum Kauen nicht beeinträchtigt.

Später wird er Krankheiten und schmerzhaften Ereignissen ausgesetzt, damit er die Welt erkennt und ihr Wesen nicht vor ihm verborgen bleibt. So wird er davor gewarnt, sich auf diese Welt zu verlassen und sich von seinen Begierden beherrschen zu lassen, denn dann würde er wie die Tiere werden, die weder denken noch verstehen, wie es geschrieben steht: "Seid nicht wie das Pferd oder wie der Maulesel, die keinen Verstand haben" [Tehilim 32,9].

Man sollte dann über die Nützlichkeit der Glieder und Organe

Die Pflichten des Herzens Kapitel Zwei   Rabbeinu Bachya

nachdenken und über die Art und Weise, wie man sich durch sie korrigiert - die Hände dienen zum Nehmen und Geben, die Füße zum Gehen, die Augen zum Sehen, die Ohren zum Hören, die Nase zum Riechen, die Zunge zum Sprechen, der Mund zum Essen, die Zähne zum Kauen, der Magen zur Verdauung, die Leber zur Reinigung der Nahrung, die Schläuche zum Ausscheiden von Überflüssigem, die Därme zur Speicherung. Das Herz ist das Heiligtum der natürlichen Wärme und die Quelle des Lebens. Das Gehirn ist der Sitz der geistigen Fähigkeiten, die Quelle der Empfindungen und die Wurzel, von der die Nerven ausgehen. Die Gebärmutter [bei der Frau] dient der Erhaltung und Entwicklung des Samens. Und so verhält es sich auch mit den übrigen Körperorganen. Sie alle haben ihre spezifischen Funktionen, von denen mehr unbekannt sind als uns bekannt sind.

Wer über diese Dinge nachdenkt, wird auch die natürlichen Vorgänge bemerken, durch die die Nahrung, die der Körper erhält, auf jeden seiner Teile aufgeteilt wird. Diese Zeichen der Weisheit, die er beobachtet, werden ihn dazu bewegen, seinem Schöpfer zu danken und ihn dafür zu preisen, wie David sagte: "Alle meine Gebeine werden schreien: O G-tt, wer ist wie Du?" [Tehilim 35:10]. So gelangt die Nahrung durch einen Schlauch in den Magen, der völlig gerade ist, ohne Biegung oder Drehung. Diese Röhre wird Speiseröhre genannt. Der Magen zerkleinert die Nahrung noch gründlicher, als es die Zähne bereits getan haben. Dann wird die Nahrung durch feine Zwischenadern, die diese beiden Organe miteinander verbinden [Gallengänge], in die Leber befördert, die als Sieb für die Nahrung dient und nichts Grobes in die Leber durchlässt. Die Leber wandelt die aufgenommenen Nährstoffe in Blut um, das sie im ganzen Körper verteilt, wobei sie die lebenswichtige Flüssigkeit durch die zu diesem Zweck gebildeten Kanäle, die Wasserleitungen ähneln, in alle Teile des Körpers leitet.

Die Abfallstoffe, die übrig bleiben, warden durch speziell dafür vorgesehene Kanäle ausgeschieden. Was zur grünen Galle gehört, kommt in die Gallenblase. Was zur schwarzen Galle gehört, geht in die Milz; andere Stoffe und Flüssigkeiten werden in die Lunge geleitet. Der Abfall des Blutes geht in die Blase.

Denke, mein Bruder, über die Weisheit des Schöpfers nach, die sich in der Bildung deines Körpers gezeigt hat; wie er diese Organe an ihren richtigen Platz gesetzt hat, um die Abfallstoffe aufzunehmen, damit sie sich nicht im Körper ausbreiten und ihn krank machen.

Betrachte dann die Bildung der Stimmorgane und der Instrumente der Sprache. Die Luftröhre, hohl für die Erzeugung von Tönen; die Zunge, die Lippen und die Zähne, die für die klare Aussprache von Konsonanten

Die Pflichten des Herzens   Kapitel Zwei   Rabbeinu Bachya

und Vokalen dienen. Diese Organe haben auch noch andere Funktionen. Die Luft gelangt durch die Luftröhre in die Lungen; die Zunge ist das Organ, mit dem man Dinge schmecken kann, und hilft auch bei der Bewegung der festen und flüssigen Nahrung. Die Zähne dienen dazu, feste Nahrung zu kauen. Die Lippen ermöglichen es, Flüssigkeiten im Mund zu behalten und die gewünschte Menge zu schlucken, und zwar nur dann, wenn man es wünscht. Was die anderen Organe betrifft, so sind uns die Funktionen einiger bekannt, während andere unbekannt sind.

Dann, mein Bruder, denke über die vier körperlichen Fähigkeiten und ihre jeweiligen Funktionen nach: [1] das Saugvermögen, durch das die Nahrung aufgenommen und in den Magen befördert wird; [2] das Haltevermögen, durch das die Nahrung im Körper verbleibt, bis die Natur ihre Arbeit an ihr getan hat; [3] das Verdauungsvermögen, das die Nahrung verdaut, die feineren Bestandteile herauszieht, sie von den nutzlosen Abfällen trennt und die ersteren auf alle Teile des Körpers verteilt; [4] das Ausscheidungsvermögen, das die Abfälle ausscheidet, die zurückbleiben, nachdem die Verdauungsprozesse der Nahrung alles entnommen haben, was der Körper braucht.

Man beachte, dass alle diese Fähigkeiten bestimmte Funktionen haben, deren Zweck es ist, das körperliche Wohlbefinden zu fördern. Es ist wie am Hofe eines Königs, wo es Diener und Offiziere gibt, die für den königlichen Haushalt zuständig sind. Einer von ihnen hat die Aufgabe, die Bedürfnisse der Diener zu befriedigen und sie dem Verwalter des Königs zu überbringen. Der zweite Beamte hat die Aufgabe, die vom ersten eingebrachten Bedarfsartikel entgegenzunehmen und sie in der Vorratskammer zu lagern, bis sie vorbereitet sind. Der dritte Beamte hat die Aufgabe, die Vorräte vorzubereiten und, nachdem er sie gebrauchsfertig gemacht hat, unter den Dienern zu verteilen. Die Aufgabe des vierten Dieners ist es, den Palast zu fegen und von allem Schmutz und Unrat zu reinigen, den er zu beseitigen hat.

Danach denke über die Fähigkeiten der Seele und ihren Platz unter den dem Menschen verliehenen Wohltaten nach - die Fähigkeiten des Denkens und des Gedächtnisses, die Kraft des Vergessens, das Gefühl der Scham, die Fähigkeiten des Verstehens und der Sprache. Stellen Sie sich vor, wie es einem Menschen gehen würde, wenn auch nur eine dieser Fähigkeiten fehlen würde. Nehmen wir zum Beispiel das Gedächtnis. Wie viel Verlust würde ein Mensch in all seinen Angelegenheiten erleiden, wenn er sich nicht daran erinnern könnte, was er besaß und was er schuldete; was er genommen und was er gegeben hatte; was er gesehen oder gehört hatte; was er gesagt hatte und was zu ihm gesagt worden war; wenn er sich nicht daran erinnern könnte, wer ihm einen Nutzen erwiesen

Die Pflichten des Herzens Kapitel Zwei Rabbeinu Bachya

und wer ihm Schaden zugefügt hatte; wer ihm einen Dienst erwiesen oder ihm eine Verletzung zugefügt hatte. Ein solcher Mensch würde einen Weg nicht erkennen, selbst wenn er ihn oft gegangen wäre, und sich an keine Weisheit erinnern, selbst wenn er sie sein ganzes Leben lang studiert hätte. Frühere Erfahrungen wären für ihn nicht von Nutzen. Er würde nichts nach dem beurteilen, was in der Vergangenheit geschehen ist. Ebenso wenig könnte er künftige Ereignisse nach dem beurteilen, was in der Gegenwart geschieht. Eine solche Person würde fast völlig außerhalb der Klasse der menschlichen Wesen stehen.

Zu den Vorteilen des Vergessens: Ohne die Fähigkeit zu vergessen, wäre kein Mensch jemals frei von Kummer. Kein freudiges Ereignis würde seine Traurigkeit vertreiben. Die Ereignisse, die ihm Freude bereiten sollten, würden ihm keine Freude bereiten, wenn er sich an die Mühen des Lebens erinnert. Selbst von der Verwirklichung seiner Hoffnungen konnte er sich keine Ruhe und keinen Seelenfrieden erhoffen. Er würde es nie unterlassen, zu trauern. Ihr seht also, dass das Gedächtnis und das Vergessen, so unterschiedlich und gegensätzlich sie auch sein mögen, beide dem Menschen geschenkt wurden, und jedes von ihnen hat seinen Nutzen.

Danach denke über das Gefühl der Scham nach, mit dem allein der Mensch ausgestattet ist. Wie hoch ist sein Wert! Wie zahlreich sind sein Nutzen und seine Vorteile? Ohne dieses Gefühl würden die Menschen keine Gastfreundschaft gegenüber Fremden zeigen? Sie würden ihre Versprechen nicht halten, keine Gefälligkeiten gewähren, keine Freundlichkeit zeigen und sich in keiner Weise des Bösen enthalten. Viele Gebote der Tora werden nur aus Scham erfüllt. Viele Menschen würden ihre Eltern nicht ehren, wenn sie sich nicht schämen würden, und sie würden es sicherlich versäumen, anderen gegenüber Höflichkeit zu zeigen. Sie würden weder einen verlorenen Gegenstand seinem Besitzer zurückgeben noch eine Übertretung unterlassen. Denn wer eine der erwähnten Schandtaten begeht, tut dies nur, wenn er das Gewand der Schande abgelegt hat. Wie die Schrift sagt: "Ja, sie schämen sich nicht und wissen nicht, wie man sich schämt" [Yirmiyahu 6:15], und "Der Sünder kennt keine Scham" [Tzefania 3:5].

Es ist sehr verwunderlich, dass G-tt dem Menschen Scham in der Gegenwart anderer Menschen eingepflanzt hat, aufgrund der Vorteile, die wir erwähnt haben und anderer, die wir nicht erwähnt haben, und dennoch hat G-tt dem Menschen keine Scham in der Gegenwart seines Schöpfers eingepflanzt, der ihn ständig beobachtet. Der Grund dafür ist, dass ein menschliches Wesen nicht in den Dienst G-ttes gezwungen wird, wodurch seine Belohnung nicht verdient wäre. Es ist jedoch unsere

Die Pflichten des Herzens   Kapitel Zwei   Rabbeinu Bachya

Pflicht, in der Gegenwart des Schöpfers Scham zu empfinden, als Ergebnis der Reflexion, des Bewusstseins des Dienstes, den wir Ihm schulden, und unseres Bewusstseins, dass Er alles beobachtet, was wir offen oder heimlich tun; wie die Schrift sagt: "Schämt euch und demütigt euch über eure Wege, Haus Israel" [Yechezkel 36:32].

Die überschwängliche Güte G-ttes uns gegenüber zeigt sich in den Fähigkeiten des Denkens und der Wahrnehmung, mit denen er uns in einzigartiger Weise ausgestattet hat und die uns von anderen Lebewesen unterscheiden. Der Wert dieser Fähigkeiten für die Pflege unseres Körpers und die Ordnung unserer Aktivitäten ist allen bekannt, mit Ausnahme derer, die diese Fähigkeiten aufgrund einer Hirnschädigung verloren haben.

Die Eigenschaften, die wir durch den Verstand erlangen können, sind vielfältig. Durch den Verstand wissen wir, dass wir einen Schöpfer haben, der weise, ewig, [absolut] Eins ist, der seit aller Ewigkeit existiert; unendlich in seiner Macht, ungebunden an Zeit und Raum; erhaben über die Eigenschaften seiner Geschöpfe und jenseits der Vorstellung aller existierenden Wesen; barmherzig, gnädig und wohltätig; nichts ähnelt ihm, noch ähnelt ihm etwas.

Durch den Verstand erkennen wir die Weisheit, die Macht und die Barmherzigkeit des Schöpfers, wovon das Universum einen klaren Beweis liefert. Es ist der Verstand, der uns zeigt, dass wir Ihm dienen sollten, weil wir Ihm zu Recht dienen sollten, und wegen Seiner Wohltat, die allen im Allgemeinen und jedem Einzelnen im Besonderen zuteil wird. Durch den Verstand werden wir in unserem Glauben an die Wahrheit des Buches des Gesetzes G-ttes bestätigt, das Moses, Seinem Propheten, Friede sei mit ihm, gegeben wurde. Aufgrund seiner Vernunft- und Wahrnehmungsfähigkeit ist der Mensch ein rechenschaftspflichtiges Geschöpf, das von seinem Schöpfer streng zur Rechenschaft gezogen wird. Eine Person, die ihren Verstand verloren hat, verliert alle Vorzüge eines Menschen und ist von den Mitzvot [Geboten] sowie von Lohn und Strafe ausgenommen.

Zu den Vorzügen des Verstandes: Durch den Verstand erlangt der Mensch sein Wissen über alle Dinge, die er mit den Sinnen wahrnimmt oder mit dem Verstand begreift.

Durch den Verstand entdeckt er Aspekte von sichtbaren Objekten, die den physischen Sinnen verborgen bleiben, wie z.B. die Bewegung des Schattens [auf einer Sonnenuhr] oder die Wirkung eines einzelnen Wassertropfens auf einem harten Felsen.

Durch den Verstand unterscheidet der Mensch zwischen Wahrheit und Unwahrheit, zwischen Übermaß und Mangel, zwischen Gut und Böse,

Die Pflichten des Herzens Kapitel Zwei Rabbeinu Bachya

zwischen Lobenswertem und Schändlichem, zwischen Notwendigem, Möglichem und Unmöglichem.
Durch seinen Verstand bringt der Mensch andere Lebewesen dazu, zu seinem Nutzen und Vergnügen zu arbeiten. Durch den Gebrauch dieses Vermögens erkennt er die Stellung der Planeten, bestimmt ihre Entfernungen und ihre Bewegungen auf ihren Bahnen, begreift die Beziehungen und Vergleiche, die in den Wissenschaften der Mathematik und der Technik behandelt werden, die Figuren und Beweisarten der Logik und andere Wissenschaften und Künste, die zu zahlreich sind, um sie aufzuzählen.
Auch alle anderen Fähigkeiten des Menschen, wenn du sie untersuchst, wirst du feststellen, dass sie die größte Vollkommenheit aufweisen und von größtem Nutzen für ihn sind, wie wir in Bezug auf den Verstand gezeigt haben.
Danach denke weiter über den Nutzen nach, den G-tt dem Menschen durch die Gabe der Sprache und die geordnete Anordnung der Worte verliehen hat, wodurch er das ausdrückt, was in seinem Geist und seiner Seele ist, und die Zustände anderer versteht. Die Zunge ist die Feder des Herzens und der Bote des Geistes. Ohne Sprache gäbe es keine sozialen Beziehungen zwischen den Menschen; der Mensch wäre ein Tier. Durch die Sprache wird die Überlegenheit des Einzelnen gegenüber seinen Mitmenschen deutlich. Die Pakte zwischen dem Menschen und seinen Mitmenschen werden durch die Sprache geschlossen, ebenso zwischen G-tt und seinen Dienern. Durch die Sprache wendet sich der Mensch von seiner Perversität ab und bittet um Vergebung für seine Missetaten. Die Sprache ist der größte Beweis für den Adel oder Unadel eines Menschen. Der Mensch, so wurde gesagt, ist Herz und Zunge. Und dies vervollständigt die Definition des Menschen. Denn der Mensch wird als "lebendiges, sprechendes, sterbliches Wesen" definiert, und durch die Sprache wird er von den Tieren unterschieden.
Betrachten Sie dann die Vorteile, die sich aus der Schrift und der Schreibkunst ergeben. Mit ihrer Hilfe werden die Taten und Angelegenheiten der Verstorbenen und der noch Lebenden zum Nutzen derer aufgezeichnet, die nach ihnen kommen werden; Mitteilungen erreichen die Abwesenden, und man erhält Informationen über die weit Entfernten und über die Verwandten in einem anderen Land; und es ist möglich, daß der Erhalt dieser Informationen ihr Leben rettet oder sie vor Unglück und Mißgeschicken bewahrt. Auf diese Weise wird das Wissen der Wissenschaften in Büchern bewahrt; verstreute Gedanken werden zusammengetragen. Die Menschen schreiben auf, wie sie miteinander Handel treiben, leihen, kaufen, heiraten, sich scheiden lassen. Das Thema

Die Pflichten des Herzens   Kapitel Zwei   Rabbeinu Bachya

ist zu umfangreich, um es vollständig zu behandeln.

Zu den vollendeten Wohltaten, die dem Menschen zuteil wurden, gehört, dass er mit Händen und Fingern ausgestattet wurde, mit denen er zeichnen, schreiben, sticken, Feuer entfachen und andere Handlungen und feine Operationen ausführen kann, die jenseits der Fähigkeiten anderer Lebewesen liegen, weil diese sie nicht brauchen.

Ich behaupte, dass es kein einziges dieser Organe gibt, dessen Verwendungszwecke ich erwähnt habe, das demjenigen, der darüber nachdenkt, in seinem Aufbau, seiner Form und seiner Kombination mit anderen Organen nicht Zeichen g-ttlicher Weisheit zeigt. Sie sind ein deutliches Zeichen und ein klarer Beweis für die Barmherzigkeit des Schöpfers uns gegenüber. Galen hat in zahlreichen Abhandlungen die Funktionen der Körperorgane dargelegt. Würden wir dies bei einem dieser Organe tun, würden wir von unserem Ziel der Prägnanz abweichen? Was wir mit G-tt's Hilfe gebracht haben, genügt, um jeden zu erwecken, den der Schöpfer den Weg Seiner Erlösung lehren will.

Das Studium der anderen Arten von Lebewesen, ihrer Gewohnheiten und ihrer Ernährung wird demjenigen nicht verborgen bleiben, der sie beobachtet und über die Zeichen der g-ttlichen Weisheit nachdenkt, die sich in ihnen manifestiert. Daher beziehen sich die heiligen Schriften wiederholt auf sie, wenn sie G-ttes Wunder erwähnen: "Er gibt dem Raben seine Beute, wenn seine Jungen zu G-tt schreien" [Hiob 38,41], und "Er gibt dem Vieh seine Nahrung und den jungen Raben, die schreien" [Tehilim 147,9]. Es gibt viele weitere ähnliche Stellen.

Und wenn man den Lauf der himmlischen Sphären studiert, die sich durch ihre verschiedenen Bewegungen und die einzelnen Himmelskörper auszeichnen, die alle zur Ordnung des Universums beitragen, wird man in ihnen Beweise für Macht und Weisheit sehen, die der menschliche Verstand nicht fassen kann und bei dem Versuch, sie zu beschreiben, müde werden würde. Wie David, Friede sei mit ihm, sagte: "Die Himmel verkünden die Herrlichkeit G-ttes, und das Firmament zeigt sein Werk" [Tehilim 19,2], und "Wenn ich deine Himmel betrachte, das Werk deiner Finger, den Mond und die Sterne, die du gemacht hast" [Tehilim 8,4].

Es ist ein Wunder, dass unter all den großen Werken des Schöpfers, die das menschliche Auge erblickt, der Himmel immer gegenwärtig ist. Denn wo immer ein Mensch auf der Erde steht, sieht er über seinem Kopf eine Hemisphäre des Firmaments, die die Erde umschließt. Und wenn er sie nachdenklich betrachtet, wird er erkennen, dass derjenige, der sie durch seinen Willen geschaffen hat, unendlich ist an Macht, Weisheit und Größe.

Denn der Anblick irgendeines Beispiels der Baukunst der Alten erweckt

Die Pflichten des Herzens Kapitel Zwei   Rabbeinu Bachya

in uns das Staunen über ihre Fähigkeit, etwas Ähnliches zu schaffen, und zeigt uns die physische Stärke und die feinen Seelen derer, die sich eine starke Festung erbauten. Wenn nun ein so kleines und unbedeutendes Werk, das unser Fassungsvermögen nur geringfügig übersteigt, in unseren Augen so groß erscheint, wie sehr sollten wir dann über die unendliche Größe dessen staunen, der Himmel und Erde und alles, was darin ist, ohne Anstrengung und Mühe, ohne Arbeit und Ermüdung, aus dem Nichts, mit nichts, allein nach seinem Willen und Wunsch geschaffen hat. Wie es heißt: "Durch das Wort des Ewigen wurden die Himmel gemacht, und ihr ganzes Heer durch den Hauch seines Mundes" [Tehilim 33,6].

Unter den Wohltaten, die dem Menschen zuteil werden, ist das Folgende zu erwähnen. Wenn du die Zeichen der g-ttlichen Weisheit in den geschaffenen Dingen betrachtest, wirst du feststellen, dass sie nicht nur von der G-ttlichkeit und Macht des Schöpfers zeugen, sondern auch ausnahmslos dem Menschen auf verschiedene Weise nützlich sind und zu seiner Verbesserung beitragen. Nur dass einige dieser Nutzen offensichtlich sind, während andere im Dunkeln bleiben. Nehmen wir zum Beispiel Licht und Dunkelheit. Der Nutzen des Lichts ist offensichtlich und offenkundig, der Nutzen der Dunkelheit hingegen ist verborgen. Denn der Mensch wird in der Dunkelheit müde; seine Aktivitäten und Bewegungen werden bei ihrer Ankunft unterbrochen. Wäre aber die Dunkelheit der Nacht nicht, würden die Körper der meisten Lebewesen durch ihre unaufhörliche Arbeit und ihre langwierigen Bewegungen erschöpft sein? Durch die Wiederkehr der Nacht wird eine Zeitspanne von der anderen getrennt. Sie gibt Kenntnis von Zeiträumen, die sonst unbekannt wären [z.B. das Zählen von Tagen und Wochen], und macht die jeweilige Länge oder Kürze des menschlichen Lebens bekannt.

Wäre die Zeit gleichförmig [d. h. ohne Wechsel von Tag und Nacht], gäbe es keine Gebote für besondere Jahreszeiten wie Sabbate, Feste oder Fasten; es könnten keine Verabredungen für ein bestimmtes Datum getroffen werden; die meisten mit der Zeit verbundenen Wissenschaften wären unbekannt. Selbst die Nahrung würde von keinem Lebewesen perfekt verdaut werden können.

Da der Mensch jedoch nachts Licht braucht, um einen Teil seiner Arbeit zu verrichten und Kranke zu pflegen, hat ihm der Schöpfer mit dem Licht des Feuers einen Ersatz gegeben, das er jederzeit anzünden und löschen kann, wann immer es ihm beliebt.

Wunderbar ist auch, dass der Farbton des Himmels zu den Farben gehört, die das Sehvermögen stärken. Denn er neigt zu Schwarz, das die

Die Pflichten des Herzens Kapitel Zwei Rabbeinu Bachya

besondere Eigenschaft hat, das Licht, das in die Augen eintritt, zu sammeln und zu stärken. In ähnlicher Weise werden andere Zeichen der Weisheit von anderen geschaffenen Dingen gezeigt.

Aus G-ttes überschwänglicher Güte gegenüber der Menschheit hat Er anderen gefährlichen Geschöpfen die Furcht vor dem Menschen eingeflößt, wie es heißt [Bereischis 9,2]: "Und die Furcht vor dir und der Schrecken vor dir soll auf jedem Tier der Erde sein", so dass ein Säugling vor Verletzungen durch eine Katze oder eine Ratte oder ein ähnliches Geschöpf sicher ist, während ein erwachsener Mensch nach dem Tod vor ihren Angriffen nicht sicher ist; so wie unsere Weisen sagten: "Ein lebendes Kind, einen Tag alt, braucht nicht vor Ratten geschützt zu werden; Og, [der Riese] König von Baschan, tot, braucht solchen Schutz."

Was ihr auch erkennen solltet, ist die erhabene [oder geheimnisvolle] Eigenschaft in allen geschaffenen Dingen - den höheren und den niedrigeren, vom kleinsten bis zum größten -, durch die das gesamte Universum geordnet und vervollkommnet ist, und die von den physischen Sinnen nicht wahrgenommen wird. Dies ist die Qualität der Bewegung [Veränderung], die allem Zusammengesetzten innewohnt. Keiner der körperlichen Sinne kann sie erfassen, aber der Intellekt erfasst sie durch Schlussfolgerung aus dem sich bewegenden/verändernden Objekt, das die Sinne wahrnehmen. Hätte es keine Bewegung gegeben, wäre kein einziges der existierenden Dinge zu seiner Vollkommenheit gelangt, noch hätte eines von ihnen Zerstörung erleiden können. Ein Philosoph sagte, dass sich die meisten physischen Dinge in einem Zustand der Bewegung befinden.

Wenn du das Geheimnis der Bewegung verstehst, ihr wahres Wesen und ihren geistigen Charakter begreifst, erkennst, dass sie eines der Wunder der g-ttlichen Weisheit ist, und in ihr das überreiche Erbarmen des Schöpfers mit seinen Geschöpfen erkennst, wird dir klar werden, dass alle deine Bewegungen an den Wunsch, die Führung und den Willen des Schöpfers gebunden sind, ob diese Bewegungen groß oder klein, sichtbar oder unsichtbar sind, mit einer einzigen Ausnahme, nämlich jenen Bewegungen, die er deinem freien Willen überlassen hat, in der Wahl von Gut oder Böse.

Und wenn dir das klar geworden ist, dann beobachte dich selbst bei jeder Bewegung, die du machst. Sei dir immer des Bandes bewusst, durch das der Schöpfer dich mit Ihm verbunden hat; fühle dich in Seiner Gegenwart stets beschämt; fürchte Ihn; unterwerfe dich Seinem Urteil; akzeptiere Seine Anordnungen. So wirst du Seine Gunst erlangen, und dein letztes Ende wird gut sein, wie es heißt [Tehilim 32:10] "... Wer aber auf den

Die Pflichten des Herzens Kapitel Zwei **Rabbeinu Bachya**

Ewigen vertraut, wird von Güte umgeben sein."
In Bezug auf weltliche Angelegenheiten ist es richtig, dass Sie immer auf das Endergebnis harter Erfahrungen schauen sollten. Sie werden die überraschende Tatsache entdecken, dass sich viele scheinbar widrige Ereignisse am Ende zu unserem Vorteil auswirken und umgekehrt. Es wird eine Geschichte von einer Gruppe von Reisenden erzählt, die sich in der Nähe einer Mauer niederließen, um über Nacht zu rasten. Ein Hund, der vorbeikam, machte einen von ihnen nass. Der Mann wachte auf und stand auf, um die Unreinheit abzuwaschen. Nachdem er sich ein Stück von seinen Kameraden entfernt hatte, stürzte die Mauer auf seine Begleiter und tötete sie, während er allein entkam. Häufig geschehen Ereignisse auf ähnliche Weise und umgekehrt.

Eines der wichtigsten Themen, über die ihr nachdenken sollt, ist das wunderbare Geschenk G-ttes an die Lebewesen und Pflanzen - der Regen, der nicht nur zu seiner Zeit fällt, sondern auch in Schauern herabkommt, wenn er gebraucht wird. Wie die Heilige Schrift sagt [Jirmija 14:22]: "Gibt es unter den Eitelkeiten der Nationen jemanden, der Regen verursachen kann? oder kann der Himmel Regenschauer geben? bist Du nicht der Ewiger, unser G-tt? deshalb wollen wir auf Dich hoffen; denn Du hast all diese Dinge gemacht" [Jirmija 5:24] "Und sie sagen nicht in ihrem Herzen: Lasst uns nun den Ewigen, unseren G-tt, fürchten, der den Regen gibt, den ersten und den zweiten, zur rechten Zeit, der uns die festgesetzten Wochen der Ernte vorbehält." Die Bedeutung des Regens wird auch im Text [Hiob 5,9-11] betont: "Der Großes und Unerforschliches tut, Wunderbares ohne Zahl: Er lässt es regnen auf Erden und schickt Wasser auf die Felder, so dass er die Niedrigen in die Höhe setzt und die Trauernden in Sicherheit bringt."

Erstaunlich ist auch das Wachstum von Lebensmitteln aus Samen. Ein einziges Korn, das vor Unglücken bewahrt wurde, bringt tausend Körner und mehr hervor. Es heißt sogar, dass aus einem einzigen Weizenkorn bis zu dreihundert Ähren entstehen, die jeweils über zwanzig Körner enthalten. Wir stoßen auch auf riesige Bäume, deren Wurzeln aus einem einzigen Samen oder einem einzigen Spross hervorgegangen sind und die um ein Vielfaches größer geworden sind als die genannten. Gepriesen sei der Allweise und Gnädige, der aus so kleinen und schwachen Ursachen so große Wirkungen hervorbringt, wie die Schrift sagt [Schmuel 2:3]: "Und durch Ihn werden die Handlungen gewogen." Die den verschiedenen Lebewesen zugeordneten Nahrungsmittel sind zu zahlreich, um sie aufzuzählen. Der weise Mensch wird, wenn er über sie nachdenkt und ihre Ursachen versteht, die höchste Weisheit des Plans des Schöpfers erkennen. Über diese Dinge sagte David [Tehilim 124:27-28]:

Die Pflichten des Herzens Kapitel Zwei Rabbeinu Bachya

"Alle warten auf Dich, damit Du ihnen ihre Nahrung zur rechten Zeit gibst. Du gibst es ihnen, sie sammeln es ein; Du öffnest Deine Hand, sie werden mit Gutem gesättigt". Weiter heißt es [Tehilim 145:16]: "Du öffnest Deine Hand und sättigst jedes Lebewesen mit Gunst". Ich werde dieses Thema in der "Pforte des Vertrauens" mit G-tt's Hilfe weiter erläutern.

Die größte Wohltat, die der Schöpfer dem Menschen erwiesen hat, und der stärkste Beweis für Seine Existenz ist die Thora, die Moses, Seinem Propheten, Friede sei mit ihm, überbracht wurde, und die Manifestation [übernatürlicher] Zeichen durch ihn - Veränderungen in den normalen Naturphänomenen und die Vorführung ehrfurchtgebietender Wunder, um den Glauben an den Schöpfer, gepriesen sei Er, und an Seinen Propheten zu wecken; wie es heißt [Schemot 14: 31] "Und Israel sah das große Werk, das der Ewige an den Ägyptern tat, und das Volk fürchtete den Ewigen, und sie glaubten an den Ewigen und an Mose, seinen Knecht. [Dtn 4,35-36] "Euch ist es gezeigt worden, damit ihr erkennt, dass der Ewige G-tt ist und dass es keinen anderen neben ihm gibt. Aus dem Himmel ließ er euch seine Stimme hören, damit er euch unterweise; und auf der Erde ließ er euch sein großes Feuer sehen, und ihr habt seine Worte mitten aus dem Feuer gehört."

Wer heute nach ähnlichen Beweisen wie den eben genannten sucht, sollte mit offenen Augen unsere Stellung unter den Völkern seit dem Beginn des Exils und unseren geordneten Zustand in ihrer Mitte betrachten, auch wenn wir nicht mit ihnen im Glauben oder in der Praxis übereinstimmen, deren Uneinigkeit sie kennen. Beachten Sie, dass unsere finanzielle Situation der ihren sehr ähnlich ist, vielleicht sogar besser als ihre. Sie werden sehen, dass ein durchschnittlicher Mensch unter ihnen mehr für seinen Lebensunterhalt arbeiten muss als ein durchschnittlicher oder sogar ein unterdurchschnittlicher unter uns. Das ist so, wie unser Schöpfer es uns versprochen hat: "Und dennoch, wenn sie im Land ihrer Feinde sind, werde ich sie nicht verwerfen und sie nicht verabscheuen, um sie zu vernichten und meinen Bund mit ihnen zu brechen, denn ich bin der Ewige, ihr G-tt" [Wajikra 26,44], und "Denn wir sind Knechte, und unser G-tt hat uns nicht verlassen in unserer Knechtschaft" [Esra 9,9]. "Wäre es nicht der Ewige, der für uns war, so soll Israel jetzt sagen - wäre es nicht der Ewige, der für uns war, als die Menschen sich gegen uns erhoben, dann hätten sie uns lebendig verschlungen, als ihr Zorn gegen uns entbrannte" [Tehilim 124,1], und der Rest des Psalms. Im Tor des "Dienstes G-ttes" werde ich auf die übergroße Gunst eingehen, die G-tt uns in seiner Tora erwiesen hat, die er uns gegeben hat.

Was ihr auch aufmerksam betrachten und prüfen solltet, ist die Tatsache,

Die Pflichten des Herzens Kapitel Zwei Rabbeinu Bachya

dass trotz der großen Vielfalt der Veranlagungen unter den Menschen eine völlige Übereinstimmung unter ihnen besteht, einen aus ihrer Mitte zum Herrscher über sie zu ernennen [einen König]; sie nehmen die Option an, ihm zu dienen und ihm in allem, was er ihnen befiehlt und aufträgt, Gehorsam zu leisten. Er seinerseits beschützt sie, behandelt sie mit Wohlwollen, richtet ihre Angelegenheiten gerecht und regiert sie zu ihrem gemeinsamen Wohl, so daß ihre Interessen nicht leiden und kein Feind gegen sie obsiegt. Wenn jeder Einzelne nur auf sich selbst bedacht wäre und sich nur darum bemühen würde, Schaden von seiner eigenen Person abzuwenden, würden sich die Menschen niemals einigen oder einen Turm oder eine Mauer bauen, und ihre gemeinsamen Interessen wären ungeschützt. Das ist auch zu beachten, dass der Herrscher selbst die Satzungen beachtet, sein Volk nach gerechtem Urteil und in guten und aufrechten Wegen regiert und insgesamt ein Diener des Gesetzes ist und die Gerechtigkeit beachtet. Wenn er sich so verhält, wird seine Herrschaft gefestigt werden und seine Souveränität Bestand haben, wie es heißt [Mischlei 20:28]: "Barmherzigkeit und Wahrheit bewahren den König." Unsere Weisen haben auch gesagt: "Betet für das Wohlergehen der Regierung; denn ohne ihre Furcht würden sich die Menschen gegenseitig bei lebendigem Leibe verschlingen" [Pirkei Avot 3,2].

Ein anderes Thema, das du untersuchen musst und aus dem du Zeichen der g-ttlichen Weisheit und Wohltätigkeit verstehst, ist die Übereinkunft der Menschen, Güter für Gold und Silber zu kaufen und zu verkaufen, die sie durch G-ttes Barmherzigkeit anzusammeln und so ihre Lage zu verbessern versuchen, obwohl ihre tatsächlichen Bedürfnisse nicht mit Gold oder Silber befriedigt werden können. Denn wenn jemand von Hunger und Durst geplagt wird, weil es ihm an Nahrung oder Wasser mangelt, wird ihm ein Überfluss an Gold und Silber nicht helfen oder seinen Mangel beheben. Und wenn jemand Schmerzen in einem seiner Glieder hat, wird er nicht durch Silber und Gold geheilt werden; denn während andere Mineralien in großem Umfang zu medizinischen Zwecken verwendet werden, ist dies bei Gold oder Silber weniger der Fall.

Ein wundersamer Beweis für die Weisheit ist auch, dass, während einige wenige Menschen große Mengen dieser Edelmetalle besitzen, die Mehrheit der Menschheit nur wenig davon hat. Wenn alle Menschen sie in Hülle und Fülle besäßen, könnten sie sie nicht als Mittel einsetzen, um das zu bekommen, was sie wünschen. Manche Menschen haben viel, andere haben wenig. Aus einer Sicht sind sie wertvoll, aus einer anderen nicht, weil sie an sich nutzlos sind. Auch dies ist Teil des Plans der höchsten Weisheit des Schöpfers.

Die Pflichten des Herzens Kapitel Zwei Rabbeinu Bachya

Betrachte dann sorgfältig die Dinge, von denen das Leben der Menschen und die Aufrechterhaltung ihres normalen Zustands und ihrer Kondition bis zum Ende ihres Lebens abhängen. Ihr werdet feststellen, dass alle Dinge mehr oder weniger reichlich vorhanden sind, je nachdem, wie groß der Bedarf an ihnen ist. Was auch immer dringend benötigt wird, ist schnell zur Hand. Was dagegen entbehrlich ist oder worauf man eine Zeit lang verzichten kann, ist seltener und schwerer zu bekommen.

Zum Beispiel die Luft, die man atmet - da man ohne Luft nicht lange existieren kann, hat der Schöpfer dafür gesorgt, dass sie dem Menschen zu keiner Zeit und an keinem Ort vorenthalten werden darf. Und da der Mensch zwar auch Wasser braucht, aber länger ohne Wasser existieren kann als ohne Luft, hat der Schöpfer es über die ganze Erdoberfläche verteilt, es aber an bestimmten Orten gesammelt, zu denen die Geschöpfe gehen und von denen sie nicht ausgeschlossen sind. Solche Sammelstellen für Wasser gibt es aber nicht überall, wie es bei der Luft der Fall ist. Wasser muss von manchen Menschen mit Geld gekauft werden. Dies ist bei der Luft nicht der Fall. Wasser ist für die einen leichter zu beschaffen als für die anderen, Luft ist für alle da und wird von allen gleichermaßen und auf dieselbe Weise beschafft.

Auch die Nahrung ist ein Bedürfnis, auf das wir jedoch verzichten können und für das wir für längere Zeit einen Ersatz finden können, als es bei Luft oder Wasser möglich ist. Daher ist Nahrung knapper und schwieriger zu beschaffen als Wasser. Aber normalerweise ist sie reichlich vorhanden, und die Menschen sind nicht gänzlich davon abgeschnitten.

Das gilt auch für Kleidungsstücke aus Haut, Wolle und Pflanzenfasern. Für einige von ihnen kann leichter Ersatz beschafft werden als für Nahrungsmittel, und die Herstellung von Kleidung braucht Zeit, weil der Mensch für eine kurze Zeit auf einen neuen Vorrat an Kleidung verzichten und sich für eine längere Zeit mit einer spärlichen Garderobe begnügen kann, als er es mit einem kleinen Vorrat an Nahrung kann.

Aber Edelsteine, Gold und Silber und andere Mineralien werden im Grunde wenig gebraucht. Ihr gelegentlicher Gebrauch ist auf Konventionen zurückzuführen. Daher findet sich bei einer Vielzahl von Menschen eine geringere Menge dieser Mineralien als bei den Nahrungsmitteln, die ein einzelnes Individuum besitzt. Der Grund dafür ist, wie wir bereits gesagt haben, dass der Mensch auf diese Dinge verzichten kann.

Gepriesen sei der allweise und barmherzige Schöpfer, der sich Seiner Diener erbarmt, denen Er Seine wohltätige Fürsorge für alles, was zu

Die Pflichten des Herzens Kapitel Zwei Rabbeinu Bachya

ihrer Verbesserung dient, zukommen lässt. So wie Er zu Jona sagte [4:10]: "Du hast dich des Kürbisses erbarmt, für den du dich nicht abgemüht hast, und hast ihn nicht wachsen lassen, der in einer Nacht aufgegangen und in einer Nacht umgekommen ist; sollte ich mich nicht auch über Ninive erbarmen, diese große Stadt ...?" Und David sagte: "Der Ewige ist gut zu allen, und seine Barmherzigkeit gilt allen seinen Geschöpfen."

Kapitel Sechs

Was die Nachteile bei der Untersuchung der erschaffenen Dinge und der damit verbundenen Angelegenheiten betrifft, so würde ich sagen, dass alle Faktoren, die in der ersten Abhandlung als nachteilig für das Studium der Einheit G-ttes erwähnt wurden, ebenso schädlich für das Studium Seiner Werke sind. Hinzu kommen die drei Umstände, die am Anfang dieser Abhandlung erwähnt wurden. Ein weiterer schädlicher Faktor ist die arrogante Haltung gegenüber den Gunstbezeugungen des Schöpfers, von denen der einfache Narr glaubt, dass sie ihm zustehen, und noch mehr daneben. Er prüft diese Gunstbezeugungen nicht und erkennt auch keine Verpflichtung an, dem Schöpfer dafür Lob und Dank zu zollen. Von einem solchen Menschen sagt der Weise [Spr 16,5]: "Jeder, der hochmütig ist, ist dem Ewigen ein Gräuel." Das Ergebnis dieser Prüfung wird sein, dass ein Mensch die Wohltaten versteht, die er von G-tt erhält, und die Verpflichtung übernimmt, Ihm zu dienen, die aus dieser Anerkennung folgt. Er wird sich ständig an die Zeichen der g-ttlichen Weisheit erinnern und nie aufhören, an sie zu denken und sie zu untersuchen - sowohl jene, die von den Sinnen wahrgenommen werden können, als auch jene, die nur vom Intellekt erfasst werden. Und so wird er jeden Tag ein neues Zeichen der g-ttlichen Weisheit entdecken, wie David sagte [Ps. 19.3] "Von Tag zu Tag geäußerte Rede. Ihr solltet wissen, dass das, worauf ich eure Aufmerksamkeit in dieser Abhandlung gelenkt habe, nur ein kleiner Teil des unermesslichen Wissens über die Geheimnisse der Weisheit ist, die ihr durch euren eigenen Verstand erlangen könnt - Geheimnisse, die euch offenbart werden, wenn ihr Reinheit des Herzens und Reinheit der Seele bewahrt. Wenn ihr in diesen Dingen das größtmögliche Wissen erlangt habt, dessen ihr fähig seid, solltet ihr erkennen, dass all dieses Wissen, das ihr über die Weisheit und Macht des Schöpfers, wie sie sich in diesem Universum manifestiert, erworben habt, ein Nichts ist im Vergleich zu Seiner wahren Macht und Weisheit. Aber dieses Wissen steht in keinem Verhältnis zu dem Ausmaß der g-ttlichen Macht, die unendlich ist. Daher solltest du dir die Ehrfurcht

Die Pflichten des Herzens   Kapitel Zwei   Rabbeinu Bachya

gebietende Natur G-ttes und seine unendliche Macht so vorstellen, wie sie im Grunde genommen sind, nicht so, wie du sie dir mit deiner begrenzten Intelligenz vorstellen kannst. Stellen Sie sich vielmehr vor, dass Ihr Zustand hier auf Erden dem eines Kindes gleicht, das in einem Gefängnis geboren wurde, das einem König gehörte. Der Monarch hatte Mitleid mit dem Kind und ordnete an, dass es mit allem versorgt werden sollte, was gut für es war und was es für sein Wohlergehen brauchte, bis es heranwuchs und eine reife Intelligenz erlangte. Doch das Kind kannte nichts außer dem Gefängnis und seinem Inhalt. Ein königlicher Beamter besuchte den Jungen regelmäßig, brachte ihm alles Notwendige - Licht, Essen, Trinken, Kleidung - und teilte ihm mit, dass er ein Diener des Königs sei und dass das Gefängnis und alles, was es enthielt, ebenso wie die Nahrung, die ihm gebracht wurde, dem König gehörten; deshalb sei er verpflichtet, seinem königlichen Wohltäter zu danken und ihn zu loben. Der Junge erwiderte: "Ich preise den Besitzer dieses Gefängnisses, der mich als seinen Diener angenommen hat, der mich für alle seine Wohltaten auserwählt hat und der mich mit besonderer Aufmerksamkeit und Achtung bedacht hat." Der Offizier antwortete: "Sag das nicht, damit du dich nicht versündigst. Denn der königliche Herrschaftsbereich besteht nicht nur aus diesem Gefängnis, sondern seine weit ausgedehnten Ländereien übersteigen dessen begrenzte Fläche bei weitem. Auch bist du nicht sein einziger Diener, denn seine Untertanen sind zahllos. Und die Wohltaten und Freundlichkeiten, die du erhalten hast, sind unbedeutend im Vergleich zu denen, die er anderen erwiesen hat. Die Fürsorge, die er für dich aufgebracht hat, ist unbedeutend im Vergleich zu seiner Fürsorge für andere." "Ich weiß nichts von dem, was du sagst", antwortete der Junge. "Was den König betrifft, so kann ich nur verstehen, was ich selbst von seiner Güte und Autorität erfahren habe." Daraufhin sagte der Offizier zu dem Jungen: "Sag, ich preise den erhabenen Herrscher, dessen Herrschaft keine Grenzen kennt und dessen Güte und Freundlichkeit grenzenlos sind. Unter seinen zahlreichen Heerscharen bin ich unbedeutend, und in der Größe seiner Macht sind meine Angelegenheiten nichts wert. "Der Junge verstand nun, was der König war, wie er es noch nie zuvor getan hatte, und so wuchs seine Achtung vor dem erhabenen Stand des Herrschers. Die Ehrfurcht vor dem Herrscher durchdrang sein Bewusstsein. Weil der Junge die hohe Stellung des Königs und seine eigene völlige Bedeutungslosigkeit erkannte, wurden die königlichen Wohltaten und Wohltaten, die ihm zuteil wurden, ebenso wie die Geschenke, die ihm zuteil wurden, in seinen Augen noch größer. O mein Bruder, achte auf diese Geschichte, wenn du die Sphäre betrachtest, die die Erde umschließt. Was gibt es auf

Die Pflichten des Herzens Kapitel Zwei Rabbeinu Bachya

einem kleinen Gebiet der Erde, das wir nicht begreifen können? Wie viel weniger können wir die ganze Erde und das, was jenseits dieses Globus liegt, verstehen. Betrachte, Bruder, das Gleichnis. Studiere es gründlich, und dann denke an den Schöpfer, wie er ist, und du wirst seine Güte und liebevolle Zuwendung, mit der er dich begünstigt hat, mehr zu schätzen wissen. Unter all Seinen Geschöpfen hat Er sich besonders um euch gekümmert, zu eurem Nutzen. Betrachte Seine Schriften, Seine Gebote und Satzungen mit einem weiten Blick. Bedenke die große Ehrfurcht und den Respekt, den du gegenüber jedem Menschen empfindest, der mehr an weltlichen Gütern erworben hat als du. Denn je höher seine Stellung im Vergleich zu deiner ist und je weniger er deiner bedarf, desto mehr wirst du seine Größe und seine Wohltätigkeit achten; desto mehr wirst du seine Gebote und Verbote respektieren; desto energischer wirst du dich in seinen Angelegenheiten bemühen und arbeiten. Denkt nach und reflektiert, und mit der g-ttlichen Hilfe werdet ihr finden. Und möge G-tt uns zu denen machen, die in seinem Dienst stehen und die seine Güte, Barmherzigkeit und Freundlichkeit erkennen. AMEN.

Die Pflichten des Herzens

Kapitel Drei

Dritte Abhandlung über den Dienst an G-tt

Einleitung

Nachdem wir in den vorangegangenen Abhandlungen die Verpflichtung dargelegt haben, die Einheit G-ttes von ganzem Herzen anzuerkennen, und die Verpflichtung, die verschiedenen Arten Seiner Wohltaten für die Menschheit zu untersuchen, müssen wir als Nächstes aufzeigen, wie sich der Mensch verhalten sollte, wenn ihm das Vorangegangene klar geworden ist - und das es eine Pflicht ist, G-tt zu dienen, wie es die Vernunft von einem Begünstigten gegenüber seinem Wohltäter verlangen würde.

Es ist passend, diese Abhandlung mit einer Darstellung der verschiedenen Arten von Leistungen, die Menschen einander erbringen, und den daraus resultierenden Verpflichtungen zur Dankbarkeit, zu beginnen. Dann werden wir uns der Frage zuwenden, was wir dem erhabenen Schöpfer an Lob und Dank für seine überreiche Güte und der großen Wohltat, die er uns erwiesen hat, schulden.

Wir halten es für eine allgemein anerkannte Tatsache, dass wir, wenn jemand uns etwas Gutes tut, verpflichtet sind, ihm entsprechend seiner Absicht, uns zu helfen, zu danken. Selbst wenn er es nicht schafft, uns zu helfen, weil ihm ein Missgeschick unterläuft, sind wir verpflichtet, ihm dankbar zu sein, da wir überzeugt sind, dass er uns gegenüber wohlwollend gesinnt ist und die Absicht hat, uns zu helfen. Sollten wir dagegen durch jemanden, der keine solche Absicht hatte, einen Nutzen erlangen, so erlischt die Pflicht zur Dankbarkeit gegenüber dieser Person, und wir sind nicht mehr dazu verpflichtet.

Betrachtet man die Wohltaten, die sich die Menschen gegenseitig erweisen, so lassen sich diese in fünf Klassen einteilen:
[1] die Wohltätigkeit eines Vaters gegenüber seinem Kind;
[2] die Wohltätigkeit des Herrn gegenüber seinem Diener;

Die Pflichten des Herzens   Kapitel Drei   Rabbeinu Bachya

[3] die Wohltätigkeit eines Wohlhabenden gegenüber den Armen um des himmlischen Lohns willen;

[4] die Wohltätigkeit, die Menschen einander erweisen, um einen guten Namen, Ehre und weltlichen Lohn zu erlangen;

[5] die Wohltätigkeit des Mächtigen gegenüber dem Schwachen aus Mitleid mit ihm und aus Sympathie für seine Lage.

Betrachten wir nun den Beweggrund in jeder der genannten Klassen: Ist es uneigennützig und zielt nur darauf ab, dem Begünstigten zu helfen, oder ist es nicht so?

Erstens, die Wohltätigkeit des Vaters gegenüber seinem Kind: Es liegt auf der Hand, dass das Motiv des Vaters darin besteht, sein eigenes Interesse zu fördern. Denn das Kind ist ein Teil des Vaters, dessen größte Hoffnung auf seine Nachkommenschaft gerichtet ist. Hast du nicht bemerkt, dass ein Vater in Bezug auf seine Nahrung, sein Trinken, seine Kleidung und in der Abwendung jeglichen Schadens, mehr für sein Kind ist als für sich selbst sorgt? Um ihm Erleichterung zu verschaffen, trägt er die Last der Mühsal und des Überdrusses mit Leichtigkeit, denn die Gefühle der Zärtlichkeit und des Mitleids für ihren Nachwuchs sind den Eltern von Natur aus eingepflanzt.

Dennoch erlegen die Tora und die Vernunft den Kindern die Pflicht auf, ihren Eltern zu dienen, sie zu ehren und zu verehren, wie die Schrift sagt: "Ein jeder soll seinen Vater und seine Mutter verehren" [Vayikra 19,3]; "Höre, mein Sohn, auf die Weisung deines Vaters und verlasse nicht das Gesetz deiner Mutter" [Mischlei 1,8] ; ferner: "Ein Sohn ehrt seinen Vater und ein Knecht seinen Herrn" [Maleachi 1,6]. [Und diese Pflichten sind vorgeschrieben], obwohl der Vater von einem natürlichen Instinkt angetrieben wird und die Wohltat von G-tt kommt, während die Eltern nur der Vermittler sind.

Die Freundlichkeit eines Herrn zu seinem Diener: Es ist offensichtlich, dass der Herr die Absicht hat, seinen Besitz durch einen Kapitaleinsatz zu verbessern, da er die Arbeit seines Dieners braucht, und sein Motiv dabei ist, sein eigenes Interesse zu fördern. Dennoch erlegt der Schöpfer, gepriesen sei er, dem Diener die Pflichten des Dienens und der Dankbarkeit auf, wie es heißt: "Ein Sohn ehrt seinen Vater und ein Knecht seinen Herrn" [Maleachi 1,6].

Die Wohltätigkeit des Reichen gegenüber dem Armen um eines himmlischen Lohnes willen: Er gleicht einem Kaufmann, der durch eine kleine, vergängliche und unbedeutende Gabe, die er sofort macht, eine große und dauerhafte Freude erwirbt, die er am Ende einer bestimmten Zeit genießen wird. Der Reiche hat also nur die Absicht, am Ende seines irdischen Daseins durch die Wohltat, die G-tt ihm anvertraut hat, Ruhm

Die Pflichten des Herzens   Kapitel Drei   Rabbeinu Bachya

für seine Seele zu erlangen, um sie jedem zukommen zu lassen, der ihrer würdig ist. Es ist jedoch allgemein anerkannt, dass es angemessen ist, einem Wohltäter zu danken und ihn zu loben. Auch wenn sein Motiv darin bestand, im Jenseits geistigen Ruhm zu erlangen, gebührt ihm dennoch Dankbarkeit, wie Hiob sagte: "Weil ich den Armen, der um Hilfe schrie, und den Waisen, der keinen Helfer hatte, erlöste, kam der Segen dessen, der dem Untergang geweiht war, auf mich" [Hiob 29,13]; und weiter: "Hat nicht sein Herz mich gesegnet, als er sich an dem Fell meiner Schafe wärmte?" [Hiob 31,20].

Die Menschen erweisen sich gegenseitig Güte um des Lobes, der Ehre und der weltlichen Belohnung willen: Das ist so, als ob man einem anderen einen Gegenstand anvertraut oder ihm Geld anvertraut, weil man befürchtet, dass man es später einmal brauchen könnte.

Auch wenn der Wohltäter mit der Hilfe für einen anderen Menschen seine eigenen Interessen verfolgt, hat er doch Anspruch auf Lob und Dankbarkeit für seine Güte, wie der weise König sagte: "Viele bitten den Großzügigen, und jeder ist ein Freund dessen, der Geschenke macht" [Mischlei 19,6]; und er sagte auch: "Die Gabe eines Menschen macht ihm Platz und bringt ihn vor die Großen" [Mischlei 18,16].

Die Güte eines Menschen, der Mitleid mit einem armen Menschen in Not hat: Das Motiv des Wohltäters ist es, seine eigene Not loszuwerden, die aus der Depression und dem Kummer um den Bedauernswerten resultiert. Er ist wie jemand, der einen Schmerz, der ihn befallen hat, mit Hilfe der Gaben, die G-tt ihm geschenkt hat, heilt. Dennoch soll er nicht ohne Lob bleiben, wie Hiob sagte: "Konnte ich irgendjemanden umkommen sehen, weil es ihm an Kleidung fehlte, oder irgendjemanden, der arm war und keine Decke hatte? Hat mich nicht sein Herz gesegnet, als er sich mit dem Fell meiner Schafe wärmte?" [Hiob 31,19-20].

Aus dem hier Gesagten wird deutlich, dass jeder, der anderen Gutes tut, in erster Linie sein eigenes Interesse im Auge hat - sei es, um sich in dieser Welt oder im Jenseits eine ehrenvolle Stellung zu sichern, sei es, um sich von Schmerzen zu befreien oder seinen materiellen Besitz zu vergrößern. Doch all diese Überlegungen entbinden die Begünstigten nicht von ihrer Pflicht, ihre Wohltäter zu loben, ihnen zu danken, sie zu achten und zu lieben und ihnen etwas zurückzugeben. Und dies, obwohl die Wohltat den Wohltätern nur geliehen wurde, sie gezwungen waren, sie zu verteilen, wie wir dargelegt haben, und ihre Wohltätigkeit nicht von Dauer ist, ihre Großzügigkeit nicht von Dauer ist und ihr Wohlwollen mit der Absicht vermischt ist, entweder ihr eigenes Interesse zu fördern oder Schaden abzuwenden. Wenn das so ist, wie viel mehr schuldet der Mensch dann demjenigen Dienst, Lob und Dankbarkeit, der

Die Pflichten des Herzens   Kapitel Drei Rabbeinu Bachya

den Nutzen und den Wohltäter erschaffen hat, dessen Wohltätigkeit unbegrenzt, dauerhaft und immerwährend ist, ohne jegliches Motiv des Eigennutzes oder der Absicht, Schaden abzuwehren, sondern nur ein Ausdruck der Gnade und der liebenden Herzensgüte, die von Ihm gegenüber allen Menschen ausgeht.

Wir sollten außerdem begreifen, dass jeder Mensch, der einem anderen auf eine der oben genannten Arten eine Wohltat erweist, demjenigen, dem er hilft, nicht überlegen ist, außer in einigen zufälligen Einzelheiten, während sie in ihrem Menschsein und ihrem Wesen einander gleich und verwandt sind, in Substanz und Form, in physischem Aufbau und Gestalt [oder Mentalität - Gen 1,27] in ihrer Natur und in einem größeren Teil dessen, was mit ihnen geschieht. Dennoch ist der Begünstigte, wie wir dargelegt haben, seinem Wohltäter gegenüber zum Dienst verpflichtet.

Und wenn wir der Meinung wären, dass der Begünstigte in seiner körperlichen Beschaffenheit, seiner Gestalt und seinem Aussehen äußerst mangelhaft und unvollkommen ist, [würden wir zu dem Schluss kommen, dass] die Verpflichtung zum Dienst seinerseits um so größer wäre. Wenn wir also den Wohltäter für das beste und vollkommenste aller Wesen hielten, während der Begünstigte das mangelhafteste und schwächste aller Geschöpfe war, würde die Vernunft verlangen, dass der Dienst am Wohltäter bis ins Unendliche gesteigert werden sollte.

Wenn wir nach dieser Analogie mit Hilfe der Vernunft die Beziehung des Schöpfers, gesegnet sei Er, zu den Menschen untersuchen, werden wir feststellen, dass der Schöpfer, gesegnet sei Er, unendlich erhaben und verherrlicht ist über alles, was existiert, über alles, was von den Sinnen erfasst oder vom Verstand begriffen werden kann, wie es in der ersten Abhandlung dieses Buches dargelegt wurde; und dass der Mensch im Vergleich zu anderen Tierarten das fehlerhafteste und schwächste von ihnen ist.

Dies lässt sich in dreierlei Hinsicht nachweisen:
[1] In Bezug auf sein Säuglingsalter und seine frühe Kindheit: Denn wir finden, dass andere Arten von Lebewesen stärker sind als er, besser in der Lage sind, Schmerzen zu ertragen und sich selbständig zu bewegen, und dass sie ihre Eltern in der Zeit ihres Wachstums nicht in demselben Maße belästigen wie der Mensch.
[2] In Bezug auf den Schmutz und die Fäulnis im menschlichen Körper und die ähnlichen Erscheinungen auf der Haut, wenn man es versäumt hat, sich längere Zeit zu waschen und zu reinigen, wie auch in Bezug auf den Zustand des Körpers nach dem Tod - die Ausscheidungen eines menschlichen Leichnams sind ekelerregender als die der Kadaver

Die Pflichten des Herzens   Kapitel Drei   Rabbeinu Bachya

anderer Lebewesen, und die Exkremente eines Menschen sind widerlicher als die anderer Lebewesen. Das Gleiche gilt für seine anderen Ausscheidungen.

[3] In Bezug auf die Unfähigkeit des Menschen, wenn er aufgrund einer Hirnverletzung die rationale Fähigkeit verliert, die G-tt ihm verliehen hat und die seine Überlegenheit gegenüber den anderen Geschöpfen, die irrational sind, ausmacht. Denn in solchen Momenten ist er dümmer und sinnloser als andere Tiere. Er kann sich selbst schwere Verletzungen zufügen und sich sogar selbst töten. Auch die meisten Tiere, so stellen wir fest, besitzen ein Gespür dafür, was ihnen zum Vorteil gereicht, und zeigen einen Einfallsreichtum bei der Beschaffung ihrer Nahrung, während viele intellektuelle Menschen in dieser Hinsicht versagen, ganz zu schweigen von einem, der seinen Verstand verloren hat.

Wenn wir uns in unseren Gedanken auf die Größe des Schöpfers, gepriesen sei Er, auf seine unendliche Macht, Weisheit und seinen Reichtum [Wiederholung] Wenn wir uns in unseren Gedanken auf die Größe des Schöpfers, gepriesen sei Er, auf seine unendliche Macht, Weisheit und seinen Reichtum nachdenken und dann unsere Aufmerksamkeit auf die Schwäche und Unzulänglichkeit des Menschen richten, weil er niemals Vollkommenheit erreicht; wenn wir seine Armut und den Mangel an dem, was er braucht, um seine Bedürfnisse zu befriedigen, betrachten und dann die zahlreichen Wohltaten und Gunstbezeugungen untersuchen, die der Schöpfer ihm erwiesen hat; Wenn wir darüber nachdenken, dass der Schöpfer den Menschen so geschaffen hat, wie er ist, mit Mängeln in seinem Wesen - arm und für seine Entwicklung all dessen bedürftig, was er nur durch eigene Anstrengung erlangen kann -, so entspringt auch dies der Barmherzigkeit des Schöpfers ihm gegenüber, damit er sich selbst erkenne, alle seine Bedingungen prüfe und sich unter allen Umständen an den Dienst G-ttes halte und dafür den Lohn der kommenden Welt erhalte, Wie viel schuldet dann der Mensch dem gesegneten Schöpfer an Diensten, Danksagungen und ständigem Lobpreis, wenn man bedenkt, was die Menschen einander an Lob und Dankbarkeit für die ihnen erwiesenen Wohltaten schulden, wie wir bereits in der zweiten Abhandlung dieses Buches dargelegt haben.

Sollte jemand so töricht sein, diese Verpflichtung des Menschen gegenüber dem Schöpfer zu bestreiten - wenn er das Thema untersucht und genau studiert und sich selbst die Wahrheit eingesteht, wird der Schläfer sicherlich erwachen, der Nachlässige wird geweckt werden, der Unwissende wird nachforschen, der Intelligente wird verstehen, die Demonstration des verpflichtenden Charakters des Dienstes G-ttes, durch

Die Pflichten des Herzens   Kapitel Drei   Rabbeinu Bachya

die klaren Beweise, wohlbekannten Zeugnisse und wahren Zeichen; wie der Prophet, Friede sei mit ihm, über einen sagte, der es vernachlässigt, über die Verpflichtung des Dienstes G-ttes nachzudenken: "Vergeltet ihr so den Ewigen, ihr törichten und unklugen Menschen? [Ist er nicht euer Vater, der euch erworben hat, hat er euch nicht erschaffen und gegründet?" [Devarim 32:6].

Auf diese Weise wurde die Verpflichtung, den Dienst G-ttes zu übernehmen, die den Menschen angesichts der ständigen Wohltaten, die Er ihnen gewährt, obliegt, aufgezeigt.

Wenn wir uns mit dem Thema dieser Abhandlung befassen, müssen wir nun zehn Themen erläutern:
[1] die Notwendigkeit, die Menschen zum Dienst G-ttes zu erwecken, und die Methoden, die zu diesem Zweck anzuwenden sind;
[2] die Notwendigkeit für jede dieser Methoden;
[3] die Definition des Dienstes [G-ttes]; seine Unterteilungen und Grade;
[4] die Form, die die Thora annimmt, um uns zu erwecken; ihre Unterteilungen; und die Vortrefflichkeiten, die die Menschen durch die Kenntnis der Thora und das Verstehen ihres Inhalts erlangen;
[5] die Art und Weise, wie die Ausübung unseres Denkvermögens uns in dieser Hinsicht anregt, dargelegt in Form von Fragen und Antworten;
[6] die verschiedenen Klassen von Verpflichtungen zum Dienst G-ttes, entsprechend der unterschiedlichen Arten von erhaltenen Wohltaten, und ihre Gliederung;
[7] die Auslegung des Minimums an Dienst, den der Empfänger einer Leistung dem Wohltäter schuldet;
[8] der Unterschied in den Ansichten der Gelehrten in Bezug auf [das Problem der] Notwendigkeit und [der g-ttlichen] Gerechtigkeit, und welche dieser Ansichten der Wahrheit näher ist;
[9] das Geheimnis des Zwecks, zu dem die menschliche Gattung auf der Erde geschaffen wurde, in knapper Form dargelegt;
[10] einen Verweis auf den richtigen gebrauch aller unserer Fähigkeiten, wobei jede an der richtigen Stelle eingesetzt werden sollte.

Kapitel Eins

Den Menschen zum Dienst G-ttes und seinen verschiedenen Zweigen zu erwecken, ist aus den folgenden Gründen notwendig. Der Verstand und die Wahrnehmungsfähigkeit lehren beide den Menschen die Pflicht, G-tt zu dienen. Aber zwischen dem Zeitpunkt, an dem der Mensch die Wohltaten empfängt, und dem Zeitpunkt, an dem er über genügend

Die Pflichten des Herzens   Kapitel Drei   Rabbeinu Bachya

Intelligenz verfügt, um die Dienste zu erkennen, die er im Gegenzug dafür leisten sollte, liegt ein langer Zeitraum. Daher ist es eine Pflicht, die Menschen zu ihren Verpflichtungen von Taten und innerem Glauben zu erwecken, die den Dienst G-ttes vervollständigen, so dass ein Mensch nicht ohne Religion sein sollte, bis zu dem Zeitpunkt, an dem seine geistigen Kräfte voll entwickelt sind.

Nun wird er die 2 Abteilungen dieser Erweckung erklären:
Diese Erweckung besteht aus zwei Teilen.

[1] Die eine ist dem Verstand innewohnend, dem menschlichen Erkenntnisvermögen eingepflanzt, angeboren vom Beginn seiner Existenz an.

[2] Die andere wird durch die Belehrung erworben, nämlich durch die Tora, die der Prophet den Menschen vermittelt, um sie die Art des Dienstes zu lehren, den sie dem Schöpfer, gepriesen sei Er, zu leisten haben.

Kapitel Zwei

Beide Methoden, die Aufmerksamkeit auf den Dienst G-ttes zu lenken, sind notwendig, weil der angeborene Drang des Verstandes in dreierlei Hinsicht schwach ist; und wir sind daher verpflichtet, ihn durch religiöse Unterweisung zu stärken.

Erstens besteht der Mensch aus verschiedenen Einheiten, aus gegensätzlichen und einander widersprechenden Naturen. Diese Wesenheiten sind seine Seele und sein Körper.

Der Schöpfer hat seiner Seele Eigenschaften und Kräfte eingepflanzt, die ihn nach Dingen verlangen lassen, deren Gebrauch sein körperliches Wohlergehen fördert, damit er die Kraft entwickelt, die Erde zu bevölkern, damit die Gattung fortbesteht, während der Einzelne zugrunde geht. Diese Eigenschaft ist das Verlangen nach körperlichen Genüssen, das allen Lebewesen gemeinsam ist, die ihre Art fortpflanzen.

Der Schöpfer hat der menschlichen Seele auch andere Eigenschaften und Kräfte eingepflanzt, die, wenn er sie einsetzt, dazu führen werden, dass er seine Stellung in dieser Welt verabscheut und sich danach sehnt, sich von ihr zu trennen. Dies ist das Verlangen nach vollkommener Weisheit. Da aber die Seele des Menschen schon in der frühen Jugend zuerst auf körperliche Genüsse stößt und die Anhänglichkeit an sie von Anfang an stark, groß und äußerst dringlich ist, überwindet das Verlangen nach sinnlichen Genüssen seine anderen Fähigkeiten, bis es den Verstand überwältigt, um dessentwillen der Mensch geschaffen wurde. Und so versagt seine geistige Sehkraft, und die Hinweise auf seine

Die Pflichten des Herzens   Kapitel Drei   Rabbeinu Bachya

wünschenswerten Eigenschaften verschwinden.

Der Mensch braucht daher äußere Mittel, mit deren Hilfe er seinem verwerflichen Instinkt - der Lust an tierischen Genüssen - widerstehen und die Zeichen seiner edelsten Begabung - des Verstandes - beleben kann. Diese Hilfsmittel sind der Inhalt der Thora, durch die G-tt durch seine Boten und Propheten seine Geschöpfe den Weg lehrte, ihm zu dienen.

Zweitens ist der Intellekt ein geistiges Wesen, das aus der höheren, geistigen Welt stammt. Er ist ein Fremder in dieser Welt der grobstofflichen Körper. Die sinnliche Begierde im Menschen ist das Produkt natürlicher Kräfte und einer Kombination seiner physischen Elemente. Ihr Fundament liegt in dieser Welt, ihre Wurzel in dieser Wohnstätte. Die Nahrung gibt ihr Kraft. Die körperlichen Vergnügungen verstärken ihre Kraft, während der Verstand, weil er hier fremd ist, ohne Stütze und Verbündeten dasteht, und alles gegen ihn ist. Daraus folgt, dass er schwach werden muss und dass er ein äußeres Mittel braucht, um die mächtige Macht der Begierde abzuwehren und sie zu überwinden. Die Tora ist das Heilmittel für solche geistigen und moralischen Krankheiten.

Die Tora verbietet daher viele Arten von Nahrung, Kleidung, sexuelle Beziehungen, bestimmte Erwerbe und Praktiken, die alle die sinnliche Lust verstärken; sie ermahnt uns auch, jene Mittel zu benutzen, die der Lust widerstehen und ihr entgegengesetzt sind. Das sind das Gebet, das Fasten, die Wohltätigkeit und die Nächstenliebe, durch die die geistigen Fähigkeiten belebt werden und der Mensch in dieser und in der kommenden Welt unterstützt wird, wie David sagte: "Dein Wort ist eine Leuchte für meine Füße und ein Licht für meinen Weg" [Tehilim 119,105]; "Denn das Gebot ist eine Leuchte und die Thora ist Licht" [Mischlei 6,23]; "Ich sah, dass Weisheit der Torheit vorzuziehen ist, wie das Licht der Finsternis" [Koheles 2,13].

Drittens: Die sinnliche Begierde, die ständig damit beschäftigt ist, den Körper zu ernähren, hört weder bei Tag noch bei Nacht auf zu arbeiten. Der Verstand hingegen wird nur dann tätig, wenn er dem Menschen hilft, seine Leidenschaften zu befriedigen. Es ist bekannt, dass die körperlichen Fähigkeiten, die ständig entsprechend ihrer Natur ausgeübt werden, sich verbessern und leistungsfähiger werden, während diejenigen, die weniger häufig benutzt werden, sich verschlechtern und ineffizient werden. Daraus folgt logischerweise, dass das sinnliche Verlangen stärker wird, weil es ständig ausgeübt wird, während das intellektuelle Vermögen schwächer wird, weil es so selten und so wenig zu seinem eigentlichen Zweck benutzt wird.

Die Pflichten des Herzens Kapitel Drei Rabbeinu Bachya

Daher war es notwendig, dass es etwas gab, dessen wahrer [richtiger] Gebrauch weder die körperlichen Organe des Menschen noch die tierischen Begierden betraf, sondern nur die Ausübung des Verstandes, befreit von der Vorherrschaft der Begierden. Dieses Hilfsmittel ist die Thora, deren Studium den Verstand stärker, reiner und leuchtender macht und die Torheit vom Menschen vertreibt, die seine Seele beherrscht und ihn daran hindert, die Dinge so zu sehen, wie sie wirklich sind, und sie in ihre richtigen Beziehungen zu setzen. Wie der Psalmist sagte: "Das Gesetz des Ewigen ist vollkommen, es erquickt die Seele; das Zeugnis des Ewigen ist treu, es macht die Einfältigen weise; die Ordnungen des Ewigen sind recht, sie erfreuen das Herz; das Gebot des Ewigen ist rein, es erleuchtet die Augen" [Ps. 19,8-9].

Aus dem Gesagten geht klar hervor, wie notwendig es ist, daß der Mensch durch die Thora, die sowohl vernünftige als auch durch Autorität [Prophetie] anerkannte Gebote enthält, zum Dienst an G-tt erweckt wird, damit wir durch sie zum Dienst an G-tt aufsteigen können, der, wie unsere Vernunft zeigt, die Pflicht des Menschen und der Hauptzweck ist, zu dem die menschliche Gattung in dieser Welt ins Dasein gerufen worden ist.

Kapitel Drei

Definition des Dienstes G-ttes; Erklärung seiner Teile; die Verdienste eines jeden dieser Teile.

Dienst kann definiert werden als die Unterwerfung eines Begünstigten unter seinen Wohltäter, die sich darin äußert, dass er dem Letzteren als Gegenleistung für die erhaltene Gunst, das Beste gibt, was in seiner Macht steht. Diese Unterwerfung kann auf zwei Arten erfolgen. Die erste ist eine Unterwerfung, die durch Furcht, Hoffnung, Notwendigkeit oder Zwang hervorgerufen wird. Die zweite ist die Unterwerfung aus Pflichtgefühl, aus der Überzeugung heraus, dass es richtig ist, die Person, der man sich unterwirft, zu veredeln und zu erhöhen.

Die erste Art ist die Unterwerfung unter G-tt, die durch einen äußeren Anreiz [die Tora] hervorgerufen wurde, wie wir bereits erwähnt haben, und deren Verpflichtung aus der Hoffnung auf Belohnung oder der Furcht vor Bestrafung in dieser und der nächsten Welt erwächst. Aber die zweite Art ist die Unterwerfung, die aus einem inneren Drang im Intellekt [Gewissen] entsteht, der in der Natur des Menschen liegt, in dem Körper und Seele miteinander verbunden sind.

Beide Arten der Unterwerfung sind lobenswert und führen zum Heil im jenseitigen Leben, der Welt der ewigen Ruhe. Aber die eine führt zur

Die Pflichten des Herzens   Kapitel Drei   Rabbeinu Bachya

anderen und ist eine Stufe, durch die wir zu ihr aufsteigen. Die erste ist die Unterwerfung, die durch das Studium der Tora hervorgerufen wird. Die [letztere] Unterwerfung, die durch den Drang des Verstandes hervorgerufen wird und auf rationalen Beweisen beruht, ist G-tt näher und aus sieben Gründen annehmbarer:

[1] Erstens: Für den Dienst [an G-tt], der durch das Studium der Tora hervorgerufen wird, kann es sein, dass die Person l'shem schamayim [G-tt allein ergeben] sein wird. Es kann jedoch heuchlerisch sein; das Ziel kann möglicherweise sein, dafür Lob und Ehre unter seinen Mitmenschen zu erlangen, da diese Art des Dienstes in der Hoffnung [auf Belohnung] und der Furcht [vor Strafe] verwurzelt ist und darauf beruht. Aber der Dienst an G-tt, der durch den intellektuellen Drang hervorgerufen wird, ist ganz und allein G-tt gewidmet. Keine Heuchelei ist damit vermischt, noch irgendeine falsche Vorspiegelung um der Selbstverherrlichung willen, da dieser Dienst nicht auf Hoffnung oder Furcht gegründet ist, sondern auf Weisheit und Wissen darüber, welchen Dienst ein geschaffenes Wesen seinem Schöpfer schuldet.

[2] Zweitens wird der durch die Thora veranlasste Dienst an G-tt nur in der Hoffnung auf Belohnung oder in der Furcht vor Strafe geleistet; der durch den Verstand veranlasste Dienst aber entspringt der Freiwilligkeit der Seele und ihrem Wunsch, sich mit aller Kraft zu bemühen, ihrem G-tt um Seiner selbst willen nach Erkenntnis und Verständnis zu dienen. Denn die Seele wird nicht freiwillig alles geben, was sie hat, es sei denn, sie ist überzeugt, dass das, was sie als Gegenleistung erhält, größer ist als das, was sie gibt, und dieser [Lohn] ist, dass G-tt mit ihr zufrieden ist.

Drittens zeigt sich der Dienst, der dem Drang der Tora geschuldet ist, eher in äußeren guten Taten als in inneren Gedanken und Gefühlen, die im Herzen verborgen sind. Aber bei dem Dienst, der durch den Verstand hervorgerufen wird, ist das, was im Herzen verborgen ist, nämlich die Pflichten des Herzens, um ein Vielfaches größer als das, was man in der äußeren Aktivität der körperlichen Glieder sieht.

Viertens ist der durch die Thora veranlasste Dienst als ein Weg zu dem durch den Verstand veranlassten Dienst zu betrachten. Ersterer ist wie die in den Boden gepflanzte Saat. Das Studium der Tora ist wie die Kultivierung des Bodens - Pflügen und Säubern. Die Hilfe, die von G-tt kommt, ist wie der Regen, der das Feld bewässert. Und die Frucht, die dabei entsteht und hervorgebracht wird, ist das, was sich im Herzen festsetzt - der Dienst für G-tt allein um Seinetwillen, und nicht durch Hoffnung [auf Belohnung] oder Furcht [vor Strafe] veranlasst. So haben uns unsere Weisen ermahnt: "Seid nicht wie Diener, die ihrem Herrn unter der Bedingung dienen, dass sie eine Belohnung erhalten. und lasst

Die Pflichten des Herzens   Kapitel Drei   Rabbeinu Bachya

die Furcht des Himmels über euch sein." [Ethik der Väter 1,3].

Fünftens: Die Gebote der Tora sind begrenzt. Sie sind eine bekannte Zahl, 613 Gebote. Aber die Pflichten, die der Verstand auferlegt, sind fast zahllos, denn der Mensch vergrößert täglich seine Kenntnis von ihnen; und je mehr sich seine Wahrnehmungsfähigkeit entwickelt und je mehr er G-ttes Wohltaten, seine gewaltige Macht und seine Souveränität begreift, desto mehr wird sich der Mensch Ihm unterwerfen und sich vor Ihm demütigen. Daher findet man, dass David [Friede sei mit ihm] G-tt anflehte, ihn zur Erkenntnis dieser Pflichten zu erwecken und den Vorhang der Torheit von seinen Augen zu entfernen; wie es heißt: "Öffne meine Augen, dass ich die Wunder Deiner Tora betrachte" [Tehilim 119:18]; "Lehre mich, o Ewiger, den Weg Deiner Satzungen..." [ebd. 119:33]; "Neige mein Herz zu Deinen Zeugnissen und nicht zur Habgier" [ebd. 119:36]. Außerdem heißt es: "Ich habe aller Vollkommenheit ein Ende gesetzt; aber Dein Gebot ist sehr weitgehend" [ebd. 119:96]; das heißt, unsere Verpflichtung, Dir für Deine ständigen Wohltaten zu dienen, ist unbegrenzt, weil die Vielfalt Deiner Wohltaten für uns unbegrenzt ist.

Es wird auch von einigen Asketen berichtet, dass sie ihr ganzes Leben in Reue verbrachten. Jeden Tag wurden sie zu neuer Reue bewegt, denn mit jedem Tag wuchs ihre Erkenntnis der Größe G-ttes, und sie erkannten, wie sehr sie in der Vergangenheit bei der Erfüllung ihrer Dienstverpflichtung versagt hatten, wie David sagte: "Der Tag teilt die Erkenntnis dem Tag mit" [Ps. 19,2]. Außerdem heißt es: "Ströme von Wasser fließen über meine Augen, weil sie deine Gesetze nicht gehalten haben." [Ps. 119:136].

Sechstens: Der Dienst, den die Tora vorschreibt, liegt im Rahmen der Möglichkeiten des Menschen. Wenn er sich darauf einlässt und es in Angriff nimmt, wird er niemandem vorenthalten, der ihn zu erfüllen sucht. Aber der Dienst, der durch den Verstand veranlasst wird, kann nur mit großer Kraft und mit der Hilfe G-ttes ausgeführt werden, da die menschliche Kraft nicht ausreicht, um ihn zu erreichen. Deshalb fleht David in Psalm 119 G-tt wiederholt an, ihm diese Hilfe zu gewähren.

Siebtens: Wenn der Dienst nur aus der Tora abgeleitet wird, kann ein Mensch nie sicher sein, dass er nicht stolpert. Denn bei dieser Art des Dienstes lauert die Kraft der bösen Leidenschaft immer im Hinterhalt und wartet auf den Zeitpunkt, an dem er sie vernachlässigt. Aber wenn der Dienst durch den Verstand veranlasst wird, kann ein Mensch sicher sein, dass er nicht stolpern und sündigen wird, denn die Seele wird erst dann zum Dienst an G-tt angezogen, wenn die körperliche Lust getötet [überwunden] wurde und der Verstand den Sieg über sie errungen hat

Die Pflichten des Herzens   Kapitel Drei   Rabbeinu Bachya

und sie nach seinem Willen und Wunsch kontrolliert. Daher bietet diese Art des Dienstes eine Garantie gegen das Stolpern, und derjenige, der sie erreicht hat, wird vor Sünde bewahrt, wie die Schrift sagt: "Dem Gerechten wird kein Übel geschehen" [Mischlei 12:21].

Es ist jedoch notwendig, dass ich einige der Vorteile der Unterweisung in der Tora darlege, wie sie mir einfallen. Die Gründe, die das Drängen der Tora zum Dienst an G-tt erforderlich machen, sind ebenfalls sieben. Erstens besteht der Mensch aus Seele und Körper. Unter seinen Neigungen gibt es einige, die ihn dazu verleiten, sich körperlichen Genüssen hinzugeben, niederen Begierden zu frönen und die Fesseln des Verstandes zu sprengen. Es gibt auch andere Tendenzen, die ihn dazu bringen, diese Welt zu verabscheuen und sich von der Gesellschaft abzuwenden, weil er Rückschläge erlitten hat und immer wieder von Schwierigkeiten und Kummer heimgesucht wird, so dass er sich dem höheren geistigen Leben zuwendet.

Keiner dieser Pläne ist lobenswert. Letzteres würde [wenn es allgemein befolgt würde] zur Zerstörung der gesellschaftlichen Ordnung führen. Ersteres würde zu seinem Verderben in dieser und in der nächsten Welt führen. Der erhabene Schöpfer hat dem Menschen in seiner Barmherzigkeit und unendlichen Güte ein Mittel an die Hand gegeben, mit dem er seinen Zustand verbessern und seine Wege richtig lenken kann, was zu diesseitigem und jenseitigem Glück führt. Dieses Mittel, das den Mittelweg zwischen dem Verstand und dem körperlichen Verlangen aufzeigt, ist die Thora, die treu ist, die Gerechtigkeit im Äußeren und im Inneren bewahrt, die den Menschen von seinen Begierden im Diesseits fernhält und ihm seinen Lohn am späteren Ende vorbehält, wie die Schrift sagt: "Neige dein Ohr und höre die Worte der Weisen ... oder es ist eine angenehme Sache, wenn du sie in dir behältst. ... Dass ihr auf den Ewigen vertraut, habe ich euch heute kundgetan. ... Habe ich euch nicht vortreffliche Ratschläge und Erkenntnisse geschrieben, damit ihr die Gewissheit der Worte der Wahrheit erkennt, damit ihr denen, die zu euch gesandt haben, auf die Worte der Wahrheit antwortet" [Mischlei 22,17-21].

Zweitens führt die Belehrung durch den Verstand nicht zur Anerkennung aktiver Verpflichtungen im Dienste G-ttes wie Gebet, Fasten, Tzedaka [Wohltätigkeit], Maaser [Zehnten], Taten der Barmherzigkeit. Man lernt auch nicht die Arten von Strafen kennen, die jemandem drohen, der im Dienst nachlässig ist. Bei all dem bedarf es eines Rahmens und einer Grenze, wie sie die Tora und die Unterweisung des Propheten vorgeben, damit durch ihre Kombination der g-ttliche Zweck in geordneter Weise erklärt werden kann - dieser Zweck ist der Dienst G-ttes, gepriesen sei

Die Pflichten des Herzens Kapitel Drei Rabbeinu Bachya

Er, wie es heißt: "Und G-tt hat es gemacht, damit der Mensch sich vor Ihm fürchte" [Koheles 3,14]; das heißt, G-tt hat uns ein Gesetz gegeben, um uns seinen Dienst zu lehren.

Drittens kann der intellektuelle Drang nicht alle, die zum Dienen verpflichtet sind, gleichermaßen einschließen, denn einige Menschen sind von begrenzter Intelligenz, während andere an Verständnis überlegen sind. Aber der Drang der Tora gilt gleichermaßen für alle, die den Status erreicht haben, der sie zu diesem Dienst verpflichtet, auch wenn sie ihn unterschiedlich verstehen, wie wir am Ende der ersten Abhandlung dieses Buches festgestellt haben.

Manchmal kommt es auch vor, dass ein Mensch in einigen Pflichten zu kurz kommt und in anderen über sich hinauswächst. Der intellektuelle Anreiz ist bei den verschiedenen Menschen unterschiedlich, je nach ihrer Fähigkeit, etwas zu erkennen. Aber der Drang der Tora unterliegt nicht der Variation. Ihre Form ist für das Kind, den Jüngling, den Greis und den Alten, den Weisen und den Toren dieselbe, auch wenn die daraus resultierende Praxis bei den verschiedenen Klassen von Menschen unterschiedlich ist. Und so sagt die Schrift in Bezug auf den allumfassenden Charakter der Unterweisung der Tora für das ganze Volk: "Versammelt das Volk, Männer und Frauen und Kinder und den Fremden, der in eurem Tor ist, damit sie hören und lernen, den Ewigen, euren G-tt, zu fürchten. ..." [Devarim 31:12]. Weiter heißt es: "... du sollst dieses Gesetz vor ganz Israel vorlesen, damit sie es hören." [Devarim 31:11].

Viertens wird anerkannt, dass die Verpflichtungen der Menschen, Dienste zu leisten, im Verhältnis zum Grad der ihnen gewährten Vorteile stehen. In jeder Epoche gab es Ereignisse, die ein Volk von allen anderen Völkern durch besondere Wohltaten, die G-tt ihm zuteil werden ließ, auszeichneten. Daraus folgt, dass die Angehörigen dieses Volkes aus diesem Grund besonders verpflichtet sind, dem Schöpfer einen zusätzlichen Dienst zu leisten, der über das hinausgeht, was von anderen Völkern verlangt wird. Es gibt keine Möglichkeit, allein mit dem Verstand zu bestimmen, wie dieser Dienst aussehen soll. So hat G-tt uns aus den anderen Völkern auserwählt, indem er uns aus dem Land Ägypten herausführte, das Rote Meer teilte und uns in der Folge weitere Wohltaten gewährte, die zu gut bekannt sind, um sie zu erwähnen. Darüber hinaus hat der erhabene Schöpfer uns besonders von allen anderen Völkern unterschieden, indem er uns für den Dienst auswählte, für den wir Ihm gegenüber zu Dankbarkeit verpflichtet sind; und als Gegenleistung für die Annahme dieses Dienstes hat Er uns eine Belohnung in dieser und in der nächsten Welt zugesichert - eine Fülle

Die Pflichten des Herzens Kapitel Drei Rabbeinu Bachya

von Gnade und Güte, die von Ihm ausgeht und unbeschreiblich ist. All dies kann uns nur durch die Tora deutlich vor Augen geführt werden, denn die Schrift sagt: "Ihr habt gesehen, was ich den Ägyptern getan habe und wie ich euch auf Adlerflügeln getragen und zu mir gebracht habe. Wenn ihr nun meiner Stimme gehorcht und meinen Bund haltet, so sollt ihr mir ein Schatz sein vor allen Völkern, und ihr sollt mir ein Königreich von Priestern und ein heiliges Volk sein" [Ex 19,4-6].

Fünftens ist die Anregung durch die Tora eine Vorbereitung und Einführung in den Verstand, denn der Mensch braucht in seiner Jugend Schulung und Führung und muss davor bewahrt werden, seinen Leidenschaften nachzugeben, bis die Zeit kommt, in der sein Verstand stark und fest geworden ist. So folgen auch einige Frauen und frivole [oberflächliche] Männer nicht der intellektuellen Führung, weil deren Kontrolle über sie schwach und locker ist. Dieser Zustand machte es notwendig, eine Führung mittleren Charakters zu geben, die sie ertragen können und die für sie nicht unmöglich sein wird, zu bestehen. Daher kreisen die Anweisungen der Tora um Hoffnung und Furcht - die Pole ihrer Achse.

Wer bei der Erfüllung der Pflichten dieses Dienstes nicht versagt, gehört zur Klasse der reinen Frommen und ist des Lohnes in dieser und in der nächsten Welt würdig. Wer sich aber von dieser Stufe zum Dienst G-ttes erhebt, der erreicht, angespornt durch die Vernunft, den Grad der Propheten und der Auserwählten des Höchsten - der Heiligen. Sein Lohn hier auf Erden ist die Freude an der Süße des Dienstes des Ewigen, wie der Prophet sagte: "Deine Worte fand ich, und ich aß sie, und dein Wort war mir die Freude und der Jubel meines Herzens; denn ich bin bei deinem Namen gerufen, o Ewiger G-tt der Heerscharen" [Jeremia 15-16]; ferner: "Die Gerechten werden sich des Ewigen freuen und auf Ihn vertrauen, und alle Aufrichtigen werden sich rühmen" [Ps. 64:11]; ferner: "Licht ist gesät für die Gerechten und Freude für die Aufrichtigen" [Ps. 97:11]. Sein Lohn in der kommenden Welt wird darin bestehen, dass er die höchste Erleuchtung erlangt, die wir nicht beschreiben oder uns vorstellen können, denn es heißt: "Wenn ihr auf meinen Wegen wandelt und meine Weisungen befolgt ... will ich dir einen Platz geben, wo du wandeln kannst unter denen, die dabeistehen" [Sacharja 3,7]; ferner: "Wie groß ist deine Güte, die du denen erwiesen hast, die dich fürchten, die du denen erwiesen hast, die auf dich vertrauen vor den Menschenkindern" [Ps 31,20]. Und: "Kein Auge hat gesehen, G-tt, außer Dir, was er tun wird an dem, der auf ihn wartet" [Jesaja 64,3].

Sechstens enthält die Tora Dinge, deren Verbindlichkeit die Vernunft nicht erklären kann, nämlich die erhaltenen Gebote und die allgemeinen

Die Pflichten des Herzens Kapitel Drei Rabbeinu Bachya

Prinzipien, die Wurzeln der rationalen Vorschriften. Das liegt daran, dass die Menschen, denen die Tora gegeben wurde, zu jener Zeit in einem Zustand waren, in dem tierische Begierden sie beherrschten, und sie waren zu schwach in ihrem Wissen und ihrer Wahrnehmungsfähigkeit, um viele der rationalen Gebote zu verstehen. Die Tora benutzte daher nur eine Methode sowohl für die rationalen Vorschriften als auch für die empfangenen Gebote. Die Menschen wurden in Bezug auf beide Klassen von Pflichten auf die gleiche Weise angeregt. Ein Mensch, dessen Verstand und Wahrnehmung stark sind, wird sich anstrengen und die Verpflichtung übernehmen, sie zu erfüllen, weil sie sowohl rational als auch empfangen sind. Und jemand, dessen Verstand zu schwach ist, um ihren rationalen Grund zu erkennen, wird sie annehmen, weil die Tora ihn ermahnt, und sie als empfangene Gebote behandeln. Auf diese Weise werden alle Klassen davon profitieren, wie es heißt: "Ihre Wege sind Wege der Annehmlichkeit, und alle ihre Pfade sind Frieden" [Mischlei 3,17].

Siebtens kommen wir zur Tora durch einen menschlichen Mittler [Mose], durch den Zeichen und Wunder geschahen, die von allen Menschen gleichermaßen mit ihren Sinnen wahrgenommen wurden und deren Beweis sie nicht leugnen konnten. Die Botschaft, die er im Namen G-ttes überbrachte, wurde ihnen also sowohl mit den Sinnen als auch mit dem Verstand gezeigt. Die Demonstration durch die Sinne war eine Ergänzung zu den intellektuellen Reizen, die der Mensch von Natur aus besitzt.

Wer auch immer G-tt's Gaben betrachtet, die ihm geschenkt wurden, und die mit allen anderen menschlichen Wesen gemeinsam sind, wird treu die Verpflichtung des Dienstes G-tt's auf die Art und Weise annehmen, die sein Intellekt anzeigt. Wer über die besonderen Gaben des Schöpfers an ihn nachdenkt, durch die sich sein Volk von anderen Völkern unterscheidet, wird treu die besondere Verpflichtung annehmen, die Gebote zu befolgen, die für sein Volk aufgrund der Autorität der Tora verbindlich sind [d.h. die erhaltenen Gebote in der Tora] und die für andere Völker nicht verbindlich sind [außer den 7 Geboten von Bnei Noach].

Und wenn man G-ttes Gaben an ihn bedenkt, durch die sein Stamm von den übrigen Stämmen seines Volkes unterschieden wurde, wie z.B. das Priestertum [für einen Kohen] oder der levitische Grad [für einen Levi], wird er die Verpflichtung, die Gebote zu erfüllen, durch die G-tt seinen Stamm unterschieden hat, treu annehmen. Daher gibt es vierundzwanzig priesterliche Verordnungen, die vierundzwanzig besonderen Vorteilen entsprechen, die der Schöpfer den Priestern verliehen hat. Dies sind die

Die Pflichten des Herzens   Kapitel Drei   **Rabbeinu Bachya**

vierundzwanzig priesterlichen Abgaben.

Analog dazu sollte jeder Mensch, den G-tt mit besonderen Gunstbezeugungen ausgezeichnet hat, die über die anderer Menschen hinausgehen, einen besonderen Dienst übernehmen, der ihnen nicht obliegt, und sich gleichzeitig bemühen, entsprechend seiner Fähigkeit und Wahrnehmung die Pflichten zu erfüllen, zu deren Erfüllung er mit ihnen verpflichtet ist, und G-tt, gepriesen sei Er, für das Wohlwollen danken, mit dem G-tt ihn besonders begünstigt hat. Auf diese Weise wird er für ihren Fortbestand und ihre Vermehrung sorgen, und er wird auch seine Belohnung in der kommenden Welt erhalten.

Ein Mensch sollte sich nicht so verhalten wie derjenige, von dem es heißt: "Und Silber gab ich ihr in Hülle und Fülle und Gold, das sie für Baal [Götzen] bereiteten" [Hosea 2:10]. Wer in dem besonderen Dienst, den er für die Gabe, mit der er besonders begünstigt wurde, zu leisten hat, zu kurz kommt, wird dazu verleitet, auch in dem Dienst, der seinem Stamm und danach seinem Volk obliegt, zu kurz zu kommen, und schließlich wird er die Tora ganz verleugnen. Da er die Thora nicht annimmt, wird er nicht einmal die Verpflichtung der Gebote akzeptieren, die ihm die Vernunft vorschreibt.

Und wenn er die Verpflichtungen, die ihm der Verstand, mit dem er ausgestattet ist, diktiert, und seine Zurechtweisung nicht annimmt, verliert er den Charakter eines vernünftigen Geschöpfes; und das Vieh versteht es besser als er, seinen Zustand zu verbessern, wie es heißt: "Der Ochse kennt seinen Besitzer und der Esel den Trog seines Herrn; aber Israel weiß nicht, und mein Volk denkt nicht nach" [Jesaja 1,3]. Das Schicksal eines solchen Menschen gleicht dem eines Menschen, von dem es heißt: "Aber die Gottlosen werden umkommen, und die Feinde des Ewigen werden wie das Fett von Lämmern sein, sie werden verzehrt werden und in Rauch aufgehen" [Psalm 37,20].

Kapitel Vier

Es ist nun an der Zeit, die Form zu erklären, in der die Tora zum Dienst an G-tt drängt, und ihre Unterteilungen; die verschiedenen Stufen, die von denen erreicht werden, die die Tora studieren, ihre Charaktere, ihr Glaube an die Tora und ihre Akzeptanz der Tora.

Ich behaupte, dass der Drang der Tora eine Offenbarung von G-tt ist, durch das Medium eines bestimmten Individuums, das in G-ttes Augen gut war, eine Offenbarung, die den Menschen den Dienst bekannt macht, den sie Ihm erweisen sollen, damit Er ihnen aus Seiner Güte, Großzügigkeit und Wohlwollen eine Belohnung in dieser Welt und in der

Die Pflichten des Herzens   Kapitel Drei   Rabbeinu Bachya

kommenden Welt für ihre Annahme gewährt.

Die Tora teilt die menschlichen Handlungen in drei Klassen ein: [1] die gebotenen, [2] die verbotenen und [3] die erlaubten.

Die Gebotenen lassen sich in zwei Bereiche einteilen.

[1] Eine davon sind die Pflichten des Herzens. Diese, die auf echtem Glauben beruhen, sind: die Annahme der Einheit G-ttes, von ganzem Herzen bei Ihm zu sein, Ihm zu vertrauen, sich Ihm hinzugeben, Seine Anordnungen anzunehmen, an Seine Propheten und Sein Gesetz zu glauben, Ihn zu verehren, Seine Gebote zu halten, über Seine wunderbaren Taten nachzudenken, Seine Wohltaten zu prüfen und viele andere Pflichten desselben Charakters, die zu zahlreich sind, um sie im Einzelnen aufzuführen.

[2] Die zweite, die Pflichten, die die Hingabe des Herzens zusammen mit körperlichen Aktivitäten beinhalten, wie z.B. Beständigkeit im Reden und Denken, das Lesen und Studieren des Buches der Thora; Beten, Fasten, Tzedaka [Wohltätigkeit] geben; Ruhe von der Arbeit an Sabbaten und Festen, das Bauen eines Tabernakels [Sukkah], das Nehmen des Lulav [Palmzweig und die drei anderen Pflanzen am Fest Sukkot]; das Tragen von Tzitzit und ähnliche Gebote.

Die Verbote lassen sich ebenfalls in zwei Bereiche unterteilen.

    [1] Die eine Abteilung besteht aus den Pflichten des Herzens.

    [2] Die andere umfasst aktive Pflichten.

Verbote in der Kategorie der Pflichten des Herzens sind zum Beispiel, sich mit G-tt entweder heimlich oder durch Schmeichelei zu verbinden, es zu lieben, das zu tun, was G-tt verboten hat; Stolz, Hochmut, Arroganz, Verachtung für menschliche Wesen, Spott über die Propheten und die Botschaften, die sie aussprechen, die von G-tt kommen; Verabscheuung des Guten und derer, die Gutes tun; Freude an den Übeltätern; Eifersucht, Begehrlichkeit, das Verlangen, Menschen zu verletzen; Groll über die Anordnungen des Schöpfers und viele Gefühle und Emotionen ähnlichen Charakters.

Die folgenden Beispiele sind Verbote von Handlungen: offenkundige Verbindung von irgendjemandem mit G-tt, falsches Schwören, Lügen, Schwindeleien, Essen von verbotener Nahrung, verbotene Beziehungen, Blutvergießen und viele Vergehen von ähnlichem Charakter.

Auch die erlaubten Dinge lassen sich in drei Bereiche einteilen, nämlich in die ausreichenden, die übermäßigen und die mangelhaften. Das Ausreichende ist das, was für die Erhaltung des Körpers oder für die Verwaltung der eigenen Angelegenheiten unentbehrlich ist, was Essen und Trinken, Kleidung und Bedeckung betrifft; die notwendige Sprache bei der Führung der eigenen Geschäfte, Tätigkeiten und

Die Pflichten des Herzens Kapitel Drei Rabbeinu Bachya

Handelsgeschäfte; alle Arten von körperlichen Bewegungen und deren ordnungsgemäße Verwendung in dem Maße, wie es für die ordnungsgemäße Aufrechterhaltung des eigenen Wohlergehens erforderlich ist, wie die Schrift sagt: "Gut ist ein Mann, der gnädig ist und leiht; er misst seine Angelegenheiten mit Maß?" [Tehilim 112:5].

Die zweite Einteilung betrifft Fälle, in denen man die Grenze des Ausreichenden überschreitet und in den Bereich des Überflüssigen gelangt, den man nicht braucht, wie z. B. das Übermaß an Essen und Trinken, vor dem uns der Weise warnte, als er sagte: "Sei nicht unter den Weintrinkern, unter den gefräßigen Fleischessern" [Mischlei 23,20]. Das Gleiche gilt für die Ausschweifung im persönlichen Schmuck, in der Kleidung, in den luxuriösen Häusern und im Überfluss in der Rede, bei denen man nicht sicher sein kann, dass man nicht darüber stolpert, wie der Weise sagte: "An der Menge der Worte fehlt es nicht an Sünde" [Mischlei 10,19]. Außerdem die Ausschweifung in sexuellen Beziehungen, über die der Weise sagte: "...... Wer mit Huren verkehrt, zerstört sein Vermögen" [Mischlei 29,3], und "gib deine Kraft nicht den Frauen" [Mischlei 31,3]. Auch von Königen heißt es: "Und er soll sich nicht viele Frauen nehmen" [Devarim 17,17].

Das Streben nach großen Besitztümern und die Anhäufung von Geld, von dem es heißt: "Strebe nicht danach, reich zu sein, höre auf mit deiner eigenen Weisheit" [Mischlei 23,4]. Über den König heißt es: "Er soll sich auch nicht mit Silber und Gold überhäufen" [Devarim 17,17]. Alle diese überflüssigen Dinge, die wir erwähnt haben und die der Verbesserung und dem Vergnügen des Körpers dienen, verwandeln sich am Ende in ein Übel, weil sie zu dem verleiten, wovor uns der Schöpfer gewarnt und es verboten hat [wie geschrieben steht: "Aber Jeschurun wurde fett und trat: du bist fett geworden, du bist dick geworden, du bist mit Fett bedeckt; da verließ er G-tt, der ihn gemacht hatte, und schätzte den Fels seines Heils gering" [Devarim 32,15].

Die dritte Unterteilung im Gebrauch der erlaubten Dinge ist die des Mangels.

Dies ist der Fall, wenn der Mensch sich selbst verweigert, was ausreichend ist an Essen und Trinken, Kleidung, sexuellen Beziehungen, Sprache, Schlaf oder an der Beschäftigung, durch die er das erhält, was er für seinen Unterhalt an Nahrung und anderen Notwendigkeiten braucht. Die Unzulänglichkeit lässt sich in zwei Bereiche unterteilen. Er kann durch Frömmigkeit oder durch weltliche Erwägungen motiviert sein.

Ist das Motiv ein frommes, das aus der Sehnsucht nach näherer und innigerer Gemeinschaft mit G-tt durch Askese entspringt, so ist es

Die Pflichten des Herzens   Kapitel Drei   Rabbeinu Bachya

lobenswert und wird belohnt, wie der Weise sagte: "Das Herz der Weisen ist im Haus der Trauer; aber das Herz der Toren ist im Haus der Fröhlichkeit" [Koheles 7,4].

Wenn das Motiv ein weltliches ist, nämlich sein Geld zu vermehren oder als einer gepriesen zu werden, der sich des Erlaubten enthält und von der Welt weniger nimmt, als er an Nahrung braucht, ist es verwerflich, denn wer so handelt, verlässt den Pfad des mittleren Weges und beraubt seinen Körper seiner Bedürfnisse. All das kommt von der übermäßigen Liebe zu dieser Welt, von der ein Weiser sagte: "Wer sich aus Liebe zur Welt von ihr trennt, ist wie einer, der eine Flamme mit Stroh auslöschen will." Sparsam zu sein in der Rede und im Schlaf ist jedoch lobenswert; in der Rede, weil Schweigen am Ende besser ist, wie der Weise sagte: "Sei nicht voreilig mit deinem Mund, und dein Herz soll nicht voreilig sein, etwas vor G-tt zu sagen; denn G-tt ist im Himmel und du bist auf der Erde; darum sollen deine Worte wenige sein" [Koheles 5,1].

Ähnlich heißt es in Bezug auf den Schlaf: "Doch ein wenig Schlaf, ein wenig Schlummer, ein wenig Falten der Hände zum Schlaf. [So wird deine Armut kommen wie ein Reisender und deine Not wie ein bewaffneter Mann [der plötzlich kommt]" [Mischlei 6,10].

Mit dem Gesagten ist also bewiesen, dass alle menschlichen Tätigkeiten entweder zu den [1] gebotenen, [2] verbotenen oder [3] [erlaubten, was genügt] gehören. Denn alles, was nicht in die Kategorie des [Erlaubten, das] "ausreichend" ist, und entweder überflüssig oder mangelhaft ist, muss notwendigerweise in die Kategorie des Gebotenen gehören, wenn es um G-ttes willen getan wird; oder es gehört in die Kategorie des Verbotenen, wenn es nicht um Seinetwillen getan wird.

Wenn wir genauer untersuchen, was zum Beispiel "ausreichend" ist, um den Lebensunterhalt zu sichern, finden wir dies auch in einem Gebot, das im Schöpfungsbericht steht: "Und G-tt segnete sie und sprach zu ihnen: 'Seid fruchtbar und mehret euch, füllet das Land und erobert es.'" [1. Mose 1,28]. Und weiter heißt es: "Siehe, ich habe euch gegeben alles Kraut, das Samen trägt, das auf dem ganzen Erdboden ist [... es soll euch zur Nahrung dienen]" [ebd. 1,29]. Das Streben nach ausreichender Nahrung gehört also zum Bereich des Gebotenen.

Es ist also erwiesen, dass alle menschlichen Handlungen entweder in die Kategorie des Gebotenen oder des Verbotenen fallen. Wenn das, was man tut, in die Kategorie des Gebotenen fällt, ist es eine gute Tat. Wenn man in der Lage ist, es zu tun, aber seine Pflicht vernachlässigt, erfüllt man seine Pflicht nicht. Ebenso ist man ein Sünder, wenn man eines der verbotenen Dinge tut. Wenn er es nicht tut, ist er ein Gerechter, vorausgesetzt, er hält sich aus Furcht vor G-tt zurück, wie die Schrift sagt:

Die Pflichten des Herzens Kapitel Drei Rabbeinu Bachya

"Auch sie tun keine Ungerechtigkeit. Sie wandeln auf Seinen Wegen." [Tehilim 119:3].

Wenn man also eines der erlaubten Dinge auf die richtige und angemessene Weise tut, ist man gerecht, wie der Psalmist sagt: "Ein guter Mensch ist gnädig und leiht; er führt seine Geschäfte mit Maß" [Tehilim 112:5]. Wenn er jedoch über das Maß hinausgeht, erfüllt er seine Pflicht nicht, denn dann wird er zu dem verleitet, wovor G-tt gewarnt hat. Auch wenn er sich selbst das Genügende verweigert, wenn er in der Lage ist, es zu erlangen, und sein Ziel darin besteht, sich im Dienst G-ttes zu üben und seine Begierden zu beherrschen, um G-tt näher zu kommen oder sich von dieser Welt zu trennen und seine Aufmerksamkeit auf die bessere Welt im Jenseits zu richten, ist er gerecht und sein Verhalten ist gut. Tut er dies aber nicht um G-ttes willen, so erfüllt er seine Pflicht nicht, und sein Verhalten ist verwerflich.

Die menschlichen Handlungen fallen also in die Kategorien von gut und schlecht. Der intelligente Mensch ist einer, der seine Handlungen abwägt, bevor er sie tut, wie hier dargelegt, sie sorgfältig mit seinem Verstand und seiner Erkenntnis prüft, das Gute unter ihnen auswählt und das Ungute aufgibt, wie David, Friede sei mit ihm, sagte: "Ich habe über meine Wege nachgedacht und meine Füße auf Deine Zeugnisse gerichtet. Ich habe mich beeilt und nicht gezögert, Deine Gebote zu halten" [Tehilim 119:59-60].

Dass diese Einteilung der Taten in gut und böse richtig ist, wird durch die Aussage des Weisen bewiesen: "Denn G-tt wird jede Tat ins Gericht bringen mit jeder geheimen Sache, ob sie gut oder böse ist" [Koheles 12,14]. Der Weise teilt also alle Handlungen in zwei Kategorien ein, in gute und schlechte, was mit dem übereinstimmt, was wir als lobenswert und verwerflich bezeichnen.

Damit ist bewiesen, dass alle menschlichen Handlungen nur in die beiden Kategorien der Tora fallen, nämlich in Gebote und Verbote.

Und da die Tora aus Worten und Dingen besteht, fallen die Menschen, was ihr Verständnis ihrer Weisheit angeht, in zehn abgestufte Klassen.

Die Klasse der Anfänger besteht aus denjenigen, die die Tora [fünf Bücher Mose] und die übrigen Schriften gelernt haben und mit ihrer Fähigkeit zufrieden sind, den Text zu lesen, ohne den Inhalt zu verstehen. Sie kennen weder die Bedeutung der Worte noch sind sie mit der Grammatik der Sprache vertraut. Sie sind wie ein mit Büchern beladener Esel.

Die zweite Klasse besteht aus denjenigen, die sich bemüht haben, richtig lesen zu lernen, auf die Vokale zu achten und ihre Aufmerksamkeit besonders auf die richtige Stellung der Betonung zu richten. Man kann

Die Pflichten des Herzens   Kapitel Drei   Rabbeinu Bachya

sagen, dass sie zur Klasse der Punctuators und Massorites gehören.

Die dritte Klasse besteht aus denjenigen, die die Unzulänglichkeiten der vorhergehenden Klassen bemerkt haben und danach streben, die Prinzipien der Interpunktion und der musikalischen Akzentuierung [neginoth] zu kennen. Sie haben außerdem versucht, sich Kenntnisse über den korrekten Gebrauch der Sprache und ihrer Grammatik anzueignen, über Substantive und Verben, über modifizierende Teile der Sprache [Präpositionen, Konjunktionen und Adverbien], über absolute und konstruierte Formen [von Substantiven und Adjektiven], über die Verwendung des Futurs, um die Vergangenheit auszudrücken, und des Infinitivs, um den Imperativ auszudrücken; über die verschiedenen Klassen von Verben: Vollständig [alle drei Buchstaben werden ausgesprochen], fehlerhaft [ein Buchstabe wird weggelassen], stumm [ein oder zwei Buchstaben werden nicht ausgesprochen], doppelt [Verben, bei denen der zweite und dritte Buchstabe gleich sind]; das Offensichtliche und das Verborgene. [d.h. geschlossene und offene Silben; erstere enden auf einen Konsonanten, letztere auf einen Vokal].

Die vierte Klasse besteht aus denjenigen, die in ihrer Fähigkeit, Wörter mit zweifelhafter Bedeutung in der Heiligen Schrift zu erklären, und in ihrem Verständnis des eindeutigen Textsinns über die vorangegangenen Klassen hinausgegangen sind. Sie haben auch die bildliche und wörtliche Bedeutung von Wörtern in der hebräischen Sprache untersucht; Homonyme und Synonyme; abgeleitete Substantive [von anderen Wörtern abgeleitet], primäre Substantive, fremde Substantive; und so weiter, mit Adjektiven und Verben.

Die fünfte Klasse besteht aus denjenigen, die in ihrer Kenntnis des Inhalts der Heiligen Schrift über die vorangegangenen Klassen hinausgegangen sind, die versucht haben, ihre grundlegenden Prinzipien zu verstehen und die sich bemüht haben, den metaphorischen Sinn und die wahre Bedeutung ihres Inhalts zu erforschen, zum Beispiel im Hinblick auf die anthropomorphen Ausdrücke in der Bibel. Sie sind diejenigen, die versuchen, die Schriften G-ttes gemäß der eindeutigen Bedeutung zu erklären, ohne sich auf die erhaltene Tradition [mündliche Tora] zu verlassen.

Die sechste Klasse besteht aus jenen, die sich auf die alte Tradition stützen, wie sie in der Mischna enthalten ist, so dass sie Wissen über einige der Pflichten, Gebote und Gesetze der Tora erlangt haben, ohne den Talmud zu studieren.

Die siebte Klasse besteht aus denjenigen, die zu dem, was wir gerade erwähnt haben, ein intensives Studium des Talmuds hinzugefügt haben und sich der Kenntnis seines Textes widmen, indem sie seine

Die Pflichten des Herzens   Kapitel Drei   Rabbeinu Bachya

Entscheidungen lesen, ohne zu versuchen, seine Fragen zu beantworten und seine Schwierigkeiten zu klären.

Die achte Klasse besteht aus denjenigen, die sich nicht mit der Kenntnis der Tora begnügten, die für die vorherige Klasse ausreichend war, sondern sich bemühten, die Worte der talmudischen Weisen zu verstehen, die zweifelhaften Punkte zu lösen und die Unklarheiten zu erhellen, mit dem Ziel, einen Namen und Ruhm zu erlangen. Aber sie vernachlässigen die Pflichten des Herzens. Sie achten nicht auf das, was ihren religiösen und moralischen Aktivitäten abträglich sein könnte. Sie verbringen ihre Tage mit dem Studium einzelner Ableitungen aus den Rechtsgrundsätzen und mit dem, was in den endgültigen Entscheidungen seltsam und schwierig ist; sie zitieren die widersprüchlichen Ansichten der talmudischen Autoritäten zu neuen Rechtsfragen, während sie Themen vernachlässigen, zu denen sie keine Erlaubnis haben - Themen, die ihre geistigen Interessen berühren und die zu untersuchen ihre Pflicht ist, wie die Wahrheit der Zeichen des Propheten und der Überlieferung und die Art und Weise, wie sie nachgewiesen werden kann; die Verpflichtung, die der Schöpfer uns auferlegt hat, mit unserem Verstand Beweise für seine Existenz zu erbringen und ihm mit einem vollkommenen Herzen zu dienen, und viele ähnliche Punkte, die intellektuell verstanden werden können und die ich in dieser Abhandlung erläutern werde.

Die neunte Klasse besteht aus denjenigen, die sich bemüht haben, die Pflichten des Herzens sowie die aktiven Pflichten und auch das, was dem rechten Verhalten abträglich ist, zu kennen; die den einfachen Sinn der Heiligen Schrift sowie ihren inneren Sinn verstehen und zu einer Überzeugung von der Wahrheit der Tradition gelangt sind, die sich auf die Schrift und auf die Vernunft stützt; die die Gesetze in ein geordnetes System eingeordnet und die praktischen Pflichten nach den Umständen der Zeit und des Ortes eingeteilt haben, als Ergebnis ihres Verständnisses der grundlegenden Prinzipien des Pentateuch; die die Pflichten gewissenhaft einhalten und andere [dazu] ermahnen; die die Wahrheit innerlich und äußerlich hochhalten und ihr folgen, wohin sie sie auch führen mag. Sie sind die talmudischen Lehrer und die Geonim, die die Bräuche ihrer Vorgänger fortführen.

Die zehnte Klasse besteht aus denjenigen, die die Weisheit der Tora von den Propheten erhalten haben, mit all ihren Interpretationen und detaillierten Ergebnissen der grundlegenden Prinzipien. Es sind die Männer der Großen Versammlung und ihre Nachfolger [die Tanaim], die von ihnen die Überlieferungen, die in der Mischna genannten Autoritäten und die Beraithoth [zusätzliche Lehren und Ansichten, die nicht in die

Die Pflichten des Herzens   Kapitel Drei   Rabbeinu Bachya

Mischna aufgenommen wurden] erhalten haben, wie sie in der Ethik der Väter dargelegt sind: "Mosche empfing das Gesetz vom Sinai und übergab es Jehoschua; Jehoschua den Ältesten; die Ältesten den Propheten; die Propheten den Männern der Großen Versammlung; die Männer der Großen Versammlung Schimon dem Gerechten; Schimon der Gerechte dem Antigonos; Antigonos dem Josef, dem Sohn Joesers, und Josi, dem Sohn Jochanans, dem Jerusalemer; sie übergaben es Josua, dem Sohn Perachjas, und Nittai, dem Arbeliter; sie übergaben es Juda, dem Sohn Tabbais, und Schimon, dem Sohn Schetachs; sie übergaben es Schemaja und Avtalion; von ihnen ging es an Schammai und Hillel; von ihnen an Rabban Jochanan ben Zakai; von ihm an Rabbi Elieser, Rabbi Jehoschua, Rabbi Gamaliel, Rabbi Elazer ben Arach, Rabbi Yosef, den Priester: und Schimon, Sohn des Nathanel; von ihnen ging es auf Rabbi Akiba, Rabbi Elazar ben Asarja, Rabbi Tarfon, Rabbi Schimon ben Gamaliel über; von ihnen auf Rabbi Meir, Rabbi Juda, Rabbi Jossi, Rabbi Schimon [bar Jochai], Rabbi Juda der Fürst". Letzterer ist unser heiliger Lehrer, der die Dikta der Mischna sammelte, sie ordnete, in Kapitel einteilte und in einem Werk zusammenstellte. Diese Zusammenstellung ist das wesentliche Element der gesamten Tradition, auf die wir uns in unserer Tora stützen.

Die Anschauungen derer, die der Tora die Treue halten, lassen sich in zehn Klassen einteilen, die in ihrem Glauben und in ihrer Akzeptanz des Dienstes G-ttes unterschiedlich stark sind.

Von der niedrigsten Stufe sind diejenigen, die sich durch Torheit und die überwältigende Kraft böser Leidenschaften dazu verleiten lassen, die Tora abzulehnen, die sie für ähnlich den Gesetzen halten, durch die andere Völker geführt und die einfachen in Schach gehalten werden. Diese Haltung resultiert aus der mächtigen Macht, die die Sinneslust über ihren Verstand erlangt hat, und aus ihrer groben Natur; sie unterwerfen sich nicht dem Joch der Tora und lassen sich auch nicht durch die Schranken der Vernunft binden, weil sie sich nach ungehemmter Freiheit sehnen. Von solchen Menschen sagt der Weise: "Ein Narr hat keine Freude am Verstand, sondern nur daran, dass sein Herz sich selbst entdeckt [seinen Trieben folgt]" [Mischlei 18,2].

Zum zweiten Grad gehören diejenigen, die die Zeichen und Wunder, die von den Propheten offenbart wurden, wegen ihrer Bekanntheit nicht leugnen können, aber sie zweifeln an der Wahrhaftigkeit der Thora und äußern Ansichten, die denen der vorhergehenden Klasse nahekommen, nämlich dass G-tt seinen Geschöpfen nur einen Weg aufzeigen wollte, durch den sie ihren Zustand in dieser Welt verbessern würden, und deshalb den Propheten [Moses] veranlasste, sie mit Gesetzen zu leiten,

Die Pflichten des Herzens   Kapitel Drei   Rabbeinu Bachya

die sie brauchten, und ihm Zeichen und Wunder gewährte, damit sie auf seine Worte hören und seine Verordnungen annehmen sollten. Die Angehörigen dieser zweiten Klasse glauben nicht an Belohnung und Bestrafung.

Ich werde hier kurz die Antworten auf diese Ansichten in Form einer Widerlegung und alternativ auch in Form einer Zustimmung geben [um des Arguments willen].

Durch Widerlegung: Der Schöpfer ist zu erhaben, um den Lauf der Natur um eines Menschen willen zu ändern, der sich in Bezug auf Ihn der Unwahrheit bedient und in Seinem Namen Dinge ausspricht, die Er nicht gesagt hat, auch wenn dieser Mensch durch diese Unwahrheiten über G-tt die Menschen auf den rechten Weg führen will. Denn die Vision der Wahrheit, die dem Propheten offenbart wird, ist nicht wundersamer oder schwieriger zu begreifen als eine Veränderung in der Ordnung der Natur, die um des Propheten willen geschieht.

Durch Übereinstimmung [um des Arguments willen]: Wenn durch einen unwiderlegbaren Beweis eindeutig bewiesen würde, dass es so ist, wie diese Leute sagen [dass die Thora dem Propheten nicht offenbart wurde, sondern seine eigene Erfindung war], dann wäre es sogar dann richtig, ihm zu folgen, denn der erhabene Schöpfer würde die Ordnung der Natur nicht ändern und ein Wunder durch einen offenbaren, der den guten und richtigen Weg nicht kennt. Und wenn der erhabene Schöpfer einen erwählt hat, um uns den guten und richtigen Weg zu lehren und uns zu leiten, nachdem er wundersame Zeichen offenbart hat, dann ist er würdig genug, dass wir uns in unserem Verhalten und unserer Lebensweise auf ihn verlassen sollten. Da wir dies auch einem König oder Statthalter schulden, selbst wenn er nicht mit Weisheit ausgestattet ist, wie es heißt: "O, mein Sohn, fürchte den Ewigen und den König" [Mischlei 24,21], wie viel mehr ist dies unsere Pflicht gegenüber einem, durch den ein Wunder geschehen ist. Wir sind also unter beiden Gesichtspunkten verpflichtet, die Tora anzunehmen. Über die Menschen dieser Klasse sagt der Weise: "Ihr Einfältigen, versteht die Weisheit, und ihr Toren, seid verständigen Herzens" [Mischlei 8,5].

Zum dritten Grad gehören diejenigen, die von der Wahrhaftigkeit der Tora überzeugt sind, aber meinen, dass sie als eine Gunst G-ttes gegeben wurde, um Seine Geschöpfe zurechtzuweisen und sie ausschließlich in dieser Welt zu leiten, nicht aber um der Belohnung in der jenseitigen Welt willen. Sie begründen diese Ansicht damit, dass in den prophetischen Büchern häufig von Belohnung und Bestrafung im Diesseits die Rede ist, aber nicht von Vergeltung im Jenseits. Unser Lehrer Saadyah hat sich in seinem Kommentar zum Wochenabschnitt

Die Pflichten des Herzens Kapitel Drei Rabbeinu Bachya

Behukothai [Vayikra, Kapitel 26 und 27] mit diesem Thema befasst und die Nichtigkeit der von diesen Leuten vertretenen Ansichten klar dargelegt.

Die prophetischen Bücher enthalten klare Hinweise auf Belohnung und Bestrafung in der kommenden Welt. Die folgenden sind Beispiele: "Denn G-tt wird jedes Werk ins Gericht bringen, mit jedem verborgenen Ding, es sei gut oder böse" [Koheles 12,14]. "Und du wirst die Gottlosen zertreten; sie werden Asche unter deinen Füßen sein" [Maleachi 3,21]. "[Siehe, es kommt ein Tag, der brennt wie ein Ofen, und alle Gottlosen werden wie Stoppeln sein ...] dann werdet ihr umkehren und unterscheiden zwischen dem Gerechten und dem Gottlosen, zwischen dem, der G-tt dient, und dem, der ihm nicht dient." [Maleachi 3:18]. "Und sie werden hinausgehen und auf die Leichen der Menschen schauen, die sich an mir vergangen haben; denn ihr Wurm wird nicht sterben, und ihr Feuer wird nicht verlöschen, und sie werden ein ewiger Abscheu sein für alles Fleisch" [Jeschaja 66,24]. "Wie groß ist deine Güte, die du für die aufbewahrt hast, die dich fürchten, die du vor den Menschenkindern für die erwirkt hast, die auf dich vertrauen" [Tehilim 31,20]. "So spricht der Ewige der Heerscharen: Wenn ihr auf meinen Wegen wandelt.... ..... werde ich euch einen Platz geben, um unter denen zu wandeln, die stehen" [Zach 3,7]. "Kein Auge hat gesehen, o G-tt, außer Dir, was Er dem bereitet hat, der auf Ihn wartet" [Jeschaja 64,3]. "Und viele von denen, die im Staub der Erde schlafen, werden erwachen, die einen zum ewigen Leben, die anderen zu Schande und ewiger Verachtung" [Daniel 12,2]. "Deine Gerechtigkeit wird vor dir hergehen; die Herrlichkeit des Ewigen wird dein Lohn sein" [Jeschaja 58,8]. Und es gibt viele Stellen, die das Gleiche sagen, zu viele, um sie aufzuzählen.

Vom vierten Grad sind diejenigen, in deren Bewusstsein die Echtheit der Thora und die Wahrhaftigkeit von Lohn und Strafe in der kommenden Welt fest verankert sind. Aber ihre Veranlagung neigt sie dazu, die Welt und ihre Lüste zu lieben; und sie benutzen die Praktiken des Dienstes G-ttes als Fallen, um weltliche Vorteile zu erlangen. Sie nehmen die Tora äußerlich an, aber nicht innerlich, mit ihrer Zunge und nicht mit ihrem Herzen. Von solchen Menschen heißt es: "Mit dem Mund spricht man friedlich zu seinem Nächsten, aber in seinem Herzen lauert man ihm auf" [Yirmiya 9:7]. Und weiter: "Mit Mund und Lippen ehren sie mich, aber ihr Herz ist fern von mir" [Jeschaja 29,13].

Zum fünften Grad gehören diejenigen, die in allen Punkten, die wir in Bezug auf die Tora und die Wahrheit von Lohn und Strafe in der kommenden Welt erwähnt haben, überzeugt sind. Aber ihre Gesinnung neigt sie dazu, die Welt zu lieben; sie nehmen zwar die Tora an, aber ihre

Die Pflichten des Herzens   Kapitel Drei   Rabbeinu Bachya

Absicht ist es, durch ihre Annahme Belohnung von G-tt sowie Lob und Ehre von den Menschen zu erhalten. Dies ist einer der Zweige der Heuchelei, nämlich die verdeckte gemeinsame Anbetung [von G-tt und etwas anderem].

Vom sechsten Grad sind diejenigen, die in ihrer religiösen Praxis eine Belohnung vom Schöpfer allein in dieser Welt anstreben, weil sie sie lieben und weil sie ihre Freuden bevorzugen. Sie begreifen nicht den Lohn im Jenseits und seine Glückseligkeit.

Zum siebten Grad gehören diejenigen, die von all dem, was wir erwähnt haben, überzeugt sind. Aber ihr Motiv für den Dienst an G-tt ist die Erwartung einer Belohnung in dieser Welt und in der kommenden Welt. Sie haben keinerlei Vorstellung davon, dem Allmächtigen um Seiner selbst willen zu dienen, Ihn zu verherrlichen, zu ehren und zu erhöhen, wie es sich für die Anbetung Seiner allein gehört. Von ihnen haben unsere Weisen gesagt: "Seid nicht wie die Knechte, die dem Fürsten unter der Bedingung dienen, dass sie einen Lohn erhalten; sondern seid wie die Knechte, die dem Fürsten ohne die Bedingung dienen, dass sie einen Lohn erhalten; und lasst die Furcht des Himmels über euch sein" [Ethik der Väter: 1,3].

Zum achten Grad gehören diejenigen, die von all dem Gesagten überzeugt sind, aber den Dienst G-ttes aus Furcht vor Seiner Strafe im Diesseits und im Jenseits annehmen. Wir haben bereits darauf hingewiesen, wie verwerflich diese beiden Ansichten sind

Vom neunten Grad sind diejenigen, die an die Thora und an Belohnung und Bestrafung in beiden Welten glauben. Wenn sie G-tt dienen, wollen sie dies um Seines Namens willen und in einer Weise tun, die Ihm allein geziemt, aber sie sind nicht darauf bedacht, alles zu vermeiden, was diesem Dienst abträglich ist, und wenn ein Schaden entstanden ist, wissen sie nicht, woher der Ärger kam. Dies wird in dem Vers angedeutet: "Tote Fliegen lassen das Öl des Apothekers gären und verbreiten einen üblen Geruch; so wiegt eine kleine Torheit die größte Weisheit und Ehre auf" [Koheles 10:1]. Und weiter: "Ein Sünder zerstört viel Gutes" [ebd. 9,18].

Einer der Frommen sagte einmal zu seinen Jüngern: "Wenn ihr völlig frei von Sünden wärt, würde ich mir Sorgen um euch machen und etwas Schlimmeres als Sünden befürchten." Sie sagten zu ihm: "Was ist schlimmer als Sünden?" Er antwortete: "Hochmut und Stolz", wie die Schrift sagt: "Ein Greuel für den Ewigen ist jeder, der hochmütig ist" [Mischlei 16,5].

Der zehnte Grad, jene Menschen, denen die Wahrheit der Thora und alle Belohnungen und Strafen, die sie dafür in beiden Welten erleiden

Die Pflichten des Herzens   Kapitel Drei   Rabbeinu Bachya

werden, klar geworden sind, und die aus ihrer Vernachlässigung aufgewacht sind. Ihre Herzen haben gesehen, was sie ihrem Schöpfer als Gegenleistung für seine große Huld und seine liebevolle Güte ihnen gegenüber schuldig sind. Sie richten ihre Herzen nicht auf Lohn oder Strafe, sondern beeilen sich, den Dienst G-ttes um Seines Namens willen zu erfüllen, Ihn mit Sehnsucht und rückhaltloser Hingabe zu verherrlichen und zu erhöhen, weil sie Ihn kennen und Seine Sache erkennen.

Dies ist der höchste Grad, den die Männer der Tora erreichen können. Dies ist der Grad, der von den Propheten und Chasidim [Frommen] erreicht wurde, die sich G-tt widmeten, einen Bund mit Ihm schlossen, immer mit Ihm in Verbindung standen, Seine Herrschaft akzeptierten, Ihm sich selbst, ihre Kinder und ihren Besitz übergaben und fest an ihrem Glauben festhielten in allem, was sie unternahmen, sogar bis zur Hingabe ihres Lebens. Von ihnen sagt die Schrift: "Versammelt meine Heiligen zu mir, die einen Bund mit mir geschlossen haben durch Opfer" [Tehilim 50,5].

Dies ist die Form, in der die Tora zum Dienst an G-tt anregt, und dies sind die Grade jener Männer der Weisheit, die sich dem Studium der heiligen Bücher der Tora und den Vorzügen derer, die an sie glauben, widmen. Es ist möglich, dass es unter den Menschen, die die Tora verstehen, noch andere Grade gibt, als die, die wir dargelegt haben. Aber wir haben nur die Grade erwähnt, die bei der großen Mehrheit des Volkes zu finden sind. Denn wenn er in dieser Liste einen Grad findet, dem er nahe ist, wird er wissen, welches der nächsthöhere Grad ist, und danach streben, zu ihm aufzusteigen. Dann notiert er den Abstand zwischen dem Grad, den er erreicht hat, und dem höchsten der Grade und strebt danach, allmählich, einen Grad nach dem anderen, zu ihm aufzusteigen - er wird es leichter finden, den Aufstieg zu vollziehen.

Kapitel Fünf

Es ist nun an der Zeit, die Art und Weise zu erklären, in der der Intellekt uns zum Dienst an G-tt in Form von Fragen und Antworten drängt - diese Methode ist am besten geeignet, um das Thema, das wir untersuchen, klar darzustellen.

Wir werden behaupten, dass das Drängen des Intellekts bedeutet, dass G-tt einen Menschen durch seinen Intellekt an seine Pflicht erinnert, Ihn zu kennen und die Zeichen Seiner g-ttlichen Weisheit zu erkennen. Dieser Ruf G-ttes ergeht an denjenigen, der die Thora als das Licht seines Weges angenommen hat, der intellektuelle Reife und die Fähigkeit zur klaren

Die Pflichten des Herzens   Kapitel Drei   Rabbeinu Bachya

Wahrnehmung erlangt hat, der sich danach sehnt, die Gunst des Allmächtigen zu erlangen und sich zu den spirituellen Höhen der Heiligen zu erheben, und der sein Herz von weltlichen Sorgen und Ängsten abwendet.

Die Dinge, durch die der Mensch den intellektuellen Drang erfährt, sind folgende: Der Mensch soll erkennen, was der Schöpfer in den menschlichen Verstand eingepflanzt hat, nämlich: die Wahrheit zu schätzen und die Unwahrheit zu verabscheuen, die Gerechtigkeit zu wählen und die Ungerechtigkeit zu meiden, die Wohltäter mit guten Taten zu belohnen und ihnen gegenüber Dankbarkeit zu zeigen und die Bösen zu bestrafen und sie zu verurteilen. mit allen Menschen Frieden zu halten und ihnen gegenüber wohlwollend zu handeln, gute Taten mit dem daraus resultierenden Lob zu bewerten, gerechte Taten mit ihrer Belohnung, schlechte Taten mit ihrer Bestrafung, die Überlegenheit einer Belohnung über eine andere, die Strenge einer Strafe im Vergleich zu einer anderen und die Vergebung von Übertretern, wenn sie aufrichtig bereuen.

Wenn diese Begriffe in der Seele eines Menschen durch sein Denkvermögen und seine Wahrnehmungsfähigkeit klar verankert sind, wird sein Intellekt gesund und seine Wahrnehmung stark geworden sein. Und wenn G-tt ihn an den Weg Seiner Güte erinnert, wird dieser Mensch seinen Verstand und seine Seele erwecken, um G-ttes Güte an ihm zu schätzen, und seine Anerkennung wird stärker werden. Und wenn er versuchen wird, sie aufzuzählen und sie mit seinem Verstand zu erkennen, so wird er feststellen, dass er dazu nicht in der Lage ist, wegen ihrer Allgemeingültigkeit, ihrer Vielzahl, ihrer Kontinuität und ihrer Beständigkeit, wird er Forderungen an seine Seele stellen in Bezug auf seine Pflicht zur Dankbarkeit gegenüber den Wohltätern, wie sie ihm von seinem Verstand aufgezeigt wurde, und seine Pflicht, rechtschaffen zu handeln. Er wird sich dann entschließen, dem erhabenen G-tt für die Vielzahl der Wohltaten, die er von Ihm erhalten hat, zu danken.

Und wenn er mit seinem geistigen Auge wahrnimmt, dass er nicht die Fähigkeit hat, dies zu tun, denn der Schöpfer braucht ihn nicht, dann wird er die Verpflichtung fühlen, sich zu demütigen und sich seiner Niedrigkeit und Unbedeutsamkeit bewusst zu werden, und er wird dann auf seinen Verstand bestehen bezüglich dessen, was er zu tun hat, damit es ihm möglich ist, sich G-tt zu nähern und sich Ihm zu nähern, damit die Gemeinschaft mit Ihm als Ersatz für die G-tt geschuldete Gegenleistung dienen kann, und sein Verstand wird ihm in dieser Hinsicht auf den richtigen Weg helfen.

Er [der Verstand] wird zu seiner Seele [nefesh] sagen:

Die Pflichten des Herzens   Kapitel Drei   Rabbeinu Bachya

Ist es dir klar und fest in deinem Geist verankert, dass du deinem Schöpfer wegen Seiner Güte verpflichtet bist und Ihm gehörst wegen der Vielzahl Seiner Güte und Seiner großen Wohltaten?

Die Seele [nefesh]: Ja.

Der Verstand: Ist es deine Absicht, einen Teil dessen zurückzuzahlen, was du dem Schöpfer schuldest?

Die Seele: Ja.

Das Verstehen: Wie ist das möglich, wenn deine Sehnsucht danach so schwach ist? Nur ein Mensch, der sich nach Gesundheit sehnt, wird die Bitterkeit einer Medizin ertragen; aber jemand, der sich nicht nach Gesundheit sehnt, wird die Strenge der Behandlung nicht ertragen.

Die Seele: Meine Sehnsucht ist stark und mein Schmerz ist groß, um so viel wie möglich von dem zurückzuzahlen, was ich meinem G-tt schulde; deshalb ermahne mich weiterhin.

Der Verstand: Wenn du in dem, was du sagst, die Wahrheit sagst, kann die Behandlung in deinem Fall möglicherweise erfolgreich sein. Aber wenn es nicht die Wahrheit ist, warum solltest du dich selbst betrügen? Denn ein kranker Mensch, der seinen Arzt belügt, betrügt nur sich selbst, verschwendet die Bemühungen des Arztes und verschlimmert seine Krankheit.

Die Seele: Und wie lässt sich feststellen, ob meine Sehnsucht stark oder schwach ist?

Die Einsicht: Wenn deine Sehnsucht aus der klaren Erkenntnis entspringt, wie groß deine Schuld gegenüber G-tt ist, wie wenig es in deiner Macht steht, sie zu erfüllen, und dass deine Vernachlässigung dieser Schuld dein Untergang ist, während dein Streben, sie zu erfüllen, deine Rettung und dein Leben ist - dann ist deine Sehnsucht echt und dein Verlangen dringend; wenn nicht, ist es falsch.

Die Seele: Mein Verlangen war nie anders als lasch, und mein Verlangen war immer falsch, von der Zeit an, als meine einzigen Anreize [zum Dienst G-ttes] die Aufzeichnungen früherer Zeitalter waren, die vergangen sind, bis zu der Zeit, als die Wahrheit dessen, was du gesagt hast, mir rational klar geworden ist, zuerst durch die Ermahnung der Tora und später durch rationale Demonstration, so dass mein Verlangen jetzt echt ist und mein Verlangen klar ist.

Die Einsicht: Wenn das, was du sagst, wahr ist, dann bereite dich darauf vor, die Schmerzen der Behandlung zu ertragen und den bitteren Geschmack der Medizin und ihre Unannehmlichkeiten zu ertragen, nachdem du zuerst die schlechte Ernährung, an die du gewöhnt warst, aufgegeben hast.

Die Seele: Was ist die schlechte Ernährung, an die ich gewöhnt war?

Die Pflichten des Herzens Kapitel Drei Rabbeinu Bachya

Der Verstand: Es ist die schlechte Veranlagung [Charakterzug], die dich von Anfang an beherrscht hat, und die Kräfte, die sie aufrechterhalten haben, von den ersten Jahren deines Wachstums an.

Die Seele: Was für eine Veranlagung ist das, und welche Kräfte halten sie aufrecht?

Der Verstand: Die verwerflichen Veranlagungen in dir sind viele. Aber die Wurzel und der Stamm, aus denen sie entspringen, sind zwei. Die eine ist die Liebe zu körperlichen Vergnügungen - Essen, Trinken, eheliche Beziehungen und andere körperliche Bedürfnisse. Diese Veranlagung habt ihr von eurem schlechten Nachbarn, dem Körper, übernommen.

Die zweite Veranlagung ist die Liebe zur Herrschaft und Überlegenheit - Stolz, Hochmut, Eifersucht. Das führt dazu, dass du dich nicht zu deinem Wohltäter zurückbegeben willst. Diese Veranlagung habt ihr von euren Gefährten erworben, unter denen ihr aufgewachsen seid, nämlich von euren Geschwistern und [anderen] Verwandten.

Die Seele: Welches sind die Kräfte, die ich von mir fernhalten muss?

Der Verstand: Die Kräfte, die die erste üble Veranlagung aufrechterhalten, sind Überfluss beim Essen, Trinken, bei der Kleidung, beim Schlafen, beim Ausruhen, bei der Entspannung und bei anderen ähnlichen Dingen. Die Kräfte, die die letztgenannte schlechte Veranlagung aufrechterhalten, sind Überfluss im Reden, übermäßige Geselligkeit, das Streben nach Anerkennung [der Menschen], die Liebe zu Lob und Ehre, der Neid auf andere wegen ihres materiellen Besitzes, auch wenn das, was sie besitzen, nur aus dem Nötigsten besteht; Verachtung, das Hervorheben der Fehler anderer und so weiter. Wenn es stimmt, was du über dein starkes Verlangen und deine Sehnsucht gesagt hast, dich für die Wohltaten, die G-tt dir geschenkt hat, zu revanchieren, dann halte mit aller Kraft die Kräfte und Neigungen von dir fern, die ich dir genannt habe, und ich werde dich dann zum ersten Tor führen, das zur Genesung führt.

Die Seele: Es würde mir sehr schwer fallen, diesen Fehlern zu entsagen, weil ich schon so lange an sie gewöhnt bin; sei daher so freundlich, mir zu zeigen, wie ich es leichter tun kann.

Die Vernunft: Du weißt doch sicher, dass ein vernünftiger Mensch dem Abtrennen eines Stücks Fleisch oder dem Verlust eines seiner Glieder zustimmt, wenn es von einer Krankheit befallen ist, von der er befürchtet, dass sie sich ausbreitet und die übrigen Glieder befällt, sobald er den Unterschied zwischen den beiden Zuständen bedenkt und die Ungleichheit der beiden Übel erkennt. Wenn du also wünschst, dass dir die Trennung, die so schwer ist, leicht erscheint, dann konzentriere

Die Pflichten des Herzens   Kapitel Drei   Rabbeinu Bachya

deinen Verstand und wäge ab zwischen dem Guten, das du aus der Trennung ziehst, und dem Bösen, das dir widerfährt, wenn du dich weiterhin mit ihr verbindest; dann wird dir die Trennung von deiner verwerflichen Veranlagung, die so schwer erscheint, leicht fallen.

Die Seele: Was ist das Gute, das mir die Trennung von ihr bringt, und was ist das Böse, das mir widerfährt, wenn ich sie beibehalte?

Die Einsicht: Das Gute wird darin bestehen, dass du geistig zur Ruhe kommst und von der Finsternis dieser düsteren Welt befreit wirst, deren Freuden mit Kummer vermischt sind, während ihre Lüste bald aufhören; auch, dass deine gestärkte Wahrnehmungsfähigkeit dich schließlich dazu führen wird, dein Schicksal am Ort deiner Ruhe [dem Leben im Jenseits] zu erkennen, und dass du dich deshalb damit beschäftigen und dich darum kümmern solltest. Dies ist eine der Pforten, von denen dein Heil und dein Leben abhängen.

Das Übel [das sich daraus ergibt, dass du deinen schlechten Neigungen nicht abschwörst] ist die Wiederkehr deiner Angst, die Vervielfachung deines Kummers, die Fortdauer deiner Trauer über die Nichterfüllung deiner Wünsche in dieser Welt, die, wenn sie erfüllt würden, dir nur etwas bringen würden, das eitel ist, ohne Dauer und Bestand, und das zweifellos auf jemand anderen übergehen wird; so dass dir nichts von dieser Welt bleiben wird, noch wirst du die jenseitige Welt sichern; und, was noch offensichtlicher ist, du wirst deine Wünsche nicht erfüllen, wie lange du auch nach ihnen strebst.

Die Seele: Ich verstehe, was du gesagt hast. Ich hoffe, dass mir die Trennung, die früher so schwer war, jetzt leichter fallen wird. Fahre nun fort, mich zum zweiten Teil der Heilmethoden zu führen, der mich lehren wird, was ich über den Dienst G-ttes zu lernen wünsche.

Das Verstehen: Das herrschende Prinzip und die Summe der Angelegenheit ist, dass du gegenüber dem, der über dir ist, all jene Verpflichtungen übernimmst, von denen du wünschen würdest, dass sie von einem, der unter dir ist, dir gegenüber übernommen werden - vorausgesetzt, dass die Beziehungen in beiden Fällen gleich sind. Was dir im Verhalten des Letzteren gut erscheint und was dir als böse missfällt, das tue und unterlasse gegenüber dem Ersteren.

Die Seele: Sei deutlicher.

Der Verstand: Denke an die von G-tt verliehenen Wohltaten, die du mit anderen teilst, und an die Wohltaten, mit denen du besonders begünstigt bist. Dann stelle dir vor, dass du deinem Sklaven, den du durch Kauf erworben hast, ähnliche Gunst gewährt hast; und die Art seines Verhaltens dir gegenüber, die dir angenehm wäre, musst du deinem Schöpfer zeigen, und was dir von seiner Seite aus böse erscheint, musst

Die Pflichten des Herzens   Kapitel Drei   Rabbeinu Bachya

du auch deinem Schöpfer gegenüber als böse betrachten.

Die Seele: Ich habe im Allgemeinen verstanden, was du gerade gesagt hast. Aber bitte erkläre mir das alles im Detail.

Der Verstand: Die Pflichten eines jeden Dieners gegenüber seinem Herrn, der ihm auch nur einen winzigen Teil der Wohltaten geschenkt hat, die dein Schöpfer dir geschenkt hat, bestehen darin, den Herrn in Wort und Tat zu ehren, ihm treu zu sein, sich in den Angelegenheiten seines Herrn zu engagieren, offen und innerlich, und Ehrfurcht und Furcht zu zeigen, wenn er in seiner Gegenwart steht. Wie ein frommer Mann sagte: "Rebelliere nicht gegen deinen Fürsten, wenn er dich beobachtet."

Zu diesen Pflichten gehört auch, dass er seinem Fürsten gegenüber demütig und unterwürfig sein soll, sowohl in seinem sichtbaren Verhalten als auch in seinen geheimsten Gedanken; dass er sich in seiner Kleidung und seinen Gewohnheiten demütig vor ihm verhalten soll.

dass er ihn in seinem Reden und Denken ehren und preisen soll, dass er ihn bei Tag und bei Nacht loben und preisen soll, dass er seine guten Taten privat und öffentlich in Erinnerung rufen soll, dass er seine Lobpreisungen so erzählen soll, wie es ihm gebührt; aus Liebe seinen Dienst freudig und gutherzig verrichten, damit er Gunst in den Augen seines Fürsten findet; sich bemühen, sich in seinem Verhalten dem Willen seines Fürsten zu nähern; seinen Fürsten stets bitten, ihm zu gefallen und ihm zu verzeihen; ihn lieben; sich fürchten, dass er bei der Erfüllung seiner Befehle zu kurz kommt;

Dass er das Gebot des Fürsten beherzigt, sich von dem fernhält, wovor der Fürst ihn gewarnt hat, dass er an die vielen Ungerechtigkeiten denkt, die er in der Vergangenheit begangen hat, dass er die Wohltaten, die er erhalten hat, aufgrund ihrer großen Zahl und Bedeutung schätzt und den Wert dessen, was er getan hat, im Vergleich zu dem, was er hätte tun sollen, herabsetzt; dass er seine Bemühungen als unbedeutend ansieht, verglichen mit dem, was ihm zusteht.

Er sollte seine eigene Unbedeutendheit im Vergleich zur Größe seines Fürsten anerkennen. Er sollte sich häufig vor ihm verbeugen, in tiefer Demut und Niedrigkeit. Er sollte seinem Herrn für all seine Bedürfnisse vertrauen und mit der Position zufrieden sein, die ihm sein Fürst zuweist. Wenn der Fürst ihn vollständig versorgt, sollte er ihm danken und ihn loben. Wenn der Fürst ihn hungrig zurücklässt, sollte er seinen Zustand geduldig akzeptieren und ertragen. Er sollte den Fürsten niemals der Ungerechtigkeit in seinem Urteil über ihn verdächtigen, noch sollte er ihm Perversität in seiner Entscheidung vorwerfen. Er soll sich mit dem begnügen, was der Fürst ihm zukommen lässt, und den Fürst

Die Pflichten des Herzens   _{Kapitel Drei}   Rabbeinu Bachya

rechtfertigen, wenn er ihn bestraft hat.
Was sonst noch von ihm zu erwarten ist: dass er in jeder Bewegung seiner Glieder und in allen seinen Zügen den Beweis für seine Knechtschaft und den Besitz seines Fürsten erbringt.
Er soll nur an die Erinnerung an seinen Fürsten denken.
Schaue nirgendwo anders hin als auf die Wege des Fürsten.
Er sollte nur auf die Worte seines Herrn hören, nur das essen, was sein Fürst für ihn bereitstellt, nur an die Größe seines Herrn denken, keinen anderen Dienst leisten, als seinem Herrn zu gefallen.
Freue dich nur daran, seinem Herrn zu dienen.
Suche nur den Willen seines Herrn.
Eile nur auf den Wegen seines Fürsten, enthalte dich nur dessen, was gegen den Willen des Fürsten sein könnte.
Bleibe nirgendwo anders als im Haus seines Fürsten, bleibe immer ihm allein treu.
Lies nur seine Bücher, trage nur das Gewand der Verehrung für seinen Fürsten.
Schlafe nur auf der Couch der Liebe zu ihm, behalte immer das Bild des Fürsten in deinem Kopf.
Erwache mit der Süße, an ihn zu denken.
Kein Vergnügen finden, außer bei ihm zu sein, vor nichts fliehen, außer wenn er ihm ungehorsam ist, niemals trauern, außer wenn sein Fürst zornig ist, keine Furcht empfinden, außer der Furcht vor seinem Fürsten, auf nichts anderes hoffen als auf die Güte seines Fürsten, niemals zornig sein, außer über das, wozu ihn sein Fürst zwingt, so zu sein. Er ist nur mit dem zufrieden, der den Willen seines Herrn tut; er nimmt nichts, außer mit der Erlaubnis seines Herrn; er gibt nur dem, dem sein Herr befiehlt, ihm zu geben.
Und so verhält es sich mit allen seinen Bewegungen. Er wird keinen Fuß bewegen und kein Auge zudrücken, außer um den Willen seines Fürsten zu erfüllen.
Die schlechten Gewohnheiten eines Dieners sind das Gegenteil von denen, die in den Augen seines Herrn gut sind. Wenn diese guten Gewohnheiten umgedreht werden, sind sie leicht zu erkennen.
Ich habe für dich eine ausreichende Anzahl von Beispielen zusammengestellt, um dir die übrigen Pflichten und ihre Gegensätze zu zeigen. Und da das Verhalten von Dienern, die von ihren Fürsten als gut angesehen werden, so ist, wie wir es beschrieben haben, und ihr wisst, wie unbedeutend die Güte von Fürsten zu ihren Dienern ist, wie viel mehr in verdoppeltem Maße zu dem, was wir erwähnt haben, schuldet ihr dem gesegneten G-tt einen Dienst als Gegenleistung für die Vielzahl von

Die Pflichten des Herzens   Kapitel Drei   **Rabbeinu Bachya**

Wohltaten, die Er euch gewährt hat.

Kapitel Sechs

Die Seele: Ich habe verstanden, was du gesagt hast, und deine Erklärung ist ausreichend. Nun erkläre mir die verschiedenen Aspekte der Wohltaten, für die ich verpflichtet bin, dem gesegneten G-tt verstärkt zu dienen.

Die Verständigung: Die dem Menschen auferlegte Verpflichtung zu erhöhtem Dienst variiert je nach den allgemeinen und besonderen Vorteilen, die ihm zuteil werden. Diese Wohltaten lassen sich in vier Bereiche einteilen.

Die erste ist die universelle Güte G-ttes, die die ganze Menschheit umfaßt, indem er die menschlichen Geschöpfe ins Dasein gerufen hat, als sie vorher nichts waren; indem er sie am Leben erhält und ihnen die Wohltaten schenkt, die wir in der zweiten Abhandlung dieses Werkes angeführt haben. Dementsprechend sind sie dem gesegneten Schöpfer zu einem allgemeinen Dienst verpflichtet. Diese besteht im Gehorsam gegenüber allen vernünftigen Gesetzen, die von Adam, Henoch, Noah und seinen Söhnen, Hiob und seinen Gefährten bis zu den Tagen unseres Lehrers Moses, Friede sei mit ihm, eingehalten wurden. Wenn jemand all diese Gesetze um des Dienstes G-ttes willen befolgt, wird der Allmächtige ihm Gunst erweisen, die über die der anderen Menschen hinausgeht, und ihm einen höheren Grad in dieser Existenz und eine große Belohnung in der kommenden Welt geben, wie es bei Abraham der Fall war, zu dem G-tt sagte: "Fürchte dich nicht, Abraham; ich bin dein Schild; dein Lohn ist übergroß" [Bereischis 15:1]. Wer sich aber gegen G-tt auflehnt, trotz Seiner Wohltat, wird von der Stufe der vernünftigen Wesen und ihrer Vorzüge herabfallen, auf den niedrigen Stand der irrationalen Geschöpfe sinken und das Schicksal der Tiere der Erde teilen, wie es heißt: "Und die Feinde des Ewigen werden sein wie fette Lämmer [sie werden verzehrt werden, in Rauch aufgehen]" [Tehilim 37:20]. Und im Jenseits werden sie zu einem Übel verurteilt, von dem es kein größeres gibt, wie es heißt: "Was euren Geist betrifft - Feuer wird euch verzehren" [Jeschaja 33:11].

Die zweite Unterteilung besteht in der besonderen Güte G-ttes gegenüber einem Volk unter den Völkern, einer Nation unter den Nationen, wie zum Beispiel die Gunst, die Er den Kindern Israels erwies, als Er sie aus Ägypten herausführte und in das Land Kanaan brachte. Auf diese Weise hat er sie zu einem Dienst verpflichtet, der über den bereits erwähnten allgemeinen Dienst hinausgeht. Dieser besteht im Gehorsam gegenüber

Die Pflichten des Herzens   Kapitel Drei   Rabbeinu Bachya

den maßgeblichen Geboten [g-ttliche Vorschriften, die Mose erhalten hat, deren Grund nicht klar ist], nachdem Er sie ermahnt und sie zu den vernünftigen moralischen Pflichten [die die Vernunft ableiten kann, wie z. B. Ehre deine Mutter und deinen Vater, stiehl nicht usw.] ermutigt hat. Wer den Dienst zur Ehre G-ttes übernahm, wurde vom Allmächtigen mit besonderen Gaben begünstigt, für die er neben dem Dienst, der von seiner Nation und dem Rest seines Stammes geschuldet wurde, zu einem zusätzlichen Dienst verpflichtet war, wie Moses sagte: "Wer ist auf der Seite des Ewigen? Der soll zu mir kommen. Und alle Nachkommen Levis versammelten sich zu ihm" [Schemot 32:26]. G-tt erwies ihnen zusätzliche Gunst und wählte dann aus ihrer Mitte Aaron und seine Söhne aus, um seiner Herrlichkeit zu dienen. Er beauftragte die Leviten mit besonderen Geboten, zusätzlich zu denen, die er dem Rest des Volkes gab, und versprach ihnen eine große Belohnung im Jenseits. Wer aber von ihnen sich gegen den erhabenen Schöpfer auflehnt, wird von diesen beiden Stufen der Vortrefflichkeit herabfallen und in beiden Welten bestraft werden; wie der Weise sagt: "Dem Gottlosen aber wird es nicht wohl ergehen, und er wird seine Tage nicht verlängern" [Kohelet 8,13].

Die dritte Unterteilung ist die besondere Güte G-ttes gegenüber einer bestimmten Familie unter den Familien der Völker, wie die Einsetzung des Priestertums und der Leviten, wie auch die Nachfolge der Herrschaft, die dem Hause Davids übertragen wurde. Im Gegenzug übertrug Er ihnen zusätzliche Pflichten, von denen die den Priestern und Leviten zugewiesenen im Buch des Gesetzes G-ttes, dem Pentateuch, bekannt und klar dargelegt sind. Das spezifische Gesetz, das für das Haus David gilt, wird so dargelegt: "O Haus David, so spricht der Ewige, vollstrecke das Recht am Morgen und befreie den, der geraubt ist, aus der Hand des Unterdrückers" [Jeremia 21,12]. Wer diese Pflichten vollständig erfüllt, weil er es liebt, G-tt zu gefallen, wird vom Allmächtigen zu seinem Glück hier und zu einer großen Belohnung im Jenseits auserwählt. Er wird ein angesehener Adliger oder ein Lehrer der Gerechtigkeit sein, wie es in der Schrift über Pinchas heißt: "Da stand Pinchas auf und vollstreckte das Gericht, und die Plage wurde aufgehalten. Und das wurde ihm als Gerechtigkeit angerechnet für alle Geschlechter bis in Ewigkeit" [Ps. 106:30-31]. Und weiter: "Aber die Priester, die Leviten, die Söhne Zadoks, die mein Heiligtum hüteten, ... [sie sollen zu mir kommen, um mir zu dienen]" [Hesek. 44:15]. Aber wer von ihnen sich gegen G-tt auflehnt, fällt in dieser Welt aus den höchsten Graden und wird in der kommenden Welt schweres Leid erleiden, wie man aus dem Geschehen um Korach und seine Begleiter weiß.

Die vierte Unterteilung ist die Güte G-ttes gegenüber einem Individuum,

Die Pflichten des Herzens   Kapitel Drei   Rabbeinu Bachya

durch die es aus dem Rest seiner Familie und seines Volkes und anderen vernunftbegabten Wesen herausgehoben wurde, wie zum Beispiel jemand, der dazu auserwählt wurde, entweder ein angesehener Prophet zu sein, ein Führer, der dazu bestimmt ist, eine Nation zu regieren, oder ein Weiser, dessen Geist G-tt erweckt und mit Weisheit, Verständnis, Rat und ähnlichen Qualitäten ausgestattet hat. Für jede dieser Gaben ist er zu einem zusätzlichen Dienst an G-tt verpflichtet. Wer ihm diesen Dienst in vollem Maße leistet, dem werden diese Gaben - allgemeine und besondere - in dieser Welt erhalten bleiben, und G-tt wird seine Macht über sie und sein Verständnis für sie vermehren, wie es heißt: "Der Ewige hat David in Wahrheit geschworen - er wird nicht davon abweichen -, von der Frucht deines Leibes will ich dich auf den Thron setzen. Wenn deine Kinder meinen Bund und mein Zeugnis, das ich sie lehren werde, bewahren, werden auch ihre Kinder für immer auf deinem Thron sitzen" [Ps. 132:11-12]. Die Belohnung in der jenseitigen Welt wird im folgenden Vers angedeutet: "wenn ich nicht geglaubt hätte, die Güte des Ewigen im Land der Lebenden zu sehen" [Ps 27,13].

Wer sich aber gegen G-tt auflehnt, trotz der Wohltat, die G-tt ihm besonders erwiesen hat, der wird von allen diesen Graden herabfallen, und der Schöpfer wird ihn in dieser Welt strenger zur Rechenschaft ziehen, wie es heißt: "... das ist es, was der Ewige geredet hat, indem er sprach: Ich will geheiligt werden an denen, die zu mir kommen, und ich will vor allem Volk verherrlicht werden. Und Aaron schwieg" [3. Mose 10,3]; und weiter: "Von allen Geschlechtern der Erde habe ich nur dich erkannt; darum will ich dich für alle deine Missetaten strafen" [Amos 3,2]. Seine Strafe in der nächsten Welt wird noch härter sein, wie es heißt: "Denn Tophet [Gehinom] ist von alters her bestimmt; ja, für den König ist es bereitet; er hat es tief und groß gemacht. Er macht es groß mit Feuer und Holz. Der Odem G-ttes zündet es an, wie ein Schwefelstrom" [Jesaja 30,33].

Gemäß den oben genannten vier Abteilungen sind die Menschen verpflichtet, G-tt zu dienen. Wann immer G-tt seine Wohltaten für ein Individuum erhöht, ist dieses Individuum verpflichtet, einen zusätzlichen Dienst dafür zu leisten. Dies wird durch die folgenden Beispiele veranschaulicht. Es ist eine Pflicht, den Zehnten zu geben, so wie es geschrieben steht: "Du sollst den Zehnten geben von allem, was du gesät hast, von Jahr zu Jahr" [Dtn 14,22]. Jemand, dem G-tt hundert Kur gegeben hat, ist verpflichtet, zehn Kur zu geben; jemand, dem G-tt nur zehn Kur gegeben hat, muss einen Kur geben. Wenn der erste neuneinhalb Kur abgibt und der zweite eine Kur, wird der erste bestraft, während der zweite eine Belohnung erhält.

Die Pflichten des Herzens   Kapitel Drei   Rabbeinu Bachya

Wenn ein Mann keinen Sohn hat, ist er auch nicht verpflichtet, seinen Sohn zu beschneiden und ihn in der Tora zu unterrichten. Wenn ein Mensch gelähmt ist, ist die Pflicht, zu den drei Festen nach Jerusalem zu gehen, für ihn nicht verpflichtend. Wenn ein Mensch krank ist, sind die Gebote, die er nicht erfüllen kann, für ihn nicht verbindlich. Analog dazu ist ein Mensch, der vom Schöpfer für eine besondere Wohltat auserwählt wurde, zu einem erhöhten Dienst an ihm verpflichtet.

Daher waren die Heiligen in alten Zeiten, wenn ihnen ein Glück widerfuhr, in zweierlei Hinsicht besorgt: Erstens, dass sie nicht in der vollständigen Erfüllung des Dienstes und der Dankbarkeit, die sie für dieses Glück schuldeten, zurückbleiben und dass es sich nicht in ein Übel für sie verwandelt, wie unser Vorfahr Jakob sagte: "Ich habe von all der Barmherzigkeit und Wahrheit, die du deinem Knecht erwiesen hast, abgelassen" [Gen. 32:11]; zweitens, dass es nicht der Lohn des Schöpfers für ihren Dienst sein sollte und damit ihr Lohn in der kommenden Welt geschmälert würde, wie die Alten den Text erklärten: "Und vergilt denen, die ihn hassen, ins Angesicht, dass er sie [im Jenseits] vernichtet" [Dtn 7:10]. Das soll zu diesem Thema genügen.

Die Seele: Ich habe alles verstanden was du erwähnt hast. Aber ich fühle mich nicht in der Lage, dem Schöpfer für seine Wohltaten mit Gegenleistungen zu danken, nicht einmal für die, die alle Menschen genießen, und noch viel weniger für die, mit denen er mich besonders begünstigt hat. Und wenn es mein Wunsch und meine Sehnsucht ist, den Dienst zu erfüllen, den ich für sie zu leisten verpflichtet bin, kommt mir, noch bevor ich den Entschluss gefasst habe, die Hoffnung auf eine zukünftige Belohnung in den Sinn.

Und so ist es auch mit meiner Dankbarkeit gegenüber G-tt; wenn ich Ihm danke, danke ich Ihm in Worten für Seine große Güte an mir, aber mein Gedanke und meine Absicht ist der Wunsch, dass die Belohnung fortgesetzt und vergrößert werden möge. Ich bin nicht wie derjenige, der auf jede Erwartung einer Vermehrung der Belohnung oder ihres Fortbestehens verzichtet hat. Und wenn ich mich in meinem Dienst und meiner Dankbarkeit gegenüber G-tt auf diese Weise verhalte, mit so wenig klarer Absicht, meine Verpflichtungen für Seine universelle Güte zu erfüllen, wie werde ich dann jemals in der Lage sein, den Rest des Dienstes zu erfüllen, den ich Ihm für die Wohltaten schulde, mit denen Er mich besonders begünstigt hat? Deshalb ist es notwendig, dass du mir das Minimum an Dienst beibringst, das ich für diese Gunst erweisen muss, damit ich ihres Fortbestehens würdig sein kann.

Die Einsicht: Deine Klage über deine dürftige Hingabe im Dienste G-ttes und deine Undankbarkeit Ihm gegenüber und dass die Worte deines

Die Pflichten des Herzens   Kapitel Drei   Rabbeinu Bachya

Mundes die eines Dankbaren sind, während deine Absicht die eines Bittenden ist und der Wunsch in deinem Herzen nach einer Vermehrung der Gaben und ihrem Fortbestand besteht - all dies ist auf drei Veranlagungen zurückzuführen:

Die erste ist deine übermäßige Selbstliebe und dein Wunsch, dir selbst angenehme Dinge zu schenken. Du bewegst dich keinen Schritt zum Dienst des Allmächtigen oder zu irgendeinem anderen Zweck ohne das Motiv, Vergnügungen zu genießen. Ich habe dir schon zu Beginn meiner Behandlung empfohlen, dich mit aller Kraft zu bemühen, diese üble Veranlagung von dir fernzuhalten, und dann darf ich das Beste für dich hoffen.

Das zweite ist, daß du die Güte des Schöpfers dir gegenüber nicht erkennst und dir einbildest, daß du Seine Gnade nur durch dein Flehen erlangen kannst, während G-tt in dem, was du weißt, und in dem, was du nicht weißt, gut zu dir gewesen ist, und wenn du Ihn anflehst, bedenkst du nicht, wer das alles von Anfang an für dich getan hat. Würdest du diese Vorstellung von dir ablegen, wäre dein Dienst ganz und gar hingebungsvoll, dein Dank an Ihn würde deine inneren Gefühle ausdrücken, und deine Hoffnungen an Ihn [auf Wohltaten] wären dann würdiger und berechtigter.

Der dritte Grund ist, dass du weder dich selbst kennst noch weißt, wie du dich verhalten sollst. Du glaubst, dass du die größten Wohltaten verdienst, und du hörst nicht auf, G-tt um sie zu bitten. Und wenn du etwas davon erhältst, sehnt sich dein Geist nach etwas Höherem. Du erkennst jedoch nicht, dass der erhabene Schöpfer den größten Dienst deinerseits verdient. Wenn ihr einen Dienst erbringt, betrachtet ihr ihn als einen Gefallen, den ihr Ihm erweist, obwohl ihr wisst, dass ihr in all euren Bedürfnissen von Ihm abhängig seid und dass Er euch nicht braucht.

Wenn du diese verblendende Torheit aufdecken [beseitigen] würdest, die Sache mit offenen Augen studieren und erkennen würdest, dass der Schöpfer, der dich erschaffen hat, besser als du an dich denkt und weiß, was gut für dich ist und was nicht, dann würdest du mit allen Wohltaten, die er dir gewährt, zufrieden sein und ihm dafür von ganzem Herzen danken. Dann würdest du deine Hoffnung nicht auf dem ruhen lassen, was dich beunruhigt und dich davon abhält, die Wohltaten, die du erhalten hast, anzuerkennen und die Verpflichtungen zu erfüllen, die du G-tt dafür schuldest.

Und es ist unmöglich, dass du das, wozu du fähig bist, nicht erlangst, wenn es dir aufgrund deines Dienstes zusteht, und nicht nur, weil du es dir erhoffst und deinen Geist darauf ausrichtest.

Die Pflichten des Herzens   Kapitel Drei   Rabbeinu Bachya

Kapitel Sieben

In Bezug auf deine Frage, was das Minimum an Dienst für G-tt ist, unter dem eine Person ihre Pflicht nicht erfüllen würde und das für das Fortbestehen der g-ttlichen Gnade erforderlich ist, gibt es zehn Dinge, wie folgt:

[1] Man sollte die g-ttliche Gnade [G-tt's Gunst] nicht als ein Mittel benutzen, um gegen G-tt zu rebellieren.

[2] Man sollte G-tt's Gunst immer verbal verkünden und Ihm auch reichlich danken und Ihn in seinem Herzen dafür preisen, in Harmonie mit seinen Äußerungen.

[3] Die Großzügigkeit sollte ihm nicht unbedeutend und klein erscheinen.

[4] Er sollte sie niemandem außer G-tt zuschreiben; und wenn sie durch einen Vermittler kommt, sollte er nicht dem Vermittler danken und es versäumen, dem Schöpfer dafür zu danken.

[5] Er sollte sich nicht damit brüsten und nicht denken, dass er es durch seine eigene Kraft und Weisheit oder durch das, was ihm angemessen ist, erlangt hat.

[6] Es sollte ihm nicht in den Sinn kommen, dass er ihren Bestand durch sein Bemühen sichern kann und sie verlieren wird, wenn er die Anstrengung vernachlässigt.

[7] Er sollte nicht denjenigen verachten, dem die Gabe fehlt, und sich selbst als besser vor G-tt ansehen als diese Person, denn es kann sein, dass G-tt ihn prüft, um das Böse, das in seiner Natur verborgen ist, zu entlarven, so dass sein Glück ihn tatsächlich in die Irre führt, während jeder, dem dieses Glück fehlt, besser vor G-tt ist als er.

[8] Sein Herz sollte in Hingabe und Demut ganz bei G-tt sein, und wenn er in seinem Dienst nicht aktiver ist, als er es früher war, und seine Dankbarkeit nicht vergrößert, sollte er zumindest seinen Standard beibehalten. In seinem Dienst sollte er sich bemühen, sein Herz auf G-tt zu richten, und Wohlstand sollte ihn nicht dazu veranlassen, seine früheren [frommen] Praktiken zu vermindern, noch sollte er ihn in dem Bemühen stören, seine Hingabe an G-tt zu erhöhen.

[9] Seine Aufmerksamkeit sollte immer auf denjenigen gerichtet sein, der im materiellen Wohlstand unter ihm steht, nicht auf denjenigen, der in dieser Hinsicht über ihm ist. Ebenso sollte sein Blick immer auf einen gerichtet sein, der im Dienste G-ttes eifriger ist als er, damit er sich bemüht, auf den Grad des letzteren aufzusteigen; und nicht auf einen, der weniger eifrig ist, damit er nicht stolz auf seine Frömmigkeit und nachlässig in seinen Pflichten wird.

Die Pflichten des Herzens   Kapitel Drei   Rabbeinu Bachya

[10] Die lange Zeit, in der der Schöpfer seine Sünden übersieht und seinen Zorn zurückhält, soll ihn nicht dazu verleiten, zu glauben, er sei vor dem g-ttlichen Zorn sicher und könne sich deshalb gegen den Allmächtigen auflehnen.

Denn Einzelne, von denen uns Berichte aus alten Zeiten erreicht haben, wie auch einige unter unseren Zeitgenossen, die von G-tt mit verschiedenen Wohltaten begünstigt wurden und vom Dienst G-ttes abwichen und sich gegen Ihn auflehnten, stolperten nur wegen der irrigen Ansichten, die ich euch gegenüber erwähnt habe. Dies ist auch in den Büchern der Propheten jeder Generation klar dargelegt. All diese Fehler sind dem Dienst G-ttes abträglich, den wir in dieser dritten Abhandlung zu erläutern versuchen.

Doch wer seinen Dienst für G-tt nicht steigern kann, sondern fähig ist, das zu tun, was ich um G-ttes willen dargelegt habe, der wird des Fortbestandes des guten Teils würdig sein, der ihm besonders zugeteilt worden ist. Und wenn es ihm entzogen wird, so geschieht dies aus einem von zwei Gründen: entweder um eine frühere Sünde zu tilgen oder um ihm im Jenseits eine Belohnung zukommen zu lassen, die größer und kostbarer ist als die, die ihm hier vorenthalten wurde.

Kapitel Acht

Die Seele: Du hast dich mit meiner meiner Behandlung beschäftigt und meine Genesung unterstützt. Du hast mich aufgeklärt, großzügig gehandelt und mit deinem leuchtenden Geist meine Behandlung überwacht und die Dunkelheit der Torheit, die mich umhüllte, vertrieben. Aber von den Faktoren, die dem Dienst an G-tt abträglich sind, haftet noch einer an mir. Wenn du mich von dem Schmerz befreist, den er mir zufügt, und mir die Sorgen nimmst, die er mir bereitet, werde ich von meinem schlimmsten Leiden erlöst sein und einer Heilung all meiner Leiden nahe sein.

Die Einsicht: Was ist es, das dich quält, wie du sagst?

Die Seele: Ich habe in [den heiligen] Büchern in Bezug auf das Thema der Notwendigkeit und des Schicksals, der g-ttlichen Autorität und des Willens gefunden, dass alle erschaffenen mineralischen, pflanzlichen, tierischen und vernunftbegabten Dinge in der Macht G-ttes stehen, wie es gesagt wird: "Was dem Ewigen gefällt, das tut er, im Himmel und auf Erden" [Ps. 135,6]. Und weiter: "Der Ewige tötet und macht lebendig; er bringt zu Grabe und erhebt wieder; der Ewige macht arm und macht reich; er erniedrigt und erhebt" [1. Sam. 2,6-7]. "Wer ist derjenige, der sagt und es geschieht, wenn der Ewige es nicht befiehlt? Geht nicht aus

Die Pflichten des Herzens   Kapitel Drei   Rabbeinu Bachya

dem Mund des Höchsten Gutes und Böses hervor?" [Klagelieder 3:37]. "Ich mache das Licht und schaffe die Finsternis: Ich schaffe Frieden und schaffe Unheil" [Jesaja 45,7]. "Wenn der Ewige nicht das Haus baut, arbeiten sie vergeblich, die daran bauen; wenn der Ewige nicht die Stadt bewacht, wacht der Wächter vergeblich" [Ps 127,1]. "Es ist vergeblich, dass du früh aufstehst und spät sitzt und das Brot der Mühsal isst; denn so lässt er seine Lieben schlafen" [Ps 127,2].

Es gibt viele Stellen, die darauf hinweisen, dass der Schöpfer den Menschen und andere Lebewesen geschaffen hat, um die Welt zu erfüllen. Wenn sie sich bewegen, geschieht dies mit seiner Erlaubnis, seiner Macht und seiner Fähigkeit. Wenn sie ruhen, dann deshalb, weil er es so bestimmt hat, wie es heißt: "Wenn er Ruhe gibt, wer kann dann Unruhe stiften?" [Hiob 34:29]. "Du verbirgst dein Angesicht, sie sind beunruhigt. Du nimmst ihnen den Atem; sie sterben und kehren zurück in ihren Staub" [Ps 104,29]. Und alle Sprüche der Alten in allen Büchern stimmen hierin unbestreitbar überein.

Im Buch der Tora finden wir jedoch eine gegenteilige Auffassung, nämlich dass die sichtbaren Handlungen des Menschen in seiner eigenen Macht stehen. Er kann also wählen, wie es ihm gefällt. Sie werden durch seine Wahl und seinen freien Willen bewirkt, und er unterliegt dementsprechend der Belohnung oder der Bestrafung für Dienst und Übertretung, wie es heißt: "Siehe, ich habe dir heute das Leben und das Gute und den Tod und das Böse vor Augen gestellt" [Dtn 30,15]. "... .... darum wählt das Leben" [Dtn 30,19]. "Durch deine Hände ist dies geschehen" [Maleachi 1,9]. "Denn wie ein Mensch handelt, so vergilt er ihm" [Hiob 34,11]. "Die Torheit eines Menschen verkehrt seinen Weg" [Spr 19,3]. Alles in unserer religiösen Literatur, ob es sich um Belehrungen, Gebote oder moralische Ermahnungen handelt, zeigt diese Ansicht. Und alles, was dort über den Lohn für den Dienst und die Strafe für die Übertretung gesagt wird, deutet darauf hin, dass die Handlungen des Menschen ihm selbst überlassen sind und dass die g-ttliche Herrlichkeit sich weder in sein Glück noch in sein Unglück, weder in seine gerechten Taten noch in seine Vergehen einmischt.

Das ist für mich schwer zu begreifen, und es ist äußerst schwierig, den Widerspruch zwischen diesen beiden Ansichten in Einklang zu bringen. Wenn es ein Heilmittel für diese Schwierigkeit gibt, die mich sehr quält, möge G-tt mich durch Ihre Hilfe entlasten.

Das Verstehen: Die von Ihnen angeführte Schwierigkeit, diese beiden gegensätzlichen Auffassungen, die in den Büchern zu finden sind, in Einklang zu bringen, ist nicht größer als die, den Widerspruch zu lösen, der sich bei der Beobachtung der tatsächlichen Erfahrungen des Lebens

Die Pflichten des Herzens   Kapitel Drei   Rabbeinu Bachya

ergibt. Denn wir sehen, dass die Handlungen eines Menschen manchmal mit seinen Gedanken und Wünschen übereinstimmen und manchmal gegen seine Wünsche und Absichten gerichtet sind.

Diese Unterschiede zeigen euch, dass der erhabene Schöpfer die Kontrolle über den Menschen hat und dass dieser durch den Allmächtigen gebunden ist, der ihm nur erlaubt, das zu tun, was er will, und ihn daran hindert, das zu tun, was er nicht will. Dies zeigt sich auch in der Funktion der Sprache, des Hörens und des Sehens. Auf der anderen Seite sehe ich, dass dem Menschen Lohn und Strafe zuteil werden, dass er entsprechend seiner Taten und Bewegungen belohnt und bestraft wird, sei es, dass er G-tt dient oder sich gegen Ihn auflehnt.

Unter den Gelehrten hat es lange Zeit Kontroversen über die Art und Weise gegeben, wie die Frage zwischen Notwendigkeit und Rechtschaffenheit [g-ttliches Dekret vs. freier Wille] in Einklang gebracht werden kann.

Einige sagen, dass alle menschlichen Aktivitäten nach dem Willen, der Fähigkeit und der Kraft des Menschen ablaufen; dass G-tt die Führung dieser Angelegenheiten in die eigenen Hände des Menschen gelegt und ihm die Kontrolle über sie gegeben hat. Und da die g-ttliche Herrlichkeit sich nicht in diese Dinge einmischt, ist der Mensch dafür belohnt und bestraft worden.

Andere schreiben alle menschlichen Handlungen, wie alles andere, dem Schöpfer zu, gepriesen sei Er, und sagen, dass jede Bewegung im Universum, von der eines vernunftbegabten Wesens bis zu der eines anorganischen Körpers, unter der Kontrolle des Schöpfers steht, durch Seinen Beschluss und Zwang stattfindet und nicht um eine Haaresbreite verändert werden kann, weder mehr noch weniger.

Als gegen diese Ansicht die Gerechtigkeit von Belohnung und Strafe in Frage gestellt wurde, antworteten sie: "Wir haben kein Wissen über das Thema von Belohnung und Strafe; wir kennen weder ihre Form noch die Art und Weise, wie sie vollzogen wird. G-tt aber ist gerecht und tut keine Ungerechtigkeit. Er ist treu, wenn es darum geht, Belohnung und Strafe so zu gewähren, wie er sie bestimmt hat, und er wird nicht von seinen Regeln abweichen. Unser Verstand ist zu schwach, um Seine unendliche Weisheit zu begreifen. Seine Gerechtigkeit ist zu offenkundig, seine liebevolle Güte zu deutlich, als dass wir seinen Entscheidungen misstrauen sollten, und es gibt keinen G-tt neben ihm.

Einige finden es möglich, beide Prinzipien zu akzeptieren - Notwendigkeit und Gerechtigkeit. Sie sagen, dass derjenige, der sich in diese Themen vertieft, der Sünde nicht entgehen und stolpern wird, egal wie er sie auffasst. Sie behaupten daher, dass der richtige Weg darin

Die Pflichten des Herzens   Kapitel Drei   Rabbeinu Bachya

besteht, nach dem Prinzip desjenigen zu handeln, der glaubt, dass die Handlungen dem freien Willen des Menschen überlassen sind, der deshalb für sie belohnt oder bestraft wird, und dass wir nach allem streben sollten, was uns beim Schöpfer in beiden Welten nützt. Gleichzeitig sollten wir auf G-tt mit dem Vertrauen eines Menschen vertrauen, in der vollen Überzeugung, dass alle Dinge und Bewegungen, zusammen mit ihren vorteilhaften und nachteiligen Ergebnissen, durch das Dekret des Ewigen, unter Seiner Autorität und nach Seinem Urteil geschehen, und dass G-tt einen siegreichen Anspruch auf uns hat, während wir keinen Anspruch auf Ihn haben.

Von allen Ansichten, die wir erwähnt haben, kommt diese dem Weg der Erlösung am nächsten. Denn ehrlich und wahrhaftig müssen wir unsere Unwissenheit über dieses Thema, das sich auf die Weisheit des Schöpfers bezieht, eingestehen, weil unser Wissen zu schwach und unser Verständnis zu begrenzt ist. Diese Unwissenheit ist eine der verschiedenen Formen der g-ttlichen Wohltat; es ist zu unserem Besten, dass das Wissen vor uns verborgen ist. Wenn es für uns von Vorteil gewesen wäre, dieses Geheimnis zu verstehen, hätte der Schöpfer es uns offenbart.

Eine naheliegende Analogie können wir bei einem Menschen mit schwachen Augen beobachten, der das Licht der Sonne nicht genießen kann, ohne einen dünnen Schleier anzulegen, um seine Augen zu schützen. Je mehr die Augen geschädigt sind, desto dicker ist der Schleier, den er braucht, um seine Sehkraft zu unterstützen. Wenn die Beeinträchtigung nachlässt, ist ein dünnerer Schleier für ihn geeignet.

Darüber hinaus stellen wir bei einer großen Anzahl von physischen Berufen fest, dass wir, wenn wir sie nicht mit eigenen Augen sehen würden und nur durch Berichte davon wüssten, den Berichterstatter sofort für einen Lügner erklären würden. Nehmen wir zum Beispiel das Astrolabium [ein Messinstrument, das früher von Astronomen benutzt wurde]. Hätten wir dieses Instrument nie mit eigenen Augen gesehen, hätte uns aber jemand von seiner Form und seinem Aussehen erzählt und davon, was man mit seiner Hilfe über die Bewegungen der Sphären, die Positionen der Sterne, die genaue Bestimmung der einzelnen Jahreszeiten, die Entfernungen zwischen den Sternen und viele andere Tatsachen, die uns sonst unbekannt wären, erfahren kann, hätten wir weder eine klare Vorstellung davon, noch könnten wir uns ein Bild davon machen.

Ähnlich verhält es sich mit einer Sache, die uns vertrauter ist und die zu den Werkzeugen gehört, die viele Menschen benutzen - die Drehpunktwaage.

Die Pflichten des Herzens   Kapitel Drei   Rabbeinu Bachya

Denn wenn wir es nicht mit unserem Sehsinn wahrnehmen würden, könnten wir es nicht für denkbar halten, dass man mit einer Waage, deren Teile länger sind als die anderen, wirklich wiegen kann. Und was noch erstaunlicher ist, ist, dass auf dieser Waage mit einem einzigen Stein viele Gegenstände mit unterschiedlichem Gewicht gewogen werden können, von denen einige mehr, andere weniger wiegen als der einzige Stein.

Ein Gegenstand, den die Menschen noch häufiger benutzen, ist der obere Mühlstein, den das Wasser durch eine kleine Vorrichtung in eine regelmäßige Drehung versetzt. Wenn wir einen kleinen Stein in eine reißende Wasserströmung werfen, bleibt er nicht einen Augenblick an der Oberfläche, sondern sinkt zu Boden, während der Mühlstein um ein Vielfaches schwerer ist als der Stein und die Kraft des Wassers, durch die die Mühle in Bewegung gesetzt wird, viel geringer ist als die der Strömung. Wenn uns das jemand gesagt hätte und wir es nicht mit eigenen Augen gesehen hätten, hätten wir seine Aussage schnell verneint und verworfen.

All dies liegt daran, dass wir so.

Das liegt daran, dass wir so wenig von den Geheimnissen der Natur wissen und dass unsere Fähigkeiten zu begrenzt sind, um die Grundlagen der geschaffenen Dinge und ihre Ergebnisse, ihre natürliche Beschaffenheit und ihre besonderen Kräfte zu erkennen. Da der Mensch so unwissend ist, wie wir gezeigt haben, in Bezug auf eine vertraute Sache, mit der er ständig umgeht, ist es nicht verwunderlich, dass er den g-ttlichen Ratschluss und die Gerechtigkeit der Urteile des erhabenen Schöpfers nicht begreift, die verborgen und unendlich erhaben sind, jenseits von allem, was wir gesagt haben.

David, Friede sei mit ihm, sagte zu einem ähnlichen Thema: "Ewiger, mein Herz ist nicht hochmütig, und ich habe meine Augen nicht erhoben. ......" [Ps. 131:1]. Und im nächsten Vers fügt er in Bezug auf die Unterwerfung unter G-tt hinzu: "Wahrlich, ich habe meine Seele beruhigt und zur Ruhe gebracht, wie ein entwöhntes Kind bei seiner Mutter; meine Seele ist bei mir wie ein entwöhntes Kind" [Ps. 131:2].

Kapitel Neun

Die Seele: Du hast mich getröstet, indem du mich dazu gebracht hast, die Hoffnung aufzugeben, das Geheimnis dieses Themas wegen seiner Subtilität und Tiefe jemals zu ergründen. Aber enthülle mir das Geheimnis meiner Existenz in dieser Welt, ihr Ziel und ihren Zweck.

Und gib mir, so gut du kannst und in aller Kürze, eine ungefähre Vorstellung von Notwendigkeit und Rechtschaffenheit, damit mir nicht

Die Pflichten des Herzens Kapitel Drei Rabbeinu Bachya

dasselbe widerfährt wie einem König, der, wie ich erfuhr, die verschiedenen Aspekte seines Glücks nicht zu schätzen wusste. Die Geschichte erzählt, dass es auf einer der indischen Inseln einen Staat gab, dessen Bürger beschlossen, jedes Jahr einen Fremden zum Herrscher über sie zu ernennen; und wenn das Jahr verstrichen war, verbannten sie ihn, und er musste in den Stand zurückkehren, den er vor seiner Ernennung über sie hatte. Unter den Gewählten befand sich ein Narr, der nichts von den geheimen Plänen wusste, die sie in Bezug auf ihn hatten. Er häufte viel Geld an, baute Paläste, die er befestigte, und schickte nichts aus ihrem Land hinaus. Im Gegenteil, alles, was er außerhalb des Staates besaß - sein Geld, seine Frau und seine Kinder -, brachte er in den Staat. Und als das Jahr zu Ende war, schickten ihn die Bürger hinaus, beraubt von all seinem Besitz, und alles, was er vor seinem Amtsantritt aufgebaut oder erworben hatte, gab er bis zu diesem Zeitpunkt auf. Und so hatte er bei seinem Weggang nichts mehr von dem, was ihm in der Stadt und außerhalb der Stadt gehörte. Er trauerte und bedauerte die Mühe, die er auf sich genommen hatte, und die Anstrengungen, die er für die von ihm errichteten Gebäude und die von ihm angehäuften Schätze aufgewendet hatte, die nun an eine andere Person gehen sollten.

Daraufhin beschlossen die Bürger, einen Fremden, der weise und verständig war, zu ihrem Herrscher zu ernennen. Nachdem er ernannt worden war, wählte er eine Person aus, der er Wohlwollen entgegenbrachte, und erkundigte sich bei ihr nach den Gebräuchen des Volkes und seinen Gesetzen, die es gegenüber seinem Vorgänger im Amt eingehalten hatte. Der Günstling offenbarte dem neuen Herrscher ihren geheimen Plan und was sie mit ihm vorhatten. Als er dies erfuhr, nahm sein Handeln eine andere Wendung als das seines Vorgängers. Er bemühte sich, alles Wertvolle des Landes in das Land zu bringen, in dem er alle seine anderen Schätze untergebracht hatte. Er traute weder der Begeisterung seiner Untertanen für ihn noch der Ehre, die sie ihm erwiesen. Während der ganzen Zeit, die er in ihrem Land verbrachte, schwankte seine Stimmung zwischen Trauer und Freude. Er war betrübt, dass er das Volk bald verlassen musste und dass die Schätze, die er herausholen konnte, seiner Meinung nach so gering waren. Wenn er länger hätte bleiben können, hätte er mehr herausholen können. Aber er war froh, dass er bald abreisen und sich an dem Ort niederlassen konnte, wo er seine Schätze deponiert hatte, und in der Lage sein würde, sie auf verschiedene Weise zu nutzen und zu genießen, mit ruhigem Geist, zuversichtlich und ohne Unterbrechung.

Und als sein Jahr um war, war er nicht beunruhigt über seinen Abschied, sondern bereitete sich schnell, ruhig und freudig auf das Ereignis vor, mit

Die Pflichten des Herzens   Kapitel Drei   **Rabbeinu Bachya**

Anerkennung seiner Arbeit und seines Fleißes. Er war auf dem Weg zu großem Glück, Ehre und anhaltender Freude. So hatte er Glück in beiden Positionen und erreichte seine Wünsche an beiden Orten.

Ich fürchte jedoch, dass das, was dem Narren widerfuhr, der sich in beiden Angelegenheiten abmühte und an beiden Stellen verlor, auch mir widerfahren könnte. Da G-tt mir die Gunst erwiesen hat, dich als meinen Berater zu schicken, bitte ich dich, mich zu belehren und mir meine Stellung zu zeigen und mir alles zu sagen, was du über das Geheimnis meines Wesens weißt und über die Wege, auf denen es verbessert werden sollte.

Das Verstehen: In dem Gleichnis, das du erzählt hast, hast du bereits ein Bild von deinem Zustand in dieser Welt gegeben und gezeigt, dass deine Situation darin der der Könige gleicht, die du erwähnt hast. Du hast klar erkannt, dass du hier ein Fremder bist und bald von hier weggehen wirst. Du solltest daher so handeln, wie der weise und verständige Herrscher es getan hat, damit es dir so ergeht wie ihm. Solltest du von diesem Kurs abweichen, werden dir meine Worte nichts nützen, meine schöne Sprache wird dir keinen Vorteil bringen.

Die Seele: Wenn ich kein Verlangen in dieser Sache hätte, würde ich mich nicht bemühen, das zu erforschen, was mir in Bezug auf meinen Zustand verborgen ist.

Das Verstehen: Das Geheimnis eures Wesens besteht darin, dass der Schöpfer euch aus dem Nichts erschaffen hat, wie alle geistigen Wesen, die er erschaffen hat, und dass es seine Absicht ist, euch zu erhöhen und euch in den hohen Rang der Auserwählten und Auserwählten zu erheben, die dem Licht seiner Herrlichkeit am nächsten sind - zu eurem Wohl und aus Güte zu euch. Aber du wirst dieser Gunst nur würdig sein, wenn drei Bedingungen erfüllt sind:

Die erste ist, dass du den Vorhang der Torheit von dir abziehst, damit Er dich mit der Gabe Seiner Erkenntnis erleuchten kann.

Die zweite ist, dass du geprüft wirst, ob du dich entscheidest, ihm zu dienen oder gegen ihn zu rebellieren.

Drittens diszipliniert er euch in dieser Welt, indem er euch das Joch seines Dienstes auferlegt, um euch in den Rang der höheren Wesen zu erheben, die ihm dienen und von denen es heißt: "Lobt den Ewigen, ihr seine Engel, ihr Starken, die ihr sein Wort erfüllt" [Ps. 103,20]. All dies wäre nicht möglich gewesen, wenn ihr in eurem früheren Zustand geblieben wärt.

Deshalb hat der erhabene Schöpfer in seiner Weisheit für euch diese Welt mit allem, was darin ist, geschaffen - Mineralien, Pflanzen und Lebewesen, alles in geeigneter Weise angeordnet und richtig verwaltet -

Die Pflichten des Herzens   Kapitel Drei   **Rabbeinu Bachya**

und alles zu eurem Nutzen. Aus den feinsten Elementen wählte Er für dich einen Palast aus, der der Welt in seinem Ursprung, seinen Grundlagen, seinen Produkten und seiner Form gleicht. In diesen Palast setzte er fünf Tore, die sich zur Außenwelt hin öffnen, und ernannte fünf vertrauenswürdige Wächter der Tore. Diese Tore sind die Sinnesorgane - Augen, Ohren, Nase, Zunge, Hände. Die Torwächter sind die fünf Sinne, die diese Organe benutzen, nämlich der Sehsinn, der Hörsinn, der Geruchssinn, der Geschmackssinn und der Tastsinn, durch die ihr in die Lage versetzt werdet, das Wissen über alles zu erlangen, was euch in dieser Welt nützlich sein kann. Er hat für euch in diesem Palast auch vier Grade für die vier Herrscher vorbereitet. Diese sind das Gehirn, das Herz, die Leber und die Testikel.

Außerdem hat er vier Speicher für vier Beamte eingerichtet, nämlich für die Fähigkeit der Nahrungsaufnahme, die Fähigkeit der Speicherung, die Fähigkeit der Verdauung und die Fähigkeit der Ausscheidung. Ihre Vorräte und Ämter sind die beiden Gallen - schwarz und grün -, die weiße Lymphflüssigkeit und das Blut.

Innerhalb und außerhalb dieses Palastes hat er Diener verteilt, die ihn betreuen und für ihn sorgen. Die inneren sind die Därme, Venen, Sehnen, Nerven und Arterien; die äußeren sind die Hände, Füße, Zunge, Zähne, Nägel und andere ähnliche Teile.

Außerdem hat er für dich Verbindungsglieder zwischen dem Geistigen und dem Körperlichen geschaffen, nämlich das Blut, die natürliche Wärme und den Lebensgeist. Durch seine Weisheit und Macht hat er dich mit diesem Palast in einer richtigen und geordneten Verbindung verbunden, damit du die drei Voraussetzungen erfüllst, die ich dir genannt habe.

Er hat dir zwei Ratgeber zur Seite gestellt. Er ernannte für sie zwei Schriftgelehrte. Er gab dir Diener und Bedienstete für deine Bedürfnisse in dieser Welt.

Von den beiden Ratgebern ist der erste der Verstand, der dich darauf hinweist, was der Wille G-ttes ist. Der zweite Ratgeber ist deine Begierde, die dich lockt und verführt, das zu tun, was den Zorn des Ewigen, deines G-ttes, entfacht.

Von den beiden Schreibern schreibt der eine deine guten Taten auf, ob sie nun privat oder öffentlich, heimlich oder vor aller Augen geschehen, und zwar durch einen der bereits genannten, die er dir zur Verfügung gestellt hat, die Torwächter, Beamten, Verwalter, Diener, Berater, Diener und Küster. Der zweite Schreiber schreibt die schlechten Taten auf dieselbe Weise auf, wie wir es bei den guten Taten getan haben.

Die Diener und Küster sind die Stimmungen und Eigenschaften der Seele

Die Pflichten des Herzens   Kapitel Drei   Rabbeinu Bachya

- Heiterkeit, Angst, Freude und Trauer, Gedächtnis und Vergessen, Weisheit und Torheit, Mut und Schüchternheit, Großzügigkeit und Geiz, Rechtschaffenheit und Bosheit, Schüchternheit und Hochmut, Hoffnung und Besorgnis, Liebe und Hass, Freude und Schmerz, Stolz und Bescheidenheit, Herrschaft und Unterwürfigkeit und viele ähnliche Neigungen, die du mit deinem inneren Wesen verwendest.

Der gesegnete Schöpfer hat diese Wächter, Führer und Verwalter, Diener, Berater, Diener und Küster dazu bestimmt, auf euch zu hören und bereit zu sein, eure Befehle auszuführen, bis zu einer bestimmten Zeit, außer in bestimmten Angelegenheiten, die er ihnen erklärt hat, als sie mit euch in Verbindung gebracht wurden. Das sind die Angelegenheiten, in denen die Notwendigkeit und das g-ttliche Dekret vorherrschen.

Mit anderen Worten: Er hat dir die Freiheit gegeben, alle diese Hilfsmittel zur Verbesserung deines körperlichen Wohlbefindens zu nutzen und alles zu tun, worüber der Allmächtige dir Kontrolle und Macht gegeben hat, aber nur auf bestimmte Weise und unter bestimmten Bedingungen. Diese sind in den Pflichten enthalten, die unsere natürliche Vernunft vorgibt oder die aufgrund g-ttlicher Autorität [Thora] zu akzeptieren sind oder die erlaubt sind.

Und Er sagte zu euch: "Was immer ich dir in dieser Welt in die Hand gegeben und unter deine Kontrolle gestellt habe, darf dich nicht verlocken, denn nichts davon kann etwas zu deinem Wesen beitragen und nichts davon wegnehmen, und nichts davon wird dir Freude oder Schmerz bereiten, denn es sind nur Dinge, die deinen Körper äußerlich oder innerlich beeinflussen. Keines von ihnen ist für dich notwendig. Ihre Beziehung zu dir ist die des Embryosacks zum neugeborenen Baby oder die der Eierschale zum geschlüpften Küken.

[G-tt fährt fort] "Wenn du Meine Absicht dir gegenüber und den Nutzen, den Ich dir geschenkt habe, verstehst und begreifst, und wenn du Meinen Dienst wählst und weit davon entfernt bist, dich gegen Mich aufzulehnen in der Verwaltung von allem, worüber Ich dir die Kontrolle gegeben habe, werde Ich dich auf den höchsten der Grade erheben, die Meine Auserwählten und Begünstigten erreichen. Ich werde dich näher an Meine Barmherzigkeit und Liebe heranführen und dich mit dem Glanz Meiner Herrlichkeit umhüllen. Aber wenn du dich entscheidest, gegen Mich zu rebellieren, werde Ich dich mit einer schweren Strafe bestrafen und dich mit lang anhaltendem Leid plagen."

[G-tt fährt fort] "Wenn du nicht weißt, wie du irgendetwas von dem benutzen sollst, was zu deinem Dienst an Mir gehört, den Ich dir als deine Pflicht und Schuldigkeit auferlegt habe, weil du zu sehr mit deinem Körper und seinen Sorgen beschäftigt bist, mit denen Ich dich prüfe, habe

Die Pflichten des Herzens   Kapitel Drei   Rabbeinu Bachya

Ich dir einen weisen und treuen Ratgeber bestellt. Wenn du ihn um Rat fragst, wird er dich belehren. Wenn du ihn nicht beachtest, wird er dich aufrütteln. Dieser Ratgeber ist der Verstand. Lasst euch von ihm in allen euren Angelegenheiten beraten, denn er wird euch empfehlen, wie ihr alle eure Diener, die vor euch stehen, in der richtigen Weise einsetzen könnt, um mir zu dienen. Die verwerflichen Eigenschaften werden in lobenswerte umgewandelt werden, so wie der weise Arzt, der schädliche und sogar giftige Mittel zum Wohle des Körpers einsetzt."

[G-tt fährt fort] "Wenn du weiterhin so denkst und deinen Verstand stärkst und auf seinen Rat hörst, wird der Schreiber, der die guten Taten aufschreibt, alle deine erlaubten [neutralen] Bewegungen zu deinen guten Taten zählen, denen sie hinzugefügt werden, und alle deine Diener werden dir in meinem Dienst helfen."

[G-tt fährt fort] "Wenn du aber seinen Rat verwirfst und dich der Ansicht des zweiten Ratgebers zuneigst, der in jeder Hinsicht sein Gegner ist, und alle dir zur Verfügung gestellten Mittel so einsetzt, wie er dir rät, dann werden deine lobenswerten Eigenschaften verwerflich werden, so wie der unfähige Arzt in seiner Unwissenheit Patienten durch seinen unsachgemäßen Gebrauch nützlicher Medizin tötet. Und der Schreiber, der dazu bestimmt ist, die bösen Taten aufzuschreiben, wird alle deine erlaubten [neutralen] Bewegungen aufschreiben und sie in das Verzeichnis deiner bösen Taten eintragen, zu dem sie hinzugefügt werden."

[G-tt fährt fort] "Du wirst feststellen, dass deine Helfer, Bediensteten und Diener und jeder, mit dem du in Kontakt kommst, angenehm sind und deinen Wunsch ausführen, und so wirst du vermehrte Freude und Wonne haben."

All dies steht im Einklang mit der Gerechtigkeit eures Schöpfers. Denn in euren innersten Gedanken und geheimen Zielen und Absichten habt ihr euch entschieden, entweder gegen Ihn zu rebellieren, anstatt Ihm zu dienen, oder Ihm zu dienen, anstatt gegen Ihn zu rebellieren.

Denn was offen und offenkundig in dir ist, und was in dir verborgen ist, ist Ihm gleichermaßen bekannt. Er wird dir all das vergelten, was seine Allwissenheit in dir beobachtet, obwohl es den Menschen verborgen bleibt. Denn siehst du nicht, daß ein menschlicher Richter nach dem entscheidet, was vor ihm als Tatsache feststeht, sei es durch Zeugenaussagen oder durch seine eigenen Sinne. Könnte er feststellen, was in seinem Kopf ist, würde er auch das in seine Entscheidung einbeziehen. Da der gesegnete Schöpfer alles gleich gut kennt, folgt daraus, dass er nach seinem Wissen urteilt, wie es heißt: "Die geheimen Dinge gehören dem Ewigen, unserem G-tt" [Dtn 29,28].

Die Pflichten des Herzens   Kapitel Drei   Rabbeinu Bachya

Und wenn der Schöpfer dich erwecken und ermahnen will, befiehlt Er einem der Diener, deinen Dienst zu verlassen; und ein oder zwei deiner Glieder oder alle werden krank und schmerzen für eine bestimmte Zeit. Wenn du erwachst und zu Ihm zurückkehrst, befiehlt Er diesem Diener, in deinen Dienst zurückzukehren. Er heilt deinen Körper, und er nimmt seine frühere Funktion wieder auf, wie es heißt: "Die Narren werden wegen ihrer Übertretungen und ihrer Missetaten geplagt. Ihre Seele verabscheut jede Art von Nahrung, bis sie an die Pforten des Todes gelangen; dann schreien sie in ihrer Not zum Ewigen... Er sendet sein Wort und heilt sie" [Ps 107,17-20].

Und wenn die Tage deiner Prüfung in dieser Welt zu Ende sind, befiehlt der erhabene Schöpfer all denen, die wir erwähnt haben - Tore, Torwächter, Diener und Knechte -, von dir wegzugehen, und die Bande und Verbindungen zwischen dir und deinem Körper werden durchtrennt, und du kehrst in deinen ersten Zustand zurück. Dein Körper hat keine Bewegung und kein Gefühl. Er kehrt auch in seinen ersten Zustand zurück, wie der Weise sagte: "Der Staub kehrt zur Erde zurück, wie er war, und der Geist kehrt zu G-tt zurück, der ihn gegeben hat" [Prediger 12,7]: Und dann werden dir die Rechnungsbücher gezeigt, die Aufzeichnungen über deine Taten und Gedanken und über das, was du in deinem irdischen Dasein gewählt und dir Sorgen gemacht hast; und dementsprechend wird deine Vergeltung sein.

Zu all dem hat euch der Allmächtige durch Seine Gesandten und Propheten und Sein treues Gesetz ermahnt und gewarnt, wie der Weise sagte: "Neige dein Ohr und höre die Worte der Weisen; nimm dir mein Wissen zu Herzen; ... denn es ist angenehm, wenn du sie in dir behältst..... Habe ich euch nicht ausgezeichnete Ratschläge und Erkenntnisse geschrieben, damit ihr die Gewissheit der Worte der Wahrheit erkennt und denen, die zu euch gesandt, mit Worten der Wahrheit antwortet" [Spr 22,17-21].

Kapitel zehn

Die Seele: Ich habe Ihre Erklärung verstanden und auf alles geachtet, was Du erwähnt hast. Und nun bitte ich Dich, mir die Gelegenheiten zu erläutern, bei denen ich meine guten und schlechten Veranlagungen einsetzen sollte - und zwar jeweils so, dass ich dort Lob und Anerkennung für ihren richtigen Einsatz ernten werde.

Der Verstand: Du besitzt viele Veranlagungen, von denen ich kurz die erwähne, die mir einfallen.

Unter diesen gibt es zwei: Freude und Trauer. Sie sind Gegensätze

Die Pflichten des Herzens   Kapitel Drei   Rabbeinu Bachya

zueinander. Die richtige Gelegenheit zur Freude ist dann gegeben, wenn du darauf vertrauen kannst, dass die Freude ohne jede Vermischung mit Trauer und ohne Unterbrechung durch ein Missgeschick andauern wird. Dann können Sie sich das Gefühl der Freude erlauben. Der richtige Anlass für Trauer ist dann gegeben, wenn dir etwas widerfährt, das dir dauernden und unaufhörlichen Schmerz zufügt, den du weder beseitigen noch von ihm trennen kannst. Dann kannst du dir die Emotion der Trauer erlauben und sie nutzen.

Unter euren Charaktereigenschaften gibt es noch zwei weitere - Angst und Hoffnung. Furcht ist angebracht, wenn du dich in einer Situation befindest, die zu einer schmerzhaften Situation führen wird, die kein gutes Ende nehmen wird und die du nicht abwenden kannst.

Anlass zur Hoffnung besteht, wenn du dich mit den Vorbereitungen beschäftigst, die dir Gutes bringen und dir Glückseligkeit sichern, ohne dass dich etwas davon abhält, nichts, was dich davon trennen könnte. Und das ist, wenn du die Pflichten erfüllst, die G-tt dir aufgetragen hat und deren Ergebnis gut ist.

Es gibt zwei weitere Gefühle: Mut und Furcht. Die richtige Gelegenheit, Mut zu zeigen, ist, wenn du den Feinden des Ewigen begegnest, um gegen sie Krieg zu führen. [Mut ist auch am Platz,] um alle Bedrängnisse und alle Prüfungen zu ertragen, um den Willen des erhabenen Schöpfers und seiner Heiligen zu erfüllen, wie es heißt: "Ja, um deinetwillen werden wir getötet, den ganzen Tag; wir werden wie Schafe zur Schlachtbank geführt" [Ps. 44,23]. Und weiter: "Der Gerechte soll mich schlagen, das wird eine Wohltat sein, und er soll mich zurechtweisen" [Ps 141,5].

Der Anlass für Furcht entsteht wenn du denen begegnest, die G-tt lieben, so dass du weder gegen sie noch gegen die, die Ihm dienen, kämpfst; und dass du es unterlässt, dich gegen einen zu erheben, der dich um deinetwillen tadelt, wie es heißt: "Weil dein Herz weich war und du dich vor dem Ewigen gedemütigt hast" [2. Könige 22,19].

Unter deinen Neigungen gibt es zwei weitere: Scham und Kühnheit. Scham ist angebracht, wenn du dich gegen deinen Wohltäter vor Seinem Angesicht auflehnst, während du dich in Seinen Händen befindest und das Gute nutzt, das Er dir schenkt, und wenn Er dich durch gute oder böse Ereignisse zurechtweist, oder durch Seine Propheten, wie es heißt: "Oh, Menschensohn, zeige dem Haus Israel das Haus, damit sie sich ihrer Missetaten schämen" [Ezech. 43:10]; und weiter: "O mein G-tt, ich schäme mich und erröte, mein Angesicht zu Dir zu erheben" [Esra 9:6].

Kühnheit ist angebracht, wenn man Bösewichten und Übertretern begegnet und denen, die sich der Wahrheit widersetzen, und um die Menschen zu ermahnen, Gutes zu tun, und um sie zu warnen, das zu

Die Pflichten des Herzens   Kapitel Drei Rabbeinu Bachya

meiden, was verwerflich ist. Kühnheit ist angebracht, um Sünder zu beschämen und die Kleinen und Großen zurechtzuweisen, wie es heißt: "Ich habe mein Angesicht wie einen Feuerstein gerichtet" [Jesaja 50,7].
Auch hier gibt es zwei Eigenschaften: Zorn und Genugtuung. Zorn ist angebracht, wenn man sieht, dass der Weg der Wahrheit und die Herrschaft der Gerechtigkeit verlassen werden, wenn die Unwahrheit über die Wahrheit und die, die ihr folgen, die Oberhand gewinnt.
Genugtuung ist angebracht, wenn alle Dinge in die richtige Richtung fallen, wenn alles an seinem richtigen Platz ist, wenn man in Bezug auf sie immer auf den Wegen der Wahrheit bleibt.
So gibt es auch zwei Eigenschaften - Barmherzigkeit und Rücksichtslosigkeit. Die Eigenschaft der Barmherzigkeit soll dem Bedürftigen, dem Armen und dem Kranken zuteil werden; demjenigen, der die Welt verlässt; demjenigen, der nicht erkennt, was gut für ihn ist; demjenigen, der nicht weiß, wie er sich selbst leiten soll; dem Gefangenen, der sich in der Gewalt seines Feindes befindet; demjenigen, der einen großen Vorteil verloren hat [wie z.B. ein Reicher, der sein Vermögen verloren hat]; demjenigen, der seine Missetaten bereut; demjenigen, der aus Furcht vor der g-ttlichen Strafe über seine vergangenen Sünden weint.
Rücksichtslosigkeit ist angesagt bei dem Bösen zu vergelten und sich an dem Verderbten zu rächen, wie die Heilige Schrift sagt: "Du sollst dich seiner nicht erbarmen und ihn nicht schützen" [Dtn 13,9].
So verhält es sich auch mit den beiden Merkmalen Stolz und Demut. Stolz und Hochmut sind am Platz, wenn du denen begegnest, die G-tt verleugnen und sich von ihm abwenden. Demütige dich nicht vor solchen Menschen und erweise ihnen keine Hochachtung, um nicht den Anschein zu erwecken, dass du sie rechtfertigst oder gar ihren verdorbenen Ansichten zustimmst; sondern lass den Charakterzug der Arroganz und des Stolzes frei, um zu zeigen, dass du ihre Ansichten ablehnst und wie wenig du mit ihnen übereinstimmst, wie du aus der Beziehung Mordechais zu Haman lernst.
Demut ist angebracht, wenn du einem Mann begegnest, der fromm und rein ist, g-ttesfürchtig, in der Tora gelehrt und im Dienst G-ttes beschäftigt. Wenn dir also jemand Freundlichkeit und Gunst erwiesen hat, bist du verpflichtet, dich dafür zu revanchieren. Umso mehr, wenn seine Wohltaten so groß und schwerwiegend sind, dass du sie ihm nicht vergelten kannst. Ebenso solltest du die von G-tt an dir vollzogene Gerechtigkeit auf dich nehmen, wie es heißt: "Wenn ihr unbeschnittenes Herz demütig ist und sie ihre Strafe annehmen, dann werde ich an meinen Bund denken" [Lev. 26:41-42].

Die Pflichten des Herzens   Kapitel Drei   Rabbeinu Bachya

So verhält es sich mit den beiden Eigenschaften, der Liebe und dem Hass. Liebe ist angebracht gegenüber jemandem, der mit dir im Dienst G-ttes übereinstimmt und durch den du dir am Ende deines irdischen Daseins bleibende Freude sichern wirst.

Hass ist angebracht gegen einen, der den Willen G-ttes übertritt, sich gegen die Menschen der Wahrheit auflehnt und euch zu etwas verleitet, was euren Schöpfer erzürnt, wie es heißt: "Wer das Gesetz verlässt, lobt die Bösen; wer aber das Gesetz hält, streitet mit ihnen" [Spr 28,4].

So verhält es sich auch mit den beiden Merkmalen, der Großzügigkeit und dem Geiz. Die Großzügigkeit besteht darin, allem seinen Platz zuzuweisen und jedem, der Gutes tut, von seinem Geld und seiner Weisheit zu geben, und zwar in einem dem Empfänger angemessenen Maß, wie es heißt: "Verweigere denen, denen es gebührt, nicht das Gute, wenn es in deiner Hand liegt, es zu tun" [Spr 3,27]; weiter: "Lass deine Quellen in alle Richtungen fließen" [Spr 5,16].

Geiz ist angebracht gegenüber den Grausamen und Törichten und denen, die weder sich selbst noch den Wert der ihnen zuteil gewordenen Wohltaten erkennen, wie es heißt: "Wer einen Spötter zurechtweist, der macht sich schändlich; und wer einen Frevler zurechtweist, der macht sich schändlich" [Spr 9,7]. Unsere Weisen sagen: "Wer einem Undankbaren einen Gefallen tut, ist wie ein Mann, der einen Stein nach Markolis wirft" [eine Form der Götzenanbetung in der Antike].

Und so verhält es sich auch mit den beiden Eigenschaften - Faulheit und Fleiß. Die Faulheit ist bei der Befriedigung körperlicher Begierden angebracht, deren Vergnügen vergeht, während dem, der ihnen frönt, nichts bleibt als Schande in dieser Welt und Strafe in der kommenden Welt.

Fleiß ist angebracht bei den geistigen Vergnügungen und bei den Taten, mit der Absicht, die Gunst des gesegneten G-tt zu erlangen, wie David, Friede sei mit ihm, sagte: "Ich habe mich beeilt und nicht gezögert, Deine Gebote zu halten" [Ps. 119:60].

Was ich in dieser Abhandlung dargelegt habe, sollte demjenigen genügen, der den gerechten Weg wählt, die Wahrheit für sich selbst sucht und Weisheit um ihrer selbst willen begehrt.

Möge G-tt in Seiner Barmherzigkeit uns auf die Pfade Seines Dienstes führen. AMEN.

Die Pflichten des Herzens

Kapitel Vier

Vierte Abhandlung über Vertrauen

Einleitung

Der Autor sagt: Da unsere vorherige Abhandlung sich mit der Pflicht befasste, den Dienst G-ttes zu übernehmen, hielt ich es für angemessen, ihr mit dem zu folgen, was für einen, der G-tt dient, notwendiger ist als alle anderen Dinge - sein Vertrauen in Ihn in allen Angelegenheiten zu setzen; der Grund dafür sind die großen Vorteile, die dies sowohl in religiösen als auch in weltlichen Angelegenheiten bringt.
Die Vorteile in religiösen Angelegenheiten:
Unter ihnen, Seelenfrieden und Vertrauen in G-tt, wie ein Diener in seinen Fürsten vertrauen muss, denn wenn man sein Vertrauen nicht in G-tt setzt, wird er sein Vertrauen in etwas anderes setzen, und wer auf etwas anderes als G-tt vertraut, dem wird der Allmächtige seine Fürsorge entziehen und ihn in den Händen dessen lassen, dem er vertraut hat, und er wird so sein, wie es geschrieben wurde: "Denn mein Volk hat zwei Übel begangen: Sie haben Mich, die Quelle lebendigen Wassers, verlassen, um sich Zisternen zu graben, zerbrochene Zisternen, die kein Wasser fassen" [Yirmiya 2:13], "Sie tauschten ihre Glorie gegen das Gleichnis eines Ochsen, der Gras frisst" [Tehilim 106: 20], "Gesegnet ist der Mann, der auf den Ewigen vertraut; der Ewige wird seine Zuflucht sein" [Yirmiya 17:7], "Lobenswert ist der Mann, der auf den Ewigen vertraut und sich nicht den Hochmütigen und denen, die sich der Lüge zuwenden, zuwendet. " [Tehilim 40,5], "Verflucht ist der Mann, der auf Menschen vertraut, der Fleisch zu seiner Stärke macht und dessen Herz sich vom Ewigen abwendet" [Jirmija 17,5].
Wenn er sich auf seine Weisheit und Taktik, auf seine Körperkraft und seinen Fleiß verlässt, wird er sich umsonst abmühen, seine Kraft wird schwächer werden, und seine Taktik wird nicht ausreichen, um seinen Wunsch zu erfüllen, wie geschrieben steht: "Er fängt die Weisen mit ihrer eigenen List" [Iyov 5: 13], und "Ich kehrte zurück und sah unter der Sonne, dass das Rennen nicht dem Schnellen gehört und der Krieg nicht

Die Pflichten des Herzens   Kapitel Vier   Rabbeinu Bachya

dem Mächtigen; weder haben die Weisen Brot, [noch haben die Verständigen Reichtum, noch die Wissenden Gunst, denn Zeit und Zufall geschieht ihnen allen]" [Koheles 9:11], und "Junge Löwen leiden Not und sind hungrig, aber denen, die den Ewigen suchen, fehlt nichts Gutes" [Tehilim 34:11].

Wenn er sich auf seinen Reichtum verlässt, wird er ihm entzogen und einem anderen überlassen, wie geschrieben steht: "Er legt sich reich nieder, aber es wird nichts zu holen sein; er öffnet seine Augen, und sein Reichtum ist nicht da" [Ijow 27,19], "Werde nicht müde, reich zu werden; höre auf mit deinem eigenen Verstand." [Mischlei 23:4], "Wenn du mit den Augen blinzelst, ist es nicht da; denn es wird sich Flügel machen wie der Adler und wird zum Himmel fliegen." [Mischlei 23,5], "so ist es mit dem, der Reichtümer sammelt, aber nicht mit Recht; er wird sie in der Mitte seiner Tage verlassen, und an seinem Ende steht er entehrt da" [Jirmija 17,11]

Oder er wird an seinem Nutzen gehindert werden, wie der weise Mann sagte: "Der Allmächtige wird ihm nicht die Fähigkeit geben, davon zu essen" [Koheles 6: 2], und es wird von ihm wie ein Depot sein, das er vor Schaden bewahrt, bis es jemanden erreicht, der dessen würdig ist, wie geschrieben steht: "[Denn einem Menschen, der in Seinen Augen gut ist, hat Er Weisheit und Wissen und Freude gegeben,] aber dem Sünder hat Er eine Beschäftigung gegeben, um zu sammeln und anzuhäufen, um es dem zu geben, der in G-tt's Augen gut ist; auch dies ist Eitelkeit und Frustration. " [Koheles 2,26], und "er wird sich vorbereiten, aber ein Gerechter wird sie tragen; und die Reinen werden das Silber teilen" [Ijow 27,17]. Und es ist möglich, dass das Geld die Ursache seiner Zerstörung [in dieser Welt] und seines endgültigen Untergangs [im Jenseits] sein wird, wie geschrieben steht: "Es gibt ein großes Übel, das ich unter der Sonne gesehen habe: Reichtümer, die ihr Besitzer zu seinem Schaden aufbewahrt." [Koheles 5:12].

Ein weiterer Vorteil für denjenigen, der auf den Allmächtigen vertraut, ist, dass sein Vertrauen ihn zu Folgendem führen wird
- keinem anderen als G-tt zu dienen
- auf keinen Menschen zu hoffen und von niemandem etwas zu erwarten [Micha 5:6].
- nicht zu arbeiten, um ihre Anerkennung zu gewinnen.
- ihnen nicht zu schmeicheln.
- nicht mit ihnen übereinstimmen in dem, was nicht der Dienst G-ttes ist [z.B. zu ihren zeitverschwenderischen Veranstaltungen gehen - Pas Lechem]
- keine Angst vor ihren Angelegenheiten zu haben.

Die Pflichten des Herzens Kapitel Vier Rabbeinu Bachya

- keine Angst zu haben, mit ihnen nicht übereinzustimmen.
- sich des Mantels ihrer Gunst zu entledigen und sich von der Last zu befreien, ihnen Dankbarkeit auszudrücken, und von der Verpflichtung, ihre Gunst zurückzuzahlen.
- wenn er sie zurechtweist, wird er keine Angst haben, sie zu kränken.
- er wird sich nicht scheuen, sie zu demütigen [damit seine Zurechtweisung wirksam ist - Pas Lechem].
- er wird ihre falschen Wege nicht beschönigen

Wie der Prophet schrieb: "Aber G-tt, der Ewige, hilft mir, darum werde ich nicht zuschanden werden; darum habe ich mein Angesicht wie einen Stein gesetzt, und ich weiß, dass ich nicht zuschanden werden werde" [Jeschaja 50: 7], "Fürchte dich nicht vor ihnen und ihren Worten" [Jechezkel 2,6], "Und du, Menschensohn, fürchte dich nicht vor ihnen und fürchte dich nicht vor ihren Worten" [Jechezkel 2,6], "fürchte dich nicht vor ihnen und lass dich nicht von ihnen einschüchtern" [Jechezkel 3,9].

Ein weiterer Vorteil: Das Vertrauen in G-tt wird einen dazu bringen, seinen Geist von den Ablenkungen der Welt zu befreien und sein Herz auf Angelegenheiten des Dienstes an G-tt zu richten.

Und er wird in seinem Seelenfrieden, seiner Herzensruhe und seinen geringen finanziellen Sorgen dem Alchimisten ähneln, der weiß, wie man durch Geschick und Verfahren Silber in Gold und Kupfer oder Zinn in Silber verwandelt.

Und derjenige, der auf G-tt vertraut, wird die folgenden 10 Vorteile gegenüber dem Alchimisten haben:

[1] Der Alchimist benötigt für seine Tätigkeit besondere Materialien, ohne die er nichts tun kann. Diese Materialien sind nicht zu allen Zeiten und an allen Orten zu finden. Aber für jemanden, der auf G-tt vertraut, ist sein Lebensunterhalt gesichert und kann durch jedes Mittel aller Mittel der Welt kommen, wie geschrieben steht: "Und er speiste euch mit Manna, das ihr nicht kanntet und eure Väter auch nicht kannten, damit er euch kundtue, dass der Mensch nicht vom Brot allein lebt..." [Devarim 8:3]. Denn zu keiner Zeit und an keinem Ort werden ihm die Mittel zur Beschaffung seines Lebensunterhalts vorenthalten, wie ihr bereits aus der Geschichte von Elija und den Raben oder der Witwe und den Kuchen und dem Wasser [Melachim 17: 9], oder die Geschichte von Ovadia mit den Propheten, wo er sagte: "Ich versteckte mich unter den Propheten G-ttes, 100 Männer, 50 in jeder Höhle, und ich gab ihnen Brot und Wasser" [Melachim 18:13], und "Junge Löwen leiden Mangel und sind hungrig, aber denen, die den Ewigen suchen, mangelt es an nichts" [Tehilim 34:11], und "Fürchtet den Ewigen, seine Heiligen; denn denen, die ihn

Die Pflichten des Herzens Kapitel Vier Rabbeinu Bachya

fürchten, mangelt es nicht" [Tehilim 34:10].

[2] Der Alchemist muss Handlungen ausführen und Verfahren befolgen, ohne die er sein Ziel nicht erfolgreich erreichen kann. Es ist sogar möglich, dass die Dämpfe und Gerüche seinen Tod verursachen, zusammen mit der langen Arbeit und der großen Anstrengung mit ihnen Tag und Nacht. Aber jemand, der auf G-tt vertraut, ist sicher vor Missgeschicken, und sein Herz ist sicher vor zukünftigen [möglichen] schlechten Dingen. Was auch immer von G-tt zu ihm kommt, wird er mit Freude und Wonne annehmen, und sein Lebensunterhalt kommt ihm friedlich, ruhig und glücklich zu, wie geschrieben steht: "Er lässt mich lagern auf grünen Auen; er führt mich an stillen Wassern" [Tehilim 23:2].

[3] Der Alchemist vertraut sein Geheimnis
niemandem sein Geheimnis an, weil er um sein Leben fürchtet. Aber jemand, der G-tt vertraut, fürchtet niemanden wegen seines Vertrauens, ganz im Gegenteil, es ist eine Quelle der Ehre, wie König David sagte: "Auf G-tt habe ich vertraut, ich werde mich nicht fürchten, was kann mir ein Mensch tun?" [Tehilim 54:12].

[4] Der Alchemist muss entweder eine große Menge Gold und Silber für den langfristigen Bedarf oder kleine Mengen für den kurzfristigen Bedarf vorbereiten. Wenn er eine große Menge vorbereitet, wird er sein ganzes Leben lang um sein Leben fürchten, dass vielleicht alles Gold und Silber auf irgendeine Art und Weise verloren geht [und er mittellos dasteht], und sein Herz wird nie zur Ruhe kommen, noch wird sein Geist in Frieden sein, weil er Angst vor dem König und dem Volk hat [weil er sein großes Goldversteck findet].Wenn er kleine Mengen für den kurzfristigen Gebrauch herstellt, ist es möglich, dass er das Verfahren in einer Zeit großer Not nicht erfolgreich durchführen kann, weil eines der Mittel versagt. Aber jemand, der auf G-tt vertraut, hat die Gewissheit, dass G-tt ihn zu jeder Zeit und an jedem Ort versorgen wird, so wie Er den Fötus im Schoß seiner Mutter oder das Küken in einem Ei versorgt, das keine Öffnung hat, um etwas von außen zu betreten, und die Vögel in der Luft oder die Fische im Meer und die winzige Ameise trotz ihrer Schwäche, während der mächtige Löwe an manchen Tagen keine Nahrung finden kann, wie geschrieben steht: "Junge Löwen leiden Not und sind hungrig, aber denen, die den Ewigen suchen, fehlt nichts Gutes" [Tehilim 34: 11], und: "Der Ewige wird die Seele des Gerechten nicht hungern lassen" [Mischlei 10,3], und: "Ich bin jung gewesen und bin jetzt alt; aber ich habe den Gerechten nicht verlassen gesehen, und seine Nachkommen haben nicht um Brot gebettelt" [Tehilim 37,25].

[5] Der Alchemist ist unter Angst und Furcht von allen, von den größten bis zu den niedrigsten Menschen als Folge seiner Arbeit, aber einer, der

Die Pflichten des Herzens Kapitel Vier   Rabbeinu Bachya

auf G-tt vertraut, wird von großen Männern und ehrenhaften Menschen verehrt, sogar Tiere und Steine versuchen, seinen Willen zu tun [d.h. ihm nicht zu schaden - Üb], wie im gesamten Psalm geschrieben steht "Er, der sitzt..." [Tehilim 91], und "In sechs Nöten wird er dich erretten, und im siebten wird dir kein Leid geschehen." [Iyov 5:19], bis zum Ende der Angelegenheit.

[6] Der Alchimist ist nicht immun gegen Krankheiten, die seine Freude am Reichtum und seine Freude an dem, was er hat und an dem, was er erworben hat, beeinträchtigen. Aber jemand, der auf G-tt vertraut, ist immun gegen Krankheit, es sei denn als Sühne oder um seinen Lohn zu erhöhen, wie geschrieben steht: "Nun werden die Jünglinge müde und matt werden, und die jungen Männer werden straucheln" [Jeschaja 40:30], "diejenigen, die auf G-tt hoffen, werden ihre Kraft erneuern" [Jeschaja 40:31], und "Denn die Arme der Gottlosen werden zerbrochen werden, aber der Ewige unterstützt die Gerechten" [Tehilim 37:17].

[7] Es ist möglich, dass der Alchimist mit seinem Gold und Silber keine Nahrung kaufen kann, weil es in der Stadt zuweilen keine Nahrung gibt, wie geschrieben steht: "sie werden ihr Geld auf die Straße werfen" [Yechezkel 7:19], und "weder Silber noch Gold werden sie retten können" [Tzefania 1:18], aber für jemanden, der auf G-tt vertraut, wird sein Lebensunterhalt zu keiner Zeit und an keinem Ort blockiert sein, wie geschrieben steht: "in der Hungersnot hat Er dich vom Tod erlöst" [Iyov 5: 20], und "der Ewige ist mein Hirte, mir wird nichts mangeln" [Tehilim 23:1], und "sie werden nicht zuschanden werden in Zeiten des Unglücks, und in Tagen des Hungers werden sie noch satt werden" [Tehilim 37:19].

[8] Der Alchimist verweilt nicht zu lange an einem Ort, weil er fürchtet, dass sein Geheimnis entdeckt werden könnte. Wer aber auf G-tt vertraut, fühlt sich in seinem Land sicher und hat an seinem Ort Seelenfrieden, wie geschrieben steht: "Vertraue auf den Ewigen und tue Gutes; wohne im Lande und nähre dich vom Glauben" [Tehilim 37:3], und "Die Gerechten werden das Land erben und für immer darin wohnen" [Tehilim 37:29].

[9] Die Fähigkeiten des Alchimisten werden ihn nicht ins Jenseits begleiten, sie können ihm in dieser Welt nur Sicherheit vor Armut und vor der Abhängigkeit von anderen Menschen geben. Wer aber auf G-tt vertraut, den wird die Belohnung für sein Vertrauen in dieser und in der nächsten Welt begleiten, wie geschrieben steht: "Viele sind die Schmerzen der Bösen; wer aber auf G-tt vertraut, wird von Güte umgeben sein" [Tehilim 32:10], und "wie groß ist Deine Güte, die Du für die verborgen hast, die Dich fürchten" [Tehilim 31:20].

[10] Wenn das Werk des Alchimisten entdeckt wird, ist das ein Grund

Die Pflichten des Herzens Kapitel Vier   Rabbeinu Bachya

für seinen Tod, weil sein Werk der natürlichen Ordnung zuwiderläuft, und der Herrscher der Welt wird es zulassen, dass jemand ihn tötet, wenn er sein Geheimnis nicht verbirgt. Wer aber auf G-tt vertraut, wird, wenn sein Vertrauen bekannt wird, von der Öffentlichkeit hoch geachtet und geehrt werden. Sie werden sich gesegnet fühlen, in seiner Nähe zu sein oder ihn zu sehen, und seine Anwesenheit wird der Stadt Glück bringen und die Menschen vor Unglück bewahren, wie geschrieben steht: "Der Gerechte ist die Grundlage der Welt" [Mischlei 10:25], ähnlich wie Lot in Tzoar.

Zu den Vorteilen des Vertrauens auf G-tt in religiösen Angelegenheiten: Jemand, der auf G-tt vertraut, wird, wenn er Reichtum hat, schnell seine finanziellen Verpflichtungen gegenüber G-tt und den Menschen mit einem willigen und großzügigen Geist erfüllen. Wenn er keinen Reichtum hat, wird er diesen Mangel an Reichtum als eine der Wohltaten G-ttes für ihn betrachten, weil er von den finanziellen Verpflichtungen gegenüber G-tt und den Menschen befreit ist, die Reichtum mit sich bringt, und er wird von der geistigen Ablenkung verschont, ihn zu schützen und zu verwalten, wie einer der Frommen zu sagen pflegte: "Möge G-tt mich vor der Zerstreuung des Geistes bewahren". Sie fragten ihn: "Was ist Zerstreuung des Geistes?" Er würde antworten: "Eigentum am Kopf eines jeden Flusses und im Zentrum einer jeden Stadt zu besitzen". Und darauf bezogen sich unsere Weisen, als sie sagten: "Je mehr Besitz, desto mehr Sorgen" [Avos 2,7], und sie sagten: "Wer ist wohlhabend? Derjenige, der mit dem zufrieden ist, was er hat" [Avos 4,1].

Jemand, der auf G-tt vertraut, wird die Vorteile des Geldes erhalten, nämlich seine materiellen Bedürfnisse, aber ohne die geistige Ablenkung und die ständige Sorge der Wohlhabenden, wie der weise Mann sagte: "Der Schlaf des Arbeiters ist süß, ob er wenig oder viel isst, aber die Sättigung des Reichen erlaubt ihm nicht zu schlafen" [Koheles 5:11].

Ein weiterer Vorteil: Jemand, der auf G-tt vertraut, wird sein Vertrauen nicht schmälern, wenn er viel Reichtum hat, weil er sich nicht auf das Geld verlässt. Er betrachtet es als eine Einlage, die er auf bestimmte Weise, für bestimmte Dinge und für eine begrenzte Zeit zu verwenden hat. Und wenn er lange Zeit wohlhabend bleibt, wird er wegen seines Reichtums nicht überheblich werden. Er wird den Armen nicht an seine Almosen erinnern, denn es wurde ihm befohlen, ihm zu geben, und er wird nicht seine Dankbarkeit und seinen Lobpreis suchen. Vielmehr wird er seinem Schöpfer danken, der ihn als Mittel eingesetzt hat, um dem Armen Gutes zu tun.

Wenn sein Reichtum verloren geht, wird er sich nicht sorgen und den

Die Pflichten des Herzens Kapitel Vier Rabbeinu Bachya

Verlust nicht beklagen. Vielmehr wird er seinem Schöpfer dafür danken, dass er seine Einlage zurückgenommen hat, so wie er G-tt gedankt hat, als es ihm gegeben wurde. Er wird mit seinem Anteil glücklich sein und nicht versuchen, andere zu schädigen. Er wird nicht den Reichtum anderer Leute begehren, wie der weise Mann sagte: "Ein Gerechter isst, um seinen Appetit zu stillen, [aber der Magen des Gottlosen wird Mangel spüren]." [Mishlei 13:25].

Vorteile des Vertrauens in G-tt in weltlichen Angelegenheiten:
- Ruhe des Geistes vor den Sorgen dieser Welt.
- Ruhe vor der Raserei und dem Drang, den Begierden dieser Welt nachzugehen.
- sich ruhig, sicher und in Frieden in dieser Welt zu fühlen, wie geschrieben steht: "Gesegnet sei der Mann, der auf G-tt vertraut, und G-tt wird seine Zuflucht sein" [Yirmiyahu 17:7], und "Denn er wird sein wie ein Baum, der am Wasser gepflanzt ist, der seine Wurzeln am Bach ausstreckt. [Er fürchtet sich nicht, wenn die Hitze kommt; seine Blätter bleiben grün. Er hat keine Sorgen in einem Jahr der Dürre und bringt immer Frucht]" [Yirmiyahu 17,8].

Dazu gehört die Ruhe des Geistes vor der Notwendigkeit, in die Ferne zu reisen, was den Körper schwächt und das Altern beschleunigt, wie geschrieben steht: "Meine Kraft ist von der Reise geschwächt, mein Leben verkürzt" [Tehilim 102:24].

Es wird von einem Asketennovizen berichtet, der auf der Suche nach einem Lebensunterhalt in ein fernes Land reiste. In der Stadt, in der er ankam, traf er einen der Götzendiener und sagte zu ihm: "Wie völlig blind und unwissend bist du, dass du Götzen anbetest!". Der Götzendiener fragte ihn: "Und was betest du an?". Der Asket antwortete: "Ich verehre den Schöpfer, den Allmächtigen, den Erhalter von allem, den Einen, den Versorger von allem, dem keiner gleicht". Der Götzendiener erwiderte: "Deine Taten widersprechen deinen Worten!" Der Asket fragte: "Wie das?", und der Götzendiener sagte: "Wenn das, was du sagst, wahr wäre, hätte Er dir in deiner eigenen Stadt ein Auskommen verschafft, so wie Er dir hier ein Auskommen verschafft hat, und es wäre nicht nötig gewesen, dass du dich bemühst, in ein fernes Land wie dieses zu reisen." Der Asket, unfähig zu antworten, kehrte in seine Stadt zurück und nahm von da an seine Askese wieder auf und verließ seine Stadt nie wieder.

Ein weiterer Vorteil ist der Frieden von Geist und Körper, der sich einstellt, wenn man sich von anstrengenden und ermüdenden Beschäftigungen fernhält und die Arbeit der Könige vermeidet, indem man sich in ihre Kultur einmischt und mit ihren korrupten Dienern zu tun hat.

Die Pflichten des Herzens Kapitel Vier   Rabbeinu Bachya

Aber jemand, der G-tt vertraut, wählt unter den verschiedenen Berufen einen aus, der seinen Körper schont, der ihm erlaubt, einen guten Ruf zu erwerben, der seinen Verstand nicht verbraucht und der am besten geeignet ist, seine Tora-Verpflichtungen und die Prinzipien seines Glaubens zu erfüllen, denn die Wahl des Berufes wird das Einkommen, das er verdienen wird, weder erhöhen noch verringern, es sei denn, G-tt hat es so bestimmt, wie es heißt: "Denn es kommt nicht vom Osten oder vom Westen, noch von der Wüste kommt die Erhöhung. Aber G-tt richtet; Er erniedrigt diesen und erhöht jenen." [Tehilim 75,7], und "Er lässt mich lagern auf grünen Auen, Er führt mich an stillen Wassern" [Tehilim 23,2].

Ein weiterer Vorteil ist, dass man sich bei seinen Geschäften nur wenig Ärger einhandelt. Wenn sich seine Waren nicht verkaufen lassen, wenn er seine Schulden nicht eintreiben kann oder wenn er von einer Krankheit heimgesucht wird, weil er weiß, dass der Schöpfer über sein Leben wacht und am besten weiß, was gut für ihn ist, wie geschrieben steht: "Nur auf G-tt sollst du hoffen, meine Seele, denn meine Hoffnung ist von Ihm" [Tehilim 62,6].

Ein weiterer Vorteil ist die Freude über alles, was ihm widerfährt, selbst wenn es etwas Schwieriges und gegen seine Natur ist, weil er darauf vertraut, dass G-tt in allen Angelegenheiten nur das tut, was gut für ihn ist, so wie eine Mutter Mitleid mit ihrem Baby hat, wenn sie es wäscht, wickelt und gegen seinen Willen bindet oder löst, wie David sagte: "Ich habe mich verhalten und mich beruhigt, wie ein Kind, das von seiner Mutter entwöhnt wird; meine Seele ist wie ein entwöhntes Kind" [Tehilim 131,2].

Da ich die Vorteile des Vertrauens in G-tt für religiöse und weltliche

Angelegenheiten geklärt habe, werde ich nun sieben Themen zum Thema Vertrauen erläutern:

[1] Was ist Vertrauen.
[2] Die Kriterien, um jemandem zu vertrauen.
[3] Die Voraussetzungen für das Vertrauen in G-tt.
[4] Wann gilt Vertrauen und wann nicht.
[5] Der Unterschied zwischen jemandem, der auf G-tt vertraut, um seinen Lebensunterhalt zu verdienen, und jemandem, der das nicht tut.
[6] Die Verpflichtung, diejenigen zu widerlegen, die dafür werben, den Dienst an G-tt aufzuschieben, bis man genügend materiellen Wohlstand erreicht hat.
[7] Dinge, die dem Vertrauen in G-tt schaden, und eine Zusammenfassung der Angelegenheit des Vertrauens.

Die Pflichten des Herzens Kapitel Vier Rabbeinu Bachya

Kapitel Eins

Vertrauen ist der Seelenfrieden desjenigen, der vertraut. Derjenige vertraut in seinem Herzen darauf, dass derjenige, dem er vertraut, in der Angelegenheit, die er ihm anvertraut hat, das tun wird, was gut und richtig für ihn ist, entsprechend seinen Fähigkeiten und seinem Verständnis dessen, was seinem Wohl dient.

Aber der wichtigste Faktor, der dazu führt, dass man dem Anvertrauten vertraut, und ohne den es kein Vertrauen geben kann, ist, dass das Herz darauf vertraut, dass der Anvertraute sein Wort hält und das tut, was er versprochen hat, und dass er auch daran denkt, das zu tun, was gut für ihn ist, selbst bei dem, was er aus reiner Großzügigkeit und Güte nicht versprochen hat [das wird erklärt werden].

Kapitel Zwei

Es gibt sieben Faktoren, die es einem Menschen ermöglichen, einem anderen [Menschen] zu vertrauen:

[1] Mitgefühl, Erbarmen und Liebe. Wenn ein Mensch weiß, dass sein Freund Mitgefühl und Mitleid mit ihm hat, wird er ihm vertrauen und in Frieden sein, wenn er ihn mit all seinen Angelegenheiten belästigt.

[2] Zu wissen, dass sein Freund ihn nicht nur liebt, sondern auch nicht vergesslich oder faul ist, sich um seine Bedürfnisse zu kümmern. Vielmehr weiß er, dass sein Freund aktiv und entschlossen ist, es zu tun. Denn wenn all dies nicht klar ist, wird das Vertrauen in ihn nicht vollständig sein, da man weiß, dass er vergesslich und faul ist, wenn es darum geht, sich um seine Bedürfnisse zu kümmern.

Aber wenn derjenige, dem er vertraut, diese beiden Eigenschaften vereint, nämlich großes Mitgefühl für ihn und volle Aufmerksamkeit für seine Angelegenheiten, wird er ihm ohne Zweifel vertrauen.

[3] Er ist stark. Er wird in allem, was er sich wünscht, nicht besiegt werden, und nichts kann ihn daran hindern, die Bitte desjenigen zu erfüllen, der ihm vertraut. Denn wenn er schwach ist, kann man ihm nicht voll vertrauen, auch wenn es klar ist, dass er barmherzig und aktiv ist, da er bei vielen Gelegenheiten versagt hat, Dinge zu tun. Wenn man diese drei Eigenschaften kombiniert, wird das Vertrauen in ihn passender sein.

[4] Dass derjenige, dem er vertraut, weiß, was gut für ihn ist, sowohl für sein inneres als auch für sein äußeres Leben, und dass ihm keiner der Wege, die ihm nützen oder sein Wohlergehen fördern, verborgen bleibt. Denn wenn er all dies nicht weiß, wird man sich ihm nicht in Ruhe

Die Pflichten des Herzens — Kapitel Vier — Rabbeinu Bachya

anvertrauen können. Wenn er aber das Wissen um die Wege, die ihm nützen, mit der Fähigkeit, sie auszuführen, mit großer Aufmerksamkeit für sie und mit Mitgefühl für ihn verbindet, wird sein Vertrauen sicherlich gestärkt werden.

[5] Dass derjenige, dem er vertraut, unter seiner ausschließlichen Obhut steht, vom Beginn seines Daseins, seiner Entwicklung, seiner Kindheit, seiner Jugend, seines Erwachsenseins, seines Alters bis zum Ende seiner Tage [d.h., dass niemand sonst ihm jemals etwas Gutes getan hat, außer demjenigen, dem er vertraut - MÜ]. Und wenn all dies dem Treuhänder klar ist, ist er verpflichtet, mit seinem Freund im Reinen zu sein und sich auf ihn zu verlassen, wegen der vielen vergangenen Wohltaten, die er bereits von seinem Freund erhalten hat, und der ständigen Wohltaten, die er auch jetzt noch erhält. Und dies verpflichtet dazu, sein Vertrauen in ihn zu stärken. [da er ihm von damals bis heute ununterbrochen wohlgesonnen war, wird er ihn bis zu seinem endgültigen Ende sicherlich nicht im Stich lassen - PL]

[6] Alle Angelegenheiten des Vertrauten liegen ganz in der Hand desjenigen, dem er vertraut, und niemand sonst kann ihm schaden, helfen, nützen oder ihn vor Schaden bewahren, so wie ein Sklave, der in einem Gefängnis angekettet ist, ganz in der Hand seines Fürsten liegt. Wäre der Treuhänder auf diese Weise in den Händen desjenigen, dem er vertraut, wäre es angemessener, ihm zu vertrauen.

[7] Dass die Person, der er vertraut, absolut großzügig und gütig ist [d.h. das größtmögliche Maß an Großzügigkeit und Güte - Üb], sowohl zu denen, die es verdienen, als auch zu denen, die es nicht verdienen, und dass seine Großzügigkeit und Güte beständig, nie endend und ohne Unterbrechung ist.

Wer diese Eigenschaften in sich vereint, hat zusätzlich zu allen vorhergehenden Eigenschaften alle Bedingungen erfüllt, die Vertrauen verdienen, und würde denjenigen, der dies weiß, dazu verpflichten, ihm zu vertrauen, innerlich und äußerlich, in seinem Herzen und in seinen Gliedern in Frieden zu sein und sich ihm hinzugeben und seine Anordnungen zu akzeptieren und ihn in allen seinen Urteilen und Handlungen wohlwollend zu beurteilen. [anzunehmen, dass sicherlich alles gut ist und selbst das, was schlecht erscheint, in Wirklichkeit gut ist - MÜ].

Wenn wir diese sieben Bedingungen untersuchen, werden wir sie keineswegs bei den geschaffenen Wesen finden, sondern wir finden sie alle beim Schöpfer. Er ist barmherzig zu seinen Geschöpfen, wie geschrieben steht: "Der Ewige ist barmherzig und gnädig" [Tehilim

Die Pflichten des Herzens   Kapitel Vier   Rabbeinu Bachya

103:8], und "Sollte ich mich nicht erbarmen mit Ninive, der großen Stadt" [Jona 4:11].

Und dass er uns niemals vernachlässigt, wie geschrieben steht: "Siehe, der Wächter Israels schläft nicht und schlummert nicht" [Tehilim 121,4], dass er allweise und unbesiegbar ist, wie geschrieben steht: "Er ist weise im Herzen und mächtig an Kraft; wer hat sein Herz gegen ihn verhärtet und ist unverletzt geblieben?" [Iyov 9:4], und "Dein, o Ewiger, ist die Größe und die Macht und die Herrlichkeit und der Sieg und die Majestät" [Divrei Hayamim I 29:11] und "Der Ewige, dein G-tt, ist in deiner Mitte - ein Mächtiger, der retten wird" [Tzefania 3:17].

Und dass Er allein derjenige ist, der den Menschen vom Beginn seiner Existenz und Entwicklung an leitet, wie geschrieben steht: "Ist Er nicht dein Vater, der dich erworben hat? Er hat dich erschaffen und dich gegründet." [Devarim 32,6], und "Durch Dich bin ich von Geburt an erhalten worden: Du bist es, der mich aus dem Schoß meiner Mutter geholt hat" [Tehilim 71,6], und "Hast Du mich nicht wie Milch ausgegossen und wie Käse geronnen?" [Ijow 10,10], und dergleichen mehr.

Dass Nutzen oder Schaden nicht in der Hand der Menschen liegt, sondern allein in der Hand des Schöpfers, wie geschrieben steht: "Wer hat geboten, und es ist geschehen, es sei denn, der Ewige hat es bestimmt? Aus dem Munde G-ttes gehen Böses und Gutes nicht hinaus [aus der Grenze, die Er gesetzt hat - PL]" [Eicha 3:37], und "[Alles Fleisch ist wie Gras, und all ihre Güte ist wie die Blume des Feldes]; das Gras wird verdorren, die Blume verwelken, aber das Wort unseres G-ttes bleibt ewiglich bestehen" [Jeschaja 40:8], und "...gewiss sind die Menschen wie Gras" [Jeschaja 40:7], und wir haben dies bereits im dritten Tor dieses Buches hinreichend erklärt.

Dass Seine Großzügigkeit universell und Seine Güte allumfassend ist, wie geschrieben steht: "Der Ewige ist gut zu allen, und Seine Barmherzigkeit gilt allen Seinen Werken" [Tehilim 145:9] und "Der allem Fleisch Nahrung gibt, denn Seine Güte währt ewig" [Tehilim 136:25], und "Du öffnest Deine Hand und sättigst jedes Lebewesen [mit] Willen [d. h das Gute, das Er schenkt, ist nicht geizig, sondern entspricht Seinem Willen - PL]" [Tehilim 145:16].

Aber eigentlich kann der Verstand daraus schließen, dass diese 7 Bedingungen im Schöpfer und nicht in den geschaffenen Wesen existieren [wie er im nächsten Kapitel erklären wird - Üb], und deshalb habe ich diese Verse aus der Schrift nur zur Erinnerung gebracht.

Wenn man sich dies klarmacht und die wahre Güte des Schöpfers anerkennt, wird man Ihm vertrauen, sich Ihm völlig hingeben und Ihm

Die Pflichten des Herzens Kapitel Vier   Rabbeinu Bachya

die Führung seines Lebens überlassen, Ihm niemals in seinen Urteilen misstrauen und sich nicht durch das, was Er für ihn ausgewählt hat, aus der Fassung bringen lassen, wie David sagte [im Guten - Üb] "Ich will den Kelch des Heils erheben und den Namen des Ewigen anrufen" [Tehilim 116: 13], und [über das Schlechte - Üb] "Ich fand Not und Kummer und rufe den Namen des Ewigen" [Tehilim 116:3-4].

Kapitel Drei

Die Einleitungen, die klar verstanden werden müssen und deren Wahrheit erkannt werden muss, damit das Vertrauen einer Person in G-tt vollständig ist, sind fünf.

Zu glauben und klar zu verstehen, dass alle sieben Faktoren [im vorigen Kapitel], die in ihrer Kombination das Vertrauen in jemanden ermöglichen, auf G-tt zutreffen. Und ich habe sie bereits erwähnt und anhand von Versen, die mir in den Sinn kamen, kommentiert:

Erstens: Der Schöpfer ist barmherziger zu einem Menschen als jedes andere barmherzige Wesen, und alle Barmherzigkeit und alles Mitleid, das einem Menschen von irgendjemandem außer G-tt erwiesen wird, ist in Wirklichkeit von G-ttes Barmherzigkeit und Mitleid abgeleitet, wie der Vers sagt: "Er wird dir Mitleid geben und andere veranlassen, Mitleid mit dir zu haben und dich zu vermehren" [Devarim 13:18].

Zweitens: Keine der Möglichkeiten, die dem Menschen zugute kommen, ist dem Schöpfer unbekannt. Das ist logisch, denn der Mensch ist eines Seiner Werke. Niemand kann besser als der Schöpfer des Menschen die Wege kennen, die seine Erschaffung fördern [d.h. die biologische Empfängnis im Mutterleib - PL], und die Wege des Verlustes [wo keine Empfängnis stattfindet und der Samentropfen verloren geht - PL], und die möglichen Schäden, die auftreten können [in der Entwicklung des Embryos im Mutterleib während der Zeit der Schwangerschaft - PL], und die Wege, wie es [das geborene Kind während seines Wachstums und seiner Entwicklung - PL] krank und geheilt werden kann.

Und das gilt auch für die menschlichen Erfinder [die am besten wissen, was ihren Erfindungen schadet oder nützt], obwohl sie eigentlich nichts Neues erschaffen, sondern nur eine neue Form aus vorhandenen Rohstoffen herstellen, denn eine neue Form aus dem Nichts zu schaffen, ist dem Menschen unmöglich.

Umso mehr, als Er die Grundelemente des Menschen, seine Form, seine Anatomie und die Ordnung seiner Synthese [von Körper und Seele - PL] aus dem Nichts ins Leben gerufen hat. Offensichtlich ist Er der Weise, der zweifellos weiß, welche Dinge dem Menschen in dieser und in der

Die Pflichten des Herzens Kapitel Vier Rabbeinu Bachya

nächsten Welt nützen oder schaden, wie geschrieben steht: "Ich bin der Ewige, dein G-tt, der dich zu deinem Nutzen lehrt, der dich auf den rechten Weg führt" [Jesaja 48,17], und auch "G-tt weist die zurecht, die er liebt [um sie auf den rechten Weg zu bringen - Üb], und wie ein Vater einen Sohn, den er begehrt" [Mischlei 3,12].

Drittens: Der Schöpfer ist der Stärkste von allen Starken. Sein Wort hat die Oberhand, und nichts kann seine Entscheidung rückgängig machen, wie geschrieben steht: "Was G-tt will, das tut er" [Tehilim 135,6], und "so soll mein Wort, das aus meinem Munde geht, nicht leer zu mir zurückkehren, wenn es nicht getan hat, was ich will" [Jeschaja 55,11].

Viertens: Er wacht über das Leben aller Menschen und lenkt es. Er lässt keinen von ihnen im Stich [indem er ihnen Gutes schenkt oder sie entsprechend ihren Bedürfnissen unterstützt - PL] und vernachlässigt keinen von ihnen [indem er sie vor Schaden bewahrt - PL]. Keine ihrer Angelegenheiten, ob klein oder groß, ist vor Ihm verborgen, und keine Angelegenheit kann Ihn davon ablenken, sich an eine andere Sache zu erinnern, wie geschrieben steht: "Warum sagst du, o Jakob, und sprichst, o Israel: 'Mein Weg ist vor dem Ewigen verborgen, und mein Gericht [d.h. meine Vorsehung - Üb] ist vor meinem G-tt übergangen'?" [Jeschaja 40:27], und "Wisst ihr nicht - wenn ihr nicht gehört habt -, dass der Ewige ein für immer bestehender G-tt ist, der Schöpfer der Enden der Welt; Er wird nicht müde noch träge; es gibt kein Ergründen Seines Verstandes [d.h. Seiner Vorsehung für alle Schöpfungen gleichzeitig - Üb]" [Jeschaja 40:28]....]

Fünftens: Kein erschaffenes Wesen kann ohne die Erlaubnis des Schöpfers weder sich selbst noch einem anderen Geschöpf Nutzen oder Schaden zufügen.

Wenn ein Sklave mehr als einen Herrn hat und jeder von ihnen die Macht hat, ihm zu helfen, ist es für ihn nicht möglich, nur einem von ihnen zu vertrauen, da er hofft, von jedem Fürsten zu profitieren. Und wenn ein Fürst ihm mehr nützen kann als die anderen, sollte er ihm entsprechend mehr vertrauen, obwohl er auch den anderen vertraut. Und wenn nur einer der Fürsten ihm nützen oder schaden kann, sollte er sein Vertrauen nur auf diesen einen Fürsten setzen, da er sich von den anderen Fürsten keinen Nutzen erhofft. Ebenso wird der Mensch, wenn er erkennt, dass kein erschaffenes Wesen ihm ohne die Erlaubnis des Schöpfers nützen oder schaden kann, aufhören, sich vor ihnen zu fürchten oder etwas von ihnen zu erhoffen, und er wird sein Vertrauen allein auf den Schöpfer setzen, wie geschrieben steht: "Vertraue nicht auf Fürsten, noch auf sterbliche Menschen, die keine Hilfe haben" [Tehilim 146,3].

Sechstens: Dass man sich der überreichen Güte G-ttes gegenüber dem

Die Pflichten des Herzens   Kapitel Vier   Rabbeinu Bachya

Menschen bewusst ist und wie Er ihn aus überreichem und reinem Wohlwollen und Güte ins Dasein gebracht hat, ohne dass der Mensch dessen würdig wäre, auch nicht, weil G-tt ihn braucht, sondern nur aus Großzügigkeit, Wohlwollen und Güte, wie wir in der Pforte der Prüfung dieses Buches erklärt haben, und wie König David sagte: "Viele, o Ewiger, mein G-tt, sind Deine wunderbaren Werke, die Du getan hast, und Deine Gedanken, die an uns sind: Sie können nicht aufgezählt werden in Bezug auf Dich; wenn ich sie verkünden und erzählen wollte, so sind sie mehr, als man zählen kann" [Tehilim 40,5].

Sieben: Dass man klar erkennt, dass alle existierenden Dinge in dieser Welt, ob gewollt oder zufällig, vorherbestimmte Grenzen haben, die nicht erhöht oder verringert werden können von dem, was der Schöpfer verordnet hat, sei es in Menge, Qualität, Zeit oder Ort. Es kann weder zahlreich sein, wenn der Schöpfer es als wenig dekretiert hat, noch wenig, wenn der Schöpfer es als zahlreich dekretiert hat, noch zu spät kommen, wenn es zu früh kommen soll, noch zu früh kommen, wenn es zu spät kommen soll. Und wenn etwas im Gegensatz dazu zu sein scheint, so wurde es in Wirklichkeit bereits im Voraus verordnet, nur dass alle Verordnungen [durch] Ursachen und Mittel umgesetzt werden, die ihrerseits Ursachen und Mittel haben.

Jemand, der die Dinge dieser Welt nicht versteht, denkt, dass eine unmittelbare Ursache eine Veränderung der Dinge erzwingt, die wiederum weitere Veränderungen hervorruft [dass gegenwärtige Ereignisse die Zukunft ständig umgestalten]. Aber in Wirklichkeit ist eine einzige Ursache zu schwach, um allein eine Veränderung zu bewirken, wie wir sehen, dass ein Weizenkorn 300 Ähren zum Wachsen bringen kann, die jeweils 30 Körner enthalten, so dass ein Korn etwa zehntausend Körner hervorgebracht hätte. Kann man die Tatsache verbergen, dass ein Korn allein nicht in der Lage ist, diese Menge zu erzeugen? Das Gleiche gilt für andere Körner, die man anpflanzt, und das Gleiche gilt für einen Menschen oder ein Tier aus einem Tropfen Samen, oder einen riesigen Fisch aus einem winzigen Ei.

Sich damit zu beschäftigen, zu versuchen, das, was der Schöpfer für später bestimmt hat, früher zu bringen, oder zu versuchen, das, was für früher bestimmt wurde, zu verzögern, oder zu versuchen, das, was für wenige bestimmt wurde, zahlreich zu machen, oder zu versuchen, das, was für zahlreiche weltliche Besitztümer bestimmt wurde, zu vermindern, es sei denn, es führt zu einer Stärkung Seines Dienstes oder zur Annahme Seiner Tora - all das ist darauf zurückzuführen: [1] Schwäche in der Anerkennung von G-tt's allwissendem Verständnis [von

Die Pflichten des Herzens   Kapitel Vier   Rabbeinu Bachya

uns und unseren Bedürfnissen - PL] und **[2]** Dummheit im Versagen, den wohlwollenden Charakter von G-tt's Handlungen zu verstehen.

Der weise Mann hat dies bereits angedeutet, als er sagte: "Alles hat seine Zeit und seinen Augenblick unter dem Himmel" [Koheles 3:1], und danach erwähnt er 28 Dinge [entsprechend den 28 Mondpositionen, was auf das astrologische Schicksal anspielt - Üb], wie er sagt: "eine Zeit, um geboren zu werden, und eine Zeit, um zu sterben...", bis "eine Zeit für Krieg und eine Zeit für Frieden", und auch: "denn die Zeit und das Schicksal werden sie alle einholen" [Koheles 9:11], und dann sagte er: "Wenn du die Unterdrückung der Armen und den Mangel an Recht und Gerechtigkeit in der Provinz siehst, dann wundere dich nicht darüber, denn der Höchste über den Hohen wacht über sie, und es gibt Höhere über sie" [Koheles 5,7]. [dass es sich in Wirklichkeit nicht um astrologisches "Schicksal" handelt, sondern dass G-tt alles hinter den Kulissen durch Ursachenketten nach seinem Wunsch und seinen Anordnungen lenkt - Üb]

Die Wege der Entscheidungen des Schöpfers sind zu tief, verborgen und erhaben, als dass wir einen Teil davon verstehen könnten, und erst recht, um ihre allgemeinen Prinzipien zu verstehen. Und schon der Vers sagt: "Wie der Himmel höher ist als die Erde, so sind auch Meine Wege höher als eure Wege und Meine Gedanken [höher] als eure Gedanken" [Jeschaja 55:9].

[2] Zu wissen und klar zu erkennen, dass der Schöpfer ihn beobachtet, und dass ihm weder das private noch das öffentliche Verhalten eines Menschen verborgen ist, weder sein innerstes Wesen noch sein äußeres Erscheinungsbild. Er weiß auch, ob das Vertrauen eines Menschen zu Ihm aufrichtig ist oder nicht, wie der Vers sagt: "G-tt kennt die Gedanken des Herzens, dass sie eitel sind" [Tehilim 94:11] und "Versteht Er, der das Herz prüft, es nicht?" [Mischlei 24,12], und "Du allein kennst die Herzen aller Menschen" [Melachim I 8,39].

Wenn dies von demjenigen, der vertraut, klar erkannt wird, ist es nicht angemessen für ihn, mit seinen Lippen zu behaupten, dass er auf G-tt vertraut [in den täglichen Gebeten an vielen Orten - MÜ], ohne in seinem Herzen und in seinen Gedanken auf Ihn zu vertrauen, wodurch er in die Kategorie derjenigen fallen würde, von denen der Vers sagt: "Mit ihrem Mund und ihren Lippen ehren sie Mich, aber ihre Herzen sind weit weg von Mir" [Jeschaja 29:13].

[3] Dass eine Person auf G-tt allein für die Dinge vertraut, in die sie verpflichtet ist zu vertrauen [die Dinge, die man nicht auf G-tt vertrauen sollte, werden später erklärt], und Ihn nicht mit jemand anderem zu verbinden, indem man auf Ihn und eines der geschaffenen Wesen

Die Pflichten des Herzens Kapitel Vier Rabbeinu Bachya

vertraut, weil dann sein Vertrauen in G-tt ungültig wird, weil er jemand anderen mit G-tt verbunden hat. Ihr wisst, was über Asa gesagt wurde, trotz all seiner Frömmigkeit, als er sich auf die Ärzte verließ, wie geschrieben steht "während seiner Krankheit suchte er keine Hilfe von G-tt, sondern nur bei den Ärzten" [Divrei HaYamim II 16:12] [d.h. er betete nicht auch], und er wurde dafür bestraft. Und der Vers sagt: "Gesegnet ist der Mann, der auf den Ewigen vertraut; der Ewige wird seine Zuflucht sein" [Yirmiya 17:7].

Und es ist bekannt, dass derjenige, der zwei oder mehr Menschen mit einer Aufgabe betraut, die Sache verdirbt. Umso mehr für einen, der auf G-tt und einen Menschen vertraut, dass sein Vertrauen in G-tt ruiniert wird [da er G-tt mit einem erschaffenen Wesen gleichgesetzt hat, was eine große Herabsetzung von G-tts Größe ist - Üb].

Darüber hinaus wird dies der stärkste Faktor sein, um ihm das Objekt seines Vertrauens zu verweigern, wie geschrieben steht "verflucht ist der Mann, der auf Menschen vertraut.... und sein Herz von G-tt abwendet" [Yirmiya 17:5].

[4] Dass man sehr vorsichtig ist und sich sehr bemüht, das zu erfüllen, was der Schöpfer von ihm in Seinem Dienst verlangt, seine Mitzwot zu tun und sich vor dem zu hüten, was Er verboten hat, so wie er danach strebt, dass der Schöpfer mit ihm in dem übereinstimmt, was er Ihm anvertraut, wie unsere Weisen sagten: "Mache Seinen Willen zu deinem Willen, damit Er deinen Willen zu Seinem Willen macht, hebe deinen Willen zu Seinem Willen auf, damit Er den Willen der anderen zu deinem Willen aufhebt" [Avot 2:4].

Und der Vers sagt: "Vertraut auf den Ewigen und tut Gutes, so werdet ihr im Lande wohnen, und wahrlich, ihr werdet satt werden" [Tehilim 37,3], und "G-tt ist gut zu denen, die auf Ihn hoffen, zu denen, die Ihn suchen" [Eicha 3,25].

Wenn aber jemand auf G-tt vertraut und sich gegen Ihn auflehnt, wie töricht ist er, wie schwach ist sein Verstand und sein Verständnis! Denn er kann in dieser Welt sehen, dass, wenn ein Arbeitgeber einen Mann beauftragt, etwas zu tun oder zu unterlassen, und der Mann die Anweisung nicht befolgt, dies der stärkste Faktor dafür ist, dass der Arbeitgeber sich weigert, seinen Teil der Abmachung zu erfüllen. Umso mehr, als jemand, der die Gebote G-ttes missachtet, wofür G-tt selbst bezeugt hat, dass jemand, der auf Ihn vertraut und Ihm nicht gehorcht, seine Hoffnungen vereitelt und sein Vertrauen als heuchlerisch angesehen wird. Vielmehr wird er wie der sein, von dem geschrieben steht: "Denn was ist die Hoffnung des Schmeichlers, der betrügt, wenn G-tt seine Seele verstößt? Wird G-tt sein Schreien hören, wenn Unglück

Die Pflichten des Herzens   Kapitel Vier   Rabbeinu Bachya

über ihn kommt?" [Iyov 27:8-9], und "Wollt ihr stehlen, morden, ehebrechen, falsch schwören, den Götzen opfern und anderen G-tten folgen, die ihr nicht kennt. Und wollt ihr kommen und vor Mir stehen in diesem Haus, auf dem Mein Name angerufen ist, und sagen: 'Wir sind gerettet', um all diese Gräuel zu begehen? Ist dieses Haus, bei dem Mein Name angerufen ist, in euren Augen eine Räuberhöhle geworden? Auch ich, siehe, ich habe es gesehen, spricht der Ewige." [Yirmiyahu 7:9-11].

[5] Der Mensch sollte erkennen, dass jede neue Sache, die in dieser Welt nach der Genesis geschieht, auf zwei Arten vollendet wird:

Erstens: Durch G-ttes Dekret und Seinen Willen, dass die Materie ins Dasein kommen soll.

Zweitens: Durch zwischengeschaltete Ursachen und Mittel - einige nahe, einige entfernte, einige offensichtliche, einige verborgene, die alle eilen, um das ins Dasein zu bringen, was verordnet wurde, und dies mit G-tt's Hilfe tun.

Eine Veranschaulichung der Ursachen: Betrachten wir den Vorgang, Wasser aus den Tiefen der Erde zu schöpfen, indem wir ein Radsystem verwenden, an dem Eimer befestigt sind und das das Wasser aus dem Brunnen anhebt. Die Eimer sind die nahe Ursache. Die entfernte Ursache ist der Mensch, der ein Tier vor das Rad spannt und das Tier zwingt, sich zu bewegen, um das Wasser vom Grund des Brunnens an die Erdoberfläche zu befördern.

Die Zwischenglieder zwischen dem Menschen und den Eimern sind: das Tier, die mechanische Vorrichtung aus miteinander verbundenen Rädern/Getrieben, die sich in Reihe drehen, und das Seil. Wenn einer der genannten Ursachen [d. h. das Zwischenmittel oder die nahe Ursache - Üb] ein Missgeschick passieren würde, könnte der beabsichtigte Zweck, für den sie konzipiert wurden, nicht erfüllt werden.

Und so ist es auch bei anderen Dingen, die ins Dasein kommen. Sie können nicht durch einen Menschen oder irgendjemand anderen hervorgebracht werden, sondern durch den Beschluss G-ttes und Seine Vorbereitung aller Mittel, durch die die Sache hervorgebracht wird, wie geschrieben steht: "Und durch Ihn werden die Ursachen gezählt" [Shmuel I 2:3], und "Der groß ist im Ratschluss und mächtig im Ausführen" [Yirmiyahu 32:19], und "es war eine Ursache von G-tt" [Melachim I 12:15]. Und wenn die Mittel blockiert sind, wird keine der Handlungen, die diese Sache normalerweise ins Leben rufen, erfolgreich sein.

Wenn wir die Notwendigkeit für einen Menschen untersuchen, nach Mitteln zu streben und sich anzustrengen, um seine Bedürfnisse zu erfüllen, können wir mit unseren eigenen Augen sehen, dass jemand, der

Die Pflichten des Herzens Kapitel Vier Rabbeinu Bachya

Nahrung braucht und vor ihm ein angemessenes Essen serviert wird, seinen Hunger nicht stillen kann, wenn er sich nicht anstrengt, es zu essen, indem er das Essen zum Mund hebt, es kaut, usw.. Das Gleiche gilt für einen Durstigen, der Wasser braucht. Und erst recht, wenn er keine Nahrung zubereitet hat, bis er sich selbst anstrengen muss, indem er Mehl mahlt, knetet, backt usw. Und erst recht, wenn er das Essen kaufen und zubereiten muss. Und noch mehr, wenn er kein Geld hat, um sie zu kaufen, und sich noch mehr anstrengen muss, um Mittel zu finden, um das Geld zu verdienen oder den Betrag zu verkaufen, den er von den Gegenständen, die er benutzt, oder seinen anderen Besitztümern oder Ähnlichem braucht. Es gibt zwei Gründe, warum der Schöpfer den Menschen verpflichtet hat, nach Mitteln zu suchen und sich für seinen Lebensunterhalt und andere Bedürfnisse anzustrengen.

[1] Die g-ttliche Weisheit erforderte die Prüfung des Menschen im Dienst G-ttes oder in der Rebellion gegen Ihn. Deshalb prüft G-tt den Menschen mit dem, was seine Wahl in diesem Bereich zeigt - Bedürfnisse und Mangel an äußeren Dingen wie Essen, Trinken, Kleidung, Unterkunft und sexuelle Beziehungen. G-tt hat dem Menschen befohlen, sie mit den zur Verfügung stehenden Mitteln auf bestimmte Weise [gemäß der Tora - MÜ] und zu bestimmten Zeiten zu verfolgen und zu erreichen.

Was G-tt dem Menschen von ihnen verordnet hat, wird der Mensch nach der Vollendung der vorbereiteten Mittel vollständig erreichen.

Was nicht verordnet wurde, dass er es erreichen soll, wird er nicht erreichen, und die notwendigen Mittel werden ihm vorenthalten.

Durch diesen Prozess wird seine freie Entscheidung, ob er G-tt diente oder gegen Ihn rebellierte, durch seine Absicht und Wahl demonstriert, und der Mensch wird dann entweder Belohnung oder Bestrafung verdienen, unabhängig davon, ob er seine Absichten tatsächlich erreichte oder nicht.

[2] Zweitens, wenn ein Mann nicht gezwungen wäre, sich bei der Suche nach einem Lebensunterhalt anzustrengen, würde er treten [trotzig werden] und der Sünde nachjagen, und er würde seine Dankesschuld gegenüber G-tt für Seine Güte ihm gegenüber ignorieren. Wie geschrieben steht: "Und Harfe, Leier, Pauke, Flöte und Wein sind in ihren Festen; aber sie achten nicht auf das Werk des Ewigen, noch auf das Werk seiner Hände" [Jeschaja 5,12], und "Aber Jeschurun wurde fett und trat: du bist fett geworden, du bist dick geworden, du bist mit Fett bedeckt; da verließ er G-tt, der ihn gemacht hatte, und schätzte den Fels seines Heils gering" [Devarim 32,15]. Und die Weisen sagten: "Es ist gut, das Studium der Tora mit der Arbeit für den Lebensunterhalt zu verbinden, denn die Arbeit in beiden entfernt die Gedanken an Sünde,

Die Pflichten des Herzens Kapitel Vier **Rabbeinu Bachya**

und alles Torastudium ohne Arbeit wird am Ende aufgegeben und führt zur Sünde" [Avot 2,2]. Und das gilt umso mehr für denjenigen, der weder an der Tora noch an der Arbeit teilhat und seine Aufmerksamkeit auf keine dieser Beschäftigungen richtet.

Aus Mitleid mit dem Menschen hat G-tt ihn gezwungen, sich alle Tage mit den Dingen dieser und der nächsten Welt zu beschäftigen, damit er nicht das sucht, was er nicht braucht und was er mit seinem begrenzten Verstand nicht verstehen kann, wie z.B. Dinge, die vor der Schöpfung und dem endgültigen Ende waren [da diese Dinge seine Vollkommenheit nicht fördern, sondern im Gegenteil - sie schaden ihm - PL], wie der weise Mann sagte "auch die [Mühsal der] Welt hat Er in ihre Herzen gelegt, damit der Mensch nicht die Tat sucht, die G-tt getan hat, von Anfang bis Ende. " [Koheles 3,11].

Wenn ein Mensch sich im Dienst G-ttes stärkt, beschließt, Ihn zu fürchten, Ihm in seinen religiösen und weltlichen Angelegenheiten vertraut, sich von verwerflichen Dingen [wie Zorn oder Hochmut - PL] fernhält, nach den guten Midot [Charaktereigenschaften] strebt, im Wohlstand nicht rebelliert und sich nicht der Muße zuwendet, lässt sich nicht von der bösen Neigung verleiten und nicht von den Verlockungen dieser Welt verführen - die Last, sich um den Lebensunterhalt zu bemühen, wird von ihm genommen, da die beiden oben genannten Gründe für ihn nicht mehr gelten, nämlich ihn in seiner Wahl zu prüfen und ihn davor zu schützen, im Wohlstand zu rebellieren. Sein Lebensunterhalt wird ihm ohne Anstrengung [des Herzens - PL] oder Mühsal [der Glieder - PL] zukommen, je nach seinen Bedürfnissen, wie geschrieben steht: "G-tt wird den Gerechten nicht hungern lassen" [Mischlei 10:3].

Wenn man fragt: Siehe, wir sehen einige Zadikim [sehr gerechte Menschen], die ihren Lebensunterhalt nur nach harter und anstrengender Arbeit erhalten, während viele Übertreter ein gutes, angenehmes Leben führen?

Wir werden sagen: Die Propheten und die Chasidim [besonders Fromme] haben diese Angelegenheit bereits untersucht. Einer von ihnen sagte: "Gerecht bist du, o Ewiger, wenn ich zu dir flehe; doch lass mich mit dir über deine Urteile sprechen:] Warum gedeiht der Weg der Gottlosen, warum sind alle glücklich, die mit Verrat handeln?" [Yirmiyahu 12:1], und ein anderes: "Warum zeigst du mir Ungerechtigkeit und schaust auf Unheil; und Plünderung und Gewalttätigkeit sind vor mir, und derjenige, der Streit und Unfrieden erträgt, hat Bestand." [Chavakuk 1:3], und "denn ein Böser umgibt den Gerechten; darum kommt die Gerechtigkeit verkehrt heraus." [Chavakuk 1:4], und "Warum solltest Du schweigen,

Die Pflichten des Herzens Kapitel Vier   Rabbeinu Bachya

wenn ein Bösewicht einen Gerechteren als ihn verschlingt?" [Chavakuk 1,13], und ein anderer sagte: "Siehe, diese sind böse, und doch sind sie ruhig in der Welt und haben sich bereichert." [Tehilim 73,12], und "Aber umsonst habe ich mein Herz gereinigt und meine Hände in Reinheit gebadet" [Tehilim 73,13], und ein anderer sagte: "Und nun preisen wir die kühnen Frevler, die, die Böses tun, sind aufgebaut, sie versuchen G-tt, und sie sind doch entkommen." [Maleachi 3:15], und noch viele andere dieser Art.

Aber der Prophet sah davon ab, eine Antwort zu geben, weil jeder spezifische Fall seinen eigenen besonderen Grund hat [es gibt keine allgemeine Antwort, die alles umfasst - Üb]. Deshalb kommentierte Mosche Rabeinu dies in der Tora, indem er sagte [Devarim 29:28]: "Die verborgenen Dinge gehören G-tt"... und der weise Mann sagte in diesem Zusammenhang: "Wenn du die Unterdrückung der Armen und die Verdrehung von Recht und Gerechtigkeit in einer Provinz siehst, wundere dich nicht über die Sache" [Koheles 5:7], und der Vers sagt: "der Fels, Seine Taten sind vollkommen, denn alle Seine Wege sind Gerechtigkeit" [Devarim 32:4].

Dennoch hielt ich es für angebracht, den Versuch zu unternehmen, diese Angelegenheit zu klären, die bis zu einem gewissen Grad zufriedenstellend sein sollte [damit es nicht so schwierig wird - Üb].

Die möglichen Gründe, warum ein Zadik seinen Lebensunterhalt nicht mühelos erlangen kann, sondern sich dafür anstrengen muss und dadurch geprüft wird, sind folgende.

1. Eine frühere Sünde, für die er bezahlen muss, wie geschrieben steht: "Der Zadik wird im Land bezahlen" [Mischlei 11:31].

2. Im Sinne eines Tausches, um ihm in Olam Haba [dem Jenseits] mehr Gutes zukommen zu lassen, wie geschrieben steht: "um dir in deinem Ende zu nützen" [Devarim 8:16].

3. Um seine gute Haltung und seine gute Akzeptanz des Leidens im Dienste G-ttes zu demonstrieren, damit andere von ihm lernen, wie Sie aus der Sache von Ijow wissen.

4. Aufgrund der Schlechtigkeit seiner Generation prüft G-tt ihn mit Armut, Härte oder Krankheit, um seine Frömmigkeit und seinen Dienst für G-tt im Gegensatz zu ihnen zu demonstrieren/zu kontrastieren, wie geschrieben steht: "In der Tat, er trug unsere Krankheiten, und unsere Schmerzen trug er" [Yeshaya 53:4].

5. Weil er nicht eifrig genug war, für G-tt einzutreten und Gerechtigkeit [d.h. Protest - Üb] von den Menschen seiner Generation einzufordern, wie man aus der Geschichte von Eli und seinen Söhnen weiß, wie der Vers sagt: "Und es wird sein, dass jeder, der in deinem Haus übrig ist,

Die Pflichten des Herzens Kapitel Vier   Rabbeinu Bachya

kommen wird, um sich vor ihm niederzuwerfen für ein Silberstück und einen Bissen Brot" [Shmuel 2:36].

Manchmal schickt G-tt den Bösen aus den folgenden Gründen Gutes:
1. Eine frühere gute Tat, die er getan hat, um ihn in dieser Welt zu belohnen, wie geschrieben steht: "Und er vergilt denen, die er hasst, ins Gesicht, um sie zu vernichten" [Devarim 7:10], was Onkelos übersetzt: "Er bezahlt diejenigen, die er hasst, für ihre guten Taten während ihres Lebens, um sie zu vernichten".
2. Als eine vorübergehende Anzahlung, bis G-tt ihm einen gerechten Sohn gibt, der dessen würdig ist, wie geschrieben steht: "er bereitet vor, aber der Zadik wird es tragen" [Iyov 27:17], und "dem Sünder hat Er eine Beschäftigung gegeben, zu sammeln und anzuhäufen, um ihn dem zu geben, der in G-tt's Augen gut ist" [Koheles 2:26].
3. Manchmal ist das Geld die Hauptursache für sein Unglück [im Jenseits] oder seinen Tod [im Diesseits], wie geschrieben steht: "Es gibt ein großes Übel, das ich unter der Sonne gesehen habe: Reichtümer, die ihr Besitzer zu seinem Schaden aufbewahrt." [Koheles 5:12] [wie Korach oder Naval - PL].
4. Manchmal geht es darum, ihm Zeit zu geben, um zu bereuen und sich dessen würdig zu erweisen, wie ihr aus der Geschichte von Menasche wisst.
5. Sein Vater hat Gutes getan, und es ist angemessen, ihn nach dem Verdienst seines Vaters zu begünstigen, wie zu Jehu ben Nimschi gesagt wurde: "Vier Generationen deiner Nachkommen werden auf dem Thron Israels sitzen" [Melachim II 10:30], und "Wer unschuldig wandelt, ist gerecht; glücklich sind seine Söhne nach ihm." [Mischlei 20,7], und "Ich war jung und bin alt geworden, und ich habe keinen Gerechten im Stich gelassen noch seine Nachkommen um Brot betteln sehen." [Tehilim 37:25].
6. Manchmal geht es darum, diejenigen zu prüfen, die trügerisch sind oder ein böses Inneres haben. Wenn sie sehen, dass es den Bösen gut geht, weichen sie schnell vom Dienst G-ttes ab und beeilen sich, die Gunst der Bösen zu gewinnen und aus ihren Taten zu lernen. Auf diese Weise werden die reinen Menschen G-tt gegenüber geklärt, und es wird sich zeigen, wer G-tt im Ertragen treu war in einer Zeit, in der die Bösen herrschen und ihn verfolgen. Er wird dafür eine Belohnung vom Schöpfer erhalten, wie ihr die Geschichte von Eliyahu und Isabel oder Yirmiyahu und den Königen seiner Generation kennt.
Nachdem die Verpflichtung des Menschen, nach Mitteln für den

Die Pflichten des Herzens Kapitel Vier Rabbeinu Bachya

Lebensunterhalt zu streben, geklärt wurde, wollen wir nun klarstellen, dass nicht jeder Mensch verpflichtet ist, nach allen möglichen Mitteln zu streben. Die möglichen Mittel sind zahlreich.

Es gibt leichte Berufe, die wenig Anstrengung erfordern, wie z. B. das Führen eines Ladens oder leichte Arbeiten mit den Händen, wie Nähen, Schreiben, das Betreiben von Geschäften, das Anheuern von Teilpächtern oder Arbeitern, Aufseher.

Manche Berufe erfordern harte körperliche Arbeit wie Gerben, Eisen- oder Kupferbergbau, Metallverhüttung, Schwertransporte, ständiges Reisen an weit entfernte Orte, Ackern und Pflügen oder ähnliches,

Jemand, der körperlich stark und geistig schwach ist, sollte unter den Berufen, die körperliche Anstrengung erfordern, einen Beruf wählen, den er ertragen kann.

Wer körperlich schwach, aber geistig stark ist, sollte nicht eine Tätigkeit wählen, die den Körper ermüdet, sondern eine, die den Körper wenig belastet und die er aushalten kann.

Jeder Mensch hat eine Vorliebe für eine bestimmte Arbeit oder ein bestimmtes Geschäft gegenüber anderen. G-tt hat seiner Natur bereits eine Liebe und Vorliebe dafür eingepflanzt, so wie Er der Natur einer Katze die Jagd auf Mäuse eingepflanzt hat, oder dem Falken die Jagd auf kleinere Vögel, dem Hirsch das Fangen von Schlangen. Manche Vögel jagen nur Fische, und ebenso hat jede Tierart eine Vorliebe und ein Verlangen nach bestimmten Pflanzen oder Tieren, die G-tt ihr als Mittel zu ihrer Ernährung eingepflanzt hat, und die Struktur ihres Körpers und ihrer Gliedmaßen ist für diese Sache geeignet. Der lange Schnabel und die Beine eines Vogels, der Fische fängt, oder die starken Zähne und Klauen des Löwen, die Hörner des Ochsen und des Widders [d.h. zur Verteidigung - Üb], während Tiere, die sich von Pflanzen ernähren, nicht die Werkzeuge zum Jagen und Töten haben.

In ähnlicher Weise findet man unter den Menschen Charaktereigenschaften und Körperstrukturen, die für bestimmte Geschäfte oder Tätigkeiten geeignet sind. Jemand, der sich von seinem Wesen und seiner Persönlichkeit zu einem bestimmten Beruf hingezogen fühlt, und dessen Körper dafür geeignet ist, dass er dessen Anforderungen ertragen kann - der sollte ihn ausüben und ihn zu seinem Mittel machen, seinen Lebensunterhalt zu verdienen, und er sollte seine Freuden und Schmerzen ertragen und sich nicht aufregen, wenn ihm manchmal sein Einkommen vorenthalten wird, sondern er sollte auf G-tt vertrauen, dass Er ihn alle seine Tage unterstützen wird. Und er sollte die Absicht haben, wenn sein Geist und Körper mit einem der Mittel zum Lebensunterhalt beschäftigt ist, das Gebot des Schöpfers zu erfüllen, den

Die Pflichten des Herzens Kapitel Vier   Rabbeinu Bachya

Mitteln der Welt nachzugehen, wie das Land zu bearbeiten, es zu pflügen und zu säen, wie geschrieben steht: "Und G-tt nahm den Menschen und setzte ihn in den Gan Eden, damit er ihn bearbeite und bewache" [Bereischis 2:15], und auch andere Lebewesen zu seinem Nutzen und Unterhalt zu benutzen, und Städte zu bauen und Nahrung zuzubereiten, und eine Frau zu heiraten und Verwandte zu haben, um die Welt zu bevölkern.

Er wird für seine Absichten in Herz und Verstand, G-tt zu dienen, belohnt werden, ob sein Wunsch erfüllt wird oder nicht, wie geschrieben steht: "Wenn du von der Arbeit deiner Hände isst, bist du lobenswert, und es ist gut für dich" [Tehilim 128:2], und unsere Weisen seligen Andenkens sagten: "Alle deine Handlungen sollen um des Himmels willen sein [um G-tt zu dienen]" [Avot 2:12].

Auf diese Weise wird sein Vertrauen in G-tt intakt sein, unbeschädigt durch das Schuften, um seinen Lebensunterhalt zu verdienen, solange seine Absicht in Herz und Verstand um des Himmels willen ist [den Willen G-ttes zu tun, dass die Welt bevölkert und aufgebaut wird].

Man sollte nicht denken, dass sein Lebensunterhalt von einem bestimmten Mittel abhängt und dass, wenn dieses Mittel versagt, sein Lebensunterhalt nicht von einem anderen Mittel kommen wird. Vielmehr sollte man auf den Allmächtigen vertrauen und wissen, dass für Ihn alle Mittel gleichwertig sind. Er kann mit jedem Mittel und zu jeder Zeit und wie Er es wünscht, versorgen, wie geschrieben steht "denn bei dem Ewigen gibt es keine Begrenzung, um mit vielen oder mit wenigen zu retten" [Schmuel I 14:6], und "Aber du sollst an den Ewigen, deinen G-tt, denken, denn Er ist es, der dir Kraft gibt, Reichtum zu schaffen, um Seinen Bund aufzurichten, den Er deinen Vorvätern geschworen hat, wie es heute ist." [Devarim 8,18], und "Nicht durch Macht noch durch Kraft, sondern durch meinen Geist, spricht der Ewige der Heerscharen." [Sacharja 4:6].

Kapitel Vier

Die Angelegenheiten, für die der Gläubige verpflichtet ist, sein Vertrauen in G-tt zu setzen, gehören zu zwei Kategorien. [1] Angelegenheiten dieser Welt und [2], Angelegenheiten von Olam Haba [Jenseits]. Und die diesseitigen Angelegenheiten lassen sich in zwei Bereiche unterteilen.
[1] Diesseitige Angelegenheiten für den Nutzen dieser Welt.
[2] diesseitige Angelegenheiten zum Nutzen des Jenseits.
Die diesseitigen Angelegenheiten zum Nutzen des Diesseits

Die Pflichten des Herzens   Kapitel Vier   Rabbeinu Bachya

unterteilen sich in drei Teile:
[1] das, was nur für den Körper nützlich ist.
[2] das, was zum eigenen Unterhalt beiträgt oder es einem ermöglicht, Reichtum und verschiedene Besitztümer zu erlangen.
[3] das, was dem eigenen Haushalt, der Ehefrau und den Verwandten, den Freunden und Feinden und den Über- und Untergeordneten in den verschiedenen Klassen von Menschen nützt.
Die diesseitigen Angelegenheiten, die in Olam Haba von Nutzen sein werden, unterteilen sich in zwei Bereiche.
[1] Pflichten des Herzens und der Glieder, die sich nur auf einen selbst beziehen und deren Handlungen keinen Nutzen oder Schaden für andere mit sich bringen.
[2] Pflichten der Glieder, die nicht ohne die Verbindung mit einem anderen getan werden können, wobei einer von ihnen aktiv und der andere passiv ist. Zum Beispiel: Almosen geben, freundliche Taten, Weisheit lehren, andere anweisen, Gutes zu tun oder Böses zu unterlassen.
Die Angelegenheiten des Jenseits lassen sich in zwei Bereiche unterteilen.
[1] Die Belohnung, die verdient ist.
[2] Die besondere Gunst, die der Schöpfer den Frommen und den Propheten in Olam Haba zukommen lässt. Daher fallen alle Dinge, für die man auf den Schöpfer vertraut, in 7 Kategorien:
[1] Angelegenheiten, die nur den Körper betreffen.
[2] Angelegenheiten des eigenen Besitzes und der Mittel zum Lebensunterhalt.
[3] Angelegenheiten der Frau, der Kinder, der Verwandten, der Freunde und der Feinde [und für die, die über und unter ihm sind].
[4] Pflichten des Herzens und der Glieder, die nur einem selbst nützen oder schaden.
[5] Pflichten der Glieder, die auch andere betreffen, ob zum Nutzen oder zum Schaden.
[6] Belohnung im Jenseits entsprechend dem eigenen Verhalten in dieser Welt.
[7] Belohnung im Jenseits durch den Schöpfer in Form von Güte an Seinen Schätzen und denen, die Ihn lieben [d.h. um ihre Belohnung aufgrund ihrer Liebe und ihres Festhaltens an G-tt zu erhöhen], wie geschrieben steht: "Wie groß ist Deine Güte, die Du für die verborgen hast, die Dich fürchten; Du hast für die getan, die auf Dich vertrauen, vor den Söhnen der Menschen!" [Tehilim 31:20]
Da ich die grundlegenden Einführungen [in Kapitel 3] erklärt habe, die

Die Pflichten des Herzens Kapitel Vier   Rabbeinu Bachya

es einem ermöglichen, sein Vertrauen in den Allmächtigen zu setzen, ist es angemessen, dass ich ihnen eine Erklärung der richtigen Art des Vertrauens in jeder der sieben Kategorien folgen lasse, durch die man auf G-tt und auf etwas anderes als Ihn vertrauen sollte.

Für die erste Kategorie, die Angelegenheiten des Körpers allein, sind dies: sein Leben und sein Tod, sein Einkommen zur Beschaffung von Nahrung, Kleidung und Unterkunft, seine Gesundheit und Krankheit, seine Eigenschaften. Der richtige Weg des Vertrauens in den Allmächtigen für all diese Angelegenheiten ist, sich dem Verlauf zu unterwerfen, den der Schöpfer für ihn in diesen Angelegenheiten bestimmt hat, und sein Vertrauen in G-tt zu setzen und zu wissen, dass keine dieser Angelegenheiten eintreten kann, wenn nicht zuvor von G-tt bestimmt wurde, dass dies die angemessenste Situation für seine Angelegenheit in dieser Welt und in Olam Haba [dem Leben nach dem Tod] sein würde, und letztendlich das größte Gut für ihn ist [auch wenn es in seinen Augen im Moment nicht gut zu sein scheint, ist es sicherlich das Beste für ihn für sein letztendliches Ziel - PL], und dass der Schöpfer die ausschließliche, totale Kontrolle über all diese Dinge hat. In keinem dieser Bereiche kann ein erschaffenes Wesen irgendeinen Plan beraten oder irgendeine Kontrolle ausüben, außer durch seine Erlaubnis, sein Dekret und sein Urteil.

Und so wie Leben und Tod, Gesundheit und Krankheit nicht in den Händen anderer liegen, so liegen auch der Lebensunterhalt, die Kleidung und andere körperliche Bedürfnisse nicht in deren Hand.

Im festen Glauben daran, dass seine Angelegenheiten den Anordnungen des Schöpfers unterworfen sind und dass die Wahl des Schöpfers für ihn die beste Wahl ist, ist es auch seine Pflicht, sich mit Mitteln zu beschäftigen, die ihm vorteilhaft erscheinen, und das zu wählen, was unter den gegebenen Umständen die beste Wahl zu sein scheint, und der Allmächtige wird das tun, was Er bereits vorher bestimmt hat.

Ein Beispiel dafür: Auch wenn das Ende und die Länge der Tage eines Menschen durch die Anordnung des Schöpfers bestimmt sind, so ist es doch die Pflicht des Menschen, nach Mitteln zum Überleben wie Essen und Trinken, Kleidung und Unterkunft entsprechend seinen Bedürfnissen zu streben, und er darf dies nicht dem Allmächtigen überlassen und denken: "Wenn der Schöpfer vorherbestimmt hat, dass ich leben werde, dann wird mein Körper alle Tage meines Lebens ohne Nahrung überleben, deshalb werde ich mich nicht bemühen, einen Lebensunterhalt zu suchen und mich darin abzumühen".

Ebenso sollte man sich nicht in Gefahr begeben, indem man auf die Anordnung des Schöpfers vertraut [dass man eine bestimmte Zeit leben

Die Pflichten des Herzens   Kapitel Vier   Rabbeinu Bachya

wird], indem man giftige Getränke trinkt oder ohne Notwendigkeit gegen Löwen oder andere gefährliche Tiere kämpft, oder sich ins Meer oder ins Feuer wirft, oder andere ähnliche Dinge, deren man sich nicht sicher ist, und sein Leben in Gefahr bringt. Und der Vers hat uns bereits gewarnt, indem er sagt: "Du sollst den Ewigen, deinen G-tt, nicht auf die Probe stellen" [Devarim 6:16], denn es wird entweder eines von zwei Dingen geschehen.

Entweder er stirbt, dann wird es so angesehen, als ob er sich selbst getötet hätte, und er wird dafür zur Rechenschaft gezogen, als ob er einen anderen Menschen getötet hätte, obwohl sein Tod auf diese Weise ein Dekret des Allmächtigen war und mit Seiner Erlaubnis geschah.

Und wir sind bereits durch den Vers "Du sollst nicht morden" [Schmot 20:13] aufgefordert worden, einen anderen Menschen in keiner Form zu töten. Und je näher der Ermordete dem Mörder steht, desto härter sollte die Strafe sein, wie geschrieben steht: "der seinen Bruder mit dem Schwert verfolgt und seine Barmherzigkeit verdirbt" [Amos 1:11]. Und ebenso wird die Strafe für einen, der sich selbst tötet, zweifellos sehr groß sein.

Das ist wie bei einem Sklaven, dessen Fürst ihm befahl, einen Ort für eine bestimmte Zeit zu bewachen, und ihn warnte, den Ort nicht zu verlassen, bis sein Bote kommen würde. Als der Sklave sah, dass der Bote zu spät kam, verließ er seinen Posten, und der Fürst wurde wütend auf ihn und bestrafte ihn hart. Ähnlich verhält es sich mit demjenigen, der seinen eigenen Tod herbeiführt [indem er gefährliche Dinge tut], indem er aus dem Dienst G-ttes austritt und sich gegen Ihn auflehnt, indem er sich selbst in tödliche Gefahr begibt.

Deshalb finden Sie Shmuel sagen [zu G-tt] "Und Shmuel sagte: "Wie soll ich gehen? Denn wenn Saul es erfährt, wird er mich töten." Und der Ewige sprach: "Du sollst eine Kuh mit dir nehmen, und du sollst sagen: 'Ich bin gekommen, um dem Ewigen ein Opfer zu schlachten.'" [Shmuel I 16:2]. Und dies wurde nicht als Mangel an Vertrauen in den Allmächtigen angesehen, und die Antwort von G-tt an ihn zeigt, dass sein Eifer in dieser Sache angemessen war [da G-tt keine öffentlichen Wunder ohne große Notwendigkeit tut - Üb], und Er antwortete ihm: "Du sollst eine Färse mit dir nehmen, und du sollst sagen: 'Ich bin gekommen, um dem Ewigen ein Opfer zu bringen.'" [Shmuel I 16:2], und wenn dies als Mangel an Vertrauen angesehen würde, hätte G-tt ihm geantwortet: "Ich verursache den Tod und gewähre Leben. Ich schlage zu und ich heile" [Devarim 32:39], oder etwas Ähnliches, wie Er Mosche antwortete, als Mosche behauptete: "Aber ich bin langsam in der Sprache und langsam in der Zunge" [Schmos 4:10], und ihm antwortete: "Wer hat den Mund

Die Pflichten des Herzens   Kapitel Vier   Rabbeinu Bachya

des Menschen gemacht? Wer macht einen Menschen stumm oder taub, sehend oder blind?" Und wenn Shmuel, mit seiner vollkommenen Rechtschaffenheit, es nicht als eine leichte Angelegenheit empfand, sich selbst in ein geringes Risiko zu begeben, und obwohl er dies auf Befehl G-ttes tat, wie Er ihm befahl: "Fülle dein Horn mit Öl und geh, ich werde dich zu Isai, dem Bethlehemiten, senden, denn ich habe für Mich einen König unter seinen Söhnen gesehen" [Shmuel I 16:1], so würde dies umso mehr für jemanden, der nicht von G-tt befohlen wurde, als verwerflich angesehen werden.

[Die zweite Möglichkeit] ist, dass er durch G-ttes Hilfe gerettet wird. Dann werden seine Verdienste annulliert und er wird seine Belohnung verlieren, wie unsere Weisen zu diesem Thema sagten [Schabbat 32a]: "Ein Mensch sollte sich nie in Gefahr begeben, wenn er glaubt, dass ein Wunder für ihn geschehen wird, denn vielleicht wird kein Wunder für ihn geschehen, und selbst wenn ein Wunder für ihn geschieht, werden seine Verdienste geschmälert". Und unser Vorfahre Yaakov sagte: "Ich bin nicht würdig all deiner Wohltaten" [Bereischis 32:11], was der Targum erklärt: "Meine Verdienste haben sich durch all Deine Gunst und Güte vermindert."

Was wir für die Angelegenheiten des Lebens und des Todes erklärt haben, gilt auch für die Pflicht, nach Mitteln für Gesundheit, Nahrung, Kleidung, Unterkunft, gute Gewohnheiten zu streben und sich von ihrem Gegenteil zu distanzieren - [sich mit ihnen zu beschäftigen], während man fest daran glaubt, dass die Mittel zu diesen Dingen überhaupt nicht dazu beitragen, sie zu erreichen, ohne die Anordnung des Schöpfers. Wenn ein Bauer sein Feld pflügen, von Unkraut befreien, säen und bewässern muss, wenn kein Regenwasser zur Verfügung steht, soll er auf den Schöpfer vertrauen, dass er es fruchtbar macht und vor Plagen schützt, dass er die Ernte vermehrt und segnet. Und es ist nicht angemessen, das Land unbearbeitet und unbesät zu lassen und auf G-tt zu vertrauen und sich auf seinen Erlass zu verlassen, dass es Früchte tragen wird, ohne vorher gesät worden zu sein.

Und ebenso sind Arbeiter, Händler und Unternehmer verpflichtet, ihrem Lebensunterhalt nachzugehen und dabei auf G-tt zu vertrauen, dass ihr Lebensunterhalt in Seinen Händen und unter Seiner Kontrolle liegt, dass Er garantiert, einen Menschen zu versorgen [wie der Vers "der allem Fleisch Unterhalt gibt" - PL] und ihn vollständig versorgt, mit welchen Mitteln auch immer Er will. Man sollte nicht denken, dass die Mittel ihm im Geringsten nützen oder schaden können.

Wenn jemand seinen Lebensunterhalt durch eines der Mittel bestreitet, an denen er gearbeitet hat, ist es richtig, dass er nicht auf diese Quelle

Die Pflichten des Herzens Kapitel Vier Rabbeinu Bachya

vertraut, sich darüber freut, sich darin vertieft und sein Herz darauf richtet, denn das würde sein Vertrauen in den Allmächtigen schwächen. Es ist unangebracht zu glauben, dass diese Quelle ihm mehr Nutzen bringen wird als das, was vom Schöpfer vorherbestimmt wurde. Er sollte sich nicht darüber freuen, dass er danach strebt und sich damit beschäftigt. Vielmehr sollte er dem Schöpfer danken, der ihn nach seiner Arbeit versorgt hat, und dafür, dass er seine Arbeit und seinen Kampf nicht umsonst gemacht hat, wie geschrieben steht: "Wenn du die Mühe deiner Hände isst, bist du lobenswert, und es ist gut für dich" [Tehilim 128:2].

Ein frommer Mann sagte einmal: "Ich bin erstaunt über den, der einem anderen gibt, was der Schöpfer für ihn bestimmt hat, und danach den anderen an die Wohltat erinnert, die er ihm erwiesen hat, und sich dafür bedanken will. Und ich bin noch mehr erstaunt über den, der seinen Lebensunterhalt von einem anderen erhält, der gezwungen ist, ihn zu versorgen, und sich dann vor ihm unterwirft, ihm gefällt und ihn lobt."

Wenn jemand seinen Lebensunterhalt nicht durch die Mittel erhält, für die er gearbeitet hat, ist es möglich, dass das ihm für den Tag zugewiesene Geld bereits in seine Hände gelangt ist [und dass er es nicht bemerkt - PL] oder dass es durch andere Mittel zustande kommt.

Wie dem auch sei, es ist richtig, dass er sich auf die Mittel zum Lebensunterhalt einlässt und nicht nachlässig ist, ihnen nachzugehen, vorausgesetzt, sie entsprechen seinen Charaktereigenschaften und körperlichen Fähigkeiten, wie ich bereits erklärt habe. Und die ganze Zeit über sollte er auf G-tt vertrauen, dass Er ihn nicht im Stich lässt [bei der Versorgung seiner Bedürfnisse - PL], ihn nicht vernachlässigt [in Bezug auf seine körperliche Gesundheit - PL] oder ihn ignoriert [in jeglicher Not, die ihn befällt - PL], wie geschrieben steht: "Der Ewige ist gut, eine Festung am Tag der Not und kennt [Raschi - die Bedürfnisse der], die auf Ihn vertrauen" [Nachum 1:7].

Ähnlich verhält es sich mit der Gesundheit und der Krankheit. Der Mensch ist verpflichtet, dabei auf den Schöpfer zu vertrauen, während er an der Erhaltung seiner Gesundheit nach den Mitteln arbeitet, deren Natur dies fördert, und die Krankheit nach den üblichen Wegen zu bekämpfen, wie der Schöpfer geboten hat "und er wird ihn sicher heilen" [Schmos 21,19]. All dies, ohne auf die Mittel der Gesundheit oder Krankheit zu vertrauen, dass sie ohne die Erlaubnis des Schöpfers helfen oder schaden könnten.

Und wenn jemand auf den Schöpfer vertraut, wird Er ihn mit oder ohne Mittel heilen, wie geschrieben steht: "Er sendet sein Wort und heilt sie" [Tehilim 107,20].

Die Pflichten des Herzens   Kapitel Vier   Rabbeinu Bachya

Es ist sogar möglich, dass er ihn durch etwas heilt, das normalerweise sehr schädlich ist, wie man aus der Geschichte von Elisa und dem schlechten Wasser weiß, dass er ihre schädlichen Eigenschaften mit Salz heilte [Melachim II 2:19], und ähnlich "Und G-tt zeigte ihm einen Baum, und er warf ihn ins Wasser [und das Wasser wurde süß]" [Schmos 15:25], und der Midrasch Tanchuma dort erklärt, dass dies ein bitterer Oleanderbaum war. Ein anderes Beispiel: "Lass ihn zerquetschte Feigen auf die Geschwüre schmieren, und er wird heilen" [Jeschaja 38:21] [und Feigen schädigen normalerweise sogar gesundes Fleisch - PL]. Und Sie wissen bereits, was mit dem frommen König Asa geschah, als er den Ärzten vertraute und sein Vertrauen in G-tt bezüglich seiner Krankheit aufgab, die scharfe Zurechtweisung, die er dafür erhielt [d.h. weil er nicht um Heilung betete]. Und der Vers sagt: "Denn Er bringt Schmerzen und bindet sie; Er verwundet, und Seine Hände heilen." [Ijow 5:18].

Was die zweite Kategorie betrifft, so geht es um den Besitz des Menschen, um Mittel zum finanziellen Gewinn in seinen verschiedenen Beschäftigungen, sei es im Handel, im Handwerk, im Hausieren, in der Geschäftsführung, in offiziellen Ämtern, in der Vermietung von Immobilien, im Bankwesen, in der Arbeit von Königen, Schatzmeistern, in der Vertragsarbeit, in der Schreibarbeit, in anderen Arten von Arbeit, in fernen Wüsten und Meeren und in anderen ähnlichen Dingen, von denen die Menschen sich abmühen, um Geld anzuhäufen und das Überflüssige zu vermehren. Die richtige Art und Weise, dem Allmächtigen zu vertrauen, besteht darin, sich mit den Mitteln zu beschäftigen, die G-tt ihm in dem Maße zur Verfügung gestellt hat, wie es für seinen Unterhalt notwendig und für seine diesseitigen Bedürfnisse ausreichend ist [d.h. nur seine minimal notwendigen Bedürfnisse - Üb].

Und wenn der Schöpfer ihm mehr als das verordnet, wird es ihm ohne Mühe und Anstrengung zuteil, vorausgesetzt, er vertraut auf den Allmächtigen dafür und verfolgt die Mittel nicht übermäßig, noch vertraut er innerlich in seinem Herzen auf sie.

Und wenn der Schöpfer ihm nicht mehr als seinen Unterhalt verordnet hat, selbst wenn alle im Himmel und auf Erden sich bemühen würden, ihn zu vermehren, wären sie weder auf irgendeine Weise noch mit irgendeinem Mittel dazu in der Lage. Und wenn man auf G-tt vertraut, wird man Seelenfrieden und Ruhe des Geistes finden, in der Zuversicht, dass G-tt seinen Anteil nicht an jemand anderen abgibt, noch ihm ihn früher oder später als zu der von Ihm festgesetzten Zeit zukommen lässt. Manchmal lenkt der Schöpfer den Lebensunterhalt vieler Menschen durch einen Menschen. Dies geschieht, um diesen Menschen zu prüfen, ob er G-tt dienen oder gegen Ihn rebellieren wird. Und G-tt wird dies zu

Die Pflichten des Herzens Kapitel Vier Rabbeinu Bachya

einer der schwierigsten Prüfungen und Quellen der Versuchung für den Menschen machen. Zum Beispiel ein König, der für seine Armee und seine Diener sorgt, oder Prinzen, Minister des Königs, wichtige Beamte, die alle von Gruppen ihrer Diener, Bediensteten, Offiziere, Ehefrauen und Verwandten umgeben sind. Sie bemühen sich, mit allen möglichen Mitteln Geld für diese Angehörigen zu beschaffen, ganz gleich, ob es sich um gute oder schlechte Mittel handelt.

Und der Törichte unter ihnen wird sich an drei Fronten irren.

[1] Beim Erwerb von Geld wird er schlechte und entwürdigende Mittel einsetzen, um sich das zu nehmen, was der Schöpfer ihm zu nehmen verordnet hat. Und wenn er mit guten Mitteln nach seinem Reichtum gestrebt hätte, hätte er seinen Wunsch erreicht, und sowohl seine religiösen als auch seine weltlichen Angelegenheiten wären erfolgreich gewesen, und er hätte nicht weniger von dem erhalten, was der Schöpfer für ihn bestimmt hat.

[2] Er denkt, dass das ganze Geld, das ihn erreicht, für seinen eigenen Unterhalt bestimmt ist. Er versteht nicht, dass das Geld aus drei Teilen besteht: ein Teil für die Nahrung, die er allein für seinen eigenen Körper braucht, und das ist etwas, das G-tt allen Lebewesen bis zum Ende ihrer Tage zusichert. Der zweite Teil ist für die Nahrung anderer, wie seine Frau, Kinder, Diener, Angestellte und dergleichen. Dies [zusätzliches Geld] wird von G-tt nicht allen Menschen zugesichert [dass sein Geschäft so weit gedeiht, dass seine Frau und seine Kinder nicht selbst zu irgendwelchen Mitteln greifen müssen - PL], sondern nur einigen wenigen Auserwählten und unter besonderen Bedingungen, und diese Gelegenheit bietet sich zu bestimmten Zeiten, aber nicht zu anderen, gemäß den Regeln des Systems der Güte und Gerechtigkeit des Schöpfers. Drittens: Geld zum Ansparen. Das ist Geld, das für den Menschen keinen Nutzen hat. Der Mensch hütet es und häuft es an, bis er es einem anderen vermacht oder es verliert. Der törichte Mensch denkt, dass all das Geld, das der Schöpfer für ihn bestimmt hat, für seinen eigenen Lebensunterhalt und seine körperliche Versorgung bestimmt ist, und so strebt er eifrig danach und strengt sich sehr an, es zu erwerben; und es ist möglich, dass er Reichtümer für den nächsten Ehemann seiner Witwe, seinen Stiefsohn oder für seinen größten Feind anhäuft.

[3] Der dritte Irrtum besteht darin, dass er denjenigen, die von ihm abhängig sind, Geld zur Verfügung stellt, wie es der Schöpfer durch ihn verfügt hat, aber er erinnert sie an seine Wohltaten, als ob er derjenige wäre, der sie versorgt und ihnen eine Wohltat erwiesen hat, und er erwartet, dass sie ihm reichlich danken und loben, und dass sie ihm wegen ihnen dienen, und er wird arrogant, hochmütig und aufgeblasen

Die Pflichten des Herzens Kapitel Vier **Rabbeinu Bachya**

Herzens. Er vernachlässigt es, G-tt für sie zu danken [dass G-tt ihn als Mittel eingesetzt hat, um anderen Gutes zukommen zu lassen, wobei er ein Vermittler dafür sein und Belohnung dafür erhalten würde - Üb]. Er denkt, wenn er ihnen das Geld nicht gäbe, würde es bei ihm bleiben, und wenn er nicht für sie sorgen würde, hätten sie kein Geld. Aber in Wirklichkeit ist er der arme Mann, der sich in dieser Welt umsonst abmüht und in der nächsten Welt um seinen Lohn gebracht wird.

Der weise Mensch aber verhält sich auf diese drei Arten so, wie es für seine religiösen und weltlichen Bestrebungen angemessen ist.

Und sein Vertrauen in das, was in G-ttes Händen ist, ist größer als sein Vertrauen in das, was in seinen eigenen Händen ist, weil er nicht weiß, ob das Geld in seiner Hand für seinen eigenen Nutzen bestimmt ist oder nur in seine Obhut gegeben wurde. Und so wird er in dieser Welt Ehre erlangen und in Olam Haba [im Jenseits] reich belohnt werden, wie es im Psalm [112] geschrieben steht: "Haleluy-a lobenswert ist der Mann, der G-tt fürchtet..." bis zu seinem Ende.

Es gibt einige Klassen von Menschen, die sich mit dem Erwerb von Geld und dem Anhäufen von Reichtum beschäftigen, nur um von anderen Menschen geehrt zu werden und sich einen Namen zu machen, und kein Geldbetrag ist jemals genug für sie. Das liegt daran, dass sie nicht wissen, was ihnen in dieser und in der nächsten Welt wahre Ehre bringt. Sie begehen diesen Fehler, weil sie sehen, wie die Masse die Reichen ehrt, aber in Wirklichkeit ist diese Ehrung durch den Wunsch nach dem, was sie besitzen, motiviert und durch den Versuch, etwas von dem zu bekommen, was in ihren Händen ist.

Wenn die Masse darüber nachdächte und verstünde, dass die Wohlhabenden weder die Fähigkeit noch die Macht haben, jemandem etwas zu geben oder vorzuenthalten, außer dem, den der Schöpfer bestimmt hat, würden sie auf niemanden hoffen außer auf G-tt.

Sie würden auch niemanden ehrenwert finden, außer demjenigen, den der Schöpfer mit lobenswerten Eigenschaften ausgezeichnet hat, für die er der Ehre des Schöpfers würdig ist, wie geschrieben steht: "Diejenigen, die Mich ehren, werde Ich ehren" [Shmuel I 2:30].

Und weil die Masse, indem sie die Wohlhabenden ehrte, töricht war, was die Gründe für die wirkliche Ehre angeht, fügte der Schöpfer ihrer Torheit die Gründe für ihre Wünsche [nach Geld] hinzu [dass sie ständig danach streben, reich zu werden - Üb]. Und so verfielen sie in große Anstrengung und ungeheure Mühsal alle ihre Tage, während sie das vernachlässigten, womit sie sich zu beschäftigen haben und wozu sie sich beeilen sollten, nämlich ihre Pflichten gegenüber dem Schöpfer zu erfüllen und Ihm für das Gute zu danken, das Er ihnen schenkt, wodurch

Die Pflichten des Herzens Kapitel Vier Rabbeinu Bachya

ihr Verlangen [nach Ehre - Üb] ihnen zweifellos auf diese Weise näher gekommen wäre, wie geschrieben steht "langes Leben ist in seiner Rechten, in seiner Linken Reichtum und Ehre" [Mischlei 3: 16], und "Reichtum und Ehre ist von Dir" [Divrei Hayamim 29:12].

Es gibt unter denen, die nach Reichtum streben, einen, der alles, was sein Herz begehrt, durch die Mittel erreicht, die wir erwähnt haben [Handel, Handwerk usw.], einem anderen kam es durch eine Erbschaft oder ähnliches, und er denkt, dass es den Mitteln zu verdanken ist, und ohne sie hätte er nichts erhalten, und er preist die Mittel und nicht ihre Ursache [d.h. den Schöpfer, der alle Mittel orchestriert - PL].

Wie sehr gleicht er einem Mann in der Wüste, den der Durst quält und der in einer Grube unreines Wasser findet, das ihn mit Freude erfüllt. Er löscht seinen Durst daraus. Und dann geht er ein Stück weiter und findet einen Brunnen mit reinem Wasser. Er bereut, was er zuvor getan hat, als er aus dem unreinen Wasser trank und seinen Durst löschte.

Ähnlich verhält es sich mit dem Mann, der durch ein bestimmtes Mittel zu Reichtum gekommen ist. Wenn dieses Mittel versagt hätte, hätte er es auf andere Weise erlangt, wie wir bereits erklärt haben und wie der Vers sagt: "Nichts kann G-tt daran hindern, zu retten, sei es durch viele oder durch wenige" [Shmuel I 14:6].

Und der richtige Weg für jemanden, der auf G-tt vertraut, wenn sein Lebensunterhalt für einige Tage zurückgehalten wird, ist, in seinem Herzen zu sagen: "Er, der mich [aus dem Mutterleib] zu einer bestimmten Zeit und zu einem bestimmten Zeitpunkt in diese Welt gebracht hat und mich nicht früher oder später in diese Welt gebracht hat, Er ist derjenige, der meinen Lebensunterhalt für eine bestimmte Zeit und einen bestimmten Tag zurückhält, weil Er weiß, was gut für mich ist."

Ebenso ist es richtig, wenn der Lebensunterhalt sehr genau kommt, nicht mehr als der Betrag für die Grundnahrung, in seinem Herzen nachzudenken und sich zu sagen: "Er, der mir am Anfang an der Brust meiner Mutter meinen Lebensunterhalt zubereitet hat, je nach meinem Bedürfnis, und der mir Tag für Tag das gab, was für mich ausreichend war, bis Er es durch etwas Besseres ersetzte, und [die Milch], die genau kam, hat mir überhaupt nicht geschadet, so werde ich auch jetzt überhaupt nicht geschädigt, indem Er mir meine Nahrung in der begrenzten, genauen Menge schickt, bis zum Ende meiner Tage.

Er wird dafür belohnt werden, wie der Schöpfer unseren Vorfahren in der Wüste [Sinai] sagte, deren Sache so war: "Das Volk soll jeden Tag hinausgehen und sammeln, was es für den Tag braucht" [Schemos 16,4], und "geh und rufe zu den Ohren Jerusalems und sprich: 'Ich gedenke für dich der Güte deiner Jugend, der Liebe deines Verlöbnisses, als du mir in

Die Pflichten des Herzens   Kapitel Vier   Rabbeinu Bachya

der Wüste nachgefolgt bist, in einem Land, das nicht besät war'" [Jirmijau 2,2].

Wenn jemand seinen Lebensunterhalt durch ein Mittel und nicht durch ein anderes Mittel [das er vorgezogen hätte - PL], oder an einem Ort und nicht an einem anderen Ort, oder durch eine Person und nicht durch eine andere Person erhält, soll er in seinem Herzen sagen: "Er, der mich in einer bestimmten Form, Gestalt, Beschaffenheit und in einem bestimmten Maß erschaffen hat und nicht durch einen anderen, zu meinem Zweck und zu meinem Nutzen, Er hat beschlossen, dass mein Lebensunterhalt auf Wegen erfolgt, die meinem Zweck und meinem Nutzen entsprechen, und nicht auf anderen Wegen." Und: "Er, der mich zu einer bestimmten Zeit und durch zwei bestimmte Menschen in diese Welt gebracht hat und nicht durch andere Menschen der Welt, Er hat für mich meinen Lebensunterhalt von einem bestimmten Ort und durch einen bestimmten Menschen erwählt, Er hat ihn zu meinem Nutzen zum Mittel meines Lebensunterhalts gemacht", wie geschrieben steht "G-tt ist gerecht in all seinen Wegen" [Tehilim 145,17].

Die Erklärung für die dritte Kategorie, die Angelegenheiten der eigenen Frau, der Kinder, der Haushaltsmitglieder, der Verwandten, der Freunde, der Feinde, der Bekannten, derjenigen, die in den verschiedenen Klassen der Menschen höher oder niedriger stehen als er, die richtigen Wege des Vertrauens in G-tt ist wie folgt. Ein Mensch befindet sich notwendigerweise in einer von zwei Situationen: entweder ist er ein Fremder oder er ist inmitten seiner Familie und Verwandten. Wenn er ein Fremder ist, soll er in der Zeit der Einsamkeit mit G-tt zusammen sein und in der Zeit, in der er fremd ist, auf Ihn vertrauen. Und er möge bedenken, dass die Seele auch ein Fremder in dieser Welt ist und dass alle Menschen hier wie Fremde sind, wie der Vers sagt, "denn ihr seid Fremde und vorübergehende Bewohner bei mir" [Vayikra 25:23]. Und er möge in seinem Herzen darüber nachdenken, dass alle, die hier Verwandte haben, in kurzer Zeit ein einsamer Fremder sein werden. Weder Verwandte noch Söhne werden ihm helfen können, und keiner von ihnen wird bei ihm sein. [siehe Tor 8 Kap.3 Weg #30 für mehr dazu - Üb]

Und danach soll er bedenken, dass er als Fremder von der schweren Last befreit ist, Verwandte zu unterhalten und seine Pflichten ihnen gegenüber zu erfüllen. Er soll dies als eine der Wohltaten des Schöpfers ihm gegenüber betrachten, denn wenn er einen Lebensunterhalt zur Deckung seiner materiellen Bedürfnisse zu bestreiten hätte, wäre seine Anstrengung ohne Frau und Kinder leichter, und ihre Abwesenheit bedeutet für ihn Seelenfrieden und ist gut. Und wenn er um seine

Die Pflichten des Herzens Kapitel Vier Rabbeinu Bachya

Interessen in der nächsten Welt besorgt ist, wird sein Geist zweifellos klarer und freier sein, wenn er allein ist.

Und deshalb verließen die Asketen ihre Verwandten und ihre Häuser und gingen in die Berge, um ihre Herzen auf den Dienst G-ttes zu konzentrieren. Ebenso verließen die Propheten in der Ära der Prophetie ihre Häuser und lebten in der Einsamkeit, um ihre Pflichten gegenüber dem Schöpfer zu erfüllen, wie man aus der Geschichte von Elijahus Begegnung mit Elisa weiß, von dem es heißt: "Zwölf Paar Rinder waren vor ihm, und er war mit dem zwölften" [Melachim I 19,19]. Und sobald Eliaju ihm einen kleinen Wink gab [mit ihm zu kommen], verstand er ihn und sagte: "Lass mich bitte meinen Vater und meine Mutter küssen, und ich will mit dir gehen", und danach "und er ging Eliaju nach und diente ihm".

Es wird von einem der Asketen erzählt, der in ein Land reiste, um die Bewohner den Dienst G-ttes zu lehren. Er fand sie alle auf dieselbe Weise gekleidet und geschmückt. Ihre Gräber befanden sich in der Nähe ihrer Häuser, und er sah unter ihnen keine einzige Frau. Er fragte sie nach dem Grund, und sie antworteten ihm: "Der Grund, warum wir alle gleich gekleidet sind, ist, dass es keinen erkennbaren Unterschied zwischen einem Reichen und einem Armen gibt, und dass der Reiche nicht zum Hochmut über seinen Reichtum kommt und der Arme sich nicht seiner Armut schämt, und dass unsere Sache über der Erde in unseren Augen so sein soll wie unsere Sache unter der Erde [d.h. im Grab, wo alle gleich gekleidet sind - Üb]. Von einem der Könige wird gesagt, dass er sich mit seinen Dienern vermischte, und es gab keinen erkennbaren Unterschied zwischen ihm und ihnen, weil er sich in seiner Kleidung und seinem Schmuck demütig verhielt.

Auf die Frage, warum die Gräber unserer Toten in der Nähe unserer Häuser liegen, sagten sie: Damit wir ihnen begegnen und uns auf unseren Tod vorbereiten, und damit wir unsere Vorräte für das Leben nach dem Tod vorbereiten. Wenn ihr bemerkt habt, dass wir uns von Frauen und Kindern getrennt haben, dann wisst, dass wir für sie ein Dorf in der Nähe von hier vorbereitet haben. Wenn einer von uns etwas von ihnen braucht, geht er zu ihnen und kehrt, nachdem er seine Wünsche erfüllt hat, zu uns zurück. Dies taten wir, weil wir sahen, wie viel Verstörung des Herzens, großen Verlust und große Anstrengung und Belastung es gab, wenn sie unter uns waren, und den großen Seelenfrieden von all dem, indem wir uns von ihnen trennten, um uns auf die Dinge des Jenseits zu konzentrieren und von den Dingen dieser Welt abgestoßen zu werden. Und ihre Worte fanden Gefallen in den Augen des Asketen, und er segnete sie und lobte sie für ihre Angelegenheiten.

Die Pflichten des Herzens Kapitel Vier   Rabbeinu Bachya

Wenn derjenige, der auf G-tt vertraut, eine Frau, Verwandte, Freunde, Feinde hat, soll er auf G-tt vertrauen, um von ihnen gerettet zu werden. Er sollte sich bemühen, seine Pflichten ihnen gegenüber zu erfüllen [ihre Notwendigkeiten zu versorgen - PL], ihre Wünsche zu erfüllen [sie auch mit etwas mehr als den Notwendigkeiten zu versorgen, wie die Natur der Welt - PL], von ganzem Herzen mit ihnen zu sein [ihre Bedürfnisse bereitwillig zu erfüllen, nicht wie jemand, der dazu gezwungen wird - PL]. Er sollte davon absehen, ihnen Schaden zuzufügen, und versuchen, das zu fördern, was gut für sie ist. Er sollte ihnen gegenüber in allen Angelegenheiten treu sein und sie die Wege lehren, die für sie in ihren religiösen Angelegenheiten von Nutzen sind, und die weltlichen Wege [die ihnen nützen] im Dienst des Schöpfers, wie geschrieben steht [Vayikra 19:18] "du sollst deinen Nächsten lieben wie dich selbst...", und "hasse deinen Bruder nicht in deinem Herzen" [ibid].

Tun Sie dies nicht in der Hoffnung auf künftige Vorteile von ihnen oder um ihnen vergangene Vorteile zu vergelten. Du sollst es auch nicht aus der Liebe heraus tun, von ihnen geehrt oder gelobt zu werden, oder aus dem Wunsch heraus, über sie zu herrschen - sondern vielmehr mit dem einzigen Motiv, das Gebot des Schöpfers zu erfüllen und seinen Bund und seine Gebote über sie zu wachen. [d.h. dafür zu sorgen, dass sie den Bund G-ttes und Seine Gebote bewahren - Üb]

Der Mensch, dessen Motiv bei der Erfüllung seiner Wünsche eines der [verwerflichen] Motive ist, die wir oben erwähnt haben, wird nicht das erhalten, was er von ihnen in dieser Welt will. Er wird sich umsonst anstrengen und seine Belohnung im Jenseits verlieren [da seine Absicht nicht l'shem shamayim - PL] war. Aber wenn sein einziges Motiv ist, G-tt zu dienen, wird der Allmächtige ihnen helfen, in dieser Welt zu ihm zurückzukehren, und G-tt wird sein Lob in ihren Mund legen, und sie werden ihn in hohem Ansehen halten, und er wird die große Belohnung in Olam Haba [Jenseits] erreichen, wie der Allmächtige zu Shlomo sagte: "auch was du nicht gebeten hast, werde ich dir geben, auch Reichtum und Ehre" [Melachim 3:13].

Aber die Wege des Vertrauens in G-tt im Umgang mit denen, die über ihm oder unter ihm in den verschiedenen Klassen der Menschen stehen, sind wie folgt. Die richtige Art und Weise, sich zu verhalten, wenn man von jemandem, der über oder unter ihm steht, eine Leistung erbitten muss, ist, auf G-tt zu vertrauen und sie als Mittel zu betrachten, um das zu erhalten, was man braucht, so wie man die Bearbeitung und Aussaat des Landes zu einem Mittel macht, um seine Nahrung zu erhalten. Wenn G-tt ihn dadurch unterstützen will, wird Er die Samen keimen, wachsen und sich vermehren lassen, und man dankt nicht dem Land dafür, sondern

Die Pflichten des Herzens Kapitel Vier Rabbeinu Bachya

dem Schöpfer allein. Und wenn der Allmächtige nicht wünscht, ihn dadurch zu versorgen, wird das Land nicht fruchtbar sein, oder es wird zwar fruchtbar sein, aber von schädlichen Dingen heimgesucht werden, und man gibt dem Land keine Schuld.

Wenn er also etwas von einem von ihnen erbittet, sollte es in seinen Augen gleich sein, ob derjenige, den er bittet, schwach oder stark ist, und er sollte auf G-tt für seine Vollendung vertrauen.

Und wenn es durch einen von ihnen vollbracht wurde, soll er dem Schöpfer danken, der seinen Wunsch erfüllt hat, und demjenigen, durch den es geschehen ist, für seinen guten Willen ihm gegenüber, und dass der Schöpfer seinen Nutzen durch ihn gebracht hat, und es ist bekannt, dass der Schöpfer nur durch die tzadikim [Gerechten] Gutes bringt, und es ist selten, dass Er durch sie einen Verlust bringt, wie die Weisen sagten: "Verdienst geschieht durch die Verdienstvollen und Schuld durch die Schuldigen" [Bava Basra 119b], und der Vers "Den Gerechten soll kein Unrecht geschehen" [Mishlei 12: 21 - Raschi "Keine Sünde wird ihm ungewollt geschehen"].

Und wenn seine Bitte durch sie nicht erfüllt wird, sollte man sie nicht tadeln und es nicht als Folge ihrer Nachlässigkeit betrachten, sondern er sollte dem Allmächtigen danken, der das Beste für ihn in dieser Sache gewählt hat, und sie nach seinem Wissen um ihre Bemühungen, seinen Willen zu erfüllen, loben, auch wenn die Sache nicht nach seinem und ihrem Wunsch vollendet wurde. Ähnlich sollte man mit seinen Bekannten und Freunden, seinen Geschäftspartnern, Angestellten und Partnern verfahren.

Wenn jemand, der höher oder niedriger als er selbst ist, ihn bittet, etwas für ihn zu tun, sollte er von ganzem Herzen jedes Mittel einsetzen, um es zu tun, und seinen Verstand einsetzen, um die Angelegenheit zu erledigen, vorausgesetzt, dass man dazu in der Lage ist und dass die Person, die darum gebeten hat, würdig ist, dass er sich für sie einsetzt [aber wenn die Person böse ist, sollte man davon absehen, wie er am Ende von Tor #3 - MÜ schrieb]. Und danach sollte er auf den Allmächtigen für seine Vollendung vertrauen. Wenn G-tt es durch ihn vollendet und ihn zur Ursache für den Nutzen eines anderen macht, sollte er G-tt für dieses Privileg danken. Wenn G-tt es ihm vorenthält und er nicht in der Lage ist, es zu tun, soll er sich nicht tadeln, und er soll die Person informieren, dass er nicht nachlässig war, es zu tun, vorausgesetzt, dass er sich tatsächlich bemüht hat, es zu tun. Was aber seine Feinde angeht, diejenigen, die eifersüchtig auf ihn sind, diejenigen, die ihm schaden wollen, so soll er in ihren Angelegenheiten auf G-tt vertrauen. Er sollte ihre Verachtung ertragen und sie nicht auf die gleiche Weise

Die Pflichten des Herzens Kapitel Vier   Rabbeinu Bachya

zurückbehandeln.

Vielmehr sollte er es ihnen mit Wohlwollen vergelten und versuchen, ihnen so viel wie möglich zu nützen, und sich in seinem Herzen daran erinnern, dass nur G-tt die Fähigkeit hat, ihm zu nützen oder zu schaden. Wenn sein Feind zu einem Mittel wird, um ihm zu schaden, sollte er ihn wohlwollend beurteilen und vermuten, dass es an ihm selbst oder an seinen vergangenen Taten aus seinem schlechten Start ins Leben gegenüber G-tt liegt. Er sollte den Allmächtigen anflehen und ihn bitten, seine Sünden zu sühnen, und dann werden seine Feinde seine Freunde werden, wie der weise Mann sagte: "Wenn G-tt mit dem Weg eines Menschen zufrieden ist, werden sogar seine Feinde Frieden mit ihm schließen" [Mischlei 16:7].

Die Erläuterung der vierten Kategorie, der Pflichten des Herzens und der Glieder, die nur einem selbst nützen oder schaden, z.B. Fasten, Beten, in einer Sukka wohnen, einen Lulav nehmen, Tzitzis tragen, den Sabbat und die Feiertage einhalten, sich von Sünden fernhalten. Zu dieser Kategorie gehören auch alle Pflichten des Herzens, da ihre Erfüllung andere nicht beeinträchtigt und deren Nutzen oder Schaden nur auf einen selbst beschränkt ist und nicht von anderen geteilt wird. Die richtige Art und Weise des Vertrauens auf den Allmächtigen in all diesen Bereichen werde ich erklären, und ich bitte den Allmächtigen, mich in Seiner Barmherzigkeit die Wahrheit zu lehren.

Jede menschliche Handlung, die entweder Dienst [an G-tt] oder Sünde ist, kann nur stattfinden, wenn drei Faktoren auftreten.

[1] die Entscheidung in Herz und Verstand [d.h. ein Gedanke, dass es angemessen ist, diese Sache zu tun - MÜ].

[2] Die Absicht und Entschlossenheit, das zu tun, was man gewählt hat.

[3] Das Bestreben, die Handlung mit den eigenen körperlichen Gliedern zu vollziehen und sie in die Tat umzusetzen.

[Von diesen drei Faktoren,] zwei liegen nicht außerhalb unserer Kontrolle, nämlich [1] die Wahl des Dienstes oder der Sünde und [2] die Absicht und Entschlossenheit, die Wahl auszuführen. In Bezug auf diese Faktoren wäre es ein Fehler und eine Torheit, auf G-tt zu vertrauen, denn der Schöpfer hat uns die freie Wahl gelassen, ob wir Ihm dienen oder uns gegen Ihn auflehnen wollen, wie geschrieben steht: "... [Leben und Tod habe ich euch vor Augen gestellt] und ihr sollt das Leben wählen" [Devarim 30:19].

Aber die Verwirklichung der Tat hat Er nicht in unsere Hände gelegt, sondern sie von äußeren Mitteln abhängig gemacht, die manchmal verfügbar sind und manchmal nicht.

Wenn man sich entschließen würde, dem Allmächtigen zu dienen, würde

Die Pflichten des Herzens Kapitel Vier   Rabbeinu Bachya

man auf Ihn vertrauen und sich denken: "Ich werde den Dienst G-ttes nicht wählen und nicht versuchen, irgendeinen Teil davon zu tun, bis Er wählt, was für mich davon gut ist" - dann ist er bereits vom geraden Weg abgekommen und seine Füße sind vom richtigen Weg abgerutscht, denn der Schöpfer hat uns bereits befohlen, in Angelegenheiten Seines Dienstes zu wählen und zu beabsichtigen und Anstrengungen in diese Richtung zu unternehmen, mit vollständiger, von ganzem Herzen kommender Entschlossenheit um Seines großen Namens willen, und Er hat uns mitgeteilt, dass dies der richtige Weg für unser Wohlergehen in dieser Welt und in der nächsten ist.

Wenn uns die notwendigen Mittel zur Verfügung stehen, so dass wir in der Lage sind, das Werk im Dienste G-ttes zu vollbringen, das wir zu tun gewählt haben, dann werden wir die große Belohnung dafür erhalten, dass wir es gewählt haben, für die Absicht und den Entschluss, es zu tun, und für die Vollendung der Handlungen durch unsere physischen Glieder. Aber wenn uns die Ausführung mit den physischen Gliedern vorenthalten wird, dann erhalten wir eine Belohnung für unsere Wahl und die Absicht, es zu tun, wie wir zuvor [in Kap. 3] erklärt haben, und ebenso für die Bestrafung der Sünden.

Der Unterschied zwischen dem Dienst G-ttes und den weltlichen Aktivitäten in dieser Welt, was das Vertrauen in G-tt betrifft, ist wie folgt. Was die weltlichen Angelegenheiten betrifft, so wurde uns nicht offenbart, welches von allen Mitteln das beste und nützlichste für uns ist, und auch nicht, in welcher Weise ein bestimmter Weg schädlicher und schlechter ist als andere Wege. Wir wissen nicht, welcher bestimmte Beruf für uns am besten geeignet ist und am besten dazu beiträgt, Geld zu verdienen, die Gesundheit zu erhalten und für das allgemeine Wohlbefinden zu sorgen. Wir wissen auch nicht, welcher Geschäftszweig, welche Reise oder welche anderen weltlichen Unternehmungen erfolgreich sein werden, wenn wir uns darauf einlassen.

Daraus folgt, dass wir auf den Allmächtigen vertrauen müssen, dass Er uns helfen wird, das zu wählen und auszuführen, was die beste Wahl für uns ist, vorausgesetzt, dass wir uns [mit den Mitteln, die geeignet sind, diese Sache zu erreichen -PL] anstrengen und dass wir Ihn anflehen, in unseren Herzen die gute und richtige Wahl für uns zu erwecken. [dann können wir nach diesen beiden Dingen das erwähnte Vertrauen in unseren Herzen haben - PL]

Aber der Dienst G-ttes ist nicht so, denn G-tt hat uns bereits die richtigen Wege dafür gelehrt, uns befohlen, ihn zu wählen, und uns die Fähigkeit gegeben, ihn zu tun. Wenn wir Ihn dann in der Wahl, die wir treffen

Die Pflichten des Herzens   Kapitel Vier   Rabbeinu Bachya

sollten, anflehen und auf Ihn vertrauen, dass Er uns offenbaren wird, was gut für uns ist, werden wir uns in unseren Worten [des Gebets] irren und töricht in unserem Vertrauen sein, denn Er hat uns bereits den richtigen Weg gelehrt, der gut für uns in dieser Welt und in der nächsten sein wird, wie geschrieben steht: "G-tt hat uns geboten, alle diese Satzungen zu erfüllen, den Ewigen, unseren G-tt, zu fürchten, zu unserem Besten, alle unsere Tage". Und in Bezug auf die Belohnung in Olam Haba "werden wir belohnt, wenn wir uns sorgfältig daran halten" [Devarim 6:25].

Darüber hinaus wird in weltlichen Angelegenheiten manchmal ein gutes Mittel zu einem schlechten Mittel und umgekehrt, während dies beim Dienst für G-tt und bei Übertretungen nicht der Fall ist; die Positionen von Gut und Böse wechseln nicht und ändern sich nie.

Daher ist für religiöse Handlungen das Vertrauen in G-tt nur in der Vollendungsphase der Handlung angemessen. Nachdem wir sie von ganzem Herzen und treu gewählt haben, und nach der zweiten Stufe des Entschlusses und der Anstrengung, sie mit reinem Herzen zu tun, und mit der Absicht, sie um Seines großen Namens willen zu tun. Damit sind wir verpflichtet, Ihn zu bitten, uns dabei zu helfen und uns zu belehren, wie geschrieben steht: "Führe mich in Deiner Wahrheit und lehre mich" [Tehilim 25:5], und "führe mich auf dem Pfad Deiner Gebote, denn ich habe es gewünscht" [Tehilim 119: 35], und "Ich habe den Weg der Wahrheit gewählt, ich habe Deine Ordnungen vor mich gestellt" [Tehilim 119:30], und "Ich habe mich an Deine Zeugnisse geklammert, o Ewiger, lass mich nicht zuschanden werden" [Tehilim 119:31], und "Und nimm das Wort der Wahrheit nicht ganz aus meinem Munde; denn ich habe auf Deine Urteile gehofft" [Tehilim 119:43].

All diese Verse zeigen, dass der Dienst des Psalmisten an G-tt seine eigene Entscheidung war.

Er betete zu G-tt nur um zwei Dinge:

[1] Sein Herz ganz zu widmen und seine Wahl im Dienst G-ttes zu stärken, indem er die Ablenkungen der Welt von seinem Herzen und seinen Augen entfernt, wie er sagte: "Vereinige mein Herz, um Deinen Namen zu fürchten" [ibid 86: 11] und "decke meine Augen auf, damit ich die Wunder Deiner Tora betrachte" [Tehilim 119:18], "wende meine Augen ab vom Anblick der Eitelkeit" [ibid, 119:37], "neige mein Herz zu Deiner Tora und nicht zu ungerechtem Gewinn" [ibid, 119:36], und vieles mehr.

[2] Ihn körperlich zu stärken, damit er in der Lage ist, die Handlungen des Dienstes G-ttes zu vollenden. Das ist es, was gemeint ist: "Führe mich auf dem Pfad Deiner Gebote" [119:35], "unterstütze mich und ich werde gerettet werden" [119:117], und vieles mehr. Und ich werde in diesem

Die Pflichten des Herzens Kapitel Vier Rabbeinu Bachya

Tor erklären, welche Faktoren diesen Dingen helfen und schaden, und den richtigen Weg darin, mit G-tt's Hilfe.

Die fünfte Kategorie, die physischen Pflichten, die sich auf andere auswirken, ob zum Nutzen oder zum Schaden, wie Almosen geben, Maaser [Zehnten], Weisheit lehren, andere zum Guten auffordern, sie vor dem Bösen warnen, Darlehen im Glauben zurückgeben, ein Geheimnis bewahren, gut von anderen sprechen, gute Tätigkeiten, Eltern ehren, die Bösen zu G-tt zurückbringen, andere belehren/beraten, was gut für sie sein wird, die Armen bemitleiden und sie mit Barmherzigkeit behandeln, ihre Verachtung geduldig ertragen, wenn man sie zum Dienst G-ttes aufruft, sie dazu inspirieren, auf die Belohnung zu hoffen [wenn sie Gutes tun], und ihnen Furcht vor Strafe einflößen [wenn sie Schlechtes tun].

Der richtige Weg des Vertrauens in G-tt für diese, ist für einen, sich alle diese und ähnliche Handlungen vor Augen zu halten, sich zu entschließen und sich zu bemühen, sie zu praktizieren, gemäß dem, was wir vorher in der vierten Kategorie erklärt haben, bezüglich der Pflicht, wenn man [in diesen Dingen -PL] die alleinige Absicht hat, sich G-tt allein zu nähern; nicht um einen Namen oder Ehre unter den Menschen zu erwerben, noch aus der Hoffnung, Belohnung von ihnen zu erhalten, noch um zu versuchen, über sie zu herrschen. Und danach, nachdem er sein Äußerstes getan hat, auf G-tt zu vertrauen bei der Vollendung der Taten, die er unternommen hat, gemäß dem, was G-tt von uns will [dass wir seinen Willen tun, dementsprechend wird er uns helfen, das zu vollenden, was wir unternommen haben - MÜ].

Bei all dem sollte man darauf achten, dass man seine Taten so weit wie möglich vor denen verbirgt, die sie nicht zu kennen brauchen. Denn wenn es verborgen bleibt, wird der Lohn größer sein, als wenn es bekannt wird. Und das, was er nicht verbergen kann, soll er sich an den wichtigen allgemeinen Grundsatz erinnern, den wir erklärt haben, nämlich, dass von den geschaffenen Dingen weder Nutzen noch Schaden ausgehen kann, es sei denn mit Erlaubnis des Schöpfers.

Wenn der Schöpfer durch ihn eine Mitzwa [ein Gebot] vollendet [dass G-tt einer anderen Person durch ihn Nutzen bringt - PL], sollte er bedenken, dass dies eine Gunst ist, die ihm vom Schöpfer zuteil wird. Er sollte sich nicht freuen, wenn andere Menschen ihn dafür loben, noch wünschen, dass sie ihn dafür ehren, denn das wird ihn dazu bringen, in seinen Handlungen stolz zu werden, und seine Reinheit des Herzens und seine Motive gegenüber G-tt werden ruiniert werden, dadurch werden seine Taten verdorben und seine Belohnung dafür wird verloren gehen. Ich werde dies später in seinem richtigen Tor [in #6 das Tor der Unterwerfung - PL] mit G-ttes Hilfe erklären.

Die Pflichten des Herzens Kapitel Vier Rabbeinu Bachya

Die Erklärung der sechsten Kategorie, die sich auf die Belohnung in dieser und der nächsten Welt bezieht, die man für seine guten Taten in dieser Welt verdient, ist in zwei Teile unterteilt. [1] Belohnung nur in dieser Welt. [2] Belohnung nur in der nächsten Welt. Manchmal verdient man für eine Tat Belohnung in beiden Welten.

Dies wurde uns nicht klar erklärt, aber der Schöpfer garantierte seinem Volk eine allgemeine Belohnung für allgemeines gutes Verhalten, aber Er hat die Einzelheiten der Belohnung in dieser Welt für jede Handlung des Dienstes nicht spezifiziert, wie Er es bei den Strafen in dieser Welt für Übertretungen tat. Zum Beispiel legte Er fest, welche Vergehen die Todesstrafe durch Steinigung [d.h. Sturz aus der Höhe], Verbrennung, Enthauptung oder Strangulierung oder 40 Peitschenhiebe, Tod [durch G-ttes Vorsehung], vorzeitigen Tod [karet], Geldstrafen - zwei-, vier- oder fünffach -, Geldschäden durch Ochsen, Gruben, Zähne, Feuer, Beschädigung eines Menschen, Verlegenheit durch Beschlagnahme, Verleumdung und andere Vergehen rechtfertigen. Aber was die Belohnung und Bestrafung im Jenseits angeht, hat der Prophet [Mosche] aus mehreren Gründen nichts erklärt.

Einer davon ist, dass der Anschein einer Seele ohne Körper uns fremd ist, und noch weniger ist bekannt, woran die Seele in diesem Zustand Freude hat oder leidet. Dies wurde jedoch jemandem erklärt, der solche Dinge verstand, als G-tt zu Jehoschua [dem Hohepriester] sprach [dem G-tt ein besonderes Verständnis für g-ttliche Angelegenheiten gewährte - PL]: "Ich werde dir einen Platz geben, um unter diesen [Engeln] zu wandeln, die stehen" [Sacharia 3: 7], und dies bezog sich nicht auf die Verbindung der Seele mit dem Körper, sondern war vielmehr ein Hinweis auf das, was nach dem Tod geschehen wird, wo die Seele in ihrem einfachen, ätherischen Zustand, vom Körper getrennt und diesen nicht mehr benutzend, die Form der Engel wieder annimmt, nachdem sie gereinigt und zum Strahlen gebracht wurde, wenn ihre Taten in dieser Welt gut waren.

Ein weiterer Grund ist, dass die Erklärung von Lohn und Strafe im Jenseits von den Menschen von den Propheten empfangen wurde und von den Weisen [in jeder Generation, zusätzlich zur überlieferten Tradition - PL] abgeleitet werden kann, und sie wurde in den Büchern weggelassen, so wie ein Großteil der Erklärung der positiven und negativen Gebote weggelassen wurde, indem man sich auf die Überlieferung der mündlichen Tradition verließ.

Ein weiterer Grund ist, dass die Menschen töricht und wenig verständig waren [als sie Ägypten verließen], was in den Versen unschwer zu erkennen ist.

Die Pflichten des Herzens Kapitel Vier   Rabbeinu Bachya

Der Schöpfer verhielt sich ihnen gegenüber wie ein Vater, der sich seines kleinen Sohnes erbarmt, wenn er ihn langsam und sanft erziehen will [um ihn nicht zu überfordern, so wollte der Schöpfer sie auch nicht über die Strafen im Jenseits informieren, die sehr hart sind - PL], wie geschrieben steht: "Jisrael ist ein Kind, und ich habe ihn geliebt" [Hoshea 11:1]. Wenn ein Vater seinen jungen Sohn in der Weisheit erziehen will, mit der er hohe Stufen erreichen wird, und der Junge zu diesem Zeitpunkt nicht in der Lage ist, sie zu verstehen, wenn er versucht, ihn zu veranlassen, indem er sagt: "Ertrage die harte Disziplin und das Lernen, damit du später die großen Stufen erreichst", würde der Sohn nicht die Geduld haben, dies zu ertragen, und würde nicht auf seinen Vater hören, weil er sie nicht versteht.

Wenn aber der Vater ihm das versprochen hat, was sofort angenehm ist, sei es Essen und Trinken, feine Kleidung und ein schöner Wagen oder ähnliches, und ihn gewarnt hat [dass er, wenn er nicht darauf achtet, leiden wird], was ihm sofortige Schmerzen bereitet, wie Hunger, Nacktheit, Schläge oder ähnliches, und ihm klare Beweise und greifbare Beweise gegeben hat, um diese Versprechen und Warnungen in den Verstand seines Sohnes und die Wahrheit seiner Aussagen einzuprägen, wird es für den Sohn leicht sein, die Belastung der Disziplin zu ertragen und ihre mühsame Arbeit zu ertragen.

Und wenn er ein junger Mann wird und sein Intellekt stärker wird, wird er die Absicht der Disziplin, die ihm auferlegt wurde [die hohen Stufen - PL], verstehen und sich ihnen zuwenden. Er wird wenig an die Süße der Vergnügungen denken, denen er früher so eifrig zugelaufen war. Diese Art der Erziehung war eine Wohltat für ihn. [d.h. dieses Verhalten, ihn anfangs durch süße Dinge usw. zu motivieren wie zuvor, war auf die Barmherzigkeit des Vaters ihm gegenüber zurückzuführen - PL]

In ähnlicher Weise ermutigte der Schöpfer sein Volk mit Versprechungen von Belohnungen und drohte ihnen mit Strafen, die bald [d.h. in dieser Welt - PL] kommen würden, weil Er wusste, dass, nachdem sie stark im Dienst etabliert sein würden, ihre Torheit in Bezug auf Belohnung und Strafe hier auf der Erde abfallen würde [d.h. das, was sie in erster Linie für die Belohnung in dieser Welt dienten [würde abfallen] - PL] und ihre Absicht im Dienst Ihm gelten würde und sie ihr Verhalten auf Ihn ausrichten würden. Und auf diese Weise können wir alle physischen Formen erklären, die dem Schöpfer in der Schrift zugeschrieben werden. Ein weiterer Grund ist, dass ein Mensch nicht allein aufgrund seiner guten Taten der Belohnung von Olam Haba [der nächsten Welt] würdig wird [da die Belohnung unendlich groß ist - Üb]. Vielmehr wird er von G-tt aufgrund von zwei Dingen, neben seinen guten Taten, als würdig

Die Pflichten des Herzens   Kapitel Vier   Rabbeinu Bachya

erachtet.
[1] Dass er andere Menschen den Dienst G-ttes lehrt und sie dazu anleitet, Gutes zu tun, wie geschrieben steht: "Diejenigen, die der Öffentlichkeit Verdienst bringen, werden für immer wie die Sterne sein" [Daniel 12:3]. Und auch: "Denen, die tadeln, wird Freude sein, und auf sie wird der Segen des Guten kommen" [Mischlei 24,25]. Und wenn der fleißige Mensch die Belohnung für diejenigen, die er verdient hat, mit der Belohnung für seine eigenen guten Taten und der Belohnung für den Glauben in seinem Herzen und die geduldige Akzeptanz [des Willens G-ttes] kombiniert, wird er vom Schöpfer als würdig für die Belohnung von Olam Haba erachtet werden. [d.h. wenn er zusätzlich zu seiner eigenen Frömmigkeit auch anderen Verdienst bringt, dann ist er sicherlich der Belohnung würdig, wie geschrieben steht: "denen, die zurechtweisen, wird es eine Freude sein" - MÜ]

[2] Der zweite Faktor ist die Güte des Allmächtigen, Großzügigkeit und Güte, wie geschrieben steht: " Du, G-tt, bist gütig, denn Du bezahlst einen Menschen nach seinen Taten" [Tehilim 62:13] [d.h. selbst wenn jemand nur seine eigenen guten Taten hat [und andere nicht zum Guten gebracht hat], wird G-tt ihm guten Lohn in Olam Haba geben - Üb].

Der Grund dafür ist, dass, selbst wenn die guten Taten eines Menschen zahlreich sind wie der Sand am Meeresufer, sie nicht genug wiegen würden, um auch nur eine Gunst zu decken, die der Schöpfer ihm in dieser Welt gewährt hat. Dies gilt umso mehr, wenn er irgendwelche Sünden begangen hat, denn wenn der Schöpfer den Menschen streng für seine Dankespflicht zur Rechenschaft zieht, würden alle seine guten Taten durch die kleinste Gunst, die der Schöpfer ihm erwiesen hat, zunichte gemacht werden, und das, was der Schöpfer ihm schuldet, würde nichts ausmachen. Daher ist das, was der Schöpfer dem Menschen für seine guten Taten vergütet, als g-ttliche Wohltat für ihn zu betrachten. Die Strafe hingegen erfolgt in beiden Welten durch Wahrheit und Gerechtigkeit, und sie ist eine Schuld, die der Mensch zu begleichen hat. Doch auch hier gilt die liebevolle Güte des Schöpfers in beiden Welten, wie geschrieben steht: "Dir, G-tt, gehört die liebevolle Güte" [Tehilim 62,13], und "der Barmherzige wird die Sünde sühnen und nicht vernichten" [Tehilim 78,38].

Ein weiterer Grund ist, dass es zwei Kategorien von guten Taten gibt. [1] Diejenigen, die anderen verborgen bleiben und nur für den Schöpfer sichtbar sind, wie die Pflichten des Herzens und andere ähnliche Pflichten.

[3] Diejenigen, die in den Gliedern sichtbar sind und den anderen Geschöpfen nicht verborgen bleiben.

Die Pflichten des Herzens   Kapitel Vier   Rabbeinu Bachya

Für die Erfüllung der sichtbaren Pflichten der Glieder belohnt der Schöpfer mit sichtbarem Lohn in dieser Welt. Für die Erfüllung der verborgenen Pflichten hingegen belohnt er mit dem verborgenen Lohn, nämlich in Olam Haba. Deshalb sprach König David davon mit Worten, die auf diese Angelegenheit hinweisen, wie geschrieben steht: "Wie groß ist Deine Güte, die Du für die verborgen hast, die Dich fürchten; [die Du für die getan hast, die vor den Menschenkindern zu Dir Zuflucht nehmen]" [Tehilim 31:20]. Und ebenso ist der Weg der Strafen für verborgene und offenbarte Missetaten dem Weg der Belohnung ähnlich. Der Beweis für diese Ansicht ist wie folgt. G-tt hat Seinem Volk garantiert, dass Er ihm für seinen sichtbaren Dienst eine sichtbare und schnelle Belohnung in dieser Welt geben würde. Dies wird in der Parscha Bechukosai erklärt: "Wenn ihr auf Meinen Wegen gehen wollt....." [Vayikra 26], und ebenso, für sichtbare Sünden, sichtbare und schnelle Bestrafung in dieser Welt, weil die Massen nur das Sichtbare verstehen, nicht das Verborgene, wie geschrieben steht: "Das Verborgene gehört G-tt, aber das Offenbarte gehört uns und unseren Kindern, für immer" [Devarim 29,28]. Und der Vers sagt: "Wenn das Volk seine Augen von den [bösen] Taten dieses Mannes und seiner Familie abwendet, werde ich mein Gesicht diesem Mann und seiner Familie zuwenden" [Vayikra 20:4]. Die Belohnung und Bestrafung für die Erfüllung oder Übertretung der Pflichten des Herzens obliegt also dem Schöpfer. Deshalb hat die Heilige Schrift eine Erklärung über ihre Belohnung und Bestrafung in der nächsten Welt ausgelassen. [siehe Tov Halevanon für weitere Einzelheiten]

Ein weiterer Grund, warum die in der Schrift erwähnten Belohnungen und Strafen nur auf das Diesseits beschränkt sind, liegt darin, dass der Prophet sich an weltliche Menschen wendet. Da aber Jehoschua [kohen gadol] sich in der mystischen Welt der Engel befand [d.h. seine Seele war zu diesem Zeitpunkt von seinem Körper getrennt und befand sich in der geistigen Welt - PL], sagte G-tt zu ihm: "Ich will dir einen Platz geben, wo du unter diesen [Engeln] wandeln kannst, die da stehen" [Sacharja 3:7]. Die richtige Art und Weise, mit Hoffnung und Furcht zu motivieren, sollte im Einklang mit der Zeit und dem Ort sein. Verstehen Sie dies.

Ein weiterer Grund ist, dass der Zweck der Belohnung in Olam Haba im Wesentlichen darin besteht, sich an G-tt zu klammern und sich Seinem himmlischen Licht zu nähern, wie geschrieben steht: "Deine Gerechtigkeit wird vor dir hergehen, die Herrlichkeit G-ttes wird dich einsammeln" [Jeschaja 58:8], und "der Weise wird leuchten wie der Glanz des Firmaments" [Daniel 12:3], und auch: "Um seine Seele aus der Grube zurückzuholen [i. d. h. Gehinom siehe unten Tov Halevanon], um

Die Pflichten des Herzens Kapitel Vier Rabbeinu Bachya

mit dem Licht der Lebenden erleuchtet zu werden" [Iyov 33:30]. Und niemand kann dorthin gelangen, außer dem, an dem der Schöpfer Gefallen findet, und die Gunst des Schöpfers ist die Wurzel der Belohnung, wie geschrieben steht: "Sein Zorn ist nur ein Augenblick, in seiner Gunst ist Leben" [Tehilim 30:6]. Und es gibt Hinweise in der Parscha Bechukosai, dass das Wohlgefallen des Allmächtigen [die größte Belohnung] ist, wie geschrieben steht: "Meine Seele wird euch nicht verabscheuen" [Vayikra 26:11], und "Ich will mich euch zuwenden und euch ein G-tt sein, und ihr werdet Mir ein Volk sein" [ibid, 26:9].

Das Vertrauen in G-tt bezüglich der Belohnung in dieser und in der nächsten Welt, die Er dem Gerechten für seinen Dienst versprochen hat, nämlich daß Er denjenigen belohnen wird, der es verdient, und denjenigen bestrafen wird, der es verdient, obliegt dem Gläubigen und ist ein wesentlicher Teil des vollkommenen Glaubens an G-tt, wie geschrieben steht, "und er glaubte G-tt, und es wurde ihm als Gerechtigkeit angerechnet" [Bereischis 15: 6], und "hätte ich nicht geglaubt, die Güte G-ttes im Land der Lebenden zu sehen" [Tehilim 27:13].

Es ist nicht richtig, auf seine eigenen guten Taten zu vertrauen und sich zu versichern, dass er in dieser und in der nächsten Welt eine Belohnung für seine guten Taten erhalten wird. Vielmehr sollte er sich bemühen und sich anstrengen [um Gutes zu tun] und sich bemühen, G-tt zu danken und dankbar zu sein für Seine ständigen Wohltaten an ihm, und nicht durch die Hoffnung auf zukünftige Belohnung für seine Taten motiviert sein. Vielmehr sollte er auf G-tt vertrauen und sein Bestes tun, um seine Schuld der Dankbarkeit für Seine großen Gunstbezeugungen ihm gegenüber zu begleichen, wie unsere Weisen gesagt haben: "Seid nicht wie Diener, die ihrem Fürsten unter der Bedingung dienen, eine Belohnung zu erhalten, sondern seid wie Diener, die ihrem Fürsten ohne die Bedingung dienen, eine Belohnung zu erhalten, und lasst die Furcht des Himmels über euch sein" [Avos 1:3].

Einer der Frommen sagte: "Wenn man streng darauf achtet, was man dem Schöpfer für seine Wohltaten schuldet, wäre kein Mensch jemals des Lohns von Olam Haba für seine Taten würdig. Vielmehr ist es nur eine Freundlichkeit des Allmächtigen, darum vertraut nicht auf eure Taten." Und König David sagte dazu: " Du, G-tt, bist gütig, denn Du bezahlst einen Menschen nach seinen Taten" [Tehilim 62:13] [d.h. auch die Bezahlung eines Menschen für seine Taten ist nur eine Güte].

Die siebte Kategorie - Vertrauen in G-tt's besondere Gnade für Seine Auserwählten und Geschätzten, denen in Olam Haba viele unbeschreibliche Wohltaten zuteil werden. Der richtige Weg des

Die Pflichten des Herzens Kapitel Vier Rabbeinu Bachya

Vertrauens in G-tt ist der folgende: Sich in den Mitteln zu üben, die einen zu den hohen Stufen der Frommen bringen, die dieser besonderen Gnade G-ttes würdig sind. Das bedeutet, sich auf die Weise der Asketen zu verhalten, die weltliche Vergnügungen verabscheuen, und die Liebe zu ihnen und das Verlangen nach ihnen aus dem Herzen zu reißen und sie durch die Liebe zum Schöpfer zu ersetzen, und sich Ihm hinzugeben, sich an Ihm zu erfreuen, von der Welt und ihren Bewohnern verödet zu sein [siehe Kommentar], und den Wegen der Propheten und der Frommen zu folgen, und darauf zu vertrauen, dass der Allmächtige ihm Gunst erweisen wird, wie Er es mit ihnen im Jenseits tun wird.

Wer aber darauf vertraut, dass G-tt ihn begünstigen wird, ohne dass er gute Taten vollbringt, ist ein Narr und ein Einfaltspinsel. Er ist wie jene, von denen es heißt: "Sie handeln wie Zimri und erwarten den Lohn von Pinchas" [Sota 22b]. Einige Anzeichen für diejenigen, die diese hohe Stufe erreicht haben, sind diejenigen, die: [1] Diener G-ttes über den Dienst belehren [aufgrund der Liebe zu G-tt in ihrem ganzen Wesen können sie sich nicht zurückhalten, über das Versagen im Dienst G-ttes bei anderen Menschen zu schweigen - Üb], [2] geduldiges Ertragen und Annehmen in Zeiten der Prüfung und Schwierigkeit demonstrieren, [3] alles andere als unbedeutend ansehen im Vergleich zur Erfüllung der Gebote G-ttes, wie wir durch die Prüfung von Avraham sehen [Bereischis 22: 1], oder von Chananja, Mischael und Asarja, die in den Feuerofen geworfen wurden [Daniel 3:13], oder Daniel, der in die Löwengrube geworfen wurde [Daniel 6:13], oder die 10 Märtyrer.

Wer immer sich entscheidet, im Dienste G-ttes zu sterben, anstatt gegen Ihn zu rebellieren, wer immer Armut statt Reichtum, Krankheit statt Gesundheit, Leiden statt Ruhe wählt, sich dem Urteil des Schöpfers unterwirft und nach Seinen Anordnungen verlangt - eine solche Person ist der g-ttlichen Gnade des Schöpfers in der Glückseligkeit von Olam Haba würdig, von der geschrieben steht: "Damit ich denen, die Mich lieben, ein Erbe gebe, und ich will ihre Schätze füllen" [Mischlei 8: 21], und "Kein Auge hat je gesehen, o G-tt, außer Dir, was Er dem bereitet hat, der auf Ihn wartet" [Jeschaja 64,3], und "Wie groß ist Deine Güte, die Du für die verborgen hast, die Dich fürchten" [Tehilim 31,20].

Kapitel Fünf

Die Unterschiede zwischen jemandem, der auf G-tt vertraut, und jemandem, der das nicht tut, in Bezug auf die Verwendung der Mittel zur Erwirtschaftung des Lebensunterhalts, sage ich, sind sieben:
[1] Einer, der G-tt vertraut, akzeptiert Sein Urteil in all seinen

Die Pflichten des Herzens   Kapitel Vier   Rabbeinu Bachya

Angelegenheiten und dankt Ihm für Gutes wie für Schlechtes, wie geschrieben steht: "G-tt gab, G-tt nahm zurück, gepriesen sei Sein Name" [Iyov 1:21], und wie geschrieben steht: "von Güte und von Recht will ich Dir singen" [Tehilim 101: 1], was die Weisen so erklärten: "Wenn Güte, werde ich singen, wenn Gerechtigkeit, werde ich singen" [Berachos 60b] [Raschi: Wenn Du mir Güte schenkst, werde ich Dich [mit dem Segen:] "Gesegnet sei Er, der gut ist und Gutes tut", preisen, und wenn Du mir Recht schaffst, werde ich singen: "Gesegnet sei der wahre Richter. " In jedem Fall werde ich Dir, o Ewiger, singen], und sie sagten auch: "Ein Mensch ist verpflichtet, G-tt über das Schlechte [mit Freude - MÜ] zu segnen, so wie er über das Gute segnet" [Berachos 54a].

Aber jemand, der nicht auf den Allmächtigen vertraut, rühmt sich des Guten [indem er sagt: "Es ist meiner Macht und meinem Einfallsreichtum zu verdanken" - PL], wie geschrieben steht: "Denn der Böse rühmt sich seines Herzenswunsches" [Tehilim 10: 3], und er wird zornig über das Schlechte, wie geschrieben steht: "Und derjenige, der dort vorbeikommt, wird Mühsal und Hunger leiden, und es wird geschehen,] dass er, wenn er hungrig ist, zornig wird und seinen König und seinen G-tt verflucht, und er wird sich zum Himmel wenden" [Jeschaja 8:21].

[2] Jemand, der auf den Allmächtigen vertraut, hat einen ruhigen Geist und ein entspanntes Herz, was schlechte Entscheidungen angeht, da er weiß, dass der Schöpfer sie zu seinem Wohl in dieser und der nächsten Welt ordnen wird, wie König David sagte: "Meine Seele, warte nur auf G-tt; denn meine Erwartung ist von Ihm" [Tehilim 62:6]. Wer aber nicht auf G-tt vertraut, auch wenn es ihm gut geht, ist immer geplagt und in ständiger Sorge. Er ist traurig und betrübt, weil er mit seiner Situation wenig zufrieden ist und sich danach sehnt, sich zu vermehren, zu mehren und zu horten. Und ebenso in schlechten Zeiten, weil er sich davor ekelt und es seinen Wünschen, seiner Natur und seinen Charaktereigenschaften widerspricht. So sagte auch der weise Mann: "Alle Tage der Armen sind böse" [Mischlei 15:15]

[3] Jemand, der auf G-tt vertraut, wird, auch wenn er sich mit den Mitteln beschäftigt, um seinen Lebensunterhalt zu verdienen, sein Herz nicht an sie hängen, und er wird nicht hoffen, Gewinn oder Verlust von ihnen zu erhalten, es sei denn, es ist der Wille G-ttes. Vielmehr betreibt er sie als Teil seines Dienstes für G-tt, der uns befohlen hat, uns mit der Welt zu beschäftigen, sie zu erhalten und bewohnbarer zu machen. Wenn diese Mittel ihm einen Gewinn bringen oder ihm helfen, einen Verlust zu vermeiden, wird er G-tt allein dafür danken, und er wird die Mittel dafür nicht mehr lieben und schätzen, noch wird er sich deswegen mehr auf sie verlassen.

Die Pflichten des Herzens Kapitel Vier Rabbeinu Bachya

Vielmehr wird sein Vertrauen in G-tt gestärkt werden, und er wird sich auf Ihn und nicht auf die Mittel verlassen. Und wenn die Mittel keinen Nutzen bringen, weiß er, dass sein Lebensunterhalt zu ihm kommen wird, wenn G-tt es will, und auf welche Weise auch immer Er es will. Deshalb wird er die Mittel nicht ablehnen und auch nicht darauf verzichten, sie zu benutzen, und so wird er seinem Schöpfer dienen [wie oben - Üb].

Wer aber nicht auf G-tt vertraut, greift zu bestimmten Mitteln, weil er darauf vertraut, dass sie ihm einen Gewinn bringen und ihn vor Verlusten schützen. Wenn sie einen Gewinn bringen, wird er sie und sich selbst für seine Bemühungen und seine Wahl loben, und er wird keine anderen Mittel versuchen. Aber wenn sie ihm keinen Gewinn bringen, wird er sie aufgeben und ablehnen und das Interesse an ihnen verlieren, wie geschrieben steht: "Darum opfert er seinem Netz [durch das er in seinen Handlungen erfolgreich war - Üb], und er räuchert seinem Schleppnetz, denn durch sie lebt er in Luxus und genießt die erlesensten Speisen" [Chavakuk 1:16].

[4] Jemand, der auf G-tt vertraut, wird, wenn er mehr Geld hat, als er braucht, es auf eine Weise ausgeben, die dem Schöpfer gefällt [Wohltätigkeit usw.], mit einem großzügigen Geist und einem guten Herzen, wie geschrieben steht: "Alles ist Dein, und aus Deiner Hand haben wir Dir gegeben" [Divrei Hayamim I 29:14]. [da er weiß und versteht, dass alles von G-tt ist, und er G-tt von Seinem Geld gibt, wird er sicherlich mit einem großzügigen Geist und einem guten Herzen geben - PL]

Aber jemand, der nicht auf G-tt vertraut, betrachtet die ganze Welt und alles in ihr nicht als genug für seinen Unterhalt und ausreichend für seine Bedürfnisse. Er ist mehr damit beschäftigt, sein Geld zu sparen, als seine Verpflichtungen gegenüber dem Schöpfer und seinen Mitmenschen zu erfüllen, und er wird nichts spüren [von den Ursachen, die plötzlich sein Geld treffen werden - PL], bis sein ganzes Geld verloren ist und er mittellos dasteht, wie der weise Mann sagte: "Es gibt einen, der zerstreut und doch zunimmt; und es gibt einen, der mehr zurückhält, als recht ist, aber es führt zur Armut" [Mischlei 11:24].

[5] Jemand, der auf G-tt vertraut, beschäftigt sich mit einem Mittel zum Lebensunterhalt, um auch Vorräte für sein Ende vorzubereiten, und Bedürfnisse für sein bestimmtes Zuhause [im Jenseits]. Nur ein Mittel zum Lebensunterhalt, von dem ihm klar ist, dass es sicher ist, um sein Torastudium zu erfüllen und seinen religiösen Dienst zu verrichten, wird er sich damit beschäftigen. Aber einen Lebensunterhalt, der ihn von der Einhaltung der Tora abhält oder ihn dazu verleitet, gegen G-tt zu rebellieren, wird er nicht annehmen, um nicht geistige Krankheit statt

Die Pflichten des Herzens Kapitel Vier   Rabbeinu Bachya

Heilung über sich zu bringen.

Aber jemand, der nicht auf den Allmächtigen vertraut, vertraut auf die Mittel und verlässt sich auf sie, und er wird sich nicht davon abhalten, eines von ihnen einzusetzen. Er wird sich sowohl mit guten als auch mit schlechten Mitteln beschäftigen [d.h. sowohl mit denen, die ihm erlaubt sind, als auch mit denen, die ihm verboten sind - Üb], und er wird nicht über sein endgültiges Ende nachdenken, wie der Weise sagte: "Der Weise fürchtet und meidet das Böse" [Mischlei 14:16].

[6] Derjenige, der auf G-tt vertraut, wird von allen Klassen von Menschen geliebt, und sie fühlen sich wohl mit ihm, weil sie sich sicher fühlen, dass er ihnen nicht schaden wird, und ihre Herzen sind in Bezug auf ihn in Frieden. Sie haben keine Angst vor ihm, dass er ihnen ihre Frauen oder ihr Geld wegnimmt [usw., wie im zehnten Gebot, du sollst nicht die Frau deines Nächsten begehren, usw. - PL], und er macht sich auch keine Sorgen um sie, weil er erkennt, dass es nicht in der Macht oder Kontrolle irgendeines erschaffenen Wesens liegt, ihm zu nützen oder zu schaden. Daher fürchtet er weder Schaden von ihnen noch erwartet er irgendeinen Nutzen von ihnen. Und da er sich ihrer sicher ist und sie sich seiner sicher sind, wird er sie lieben und sie werden ihn lieben, wie geschrieben steht: "Wer auf G-tt vertraut, wird von Güte umgeben sein" [Tehilim 32:10].

Wer aber nicht auf G-tt vertraut, der hat keinen [wahren] Freund, denn er begehrt immer andere und ist eifersüchtig auf sie, und er denkt, dass jedes Gut, das andere erreichen, ein Verlust für ihn ist [als ob es in seiner Hand wäre und von ihm zu ihnen gelassen würde - PL], und dass ihr Lebensunterhalt von seinem eigenen genommen wird, und [1] dass jedes Hindernis, seine Wünsche zu erreichen, von ihnen verursacht wird, und dass [2] andere in der Lage sind, ihm zu helfen, seine Wünsche zu erfüllen, und [3] wenn seinem Geld oder seinen Kindern etwas zustößt, wird er denken, dass sie es verursacht haben, und [4] dass sie in der Lage sind, den Schaden und die Probleme von ihm zu entfernen, und da sein Denken auf diesen Prinzipien beruht, wird er sie verachten, verleumden, verfluchen und hassen. Und er ist der Ekelhafte in beiden Welten, der in beiden Welten als Schande angesehen wird, wie geschrieben steht: "Ein krummes Herz findet nichts Gutes" [Mischlei 17:20].

[7] Derjenige, der auf G-tt vertraut, wird nicht trauern, wenn seine Bitten abgelehnt werden oder wenn er etwas verliert, das er liebt, und er wird keine Besitztümer horten und sich nicht um mehr als die Bedürfnisse des Tages sorgen [siehe Kommentare unten]. Er macht sich keine Sorgen darüber, was morgen sein wird, da er nicht weiß, wann sein Ende kommt. Deshalb vertraut er darauf, dass G-tt seine Tage verlängern und für seinen

Die Pflichten des Herzens   Kapitel Vier   Rabbeinu Bachya

Unterhalt und seine Bedürfnisse während dieser Zeit sorgen wird. Er freut sich nicht über die Zukunft und macht sich auch keine Sorgen über die Zukunft [d.h. er freut sich nicht in der Hoffnung auf ein zukünftiges Gutes, das kommen wird, und er macht sich auch keine Sorgen über ein zukünftiges Schlechtes, das kommen wird - PL], wie geschrieben steht: "Freue dich nicht über das Morgen, denn du weißt nicht, was das Heute bringen könnte" [Mischlei 27:1], und Ben Sira sagte: "Mach dir keine Sorgen über die Mühen des Morgens, denn man weiß nicht, was das Heute bringen könnte, vielleicht wird man morgen nicht mehr sein [d.h. vielleicht wird man nicht mehr leben]. d.h. vielleicht wirst du den morgigen Tag nicht mehr erleben - MÜ], und er hat sich um eine Welt gesorgt, die nicht die seine ist" [Sanhedrin 100b]. Seine Sorge und Trauer gilt vielmehr seinen Mängeln bei der Erfüllung seiner Verpflichtungen gegenüber G-tt, und er versucht, so viel wie möglich davon nachzuholen, von seinen äußeren [Handlungen - PL] und inneren Pflichten [des Herzens - PL], denn er denkt an seinen Tod und die Ankunft des Tages der Sammlung, und die Angst, dass der Tod plötzlich kommen könnte, erhöht seine Bemühungen und seinen Eifer, Vorkehrungen für sein Ende vorzubereiten, und er wird sich nicht darum kümmern, sich auf diese Welt vorzubereiten, und das ist es, was gesagt wurde "bereue einen Tag vor deinem Tod" [Avos 2: 10]. Sie erklärten dazu [Schabbat 153a]: "Tue heute Buße, vielleicht stirbst du morgen, darum lass alle deine Tage in Buße sein, wie geschrieben steht: 'allezeit lass deine Kleider rein sein'" [Koheles 9,8].

Wer aber nicht auf G-tt vertraut, trauert sehr über die ständigen Schwierigkeiten in der Welt, die ihm widerfahren, dass ihm seine Wünsche und die Dinge, die er liebt, weggenommen oder verweigert werden [er sorgt sich ständig, dass ihm diese Dinge fehlen werden - Üb]. Er versucht, viel Reichtum dieser Welt anzuhäufen, als ob er sicher wäre, nicht zu vergehen [dass seine Situation von dieser Welt in die nächste übergeht - Üb], und die Angst vor dem Tod hat ihn verlassen, als ob seine Tage unbegrenzt sind und sein Leben niemals enden wird. Er denkt nicht an sein Ende, beschäftigt sich nur mit dem Diesseits, kümmert sich nicht um seine religiösen Angelegenheiten und trifft keine Vorkehrungen für das Jenseits und seine ewige Bleibe. Sein Vertrauen darauf, seine Tage in dieser Welt zu verlängern, ist die Ursache für sein ständiges Verlangen nach seinen weltlichen Angelegenheiten und für sein geringes Verlangen in Bezug auf sein endgültiges Ende.

Wenn der Prediger ihn zurechtweist oder der Lehrer ihn belehrt, indem er sagt: "Wie lange willst du es vermeiden, an die Vorbereitung von

Die Pflichten des Herzens Kapitel Vier   Rabbeinu Bachya

Vorräten für deine letzte Reise und für die Angelegenheiten deines ewigen Aufenthalts zu denken?"

Er wird antworten: "Wenn ich genug Geld für meine Bedürfnisse und für die Bedürfnisse meiner Frau und meiner Kinder bis zum Ende unserer Tage haben werde. Dann habe ich Ruhe vor den Sorgen dieser Welt, und ich werde mir Zeit nehmen, meine Schulden beim Schöpfer zu bezahlen, und ich werde daran denken, Vorsorge für mein endgültiges Ende zu treffen."

Kapitel Sechs

Ich hielt es für angebracht, die Torheit und den Irrtum dieser Denkweise auf 7 Arten zu entlarven. Ich werde das Ausmaß ihres Irrtums aufzeigen, und wenn unsere Worte sich in die Länge ziehen, dann deshalb, weil es viel gibt, was die Befürworter dieser Sichtweise beschämt und zurechtweist.

Sie sind eine Klasse von "Pfandsuchenden", die in ihrer Praxis dem Kaufmann ähneln, der jemandem, dem er nicht vertraut, Waren auf Kredit verkauft und beim Verkauf ein Pfand verlangt, weil er seinem Kunden kaum vertraut oder befürchtet, dass dieser nicht in der Lage sein wird, ihn zu bezahlen.

[1] Die erste der möglichen Arten, ihm zu antworten: Wir sagen ihm: "Du, der Mensch, der an der Entscheidung des Schöpfers zweifelt und an seiner [allmächtigen] Macht zweifelt, du, dessen Licht des Verstandes sich verdunkelt hat, dessen Kerze des Verständnisses erloschen ist, weil er von der Dunkelheit der materiellen Wünsche überwältigt wurde. Du hältst es für richtig, von einem Kunden, der keine Herrschaft über dich hat und dir keine Befehle erteilen kann, ein Pfand zu verlangen, aber für einen Arbeiter, der von einem Arbeitgeber angestellt werden will, ist es nicht richtig, ein Pfand für seinen Lohn zu verlangen, bevor er zu arbeiten beginnt. Erst recht gehört es sich nicht für einen Sklaven, von seinem Fürsten ein Pfand für seine Nahrung zu verlangen, bevor er für ihn arbeitet, und erst recht nicht für ein erschaffenes Wesen, von seinem Schöpfer ein Pfand zu verlangen, bevor es den Dienst erfüllt, den es ihm schuldet!

Es ist ein Wunder! Für einen Sklaven, der seinem Herrn unter der Bedingung dient, dass dieser ihm nach Beendigung seines Dienstes einen Lohn zahlt, wäre es eine Schande [da der Besitzer ihn beherbergt, unterbringt und kleidet und für alle seine Bedürfnisse sorgt - Rabbi Hyamson zt'l], wie die Weisen sagten: "Seid nicht wie Diener, die ihrem Fürsten unter der Bedingung dienen, eine Belohnung zu erhalten, sondern

Die Pflichten des Herzens   Kapitel Vier   Rabbeinu Bachya

eher wie Diener, die ihrem Fürsten auch ohne die Bedingung dienen, eine Belohnung zu erhalten" [Avos 1:3]. Und wie viel mehr, wenn er so dreist wäre, von seinem Fürsten ein Pfand für seinen Unterhalt zu verlangen, bevor er überhaupt mit der Arbeit beginnt. Ähnlich steht geschrieben: "So zahlt ihr es dem Ewigen zurück, ihr schändlichen, unklugen Leute! [Ist Er nicht euer Vater, der euch erworben hat? Hat Er euch nicht gemacht und aufgebaut?]" [Devarim 32:6].

[2] Jemand, der ein Pfand von einem Kunden nimmt, erhält einen bestimmten Betrag und seine Forderung ist begrenzt. Aber für den Verfechter dieses Denkens gibt es kein Ende für das, was er sucht, denn er weiß nicht, wie viel Geld für seine Bedürfnisse und den Luxus seiner Familie für den Rest ihres Lebens ausreichen wird, und selbst wenn er ein Vielfaches seines Bedarfs an Geld bekäme, wäre er nicht in Frieden, denn die Zeit ihres Endes ist verborgen, und die Zahl ihrer Tage ist nicht bekannt, und er ist töricht in dem, was er sucht, denn es gibt für ihn kein Ende und kein Maß.

[3] Wer von seinem Mitmenschen ein Pfand nimmt, tut dies nur, wenn er dem Mitmenschen keine früheren Schulden schuldet und der Mitmensch keine Forderungen gegen ihn hat; nur dann ist er berechtigt, ein Pfand zu verlangen. Wenn er aber Schulden bei dem anderen hat und weiß, dass der andere berechtigte Forderungen gegen ihn hat, hat er kein Recht, ein Pfand zu verlangen, und es ist nicht angemessen, es anzunehmen, selbst wenn der andere das Pfand freiwillig gegeben hat.

Dies gilt umso mehr für den Schöpfer, der so berechtigte Ansprüche an den Menschen hat, dass, wenn man die Leistungen aller Menschen, die jemals gelebt haben, zusammenzählen und einem einzigen Menschen gutschreiben könnte, ihre Summe nicht ausreichen würde, um die Dankesschuld zu begleichen, die der Mensch auch nur für eine der Leistungen schuldet, die ihm der Schöpfer gewährt hat [wie z.B. ihn aus dem Nichts ins Dasein zu bringen].

Und wie kann diese unverschämte Person sich nicht schämen, den Schöpfer um große Gunst zu bitten, die zu den früheren Gunstbezeugungen hinzukommt, wodurch sich seine Schuld Ihm gegenüber erhöht. [der Mann sucht von G-tt mehr Gunst, und dass sie größer sind als die Gunst, die Er ihm bis jetzt gewährt hat - PL] Und vielleicht wird er nicht einmal in der Lage sein, den Dienst zu erfüllen, von dem er sagt, dass er ihn tun wird [nachdem er Reichtum erworben hat], weil seine Tage vergangen sein werden und sein Ende gekommen sein wird.

Einer der Frommen würde zu den Menschen sagen: "Meine Herren, ist es denkbar, dass der Schöpfer heute die Bezahlung von Schulden

Die Pflichten des Herzens   Kapitel Vier   Rabbeinu Bachya

verlangt, die erst morgen fällig sind? Und ebenso, würde Er heute Zahlung für Schulden verlangen, die erst im nächsten Jahr oder in vielen Jahren fällig sind?"
Sie antworteten ihm: "Wie ist es möglich, von uns die Zahlung künftiger Schulden zu verlangen, wenn wir nicht einmal wissen, ob wir zu dem Zeitpunkt, an dem die Schuld entsteht, noch leben werden? Vielmehr sind wir nur verpflichtet, eine bestimmte Leistung für eine bestimmte Zeit zu erbringen, und wenn die Zukunft kommt, werden wir die Leistung erbringen, die dann fällig ist."
Er würde ihnen antworten: "Auch der Schöpfer garantiert euch für jeden bestimmten Zeitraum den notwendigen Lebensunterhalt, und im Gegenzug seid ihr einen großen Dienst [in diesem Zeitraum - PL] schuldig. So wie Er von euch den besonderen Dienst nicht vor seiner festgesetzten Zeit verlangt, so solltet ihr euch auch schämen, nach Einkommen zu fragen, bevor die Zeit dafür gekommen ist. Warum sehe ich, dass du von Ihm ein Einkommen für mehrere Jahre in der Zukunft verlangst, wenn du nicht einmal weißt, ob du diese Tage noch erleben wirst? Außerdem bittest du ihn um Unterhalt für eine Frau und Kinder, die du noch gar nicht hast. Du bist nicht zufrieden mit dem Lebensunterhalt, der dir in der Gegenwart zur Verfügung steht, und du versuchst, Geld für Bedürfnisse und Luxus für zukünftige Zeiten vorzubereiten, von denen du nicht weißt, ob du sie erreichen wirst und die dir nicht zugesichert sind. Und ihr leistet Ihm nicht nur keinen Dienst für die Vorteile, die ihr in der Zukunft erhalten werdet, sondern ihr rechnet nicht einmal mit euch selbst ab für den Dienst an Ihm, den ihr in der Vergangenheit versäumt habt, während der G-tt es nicht versäumt hat, für euren Lebensunterhalt in vollem Umfang zu sorgen."
[4] Jemand, der von seinem Mitmenschen ein Pfand nimmt, tut dies aus einem von drei Gründen: Erstens: Vielleicht wird der andere arm und kann ihn nicht bezahlen. Zweitens, vielleicht wird der andere seine Hand schließen [sich weigern zu zahlen], und er wird nicht in der Lage sein, die Zahlung von ihm zu erhalten. Drittens, falls der Mann stirbt oder nicht mehr auffindbar ist. Das Sicherheitspfand ist wie eine Medizin gegen diese Krankheiten, die zwischen Menschen auftreten [d.h. wenn er ein Pfand nimmt, ist er immun gegen diese Krankheiten und Sorgen - Üb]. Aber wenn die Menschen sich gegenseitig gegen diese drei Missgeschicke absichern würden, wäre es sicherlich schändlich, ein Sicherheitsversprechen zu verlangen. Und der Schöpfer, für den diese drei Missgeschicke nicht gelten, wie viel mehr ist es eine große Schande, von ihm ein Sicherheitspfand zu verlangen. Und schon die Schrift sagt: "Silber und Gold ist mein" [Chagai 2:8], und "Reichtum und Ehre

Die Pflichten des Herzens Kapitel Vier   Rabbeinu Bachya

gehören Dir" [Divrei Hayamim 29:12].

[5] Jemand, der von seinem Mitmenschen ein Sicherheitspfand erhält, wird mit seinem Pfand im Reinen sein, weil er erwartet, davon zu kassieren und einen Nutzen aus ihm oder seinem Geldwert zu ziehen. Wer aber glaubt, daß er, wenn der Schöpfer ihm künftige Vorräte vorschießt, in bezug auf die diesseitigen Angelegenheiten Ruhe haben wird, der denkt falsch und irrt, denn er kann nicht sicher sein, daß das Geld bei ihm bleibt. Es ist möglich, dass ihm ein Missgeschick widerfährt, das ihn von dem Geld trennt, wie es geschrieben steht: "In der Mitte seines Lebens wird er es verlieren" [Yirmiyahu 17:11].

Und was die Behauptung angeht, dass er Seelenfrieden haben wird, wenn er Reichtum anhäuft - das zeugt von Falschheit und Dummheit seinerseits. Im Gegenteil, genau das könnte der Grund sein, der ihm viel psychischen Druck und Angst bereitet, wie unsere Weisen sagten: "Mehr Besitz, mehr Sorgen" [Avos 2:7].

[6] Wenn derjenige, der ein Pfand von seinem Mitmenschen nimmt, sicher wäre, dass dieser ihn vor der fälligen Zeit bezahlen würde, und ihn aus reiner Güte mit einem Betrag entschädigen würde, der doppelt so hoch ist wie die Wartezeit, würde er unter keinen Umständen ein Pfand verlangen. Nun, der gesegnete Schöpfer, von dem wir wissen, dass er uns gegenüber wohlwollend ist, dass er uns in der Vergangenheit und in der Gegenwart große Wohltaten erwiesen hat und dass er Taten der Gerechtigkeit und des Dienens mit einer Belohnung belohnt, die wir uns nicht einmal vorstellen können, wie geschrieben steht: "Kein Auge hat je gesehen, o G-tt, außer dem deinen, was er denen bereitet hat, die auf ihn warten [vertrauen und hoffen - Üb]" [Jeschaja 64:3], ist es gewiss eine große Schande, um ein Sicherheitspfand zu bitten.

[7] Wer von seinem Mitmenschen ein Pfand nimmt, hat nur dann ein Recht darauf, wenn er in der Lage ist, ihm die gekaufte Ware zu liefern, für die er das Pfand nimmt. Wer aber vom Schöpfer ein Pfand nimmt, um einen Vorschuss zu erhalten, ist nicht in der Lage, dafür mit Dienstleistungen zu bezahlen. Er ist nicht einmal sicher, das zurückzuzahlen, was er aus vergangenen Schulden schuldet, und erst recht nicht das, was er für künftige Gunstbezeugungen schuldet, denn der Gerechte kann die Schulden der Dankbarkeit des Allmächtigen an ihn nicht zurückzahlen, außer durch die Mittel der Hilfe, die G-tt ihm gewährt. Und so sagte einer der Frommen in seinem Lobpreis von G-tt: "Selbst der denkende Mensch, der Dich kennt, preist nicht seine eigenen religiösen Taten, sondern preist Deinen Namen und Deine Barmherzigkeit, denn Du hast sein Herz darauf vorbereitet, Dich zu kennen. Durch Dich [Deine Hilfe - MÜ] wird das Volk Israel für würdig

Die Pflichten des Herzens   Kapitel Vier   Rabbeinu Bachya

befunden und gelobt werden und sagen: "Wir haben G-tt den ganzen Tag gelobt, und wir werden Deinem Namen ewig danken" [Tehilim 44,9].

Kapitel Sieben

Da wir in diesem Tor nach bestem Wissen und Gewissen ein angemessenes Maß an Diskussion über die Themen des Vertrauens abgeschlossen haben, ist es nun angebracht, die Dinge zu klären, die dem Vertrauen in den Allmächtigen abträglich sind. Ich sage, dass die schädlichen Dinge, die in den 3 vorangegangenen Toren dieses Buches erwähnt wurden, alle ebenfalls dem Vertrauen [in G-tt] abträglich sind.
Zusätzliche Dinge, die einen Verlust des Vertrauens verursachen:
[1] Unwissenheit in Bezug auf den Schöpfer und Seine guten Eigenschaften, denn wer die Barmherzigkeit des Schöpfers gegenüber Seinen Schöpfungen nicht erkennt, Seine Führung, Vorsehung und Herrschaft über sie, und dass sie durch Seine Ketten gebunden sind, unter Seiner totalen Kontrolle - der wird nicht in Frieden sein [vor Unglücken - PL] und wird sich nicht auf Ihn verlassen [für die Versorgung seiner Bedürfnisse - PL].
[2] Eine andere, die Unkenntnis der Gebote des Schöpfers, nämlich Seiner Tora, in der Er uns angewiesen hat, uns auf Ihn zu verlassen und Ihm zu vertrauen, wie geschrieben steht: "Prüfet mich hierin..." [Maleachi 3:10], und "vertraue auf G-tt für immer" [Jeschaja 26:4].
Ein weiterer Nachteil des Vertrauens besteht darin, dass man dazu neigt, sich auf die Mittel zu verlassen, die man sehen kann, ohne sich darüber im Klaren zu sein, dass die Ursachen umso weniger in der Lage sind, dem Betroffenen zu helfen oder zu schaden, je näher sie ihm sind, und dass sie umso stärker sind und umso mehr Macht haben, ihm zu helfen oder zu schaden, je weiter oben sie liegen.
Zur Veranschaulichung: Wenn ein König beschließt, einen seiner Diener zu bestrafen, befiehlt er seinem Premierminister, sich darum zu kümmern, und der Premierminister befiehlt seinem Polizeichef, und der Polizeichef befiehlt seinem Wachtmeister, und der Wachtmeister befiehlt seinem Offizier, und der Offizier befiehlt dem Polizisten, und der Polizist verhängt die Strafe mit den Instrumenten [Peitsche, Stock usw.], die er hat.
Die Instrumente haben von allen am wenigsten die Fähigkeit, sein Leiden zu verringern oder zu vergrößern, weil sie keinen eigenen Willen haben. Der Polizist hat eine größere Fähigkeit als die Instrumente [die Anzahl der Peitschenhiebe zu verringern - PL]. Ebenso hat der Offizier eine größere Fähigkeit als der Polizist, und der Wachtmeister als der Offizier,

Die Pflichten des Herzens Kapitel Vier Rabbeinu Bachya

und der Polizeichef als der Wachtmeister, und der Premierminister als der Polizeichef, und der König mehr als sie alle, denn wenn er will, kann er den Mann [von allem - Üb] begnadigen.

Wie du siehst, sind die Schwäche und die Stärke der Mittel, die auf den Menschen einwirken, abhängig von ihrer Entfernung von ihm oder ihrer Nähe zu ihm. Und der erhabene Schöpfer, der die erste Ursache ist und unendlich weit von denen entfernt ist, die von ihm betroffen sind, ist derjenige, dem man vertrauen und auf den man sich verlassen sollte, weil er unendlich viel Macht hat, zu helfen oder zu schaden, wie wir erklärt haben.

Das allgemeine Prinzip in der Frage des Vertrauens ist, dass der Grad des Vertrauens unter denen, die auf G-tt vertrauen, entsprechend dem Ausmaß des Wissens über G-tt, dem Glauben an Seinen Schutz und an Seine reichliche Vorsehung, das zu fördern, was zu ihrem Wohl ist, zunimmt.

[1] Ein Säugling vertraut zu Beginn seiner Existenz auf die Brust seiner Mutter, wie geschrieben steht: "Denn Du hast mich aus dem Mutterleib gezogen; Du hast mich auf die Brust meiner Mutter vertrauen lassen" [Tehilim 22:10]. [2] Wenn seine Wahrnehmung stärker wird, verlagert sich sein Vertrauen auf seine Mutter, weil sie sich so liebevoll um ihn kümmert, wie geschrieben steht: "Ich schwöre, dass ich meine Seele beruhigt habe wie ein entwöhntes Kind bei seiner Mutter" [Tehilim 131,2]. [3] Wenn sein Verstand wächst und er bemerkt, dass seine Mutter von seinem Vater abhängig ist, verlagert er sein Vertrauen auf seinen Vater, weil er von ihm mehr Schutz erhält. [4] Wenn sein Körper stärker wird und es ihm möglich wird, seinen Lebensunterhalt durch Arbeit oder Geschäfte oder ähnliches zu verdienen, verlagert er sein Vertrauen auf seine Stärke und seinen Einfallsreichtum, weil er nicht weiß, dass alles Gute, das vor ihm kam, durch die Vorsehung G-ttes geschah.

Es wird von einem der Frommen erzählt, dessen Nachbar ein geschickter Schreiber war und seinen Lebensunterhalt durch seine Fähigkeiten als Schreiber verdiente. Eines Tages erkundigte er sich bei dem Schreiber: "Wie stehen die Dinge?" Der antwortete: "Gut, solange meine Hand noch in Ordnung ist." An diesem Abend wurde seine Hand zerquetscht, und er konnte für den Rest seines Lebens nicht mehr mit ihr schreiben. Dies war seine Strafe von G-tt, weil er sein Vertrauen in seine Hand gesetzt hatte. [um für ihn zu sühnen. Man beachte, dass er sich auf einem sehr hohen Niveau der Frömmigkeit befunden haben muss, deshalb bezahlte G-tt ihn in dieser Welt sogar für winzige Sünden, um ihn von jeglichen Strafen in der nächsten Welt zu verschonen]. [5] Wenn er seinen Lebensunterhalt durch einen seiner Mitmenschen bestreitet, wird er sein Vertrauen auf sie

Die Pflichten des Herzens Kapitel Vier   Rabbeinu Bachya

übertragen und sich auf sie verlassen. [6] Aber wenn seine Weisheit wächst und er ihren Mangel und ihr Bedürfnis nach dem Schöpfer erkennt, dann wird er sein Vertrauen auf G-tt übertragen und sich auf Ihn verlassen für Dinge, die außerhalb seiner eigenen Kontrolle liegen und denen er nicht entkommen kann, indem er sich dem Dekret G-ttes unterwirft, wie z.B. das Fallen von Regenwasser auf die Ernte, oder [sicher] durch das Meer zu fahren, oder eine unfruchtbare Wüste zu durchqueren, Überschwemmungen, Ausbruch einer Seuche unter den Lebenden, oder ähnliches unter den Dingen, für die der Mensch keinen Plan hat, wie geschrieben steht: "In der Zeit ihrer Not werden sie schreien: 'Erhebe dich und rette uns'" [Yirmiyahu 2:27]. [7] Wenn sein Wissen über G-tt stärker wird, wird er sein Vertrauen in G-tt in Angelegenheiten setzen, in denen er einen Plan hat, wie z.B. zu vermeiden, seinen Lebensunterhalt durch gefährliche Mittel oder anstrengende Beschäftigungen zu verdienen, die den Körper abnutzen, und auf G-tt zu vertrauen, daß Er ihn durch eine leichtere Beschäftigung versorgen wird. [8] Wenn sein Wissen von G-tt stärker wird, wird er sein Vertrauen in G-tt in alle Mittel setzen, ob schwierig oder leicht, und während er in ihnen beschäftigt ist, wird seine Absicht darauf gerichtet sein, G-tt zu dienen und Seine Gebote zu bewahren. [9] Wenn sein Wissen über G-tt hinsichtlich Seiner Barmherzigkeit gegenüber den geschaffenen Wesen stärker wird, wird er mit Herz und Verstand, äußerlich und innerlich, die Verordnungen G-ttes akzeptieren. Er wird sich über alles freuen, was G-tt ihm antut, sei es Tod oder Leben, Armut oder Reichtum, Gesundheit oder Krankheit. Er wird nichts anderes begehren als das, was G-tt für ihn erwählt hat, und nur das begehren, was G-tt für ihn erwählt hat. Er wird sich G-tt hingeben und seinen Körper und seine Seele Seinem Urteil überlassen. Er wird nicht eine Sache einer anderen vorziehen und wird nichts anderes als seine gegenwärtige Situation wählen, wie jemand, der auf G-tt vertraut, sagte: "Ich habe mich nie entschlossen, eine Sache zu tun und etwas anderes zu wünschen". [10] Wenn sein Wissen über G-tt mehr als das stärkt und er die wahre Absicht versteht, warum er erschaffen und in diese vergängliche Welt gebracht wurde, und er die Erhabenheit der ewigen, nächsten Welt erkennt, wird er leichtfertig an diese Welt und ihre Mittel denken. Mit Geist, Seele und Körper wird er aus dieser Welt fliehen und sich dem gesegneten Allmächtigen hingeben und sich daran erfreuen, Ihm in der Einsamkeit zu gedenken. Er wird sich trostlos fühlen, wenn er nicht in der Lage ist, über Seine Größe zu meditieren.

Wenn er sich in einer Menschenmenge befindet, wird er sich nach nichts anderem sehnen, als Seinen Willen zu tun, und sich nur danach sehnen,

Die Pflichten des Herzens Kapitel Vier   **Rabbeinu Bachya**

Ihm nahe zu kommen. Seine Freude an seiner Liebe zu G-tt wird ihn von den Vergnügungen ablenken, die weltliche Menschen für diese Welt haben, und sogar von der Freude der Seelen in der nächsten Welt.

Dies ist die höchste der Stufen derer, die auf G-tt vertrauen, die von den Propheten, den Frommen und den geschätzten, reinen Männern G-ttes erreicht wurde, und darauf bezieht sich der Vers, wenn er sagt: "Sogar [auf] den Weg Deiner Urteile, o Ewiger, haben wir auf Dich gehofft; auf Deinen Namen und auf Dein Gedenken ist das Verlangen [unserer] Seele gerichtet." [Jeschaja 26,8], und "meine Seele dürstet nach dem Allmächtigen, dem lebendigen G-tt; [wann werde ich kommen und vor G-tt erscheinen?]" [Tehilim 42,3].

Dies sind die zehn Stufen des Vertrauens, denen man sich nicht entziehen kann, wenn man zu einer von ihnen gehört. Wir finden das Thema Vertrauen in der Heiligen Schrift in 10 Synonymen ausgedrückt, die diesen 10 Ebenen entsprechen. Sie lauten:

Mivtach [Vertrauen], Mishan [Unterstützung], Tikva [Hoffnung], Machse [Schutz], Tochelet [Warten], Chikui [Erwarten], Semicha [Vertrauen], Sever [Ruhen], Misad [Zuversicht] und Chesel [Sicherheit]. Möge G-tt uns zu denen zählen, die auf Ihn vertrauen, die sich äußerlich und innerlich Seinem Urteil überlassen, in Seiner Barmherzigkeit, Amen.

Das Tor des Vertrauens ist vollständig, für G-tt der Letzte und der Erste.

Die Pflichten des Herzens

Kapitel Fünf

Fünfte Abhandlung über die Frömmigkeit

Einleitung

Da das Thema unserer vorangegangenen Diskussion das Vertrauen in G-tt war, hielt ich es für angemessen, im Anschluss daran zu erläutern, auf welche Weise es geboten ist, alle Handlungen des religiösen Dienstes allein G-tt zu widmen. Denn dies führt zur Reinigung der Gedanken und des Herzens von der Vermischung mit anderen Absichten, die die Qualität der Handlungen mindern, und bewahrt einen vor jeder Art von Verschönerung und Schmeichelei, um zu versuchen, die Zustimmung anderer Menschen zu gewinnen, wie Elihu sagte: "Ich werde niemandem gegenüber parteiisch sein, noch werde ich jemandem schmeicheln" [Iyov 32:21].

Es ist nun angebracht, sechs Dinge zum Thema der Hingabe von Handlungen an G-tt zu klären:
1. Was ist die Hingabe in den Handlungen an G-tt?
2. Was führt zu ihr?
3. Bei welchen Handlungen ist Hingabe eine Pflicht?
4. Welche Dinge schaden der Hingabe?
5. Wege, sich von ihnen zu distanzieren, bis man erfolgreich alle Handlungen G-tt widmen kann.
6. Die eigenen Gedanken bewachen, schützen und beherrschen.

Kapitel Eins

Was ist die Hingabe in den Handlungen an G-tt? Es ist die Absicht in allen offenbarten oder verborgenen Handlungen im Dienste G-ttes, sie für Seinen Namen zu tun. Nur um Seine Gunst zu erlangen und nicht, um die Gunst der Menschen zu erlangen.

Die Pflichten des Herzens   Kapitel Fünf   Rabbeinu Bachya

Kapitel Zwei

Wie kann man dazu kommen, alle seine Handlungen G-tt allein zu widmen? Durch 10 Dinge.
Wenn sie im Herzen eines Mannes etabliert sind und er für sich selbst klärt, dass sie die Säulen seines Dienstes und die Wurzeln seiner Handlungen sind, wird er in der Lage sein, seine Handlungen vollständig G-tt zu widmen, und er wird sich an niemanden anderen wenden, noch auf etwas anderes hoffen, noch irgendeine andere Absicht in ihnen haben, als Seinen Willen zu tun.
[1] Mit ganzem Herzen an die Einheit G-ttes zu glauben, wie ich es am Anfang dieses Buches erklärt habe.
[2] Über die ständigen Wohltaten G-ttes an sich selbst nachzudenken, wie wir erklärt haben [Tor 2].
[3] Die Pflicht auf sich zu nehmen, G-tt zu dienen, wie erwähnt [Tor 3].
[4] Die Pflicht zu erkennen, sein Vertrauen in G-tt [allein] zu setzen und nicht in die geschaffenen Wesen.
[5] Zu erkennen, dass Hilfe oder Schaden nicht in den Händen irgendeines geschaffenen Wesens liegt, ohne die Erlaubnis des Schöpfers.
[6] Dass es einem selbst gleich ist, ob die Menschen ihn loben oder verachten.
[7] Den Versuch aufgeben, sich anderen gegenüber zu beschönigen.
[8] Das Herz von weltlichen Interessen abzuwenden, wenn man sich mit Angelegenheiten der nächsten Welt beschäftigt.
[9] G-tt zu fürchten [davor, Böses zu tun, d.h. negative Gebote] - PL] und sich vor Ihm zu schämen.
[10] Wann immer der Yetzer [böse Neigung, niederes Selbst] einen Drang im Herzen erregt, den Rat des Intellekts zu suchen und ihm zu folgen, und nicht dem Yetzer zu folgen.

Kapitel Drei

Die Taten, die dadurch vollkommen werden, dass man sie G-tt allein widmet, während man sie ausführt, sind die Taten des Dienstes, durch die man hofft, G-tt zu gefallen. Diese Taten sind alle sichtbaren Mitzvot [Gebote] der physischen Glieder. Denn es ist möglich, sie ohne Absicht für G-tt zu verrichten, wie sie zu tun, um in den Augen anderer wichtig zu erscheinen oder um auf ihre Ehre und ihr Lob zu hoffen.
Aber bei den Pflichten des Herzens kann es keine Heuchelei geben, und

Die Pflichten des Herzens   Kapitel Fünf   Rabbeinu Bachya

man kann auch nicht erwarten, dass man Ehre, Respekt oder Lob erhält, wenn man sie erfüllt, da andere Menschen nicht in das Herz des Menschen schauen können. Deshalb ist die Absicht, sie zu erfüllen, automatisch nur für den Wächter, nämlich den gesegneten Schöpfer allein, wie geschrieben steht: "Ich, der Ewige, erforsche das Herz, prüfe die Zügel..." [Yirmiya 17:10], und "die verborgenen Dinge gehören dem Ewigen, unserem G-tt" [Devarim 29:28].

Kapitel Vier

Drei Dinge schaden einem

seinen Dienst G-tt allein zu widmen:
[1] Unwissenheit über G-tt und Sein Gut.
[2] Unwissenheit über G-tt's Mitzvot und Seine Torah.
[3] Gedanken und Vorschläge, die der Yetzer einem Menschen präsentiert, um ihm diese Welt schmackhaft zu machen und ihn von dem Pfad zu entfernen, der zu [seinem Gut in] der nächsten Welt führt.

Erklärung der obigen drei: Unwissenheit über G-tt verursacht Mangel im Dienst, denn wer seinen Fürsten nicht kennt, wird ihm nicht hingebungsvoll dienen. Vielmehr wird er nur jemandem dienen, der ihm vertraut ist und von dem er sich Nutzen oder Schaden verspricht.

Wenn also jemand, der G-tt nicht kennt, eine Handlung des Dienens vornimmt, wird seine Absicht die sein, Menschen zu dienen, vor denen er Angst hat oder von denen er hofft, einen Nutzen zu erhalten. Daher dient er den Menschen und nicht dem, der sie erschaffen hat, weil er G-ttes Sache nicht kennt.

In ähnlicher Weise können wir für den Götzenanbeter sagen, dass die Unwissenheit über G-tt ihn dazu bringt [er hofft, Nutzen oder Schutz von dem Götzen zu bekommen]. Allerdings ist der Götzenanbeter dem Schmeichler [Heuchler] in den folgenden vier Punkten vorzuziehen:
[1] In unserer Zeit gibt es keine Propheten, die Wunder vollbringen können, um den Götzenanbeter über seine fehlerhaften Ansichten aufzuklären. Aber der Schmeichler in G-tt's Tora [der den Dienst G-tt's verrichtet, um die Menschen zu beeindrucken, wie oben], es gibt Gründe für eine Klage gegen ihn. Denn er hat sich die Gebote auferlegt, G-tt allein zu dienen, und er hat sich die Verbote auferlegt, niemand anderem [als G-tt] zu dienen.
[2] Der Götzendiener verehrt etwas, das sich nicht gegen G-tt auflehnt [Sonne, Mond, Sterne]. Aber der Schmeichler in G-ttes Tora betet einen Menschen an, der sich gegen G-tt auflehnt, wie auch einen, der sich nicht

Die Pflichten des Herzens Kapitel Fünf   **Rabbeinu Bachya**

gegen Ihn auflehnt.

[3] Der Götzendiener betet nur eine Sache an, während es für den Schmeichler keine Grenze für die gibt, die er anbetet.

[4] Der Status des Götzendieners ist für alle sichtbar, und die Menschen hüten sich vor ihm, weil sie wissen, dass er die Existenz G-ttes leugnet. Aber die Leugnung des Schmeichlers ist nicht sichtbar, und die Menschen vertrauen ihm. Daher ist es wahrscheinlicher, dass er ihnen schadet [sie mit seinem falschen Glauben beeinflusst] als der Götzenanbeter.

Es zeigt sich, dass der Schmeichler die größte Krankheit in der Welt ist. Er wird in unseren Schriften der Schmeichler, der Hochmütige, der Verführer genannt.

Wer die Gebote G-ttes und Seine Tora nicht versteht, ist nicht fähig, seine Handlungen ganz G-tt zu widmen. Denn da er die vorgeschriebenen Wege des Dienstes und ihre Wurzeln in der Tora nicht kennt, wird er noch viel weniger verstehen, wie er sie richtig ausführt, nämlich mit ganzer Hingabe an G-tt. Denn er ist sich nicht sicher, ob er in Wahrheit verpflichtet ist, sie auszuführen. Und er weiß auch nicht, was einer vollherzigen Hingabe in seinem Dienst an G-tt abträglich ist. Selbst wenn er G-tt und seine Güte kennt, wie unsere Weisen sagten: "Ein Unwissender kann nicht fromm sein" [Avos 2:5].

VERFÜHRUNG DES YETZER HARA.
Die Versuchungen des Yetzer [böse Neigung] lassen sich in zwei Kategorien einteilen:

[1] Gedanken, die Zweifel an Wahrheiten aufkommen lassen und seine Emuna [Glauben] verwirren, so dass er keine religiöse Handlung G-tt gegenüber richtig ausführen kann.

[2] Er kommt in Form von Argumenten und Beweisen, dass sein Eifer und seine Anstrengung im Dienste G-ttes weder eine Pflicht noch verdienstvoll sind, und rät ihm, stattdessen für diese Welt und ihre Bewohner zu arbeiten.

Kapitel Fünf

EINLEITUNG ZUM YETZER HARA. Ich hielt es für angebracht, euch in diesem Thema einige Beispiele zu erläutern, die euch [auch] über Dinge belehren, die ich nicht erwähne, damit die Menschen auf sie achten und ihre Herzen mit G-tt vollkommen sind. Wie der weise Mann sagte: "Lasst den Weisen hören und das Verständnis vermehren" [Mischlei 1:5].

Die Pflichten des Herzens   Kapitel Fünf   Rabbeinu Bachya

O Mensch! Du solltest wissen, dass der große Erzfeind, den du in dieser Welt hast, dein eigener Yetzer [böse Neigung] ist. Er ist mit den Kräften deiner Seele verwoben und in der Ordnung deines Geistes verflochten. Er ist mit dir in der Führung deiner körperlichen und geistigen Sinne verbunden. Er herrscht über die Geheimnisse deiner Seele und über das, was in deiner Brust verborgen ist. Er ist dein Ratgeber in allen deinen Bewegungen, ob sichtbar oder unsichtbar, die du zu tun wünschst. Er liegt auf der Lauer und beobachtet deine Schritte, um dich in die Irre zu führen. Du schläfst für ihn, aber er ist für dich wach. Du wendest dich von ihm ab, aber er wendet sich nicht von dir ab. Er tarnt sich als dein Freund und gibt vor, Liebe zu zeigen. Er tritt in deinen inneren Kreis von engen Freunden und Beratern ein. Seine Gesten und Zeichen erwecken den Anschein, als wolle er deinen Willen tun, aber in Wirklichkeit schießt er tödliche Pfeile auf dich, um dich zu töten und aus dem Land der Lebenden zu vertreiben, denn der Vers spricht von einem solchen Menschen "wie ein Verrückter, der Feuerbrand, Pfeile und Tod wirft; so ist ein Mann, der seinen Freund täuscht und sagt: 'Mache ich keinen Scherz?'" [Mishlei 26:18].

Zu den stärksten seiner Waffen, die er auf dich abfeuern und mit dir in deinem Innersten Krieg führen wird, gehört der Versuch, Dinge in Zweifel zu ziehen, die du für wahr hältst, und zu verwirren, was für dich klar ist, und deinen Verstand mit falschen Gedanken und irrigen Argumenten zu verwirren und dich von dem abzubringen, was zu deinem Nutzen ist, und dich dazu zu bringen, an dem zu zweifeln, was für dich in deinem Glauben und in deiner Religion klar ist.

Wenn du dich vor ihm hütest und die Waffen deines Verstandes bereithältst, um mit ihm Krieg zu führen und seine Pfeile von dir abzulenken, wirst du gerettet werden und ihm mit G-ttes Hilfe entkommen. Wenn du aber deine Angelegenheiten ihm überlässt und dich von seinem Willen leiten lässt, wird er nicht eher von dir ablassen, bis er dich aus beiden Welten vernichtet und dich aus beiden Ländern entwurzelt hat, wie es von einem Mitglied seiner Legionen geschrieben steht: "Denn viele sind die Toten, die sie erschlagen hat, und zahlreich sind alle ihre Opfer; ihr Haus ist der Weg zur Hölle, hinab zu den Kammern des Todes" [Mischlei 7,26-27].

Lasst euch also durch keinen anderen Krieg von seinem Krieg ablenken, durch kein Schlachtfeld von seinem Schlachtfeld, durch kein Schwert eines fernen Feindes von dem Schwert des Feindes, der euch ganz nahe und untrennbar ist. Die Anstrengung, den Feind abzuwehren, der sich dir nicht ohne Erlaubnis [G-ttes] nähert, soll dich nicht daran hindern, den Feind abzuwehren, der sich dir nähert, ohne dass du eine Erlaubnis

Die Pflichten des Herzens   Kapitel Fünf   Rabbeinu Bachya

brauchst, denn er existiert in dir.

Es wird von einem frommen Mann erzählt, der einige Männer traf, die von einem Krieg gegen Feinde zurückkehrten, und sie brachten Beute nach einer wütenden Schlacht. Er sagte zu ihnen: "Ihr seid aus dem kleinen Krieg mit Beute zurückgekehrt, nun bereitet euch auf den großen Krieg vor!" Sie fragten: "Welcher große Krieg?" Er antwortete: "Der Krieg gegen den Yetzer und seine Legionen".

Es ist ein Wunder, mein Bruder, dass jeder Feind, den man hat, wenn man ihn ein- oder zweimal besiegt, vor dir zurückweicht und nicht daran denkt, wieder Krieg zu führen, weil er denkt, dass deine Stärke größer ist als seine, und er gibt den Gedanken auf, dich zu besiegen und zu überwältigen.

Aber der Yetzer gibt sich nicht mit einer Schlacht zufrieden, auch nicht mit hundert Schlachten, egal ob er dich besiegt hat oder du ihn besiegt hast. Denn wenn er dich besiegt, wird er dich erschlagen, und wenn du ihn besiegst, wird er dein ganzes Leben lang auf der Lauer liegen, um dich zu besiegen, wie unsere Weisen sagten: "Glaube nicht an dich selbst bis zum Tag deines Todes" [Avot 2:4]. Er hält die kleinste deiner Angelegenheiten nicht für ein zu unbedeutendes Mittel, um dich zu besiegen, damit er einen Schritt machen kann, um dich in einer höheren Angelegenheit zu besiegen.

Deshalb ist es richtig, dass du dich vor ihm in Acht nimmst. Erfüllen Sie nicht die kleinste seiner Forderungen. Vielmehr soll der kleinste Sieg über ihn oder die geringste Vergrößerung deiner Macht über ihn in deinen Augen groß sein, damit du einen Schritt gewinnst, um ihn auf höherem Boden zu besiegen. Denn seine Begierde [zu zerstören] wird bald zurückkehren, aber er wird nicht fähig sein, sich gegen dich zu behaupten, wenn du ihm standhaft gegenüberstehst, wie geschrieben steht: "Er wird in dir begehren, aber du wirst über ihn herrschen" [Bereischis 4:7].

Darum erschrecke nicht vor seinem Wort, trotz seiner mächtigen Armeen, und fürchte ihn nicht wegen seiner vielen Helfer, denn seine Hauptabsicht ist es, das Falsche als wahr erscheinen zu lassen, und sein Ziel ist es, Lügen zu etablieren. Wie nahe ist sein Untergang, wie schnell ist sein Verderben, wenn ihr seine Schwäche erkennt, und wie der weise Mann ihn beschreibt: "Es gab eine kleine Stadt mit wenigen Einwohnern, und ein großer König kam und umzingelte sie, er baute hohe Türme [um sie zu erobern], aber ein armer weiser Mann aus der Stadt besiegte ihn mit seiner Weisheit, aber niemand erinnerte sich an diesen armen Mann" [Koheles 9,14].

Die Analogie ist folgende: Der Mensch ist die "kleine Stadt", weil der

Die Pflichten des Herzens Kapitel Fünf Rabbeinu Bachya

Mensch eine "Miniaturwelt" genannt wird, die Glieder und Organe des Menschen und die Eigenschaften der [niederen] Seele sind die "wenigen Bewohner". Denn sie sind klein im Vergleich zur Größe des ständigen Verlangens seines Herzens nach den Lüsten dieser Welt und der Unfähigkeit, sie zu erreichen. Der Yetzer ist der "große König", weil er über viele Taktiken, Soldaten und Legionen verfügt. Dann "umgibt er es", denn er umfasst alle Angelegenheiten eines Menschen, ob öffentlich oder privat. Dann "baute er hohe Türme", was sich auf die vielen schlechten Triebe, schlechten Gedanken und schändlichen Begebenheiten bezieht, mit denen er einen Menschen zu erschlagen sucht, wie wir später in diesem Tor erklären werden, mit G-ttes Hilfe.

Und der "arme Weise" bezieht sich auf den Intellekt, der "arm" ist, da es nur wenige Menschen und Helfer gibt, wie der Vers weiter ausführt: "Niemand erinnerte sich an diesen armen Mann...und die Weisheit des armen Mannes wurde verachtet".

Trotz der Schwäche [des Mannes] erzählt der Text weiter von der eifrigen Begierde des Yetzer, Krieg mit einem Menschen zu führen, und wie seine Macht, ihn zu verletzen, leicht beseitigt wurde, weil ein wenig Wahrheit viel Falschheit besiegt, so wie ein wenig Licht viel Dunkelheit vertreibt. Diese Analogie soll den Menschen anspornen, Krieg gegen die Taavot [niedere Begierden] zu führen und dem Yetzer mit eifriger Anstrengung die Stirn zu bieten. Denn wir haben gesehen, dass der Yetzer zu schwach ist, um gegen das Verstehen aufzustehen, und wie schnell er vor ihm fällt, wie geschrieben steht: "Die Bösen beugen sich vor den Guten" [Mischlei 14:19].

DIE VERSUCHE DES YETZER.
1 - KEIN LEBEN NACH DEM TOD Die erste Sache, die der Yetzer versuchen wird, in deinem Verstand Zweifel zu wecken, und er wird versuchen, dich davon zu überzeugen, dass die Seele nicht ohne einen Körper existieren kann, und dass die Seele zusammen mit dem Körper vergeht und keine Existenz nach dem Tod des Körpers hat. Er benutzt phantasievolle Argumente, die nicht gelten, wenn ein Mensch darüber nachdenkt, und der Zweck davon ist, dich dazu zu bringen, den vorübergehenden Vergnügungen und flüchtigen Wünschen nachzugehen, und damit du die Einstellung der Gruppe von Menschen annimmst, die der Vers beschreibt: "Lasst uns schlemmen und trinken, denn morgen werden wir sterben" [Jeschaja 22:13]. Wenn du dich mit deinem Verstand darüber berätst, wirst du dich von dieser Anschauung mit klaren Beweisen distanzieren, die schon die Früheren brachten und die in den Worten der Propheten erwähnt werden.

Die Pflichten des Herzens Kapitel Fünf Rabbeinu Bachya

2 - KEIN G-tt Wenn der Yetzer die Hoffnung aufgibt, deinen Verstand diesbezüglich in Zweifel zu ziehen, wird er versuchen, die [Existenz des] gesegneten Schöpfers in Zweifel zu ziehen. Er wird dir sagen, dass die Welt weder neu noch erschaffen ist. Sie war nie anders als sie jetzt ist und wird auch nie anders sein, und es gibt keine Existenz, die besser geeignet wäre, ein Schöpfer zu sein als ein erschaffenes [Wesen], und niemand ist verpflichtet, irgendetwas zu dienen, da alles uralt ist und seit Ewigkeiten existiert.

Wenn er mit dieser Behauptung zu dir kommt, kehre zu deinem Verstand zurück, und er wird dir den Irrtum dieser Behauptung aus der Diskussion des ersten Tores dieses Buches zeigen und dir beweisen, dass diese Welt einen Schöpfer hat, der sie aus dem Nichts erschaffen hat.

3 - FALSCHE GÖTTER Wenn er es aufgibt, dich an diesen Dingen zweifeln zu lassen, wird er versuchen, dich mit Dingen zu verwirren, die mit G-tt in Verbindung gebracht werden, wie der Glaube der Doppelgötter oder der Dreigötterglaube der Christen oder der Naturalisten oder der Glaube der törichten Anbeter der Sterne, je nach ihren verschiedenen Ansichten. Wenn dir klar wird, dass der Schöpfer einer und ewig ist, wie in den Einführungen am Anfang dieses Buches beschrieben, werden all diese Zweifel verschwinden.

4 - DEIN RELIGIÖSER DIENST IST ZWECKLOS Wenn er es aufgibt, dich in diesen Dingen in die Irre zu führen, wird er versuchen, dich in Bezug auf die Pflicht, dem Schöpfer zu dienen, zu verführen, indem er sagt: "Der Dienst des Dieners am Fürsten ist nur dann, wenn der Herr ihn braucht. Da der Schöpfer seine Geschöpfe nicht braucht und es ihm an nichts fehlt, hat dein Dienst für G-tt keinen Grund und keinen Zweck. Aber wenn du mit deinem Verstand, in der vorherigen Pforte der Reflexion, bezüglich des Guten von G-tt uns gegenüber, und in der "Pforte der Verpflichtung, den Dienst von G-tt zu übernehmen" aufgrund dessen, dann wird dieser Zweifel verschwinden, und du wirst dich im Dienst von G-tt verpflichten.

5 - DIE AUTHENTIZITÄT DER TORAH Wenn er es aufgibt, dich auf diese Weise zu verführen, wird er versuchen, die Prophezeiung und die Propheten, die Tora und die Prinzipien ihrer Authentizität und Notwendigkeit in Zweifel zu ziehen.

Aber wenn du ihm mit deinem Verstand entgegentrittst und ihn mit dem Argument aus dem dritten Tor dieses Buches bekämpfst, werden alle diese Zweifel aus deinem Herzen verschwinden. Die Tatsache der Prophezeiung, die Notwendigkeit der Thora und der Entsendung eines Propheten und die Art und Weise, wie die Thora [das Herz eines Menschen zum Dienst an seinem Schöpfer - PL] anregt, werden als

Die Pflichten des Herzens Kapitel Fünf Rabbeinu Bachya

Wahrheiten feststehen.

6 - MÜNDLICHES GESETZ IST NICHT NOTWENDIG Wenn er in dieser Frage aufgibt, wird er versuchen, die Tradition in Zweifel zu ziehen. Er wird dir sagen, dass das, was die Vernunft vorschreibt, und das, was die geschriebene Tora vorschreibt, beide wahr sind, aber das, was die Weisen gesagt haben, ist nicht wesentlich und seine Annahme ist nicht verpflichtend.

Aber wenn du mit deinem Verstand prüfst, wirst du sehen, dass sowohl die Vernunftgesetze als auch die Schriftgesetze die Tradition dringend brauchen. Denn keins von ihnen kann ohne die Tradition vollständig erfüllt werden. Für die rationalen Gesetze gilt: Ohne die Grenzen und Erklärungen der mündlichen Tora bezüglich Menge, Art, Zeit, Ort und anderer Umstände ist es unmöglich, die Gesetze allein aus der Logik abzuleiten. Ähnlich verhält es sich mit den Gesetzen der Schrift: Ohne eine Erklärung der mündlichen Tora, wie sie richtig zu lesen ist, die Bedeutung der Worte, ihre Erklärung und die ihrer Ableitungen, wird sie allein aus den Versen nicht vollständig verständlich sein. Deshalb lehrten unsere Weisen "mit 13 Attributen wird die Tora erklärt...." [Beraita von Rabbi Yishmael] und "die Tradition ist eine Grenze zur Tora" [Avot 3:13].

Darüber hinaus verweist uns die Tora selbst auf die Tradition, wenn es um Einzelheiten geht, wie geschrieben steht: "Wenn dir eine Sache im Gericht entgeht, ... dann sollst du aufstehen und zu dem Ort hinaufgehen, den der Ewige, dein G-tt, erwählt hat; und du sollst zu den Kohanim kommen, zu dem Richter, der in jenen Tagen sein wird, und du sollst nachfragen, und sie werden dir die Worte des Gerichts sagen." [Devarim 17:8-9], und "Und der Mensch, der vorsätzlich handelt und dem Priester, der da steht, um dem Ewigen, deinem G-tt, zu dienen, oder dem Richter nicht gehorcht, der soll sterben" [Devarim 17:12].

Wenn du all das verstehst, werden die Zweifel verschwinden, und es wird dir klar werden, dass [neben] dem Wissen, das aus der Vernunft und den Schriften gewonnen wird, die mündliche Überlieferung [ebenfalls unverzichtbar ist].

7 - KEINE BELOHNUNG UND BESTRAFUNG IN DIESER WELT
Wenn er aufhört zu versuchen, dich auf diese Weise zu verführen, wird er es unter dem Aspekt der Belohnung und Bestrafung versuchen. Er wird behaupten, dass der Lauf der Dinge in der Welt nicht den Linien der Gerechtigkeit folgt, denn wenn es in dieser Welt Gerechtigkeit gäbe, würden die Bösen nicht gedeihen und die Gerechten nicht leiden, wie einer, den wir in Tor 4 [Ende von Kap. 3] dieses Buches erwähnt haben, sagte.

Die Pflichten des Herzens Kapitel Fünf   Rabbeinu Bachya

Aber wenn der Verstand dir die Gerechtigkeit [der g-ttlichen Weisheit] auf diese beiden Arten zeigt, wie wir sie im Tor des Vertrauens vorgestellt haben, werden diese Zweifel verschwinden, und dein Herz wird von dieser Verwirrung in Frieden sein.

8 - KEINE BELOHNUNG UND BESTRAFUNG IM NACHLEBEN
Wenn der Yetzer die Hoffnung aufgibt, uns in diesen Themen zu besiegen, wird er versuchen, uns in Bezug auf die Belohnung und Bestrafung im Jenseits in Zweifel zu ziehen. Er wird versuchen, uns zu verwirren und zu verdrehen, weil es in der Tora nur wenig erwähnt wird und wenig offensichtlich ist.

Aber wenn wir untersuchen, was in den Büchern der anderen Propheten [außer Mosche Rabeinu] über diese Angelegenheit steht [die ausdrücklich erwähnt wird], zum Beispiel "[Und der Staub kehrt zur Erde zurück, wie er war,] und der Geist kehrt zu G-tt zurück, der ihn gegeben hat" [Koheles 12:7], und "Ich will dir einen Platz unter denen geben, die hier stehen" [Sacharia 3: 7], und "Wie groß ist deine Güte, die du für die aufbewahrt hast, die dich fürchten" [Tehilim 31,20], und "kein Auge hat G-tt außer dir gesehen, der für die sorgt, die auf ihn warten" [Jeschaja 64,3], "deine Gerechtigkeit wird vor dir hergehen; die Herrlichkeit des Ewigen wird dich sammeln" [Jeschaja 58,8]. Wenn wir diese und viele andere ähnliche Verse studieren, zusätzlich zu dem, was unsere Weisen uns in diesem Buch gelehrt haben, und mit dem, was unser Verstand uns sagt, werden unsere Seelen in Frieden sein, und wir werden von der Unvermeidlichkeit von Belohnung und Bestrafung im Jenseits überzeugt sein.

9 - BESCHÄFTIGUNG IN SEKULÄREN INTERESSEN Wenn der Yetzer die Hoffnung aufgibt, uns in all den zuvor erwähnten Angelegenheiten zum Zweifeln zu bringen, wird er versuchen, uns im Dienst G-ttes faul zu machen, und wird versuchen, uns mit unseren weltlichen Interessen zu beschäftigen - essen, trinken, sich kleiden, reiten und sich an anderen körperlichen Vergnügungen zu erfreuen.

Und wenn wir ihm in Bezug auf das Essen zuhören, ohne das wir nicht existieren können, wird er überflüssige Dinge, die dem Essen untergeordnet sind, so verschönern und Freude und Vergnügen so reizvoll erscheinen lassen, dass wir Könige und ihre Diener beneiden, danach streben, wie sie zu leben, ihre Praktiken zu übernehmen und in ihren Statuten zu gehen, um körperliche Freuden zu genießen.

Wenn der Yetzer unser Verlangen und unsere Bereitschaft dazu bemerkt, wird er sagen:

Gürte deine Lenden, entblöße deine Arme, o verführter Mensch, bemühe dich mit all deiner Kraft, o verführter Mensch, dieser Welt und ihren

Die Pflichten des Herzens   Kapitel Fünf   Rabbeinu Bachya

Menschen zu dienen, und du wirst etwas von deinem Verlangen in ihr erreichen. Bemühe dich nicht um die Angelegenheiten der nächsten Welt. Sondern nur in Dingen, die dir in dieser Welt helfen, Gunst zu finden [beliebt zu werden] bei den Menschen und den Führern, von den Königen bis zum Rest des Volkes.

Bemühe dich um keine Weisheit, es sei denn, sie bringt dir Ehre in der Öffentlichkeit und Gunst in den Augen der Großen deiner Generation, der Führer, Herrscher und aller, die eine hohe Position innehaben. Dazu gehören die Kenntnis von Sprachen, das Wesentliche der Prosa, Grundlagen der Grammatik, Musik, reizvolle Rätsel, erstaunliche Gleichnisse und ungewöhnliche Sprüche. Versuchen Sie, sich häufig mit charismatischen Menschen zu treffen, und seien Sie kulturkundig, um sich mit allen Arten von Menschen unterhalten zu können und nicht stumm dazusitzen und als Narr und Einfaltspinsel zu gelten. Lass die anderen Weisheiten, denn ihr Arbeitsaufwand ist hoch, ihr praktischer Nutzen aber gering.

Wenn wir aber von Anfang an den Begierden keine Tür öffnen und ihre Bedürfnisse befriedigen, uns auch nicht daran gewöhnen, überflüssigen Dingen zu frönen und ihnen nachzujagen, sondern dem Yetzer antworten, dass wir keinen Bedarf an den überflüssigen Dingen haben und dass wir schon genug geistige Unruhe haben, wenn wir arbeiten, um zu bekommen, was wir brauchen. Wenn G-tt uns ein zusätzliches Einkommen schickt, ohne dass wir unser Herz oder unseren Verstand dafür anstrengen müssen, werden wir es in der richtigen und angemessenen Weise ausgeben, wie es die Pflicht vorschreibt, und wenn dies nicht geschieht, werden wir mit den grundlegenden Notwendigkeiten zufrieden sein und nicht mehr als das verlangen, dann wird die [Macht des] Yetzer gebrochen und geschlagen werden.

Wenn wir aber in diesen Dingen auf den Yetzer hören, werden wir Schritt für Schritt absteigen, bis er uns in dieser und in der nächsten Welt ins hoffnungslose Verderben gebracht hat.

Alle diese Beispiele beziehen sich auf die erste Art von Verlockungen, die der Yetzer benutzt, um einen Menschen in Zweifel zu ziehen, der schwach an Weisheit und an der Kenntnis G-ttes und seiner Tora ist.

ZWEITE ART DER VERFÜHRUNG DURCH DEN YETZER
10 - DIE WEISE PERSON ZERSTÖREN Aber wenn ein Mensch weise ist im Verständnis von G-tt und Seiner Tora, wird der Yetzer danach streben, seine Weisheit und seine Handlungen durch Einwände und Argumente zu beschädigen und zu verwirren, von welcher Seite auch immer er kann - von der Vernunft, der Schrift und der Tradition. Er wird

Die Pflichten des Herzens   Kapitel Fünf   Rabbeinu Bachya

falsche Beweise vorbringen, deren Prämissen nicht wahr sind und deren Schlussfolgerungen nicht zwangsläufig folgen.

Wenn dein Verstand scharf ist und deine Weisheit beim Analysieren, Verteidigen und Diskutieren einer Position stark ist, wirst du die verschiedenen Irrtümer in den Beweisen deines Yetzers erkennen, und die Wahrheit wird dir klar werden. Die richtige Sichtweise wird für dich offensichtlich sein, dein Wissen wird von Zweifeln und dein Handeln von Verwirrung befreit sein.

Aber wenn dein Wissen und deine Fähigkeit darin mangelhaft sind, werden seine Verlockungen für dich [immer -PL] stärker sein. Er wird dich häufiger überwältigen. Seine Herrschaft über dich und deine Umgebung in deinem äußeren und inneren Leben wird zwingender werden, weil er mit Weisheit zu dir kommt und dich mit Beweisen führt, auf die sich dein Verstand verlässt. Wenn dein Verstand von ihm verführt worden ist, wird er von dir ablassen, und es wird ihm helfen, gegen dich zu arbeiten, weil du dich auf deinen Verstand verlässt, wenn du Zweifel hast, und seiner Argumentation vertraust, wenn du eine Sache nicht verstehst.

Und wenn der Yetzer dich überwältigt hat und dich mit Hilfe und Unterstützung deines Verstandes beherrscht, wird er dich nun, indem er dich täuscht und in deinen Augen Falschheit in Form von etwas, das [als wahr] gezeigt wird, darstellt, von dieser Ebene, die der Wahrheit nahe war und wo Falschheit noch verborgen war, versetzen und dich auf eine niedrigere Ebene herabsteigen lassen, wo es weniger Wahrheit und mehr Falschheit gibt.

Und so wird er nicht aufhören, euch von einer Ebene zur nächsten hinabzusteigen, bis er euch auf die Ebene bringt, auf der die Wahrheit völlig verborgen ist und die Unwahrheit vollständig vorhanden ist. Und er wird euch aus dieser Welt entwurzeln und euch von den Stufen der Belohnung in der nächsten Welt stürzen. Und eure Weisheit wird euch zum Übel werden und euer Verstand zum Grund eures Untergangs, wie geschrieben steht: "Hoy! Sie sind weise in ihren Augen und halten sich für verständig" [Jeschaja 5:21], und "sie haben das Wort des Ewigen verworfen; und welche Weisheit ist in ihnen?" [Jirmijahu 8,9], und "Denn die Wege des Ewigen sind gerecht, und die Gerechten wandeln auf ihnen; aber die Übertreter straucheln auf ihnen" [Hoschea 14,10].

Es wurde gesagt, dass die Weisheit, wenn sie in der richtigen Weise angewendet wird, ein Heilmittel für alle Krankheiten ist, aber wenn man von ihrem richtigen Weg abweicht, wird sie zu einer allumfassenden Krankheit ohne Heilung und ohne Medikamente.

In diesem Zusammenhang wird die Tora mit Feuer verglichen, wie

Die Pflichten des Herzens Kapitel Fünf Rabbeinu Bachya

geschrieben steht: "Ist mein Wort nicht wie Feuer?" [Yirmiyahu 23:29], weil es die Augen erleuchtet, wie geschrieben steht: "Die Gebote des Ewigen sind rein und erleuchten die Augen" [Tehilim 19:9] und "Dein Wort ist wie eine Kerze für meine Füße und ein Licht für meinen Weg" [Tehilim 119:105]. Wer aber vom rechten Weg abweicht, den verbrennt es mit seinem Feuer, wie geschrieben steht: "Mit Feuer wird G-tt Gericht halten" [Jesaja 66,16], und "auf die Gottlosen wird er feurige Kohlen regnen lassen", und "Sollte ich sagen: Ich will Ihn nicht erwähnen, und ich will nicht mehr in Seinem Namen reden, so war dies in meinem Herzen wie ein brennendes Feuer" [Jirmijahu 20,9].

Hüte dich also, dass deine Schritte nicht vom Weg der Vorväter und vom Weg der Früheren abweichen und auf einen neuen Weg führen, den du dir ausgedacht hast, und verlasse dich nicht auf deinen Verstand und berate dich nicht nur mit dir selbst. Überlege nicht allein. Misstraut euren Vorvätern nicht in der Tradition, die sie euch hinterlassen haben, was gut für euch ist. Lehnt ihre Ratschläge in dem, was sie euch gelehrt haben, nicht ab, denn keiner der Pläne, an die ihr denken könnt, war vorher nicht bekannt, und ihre guten und schlechten Folgen wurden bereits abgewogen.

Deiner Argumentation zufolge mag es sein, dass du anfangs von den Vorteilen beeindruckt bist, die dein Plan mit sich bringt, aber die langfristigen negativen Folgen, die er mit sich bringt, bleiben dir verborgen. In Deiner Kurzsichtigkeit wirst Du die anfänglichen Vorteile sehen, aber nicht den Fehler und den letztendlichen Schaden. Und der weise Mann sagte: "Entferne nicht einen alten Grenzstein, den deine Vorväter aufgestellt haben" [Mischlei 22:28], und "Höre, mein Sohn, auf die Anweisungen deines Vaters" [ebd. 1:8], und es wird von einem gesagt, der die Wege seiner Vorväter verurteilt "eine Generation, die in ihren eigenen Augen rein ist, und doch nicht von ihren Exkrementen gereinigt wird" [ebd. 30: 12], und "es gibt eine Generation, die ihre Väter verflucht" [ebd. 30:11], und "das Auge, das den Vater verhöhnt, [das den Gehorsam gegenüber der Mutter verachtet, wird von den Raben des Tals gepickt, wird von den Geiern gefressen]" [ebd. 30:17].

Wenn du es jedoch für richtig hältst, dir über das Erforderliche hinaus zusätzliche Pflichten aufzuerlegen, was du kannst, dann ist der Vorsatz gut, vorausgesetzt, du erfüllst die Pflicht und dein Motiv ist die Liebe zur Frömmigkeit, und nachdem dein Verstand [es geprüft und] zugestimmt hat und es fern von Begierden ist - dann ist der Vorsatz gut.

Ihr werdet dafür Belohnung erhalten und weicht nicht vom Weg der Vorväter ab. Denn schon sie sagten: "Mache einen Zaun für die Tora" [Avos 1:1], und "warum wurde Jerusalem zerstört? Weil sie dem

Die Pflichten des Herzens   Kapitel Fünf   Rabbeinu Bachya

Buchstaben des Gesetzes folgten und nicht über den Buchstaben des Gesetzes hinausgingen" [Bava Metzia 30b], und "sagt Rav Huna - wer sich nur mit sich selbst beschäftigt, ist so, als hätte er keinen G-tt, denn es heißt: 'Nun war Israel lange Zeit ohne den wahren G-tt' - Was ist mit 'ohne den wahren G-tt' gemeint? - Es bedeutet, dass derjenige, der sich nur mit dem Studium der Thora beschäftigt, so ist, als ob er keinen G-tt hätte" [Avodah Zara 17b].

Und einer der Frommen würde sagen: "Wer nicht mehr als seine Pflicht tut, tut nicht seine Pflicht". Aber diese "zusätzlichen" Handlungen werden nicht akzeptiert, solange man nicht zuerst die Pflicht erfüllt hat.

Unsere Weisen haben uns bereits erlaubt und sogar [manchmal] verpflichtet, zu den Geboten etwas hinzuzufügen, wie sie [in Bezug auf den Freitagabend] sagten: "Man muss vom Profanen zum Heiligen kommen" [Yoma 81:2]. Andere Beispiele sind das Hinzufügen von Fasten, Gebet, Wohltätigkeit und der Verzicht auf unnötige erlaubte Speisen. Sie warnten uns auch davor, einen Eid in G-ttes Namen abzulegen, auch wenn es die Wahrheit ist, und übermäßig zu reden, auch wenn die Worte frei von Falschheit sind, und die Angelegenheiten anderer Leute zu besprechen, auch wenn die Worte nicht abwertend sind. Ebenso soll man niemanden überschwänglich loben, auch wenn es angemessen ist, und nicht schlecht reden oder sich über diejenigen empören, die bei der Erfüllung ihrer Pflichten versagen, auch wenn sie es verdienen, und vieles mehr.

Es ist angemessen, dass wir nun einige Beispiele für die zweite Art von Verlockungen des Yetzers bringen, die man lernen kann, auf andere Dinge anzuwenden und sich mit G-ttes Hilfe vor ihnen zu schützen, wenn man sie versteht. Denn notwendigerweise hat jede gute Sache entsprechende schlechte Dinge, die sie verderben können. Deshalb wird jemand, der die Dinge versteht, die guten Taten schaden, fähig sein, sich vor ihnen zu schützen. Wer aber nur die guten Taten kennt und die Dinge, die ihnen schaden können, nicht kennt, wird durch die Fülle der schädlichen Dinge, die ihn heimsuchen werden, am Ende nichts haben.

Einer der Frommen würde seine Schüler belehren: "Lerne zuerst die schlechten Dinge, um sie zu vermeiden, und danach lerne die guten Dinge und tue sie, wie geschrieben steht: 'Pflüge für dich eine Furche und säe nicht auf Dornen'" [Jirmijahu 4:3].

Rabbi Jochanan ben Zakai sagte in Bezug auf die Fälschung von Gewichten und Maßen [Bava Basra 89b]: "Wehe mir, wenn ich es sage, wehe mir, wenn ich es nicht sage; wenn ich es sage, werden die Schwindler vielleicht aus meinen Worten lernen, wenn ich es nicht sage, werden die Schwindler vielleicht sagen, dass die Weisen unsere Tricks

Die Pflichten des Herzens Kapitel Fünf Rabbeinu Bachya

nicht kennen", wurde die Frage gestellt: "Hat er von ihnen gesprochen oder nicht?", und kommt zu dem Schluss: "Er hat von ihnen gesprochen", wobei er sich auf den Vers stützt: "Denn die Wege des Ewigen sind recht, und die Gerechten werden auf ihnen wandeln, während die Gottlosen über sie stolpern werden" [Hoschea 14,10].

BEISPIELE FÜR DIE ZWEITE ART DER VERLOCKUNG DES YETZER

11 - DAS BESTREBEN, Gunst bei den Menschen zu finden. Wir haben in diesem Tor bereits erwähnt, auf welche Weise der Yetzer versucht, Zweifel in den Geist eines Menschen zu bringen. Wenn es ihm nicht gelingt, solche Zweifel zu wecken, wird er versuchen, mit Argumenten und Beweisen die Wahrheiten seines Glaubens zu widerlegen. Wenn du dich gegen seine Oberflächlichkeit und die Schwäche seiner Beweise wehrst und er nicht in der Lage ist, dir zu widerstehen oder zu widerrufen, was du als klar und wahr in Bezug auf die zuvor in diesem Tor erwähnten Dinge weißt, wird er zurückkehren, um dir zu schmeicheln und dich in Bezug auf dich selbst in die Irre zu führen. Er wird zu dir sagen: "Wie sehr freue ich mich für dich über deinen guten Glauben und dein ergebenes Herz gegenüber G-tt. Du hast bereits einen Grad der Frömmigkeit erreicht, den andere in deiner Generation nicht erreichen konnten, und du hast G-tt bereits ausreichend für Seine Güte und Wohltat an dir gedankt. Nun ist es richtig, dass du auch daran arbeitest, deine Dankesschuld gegenüber deinen Mitmenschen zu begleichen. Denn du weißt bereits, dass sie Mittel zu deinem Nutzen und Schaden sind, und es ist auch klar, dass du in ihren Augen ehrenhaft bist, wenn sie dich mögen. Wenn sie dir aber böse sind, wirst du Verluste erleiden. Bemühe dich daher um Dinge, die ihnen gefallen und die in ihren Augen Gunst finden, wie unsere Weisen sagten: "Wer seinen Mitmenschen wohlgefällig ist, ist G-tt wohlgefällig. [Wer aber seinen Mitmenschen nicht gefällt, der gefällt G-tt nicht" [Avos 3:10].

Antworte dem Yetzer:

Was nützt es mir, bei jemandem Gefallen zu finden, der so schwach ist wie ich, der nicht die Fähigkeit hat, mir zu helfen oder mir zu schaden [siehe Tor des Vertrauens], und der Vers sagt: "Zieht euch zurück von dem Menschen, dessen [Lebens-]Atem in seinen Nasenlöchern ist, denn wodurch sollte er geachtet werden?" [Jeschaja 2:22]. Und selbst wenn es meine Pflicht wäre, wie könnte ich Gunst bei allen meinen Zeitgenossen finden, wenn ich nicht einmal die Fähigkeit habe, Gunst bei den Mitgliedern meines eigenen Haushalts zu finden?!

Und die Beweise, die du aus den Worten unserer Weisen gebracht hast,

Die Pflichten des Herzens Kapitel Fünf   Rabbeinu Bachya

bedeuten nicht, dass man versuchen muss, in den Augen aller Menschen Gunst zu finden. Vielmehr ist dies wie der Fall des weisen Mannes, der in seinem Testament einen Befehl an seinen Sohn hinterließ: Mein Sohn, es liegt nicht in deiner Macht, dich bei der Öffentlichkeit beliebt zu machen. Versuche stattdessen, Gefallen am Schöpfer zu finden, und er wird dir Gefallen an der Öffentlichkeit gewähren, wie geschrieben steht: Wenn G-tt Gefallen an den Wegen eines Menschen findet, wird er sogar seine Feinde dazu bringen, Frieden mit ihm zu schließen" [Mischlei 16:7].

Und ebenso, wenn du einen Mann siehst, den jeder, ob jung oder alt, lobt und Gefallen an seinen Taten findet, ist das ein Beweis dafür, dass G-tt die Liebe zu ihm in ihre Herzen eingepflanzt und einen guten Namen für ihn auf ihren Zungen errichtet hat. Der Schöpfer tut dies nicht für diejenigen, die er hasst. Und dies ist ein klarer und starker Beweis dafür, dass der Schöpfer mit ihm zufrieden ist. Aber dass ein frommer Mensch sich anstrengen und bemühen soll, damit andere ihn wegen seines Dienstes an G-tt loben - das ist nicht der Weg der Frommen.

Deshalb hüte dich vor solchen oder ähnlichen Dingen unter den Verlockungen des Yetzers dir gegenüber. Denn er wird versuchen, dich auf diese Weise zu führen, bis er dich in die Falle der Schmeichelei stürzt. Und wenn er dich lobt, dann antworte ihm: "Was ist das, wozu du mich beglückwünschst? Ist es, weil ich meine Pflichten gegenüber G-tt kenne? Ganz im Gegenteil - weil ich meine Pflichten gegenüber G-tt kenne, gibt es einen Grund für eine Klage gegen mich, nämlich dass ich nicht in Übereinstimmung mit meinem Wissen handle.

Und selbst wenn ich gemäß meinem Wissen um meine Pflichten gegenüber G-tt genug täte, wäre dies ein ausreichender Ausdruck der Dankbarkeit gegenüber dem gesegneten Schöpfer, selbst für die kleinsten Wohltaten, die Er mir gewährt? Und was ist das Maß meiner Tage im Vergleich zum Maß der Tage des Universums? Selbst wenn sie dem Alter des Universums entsprächen, würde die Zeit nicht ausreichen, um all die Wohltaten aufzuzählen, die G-tt mir erwiesen hat. Wie viel weniger ist es mir dann möglich, G-tt meine Dankbarkeit dafür zu erweisen? Und die Heilige Schrift hat bereits gesagt: "Alles Fleisch ist wie Gras, und all seine Güte ist wie die Blume des Feldes" [Jeschaja 40,6], und unsere Weisen sagten: "Wenn ich nicht für mich bin, wer ist dann für mich? Und wenn ich nur für mich selbst bin, was bin ich dann? Und wenn nicht jetzt, wann dann?" [Avos 1,14].

12 - LIEBEN, GELOBT ZU WERDEN UND EINEN GUTEN NAMEN ZU ERWERBEN Wenn der Yetzer nicht mehr versucht, dich auf diese Weise zu verführen, wird er versuchen, dich aus dem

Die Pflichten des Herzens Kapitel Fünf Rabbeinu Bachya

Blickwinkel der Liebe zum Lob und zum Erwerb eines guten Namens in dieser Welt zu verführen. Er wird zu dir sagen:
Ich freue mich, dass du G-tt mit gutem Vertrauen dienst, weil du Ihm alle deine Angelegenheiten anvertraut hast und dein Herz von dem Gedanken befreit hast, dass irgendein erschaffenes Wesen dir ohne G-tt nützen kann. Jetzt vertraust du wirklich von ganzem Herzen auf G-tt. Es ist nicht angemessen für dich, den hohen Grad der Frömmigkeit, den du erreicht hast, vor den Menschen zu verbergen. Vielmehr ist es jetzt, da du deine Neigung beherrscht und deine niederen Begierden überwunden hast, angebracht, anderen deine Frömmigkeit zu zeigen und ihnen dein Herz zu offenbaren. Auf diese Weise wirst du von ihnen in dieser Welt geehrt werden und einen guten Namen und ein gutes Andenken unter ihnen haben, wie der Vers sagt: Ich will ihnen in meinem Haus und in meinen Mauern ein Andenken und einen Namen geben, besser als Söhne und Töchter" [Jeschaja 56:5]. Es heißt auch: "Ich will dir einen großen Namen machen, wie der Name der Großen des Landes" [II. Schmuel 7,9]. Außerdem sollen sie aus deinen Taten lernen, und du sollst dafür belohnt werden. Verbirg also nicht deine Taten vor ihnen, außer denen, die man den Menschen nicht zeigen kann. So werdet ihr Ehre und einen guten Namen in dieser Welt und eine gute Belohnung in der nächsten Welt erhalten".

Antworte ihm: "Was nützt mir das Lob der Menschen und ein guter Ruf unter ihnen, wenn ich weiß, dass ich meinen Verpflichtungen gegenüber dem Schöpfer nicht nachkomme? Was nützen mir ihre Ehre und ihr Ansehen, wenn sie nicht in der Lage sind, mir zu helfen oder mich vor Schaden zu bewahren? Sind sie in dieser Hinsicht nicht wie Pflanzen und Tiere? Und wenn ich diese Absichten in meinen Taten verfolge, werde ich vielleicht keine Gunst in ihren Augen finden. Vielmehr werden sie mich als Schmeichler ansehen, und ich werde ein Objekt des Abscheus und der Verachtung werden, und das Ergebnis wird sein, dass ich meine guten Taten verliere, weil ich keine Absicht gegenüber G-tt hatte, und ich werde auch bei dem versagen, was ich von den Menschen in dieser Welt zu erreichen gehofft hatte.

Es wird von einem der Könige Israels gesagt, der gefragt wurde: "Wie hat dir die Lesung des Chazan gefallen? Seine Stimme war angenehm und er war ein Experte im Singen der Kantillationsnoten." Der König antwortete ihnen: "Wie könnte ich seine Lesung mögen. Er hat es nur gelesen, um mir zu gefallen und um in meinen Augen Gefallen zu finden. Hätte er aber die Absicht gehabt, dem Schöpfer allein zu gefallen, dann wäre es mir angenehm gewesen."

Wir können ebenso über all jene sagen, die die Gemeinde im Gebet

Die Pflichten des Herzens Kapitel Fünf Rabbeinu Bachya

anführen, und die Chazanim, die neue Piyutim [liturgische Gebete] verfassen, deren Absicht es ist, Gunst in den Augen der Menschen und nicht von G-tt zu finden - dass ihre Gebete für den Schöpfer nicht akzeptabel sind.

Antworte ihm weiter: "Vielleicht, wenn ich in dieser Welt Ehre für meine Taten erhalte, wird nichts von meiner Belohnung in der nächsten Welt übrig bleiben, weil ich sie bereits in dieser Welt erhalten habe".

Es wird von einem der Frommen erzählt, der einen Markt betrat, um etwas zu kaufen. Er kam in einen der Läden, um es zu kaufen, und der Nachbar des Ladenbesitzers sagte zu ihm: "Gib ihm nach und tu seinen Willen, denn er ist ein frommer Gelehrter". Der fromme Mann antwortete ihm: "Danke, aber ich brauche keine Sonderbehandlung. Ich bin gekommen, um mit meinem Geld zu kaufen, nicht mit meinem Torawissen". Er weigerte sich, in diesem Geschäft zu kaufen, und ging stattdessen in ein anderes Geschäft, wo er nicht erkannt wurde.

[Antworte auch dem Yetzer:] "Und das, was du aus dem Vers gebracht hast: 'Ich will dir einen großen Namen machen...', das ist genau wie die anderen Dinge, nach denen die Menschen in dieser Welt streben, wie Reichtum, Ehre, die der Schöpfer Seinen Dienern schenkt, wenn Seine Weisheit dies für richtig hält, wie geschrieben steht: "Und ich habe dir auch das gegeben, worum du nicht gebeten hast, sowohl Reichtum als auch Ehre" [Melachim 3:13], und auch "langes Leben ist in seiner Rechten, zu seiner Linken, Reichtum und Ehre" [Mischlei 3:16]. Aber die Frommen streben nach keinem dieser Dinge in ihrem Dienst, sondern ihr einziges Ziel ist der Schöpfer, der Gutes schenkt, wem Er will, unter seinen Dienern oder anderen, Gläubigen oder Ungläubigen, wie es Seine Weisheit vorschreibt, wie geschrieben steht: "Reichtum und Ehre ist Dein" [Divrei HaYamim 29:12].

[Antwortet weiter:] "Und was ist diese Welt? Selbst wenn mein Name in der ganzen Welt bekannt wird, was ist das Maß meiner Tage? Selbst wenn mein Name einem Teil der Welt bekannt wird, wird mein Andenken sicherlich einen noch kleineren Teil erreichen, und selbst dann wird es nach kurzer Zeit verblassen und vergessen werden, als hätte es nie existiert. Und die Heilige Schrift sagt: 'Die Söhne der Menschen sind nur Eitelkeit, und Männer von Rang sind eine Lüge; wenn man sie auf eine Waage legen würde, wären sie zusammen gleich eitel' [Tehilim 62,10], und 'sein Odem verlässt ihn, er kehrt zu seinem Staub zurück' [Tehilim 146,4], und 'es gibt keine Erinnerung an die Alten' [Koheles 1,11]."

Wenn ich mich also um diese Welt kümmere und meine Gedanken in sie hineinlege, ist das eine klare Kleinlichkeit und ein schändlicher Fehler

Die Pflichten des Herzens   Kapitel Fünf   Rabbeinu Bachya

meinerseits. Es wird von einem der Frommen erzählt, der seinen Freund fragte: "Hast du Gleichheit erreicht?" Er antwortete: "Worüber?", er antwortete: "Ist es in deinen Augen gleich, ob du geehrt oder beleidigt wirst?". Er antwortete: 'Nein'. Er sagte: "Wenn das so ist, bist du noch nicht angekommen. Bemühe dich weiter, vielleicht erreichst du diese Stufe, denn sie ist die höchste der Stufen der Frommen und die erstrebenswerteste aller Eigenschaften.

13 - ENDLOSE BESORGUNGEN UND ABLENKUNGEN DIESER WELT Wenn der Yetzer aufhört, dich auf diese Weise zu verführen, wird er versuchen, deine [religiösen] Taten zu verderben, indem er deinen Geist mit dieser Welt und ihren Menschen und mit deinen ausgedehnten Begierden ablenkt, so dass du dein endgültiges Ziel vergisst.

Wenn er sieht, dass du deine Aufmerksamkeit auf Angelegenheiten des Jenseits lenken willst, z. B. während des Gebets, ob verpflichtend oder freiwillig, oder wenn du die Thora oder eine andere Weisheit studierst, die mit Emuna [Glaube] oder Mussar [Ethik] zu tun hat, wird er dich verwirren und deine Gedanken mit weltlichen Dingen ablenken, z. B. mit Gedanken über Waren, Kauf und Verkauf, Gewinn und Verlust. Er wird zu dir sagen: "Du solltest froh sein, dass du jetzt etwas freie Zeit hast, eine Gelegenheit, die durch deine vielen Geschäfte nicht wiederkehren wird. Nun denke an deinen Geschäftspartner und rechne aus, was er dir schuldet und was du ihm schuldest, wie viel du von deinen Schulden eingenommen hast und wie viel dir noch zusteht. Überlege, welche finanziellen Mittel zur Erzielung des Lebensunterhalts für dich geeignet sind und welche nicht. Denke darüber nach, welche Angelegenheiten dir Genugtuung verschafft haben und welche du bereut hast, und wenn du einen Rechtsstreit gegen jemanden hast, dann überprüfe in deinem Geist alle deine Forderungen und alle seine Forderungen gegen dich und alle Möglichkeiten, wie du ihn überlisten kannst, wenn der Fall vor Gericht kommt."

Ebenso, wenn du Geld [anzulegen] hast, oder Schafe und Rinder, oder Land zur Aussaat, oder du hast eine Arbeit für den Adligen oder einen Bürger zu tun, oder du musst mit einem von beiden Rechenschaft ablegen, oder du hast Schulden, die du nicht zurückzahlen kannst, oder du hast Freunde, über die du wachen und an die du denken musst, wird er dir eines von diesen in den Sinn bringen, wenn du dich umdrehst, um einige Zeit den Angelegenheiten des Dienstes für G-tt zu widmen. Das soll dich ablenken und deine Taten verderben. Denn wenn du sie tust, bist du zwar körperlich bereit, aber in deinem Geist und deiner Seele abgelenkt.

Die Pflichten des Herzens   Kapitel Fünf   Rabbeinu Bachya

Wenn er dich nicht mit einem der oben genannten Dinge ablenkt, wird er dich an Rätsel erinnern oder an andere Themen, die viel Nachdenken erfordern. Wenn ein Mensch zu denen gehört, die Würfel oder Schach oder ähnliches spielen, wird er ihn dazu bringen, sich vorzustellen, wie das Spiel vor ihm liegt und er darüber nachdenken muss, welche Züge er machen und welche Strategien er anwenden muss, um das Spiel zu gewinnen.

14 - ABLENKEN MIT GUTEN TATEN Wenn ein Mensch all dem entkommt, was wir zuvor erwähnt haben, und zu den Männern der Weisheit und des Verstandes gehört [ein talmid chacham wird], wird der yetzer ihn auf eine schwierige Angelegenheit der Weisheit aufmerksam machen, und er wird ihn mit Fragen und Antworten, mit Schwierigkeiten und Lösungen ablenken, und er wird ihm zeigen, welche Dinge er übersehen hat und welche er mehr hätte untersuchen sollen. Er wird ihm auch zeigen, wie viel er in dieser Weisheit noch zu lernen hat, so dass er eine persönliche Bilanz zieht und beschließt, sie zu lernen. Auf diese Weise wird der Yetzer ihn bei all seinen Handlungen im Dienst für G-tt ablenken und ihm viel mehr Schaden als Nutzen zufügen.

[Aufgrund all dieser Ablenkungen] ist es möglich, dass er den Dienst G-ttes verrichtet, aber außerhalb davon ist, und dass seine Gedanken immer in irgendeinem anderen weltlichen Interesse abgelenkt sind. Es kann sogar sein, dass er G-tt mit seiner Zunge um Vergebung bittet, während er in seinem Verstand und Geist eifrig gegen Ihn rebelliert.

Einer der Frommen sagte dazu: "Diese Art, Vergebung zu suchen, erfordert, Vergebung zu suchen". Und er fleht G-tt mit seinen Gliedern an, wendet sich aber in seinem Herzen und in seinen Gedanken von Ihm ab, ähnlich wie in dem Vers: "Diese Menschen nähern sich Mir mit ihrem Mund und ehren Mich mit ihren Lippen, aber ihre Herzen sind fern von Mir. Ihre Verehrung für Mich ist nichts als Auswendiglernen" [Jeschaja 29,13], und "Dann aber schmeichelten sie Ihm mit ihrem Mund und belogen Ihn mit ihrer Zunge; ihr Herz war nicht aufrichtig zu Ihm" [Tehilim 78,36].

Wenn du dann aufwachst und mit deiner Seele Rechenschaft ablegst und zu dir sagst: "Wie könnte ich mich dem Schöpfer gegenüber so verhalten, dass ich mich seinen Geschöpfen gegenüber nicht korrekt verhalte, wenn ich etwas von ihnen brauche, oder dass sie sich mir gegenüber so verhalten, wenn sie etwas von mir brauchen?

Denn wenn ich mir von jemandem etwas borgen wollte und ich ihn mit meinen Lippen darum bitten würde, mein Herz aber gegen ihn wäre, würde er sich, wenn er das bemerken würde, vor mir ekeln und sich von mir abstoßen. Umso mehr, dass er mir meine Bitte nicht erfüllen würde.

Die Pflichten des Herzens Kapitel Fünf Rabbeinu Bachya

Und erst recht, wenn er wüsste, dass ich in meinen Gedanken nicht nur Dinge plane, die ihm nicht gefallen würden, sondern sogar Dinge, die ihn zornig auf mich machen würden. Sicherlich wäre sein Hass auf mich noch größer und seine Ablehnung noch angemessener. Und gewiss würde ich mich gegenüber jemandem, der mich um etwas bittet, genauso verhalten, wenn ich seine Gedanken kennen würde, so wie der Schöpfer weiß, was in meinem Herzen ist.

Wie könnte ich mich also nicht schämen, wenn ich vor meinem Schöpfer stehe? Wie kann ich erwarten, Ihm mit meinem Verhalten zu gefallen, wenn ich nicht möchte, dass ein schwaches, erschaffenes Wesen wie ich sich mir gegenüber so verhält, und was ein anderes schwaches, erschaffenes und abhängiges Geschöpf wie ich ebenfalls nicht gerne in mir finden würde, wie geschrieben steht: "Schämten sie sich, als sie eine Abscheulichkeit begangen hatten? Nein, sie schämten sich nicht und konnten sich nicht schämen; [darum werden sie fallen unter denen, die fallen; zur Zeit ihrer Strafe werden sie niedergeworfen werden, spricht der Ewige]" [Yirmiyahu 8:12], dann wird der Yetzer geschlagen werden.

15 - VERHEIMLICHE DEINE RELIGIÖSEN TATEN VOLLSTÄNDIG Wenn der Yetzer den Versuch aufgibt, dich auf diese Weise zu verführen, wird er versuchen, dich unter dem Gesichtspunkt der Distanzierung von Schmeicheleien zu verführen, und er wird zu dir sagen: "Du kannst G-tt unmöglich mit einem vollkommenen Herzen dienen, solange du dich nicht völlig von Schmeicheleien distanzierst, ob es nun ein wenig oder viel ist. Und um sich von Schmeicheleien gegenüber anderen Menschen zu distanzieren, muss man alle seine Taten vor ihnen vollständig verbergen und ihnen das Gegenteil von dem zeigen, was in deinem Herzen ist.

Wenn ihr also betet, solltet ihr euch kurz fassen und nicht den Anschein erwecken, dass ihr etwas begehrt oder anstrebt. Wenn du Weisheit lernst, dann tue es in Abgeschiedenheit, so dass niemand außer dem Schöpfer davon weiß. Lasst keinen guten Charakterzug an euch sichtbar werden. Zeige anderen Faulheit und Schwerfälligkeit im Dienst G-ttes, damit dein Name nicht bekannt wird und du deinen Lohn verlierst. Belehre andere nicht, Gutes zu tun, noch tadle sie gegen das Böse. Zeige deine Weisheit nicht und lehre andere nicht, und lass kein Zeichen der Furcht vor dem Himmel an dir sein und kein Zeichen, dass du ein Diener G-ttes bist, damit andere dich deswegen nicht ehren. Damit dein Eifer, deine Taten vor den Menschen zu verbergen, vollkommen ist, mische dich unter die verschiedenen Klassen von Menschen und freunde dich mit ihnen an. Nimm ihre Sitten an und wandle auf ihren Wegen, was das Lachen und die Lässigkeit in den Worten der Wahrheit angeht.

Die Pflichten des Herzens Kapitel Fünf Rabbeinu Bachya

Hüte dich nicht so sehr vor Lügen und Schwüren. Nimm an ihren Festen und Trinkgelagen teil, an ihren Rätseln, an ihren Ausschweifungen und ihrem übermäßigen Lachen. Sprich von den Menschen, und sprich von ihren Fehlern. Zusammengefasst: Vermeidet alles, was dir den Ruf des Asketen einbringen könnte."

Wenn du ihm dabei zuhörst, wirst du langsam, ohne es zu merken, sogar deinen Glauben verlieren. Aber wenn du ihm antwortest: "Du hast bereits meinen Feinden geholfen, indem du Krieg mit mir geführt hast, durch deine schlauen Pläne, meine Kraft zu zerstören und meinen Untergang zu fördern. Wie könnte ich vor einem kleinen Feuer zu einem großen Feuer fliehen? Ich habe versucht, vor der Liebe zu Anerkennung und Ehre zu fliehen, um mich den Menschen gegenüber nicht zu verschönern, und du lehrst mich, mich ihnen gegenüber zu verschönern, indem ich den Dienst G-ttes verlasse!"

Vielmehr sind die religiösen Handlungen, die ich zu verbergen habe, solche, die von Anfang bis Ende ohne Wissen der Menschen ausgeführt werden können. Aber mit der Gemeinde zu beten, andere zu belehren, Gutes zu tun, andere vom Bösen abzubringen, das Studium der Weisheit, Taten der Freundlichkeit oder ähnliches - es ist nicht richtig, sie aus Sorge um Schmeichelei zu vernachlässigen und aufzugeben. Es ist meine Pflicht, sie mit Absicht für G-tt zu tun. Wenn man mich dafür lobt oder ehrt, wird mein Lohn nicht im Geringsten geschmälert, denn als ich sie tat, war das nicht mein Ziel.

Es wurde bereits gesagt: Wenn du eine gute Tat vollbringst, von der andere wissen, und du willst wissen, ob deine Motive [richtig] sind, prüfe dich auf zwei Arten.

[1] Prüfe, welche Belohnung du dir erhoffst und von wem du sie zu erhalten gedenkst. Wenn sie von G-tt kommt, ist das gut. Wenn es von jemand anderem kommt, ist es nicht gut.

[2] Überlegen Sie: Wenn Sie allein wären, würden Sie diese Tat immer noch so tun, wie Sie sie getan haben? Wenn die Antwort ja ist, dann ist deine Tat ganz und gar G-tt gewidmet. Fahre fort, mehr solcher Taten zu tun. Aber wenn es weniger als das wäre, höre auf, es zu tun, bis dein Herz G-tt reiner gewidmet worden ist. Dann wird der Yetzer besiegt werden.

16 - BESTE DICH SELBST AN Wenn der Yetzer keinen Weg findet, dich auf diese Weise zu verführen, wird er versuchen, dich mit einer subtileren Methode zu überlisten, nämlich durch die Wege von Belohnung und Bestrafung in dieser und der nächsten Welt. Er wird zu euch sagen: "Siehe, du gehörst zu den Frommen des Schöpfers und zu den von ihm Geschätzten. Ein Mensch wie du ist gewiß einer Belohnung im Diesseits und im Jenseits würdig. Du mußt dich nach deinen

Die Pflichten des Herzens Kapitel Fünf Rabbeinu Bachya

Fähigkeiten anstrengen, vielleicht wirst du dir den Lohn verdienen durch deine guten Taten und dein eifriges Streben nach dem Dienst G-ttes mit gutem Herzen und mit großer Freude. Setze die Belohnung vor deine Augen und arbeite mit aller Kraft, um sie zu erreichen, denn das ist der größte Erfolg und die größte Freude, wie König David sagte: "Für den Gerechten ist ein Licht gesät, und für den Aufrichtigen Freude" [Tehilim 97,11].

Wenn du auf ihn hörst und dich auf seine Worte verlässt, wird er dich stürzen, indem er dich dazu bringt, eine verborgene Assoziation anzubeten, nämlich die Selbstanbetung, indem du dich in Dingen verausgabst, die dir egoistisches Vergnügen und Freude bringen, und die Sorgen und Verzweiflung von dir abwehren. Wenn du nicht auf diese Dinge hoffen würdest, würdest du die ständigen Wohltaten, die G-tt dir schenkt, leugnen und dich nicht verpflichten, Ihm deswegen zu dienen. Und darüber hinaus siehst du nicht, dass es angemessen ist, G-tt [auch ohne diese Wohltaten] aufgrund Seiner Größe, unendlichen Macht und den Manifestationen Seiner Weisheit zu dienen. Dazu sagten die Weisen: "Seid nicht wie Diener, die ihrem Fürsten dienen, um eine Belohnung zu erhalten, sondern wie Diener, die ihrem Fürsten dienen, ohne [die Bedingung] eine Belohnung zu erhalten" [Avos 1:3].

17 - DIE DEKRETE G-ttes VS. FREIER WILLE Wenn der Yetzer nicht mehr versucht, dich auf die erwähnte Weise zu verführen, wird er dich in ein Meer von Zweifeln an Notwendigkeit und Gerechtigkeit [Vorbestimmung und freier Wille] stürzen.

Wenn er sieht, dass du im Dienst [G-tt] nachlässig bist und dich auf den Weg der Sünde begibst, wird er versuchen, dich mit starken Argumenten aus der Schrift und der Tradition von der Notwendigkeit zu überzeugen, um dir Ausreden zu liefern, und er wird zu dir sagen:

Wenn der Schöpfer wollte, dass du ihm dienst, würde er dich dazu zwingen und dich eifrig machen, denn nur das, was er anordnet, kann geschehen. Wie kannst du dich gegen seine Anordnungen wehren oder seine Urteile vereiteln? Du kannst nur das tun, was Er dir verordnet hat, denn alle Dinge geschehen durch die Anordnungen des Schöpfers, wie geschrieben steht: "Ich bin G-tt, der alles tut" [Jeschaja 44:24].

Wenn er aber sieht, dass du dich mit weltlichen Dingen und Beschäftigungen beschäftigst, wird er dir [das Gegenteil] sagen: "Hüte dich vor Faulheit und Trägheit. Verlasse dich auf niemanden außer auf dich selbst, denn Gutes und Böses liegt in deinen Händen, und Erfolg und Misserfolg bei der Erfüllung hängen von dir ab. Darum strenge dich mit all deiner Kraft an und arbeite mit all deinen Fähigkeiten, und es wird dir gelingen, deine Wünsche in dieser Welt zu erfüllen. Hüte dich mit all

Die Pflichten des Herzens   Kapitel Fünf   Rabbeinu Bachya

deiner Kraft vor schädlichen Dingen, und du wirst davor bewahrt werden, wie der weise Mann sagte: "Dornen und Schlingen sind auf dem Weg der Gekrümmten; wer seine Seele hütet, wird sich von ihnen fernhalten" [Mischlei 22,5], und "Die Torheit eines Menschen verdirbt seinen Weg" [Mischlei 19,3], und "von deinen eigenen Händen ist dies gekommen" [Melachim 1,9]. Und so dreht der Yetzer das Argument um, manchmal kommt er mit Notwendigkeit und g-ttlichem Dekret und manchmal mit Gerechtigkeit und freiem Willen, je nachdem, was er für angemessen hält, um dich zu verführen und zu schwächen.

Aber wenn du aufwachst und dir zu Herzen nimmst, was unsere Weisen sagten: "Alles liegt in den Händen des Himmels, außer der Furcht vor dem Himmel" [Berachos 33b], dann wirst du dich in religiösen Angelegenheiten wie ein Mensch verhalten, der versteht, dass seine Belohnung und seine Bestrafung seinen Taten entsprechen, wie geschrieben steht: "Er vergilt dem Menschen, was er getan hat, und lässt ihn nach seinen Wegen handeln" [Ijow 34:11]. Und in weltlichen Angelegenheiten wirst du dich mit der Überzeugung verhalten, dass alle deine Bewegungen und der Verlauf deiner Angelegenheiten an das Dekret des Schöpfers gebunden sind, und du vertraust in allem auf G-tt, wie geschrieben steht: "Wirf deine Sorgen auf den Ewigen, und er wird dich erhalten" [Tehilim 55:23].

18 - WARTE BIS MORGEN Wenn der Yetzer nicht mehr versucht, dich auf diese Weise zu verführen, wird er von einer anderen Seite kommen. Er wird zu dir sagen: "Das, was du dir wünschst, im Dienst G-ttes zu erfüllen und es von ganzem Herzen für Ihn zu tun, kannst du zu einem späteren Zeitpunkt in der Zukunft tun. Selbst wenn du nur noch einen Tag zu leben hast und du den Dienst G-ttes richtig erfüllst, wirst du schon vor deinem Tod ewigen Lohn verdient haben und vor Strafe bewahrt werden. Kennst du nicht die Wege der Reue und dass der Schöpfer deine Reue akzeptieren wird, wenn du Ihm nur von ganzem Herzen dienst, wie es sich gehört." Kehre aber zu den richtigen Argumenten zurück, und antworte ihm: "Wie kann ich bis zum letzten Tag meines Lebens warten, wenn ich nicht weiß, wann der letzte Tag meines Lebens ist? Ich würde der Geschichte des Dieners ähneln, der sein ganzes Leben lang darauf vertraute, dass sein König ihn niemals verstoßen würde, und dann den Genüssen dieser Welt nachlief, bis ihm der Dienst für seinen Fürsten zur Last wurde. Und siehe da, plötzlich wurde er vor den König gerufen, um Rechenschaft und Urteil über seine Arbeit abzulegen, und er hatte keine Antwort oder Entschuldigung und wurde dazu verurteilt, aus dem Dienst des Königs und aus allen Städten des Königs ausgeschlossen zu werden. Er verließ die Gegenwart des

Die Pflichten des Herzens Kapitel Fünf Rabbeinu Bachya

Königs arm und traurig, weil er in der ganzen Zeit, in der er dem König diente, nichts verdient hatte, obwohl er es hätte tun können. So blieb er für den Rest seiner Tage arm und mittellos, seufzend und elend, voller Kummer und von allen verachtet, bis zum Tag seines Todes.

19 - ARROGANZ IN DIR EINZIEHEN Wenn der Yetzer es aufgibt, dich auf die erwähnte Weise zu verführen, wird er versuchen, dies zu tun, indem er dir Hochmut und Stolz einflößt und deine Demut vermindert. Er wird zu dir sagen: "Du hast die erhabenen Stufen erreicht, die die Frommen und Gerechten durch dein treues Herz und deine vollkommenen Taten im Dienste G-ttes erreicht haben. Du bist unvergleichlich in deiner Generation und einmalig unter deinen Zeitgenossen. Es ist angemessen, dass du deine Überlegenheit über sie zeigst, indem du dich über sie empörst und sie verachtest. Erinnere dich an ihre Fehler, mache die Bosheit in ihren Herzen bekannt, beschäme sie und tadle sie dafür, bis sie gedemütigt werden und vor G-tt Buße tun und Reue für ihre Vergangenheit empfinden. Damit folgst du dem Verhalten der Propheten, wie geschrieben steht: "Menschensohn, beschreibe dem Volk Israel den Tempel, damit sie sich ihrer Sünden schämen." [Yechezkel 43:10].

Wenn du ihm antwortest: "Wie könnte ich mich vor jemandem ekeln und schämen, dessen Angelegenheiten gegenüber G-tt in Herz und Verstand ich nicht kenne? Wenn er äußerlich verwerflich erscheint, ist sein inneres Wesen vielleicht nicht so wie seine äußere Erscheinung. Wenn die Propheten ihre Generation beschämten und tadelten, taten sie dies mit der Erlaubnis des Schöpfers, der in ihre Herzen und ihr verdorbenes Inneres blickte. Aber es liegt jenseits meiner Weisheit und meines Verständnisses zu wissen, was in den Herzen und Köpfen ist. Vielleicht ist ihr inneres Herz, das in meinen Augen ekelhaft ist, viel besser als ihre äußere Erscheinung, und ich weiß es nicht einmal. Vielleicht ist ihr inneres Herz in den Augen des Schöpfers besser als meines.

Und selbst wenn sein Äußeres schlecht ist, ist es möglich, dass der Grund dafür darin liegt, dass er seine Verpflichtungen gegenüber dem Schöpfer nicht kennt. Deshalb ist er verzeihlicher als ich, denn mein Wissen ist größer als seins. Denn der Schöpfer verlangt von einem Menschen nur so viel, wie er an Weisheit besitzt. Deshalb verdiene ich es mehr, für meine Unzulänglichkeiten im Dienst des Schöpfers als tadelnswert angesehen zu werden, trotz meines Wissens, im Vergleich zu diesem Mann, dessen Unzulänglichkeit auf seine Unwissenheit zurückzuführen ist. Er rebelliert gegen G-tt aufgrund von Unwissenheit und Irrtum, während ich wissentlich und absichtlich gegen Ihn rebelliere.

Es ist möglich, dass das Schlechte in ihm offenbart und sichtbar ist,

Die Pflichten des Herzens Kapitel Fünf Rabbeinu Bachya

während das Gute versteckt und verborgen ist. Bei mir ist es genau umgekehrt. Deshalb ist er der Barmherzigkeit und Vergebung G-ttes würdiger als ich. Ein Verdienst von ihm wiegt viele Verdienste von mir auf, weil niemand außer G-tt es bemerkt und niemand ihn dafür lobt oder ihm irgendeine Ehre erweist. Aber bei mir ist es umgekehrt. Denn meine äußere Erscheinung scheint besser zu sein als seine.

Ähnlich verhält es sich mit den Sünden, denn eine Sünde von mir ist gleichbedeutend mit vielen Sünden von ihm, da meine Sünde verborgen und versteckt ist, während seine sichtbar und öffentlich ist. Und dadurch, dass andere Menschen ihn dafür beschämen, wird seine Strafe verringert, während sich für mich mein Lohn verringert, weil meine guten Taten bekannt sind. Ihm wird der volle Lohn für seine Taten im Jenseits bleiben, und seine Strafe für die Sünde in dieser Welt wird sich verringern, weil andere ihn wegen seiner Sünden herabsetzen. Was mich betrifft, so werde ich in der nächsten Welt das volle Maß meiner Strafen erhalten.

Wenn ich außerdem meinen Verstand anstrenge, um nach den Fehlern anderer zu suchen und ihre schlechten Eigenschaften zu untersuchen, wird mich das davon abhalten, meine eigenen Fehler und Mängel zu untersuchen, was für mich nützlicher ist und wofür ich mehr Verantwortung trage. Mein Zustand ist wie der eines Kranken, dessen Krankheit ihn von den Krankheiten anderer ablenkt, und die Heilung seiner selbst von der Heilung anderer. So wird der Yetzer vor dir geschlagen und gebrochen werden.

20 - ANSTIFTUNG WÄHREND DES WOHLSTANDS ODER DER SCHWIERIGKEIT Wenn die Pfeile des Yetzer dich nicht in dem treffen, was wir erwähnt haben, wird er dir in Zeiten des Wohlstands oder in Zeiten der Schwierigkeiten auflauern.

Wenn die Dinge so laufen, wie du es dir wünschst, wird er zu dir sagen: "Das ist die Frucht deiner Bemühungen, deiner Strategien und deiner Weisheit. Bemühe dich also mehr um deine weltlichen Angelegenheiten, damit sich dein Erfolg fortsetzt und du eine höhere Ebene erreichst. Nimm diese Tage mit Freude an und genieße sie, denn bald wirst du beim Namen gerufen werden [um zu sterben], und du wirst gezwungen sein, zu antworten und wirst in die Dunkelheit des Grabes gehen, ein Ort, an dem es keine Weisheit, keine Bewegung, keine Freude und keinen Schmerz gibt." Er wird sogar Beweise dafür bringen, was der weise Mann sagte: "Was immer deine Hand zu tun findet, das tue mit deiner Kraft; denn im Grab, wohin du gehst, gibt es keine Arbeit, kein Gerät, keine Erkenntnis und keine Weisheit" [Koheles 9,10].

In deinen schweren Zeiten wird er dir das gute Leben der Gottlosen und

Die Pflichten des Herzens Kapitel Fünf Rabbeinu Bachya

den Erfolg der Ungläubigen vor Augen führen, wie geschrieben steht: "Die Zelte der Räuber gedeihen, und die, die G-tt herausfordern, sind sicher" [Ijow 12,6]. Er wird zu euch sagen: "Die Schwierigkeiten, die du durchmachst, sind darauf zurückzuführen, dass du dich an den Dienst G-ttes und seine Gebote geklammert hast. Du bist wegen der unerträglichen Last und des fernen Ziels nicht in der Lage, damit umzugehen. Hättest du dies von deinem Herzen abgeladen und dich davon ausgeruht, hättest du Freude an deiner Situation gehabt, wie du an den Bösen siehst. Du kannst aus den Worten der Schrift ersehen: "Mit denen, die mir nahe sind, will ich geheiligt werden", und "Nur dich habe ich über alle Geschlechter der Erde geliebt; darum will ich all deine Missetaten über dich kommen lassen" [Amos 3,2], und viele andere dieser Art.

21 - DIE SCHWIERIGKEIT, GUTES ZU TUN, UND DIE FREUDE, SCHLECHTES ZU TUN Wenn er sieht, dass du dir vorgenommen hast, etwas im Dienste G-ttes zu tun, wird er dessen Anforderungen übertreiben und versuchen, dich zu erschrecken, damit du es aufgibst.

Wenn du vorhast zu fasten, wird er zu dir sagen: "Sei vorsichtig, das wird dich schwächen und krank machen und dich daran hindern, deine weltlichen und religiösen Angelegenheiten zu erledigen".

Wenn es sich um ein freiwilliges Nachtgebet handelt, wird er versuchen, dich davon zu überzeugen, dass Schlaf gesünder ist als Essen und dass er deine Gesundheit mehr schützt und stärkt als Essen und Trinken.

Wenn es sich um das Spenden von Almosen handelt, wird er Ihnen die finanzielle Not vor Augen führen und Sie an das Leiden der Armut und des Mangels erinnern. In ähnlicher Weise wird er bei allen Arten von Mitzvot und Wohltaten versuchen, dir Angst zu machen und die Sache in deinem Herzen zu übertreiben, um deine Entschlossenheit zu schwächen.

Wenn aber der Gedanke an eine Sünde in deinen Geist eindringt, wird er [in deiner Vorstellung] das Vergnügen aufblähen, das sie mit sich bringen wird, und er wird versuchen, dich die Strafe vergessen zu lassen und dich zu ermutigen, sie zu tun und dazu zu neigen.

Wann immer du dies oder etwas Ähnliches spürst, antworte ihm: Von all dem Leid, das mir in der Vergangenheit widerfahren ist, ist keine Spur mehr übrig. Es ist schnell vergangen und verschwunden, und der Lohn ist für immer mein. Sie wird niemals verblassen noch enden. Wer tagsüber fastet und abends isst, ist derselbe, als wenn er nicht fasten würde. Seine Kraft wird zurückkehren, und sein Lohn ist für ihn reserviert. Und wer einen Teil der Nacht aufsteht und dann schläft, dessen Wachheit kehrt zurück, als wäre er nie aufgestanden, und der Lohn für sein Aufstehen und sein Gebet bleibt für immer. Und was die

Die Pflichten des Herzens Kapitel Fünf   Rabbeinu Bachya

Nächstenliebe betrifft, so habe ich dies bereits ausführlich im Tor des Vertrauens erklärt.

Was die Sünden betrifft, so musst du dir zu Herzen nehmen und dir vor Augen führen, wie schnell die weltlichen Vergnügungen danach vergehen, ob sie nun erlaubt oder verboten sind, und dann wirst du mit der Schande und der Strafe zurückbleiben, die ihnen in dieser und in der nächsten Welt zusteht. So wird der Yetzer vor dir geschlagen werden, und du wirst eifrig sein, Gutes zu tun, und träge gegenüber allen schändlichen Handlungen.

22 - TRAURIGKEIT, GUTES ZU TUN, UND FREUDE, SCHLECHTES ZU TUN Wenn er die Hoffnung verliert, dich auf diese Weise zu verführen, und es dir gelingt, die religiösen Handlungen zu tun, zu denen du dich verpflichtet hast, wird er sich bemühen, Sorgen in dein Herz zu legen und in dir einen Zustand der Traurigkeit [über vergangene Verluste - PL] aufrechtzuerhalten. Dies geschieht, damit du die guten Taten, die du in der Vergangenheit getan hast, bereust, so dass du deinen Lohn verlierst und der Schöpfer sie nicht annimmt.

Wenn du aber eine schlechte Tat begangen hast, wird er sich bemühen, Freude und Wonne in dein Herz zu legen, damit du darin gestärkt wirst und darauf erpicht bist, es wieder zu tun.

Wenn du seine Täuschung spürst und vor seinen vielen Fallen auf der Hut bist, wirst du dich vor ihnen hüten und von G-tt Hilfe bekommen, um vor ihnen gerettet zu werden. Aber wenn du seine Täuschung nicht spürst, wird er dich niederschlagen und seine Pfeile plötzlich auf dich abfeuern, wie geschrieben steht "bis ein Pfeil seine Leber durchbohrt" [Mischlei 7:23].

23 - SCHWACHES TORAHSTUDIUM Wenn du ihm trotz alledem die Stirn bietest und es ihm nicht gelingt, dich mit dem zu verführen, was wir erwähnt haben, wird er versuchen, dich vom Studium der Weisheit [Tora] abzubringen. Wenn er in dir einen Eifer für das Studium der Weisheit sieht, wird er zu dir sagen: "Genügt es dir nicht, die Tora so gut zu kennen wie die großen Männer deiner Generation? Weißt du nicht, dass die Tora endlos ist und kein Endziel hat? Strebe danach, die Grundlagen des Glaubens und die Fundamente der Tora zu kennen, und lerne dann das, was dir bei den Menschen Ansehen verschafft, wie Musik und Poesie, die Tiefen der Grammatik, Sprichwörter und berühmte Sprüche. Überlasse das Studium der jüdischen Gesetze und die Auseinandersetzungen der Weisen in ihnen. Lasse dich nicht auf das Studium der Grundlagen der logischen Beweisführung, der Vergleiche, der Beweise, der Untersuchung von Ursache und Wirkung, der Verbindung zwischen verborgener und offenbarter Weisheit und anderer

Die Pflichten des Herzens   Kapitel Fünf   Rabbeinu Bachya

Arten der Argumentation ein, denn diese Themen sind tief und subtil. Verlaßt euch auf diejenigen, die die Erklärungen der Überlieferung kennen, auch in den Dingen, die ihr durch eure eigenen Anstrengungen klären könnt, so wie ihr euch auf sie in den Dingen verläßt, die ihr nicht klären könnt.

24 - EIFERSUCHT UND ARROGANZ Wenn du nicht auf ihn hörst und dich anstrengst und stärkst, wird er dich mit Pfeilen der Eifersucht auf deine Freunde beschießen. Wenn sie Weisheit erlangt haben, die du nicht besitzt, wirst du sie beneiden und nach Fehlern bei ihnen suchen. Du wirst sie verunglimpfen und schlecht über sie reden, als ob sie deinen Verstand geplündert und deine Weisheit gestohlen hätten.

Wenn deine Weisheit größer ist als ihre, wird er versuchen, dich dazu zu bringen, wegen deines überlegenen Verständnisses auf sie herabzusehen und sie wegen ihrer Unwissenheit zu hassen, und dass du dieses Gefühl dem einfachen Volk zeigst. Ihr werdet hochmütig werden und euch selbst für eure Weisheit loben, bis ihr behauptet, dass ihr mehr wisst, als ihr tut. In deinem aufgeblasenen Geist wirst du denken, dass du alles weißt und es nicht nötig hast, mehr zu lernen. [Wenn du lehrst,] wirst du verärgert sein, wenn andere deine Worte in Frage stellen. Du wirst dich zunehmend für einen weisen Mann halten. Du wirst versuchen, dich selbst zu ehren, indem du die Unwissenheit anderer aufdeckst, und du wirst dich daran erfreuen, deine Mitmenschen in Verlegenheit zu bringen. Schließlich wirst du alle ethischen Lehren der Weisen der Tora in Bezug auf G-tt und Seine Tora ablegen.

Wenn die Absichten des Yetzers, dich in diesen Winkel der Tora-Weisheit zu locken, nicht erfolgreich sind, wird er versuchen, dich in den Winkel der Tora-Gebote zu locken. Wenn du ein Gebot G-ttes tust, wird er es in deinen Augen vergrößern und aufblähen und dich darüber hochmütig werden lassen und die Menschen deiner Generation in deinen Augen verächtlich erscheinen lassen, so dass es leichter sein wird, sich vor ihnen zu ekeln und sie zu demütigen und zu beschämen, während es in Wirklichkeit möglich ist, dass sie in den Augen G-ttes besser sind als du.

Wenn einer deiner Altersgenossen in irgendeinem Aspekt des Dienstes G-ttes größer ist als du, und seine Taten größer sind als deine, und er versucht härter als du, G-tt nahe zu kommen. Der Yetzer wird dich gegen ihn aufhetzen und sagen: "Jeder Eifer deinesgleichen im Dienst G-ttes hebt deine eigenen Unzulänglichkeiten hervor. Denn wenn dieser Mann nicht wäre, wärst du in den Augen der Menschen und G-ttes der Rechtschaffenste deiner Generation. Verunglimpfe ihn, beneide ihn, hasse ihn, suche seine Fehler, warte auf seine Übertretungen, halte

Die Pflichten des Herzens   Kapitel Fünf   Rabbeinu Bachya

Ausschau nach seinen Fehlern, mache sie publik, so gut du kannst, und mache ihn dafür schlecht. Wenn du falsche Gerüchte über ihn verbreiten kannst, um sein Ansehen in der Öffentlichkeit zu mindern, dann tu es." Dann antworte ihm: "Wie könnte ich mich von jemandem abstoßen, den G-tt liebt, und jemanden verunglimpfen, den der Schöpfer für lobenswert hält. Genügt es nicht, dass ich faul bin, weil ich den Dienst G-ttes nicht so eifrig tue wie er, dass ich auch noch einen hassen muss, der G-tt dient? Das ist sicherlich kein Weg, dem Schöpfer das zurückzuzahlen, was ich ihm schulde. Vielmehr ist es meine Pflicht, aus Liebe zu G-tt diejenigen zu lieben, die Ihn lieben, und aus Ehre vor G-tt diejenigen zu ehren, die Ihn ehren, wie geschrieben steht und er ehrt diejenigen, die G-tt ehren" [Tehilim 15:4]. Und Sie wissen bereits, was mit Mirjam geschah, wie geschrieben steht: "Mirjam und Aaron sprachen gegen Mosche......" [Bamidbar 12:1], und was mit Korach und seinen Anhängern geschah, die Mosche und Aharon wegen ihrer Nähe zu G-tt beneideten.

Kapitel Sechs

Was die Wachsamkeit und die Bewahrung der eigenen Gedanken betrifft, so ist es richtig, dass du es nicht vernachlässigst, über deine Gedanken, Überlegungen und Grübeleien deines Herzens zu wachen. Denn der größte Teil des Verfalls und der Besserung in den Taten ist auf nichts anderes zurückzuführen als auf diese und variiert je nach deren Verfall und Besserung.
Wie die Verse sagen: "Hüte dein Herz vor allem anderen, denn es bestimmt den Lauf deines Lebens" [Mischlei 4:23], und "denn die Phantasie des menschlichen Herzens ist böse von Jugend auf" [Bereischis 8:21], "denn ich kenne ihre Phantasie......." [Devarim 31:21], "denn der Ewige erforscht alle Herzen, und Er versteht alle Einbildungen der Gedanken eines jeden Geschöpfes; [wenn du Ihn suchst, wird Er sich von dir finden lassen, und wenn du Ihn verlässt, wird Er dich für immer verlassen]" [Divrei Hayamim 28: 9], "Vielmehr ist [diese] Sache sehr nahe bei dir; sie ist in deinem Mund und in deinem Herzen, damit du sie tust" [Devarim 30:14], "Und nun, o Israel, was verlangt der Ewige, dein G-tt, von dir? Nur, dass ihr den Ewigen, euren G-tt, fürchtet [verehrt]" [Devarim 10,12], und Furcht [Ehrfurcht] ist im Herzen, im Nachdenken und in den Gedanken. Deshalb, mein Bruder, strebe danach, dass all deine Handlungen nur dem gesegneten Schöpfer gewidmet sind, so dass deine Anstrengung nicht umsonst ist und deine Bemühungen nicht umsonst sind, wie geschrieben steht: "Warum sollst du Geld abwägen für das, was kein Brot ist, und deine Mühen ohne Sättigung?" [Jeschaja

Die Pflichten des Herzens Kapitel Fünf Rabbeinu Bachya

55:2].
Vernachlässigt nicht, wozu ich euch ermutigt habe. Denn ich habe für dich in diesem Tor alle Wurzeln der Dinge gesammelt, die den Aktivitäten, die G-tt gewidmet sind, abträglich sind, und aus jeder Wurzel sprießen fast endlose Zweige.
Deshalb müsst ihr euch nach Kräften vor ihnen hüten. Vielleicht werden dann deine Handlungen vor G-tt vollständig und von ganzem Herzen Seinem Namen gewidmet sein, und werden dann erfreulich sein und vom Schöpfer akzeptiert werden. Verhalte dich im Dienst G-ttes so, wie du dich in deinen weltlichen Angelegenheiten verhältst, wo du die beste Option wählst, die du finden kannst und die weit weg von potentiellen Schäden, rein von Falschheit und rein von Verwirrungen sein wird. Da ihr all dies für diese vergängliche Welt tut, solltet ihr dies umso mehr für die Angelegenheiten eurer endgültigen, dauerhaften Existenz tun, und für das, was euch näher zu G-tt bringen wird.
Bemüht euch mit all eurer Kraft, dass eure Taten rein sind, auch wenn es weniger sein werden. Denn es ist besser, als wenn du dich anstrengst, viele Taten zu tun, die nicht rein sind. Denn eine kleine Menge von Reinem ist viel, während eine große Menge von Nicht-Reinem wenig und nutzlos ist. Und umso mehr, dass dein Werk, so klein und unbedeutend es auch sein mag, vor G-tt nicht unrein sein soll.
Achte darauf, dass die Angelegenheit deiner Taten vor G-tt nicht wie die eines gewissen unvorsichtigen Vogels ist, von dem der Vers spricht, der ein Ei auf den Boden legt und sich darauf setzt, um es zu wärmen, wobei andere Lebewesen das Ei beschädigen und kein Küken daraus schlüpft, wie der Vers sagt: "Denn sie lässt ihre Eier auf dem Boden liegen und wärmt sich auf der Erde. Sie vergisst, dass ein Fuß sie zertreten und ein Tier des Feldes sie zertrampeln kann. [Sie sträubt sich gegen ihre Jungen, als ob sie nicht die ihren wären; obwohl ihre Mühe vergeblich ist, fürchtet sie sich nicht" [Ijow 39,13-16], und so weiter.
Der weise Mann lobte bereits ein Geschöpf, das die gegenteilige Eigenschaft hat. Es ist fleißig und arbeitet hart für seine Interessen in dieser Welt. Er forderte uns auf, sie zu beobachten und von ihr zu lernen, auch wenn sie das schwächste aller Ungeziefer ist, indem er sagte:
Geh zur Ameise, du Faulpelz, beobachte ihre Wege und werde klug; sie bereitet ihr Brot im Sommer, denn sie hat keinen Vorsteher, Aufseher oder Herrscher; sie sammelt ihre Nahrung in der Ernte. Du Fauler, wie lange liegst du da, wann stehst du auf von deinem Schlaf?] [Mischlei 6:6-9]
Siehe, wir haben einen kleinen Teil einer großen Sache besprochen. Lasst es euch nicht zu viel erscheinen, und lasst euch nicht entmutigen. Denn

Die Pflichten des Herzens Kapitel Fünf Rabbeinu Bachya

je nach dem Wert und der Wichtigkeit einer Sache werden die entsprechenden potentiell nachteiligen Dinge sein.

Der Wert und die Bedeutung unserer Untersuchung in diesem Buch ist dem, der es versteht, nicht unbekannt. Möge G-tt in Seiner Barmherzigkeit unseren Anteil unter diejenigen setzen, die mit Ihm vollkommen sind und die sich um Seines großen Namens willen bemühen, Amen.

Die Pflichten des Herzens

Kapitel Sechs

Sechste Abhandlung über die Unterwerfung

Einleitung

Da unsere vorangegangene Diskussion sich mit der Pflicht befasste, seine Handlungen ganz und gar G-tt allein zu widmen, und sich herausstellte, dass Hochmut in den G-tt gewidmeten Handlungen den Menschen schneller ergreift als jeder andere potentielle Schädiger, und dass sein Schaden an diesen Handlungen außerordentlich groß ist, hielt ich es für dringlich, die Diskussion mit dem fortzusetzen, was den Hochmut vom Menschen entfernt, nämlich Unterwerfung.

Und außerdem, weil es uns klar ist, dass Unterwerfung die Wurzel der Dienerschaft ist, und diese Eigenschaft der Unterwerfung allein das ist, was einen Diener von den Eigenschaften des Fürsten unterscheidet.

Und auch, um zu erkennen, dass G-tt in dieser Eigenschaft einzigartig ist, im Gegensatz zu den Schöpfungen.

Wie König David sagte: "Dein, o Ewiger, ist die Größe und die Macht und die Herrlichkeit und der Sieg und die Majestät [denn alles, was im Himmel und auf Erden ist, ist Dein; Dein ist das Reich, o Ewiger, und Du bist erhaben als Haupt über alles]" [Divrei hayamim 29,11], und "Denn wer in den Himmeln kann mit dem Ewigen verglichen werden? [Wer unter den Mächtigen kann dem Ewigen gleich sein?" [Tehilim 89,7].

Darüber hinaus liegt es in der Natur dieses Wesenszuges [der Unterwerfung], dass er den Menschen vom Großartigen, von der Anmaßung, dem Stolz, dem Hochmut, der Selbstüberschätzung, dem Wunsch nach Herrschaft über andere, der Gier, alles zu beherrschen, dem Begehren nach dem, was über einem ist, und ähnlichen Auswüchsen der Arroganz fernhält.

Es ist nun angebracht, 10 Dinge zum Thema Unterordnung zu klären.
1. Was ist Unterordnung?
2. In wie viele Bereiche sie aufgeteilt sind.
3. Was führt zur Unterordnung?

Die Pflichten des Herzens Kapitel Sechs — Rabbeinu Bachya

4. Wie sollte man sich in ihr verhalten?
5. Wie man sie erwirbt.
6. Wie sich der Unterworfene verhalten soll.
7. Wann ist es angemessen und wann nicht?
8. Ob die Unterwerfung von guten Charaktereigenschaften abhängt oder vom Gegenteil.
9. Ob es möglich ist, dass das Herz eines Mannes Unterwerfung und Arroganz gleichzeitig enthalten kann.
10. Die Vorteile der Unterwerfung in dieser und in der nächsten Welt.

Kapitel Eins

Was die Unterwerfung ist. Sie ist die Niedrigkeit der Seele, die sich verbeugt und nicht viel von sich selbst hält.
Sie ist eine der Eigenschaften der Seele [die erworben werden kann - Rabbi Hyamson]. Wenn sie sich in der Seele festsetzt, werden ihre Zeichen in den Gliedern erscheinen. Dazu gehören: eine weiche Zunge, eine leise Stimme, Demut im Augenblick des Zorns, wenig Rache, wenn man die Macht dazu hat. Es wird von einem König berichtet, der zu einem Verurteilten, dem bereits die Peitsche gebracht worden war, sagte "Ich schwöre bei G-tt, wenn ich nicht einen so starken Zorn gegen dich verspüren würde, hätte ich mich schwer an dir gerächt." Dann begnadigte er ihn. Es wird von ihm gesagt, dass er sagen würde: "Ich kenne keine Sünde von anderen, die größer wäre als meine".

Kapitel Zwei

In wie viele Abteilungen sie unterteilt ist. Die Unterteilung der Unterwerfung wird wie folgt erklärt. Die Unterwerfung wird in drei Kategorien eingeteilt.
[1] Die eine Kategorie betrifft den Menschen und viele Arten von irrationalen Tieren. Es ist die Armut des Geistes und das geduldige Ertragen von Schaden, den er aufgrund von Unwissenheit über die richtigen Wege zur Beseitigung des Schadens zu vermeiden vermag. Diese Art der Unterwerfung findet man bei törichten und unwissenden Menschen aufgrund ihres geringen Wissens und schwachen Verständnisses ihrer Seele und ihrer Fähigkeiten. Dies wird nur umgangssprachlich als Unterwerfung bezeichnet, ist aber in Wahrheit nur geistige Armut und Blindheit aufgrund von Dummheit, die die Seele überwältigt hat und sie daran hindert, zu sehen, was ihr Wohlergehen fördern könnte, wie geschrieben steht: "Denn Du hast ihr

Die Pflichten des Herzens Kapitel Sechs Rabbeinu Bachya

Herz vor dem Verstand verborgen; darum kann es sich nicht erheben" [Iyov 17:4].

Wahre Unterwerfung ist vielmehr die Eigenschaft, die nach einer Erhöhung der Seele entsteht, nachdem sie sich über die Ähnlichkeit mit den Tieren mit ihren niederen Eigenschaften erhoben hat und nachdem sie sich aus der Ähnlichkeit mit der unteren Klasse der Menschen erhoben hat. Diese Erhebung kommt daher, dass man mehr Weisheit als sie hat, mehr Achtung vor der eigenen Seele als sie und ein klares Wissen darüber, welche Eigenschaften gut und welche nieder sind. Wenn Unterwerfung und Bescheidenheit auf diese Erhöhung folgen, dann ist es eine lobenswerte Eigenschaft. Andernfalls gehört sie nicht in die Kategorie der guten Eigenschaften und Qualitäten der Seele, sondern eher zu den schändlichen Eigenschaften, da ihre Unterwerfung derjenigen der Tiere gleicht.

[2] Die zweite Kategorie ist die Unterwerfung gegenüber anderen Menschen. Wenn sie über ihn herrschen, wie ein Gefangener in den Händen seines Feindes, oder ein Sklave in den Händen seines Fürsten; oder weil es ihm an dem fehlt, was sie haben, und er das, was sie besitzen, dringend braucht, wie ein Mieter gegenüber seinem Vermieter oder ein Armer, der auf die Großzügigkeit des Reichen hofft, oder ein Schüler gegenüber seinem Lehrer, oder ein großes Darlehen, das er nicht zurückzahlen kann, und er muss sich unterordnen und sich vor seinem Kreditgeber erniedrigen, wie geschrieben steht: "Ein Reicher wird über den Armen herrschen, und ein Kreditnehmer ist ein Sklave des Kreditgebers" [Mischlei 22: 7].

Zu dieser Kategorie gehört die Unterwerfung eines Menschen, der von sich selbst weiß, dass er in diesseitigen und jenseitigen Angelegenheiten hinter den Grenzen [die die Tora setzt] zurückbleibt und den richtigen Weg nicht kennt. Wenn er den Propheten seiner Generation oder einen rechtschaffenen Lehrer oder irgendjemand anderen findet, der den richtigen Weg predigt, wird er sich ihm unterwerfen und sich vor ihm niederwerfen, wie unsere Lehrer sagten: "Einem [weisen] Mann zu dienen ist größer als von ihm zu lernen" [Berachos 7b], wie geschrieben steht: "Elisa ben Shafat, der für Eliyahu Wasser goss" [Melachim II 3:11], es heißt nicht: "der bei Elijahu studierte", sondern: "der Wasser goss", dies lehrt, dass der Dienst an einem Weisen größer ist als das Studium bei ihm [man wächst daran]; und auch: "sein [Mosches] Diener, Josua, der Sohn Nuns, ein junger Mann, wich nicht aus dem Zelt" [Schmos 33:11]. Ebenso sagte der weise Mann in Bezug auf die allgemeinen Massen: "Ein Reicher wird über den Armen herrschen, und ein Kreditnehmer ist ein Sklave des Kreditgebers" [Mischlei 22,7].

Die Pflichten des Herzens Kapitel Sechs   Rabbeinu Bachya

Diese Kategorie der Unterwerfung, so richtig sie auch sein mag, hat keinen universellen Charakter, denn sie gilt nicht für alle Menschen, und sie gilt auch nicht zu jeder Zeit und an jedem Ort. Denn wenn der Gefangene sein Gefängnis verlässt, oder wenn der Sklave sich freikauft, oder wenn der Kreditgeber seine Schulden zurückzahlt, oder wenn der Schüler die Gegenwart seines Lehrers verlässt, oder wenn der Arme die Gegenwart des Reichen verlässt - dann ist es nicht mehr ihre Pflicht, sich ihnen zu unterwerfen, sich zu demütigen und sich vor ihnen zu erniedrigen.

[3] Die dritte Kategorie: Unterwerfung unter den gesegneten Schöpfer. Diese Pflicht gilt für alle vernünftigen Wesen. Sie sind darin zu jeder Zeit und an jedem Ort verpflichtet. Um diese [Kategorie der Unterwerfung] ging es uns in diesem Tor.

Der Untergebene wird in der Schrift genannt: "demütig", "niedrig in seinen Augen", "bescheiden", "gebrochen", "niedrig im Geiste", "zerbrochenen Geistes", "zerschlagen", "weichherzig", "schwach im Geiste", "gebrochenen Herzens", "sich beugender Geist".

Wenn wir im Allgemeinen von "Unterwerfung" sprechen, beziehen wir uns nur auf diese dritte Kategorie, die den höchsten Grad der Unterwerfung darstellt.

Wer diese Stufe erreicht hat, für den ist der Weg zur Nähe G-ttes und zur Würdigkeit, vor Ihm zu stehen, nicht mehr weit. Er wird von G-tt angenommen werden und Ihm wohlgefällig sein, wie geschrieben steht: "Die Opfergaben G-ttes sind ein zerbrochener Geist; ein zerbrochenes und zerknirschtes Herz, o G-tt, wirst du nicht verachten" [Tehilim 51:17].

Kapitel Drei

Unter welchen Umständen unterwirft man sich? Es gibt zehn Umstände, die einen Menschen zur Unterwerfung und zu einem demütigen Geist bringen, nachdem er stolz geworden ist.

[1] Wenn seine körperliche Kraft in ihrer normalen Bewegungsfähigkeit schwindet, sei es durch Krankheit oder durch ein schwaches Temperament oder eine schwächelnde Konstitution, und er deshalb unterwürfig wird und zu G-tt und den Menschen fleht, wie geschrieben steht: "Und er unterwarf ihr Herz mit Mühsal" [Tehilim 107:12].

[2] Wenn er von Schwierigkeiten heimgesucht wird oder Armut erleidet und er nun Menschen braucht, die er vorher nicht brauchte, und er wird ihnen gegenüber unterwürfig, und sein Geist wird zu gebrochen, um in seiner Situation arrogant zu sein, wie geschrieben steht: "Und es wird sein, dass jeder, der in deinem Haus übrig ist, kommen wird, um sich vor

Die Pflichten des Herzens Kapitel Sechs Rabbeinu Bachya

ihm niederzuwerfen für ein Silberstück und einen Bissen Brot" [Shmuel 2:36].

[3] Wenn jemand, dem es besser geht als ihm, ihm gegenüber seine Güte zeigt, wird er sich ihm gegenüber unterwürfig zeigen, wie geschrieben steht: "Viele werden die Gunst des großzügigen Mannes erflehen" [Mischlei 19:6].

[4] Jemand, der seinem Mitmenschen eine Schuld zurückzahlen muss, aber nicht in der Lage ist, dies zu tun, und sich ihm gegenüber unterwürfig verhält, wie geschrieben steht: "Wenn du nicht hast, was du zahlen kannst, warum sollte er dir dein Bett unter den Füßen wegziehen?" [Mischlei 22:27].

[5] Jemand, der im Gefängnis seines Feindes ist, wird sich ihm gegenüber unterwerfen und sein Geist wird sich senken, wie geschrieben steht: "Sie bedrängten seinen Fuß mit Fesseln, seine Seele wurde in Eisen gelegt" [Tehilim 105:18], und "wenn sie in Fesseln gebunden sind und mit Stricken der Bedrängnis gehalten werden, [dann erklärte er ihnen ihr Werk und ihre Übertretungen, dass sie sich stolz verhalten haben. Er öffnete ihr Ohr für die Züchtigung und gebot, dass sie sich von der Ungerechtigkeit abwenden]" [Ijow 36:8].

[6] Ein Sklave, der nicht in der Lage ist, sich aus der Hand seines Herrn zu befreien [die Freiheit zu erkaufen] und ihm gegenüber unterwürfig wird, wie geschrieben steht: "Siehe, wie die Augen der Knechte auf die Hand ihrer Fürsten schauen" [Tehilim 123:2].

[7] Wenn traurige Schwierigkeiten und Katastrophen über einen Menschen hereinbrechen, wird sein Geist zerbrechen und sein Herz wird sich unterwerfen, wie geschrieben steht: "Und dass ich auch gegen sie gewandelt bin und sie in das Land ihrer Feinde gebracht habe; wenn nun ihr unbeschnittenes Herz sich unterwirft" [Vayikra 26,41].

[8] Wenn man persönlich Rechenschaft ablegt und sieht, dass man gegen G-tt rebelliert hat, obwohl G-tt ihm gegenüber so gütig war, und dass man, anstatt Ihn dafür zu loben, getreten hat. Dann wird er unterworfen, beschämt und gedemütigt vor dem Allmächtigen, wie geschrieben steht: "O G-tt, ich schäme mich und erröte, mein Angesicht zu dir, meinem G-tt, zu erheben; [denn unsere Missetaten sind über unser Haupt gewachsen]" [Esra 9:6].

[9] Wenn der Schöpfer ihn zurechtweist und demütigt, weil er gegen Ihn rebelliert hat, wird er sich unterwerfen und erschrecken, wie es bei Achav geschrieben steht: "Hast du gesehen, wie Ahab sich vor Mir unterworfen hat?" [Melachim 21:29].

[10] Wenn jemand die Nähe des Todes spürt und das Kommen seines letzten Tages, und er den Schrecken des Todes betrachtet und wie er vor

Die Pflichten des Herzens Kapitel Sechs   **Rabbeinu Bachya**

Gericht gestellt wird und Rechenschaft ablegen muss, wird er unterwürfig und gebeugt. Er wird wenig an sich selbst denken und es bedauern, dass seine Tage vergehen und er sein Leben vergeudet hat, ohne sich mit guten Taten für seine Reise in die nächste Welt zu versorgen, wie geschrieben steht: "Die Sünder in Zion fürchten sich" [Jeschaja 33:14].

Kapitel Vier

Wie soll man sich darin verhalten, in welchen Angelegenheiten ist es Pflicht, sich unterwürfig und demütig zu zeigen? Ich sage, es ist die Pflicht, sich in sieben Beziehungen unterwürfig zu verhalten.
[1] Im geschäftlichen Umgang mit seinen Zeitgenossen und im guten Benehmen mit seinen Mitmenschen, wie ich später erklären werde. Dazu sagt der Vers: "Verachtet und schändlich ist er in seinen eigenen Augen" [Tehilim 15,4].
[2] Wenn man denen begegnet, die weise sind in der Erkenntnis G-ttes und seiner Tora, oder frommen Menschen, die G-tt nahe sind, wie geschrieben steht: "Lass die Gerechten mich in Güte schlagen und mich zurechtweisen" [Tehilim 141:5], und "Die Bösen beugen sich vor den Guten" [Mischlei 14:19].
[3] Wenn jemand für seine guten Eigenschaften gelobt wird, ist es seine Pflicht, sich zu fügen und über frühere Sünden und Missetaten nachzudenken, die er begangen hat, von denen der Schöpfer weiß und die er dennoch geheim hält, und die er von sich fernhält, damit er sie bereut. Er soll sich nicht darüber freuen, dass seine Mitmenschen sich über ihn irren. Vielmehr soll er trauern, weil der Schöpfer die Schlechtigkeit seiner Taten und seine Nachlässigkeit bei der Erfüllung seiner Pflichten gegenüber Ihm und beim Dank für seine Wohltaten kennt, und er soll sich in seinem Herzen beugen, wie geschrieben steht: "Denn ich erzähle meine Missetat; ich sorge mich um meine Sünde" [Tehilim 38:19].
[4] Wenn andere Menschen schlecht über ihn sprechen, sollte er sich dem Schöpfer unterwerfen und Ihm danken, dass Er ihm die Augen für einige seiner vielen Fehler geöffnet hat, um ihn zu züchtigen und zurechtzuweisen, damit er zu Ihm umkehrt, wie geschrieben steht: "Er öffnet auch ihr Ohr für die Züchtigung und spricht, damit sie von der Ungerechtigkeit umkehren" [Ijow 36:10].
[5] Wenn der Schöpfer ihm in dieser Welt viel Gutes schenkt, sollte er sich G-tt unterwerfen wegen der schweren Last der Dankbarkeit, die er für sie schuldet. Er sollte sich auch vor Ihm niederwerfen aus Furcht, dass dieses Gute vielleicht dazu dient, Vergeltung von ihm zu fordern. Denn

Die Pflichten des Herzens Kapitel Sechs   Rabbeinu Bachya

wenn G-tt einem Menschen großen Reichtum schickt, so geschieht dies aus einem von drei Gründen:
1. als eine vom Schöpfer gewährte Wohltat.
2. als eine Prüfung und ein Test für die Person.
3. um Vergeltung zu fordern und ihn zum Straucheln zu bringen.

Anzeichen dafür, dass der Reichtum eine Wohltat ist:
- Wenn er mehr damit beschäftigt ist, seine Pflichten gegenüber dem Schöpfer zu erfüllen, als sich mit seinem Reichtum zu beschäftigen.
- Dass der Reichtum ihn dazu bringt, seinen Dienst für G-tt zu erhöhen.
- Er setzt sein Herz nicht auf diesen Nutzen und vertraut nicht darauf, sondern gibt ihn aus, um seine Pflichten gegenüber dem Schöpfer zu erfüllen.

Dies ist ähnlich, wie Ijow beschrieb, wie er seinen Reichtum ausgeben würde, wie er ihn für die Erfüllung seiner Pflichten gegenüber G-tt ausgeben würde, und wie er sein Vertrauen nicht darauf setzen würde, wie geschrieben steht: "Wenn ich meine Hoffnung auf Gold setzte, und zu Schmuck sagte ich: 'Meine Zuversicht'" [Ijow 31:24].

Anzeichen dafür, dass der Reichtum als Prüfung und Test geschickt wird:
- Dass der reiche Mann in seinen Sorgen mehr damit beschäftigt ist, sein Geld zu hüten und zu vermehren und sich vor möglichen finanziellen Verlusten zu fürchten, als seine Dankesschuld gegenüber dem Schöpfer dafür zu erfüllen.
- Er hat nichts anderes als ständige Sorge um sein Geld oder dessen Verwaltung.

So wird der Mensch mit dem Reichtum auf die Probe gestellt und muss [im Jenseits] Rechenschaft ablegen. Von einem solchen Menschen heißt es: "Denn alle seine Tage sind Schmerzen und seine Beschäftigung ist Plage; selbst in der Nacht kommt sein Herz nicht zur Ruhe" [Koheles 2:23].

Anzeichen dafür, dass der Reichtum dazu da ist, Vergeltung zu üben:
- Der Wohlhabende ist so sehr damit beschäftigt, sein Geld zu genießen und sich daran zu erfreuen, dass er es versäumt, seine Schulden gegenüber dem Schöpfer und seinen Mitmenschen [wie z.B. Tzedaka, Maaser, gute Taten -Üb] zu bezahlen, die er deswegen schuldet, und seinem Wohltäter [G-tt] zu danken. Er fühlt sich nicht verpflichtet, G-tt deswegen zu dienen, wie es im Vers heißt: "Und siehe, Freude und Glück, Rinder schlachten und Schafe schlachten, Fleisch essen und Wein trinken; 'Lasst uns essen und trinken, denn morgen werden wir sterben.'" [Jeschaja 22,13], und "Und es gibt Harfe und Leier, Tamburin und Flöte, und Wein bei ihren Trinkgelagen; und das Werk des Ewigen sehen sie

nicht, und das Werk seiner Hände haben sie nicht gesehen" [ebd. 5,12], und das ist eine als Wohltat getarnte Vergeltung.

Wenn aber ein intelligenter Mensch Glück hat und alle seine Angelegenheiten nach seinen Wünschen verlaufen, wird er sich unterwerfen, weil er befürchtet, dass dieser Reichtum vielleicht vom Schöpfer gekommen ist, um Vergeltung von ihm zu fordern, wie geschrieben steht: "Reichtümer werden von ihrem Besitzer zu seinem Schaden aufbewahrt" [Koheles 5,12].

[6] Wenn man die Tora und die Bücher der Propheten liest und die darin enthaltenen Belohnungen und Strafen sieht und sich bewusst wird, wie sehr man es versäumt hat, seine Pflichten gegenüber dem Schöpfer zu erfüllen, wird man erkennen, dass es seine Pflicht ist, sich dem Schöpfer zu unterwerfen und sich vor ihm zu erniedrigen, aus Furcht vor seiner Strafe, wie es bei Joschija geschrieben steht: "Und als der König die Worte der Schriftrolle des Gesetzes hörte, zerriss er seine Kleider" [Melachim II 22:11]. Daraufhin sagte der Schöpfer zu ihm: "Weil dein Herz weich war und du dich vor dem Ewigen gedemütigt hast, als du hörtest, was ich über diesen Ort und seine Bewohner geredet habe, dass sie zur Verwüstung und zum Fluch werden sollten, und du hast deine Kleider zerrissen und vor mir geweint; auch ich habe dich erhört" [ebd. 22:19].

[7] Wenn jemand an einem Akt des Dienstes beteiligt ist, wie dem Spenden von Almosen, dem Gebet oder der Mitzwa, ob freiwillig oder verpflichtend, oder wenn er andere zurechtweist, sollte er in seinem Herzen keinen Stolz oder Hochmut haben, sondern sollte sich vielmehr äußerlich und innerlich unterordnen und demütig vor dem Schöpfer sein. Diese Tat sollte in seinen Augen wie ein Nichts sein, verglichen mit der Größe seiner Pflicht gegenüber G-tt, die ein Vielfaches dieser Tat ist, wie geschrieben steht: "Womit soll ich vor dem Ewigen kommen, mich vor dem Höchsten G-tt verneigen? ...[Er hat dir, o Mensch, gezeigt, was gut ist; und was verlangt der Ewige von dir, außer gerecht zu handeln und Barmherzigkeit zu lieben und demütig zu wandeln mit deinem G-tt?]" [Micha 6:6].

Kapitel Fünf

Die Art und Weise, wie man die Eigenschaft der Unterwerfung erwirbt, und die Art und Weise, wie man ihren Erwerb erleichtert, besteht darin, dass man seine Gedanken und Überlegungen auf sieben Themen richtet:
[1] Die Wurzel und der Ursprung seiner Existenz ist ein fauliger Tropfen [von menschlichem Samen] und Blut, nachdem sie faulig und stinkend

Die Pflichten des Herzens Kapitel Sechs   Rabbeinu Bachya

wurden. Danach wurde er vom Blut der Tuma genährt, all die Tage seines Aufenthalts im Bauch seiner Mutter. Danach ging er hinaus und war schwach und zerbrechlich an Körper und Gliedern. Dann stieg er von Stadium zu Stadium auf, bis die meisten seiner Jahre vergangen waren. Danach wird er von Altersschwäche befallen, bis er seine Tage vollendet [stirbt].

Einer der Weisen sagte zu diesem Thema "Ich bin erstaunt, wie jemand, der den Weg des Urins und des Blutes zweimal durchlaufen hat, stolz und hochmütig sein kann?" Die Betrachtung dieser oder ähnlicher Dinge über die Natur des Menschen führt notwendigerweise zur Demut, wie König David sagte: "O Ewiger, was ist der Mensch, dass Du ihn ansiehst, der Menschensohn, dass Du ihn betrachtest?" [Tehilim 144,3], und: "Der Mensch, der von einer Frau geboren wird, ist von kurzer Dauer und voller Not" [Ijow 14,1], und: "Aber ich bin ein Wurm und kein Mensch" [Tehilim 22,7], und: "Wie viel weniger der Mensch, der ein Wurm ist, und der Menschensohn, der nur eine Made ist?" [Ijow 25:6].

[2] Wenn man die Schwere der Leiden bedenkt, die dem Menschen in dieser Welt widerfahren, wie Hunger und Durst, Kälte und Hitze, Krankheiten, Unfälle, Sorgen, gegen die man bis zum Tod keine Sicherheit hat. Wenn ein verständiger Mensch sich all dies zu Herzen nimmt und erkennt, wie schwach er ist, wie begrenzt und hilflos er sich vor all dem nicht schützen kann, wird er seine missliche Lage erkennen. Er ist nicht nur einem Gefangenen in dieser Welt ähnlich, er ist wirklich ein Gefangener! Und so wird er sich demütigen wie ein Gefangener, der in einen Kerker gesperrt wird und der keine Strategie oder Fähigkeit hat, sich ohne die Zustimmung seines Fürsten zu befreien, wie es geschrieben steht: "Möge der Schrei des Gefangenen vor Dich kommen" [Tehilim 79,11], und "Führe meine Seele aus dem Gefängnis" [Tehilim 142,7].

[3] Wenn man bedenkt, wie vergänglich er ist, wie schnell der Tod kommt und dass seine Wünsche und Bestrebungen zu diesem Zeitpunkt abrupt enden. Er muss all seinen Besitz zurücklassen und die Hoffnung aufgeben, dass er irgendetwas davon als Proviant mitnehmen kann oder dass ihm irgendetwas davon von Nutzen sein wird, wenn er im Grab ist. Das Antlitz seines Gesichtes hat sich bereits verfinstert, seine Erscheinung verdunkelt sich. Und sein Fleisch wird [nach dem Tod] Würmer, Fäulnis und faulige Flüssigkeit hervorbringen. Die Zeichen seiner körperlichen Schönheit sind verschwunden, und ein zunehmend fauliger Geruch wird von ihm ausgehen, als hätte er sich nie gewaschen oder geschrubbt oder einen guten Duft aufgetragen. Wenn er diese oder ähnliche Überlegungen anstellt, wird er sich demütig und bescheiden fühlen. Er wird nicht arrogant werden. Sein Herz wird sich nicht erheben

Die Pflichten des Herzens Kapitel Sechs   Rabbeinu Bachya

und hoch und stolz werden, wie geschrieben steht: "Zieht euch zurück von dem Menschen, dessen Atem in seiner Nase ist, denn worin ist er hoch zu achten?" [Jeschaja 2,22], und "Menschen von niedrigem Rang sind nur Eitelkeit, und Menschen von hohem Rang sind nur eine Lüge; wenn man sie auf eine Waage legen würde, würden sie zusammen nichts ergeben" [Tehilim 62,10].

[4] Wenn man über den Dienst nachdenkt, den man G-tt für die wohlwollende Güte und die überreiche Freundlichkeit, die ihm zuteil wurde, schuldet, und wenn man bedenkt, wie sehr man die Gebote vernachlässigt und in ihrer Befolgung versäumt hat, sowohl die, die die Vernunft gebietet, als auch die, die die Tora befiehlt, und wie kurz seine Bitten und Entschuldigungen sein werden, wenn der Tag der Abrechnung kommt und er am großen Tag der Versammlung voller Reue sein wird. Dann wird er unterworfen und sein Geist gebrochen werden, wie geschrieben steht: "Denn siehe, es kommt der Tag, der glüht wie ein Ofen, und alle dreisten Sünder und alle, die Unrecht tun, werden zu Stoppeln. Und die Sonne, die kommt, wird sie verbrennen, so dass sie weder Wurzel noch Zweig übrig lassen, spricht der Ewige der Heerscharen" [Maleachi 3,19], und "wer kann den Tag ertragen, an dem er kommt" [Maleachi 3,2].

[5] Wenn man über die Größe des Schöpfers und seine unendliche Macht nachdenkt, der das äußere und innere Leben des Menschen beobachtet. Wenn man seinen Geist auf dieses große Thema fixiert und darüber nachdenkt, was unsere Weisen über die beeindruckende und ehrfurchtgebietende Präsenz der frommen Weisen in früheren Generationen berichten, z.B. "er [Rav Scheschess] blickte auf ihn und der Mann [starb und] wurde zu einem Haufen Knochen" [Berachos 58a], oder wie es von Yonatan ben Uziel gesagt wurde: "wenn er die Tora erklärte, wurde jeder Vogel, der über ihn flog, sofort verbrannt."
Und es besteht kein Zweifel, dass die Propheten größer waren als sie, und man wird feststellen, dass die Kraft der Propheten schmolz und sie ihre Knie beugten und sich niederwarfen, wenn sie von Engeln besucht wurden, wie es von Daniel, Yehoshua und vielen anderen geschrieben steht. Und du wirst in den Büchern der Propheten finden, dass die Engel sich vor dem Schöpfer verneigen und niederwerfen, wie geschrieben steht: "Die Heerscharen des Himmels verneigen sich vor dir" [Nechemia 9:6], und "Siehe, er traut seinen Dienern nicht, und er wirft Schmach auf seine Engel" [Iyov 4: 18], und "in seinem Tempel spricht jeder von seiner Herrlichkeit" [Tehilim 29,9], und "Und einer rief zum anderen und sagte: 'Heilig, heilig, heilig ist der Ewige der Heerscharen'" [Jeschaja 6,3].
Und wenn man darüber nachdenkt, was sich unserer Intelligenz in dem

Die Pflichten des Herzens Kapitel Sechs Rabbeinu Bachya

offenbart, was Er geschaffen hat, wie Sonne, Mond, Sterne, die himmlischen Sphären und die Erde und alles, was auf ihr ist, wie Mineralien, Pflanzen und Tiere - das sollte für jeden, der Verstand und Intelligenz hat, ausreichen, wie geschrieben steht: "Wie groß sind Deine Werke, o Ewiger! Deine Gedanken sind sehr tief; ein brutaler Mensch weiß es nicht, und ein Narr versteht es nicht" [Tehilim 92,6], und "alle Völker sind wie nichts vor ihm" [Jeschaja 40,17], und "alle Bewohner der Erde sind wie nichts" [Daniel 4,32].

Wenn ein verstehender Mensch seine Bedeutung im Verhältnis zur gesamten Menschheit und die Bedeutung der Menschheit im Verhältnis zur Erde und der Erde im Verhältnis zur Mondsphäre und der Mondsphäre im Verhältnis zum Kosmos bedenkt, und dass alles im Verhältnis zur Größe des Schöpfers wie nichts ist, wird er in seiner Seele demütig und senkt sich vor dem Schöpfer, wie geschrieben steht: "Wenn ich Deinen Himmel, den Mond und die Sterne betrachte, was ist der Mensch, dass Du seiner gedenkst?" [Tehilim 8:5].

[6] Wenn man die Bücher der Propheten liest, sieht man die große Strafe, die den Hochmütigen und Stolzen auferlegt wird, und auch G-ttes großen Schutz für die Demütigen und Niedrigen. Über die Hochmütigen und Stolzen steht geschrieben: "Die hochmütigen Augen der Menschen werden gedemütigt werden, und der Hochmut der Menschen wird sich beugen, und der Ewige allein wird an jenem Tag erhöht werden" [Jeschaja 2,11], und "Denn der Tag des Ewigen der Heerscharen wird über jeden kommen, der stolz und hochmütig ist, und über jeden, der sich erhebt; und er wird erniedrigt werden" [Jeschaja 2,12].

Über beide Typen steht geschrieben: "Der Ewige erhebt die Sanftmütigen; die Gottlosen stößt er zu Boden" [Tehilim 147,6], und: "Der Ewige ist zwar hoch, aber die Niedrigen schätzt er; die Stolzen aber kennt er von ferne." [Tehilim 138,6], und von den Niedrigen heißt es: "Die Demütigen werden das Land erben" [Tehilim 37,11], und "Der Ewige hat mich gesalbt, den Demütigen eine frohe Botschaft zu bringen" [Jeschaja 61,1], und "Bei den Erhabenen und Heiligen wohne ich, und bei den Zerschlagenen und Demütigen im Geiste, um den Geist der Demütigen zu beleben und das Herz der Zerschlagenen zu erquicken" [Jeschaja 57: 15], und "Vor dem Verderben kommt der Hochmut, und vor dem Straucheln kommt der Hochmut" [Mischlei 16,18], und "Vor dem Verderben wird das Herz des Menschen hochmütig, aber vor der Ehre kommt die Demut. " [Mischlei 18,12].

[7] Wenn man beobachtet, wie sich die Lage der Menschen in dieser Welt verändert, wie Regierungen und Herrscher schnell wechseln, wie Menschen von einem Zustand in den anderen übergehen, wie eine Nation

Die Pflichten des Herzens Kapitel Sechs Rabbeinu Bachya

untergeht und eine andere aufsteigt, während das Ende von allem der Tod ist, wie geschrieben steht: "Wie Schafe sind sie für das Grab bestimmt; der Tod wird sie verschlingen" [Tehilim 49: 15], wird er sich unterordnen und sich nicht mit weltlichem Besitz brüsten, und er wird sein Vertrauen nicht auf irgendetwas von ihnen setzen, wie geschrieben steht: "Lobenswert ist der Mann, der dem Ewigen sein Vertrauen schenkt und sich nicht den Hochmütigen und denen zuwendet, die sich der Lüge zuwenden" [Tehilim 40:5].

Wenn der Geist eines Menschen niemals leer ist von diesen sieben Dingen, die wir erwähnt haben, wird er immer demütig und bescheiden sein. Die Demut wird an seinem Wesen haften und sich nicht von ihm trennen. Wenn er an der Demut festhält, werden alle Fallstricke des Hochmuts, der Arroganz und des Stolzes von ihm ferngehalten, wie wir bereits erwähnt haben. Er wird vor der Sünde und vor dem Stolpern bewahrt, wie geschrieben steht: "und dass seine Furcht vor eurem Angesicht sei, dass ihr nicht sündigt" [Schemos 20,20]. Und unsere Weisen sagten: "Denkt über drei Dinge nach, und ihr werdet nicht zur Sünde kommen. Erkenne, woher du gekommen bist und wohin du gehst, und vor wem du Rechenschaft ablegen sollst. Woher seid ihr gekommen? - Aus einem fauligen Tropfen. Wohin gehst du? - An einen Ort voller Schmutz, Würmer und Maden. Vor wem bist du dazu bestimmt, Rechenschaft abzulegen und Rechenschaft zu geben? - Vor dem obersten König der Könige, dem Heiligen, gepriesen sei Er" [Avos 3,1].

Kapitel Sechs

Wie sich der Unterworfene verhalten soll. Die Verhaltensweisen, die sich der Unterworfene zu eigen machen sollte, sind zehn.

[1] Wissen über G-tt und Seine guten Eigenschaften und die höheren Qualitäten, die Er dem Menschen über die anderen Lebewesen verliehen hat, wie geschrieben steht: "Du gibst ihm Herrschaft über das Werk Deiner Hände; Du hast alles unter seine Füße gelegt" [Tehilim 8:7].

Wenn man die unendliche Größe des Schöpfers, seine erhabene Allmacht und höchste Weisheit erkennt, wird man sich ihm unterwerfen und vor ihm demütig werden. Und er wird aus dem Vers lernen: "Du sollst dich nicht vor einem König rühmen" [Mischlei 25:6] und daraus die Schlussfolgerung ziehen - wie viel mehr vor dem König der Könige und dem Fürst der Fürsten, der über jedes Bild und jeden Vergleich erhaben ist, wie Chana sagte: "Es gibt niemanden, der so heilig ist wie der Ewige, denn es gibt niemanden wie Dich" [Schmuel 2:2].

[2] Er sollte die Pflichten kennen, die die Tora vorschreibt, und

Die Pflichten des Herzens Kapitel Sechs   Rabbeinu Bachya

diejenigen, die uns die Vernunft lehrt. Er sollte G-ttes Tora lesen und Verständnis für die Weisheit erlangen, die aus der Vernunft, dem geschriebenen Gesetz und dem mündlichen Gesetz [Talmud] abgeleitet wird, um von dort die Bedingungen für Demut und die Bereiche zu lernen, in denen sie gilt.

[3] Ein weites Herz [Nachsicht -Üb] und die Fähigkeit zu kultivieren, Worte und Taten, die man hasst, geduldig zu ertragen, [und dies] um des Schöpfers willen zu tun, wie geschrieben steht: "Wenn ich dem vergolten habe, der mir Böses tat, oder den ausgeplündert habe, der ohne Grund mein Feind war" [Tehilim 7: 5], und "Sprich nicht: 'Wie er mir getan hat, so will ich ihm tun; ich will dem Menschen vergelten, was er getan hat'" [Mischlei 24:29], und unsere Weisen lehrten [Gitin 36b]: "Diejenigen, die beleidigt werden, aber nicht zurückschlagen, die sich gedemütigt hören und nicht reagieren, die [G-tt] mit Liebe dienen und sich [auch] im Leiden freuen, über sie sagt der Vers [Schoftim 5:31]: "Diejenigen, die Ihn lieben, werden wie die Sonne sein, wenn sie in ihrer Macht aufgeht". Die Weisen bezeichnen dies als "Ma'avir Al Midosav" [lässt Beleidigungen durchgehen und ist vergebend].

[4] Er soll anderen Gutes tun, gut von ihnen reden, sie wohlwollend beurteilen, nicht von ihren Fehlern sprechen, ihnen vergeben, wenn sie schlecht über ihn reden, auch wenn sie das nicht verdienen, wie geschrieben steht: "Auch in deinen Gedanken sollst du einen König nicht verfluchen" [Koheles 10:20], und "Du hast deinen Mund zum Bösen losgelassen und deine Zunge an Betrug gewöhnt, du hast den Sohn deiner eigenen Mutter verleumdet" [Tehilim 50:19]. Bezüglich der Vergebung anderer, die schlecht über ihn sprechen, heißt es im Vers: "und Mirjam und Aharon sprachen über Mosche", und dann "war der Mensch Mosche überaus demütig", d.h. er hatte ihnen vergeben. Genauso sagte der weise Mann: "Achte auch nicht auf alle Worte, die gesprochen werden" [Kohelet 7,21], und fügt hinzu: "Denn dein Herz weiß, dass auch du viele Male andere verflucht hast" [Kohelet 7,22].

Und unsere Weisen lehrten [Taanis 25b], dass Rebbi Eliezer einmal [in einer Zeit der Dürre] Chazan [Kantor] wurde und 24 Bittgebete um Regen vorbrachte, und es gab keine Antwort. Danach wurde Rebbi Akiva Chazan und sagte nur: "Unser Vater, unser König..." und sein Gebet wurde erhört. Eine himmlische Stimme verkündete: "Nicht, weil der zweite Weise größer war als der erste, sondern nur, weil er 'Ma'avir Al Midosav' [lässt Beleidigungen durchgehen und ist nachsichtig] war, während der erste sich nicht so verhält."

Und es wird von einem frommen Mann erzählt, der an einem extrem übel riechenden Hundekadaver vorbeikam. Seine Jünger sagten zu ihm: "Wie

Die Pflichten des Herzens Kapitel Sechs Rabbeinu Bachya

übelriechend ist dieser Kadaver!". Er antwortete ihnen: "Wie weiß sind seine Zähne!" Und sie bedauerten, dass sie sich abfällig über den Kadaver geäußert hatten. Wenn es schon unpassend ist, über einen toten Hund schlecht zu reden, dann gilt das erst recht für einen lebenden Menschen. Und wenn es angemessen ist, den Kadaver eines toten Hundes wegen der Weiße seiner Zähne zu loben, wie viel mehr ist es demnach eine Pflicht, einen Menschen zu loben, der mit Intelligenz und Verstand ausgestattet ist. Er wollte sie zurechtweisen, damit sie sich nicht angewöhnen, mit ihrer Zunge schlecht zu reden, denn das würde in ihre Natur eingehen.

Ebenso wird es Teil seiner Natur, wenn er sich angewöhnt, mit seiner Zunge Gutes zu sagen, wie es geschrieben steht: "Wer sich nicht an seine Zunge gewöhnt, der verleumdet nicht" [Tehilim 15,3], und über das Gegenteil davon heißt es: "Deine Zunge ersinnt Unheil, [wie ein geschärftes Rasiermesser, das Betrug wirkt], du liebst alle verschlingenden Worte" [Tehilim 52,4], und "Was gibt sie dir, was vermehrt sie dir, du betrügerische Zunge?" [Tehilim 120,3], und "Die Worte aus dem Mund eines Weisen sind gnädig; aber die Lippen eines Toren verschlingen ihn" [Koheles 10,12].

[5] Es sollte Demut herrschen in allen seinen weltlichen Angelegenheiten, ob sie öffentlich oder privat sind, in Worten und Taten, wenn er aktiv ist oder ruht - dass sein Inneres nicht im Widerspruch zu seinem Äußeren steht, noch seine verborgenen Angelegenheiten im Widerspruch zu seinen offenbarten Angelegenheiten. Vielmehr sollte sein Verhalten abgewogen, angemessen, harmonisch und beständig sein - alles im Geiste der Unterwerfung und Demut gegenüber G-tt und auch gegenüber den Menschen, in Übereinstimmung mit den Verdiensten eines jeden Menschen [seiner Weisheit und Furcht [Ehrfurcht] vor G-tt - Üb] und dem Guten, das er von ihnen in religiösen und weltlichen Angelegenheiten erhält, wie geschrieben steht: "Gut ist der Mann, der gnädig ist und leiht, der seine Angelegenheiten mit Besonnenheit führt" [Tehilim 112:5]. Und unsere Weisen sagten: "Seid demütig im Geiste vor allen Menschen" [Avos 4:12], und "Seid unterwürfig gegenüber einem Älteren und höflich gegenüber einem Jüngeren." [Avos 3,12].

[6] Dass die Wertschätzung hoch ist und die Sehnsucht nach dem Jenseits groß, dass es ihm nicht genügt, was auch immer auf ihn zukommt, und er nicht meint, dass das, was er tut, genug ist. Vielmehr sollten seine guten Taten, sein Dienst und seine Bemühungen in seinen Augen gering sein. Er sollte immer danach streben, eine höhere Stufe zu erreichen, wie der Vers von Jehoschafat sagt: "Und sein Herz war erhoben in den Wegen des Ewigen" [Divrei Hayamim II 17:6], und man sollte sich immer wieder selbst beklagen, dass man nicht genug von seinen Tora-Pflichten

Die Pflichten des Herzens Kapitel Sechs Rabbeinu Bachya

gegenüber G-tt und den Menschen tut. Und er sollte Hilfe von G-tt suchen und sich stärken, um im Dienst und in guten Taten hinzuzufügen, wie geschrieben steht: "Ich bete, dass meine Wege geleitet werden, um Deine Satzungen zu halten" [Tehilim 119:5].

[7] Dass seine Taten in seinen Augen gering sind, und dass er sich über seine Unzulänglichkeiten bei der Erfüllung seiner religiösen Pflichten gegenüber G-tt und seinen Mitmenschen beklagt. Er sollte zu G-tt um Hilfe und Stärke beten. Um G-ttes willen sollte er allen Hochmut ablegen und auf persönlichen Stolz und Würde verzichten, während er irgendeinen religiösen Dienst verrichtet, ob er nun allein oder inmitten einer Menschenmenge ist. Wie der Vers über Aharon in seiner erhabenen Stellung [als Oberpriester] sagt: "Und er soll die Asche herausheben" [Vayikra 6:3]. Der Schöpfer verpflichtete ihn, jeden Tag die Asche auszustreuen, um seinen Stolz zu senken und aus seinem Herzen zu entfernen. Und ähnlich bei König David: "und sie sah den König David springen und tanzen vor dem Ewigen; und sie verachtete ihn in ihrem Herzen" [Schmuel II 6,16], und der Rest der Sache, und auch "Ich will von deinen Zeugnissen reden vor Königen und will mich nicht schämen" [Tehilim 119,46].

[8] Er sollte sich mit dem begnügen, was sich ihm an Lebensmittel bietet, und mit dem, was er vorfindet, weil er sich selbst als unbedeutend und von geringem Wert betrachtet. Er sollte sich angewöhnen, auf die Befriedigung körperlicher Begierden zu verzichten, um frei zu sein, G-tt für seine vielen Gunstbezeugungen und seine große Güte ihm gegenüber seine Pflichten zu erfüllen, wie David sagte: "Ich will den Weg deiner Gebote gehen, denn du machst mein Herz frei" [Tehilim 119:32].

[9] Zur Ehre des Schöpfers Rache an den Bösen üben. Man soll sich nicht durch seine eigene Praxis, anderen in Angelegenheiten zu vergeben, die nur einen selbst betreffen, dazu verleiten lassen, ihnen auch in Angelegenheiten G-ttes zu vergeben, oder denen zu vergeben, die gegen Seine Propheten oder seine Frommen und Geschätzten sprechen. Ebenso sollte man sich nicht auf seine persönliche Art und Weise verhalten, anderen zu vergeben, wenn man sieht, dass ein Mensch einen anderen Menschen unterdrückt. Vielmehr sollte er den Unterdrückten zu Hilfe kommen und helfen, sie aus der Hand ihrer Unterdrücker zu befreien, wie geschrieben steht: "O Haus Davids, so spricht der Ewige: Richtet am Morgen und befreit den Verderbten aus der Hand des Unterdrückers" [Jirmija 21,12] und "Ich habe dem Gottlosen den Rachen zerbrochen und ihm die Beute aus den Zähnen gerissen" [Ijow 29,17].

Er sollte andere den Dienst G-ttes lehren, sie zurechtweisen und ihnen das Gefühl geben, beschämt zu sein. Er soll sie zum Guten ermahnen und

Die Pflichten des Herzens Kapitel Sechs   Rabbeinu Bachya

vor dem Bösen warnen, mit Kraft und durch Mundpropaganda, soweit er dazu in der Lage ist, und er soll die von G-tt befohlene Strafe für einen Schuldigen schnell vollstrecken. Er sollte dabei weder demütig noch bescheiden sein, wie Pinchas schreibt: "Da stand Pinchas auf und vollstreckte Gerechtigkeit, und die Plage wurde gestoppt. Das wurde ihm als Verdienst angerechnet von Generation zu Generation für immer" [Tehilim 106:30].

[10] Er sollte wenig und mit leiser Stimme sprechen. Er sollte wenig lachen. Er sollte selten einen Eid im Namen G-ttes ablegen, selbst wenn das, was er schwört, wahr ist. Keine Unwahrheit sollte über seine Lippen kommen. Er sollte nicht in der Gesellschaft von Menschen sitzen, die sich mit Lachen und müßigem Gerede beschäftigen, noch sollte er sich an den weltlichen Dingen erfreuen, an denen sich unwissende Menschen erfreuen. Er sollte so handeln aus Unterwürfigkeit und Demut, nicht aus Arroganz und Stolz, wie der Prophet sagte: "Ich saß nicht in der Versammlung der Fröhlichen, noch freute ich mich; wegen Deiner Hand saß ich allein, denn Du hast mich mit Empörung erfüllt" [Yirmiya 15:17].

Kapitel Sieben

Die Zeichen, an denen sich die wahre Unterwerfung eines demütigen Menschen zeigt, sind fünf, wann sie gilt und wann nicht.

[1] Wenn er sehr zornig auf jemanden ist, der ihn beschimpft hat, sei es in Worten oder in Taten, und er beherrscht seinen Geist und vergibt, obwohl er die Fähigkeit hat, sich zu rächen, und vergibt ihm stattdessen aus Demut und Niedrigkeit - dies zeugt von wahrer Unterwerfung.

[2] Wenn er einen schweren finanziellen Verlust erleidet oder einem seiner Lieben ein Unglück widerfährt - wenn seine Gelassenheit seinen Schock überwindet und er demütig die Entscheidung des Schöpfers akzeptiert und das g-ttliche Urteil rechtfertigt - zeugt dies von guter Unterwerfung und von seiner Demut vor G-tt, wie der Vers von Aharon erzählt, als Nadav und Avihu [durch ein himmlisches Feuer] getötet wurden: "Und Aharon schwieg" [Vayikra 10:3], und David sagte: "Sei still zu G-tt und warte geduldig auf Ihn" [Tehilim 37,7], und "Darum werden die Weisen schweigen in jener Zeit" [Amos 5,13].

[3] Wenn eine Tat, die er getan hat, allgemein bekannt wird, ob sie gut oder schlecht ist.

Wenn es eine gute Tat ist und er dafür gelobt wird und er die Tat gegenüber demjenigen, der ihn gelobt hat, herabsetzt, dann wird er in seinen Gedanken denken, dass die Tat klein ist und es ihr an Qualität fehlt, um für den Schöpfer annehmbar zu sein, weil er verpflichtet ist,

Die Pflichten des Herzens Kapitel Sechs   Rabbeinu Bachya

Taten zu tun, die ein Vielfaches davon sind. Und er wird zu demjenigen, der ihn gelobt hat, sagen: "Hör auf, mein Bruder, denn im Vergleich zu meinen Sünden ist es wie ein Feuerfunke, der versucht, das Meer auszulöschen, und selbst wenn es etwas wert ist, wie kann ich wissen, ob es von den Dingen gerettet wird, die eine Mitzwa zunichte machen [wie in Tor #5 beschrieben], und dass der Schöpfer es von mir annehmen wird und es nicht zu mir zurückbringen oder es mir ins Gesicht zurückwerfen wird, wie geschrieben steht: "Wenn ihr kommt, um vor Mir zu erscheinen, wer hat das von euch verlangt, dass ihr Meine Höfe zertretet?" [Jeschaja 1,12], und: "Du sollst nicht mehr eitle Mehlopfer bringen, es ist mir ein Greuel" [ebd. 1,13].

Umso mehr, wenn das Lob falsch ist, muss er es zurückweisen und zu dem Sprecher sagen: "Mein Bruder, es ist schlimm genug, dass ich meinen Verpflichtungen gegenüber dem Schöpfer nicht nachkomme, füge nicht noch die Ungerechtigkeit hinzu, Lob für etwas anzunehmen, was ich nicht getan habe, denn ich kenne meine Sünden und Missetaten besser als du, wie David sagte: "Denn ich kenne meine Übertretungen..." [Tehilim 51,5].

Wenn die Leute von schlechten Dingen sprechen, die er getan hat [die wahr sind]:

Er wird seine Fehler zugeben und nicht nach falschen Ausreden suchen, um sich selbst freizusprechen und zu rechtfertigen, wie Yehuda sagte: "Sie ist gerechter gewesen als ich" [Bereischis 38,26], und er wird nicht versuchen, den Sprecher zu beschämen und ihn als Lügner hinzustellen, noch wird er ihn verurteilen, weil er ihn bloßgestellt hat, sondern er wird zu ihm sagen: "Mein Bruder, die Menge der schlechten Dinge, die du an mir beobachtet hast, ist wenig im Vergleich zu dem, was du nicht über mich weißt und was der Schöpfer so lange verborgen gehalten hat. Wenn du das ganze Ausmaß meiner schlechten Taten und Übertretungen kennen würdest, würdest du vor mir fliehen, weil du befürchtest, dass die Strafe des Schöpfers, die sie verdienen, auch dich treffen würde, wie ein Dichter einmal sagte: "Wenn meine Nachbarn meine Sünden riechen könnten, würden sie weglaufen und sich von mir fernhalten", und wie Ijow sagte: "Habe ich, wie die Menschen, meine Übertretungen zugedeckt, um meine Missetaten in meinem Versteck zu verbergen?" [Ijow 31:33].

Wenn das Schlechte, das über ihn gesagt wurde, falsch war, sollte er zu der Person sagen, die es berichtet hat: "Mein Bruder, ich bin nicht erstaunt, dass der Schöpfer mich davor bewahrt hat, das zu tun, was du mir vorwirfst, denn er hat mir so viele Wohltaten zuteil werden lassen. Was mich wirklich erstaunt, ist, dass Er zugelassen hat, dass etwas

Die Pflichten des Herzens Kapitel Sechs   Rabbeinu Bachya

verborgen bleibt, was viel schlimmer und verwerflicher ist als das, was du über mich erzählt hast. Halte inne, mein Bruder, und sei um deine Verdienste besorgt, dass du sie nicht verlierst, ohne dass du es merkst. Denn es wird von einem frommen Mann erzählt, über den jemand schlecht gesprochen hat, dass er, als er davon hörte, demjenigen, der schlecht über ihn gesprochen hatte, einen Korb mit den erlesensten Früchten seiner Provinz schickte und ihm schrieb: "Man hat mir mitgeteilt, dass du mir eine Gabe für deine Verdienste geschickt hast, und ich schicke dir diese Gabe als Gegenleistung."

Ein anderer frommer Mann sagte einmal: "Viele Menschen werden am Tag des Gerichts kommen, und wenn ihnen ihre Taten gezeigt werden, werden sie im Buch ihrer Verdienste gute Taten finden, die sie nicht getan haben, und sie werden sagen: 'Wir haben diese Dinge nicht getan'. Man wird ihnen antworten: "Sie wurden von jemandem getan, der schlecht über euch gesprochen hat". Ebenso werden diejenigen, die schlecht über andere gesprochen haben, zu jener Zeit feststellen, dass einige ihrer Verdienste fehlen, sie werden sie suchen und man wird ihnen sagen: "Ihr habt sie verloren, als ihr über diese oder jene Person gesprochen habt".

Ebenso werden einige Leute in ihrem Sündenbuch Sünden finden, die sie nicht begangen haben, und wenn sie protestieren und sagen: "Wir haben diese Dinge nicht begangen", wird man ihnen sagen: "Diese wurden der Liste eurer Missetaten hinzugefügt, weil ihr über diese oder jene Person gesprochen habt", wie geschrieben steht: "Und gib unseren Nachbarn das Siebenfache in ihren Schoß zurück, was sie dir vorgeworfen haben, o Ewiger" [Tehilim 79,12]. Und dazu warnt uns die Heilige Schrift: "Denk daran, was der Ewige, dein G-tt, Mirjam auf der Reise angetan hat" [Devarim 24,9].

[4] Wenn G-tt einem eine besondere Wohltat gewährt, wie z.B. außergewöhnliche Weisheit und Verstand, oder großen Reichtum, oder Ehre vom herrschenden König, oder andere Dinge wie diese, auf die die Menschen gewöhnlich stolz sind und wegen denen sie hochmütig werden, und dennoch bleibt man in seiner Demut wie zuvor und nimmt sogar an Demut und Niedrigkeit vor G-tt zu und ehrt und nützt anderen Menschen, wie von Avraham geschrieben wurde, der sagte: "Ich bin nur Staub und Asche" [Bereischis 18,27], als der Schöpfer ihn lobte und sagte: "Wie kann ich vor Avraham verbergen, was ich vorhabe zu tun" [Bereischis 18,17]. Und Mosche und Aharon sagten: "Wir sind nichts" [Schosch 16,7], und David sagte: "Ich bin ein Wurm und kein Mensch" [Tehilim 22,7]. [Wenn man so handelt], wird das sein Inneres klären und bestätigen, dass seine Unterwerfung wahr ist. Der weise Mann sagte zu

Die Pflichten des Herzens Kapitel Sechs Rabbeinu Bachya

dieser Angelegenheit: "Wenn sich der Geist des Herrschers gegen dich erhebt, verlasse deinen Platz nicht; denn Sanftmut besänftigt große Kränkungen" [Koheles 10,4].

[5] Wenn der demütige Mensch sich selbst zurechtweist, die Gerechtigkeit des Schöpfers von sich aus einfordert und sich ihr freiwillig unterwirft, obwohl keine menschliche Autorität die Macht hat, sie zu erzwingen - das weist auf seine wahre Demut vor G-tt hin sowie auf seine Niedrigkeit und Unterwerfung ihm gegenüber, wie geschrieben steht: "Wir haben uns an unserem G-tt versündigt und fremde Frauen von den Völkern des Landes genommen" [Esra 10,2], und "sie gaben ihre Hand dazu, ihre Frauen wegzuschicken" [Esra 10,19].

Durch diese und ähnliche Situationen werden die Zeichen der [wahren] Unterwerfung unter G-tt und der Demut der Unterworfenen erfüllt und ob ihr Herz in ihnen treu ist.

Kapitel Acht

Hängt die Unterwerfung von guten Eigenschaften ab oder vom Gegenteil? Ist die Unterwerfung anderen moralischen Eigenschaften untergeordnet oder sind andere moralische Eigenschaften ihr untergeordnet? Ich beantworte dies wie folgt:

Es ist uns wohlbekannt, dass die erste Voraussetzung für den Dienst an G-tt darin besteht, dass man die Eigenschaft des Herrschens vollständig von sich ablegt und sie G-tt allein überlässt, und dass man alle Eigenschaften des Sklaventums dem Schöpfer gegenüber auf sich nimmt. Da Sklaventum und Herrentum voneinander abhängig sind, kann das eine nicht ohne das andere existieren, ein Mensch kann nicht Sklave genannt werden, wenn er keinen Fürsten hat, und ein Fürst ist nicht geeignet für diesen Titel, solange er keinen Sklaven hat. Keiner von beiden kann dem anderen vorausgehen, weder durch den Titel noch durch die Beziehung, ähnlich wie ein Käufer und ein Verkäufer.

Daher kann ein Mensch G-tt nur dann dienen, wenn er alle Eigenschaften des Sklaventums annimmt, nämlich Unterwerfung und Demut vor Ihm, und alle Eigenschaften des Herrentums von sich abstreift, nämlich Selbstherrlichkeit, Ehre, Pracht, Stolz und dergleichen.

Einer der Weisen sagte: "Großartigkeit ist das Gewand des Schöpfers. Wer in diesem Gewand in Seine Gegenwart kommen will, wird hinausgestoßen. David sagte: "Der Ewige regiert, er ist in Majestät gekleidet" [Tehilim 93,1].

Der Gläubige kann sich keine [zusätzliche] Frömmigkeit aneignen, wenn er nicht [zuerst] seiner [grundlegenden] Pflicht nachkommt, wie

Die Pflichten des Herzens Kapitel Sechs — Rabbeinu Bachya

geschrieben steht: "Hat der Ewige so viel Lust auf Brandopfer und Dankopfer, wie auf den Gehorsam gegenüber der Stimme des Ewigen? Siehe, Gehorsam ist besser als ein Friedensopfer" [Shmuel 15:22].

Und es kann ihm nicht gelingen, die [grundlegende] Pflicht zu erfüllen, solange er nicht den Dienst am Schöpfer verrichtet. Und es kann ihm nicht gelingen, den Dienst des Schöpfers zu verrichten, bis er G-tt allein mit allen Merkmalen der Herrschaft bezeichnet und sie um Seinetwillen von sich selbst abzieht. Und es kann ihm nicht gelingen, bis er alle Bedingungen des Sklaventums auf sich genommen hat.

Und es kann ihm nicht gelingen, die Bedingungen des Sklaventums zu erfüllen, es sei denn, er übt sich darin, sich G-tt zu unterwerfen, sich zu demütigen und sich vor Ihm zu erniedrigen, wie wir erklärt haben.

Daraus folgt, dass alle moralischen Qualitäten dem Charakterzug der Unterwerfung untergeordnet sind, der das Haupt und der Anfang von ihnen allen ist. Daraus folgt logischerweise, dass es keine Frömmigkeit in einem Menschen geben kann, dessen Herz keine Unterwürfigkeit gegenüber G-tt aufweist oder in dem irgendeine Spur von Arroganz oder Stolz vorhanden ist.

Deshalb ist der Anfang der Reue Demut, Erniedrigung und Unterwerfung, wie der Vers sagt: "Wenn mein Volk, das bei meinem Namen gerufen ist, sich demütigt und betet und mein Angesicht sucht und sich von seinen bösen Wegen abwendet, dann werde ich es vom Himmel her erhören und seine Sünde vergeben" [Divrei II Hayamim 7:14], und "Sie haben sich unterworfen; darum werde ich sie nicht vernichten, sondern ihnen eine Erlösung gewähren" [Divrei Hayamim II 12:7].

Kapitel Neun

Ob es möglich ist, dass das Herz eines Menschen gleichzeitig Unterwerfung und Hochmut enthält.

Können Unterwerfung und Hochmut im Herzen eines Gläubigen nebeneinander bestehen? Ich beantworte diese Frage wie folgt:

Es gibt zwei Kategorien von Stolz:

[1] Der Stolz eines Menschen auf seinen Körper und dessen Zustand oder auf alle Dinge, die das Wohlergehen seines Körpers fördern.

[2] Der Stolz eines Menschen auf seine spirituellen Qualitäten - die Weisheit, die er benutzt hat, und die guten Taten, die er im Dienst G-ttes vollbracht hat.

Jeder Stolz, der von körperlichen Dingen herrührt, entfernt die Unterwerfung vom Herzen. Es ist unmöglich, dass beide gleichzeitig

Die Pflichten des Herzens Kapitel Sechs Rabbeinu Bachya

existieren, da sie sich gegenseitig abstoßen. Denn wenn ein Mensch auf irgendetwas Weltliches stolz ist, dann ist es das, was ihn zu diesem Stolz bringt:
- Herabsetzung der Quelle dieses Gutes [G-tt]
- die Verharmlosung des Wertes dieses Gutes
- wenig Bewusstsein dafür, wie schnell es ihm genommen werden oder ihn verlassen kann.

Vielmehr wird er es so betrachten, dass er selbst der Schöpfer seines Glücks ist, dass er es mit seiner eigenen Kraft und seinem Einfallsreichtum erworben hat, wie es von Sancheriv geschrieben steht: "Durch die Kraft meiner Hand habe ich es vollbracht" [Jeschaja 10,13], und von Nebukadnezar: "Ist dies nicht das große Babel, das ich mit der Kraft meiner Macht und zur Ehre meiner Herrlichkeit als Königspalast gebaut habe?" [Daniel 4:27], und über Pharao "Mein Fluss ist mein eigen..." [Yechezkel 29:3], und Sie wissen bereits, was auf ihre prahlerischen Proklamationen folgte - die Zerstörung ihres Königreichs und ihres Landes.

Stolz auf geistige Qualitäten lässt sich in zwei Kategorien einteilen, eine verwerfliche und eine lobenswerte.

Das Verwerfliche ist, dass ein Mensch auf seine Weisheit oder ein Gerechter auf seine guten Taten stolz ist. Das führt dazu, dass die Weisheit und die Rechtschaffenheit in seinen Augen überhöht werden, so dass er mit dem zufrieden ist, was er bereits erreicht hat, und denkt, dass ihm der gute Ruf und das Lob, das er von seinen Mitmenschen erhalten hat, genügt. Das führt dazu, dass er auf andere herabschaut, sie verachtet und schlecht über sie spricht, dass er die Weisen seiner Generation in seinen Augen herabsetzt und sich selbst durch die Unzulänglichkeiten und die Unwissenheit anderer Menschen verherrlicht. Unsere Rabbiner seligen Andenkens nennen dies: "Wer Ehre sucht, indem er andere herabsetzt [hat keinen Anteil an der kommenden Welt]". Ein solcher Mensch wird niemals unterwürfig oder demütig sein.

Der Lobenswerte - der Stolz des Weisen auf seine Weisheit oder des Gerechten auf seine guten Taten, wenn es ein Ausdruck seiner Dankbarkeit gegenüber dem Schöpfer ist, dass er ihm dabei sehr geholfen hat, und seiner Freude darüber. Wenn es ihn dazu veranlasst, sich zu verbessern und sich weiter darin zu üben, und wenn es ihn dazu veranlasst, seinen Kollegen gegenüber demütig zu sein, sich über ihren Erfolg zu freuen und sich um ihre Ehre zu sorgen. Ihre Schwächen nicht zu offenbaren und gut von ihnen zu sprechen. Sie zu lieben, sie wohlwollend zu beurteilen und auf ihre Ehre zu achten. Alle seine

Die Pflichten des Herzens Kapitel Sechs Rabbeinu Bachya

eigenen guten Taten werden ihm wenig erscheinen, und er wird sich stets bemühen, sie zu vermehren. Er wird gedemütigt sein durch seine Unfähigkeit, seine Sehnsucht in ihnen zu erreichen. Er wird sich vor jemandem erniedrigen, von dem er hofft, dass er ihm helfen wird, sie zu vermehren. Er wird G-tt dafür dankbar sein, dass er ihn mit Qualitäten beschenkt hat, und er wird Ihm dafür danken, dass Er ihm geholfen hat, erhabene Ebenen zu erreichen.

Diese Art von Arroganz [Vergrößerung] ist der Unterwerfung nicht abträglich und stößt sie nicht ab. Der Vers sagt von Jehoschafat: "Und sein Herz war erhoben in den Wegen des Ewigen" [Divrei Hayamim II 17:6], genau das Gegenteil - solcher Stolz hilft der Demut und erhöht seine Unterwerfung, wie geschrieben steht: "Im Gefolge der Demut kommt die Furcht vor dem Ewigen, Reichtum, Ehre und Leben" [Mischlei 22:4].

Kapitel zehn

Vorteile der Unterwerfung in dieser und der nächsten Welt. Die Vorteile der Unterwerfung in diesseitigen und jenseitigen Angelegenheiten sind sechs Dinge, von denen sich drei auf diesseitige Angelegenheiten und drei auf jenseitige Angelegenheiten beziehen.

Für die Angelegenheiten dieser Welt:

[1] Dass man in seinem Teil glücklich ist. Denn für einen, in den Hochmut und Stolz eingedrungen sind, ist die ganze Welt und alles in ihr nicht genug für seine Bedürfnisse, weil sein Herz aufgebläht ist und weil er mit Verachtung auf den ihm zugeteilten Anteil herabsieht. Wenn er aber demütig ist, hält er sich nicht für besonders verdienstvoll, und so ist er mit dem, was er von den Gütern der Welt erlangt, für seinen Lebensunterhalt und andere Bedürfnisse zufrieden. Das bringt ihm Seelenfrieden und verringert seine Ängste. Er isst, was verfügbar ist, trägt und wohnt mit dem, was er finden kann. Aufgrund seiner Unterwürfigkeit reicht ihm sogar das Minimum der Güter dieser Welt. Aber für den Hochmütigen - die ganze Welt wird seinen Mangel aufgrund des Stolzes seines Herzens und seines Hochmuts nicht stillen, wie der weise Mann sagte: "Der Gerechte isst, um seinen Appetit zu stillen, aber der Magen des Gottlosen wird Mangel leiden" [Mischlei 13,25].

[2] Der demütige Mensch kann es ertragen, wenn er in Schwierigkeiten gerät oder wenn ihm aufgrund seiner Niedrigkeit und seines demütigen Geistes Rückschläge in seinen Angelegenheiten widerfahren. Aber für den stolzen Menschen wird seine Furcht groß sein und seine Fähigkeit,

Die Pflichten des Herzens Kapitel Sechs   Rabbeinu Bachya

es zu ertragen, wird gering sein, wenn er von Schwierigkeiten getroffen wird, weil seine Seele stolz ist, sein Herz hochmütig ist und er mit seinen Angelegenheiten unzufrieden ist, wie es von einem geschrieben wurde, der auf diese Weise war: "Wie bist du vom Himmel gefallen, oh Morgenstern? Du [Nebukadnezar] bist auf die Erde herabgestürzt, du, der du das Los über die Völker geworfen hast" [Jeschaja 14,12].

[3] Der bescheidene Mensch wird in den Augen der Menschen mehr Gunst finden. Er wird von ihnen geliebt und kann sich leicht unter sie mischen und ihre Sitten annehmen.

Es wurde schon über einen König gesagt, der seine Schritte beim Gehen beschleunigte. Er wurde dazu befragt und antwortete: "Weil es mich vom Weg des Stolzes fernhält und ich so auch schneller an mein Ziel komme". Ein weiser Mann wurde gefragt: "Wie hast du es geschafft, als Oberhaupt deiner ganzen Generation akzeptiert zu werden?" Er antwortete: "Weil ich nie einen von ihnen getroffen habe, in dem ich nicht eine Eigenschaft gesehen hätte, in der er größer ist als ich. Wenn er weiser war als ich, schloss ich daraus, dass er G-tt mehr fürchten muss als ich, denn seine Weisheit ist größer als die meine. Wenn er weniger Weisheit besaß als ich, dachte ich, dass er am Tag des Jüngsten Gerichts weniger zur Rechenschaft gezogen werden würde als ich, weil meine Übertretungen mit Wissen und Absicht begangen wurden, während seine im Irrtum begangen wurden. Wäre er älter als ich, würde ich folgern, dass seine Verdienste größer sein müssen als meine, da er vor mir auf die Welt gekommen ist. Wenn er jünger war, dachte ich, dass seine Sünden geringer waren als meine. Wenn er mir an Alter und Weisheit ebenbürtig wäre, würde ich mir sagen: Vielleicht ist sein Herz G-tt mehr zugetan als meines, denn ich weiß von meinen vergangenen Sünden, aber ich weiß nichts von denen, die er begangen hat. Wenn er reicher wäre als ich, würde ich denken, dass er aufgrund seines Reichtums G-tt wahrscheinlich mehr dient als ich, indem er Wohltätigkeitsarbeit leistet und den Armen hilft. Wäre er ärmer als ich, würde ich denken, dass er aufgrund seiner Armut niedriger und demütiger war als ich, und dass er besser ist als ich. Deshalb habe ich nie aufgehört, sie alle zu ehren und mich vor ihnen zu demütigen."

In ähnlicher Weise lehrten unsere Weisen: "Richtet jeden Menschen wohlwollend" [Avos 1,6], "Nehmt jeden Menschen mit einem fröhlichen Gesicht auf" [Avos 1,15], und "Seid sehr, sehr bescheiden im Geist" [Avos 4,4], und "Man sollte immer biegsam sein wie ein Schilfrohr und nicht unnachgiebig wie eine Zeder. Deshalb hat das Schilfrohr es verdient, dass man aus ihm einen Federkiel macht, um eine Sefer Tora, Tefilin und Mezuzot zu schreiben" [Taanis 20b].

Die Pflichten des Herzens Kapitel Sechs Rabbeinu Bachya

[4] Der vierte Vorteil, der sich auf das Leben nach dem Tod bezieht, besteht darin, dass die bescheidene Person der Weisheit näher kommt, da sie sich zu den Weisen hingezogen fühlt, sich ihnen unterwirft und häufig zu ihnen geht, wie geschrieben steht: "Wer mit den Weisen geht, wird weise werden" [Mischlei 13:20]. Unsere Weisen seligen Andenkens sagten: "Lass dein Haus ein Versammlungshaus für die Weisen sein; setz dich in den Staub ihrer Füße und trink durstig von ihren Worten" [Avos 1,4]. G-tt wird ihm helfen, Weisheit zu erlangen, wie geschrieben steht: "Den Demütigen wird Er in Gerechtigkeit leiten, und den Demütigen wird Er seinen Weg lehren" [Tehilim 25,9]. Aber wer ein stolzes Herz hat, wird niemals wahre Weisheit in sich tragen, und er wird niemals das Ziel der klaren Erkenntnis erreichen, weil er sich zu wichtig fühlt, um zu den Weisen und Tora-Gelehrten zu gehen, wie geschrieben steht: "Der Gottlose wird durch den Stolz seines Antlitzes nicht suchen..." [Tehilim 10,4].

[5] Der demütige Mensch beeilt sich seine religiösen Pflichten mit Fleiß und Eifer zu erfüllen. Er wird nicht hochmütig, weil er sie erfüllt, und er nimmt keine von ihnen auf die leichte Schulter, wie unsere Weisen sagten: "Sei so gewissenhaft bei einem leichten Gebot wie bei einem schweren" [Avos 2,1]. Wer aber stolz ist, zögert den Dienst hinaus, weil er hochmütig und aufgeblasen ist. Er merkt das erst, wenn er fällt und sich erniedrigt, wie geschrieben steht: "Sprich zum König und zur Königin: Demütigt euch, setzt euch nieder; denn eure Herrschaft wird herabfallen, die Krone eurer Herrlichkeit" [Jirmija 13:18], und "Sechs Dinge hasst der Ewige, und das siebte ist ein Gräuel für seine Seele: Hochmütige Augen..." [Mishlei 6:16].

[6] Der Dienst des demütigen Menschen ist für G-tt annehmbar, wie geschrieben steht: "Die Opfer G-ttes sind ein zerbrochener Geist; [O G-tt, du wirst ein zerbrochenes und zerschlagenes Herz nicht verachten]" [Tehilim 51:19]. Seine Sünde wird ihm schnell vergeben, wenn er sie bereut, wie geschrieben steht: "Wer seine Sünden verbirgt, dem wird es nicht gelingen, aber wer sie bekennt und aufgibt, der wird Barmherzigkeit erlangen" [Mischlei 28,13], und "Wenn Menschen niedergeschlagen werden, dann sollst du sagen: Es gibt eine Erhöhung, und Er wird den Demütigen retten" [Ijow 22,29].

SCHLUSSWORTE

Diese zehn Wurzeln der Unterwerfung werden dir, mein Bruder, die übrigen Eigenschaften dieser wichtigen, höchst erhabenen Tugend verdeutlichen, die ich in diesem Tor nicht erwähnt habe. Erinnere dich

Die Pflichten des Herzens Kapitel Sechs   Rabbeinu Bachya

also an das, was ich dir über diese Tugend ins Gedächtnis gerufen habe. Stelle es dir vor Augen. Denke immer darüber nach. Bemühe dich, sie zu erwerben. Prüfe sie ständig mit deiner Seele und deinen Fähigkeiten. Suche die Hilfe G-ttes dabei. Flehe Ihn darum an, damit du Ihm näher kommst und Seine Gunst erlangst. Vielleicht wird Er es tun und dich auf diese Tugend ausrichten und dir damit den Weg zu Ihm bereiten, so wie die Frommen nach ihren Gebeten bitten würden: "O G-tt, bewahre meine Zunge vor dem Bösen und meine Lippen vor dem Betrug. Hilf mir, im Angesicht des Spottes zu schweigen, und lass meine Seele für alle wie Staub sein." Hüte dich vor den Einbildungen deines Herzens und den Verlockungen des Yetzer [der bösen Neigung], die dich zu Hochmut, Arroganz, Stolz, Herrschsucht, Selbstverherrlichung und Dominanz verführen wollen. Schon der weise Mann hat uns mit den Worten ermahnt, welchen Weg ein Mensch in dieser Welt einschlagen sollte: "Zwei Dinge habe ich von dir verlangt ... Entferne von mir Eitelkeit und Lüge: [Gib mir weder Armut noch Reichtum]; gib mir mein tägliches Brot. [Damit ich nicht satt werde und leugne und sage: "Wer ist der Ewige? Oder damit ich nicht arm werde und stehle" [Mischlei 30,7-9].
Wache auf, mein Bruder! Entziehe dich nicht der Heilung der Krankheit des Stolzes in deiner Seele und in deinen Zügen mit der Medizin, die ich dich gelehrt habe. Lass dich nicht davon abhalten, dass du beobachtest, wie die Massen die Heilung ihrer Seelen von dieser Krankheit vernachlässigen, indem du zu dir sagst: "Ich werde das gleiche Schicksal wie sie teilen". Denn wenn ein Blinder die Tränke findet, die ihm nützen und ihn heilen können, wenn er sie anwendet, ist es nicht richtig, dass er ihre Anwendung hinauszögert und sagt: "Ich werde das gleiche Schicksal wie meine blinden Freunde teilen". Jeder, der ihn eine solche Aussage machen hörte, würde seine Worte verachten und seine Überlegungen ins Lächerliche ziehen. Demnach prüfe deine Seele und bemühe dich mit aller Kraft um ihr Wohlergehen. Vernachlässige nicht das, was dir in dieser und in der nächsten Welt zugute kommt, damit du nicht stirbst, ohne deine Sehnsucht nach hohen geistigen Ebenen zu erfüllen, die du zu erreichen fähig bist, wie der weise Mann sagte: "Das Verlangen eines faulen Mannes wird seinen Tod herbeiführen, denn seine Hände weigern sich zu arbeiten" [Mischlei 21,25], und "Ich ging an den Feldern eines faulen Mannes vorbei und an dem Weinberg eines Mannes ohne Verstand. Und siehe, überall wuchsen Disteln, und Nesseln bedeckten seine Oberfläche, und sein steinerner Zaun war niedergerissen" [Mischlei 24,30], wie auch in anderen Geschichten beschrieben.
Möge der Allmächtige uns und euch in seiner Barmherzigkeit und Güte den Weg zu seinem Dienst lehren. Amen.

Die Pflichten des Herzens

Kapitel Sieben

Siebte Abhandlung über die Buße

Einleitung

Da wir uns in der vorangegangenen Diskussion mit dem Thema der Unterwerfung befasst haben, die die Wurzel und der Anfang der Umkehr ist, hielt ich es für angebracht, im Anschluss daran die wesentlichen Teile der Umkehr und die Wege zu ihrer Vollendung zu erläutern.

Ich beginne mit dem Zwang und der Notwendigkeit zur Umkehr. Denn es ist uns schon durch die Vernunft und die Schrift klar, dass der Mensch bei der Erfüllung seines Dienstes am Schöpfer, zu dem er verpflichtet ist, versagt.

Durch die Vernunft: Durch das, was wir am Menschen beobachten, seine wechselnde Natur, seine Zusammensetzung aus verschiedenen Elementen, seine gegensätzlichen Naturen, seine wechselnden Stimmungen und Gefühle, die Veränderung der Umstände, die sein Verhalten motivieren. All dies führt unweigerlich zu Veränderungen in seinen Handlungen, je nachdem, in welchem Zustand er sich befindet, z. B. vom Anständigen zum Unanständigen, vom Bösen zum Gerechten, vom Guten zum Bösen. Deshalb war es notwendig, dass die Thora ihn vom Bösen abhält und zum Guten hinführt.

Mittels der Heiligen Schrift: Unter anderem, was der Vers sagt: "denn die Einbildung des menschlichen Herzens ist böse von Jugend auf" [Bereischis 8:21], und "der Ewige sah, dass die Bosheit des Menschen groß war auf Erden und dass jede Einbildung der Gedanken seines Herzens immer nur böse war" [Bereischis 6: 5], und "der Mensch ist geboren als ein wildes Eselsfohlen" [Ijow 11,12], und "Siehe, der Mond hat keinen Glanz" [Ijow 25,5] und "wie viel weniger der Mensch, der ein Wurm ist, und der Sohn des Menschen, der nur eine Made ist! " [Ijow 25,6], und "[Wie kann dann der Mensch vor G-tt gerechtfertigt werden,] oder wie kann er rein sein, der von einer Frau geboren ist?" [Ijow 25,4].

Die Pflichten des Herzens Kapitel Sieben   Rabbeinu Bachya

Da wir die Realität geklärt haben, dass die Handlungen des Menschen unzureichend sind, war es aus g-ttlicher Gnade für den Menschen, dass der Schöpfer ihm die Möglichkeit gab, seinen Fehler zu korrigieren und den Verlust seines Dienstes durch Reue zurückzugeben. G-tt ermutigte die Sache und versprach [ihre Wirksamkeit] durch seine Diener, die Propheten. Und Er erweiterte die möglichen Entschuldigungen [Rechtfertigungen] für den Menschen, der vom Weg Seines Dienstes abkam, und versprach uns, dass Er diese Entschuldigungen von uns annehmen und schnell in uns begehren würde, selbst wenn wir gegen Sein Wort rebellierten und Seinen Bund für eine lange Zeit brachen, wie geschrieben steht: "Und wenn ein Bösewicht seine Bosheit bereut und Recht und Gerechtigkeit übt, so wird er dadurch leben..." [Yechezkel 33:19].

Da die Zadikim [Gerechten] in zwei Kategorien fallen: [1] diejenigen, die von Sünde und Ungerechtigkeit gerettet wurden, [2] diejenigen, die gesündigt, aber bereut haben. Da die überwiegende Mehrheit der Zadikim zur zweiten Kategorie gehört, beginnt der Psalmist mit den Worten: "Wie selig ist der, dessen Übertretung vergeben und dessen Sünde zugedeckt ist" [Tehilim 32,1], und spricht dann von der ersten Kategorie.

Und obwohl diejenigen, die gerettet werden, bevor sie sündigen, auf einer höheren Stufe stehen [als die Reumütigen], da jeder Reumütige ein Zadik war, bevor er sündigte, aber nicht jeder Zadik war ein Reumütiger. Und David sagte von ihnen: "Wie gesegnet ist der Mann, dem der Ewigen keine Schuld anrechnet" [Tehilim 32:2], und der Grund, warum er sie an zweiter Stelle erwähnte, ist, dass es in jeder Generation nur wenige von ihnen gibt, wie geschrieben steht: "Wenn Du, Ewiger, die Missetaten zählen würdest, Ewiger, wer könnte bestehen?" [Tehilim 130:3], und "Denn es gibt keinen Gerechten auf Erden, der Gutes tut und nicht sündigt" [Koheles 7:20], und "denn es gibt keinen Menschen, der nicht sündigt" [Melachim 8:46].

Aus diesem Grund haben unsere Rabbiner am Anfang unserer [Amida-]Gebete die Frage der Reue und der Vergebung eingeführt, indem sie sagten: "harotze biteshuva" [der die Reue wünscht] und "hamarbe lisloach" [der reichlich vergibt].

Es ist nun angebracht, dass wir zehn Dinge zum Thema Reue klären:
1. Was ist Reue?
2. Was sind ihre Bestandteile?
3. Was sind die Voraussetzungen für Reue?
4. Eine Erklärung ihrer wesentlichen Elemente.
5. Die Bedingungen für jedes Element.

Die Pflichten des Herzens Kapitel Sieben Rabbeinu Bachya

6. Welche Dinge bewegen den Menschen zur Reue?
7. Welche Dinge sind der Reue abträglich?
8. Ist der Reumütige dem Zadik, der nie gesündigt hat, gleichgestellt?
9. ob es möglich ist, jede Sünde zu bereuen oder nicht?
10. Welche Strategie sollte derjenige anwenden, dem die Reue schwerfällt?

In diesem Kapitel werden wir die verschiedenen Arten der Reue und ihre Verpflichtungen vervollständigen, durch deren Erfüllung wir mit G-tt's Hilfe hoffen, Vergebung für unsere Übertretungen zu erhalten.

Kapitel Eins

Was ist Reue? In Bezug auf die Frage, was Reue ist, sage ich, dass Reue bedeutet, dass ein Mensch sich fit macht, um den Dienst des Schöpfers wieder aufzunehmen, nachdem er ihn verlassen und gegen ihn verstoßen hat, und um das wiederherzustellen, was er darin verloren hat. Dies könnte der Grund sein für:
- Unwissenheit über G-tt und über die Dinge, Ihm zu dienen.
- seine böse Neigung hatte seinen Verstand überwältigt
- Vernachlässigung seiner Pflichten gegenüber G-tt
- der Umgang mit schlechter Gesellschaft, die ihn zur Sünde verleitet,
oder andere ähnliche Gründe, wie der weise Mann sagte: "Mein Sohn, wenn dich die Sünder verführen, so willige nicht ein" [Mischlei 1,10], und "Mein Sohn, fürchte den Ewigen und den König, und gib dich nicht mit denen ab, die dem Wandel ergeben sind" [Mischlei 24,21].

Der Rückzug aus dem Dienst G-ttes kann auf zweierlei Weise erfolgen, entweder [1] indem man aufgibt und ignoriert, was der Schöpfer uns befohlen hat, oder [2] indem man das tut, wovor Er uns gewarnt hat, in der Absicht, gegen seinen Schöpfer zu rebellieren.

Wenn sein Rückzug aus dem Dienst nur darin besteht, das aufzugeben, was der Schöpfer befohlen hat [aber nicht das zu tun, wovor er gewarnt hat], dann wird die Reue für seine Verfehlungen darin bestehen, sich in den richtigen Handlungen zu üben und an den Wurzeln der Reue festzuhalten, die ich in diesem Tor erläutern werde.

Wenn sein Rückzug darin bestand, das zu tun, wovor der Schöpfer gewarnt hat, dann wird der Weg zur Wiedergutmachung seines Versagens darin bestehen, sich davor zu hüten, in irgendeiner Form zu dieser Handlung zurückzukehren, sich zu bemühen, das Gegenteil zu tun, und sich an die Wurzeln und Bedingungen der Reue zu klammern, die ich in diesem Tor mit G-tt's Hilfe klären werde.

Eine Analogie dazu in Bezug auf natürliche Dinge. Ein Mensch wird

Die Pflichten des Herzens Kapitel Sieben   Rabbeinu Bachya

krank, weil er sich schlecht ernährt hat, sei es, weil er auf gesundheitsfördernde Nahrungsmittel verzichtet hat, sei es, weil er etwas gegessen hat, das ihm schadet und so seine Gesundheit ruiniert hat.

Wenn seine Krankheit darauf zurückzuführen ist, dass er sich von der richtigen Nahrung ernährt hat, besteht der Weg, ihn wieder gesund zu machen, darin, dass er eine größere Menge der richtigen Nahrungsmittel, die mit seiner Natur vereinbar sind, zu sich nimmt, bis er zu seinem richtigen Gleichgewicht zurückkehrt. Nachdem er sein ursprüngliches Gleichgewicht wiedererlangt hat, kann er seine Ernährung auf normale Mengen reduzieren.

Wenn seine Krankheit auf den gewohnheitsmäßigen Verzehr von Nahrungsmitteln zurückzuführen ist, die ihm schaden [z. B. zu viele scharfe Speisen], besteht der Weg seiner Heilung darin, auf diese oder ähnliche Nahrungsmittel zu verzichten und gewohnheitsmäßig Nahrungsmittel entgegengesetzter Art und Zusammensetzung [z. B. nicht scharf] zu essen, bis er zu seinem ursprünglichen Zustand zurückkehrt. Wenn seine Gesundheit wiederhergestellt ist und er einen ausgeglichenen Zustand erreicht hat, kann er Lebensmittel essen, die von ihrer Beschaffenheit und Zusammensetzung her in der Mitte liegen [z. B. mild gewürzt], und der Vers vergleicht bereits moralische Missetaten mit schlechter Nahrung, wie geschrieben steht: "Ein jeder aber wird um seiner eigenen Schuld willen sterben. Wer saure Trauben isst, dem werden die Zähne ausgeschlagen" [Yirmiya 31:29].

Kapitel Zwei

Welche Bestandteile gibt es? Es gibt drei Arten der Reue:
[1] Einer, der bereut, weil er keine Gelegenheit [oder die Mittel] hat, die Übertretung zu wiederholen. Aber wenn er die Gelegenheit findet, überwältigt seine böse Neigung seinen Verstand, und er hält sich nicht davon zurück. Nachdem er die Tat vollbracht hat, erkennt er die Schändlichkeit seiner Tat und bereut, was er getan hat. Dieser Mensch hat mit dem Mund bereut, aber nicht mit dem Herzen, mit den Lippen, aber nicht mit den Taten, und er ist schuldig und verdient die Strafe des Schöpfers. Von einem solchen Menschen steht geschrieben: "Willst du stehlen, morden, die Ehe brechen und falsch schwören... und kommst und stehst vor Mir in diesem Haus, das nach Meinem Namen genannt ist, und sagst: 'Wir sind gerettet'...? Ist dieses Haus, das nach Meinem Namen benannt ist, in euren Augen eine Räuberhöhle geworden?" [Yirmiya 7:9].
[2] Einer, der in seinem Herzen und in seinen Taten bereut. Sein Verstand widersteht seiner bösen Neigung. Er übt sich darin, sein inneres Wesen

Die Pflichten des Herzens Kapitel Sieben   Rabbeinu Bachya

zu disziplinieren und seine Begierden zu bekämpfen, bis er sie besiegt und sie von dem zurückhält, was dem Schöpfer verhasst ist. Aber sein inneres Wesen will ihn immer in das Gegenteil des Dienstes G-ttes ziehen und sehnt sich danach, Übertretungen zu begehen. Er strengt sich an, es zu zügeln. Manchmal besiegt er es, manchmal besiegt es ihn. Diese Person ist nicht vollständig auf dem Weg der Reue. Sie wird keine Sühne bewirken, bis sie den Sünden vollständig abschwört, wie geschrieben steht: "Dadurch wird die Schuld Jakobs gesühnt werden, und dies wird die volle Frucht der Beseitigung seiner Sünde sein: wenn er alle Steine der Altäre wie zermalmte Kreidesteine macht, wird kein Ascherim oder Räucheraltar stehen bleiben" [Jeschaja 27,9].

[3] Ein Mensch, der alle Bedingungen der Reue erfüllt hat [wie später erklärt wird], das heißt, seinen Verstand über seine Begierden gestärkt hat und sich daran gewöhnt hat, persönlich Rechenschaft abzulegen [siehe Tor#8], fürchtet seinen Schöpfer, hat Ehrfurcht vor Ihm, betrachtet die Größe seiner Sünde und seines Irrtums, erkennt die unendliche Größe dessen, gegen den er rebelliert hat, und dessen Wort er übertreten hat, stellt sich seine Sünden immer vor Augen, bereut sie und betet für sie um Vergebung, alle Tage seines Lebens, bis sein endgültiges Ende kommt - für den Schöpfer ist diese Person würdig, verschont zu werden.

Kapitel Drei

Was ein Mensch wissen muss, um Buße zu tun: Was sind die Voraussetzungen für Buße? Ich sage dazu, dass der Reue sieben Dinge vorausgehen müssen, um wirksam zu sein:

[1] Der Reumütige muss klar verstehen, dass er eine schändliche Tat begangen hat. Denn wenn ihm das nicht klar ist und er daran zweifelt oder es nicht weiß, ist es ihm nicht möglich, es zu bereuen und um Vergebung zu bitten, wie geschrieben steht: "Denn ich kenne meine Übertretungen, und meine Sünde ist immer vor mir" [Tehilim 51,5]

[2] Er muss die Schwere seiner Sünde und ihre Schändlichkeit begreifen, denn wenn ihm nicht klar ist, dass seine Tat böse war, wird er sie nicht bereuen und auch nicht die Bedingungen der Reue für sie annehmen. Er wird sich einbilden, dass seine Tat unbeabsichtigt ist und dass er sich leicht rechtfertigen kann, wie geschrieben steht: "Aber wer kann seine eigenen Fehler erkennen? Verzeiht mir meine verborgenen Fehler" [Tehilim 19:13].

[3] Dass er sich der Strafe bewusst ist, zu der die Tat verpflichtet. Denn wenn er dies nicht weiß, bringt ihn die Not nicht dazu, die Tat zu bereuen. Wenn ihm aber klar ist, dass er dafür bestraft werden wird, wird er es

Die Pflichten des Herzens Kapitel Sieben Rabbeinu Bachya

hinterher bereuen und um Vergebung bitten, wie geschrieben steht: "Denn nach meiner Rückkehr habe ich meine Meinung völlig geändert, und nachdem ich mich selbst kennengelernt hatte [die Strafen, die auf mich warten], schlug ich mir auf die Schenkel" [Yirmiyahu 31:18], und "Mein Fleisch sträubt sich vor Furcht vor Dir, und ich fürchte mich vor Deinen Urteilen" [Tehillim 119:120].

[4] Er muss sich bewusst machen, dass seine Sünde auf Vergeltung wartet und in das Buch seiner Sünden eingeschrieben ist. Sie kann nicht vernachlässigt, vergessen oder übersehen werden, wie geschrieben steht: "Ist sie nicht bei Mir aufbewahrt, versiegelt in Meinen Schatzkammern?" [Devarim 32:34], und "Durch die Hand eines jeden Menschen versiegelt er, damit jeder Mensch seine Tat erkennt" [Ijow 37:7]. Denn wenn man denkt, dass die Sünde, da sie bis jetzt nicht bestraft wurde, verworfen ist und nicht mehr ansteht, dann wird man sie nicht bereuen und auch nicht um Vergebung bitten, wie geschrieben steht: "Weil das Urteil über eine böse Tat nicht schnell vollstreckt wird, darum sind die Herzen der Menschen ganz darauf eingestellt, Böses zu tun" [Koheles 8,11].

[5] Er muss völlig davon überzeugt sein, dass die Reue das Heilmittel für seine Krankheit und der Weg zur Genesung von seiner bösen Tat und seinem schändlichen Verhalten ist, und dass er durch sie seinen Irrtum korrigieren und das wiedererlangen wird, was er verloren hatte. Denn wenn ihm das nicht klar ist, wird er verzweifeln, wenn er die Sühne und Barmherzigkeit des Schöpfers erlangt, und er wird nicht um Vergebung für vergangene Ungerechtigkeiten bitten, wie geschrieben steht: "So hast du gesprochen und gesagt: Denn unsere Übertretungen und unsere Sünden liegen auf uns, und wir zerfließen wegen ihnen; wie sollen wir dann leben?" [Yechezkel 33:10], und der Schöpfer hat ihnen durch seinen Propheten geantwortet: "Sprich zu ihnen: So wahr ich lebe, spricht G-tt, der Ewige, ich will nicht, dass der Gottlose stirbt, sondern dass er umkehrt, damit er lebt. Tut Buße, tut Buße von euren bösen Wegen, denn warum solltet ihr sterben, Haus Israel]" [Yechezkel 33:11].

[6] Er muss eine geistige Abrechnung [siehe Tor#8] mit sich selbst über die Güte, die der Schöpfer ihm bereits zuteil werden ließ, und darüber, wie er sich gegen Ihn aufgelehnt hatte, anstatt für sie dankbar zu sein. Er sollte die Strafe der Sünde in der nächsten Welt gegen das Vergnügen [das er von der Sünde in dieser Welt hatte] abwägen, und die süße Glückseligkeit der Belohnung für gute Taten, die er in der nächsten Welt erhalten wird, gegen das Leid, das er [hier] hat, wenn er sie tut, wie unsere Weisen lehrten: "Betrachte den Verlust, der durch das Verrichten einer Mitzwa entsteht, gegen ihren Lohn und den Gewinn, der durch das Verrichten einer Sünde entsteht, gegen den Verlust, den sie mit sich

Die Pflichten des Herzens Kapitel Sieben Rabbeinu Bachya

bringt" [Avos 2:1].

[7] Er muss sich selbst sehr stärken, um das Leiden zu ertragen, das durch den Verzicht auf das Böse, dem er verfallen war, entsteht, und er muss innerlich und äußerlich fest entschlossen sein, darauf zu verzichten, wie geschrieben steht: "Und zerreißt eure Herzen und nicht eure Kleider" [Joel 2,13].

Nur wenn der Sünder diese sieben Dinge beherzigt, kann er seine Sünden wirksam bereuen.

Kapitel Vier

Die wesentlichen Bestandteile der Reue sind vier:
1. Die Reue über die begangenen Sünden.
2. Dass er sie aufgibt und sich von ihnen abwendet.
3. Dass er sie bekennt und um Vergebung dafür bittet, dass er sie begangen hat.
4. Dass er sich mit Herz und Seele vornimmt, sie nicht zu wiederholen.

1. Reue ist ein Zeichen dafür, dass die Sünde in seinen Augen schändlich ist, wie geschrieben steht: "Wer es weiß, wird umkehren und bereuen und einen Segen zurücklassen" [Yoel 2:14]. Es wird von jemandem gesagt, der lange Zeit in seinen Sünden verharrt: "Kein Mensch bereut seine Bosheit" [Jirmijahu 8,6].

Wir selbst können in den zwischenmenschlichen Beziehungen sehen, dass, wenn derjenige, der seinem Mitmenschen Unrecht getan hat, Reue darüber zeigt, dass er ihm Unrecht getan hat, dies der stärkste Faktor dafür sein wird, dass sein Mitmensch ihm vergibt.

2. Der Verzicht [auf die Sünde] ist ein Zeichen seines festen Glaubens an Lohn und Strafe, wie geschrieben steht: "Der Gottlose soll seinen Weg aufgeben und der Frevler seine Gedanken, und er soll sich zu dem Ewigen bekehren, der sich seiner erbarmt, und zu unserem G-tt, denn Er vergibt reichlich" [Jeschaja 55,7]. Von einem, der lange Zeit auf seinem Weg verharrt, sagt der Prophet: "Über die Ungerechtigkeit seines Begehrens wurde ich zornig und schlug ihn, und er ging weiter auf dem Weg seines Herzens" [Jeschaja 57,17]. In ähnlicher Weise können wir unter den Menschen beobachten, dass, wenn jemand seinem Mitmenschen Unrecht getan hat und neben dem Ausdruck des Bedauerns auch aufhört, ihm Unrecht zu tun, es angemessen ist, ihm zu vergeben und die Missetat zu übersehen.

3. Das Bitten um Vergebung zeigt Unterwerfung und Demut vor G-tt, und das Bekenntnis der eigenen Sünde ist ein Grund für Vergebung,

Die Pflichten des Herzens Kapitel Sieben Rabbeinu Bachya

wie geschrieben steht: "Wer sie bekennt und abschwört, wird Barmherzigkeit erlangen" [Mischlei 28,13]. Im Hinblick auf das Gegenteil davon heißt es: "Siehe, ich werde mit dir streiten, weil du sagst: Ich habe nicht gesündigt" [Jirmijahu 2,35], und "wer seine Übertretungen verheimlicht, wird keinen Erfolg haben" [Mischlei 28,13]. In ähnlicher Weise können wir unter den Menschen beobachten, dass, wenn jemand seinem Mitmenschen Unrecht tut und sich danach vor ihm demütigt und zugibt, dass er gegen ihn gesündigt und ihm Unrecht getan hat, und ihn um Vergebung bittet, und der Mitmensch erkennt, dass er das von ihm begangene Unrecht aufrichtig bereut, der Mitmensch es nicht unterlassen wird, ihm zu vergeben, und über die Untat hinwegsehen wird, und der Groll in seinem Herzen gegen ihn beseitigt wird.

4. Der Entschluss, [die Sünde] nicht zu wiederholen, spiegelt die Einsicht in die Schlechtigkeit seiner Tat und die Schwere seiner Sünde wider, wie geschrieben steht: "Wenn ich ein Unrecht begangen habe, so will ich es nicht mehr tun" [Ijow 34,32], und "Assur wird uns nicht retten ... und wir werden nicht mehr zu dem Werk unserer Hände sagen: Ihr seid unsere Götter" [Hoschea 14,4]. Von einem, der das Gegenteil tut, heißt es: "Kann der Äthiopier seine Haut wechseln, oder der Leopard seine Flecken? so möget auch ihr Gutes tun, die ihr gewohnt seid, Böses zu tun" [Jirmija 13,23]. Und ähnlich können wir unter den Menschen beobachten, dass, wenn einer, der seinem Mitmenschen Unrecht getan hat, sich vornimmt, ihm nicht noch einmal Unrecht zu tun, und zeigt, dass er seine Sünde bereut und aufgibt und sie bekennt, dies die Gründe vervollständigt, die zur Vergebung und zur Beseitigung seiner Schuld führen und die Strafe von ihm aufheben.

Wenn der Büßer diese vier Komponenten mit ihren Bedingungen kombiniert, die wir [im nächsten Kapitel] erläutern werden, wird der Schöpfer dem Sünder seine Missetat vergeben und seine Übertretung übersehen. Wenn es sich um eine Sünde der Art handelt, wie sie geschrieben steht: "er wird ihn nicht für schuldlos halten" [Schmos 20:7], wie z.B. ein falscher Eid oder Ehebruch, wird der Schöpfer seine Strafe im Diesseits mildern und ihm im Olam Haba [Jenseits] Gnade erweisen, und er wird in die Gruppe der Tzadikim [Gerechten] aufgenommen, wie geschrieben steht: "Und es wird ein Erlöser kommen nach Zion und zu denen, die die Übertretung in Jakob bereuen, spricht der Ewige" [Jeschaja 59: 20], und "Wenn du umkehrst, o Israel, spricht der Ewige, so wirst du zu mir zurückkehren" [Jirmija 4,1], und "so spricht der Ewige: Wenn du umkehrst, so will ich dich wiederbringen, und du sollst vor mir stehen" [Jirmija 15,19].

Die Pflichten des Herzens Kapitel Sieben Rabbeinu Bachya

Kapitel Fünf

Die Bedingungen für die [vier] wesentlichen Komponenten der Reue sind sehr zahlreich. Ich werde von ihnen nur zwanzig Bedingungen erwähnen. Daher werden wir fünf Bedingungen für jede der vier Komponenten erläutern. Durch diese Bedingungen werden die entsprechenden Komponenten vervollständigt.
Unter den Bedingungen für Reue sind die folgenden fünf:
[1] Die Furcht vor der bevorstehenden Strafe des Schöpfers für die bereits begangenen Sünden, und dass sich seine Reue dadurch verstärkt, wie geschrieben steht: "Gebt dem Ewigen, eurem G-tt, die Ehre, bevor Er die Finsternis herbeiführt [und bevor eure Füße über die dunklen Berge stolpern, und, während ihr nach Licht sucht, Er es in den Schatten des Todes verwandelt und es zu tiefer Finsternis macht]" [Yirmiya 13:16].
[2] Er sollte wegen seiner Sünden ein zerbrochenes Herz haben und sich vor G-tt demütigen, wie geschrieben steht: "Wenn Mein Volk, über dem Mein Name angerufen ist, sich demütigt [und betet und Meine Gegenwart sucht und ihre bösen Wege bereut, dann werde Ich vom Himmel her hören und ihre Sünde vergeben...]" [Divrei Hayamim II 7:14].
[3] Er sollte seine Kleidung und seinen Schmuck wechseln und Zeichen der Reue in seiner Rede, in seinem Essen und in all seinem Verhalten zeigen, wie geschrieben steht: "Darum gürtet euch mit Sacktuch, klagt und jammert [denn der grimmige Zorn des Ewigen hat sich nicht von uns abgewandt]" [Yirmiya 4: 8], und "Mensch und Tier sollen sich in Säcke hüllen [und mächtig zu G-tt schreien, ein jeder soll sich von seinem bösen Weg abwenden und von der Unterdrückung, die in ihren Händen ist]" [Yona 3,8].
[4] Durch Tränen, Klagen und Jammern sollte der Büßer seine Reue über die begangene Sünde zum Ausdruck bringen, wie geschrieben steht: "Ströme von Wasser fließen über meine Augen, weil sie deine Gebote nicht gehalten haben" [Tehilim 119:136], und "Lass die Priester, die Diener des Ewigen, zwischen der Vorhalle und dem Altar weinen" [Yoel 2:17].
[5] Er soll seine Seele tadeln und innerlich beschämen, weil er seine Verpflichtungen gegenüber dem erhabenen Schöpfer nicht erfüllt hat, wie geschrieben steht: "Und zerreißt eure Herzen und nicht eure Kleider und wendet euch dem Ewigen, eurem G-tt, zu" [Joel 2:13].
Die Bedingungen für den Verzicht [auf die Sünde] sind ebenfalls fünf, wie folgt:
[1] Verzicht auf alles, wovor der Schöpfer gewarnt hat, wie geschrieben

Die Pflichten des Herzens Kapitel Sieben   Rabbeinu Bachya

steht: "Hasst das Böse und liebt das Gute" [Amos 5,15], und "...hütet seine Hand davor, etwas Böses zu tun" [Jeschaja 56,2], und "der Gottlose soll seinen Weg verlassen" [Jeschaja 55,7].

[2] Sich des Erlaubten zu enthalten, wenn es zu etwas Verbotenem führen könnte, wenn man im Zweifel ist, ob es erlaubt oder verboten ist. Von einigen Frommen wird gesagt, dass sie sich von siebzig erlaubten Dingen fernhalten, weil sie fürchten, eine verbotene Sorte zu nehmen. Das ist wie die rabbinischen Zäune, die unsere Weisen uns befahlen, indem sie sagten: "Macht Zäune für die Tora" [Avos 1:1].

[3] Der Verzicht auf die Sünde, während man die Fähigkeit und Gelegenheit hat, sie zu wiederholen, und dass man sie nur aus Furcht vor der Strafe des Schöpfers unterlässt, wie geschrieben steht: "Mein Fleisch sträubt sich vor Furcht vor Dir, und ich fürchte Deine Gerichte" [Tehilim 119:120].

[4] Dass man die Sünde aus einem Gefühl der Scham vor dem Schöpfer aufgibt und nicht aus Furcht vor den Menschen oder weil man sich einen Nutzen von ihnen erhofft oder weil man sich ihrer schämt. Er sollte nicht wie jene sein, von denen der Vers spricht: "Mit ihren Lippen ehren sie Mich, aber ihr Herz ist weit weg von Mir. Ihre Ehrfurcht vor Mir besteht aus auswendig gelernten Traditionen" [Jeschaja 29:13], und "Jehoasch tat, was in den Augen des Ewigen richtig war, all die Tage, an denen Jehojada, der Priester, ihn unterwies" [Melachim II 12:3, was bedeutet, dass er nach dem Tod von Jehojada, seinem Lehrer, aufhörte, zu tun, was richtig war].

[5] Dass man das Böse aufgibt, eine dauerhafte Aufgabe - um nicht in sein Herz zu kommen und es zu wiederholen. Er sollte in seinem Herzen beschließen und in der Rede sagen, was der fromme Mann sagte: "Wenn ich Unrecht getan habe, werde ich es nicht mehr tun" [Ijow 34:32].

Die Bedingungen für die Bitte um Vergebung sind ebenfalls fünf:

[1] Der Büßer sollte seine Sünden bekennen und sich ihrer Ungeheuerlichkeit in seinen Augen und in seinem Herzen bewusst werden, wie geschrieben steht: "Denn unsere Übertretungen gegen Dich sind zahlreich, und unsere Sünden haben gegen uns Zeugnis abgelegt" [Jeschaja 59,12].

[2] Er soll sich immer an sie erinnern und sie vor sein Gesicht stellen, wie geschrieben steht: "Denn ich kenne meine Übertretungen, und meine Sünde ist immer vor mir" [Tehilim 51,5].

[3] Er sollte tagsüber fasten und nachts beten, wenn sein Geist frei ist und er nicht von weltlichen Dingen abgelenkt wird, wie geschrieben steht: "Stehe auf, schreie in der Nacht, [... schütte dein Herz aus wie Wasser vor dem Angesicht des Ewigen]" [Eicha 2,19]. Ich werde später

Die Pflichten des Herzens Kapitel Sieben Rabbeinu Bachya

erklären, wie wichtig das nächtliche Gebet mit G-ttes Hilfe ist [Tor 10, Kapitel 6].

[4] Daß man G-tt anfleht und Ihn ständig bittet, seine Sünden zu sühnen, ihm zu vergeben und seine Reue anzunehmen, wie geschrieben steht: "Darum laß jeden, der fromm ist, zu Dir beten, wenn Du gefunden wirst" [Tehilim 32:6], und "Ich bekannte Dir meine Sünde, und meine Missetat verbarg ich nicht; ich sprach: 'Ich will dem Ewigen meine Übertretungen bekennen'; und Du vergabst die Schuld meiner Sünde" [Tehilim 32:5].

[5] Dass man sich bemüht und anstrengt, andere Menschen vor Sünden zu warnen, die den seinen ähnlich sind, und sie aufzurütteln, die Strafen zu fürchten, die [durch die Sünden] entstanden sind, und sie daran zu erinnern, von ihnen umzukehren, wie geschrieben steht: "Vielleicht wird G-tt sich bekehren und nachsichtig sein und sich von seinem grimmigen Zorn abwenden, damit wir nicht umkommen?" [Yona 3:9], und "Ich werde die Übertreter Deine Wege lehren, und die Sünder werden zu Dir zurückkehren" [Tehilim 51:15].

Die Bedingungen für den Entschluss, nicht zu wiederholen, vor denen der Schöpfer gewarnt hat, sind ebenfalls fünf:

[1] Abwägen zwischen einem unmittelbaren, flüchtigen und gemischten Vergnügen und einem zukünftigen, beständigen und ewigen Vergnügen, das rein, ohne Dunkelheit und ohne jede Vermischung mit Schmerz ist. Und einen unmittelbaren, flüchtigen Schmerz, der nicht von Dauer ist, gegen einen zukünftigen Schmerz abzuwägen, der ewig und ohne Unterbrechung ist.

Was die Freude [im Jenseits] betrifft, so steht geschrieben: "Und wenn ihr das seht, wird euer Herz frohlocken" [Jeschaja 66,14], und "die Sonne der Barmherzigkeit wird aufgehen mit Heilung auf ihren Flügeln für euch, die ihr meinen Namen fürchtet. Dann werdet ihr hinausgehen und reich sein wie gemästete Kälber" [Maleachi 3,20], während über die Schmerzen geschrieben steht: "Und sie werden hinausgehen und auf die Leichen der Menschen schauen, die sich an mir vergangen haben; denn ihr Wurm wird nicht sterben, und ihr Feuer wird nie verlöschen; [und sie werden ein ewiger Schrecken sein für alles Fleisch]" [Jeschaja 66,24], und "Denn siehe, es kommt der Tag, der brennen wird wie ein Ofen, und alle dreisten Sünder und alle, die Böses getan haben, werden Stoppeln sein. Und die Sonne, die kommt, wird sie verbrennen, dass sie weder Wurzel noch Zweig übrig lässt, spricht der Ewige der Heerscharen" [Maleachi 3,19]. Wenn der Sünder sich diese Sache zu Herzen nimmt, wird er es für richtig halten, sich zu verpflichten, seine Sünde nicht zu wiederholen.

[2] Er sollte sich das Kommen seines Todestages zu Herzen nehmen,

Die Pflichten des Herzens Kapitel Sieben   Rabbeinu Bachya

wenn der Schöpfer über ihn zornig sein wird, weil er seine Pflichten vernachlässigt hat, wie geschrieben steht: "Wer aber kann den Tag seines Kommens ertragen, und wer wird bestehen, wenn er erscheint; denn er wird sein wie ein loderndes Feuer, das Metall läutert" [Maleachi 3,2]. Wenn er sich das zu Herzen nimmt, muss er seine Strafe fürchten und wird sich fest vornehmen, nicht zu wiederholen, was den Zorn des Schöpfers auf ihn ziehen wird.

[3] Er sollte sich die Tage zu Herzen nehmen, in denen er sich von G-tt abgewandt hat und sich nicht um Seinen Dienst gekümmert hat, obwohl Er ihm in dieser Zeit immer wieder Gutes getan hat, wie geschrieben steht: "Denn von alters her zerbrach ich dein Joch, ich zerriss deine Jochbänder, und du sagtest: 'Ich will nicht vorübergehen'" [Yirmiya 2:20], die Erklärung von "Ich will nicht vorübergehen" ist: "Ich will nicht in deinen Dienst treten und nicht in deinen Bund eintreten", als ob er sagte: "Ich will nicht in deinem Bund bestehen", ähnlich wie "dich über den Bund des Ewigen, deines G-ttes, hinwegsetzen" [Devarim 29,11].

[4] Er soll gestohlene Dinge zurückgeben und sich von Sünden fernhalten und davon, einem Menschen Schaden zuzufügen, wie geschrieben steht: "Der Gottlose soll das Pfand zurückgeben, er wird den Diebstahl vergelten; [in den Gesetzen des Lebens wandelte er, um kein Unrecht zu begehen - er wird sicher leben, er wird nicht sterben]" [Yechezkel 33:15], und "Wenn Ungerechtigkeit in eurer Hand ist, legt sie weit weg, und lasst die Ungerechtigkeit nicht in euren Zelten wohnen; denn dann werdet ihr euer Gesicht ohne Scham erheben" [Iyov 11:14].

[5] Sein Geist sollte über die Größe des Schöpfers nachdenken, gegen dessen Wort er rebelliert hat, indem er das Joch Seines Dienstes [positive Gebote] abgeworfen und die Stricke Seiner Tora [negative Gebote] entfernt hat, und man sollte sich selbst dafür tadeln und schämen, wie geschrieben steht: "So zahlt ihr es dem Ewigen zurück, ihr schändlichen, unklugen Leute! Ist Er nicht euer Vater, euer Fürst? [Devarim 32:6], und "Wollt ihr mich nicht fürchten, spricht der Ewige, oder wollt ihr nicht vor mir zittern, denn ich habe dem Meer eine Grenze gesetzt, eine ewige Ordnung, die es nicht überschreiten kann" [Jirmija 5:22].

Damit haben wir die Anforderungen der Umkehr erfüllt.

Kapitel Sechs

Welche Dinge einen Menschen zur Umkehr bewegen: Die Bewegung eines Menschen zur Umkehr geschieht auf eine von vier Arten:

[1] Sie wird dadurch angeregt, dass ein Mensch sich in der Anerkennung G-ttes [Seiner Größe -PL] stärkt, über die ständige Güte, die er erhält,

Die Pflichten des Herzens Kapitel Sieben   Rabbeinu Bachya

nachdenkt und sich bewusst wird, was seine Pflicht ist, im Gegenzug dafür [G-tt] zu dienen, Seine Gebote zu befolgen und das zu unterlassen, was Er verboten hat.

Er ist wie ein Sklave, der von seinem Fürsten weggelaufen ist, und dann, wenn er über das Gute nachdenkt, das sein Fürst ihm erwiesen hat, wird er aus freien Stücken zu ihm zurückkehren, um ihn um Verzeihung dafür zu bitten, dass er gegen ihn rebelliert und aus seinem Dienst geflohen ist. Ein solcher Sklave hat den richtigen Weg gewählt und versteht den Pfad, der zu seiner Errettung [vor der Strafe] führt - es ist richtig, ihm zu vergeben und ihn anzunehmen.

Von einem solchen Sklaven heißt es: "Wenn du, o Israel, zu Mir zurückkehrst, spricht der Ewige, so wirst du zurückkehren, und wenn du deine Greuel vor Meinen Augen ablegst und nicht umherwanderst und bei Meinem Namen schwörst in Wahrheit und Recht und Gerechtigkeit, so werden sich die Völker mit dir segnen und sich deiner rühmen" [Yirmiya 4:1]

Die Erklärung lautet wie folgt: "Wenn du bereitwillig bereust, bevor die Strafe über dich kommt, werde Ich deine Reue annehmen und dich für Meinen Dienst erwählen, und wenn du deine Abscheulichkeiten von Meinem Angesicht entfernst und dich nicht bewegst und nicht von Meinem Dienst wegläufst, und du in Meinem Namen in Wahrheit schwörst und dein Herz treu zu Mir zurückkehrt, wenn du mit allen Bedingungen bereust, werden die Nationen sich mit dir segnen und sich rühmen: "[Wenn es doch so wäre], dass wir wie ihr wären".

Es wird auch gesagt: "Kehrt zu Mir zurück und Ich werde zu euch zurückkehren" [Maleachi 3:7].

[2] Wenn der Schöpfer ihn wegen seiner bösen Wege und Taten tadelt und demütigt, sei es durch den Propheten seiner Generation, wenn er im Zeitalter der Prophetie lebt, oder durch die Tora G-ttes oder durch einen Rabbi, der ihm den Dienst G-ttes predigt. Und dies ist ein Grund für eine Anklage von G-tt gegen die gesamte Menschheit, da keine Generation jemals ohne einen solchen Führer ist, wie unsere Weisen sagten: "Bevor die Sonne von Mosche Rabeinu unterging [sein Tod], war die Sonne von Jehoschua, seinem Schüler, aufgegangen, bevor die Sonne von Eli unterging, ging die Sonne von Samuel auf, bevor die Sonne von Elia unterging, ging die Sonne von Elisa auf. An dem Tag, an dem Rebbi Akiva starb, wurde Rebbi HaKadosch geboren" [Kiduschin 72b], und so kann man in jeder Generation und in jedem Land einen Prediger finden, der zu G-tt und Seinem Dienst aufruft und Seine Tora lehrt.

Ein auf diese Weise gerührter Büßer ist wie ein Sklave, der aus dem Dienst seines Fürsten weglief. Er traf dann einen anderen Sklaven, der

Die Pflichten des Herzens Kapitel Sieben   Rabbeinu Bachya

seinem Fürsten treu war, der ihn dafür tadelte, dass er vor seinem Fürsten geflohen war, und ihm riet, zurückzukehren, und ihm versicherte, dass der Fürst ihm vergeben werde. Er erinnerte ihn an die überreiche Güte und Freundlichkeit, die er erfahren hatte. Der Sklave kehrte zurück und demütigte sich vor seinem Herrn.

[3] Wenn man die Prüfungen und schweren Strafen beobachtet, die der Schöpfer einem Menschen auferlegt hat, der den Weg ging, dem er selbst folgt, indem er den Dienst G-ttes verließ, und er wird dadurch getadelt werden und zu G-tt zurückkehren, weil er G-ttes Strafe und schwere Vergeltung fürchtet. Er ist wie ein Sklave, der von seinem Fürsten weggelaufen ist. Als er von der Strafe hörte, die ein anderer Sklave wie er für sein Weglaufen erhielt, wurde er dadurch getadelt und kehrte zu seinem Fürsten zurück und bat ihn, ihm zu vergeben und seine Sünde zu verzeihen, bevor seine Strafe kommt. So heißt es in dem Vers: "Und das Land soll euch nicht ausspeien, weil ihr es verunreinigt habt, wie es die Völker, die vor euch waren, ausgespien hat" [Vayikra 18:28].

[4] Wenn die Strafe des Schöpfers über ihn kommt, in Form einer Art von Drangsal. Da er [die Botschaft] früh wahrnahm, wachte er auf und stand aus seinem Schlummer auf und bereute seine Sünde vor G-tt. Er ist wie ein Sklave, der vor seinem Fürsten weglief, und der Fürst schickte einen Abgesandten, um ihn zu bestrafen und zu schlagen, weil er vor seinem Dienst weglief. Als der Abgesandte ihn erreichte, lief er zu seinem Fürsten zurück, gestand seine Sünde und bat um Vergebung. Über einen wie ihn heißt es: "Wenn deine Furcht wie ein Sturm kommt und dein Unglück wie ein Wirbelwind, wenn Not und Bedrängnis über dich kommen, dann werden sie Mich rufen, aber Ich werde nicht antworten; [sie werden Mich suchen, aber nicht finden, weil sie die Erkenntnis hassen und die Furcht des Ewigen nicht erwählt haben]" [Mischlei 1: 27], und "Und als er verzweifelt war, flehte er den Ewigen, seinen G-tt, an, und er demütigte sich sehr vor dem G-tt seiner Väter" [Divrei Hayamim II 33:12].

Am erfolgreichsten und am meisten akzeptiert ist derjenige, der im ersten Fall [von sich aus] zu G-tt Buße getan hat. Unter ihm in Erfolg und Akzeptanz ist der zweite Fall: derjenige, der nicht bereut hat, bis er durch die Zurechtweisung des Schöpfers alarmiert wurde; unter ihnen in Erfolg und Akzeptanz ist derjenige, der nicht bereut hat, bis die Strafe diejenigen um ihn herum trifft. Unter ihm an Akzeptanz und Rückkehr ist derjenige, der nicht bereut hat, bis ihm eine Strafe auferlegt wurde und ihn leiden ließ.

Er ist am weitesten von den Reumütigen entfernt und am unwahrscheinlichsten, dass G-tt seine Reue annimmt und seine Sünde

Die Pflichten des Herzens Kapitel Sieben   Rabbeinu Bachya

vergibt, es sei denn, er bereut vor G-tt und zeigt Reue, Verzicht und bittet um Vergebung in seinem Herzen, seiner Rede und seinen Bewegungen, in einem Ausmaß, das ihn geeignet macht, begnadigt zu werden und seine Reue anzunehmen und seine Sünde zu übersehen.

Kapitel Sieben

Dinge, die der Reue abträglich sind: Die Dinge, die der Reue abträglich sind, sind sehr zahlreich. Die meisten von ihnen habe ich bereits erwähnt. Einige weitere schädliche Dinge:

Selbstgefälligkeit in Bezug auf die Sünde, was bedeutet, dass man in der Sünde verharrt und es hinauszögert, sie aufzugeben [PL]. Solange dieser Zustand anhält, ist es nicht möglich, Buße zu tun.

Es gibt ein Sprichwort: "Keine Sünde ist klein, wenn sie beharrlich begangen wird, und keine Sünde ist groß, wenn man sie um Vergebung bittet". Die Erklärung: Eine Sünde beharrlich zu begehen, spiegelt die Missachtung des Wortes G-ttes wider, und dass er Sein Gebot und sein Verbot geringschätzt und so die Strafe auf sich zieht. Von einer solchen Person wird gesagt: "Wenn aber jemand selbstherrlich handelt, ob er nun ein Eingeborener oder ein Proselyt ist, so lästert er den Ewigen, [und diese Seele soll aus ihrem Volk ausgerottet werden]" [Bamidbar 15:30]. Darüber hinaus wird das Ausharren in einer Sünde, auch wenn sie klein ist, durch ihre Wiederholung immer größer. Bei einer großen Sünde hingegen, wenn ihr Besitzer sie um Vergebung bittet und sie aus Furcht vor G-tt aufgibt, wird sie allmählich kleiner und kleiner, bis sie ganz aus dem Sündenbuch getilgt ist und ihr Besitzer durch Reue von ihr gereinigt wird.

An einem Seidenfaden kann man sehen, wie stark er wird, wenn er viele Male verdoppelt wird, obwohl er aus dem schwächsten Material besteht, nämlich dem Speichel der Seidenraupe. Betrachten wir das riesige Seil von Schiffen. Nach langem Gebrauch nutzt sich das Seil allmählich ab, bis es schließlich reißt und das Material wieder zum Schwächsten der Schwachen wird.

Ähnlich verhält es sich mit der Geringfügigkeit oder der Größe von Sünden, wenn es darum geht, sie häufig zu wiederholen oder um Vergebung zu bitten. Deshalb vergleicht der Vers sie mit einem Seil, wie geschrieben steht: "Wehe denen, die die Ungerechtigkeit mit Schnüren der Falschheit ziehen, die die Sünde wie mit Karrenseilen ziehen" [Jeschaja 5:18].

Es wurde bereits gesagt: "Sieh nicht auf die Kleinheit dessen, was du begangen hast, sondern sieh auf die [unendliche] Größe dessen, gegen

Die Pflichten des Herzens Kapitel Sieben   Rabbeinu Bachya

den du dich versündigt hast."

Freut euch nicht darüber, dass andere eure verborgenen schlechten Taten nicht erkennen können, sondern trauert, denn der Schöpfer weiß, was ihr verheimlicht, er sieht eure verborgenen Gedanken und offenbarten Taten, und er wird euch daran erinnern, mehr als ihr euch an sie erinnern werdet, denn ihr vergesst, aber er vergisst nicht. Ihr werdet sie ignorieren, aber Er wird sie nicht ignorieren, wie geschrieben steht: "Siehe, es steht vor Mir geschrieben [Ich werde nicht schweigen, sondern vergelten, sogar in ihren Schoß vergelten]" [Jeschaja 65,6], "Die Sünde Judas ist mit einer eisernen Feder geschrieben und mit der Spitze eines Diamanten" [Jirmija 17,1].

Ein weiterer Nachteil: Die Rückkehr zur Sünde, nachdem man alle Bedingungen der Reue erfüllt hat, wie es in diesem Kapitel heißt: "Das Wort, das zu Yirmiyahu kam...um die Freiheit zu verkünden, dass jeder Mann seinen Knecht und jeder Mann seine Magd lassen soll...." [Yirmiya 34:8], und der Rest der Angelegenheit.

Eine andere schädliche Sache auch: Derjenige versichert sich selbst, dass er in seinen späteren Jahren Buße tun wird, und denkt, dass er von Sünden absehen wird, nachdem er zufrieden ist und seine Wünsche in ihnen erreicht hat. Er ist wie jemand, der versucht, G-tt zu betrügen. Über ihn sagten die Weisen: "Wer sagt: 'Ich werde sündigen und dann bereuen, ich werde sündigen und dann bereuen', der wird daran gehindert, Buße zu tun" [Yoma 85b].

In dem Abschnitt Tochecha [Zurechtweisung], den ich am Ende dieses Buches geschrieben habe, [habe ich geschrieben]: "O meine Seele, bereite viele Vorräte vor, sei nicht knauserig, solange du noch lebst und Gelegenheit dazu hast, denn die Reise, die vor dir liegt, ist sehr lang. Sage nicht, dass ich morgen Vorräte mitnehmen werde, denn der Tag geht zu Ende und du weißt nicht, was der Tag bringen wird. Mach dir klar, dass das Gestern nie wiederkehrt und alles, was du getan hast, gewogen, geschrieben und abgerechnet wurde. Sage nicht: "Morgen werde ich meine Pflicht tun", denn der Tag des Todes ist vor jedem Lebewesen verborgen. Beeilt euch, euren täglichen Teil zu tun, denn wie ein Vogel aus seinem Nest vertrieben wird, so wird auch ein Mensch von seinem Platz vertrieben".

Ein weiterer Nachteil ist, dass der Büßer einen Teil seiner Sünden bereut, aber in anderen fortfährt. Zum Beispiel hörte er von den Sünden zwischen Mensch und G-tt auf und bereute sie, aber er hörte nicht von dem auf, was zwischen ihm und anderen Menschen ist, wie Diebstahl, ona'a [zu viel Geld verlangen] oder dergleichen. Darüber wurde gesagt: "Wenn die Ungerechtigkeit in deinen Händen ist - nimm sie weit weg"

Die Pflichten des Herzens Kapitel Sieben   Rabbeinu Bachya

[Iyov 11:14]. Und unsere Weisen sagten: "R. Adda b. Ahaba sagte: Jemand, der gesündigt und seine Sünde gebeichtet hat, aber keine Reue zeigt, kann mit einem Mann verglichen werden, der ein [geistig] unreines Reptil in seiner Hand hält. Denn obwohl er sich in alle Gewässer der Welt eintauchen kann, nützt ihm das Eintauchen nichts; wirft er es aber von seiner Hand weg, dann wird sein Eintauchen sofort wirksam, sobald er sich eintaucht, so wie es gesagt wird: "Wer gesteht und sie aufgibt, wird Barmherzigkeit erlangen" [Taanis 16a].

Die nachteiligen Dinge, die wir in den vorhergehenden Toren dieses Buches erwähnt haben, sind alle auch nachteilig für die Reue, und es ist nicht nötig, sie in diesem Tor zu wiederholen.

Kapitel Acht

Der Reumütige und der Zadik:
Wenn der Reumütige dem Zadik [Gerechten] gleich ist.

Dazu sage ich: [1] manchmal ist ein Reumütiger nach der Reue dem Zadik gleich, der nie gesündigt hat, [2] manchmal ist er größer als der Zadik, und [3] manchmal ist der Zadik größer als er, obwohl er bereut hat.

Die Erklärung für den ersten Fall: Das Fehlen eines positiven Gebots, das nicht mit Karet [geistiger Ausschluss] bestraft wird, wie Tzitzit, Lulav, Sukka oder ähnliches. Wenn die Person diese Gebote in ihrem Herzen und in ihrer Rede bereut und sich bemüht, sie zu erfüllen, und ihre Vernachlässigung nicht wiederholt, wird der Schöpfer ihr vergeben, und sie wird dem Zadik gleichgestellt sein, der in diesen Geboten nie gesündigt hat. Über einen solchen Reumütigen heißt es: "Jemand, der eine Sünde bereut, ist so, als hätte er nie gesündigt", und unsere Weisen sagten über sie: [Yoma 86a] "Jemand, der ein positives Gebot übertreten hat, das keine Karet [geistige Strafe] nach sich zieht, und es bereut - ihm wird sofort vergeben, wie geschrieben steht: 'kehre zu Mir zurück und Ich werde zu dir zurückkehren' [Maleachi 3:7]".

Für den zweiten Fall, in dem der Büßer größer wird als der Zadik, lautet die Erklärung, dass der Büßer eine geringfügige Sünde der negativen Gebote begangen hat, die nicht mit Karet bestraft wird, und danach mit allen Bedingungen der Reue vollständig umkehrt. Er stellt seine Sünde vor sich und vor sein Gesicht und bittet stets um Vergebung. Er fühlt sich voller Scham vor dem Schöpfer, sein Herz ist durchdrungen von der Angst vor der Strafe, sein Geist ist gebrochen. Er unterwirft sich stets und demütigt sich vor G-tt, und die Sünde wird zum Anlass für seine Unterwerfung und für sein Bestreben, seine Schuld gegenüber dem

Die Pflichten des Herzens Kapitel Sieben   Rabbeinu Bachya

Schöpfer zu erfüllen. Er wird nicht im Geringsten hochmütig wegen seiner guten Taten, und sie sind in seinen Augen nicht viel wert. Er verherrlicht sich nicht selbst darin und hütet sich für den Rest seines Lebens davor, zu stolpern - ein solcher Sünder ist größer als der Zadik, der diese Sünde oder andere Sünden nie begangen hat. Denn der Zadik ist nicht sicher, dass sein Herz nicht stolz und hochmütig wird wegen seiner Taten. Es wurde gesagt, dass "manchmal eine Sünde für den Reumütigen nützlicher ist als alle gerechten Taten des Zadiks, und manchmal schadet eine gute Tat dem Zadik mehr als alle Sünden des Reumütigen". Dies trifft zu, wenn der Zadik sein Herz von der Unterwerfung abwendet und Stolz, Schmeichelei [Heuchelei] und die Liebe zum Lob wachsen.

Einer der Gerechten würde zu seinen Schülern sagen: "Wenn ihr gänzlich ohne Sünden wärt, würde ich mich um euch fürchten, denn was ist schlimmer als die Sünde", sagten sie, "was ist schlimmer als die Sünde?" Er antwortete: "Stolz und Schmeichelei". In Bezug auf einen solchen Büßer sagten unsere Weisen: "An dem Ort, an dem der Büßer steht, kann der vollkommen Gerechte nicht stehen" [Berachos 34b].

Der dritte Fall [in dem der Zadik größer ist als der Büßer] liegt vor, wenn der Büßer große Sünden der negativen Gebote begangen hat, auf die die Strafe des Todes durch Beit Din oder Karet vom himmlischen Gericht steht, wie z.B. Chilul H-shem, falsche Eide oder andere solche schweren Sünden. Die Person hat danach ihren bösen Weg bereut und alle Bedingungen und Anforderungen der Reue erfüllt. In diesem Fall wird die Vergebung erst dann gewährt, wenn er in dieser Welt Leiden erfährt, die er ertragen kann, und so von seinen Sünden gereinigt wird. Über diese Art von Reumütigen sagten unsere Weisen [Yoma 86a]: "Wenn er eine Sünde begangen hat, die mit Karet oder dem Tod durch Beit Din bestraft werden kann, und er bereut hat, wird er durch Leiden gereinigt, und der Tod vervollständigt die Sühne, wie geschrieben steht: 'Ich werde ihre Übertretungen mit einer Rute bestrafen und ihre Missetaten mit Drangsalen' [Tehilim 89:33]", und "sicherlich wird diese Missetat nicht für dich gesühnt werden, bis du stirbst" [Jeschaja 22:14]. Zweifellos ist der Tzadik, der diese Art von Sünden nie begangen hat, größer als derjenige, der sie bereut.

Kapitel Neun

Reue für alle Sünden: Ob die Reue für alle Sünden wirksam ist oder nicht, möchte ich wie folgt beantworten: Sünden werden in zwei Kategorien eingeteilt.

Die Pflichten des Herzens Kapitel Sieben Rabbeinu Bachya

[1] Sünden nur zwischen Mensch und G-tt. Zum Beispiel, die Leugnung der Existenz G-ttes, schlechte Gedanken, schlechtes Inneres, Übertretung der negativen Gebote, die sich auf das Herz beziehen, und viele der Gebote für die Glieder, wo der Sünder nur sich selbst verletzt, und seine einzige Sünde ist, das Gebot G-ttes zu übertreten.

[2] Sünden zwischen dem Menschen und seinem Nächsten. Hier geht es um Unterdrückung und Bosheit gegenüber anderen Menschen, sei es an ihrem Körper, ihrem Besitz oder ihrem Ruf. In ihnen verbindet der Sünder zwei Formen des Leids: eine für sich selbst, indem er gegen G-tt rebelliert, und eine zweite, indem er andere Menschen bedrängt.

Die Sünden, die zwischen dem Menschen und G-tt allein sind, kann er während seines ganzen Lebens bereuen, wann immer er sich aus seinem Mangel erhebt und sich bemüht, sich von seiner Sünde abzuwenden und zu seinem Schöpfer umzukehren.

Wenn möglich, sollte die Reue über die Sünde mit der Sünde zusammenhängen, die er begangen hat. Wenn seine Sünde zum Beispiel in den Pflichten des Herzens lag, wie z.B. ein schlechtes Herz, böse Gedanken, Groll, Eifersucht, Hass oder ähnliches zu hegen, besteht die richtige Reue darin, ein gutes Herz und gute Gedanken zu kultivieren, die Liebe, anderen Gutes zu tun, und ihnen zu vergeben.

Wenn seine Sünde in den körperlichen Gliedern lag, wie z.B. Essen, was der Schöpfer verboten hat, verbotene Beziehungen, Übertretung des Sabbats oder der Feste oder falsche Eide, ist es angemessen, dass sich seine Reue auf die besondere sündige Handlung bezieht und auch auf die Klasse, zu der die Handlung gehört. Die ganze Zeit über sollte er die Absicht des Herzens gegenüber G-tt haben.

All dies ist für einen Menschen zu Lebzeiten möglich, wenn er lange genug lebt, und nur dann, wenn es seine Absicht ist, zu bereuen und seine Seele von ihrer Sünde vor seinem Schöpfer zu reinigen. Über einen solchen Reumütigen sagte der weise Mann: "Wenn du weise bist, bist du weise für dich selbst, und wenn du spottest, wirst du es allein ertragen" [Mischlei 9:12].

Aber für die Sünden gegenüber G-tt und den Menschen wird es aus mehreren Gründen schwierig sein, Buße zu tun:

1. Er kann die Person, die er unterdrückt hat, nicht finden, oder die Person ist gestorben oder weit weggezogen.

2. Der Unterdrücker hat das Geld verloren, und er ist nicht in der Lage, es dem Unterdrückten zurückzugeben.

3. Vielleicht verzeiht ihm der Unterdrückte nicht, dass er ihn unterdrückt oder körperlich verletzt hat, oder er hat schlecht über ihn gesprochen.

4. Der Unterdrücker weiß vielleicht nicht, wen er unterdrückt hat, oder er

Die Pflichten des Herzens Kapitel Sieben Rabbeinu Bachya

weiß nicht, um wie viel Geld es geht. Zum Beispiel, wenn er die Menschen einer Stadt oder einer Provinz unterdrückt hat und er sie nicht erkennt, und er weiß nicht, wie viel Geld er ihnen unrechtmäßig abgenommen hat.

5. Das verbotene Geld wurde mit einer viel größeren Menge an erlaubtem Geld vermischt, und er kann es nicht zurückgeben, ohne einen viel größeren Verlust zu erleiden, wie unsere Weisen sagten: "Jemand, der einen Balken gestohlen und ihn zum Bau eines Palastes verwendet hat. Beit Schamai sagt: 'baue den Palast ab und gib den Balken zurück', Beit Hillel sagt: 'er kann nur den Wert des Balkens zurückgeben, wegen der Vorschrift für den Reumütigen' " [Gitin 55a].

6. Dass die Reue für ihn zu schwierig wird, wie wenn eine Person sich daran gewöhnt hat, es zu tun, bis die schlechte Tat an ihm haftet und Teil seiner Natur geworden ist, und es ihm nicht leicht fallen wird, sie aufzugeben, wie geschrieben steht: "Sie haben ihre Zunge gelehrt, Lügen zu reden, und sind müde geworden, Unrecht zu tun" [Yirmiya 9,4], und "Kann der Äthiopier seine Haut wechseln, oder der Leopard seine Flecken? [dann möget auch ihr Gutes tun, die ihr gewohnt seid, Böses zu tun]" [Jirmija 13,23].

7. Blutvergießen oder das Töten von Unschuldigen, ob er sie nun direkt tötet oder ob er ihren Tod durch Verleumdung herbeiführt, wie ihr die Sache mit Doeg und der Stadt der Kohanim kennt, der sie zuerst durch seine Verleumdung zum Tode verurteilte und sie dann selbst hinrichtete, wie geschrieben steht: "Da sagte der König zu Doeg: 'Du kehrst um und greifst die Priester an.' Und Doeg, der Edomiter, kehrte um und griff die Priester an und tötete an jenem Tag fünfundachtzig Männer, die das priesterliche Leinenhemd trugen" [Schmuel 22,18].

8. Wenn jemand seinen Mitmenschen durch Verleumdung um Geld bringt, so nützt seine Reue nichts, bis er es bei ihm wieder gutgemacht hat, sei es, dass er ihn bezahlt, sei es, dass er ihn mit Worten bittet und sich vor ihm demütigt, ihm zu vergeben und sein Unrecht zu verzeihen, wie geschrieben steht: "Und diejenigen, die das Fleisch meines Volkes gegessen und ihm die Haut abgezogen haben, ... die werden zum Ewigen schreien, aber er wird ihnen nicht antworten" [Micha 3,3].

9. Jemand, der verbotene Beziehungen hatte [die mit Kores bestraft werden] und ein Mamzer [uneheliches Kind] zeugt - die Schande wird nie verschwinden, und das Unrecht kann nicht korrigiert werden, wie geschrieben steht: "Denn das ist Unzucht, und es ist ein Frevel, der von den Richtern zu bestrafen ist; denn es ist Feuer, es verzehrt zum Verderben" [Ijow 31,11], und "Sie haben den Ewigen verraten, denn sie zeugten fremde Kinder" [Hoshea 5,7].

Die Pflichten des Herzens Kapitel Sieben   Rabbeinu Bachya

10. Einer, der seine Zunge daran gewöhnt hat, zu lügen und von den Fehlern anderer zu sprechen und sie zu verunglimpfen. Denn er kann sich nicht an alles erinnern, was er gesagt hat, und an alle, über die er gesprochen hat, wegen der unzähligen Worte, und er vergisst die Menschen, gegen die er gesprochen hat. Das alles wird gegen ihn aufbewahrt und in das Buch seiner Sünden eingetragen. Über ihn heißt es: "Und wenn er zu mir kommt, so redet er Eitelkeit; sein Herz sammelt Unrecht zu sich, und wenn er in die Ferne geht, so erzählt er es" [Tehilim 41,7], und: "Wenn du einen Dieb gesehen hast, so hast du Gefallen an ihm gefunden, und du verkehrst mit Ehebrechern" [Tehilim 50,18], und der Rest der Sache. Seht, der Vers setzt böses Reden mit Diebstahl und Ehebruch gleich. So heißt es auch: "Sie betrügen [verderben] einander und reden nicht die Wahrheit; sie haben ihre Zunge gelehrt, Lügen zu reden, sie begehen Unrecht, bis sie müde werden" [Yirmiya 9:4].

11. Einer, dem die Umkehr sehr schwer fallen wird: derjenige, der die Menschen mit einer falschen Religion, die er erfunden hat, verführt und sie dazu gebracht hat, an sie zu glauben. Er hat gesündigt und andere zur Sünde verleitet. Je mehr Menschen sich seinem falschen Glauben anschließen, desto mehr wird seine Sünde zunehmen und sich vervielfachen, wie die Weisen sagten: "Wer die Massen auf den rechten Weg führt, wird zu keiner Sünde kommen, wer aber die Massen in die Irre führt, wird nicht in der Lage sein, all das Unrecht zu bereuen, das er begeht. Jerawam ben Nevat sündigte und verleitete die Menge zur Sünde, und so wird die Sünde der Masse ihm zugeschrieben, wie es geschrieben steht [1. Könige 15,30]: 'Wegen der Sünden Jerawams, die er beging und die er Israel begehen ließ.' " [Avos 5:18]

Zu dieser letzten Kategorie gehört derjenige, der in der Lage ist, andere zum Guten zu führen und die Irrenden vom Bösen abzubringen, es aber unterlässt, weil er hofft, Geld von ihnen zu bekommen, oder weil er sich vor ihnen fürchtet oder sich schämt, sie zurechtzuweisen, und sie gehen weg, und er lehrt sie nicht den rechten Weg, wie geschrieben steht: "Wenn du nicht redest, um den Gottlosen zu warnen, so soll der Gottlose in seiner Schuld sterben, und ich will dich für ihr Blut zur Rechenschaft ziehen" [Yechezkel 33:8].

Kapitel zehn

Welche Strategie sollte derjenige verfolgen, dem die Umkehr schwerfällt? Wir werden diese Frage wie folgt beantworten:
Jemand, der eine Sünde begangen hat, für die es schwierig ist, Buße zu tun, fällt zwangsläufig in eine von zwei Kategorien. Erstens, dass die

Die Pflichten des Herzens Kapitel Sieben   Rabbeinu Bachya

Sünde zwischen ihm und G-tt ist. Zweitens: Die Sünde ist zwischen ihm und seinen Mitmenschen, wie z. B. Übervorteilung, verschiedene Arten von Diebstahl und Betrug, Gewalt und Unterdrückung.

Unabhängig davon, zu welcher Kategorie sie gehört, wenn die Reue aufgrund eines der Faktoren, die wir zuvor [im letzten Kapitel] erwähnt haben, schwierig ist, dann wird der Schöpfer seine Reue erleichtern, wenn die Person es auf sich nimmt, die Anforderungen der Reue mit all ihren Bedingungen so weit zu erfüllen, wie es in ihrer Macht und Fähigkeit steht. Er wird ihm verzeihen, was ihm verborgen ist und was er nicht tun kann, und er wird ihm einen näheren Ausgang für die Befreiung von seiner Sünde geben und ihm erlauben, sich auf diese Weise freizusprechen [wie noch erklärt wird].

Wenn die Sünde in die Kategorie der verbotenen Beziehungen fällt, die wir erwähnt haben, für einen, der aus einer unerlaubten Beziehung [einem Mamzer] stammt, wird der Schöpfer seine Nachkommenschaft [von dem Mamzer] auslöschen.

Wenn es sich um eine Übervorteilung oder einen Diebstahl handelt, wird G-tt ihm Geld geben, um es seinem Mitmenschen zurückzuzahlen und ihn zu besänftigen, so dass dieser ihm verzeihen wird.

Wenn er seinen Mitmenschen körperlich verletzt oder seinen Besitz beschädigt hat, wird der Schöpfer seinem Mitmenschen Gunst und Liebe ins Herz legen, bis er ihm seine Sünde ihm gegenüber vergibt, wie geschrieben steht: "Wenn der Ewige die Wege eines Menschen gutheißt, wird er sogar seine Feinde dazu bringen, Frieden mit ihm zu schließen" [Mischlei 16:7].

Wenn der Unterdrückte weit weg ist, wird der Schöpfer ihre Begegnung arrangieren, und der Unterdrücker wird sich vor dem Unterdrückten demütigen und von ihm Vergebung erfahren.

Wenn er die Anzahl der Menschen, die er unterdrückt hat, und die Menge des Geldes, die er genommen hat, nicht kennt, wird der Schöpfer ihm die Möglichkeit geben, sein Geld für ein öffentliches Projekt auszugeben, wie z. B. den Bau einer Brücke, das Graben eines Brunnens zum Nutzen der Allgemeinheit oder das Graben von Wassergruben in Straßen, in denen das Wasser knapp ist, oder andere ähnliche Dinge zum Nutzen der Allgemeinheit, bis das Projekt demjenigen dient, den er unterdrückt hat, und auch demjenigen, den er nicht unterdrückt hat.

Wenn der Unterdrückte gestorben ist, sollte er das Geld an seine Erben zurückgeben. Wenn er ihn körperlich verletzte oder schlecht über ihn sprach, sollte er an seinem Grab mit einem Minjan von zehn Juden beichten, und ihm wird seine Sünde vergeben, wie unsere Weisen zu diesem Thema sagten: "Und wenn er gestorben ist, soll er zehn Juden

Die Pflichten des Herzens Kapitel Sieben Rabbeinu Bachya

mitbringen und an seinem Grab stehen und sagen: Ich habe gesündigt gegen den Ewigen, den G-tt Israels, und gegen diesen Menschen, den ich verletzt habe." [Yoma 87a].

Die Reue wird dem Sünder nicht vorenthalten, sondern das Hindernis kommt von seiner eigenen Bosheit und seinem trügerischen Herzen. Aber wenn er sich G-tt aufrichtig nähern will, wird das Tor der Reue nicht vor ihm verschlossen sein, und kein Hindernis wird ihn daran hindern, es zu erreichen. Vielmehr wird G-tt ihm das Tor der Gerechten öffnen und ihn in seiner Barmherzigkeit und seiner Güte den guten Weg lehren, wie geschrieben steht: "Gut und rechtschaffen ist der Ewige; darum wird er die Sünder auf dem Weg lehren" [Tehilim 25:8], und "von dort aus wirst du den Ewigen, deinen G-tt, suchen, und du wirst ihn finden, wenn du ihn von ganzem Herzen und von ganzer Seele suchst" [Devarim 4: 29], und "Vielmehr ist [diese] Sache [Umkehr] dir sehr nahe; sie ist in deinem Mund und in deinem Herzen, so dass du sie tun kannst" [Devarim 30:14], und "Der Ewige ist nahe allen, die ihn rufen, allen, die ihn in Wahrheit rufen" [Tehilim 145:18].

SCHLUSSWORTE Ich habe dir, mein Bruder, bereits einige der Verpflichtungen der Reue erklärt und dir einige der Wege zur Rückkehr [zu G-tt] aufgezeigt. Jetzt gibt es Gründe für eine Anklage gegen dich, und deine Fluchtmöglichkeiten sind vorbei. Was wirst du G-tt morgen antworten? - "Ich war unwissend [dass ich Buße tun muss]" - aber du warst nicht unwissend! Oder vielleicht wirst du antworten: "Ich habe getan, was ich getan habe, aber ich wusste nicht, [wie man Buße tut]".

Wie wird Ihre Antwort auf diese Frage lauten? Und es besteht kein Zweifel, dass wir gefragt werden. Bereite die Reue vor, während [G-tt] deine Bestrafung noch aufschiebt, um dir eine Gelegenheit zur Reue zu geben. Wisse, mein Bruder, dass die Antwort auf diese Frage nicht mit unseren Worten, sondern nur mit unseren Taten akzeptabel sein wird. Denke an dich selbst, mache eine persönliche Buchführung darüber, wie du die Gunst deines Schöpfers erlangen kannst, wisse, dass nur derjenige, der sich beeilt, das Gute erreichen wird, und die Frucht des Nichtstuns wird Bedauern sein.

Wache auf, mein Bruder, aus dem Schlummer deiner Einfältigkeit. Erbarme dich deiner Seele, die das wichtigste aller Depots ist, die der Schöpfer dir anvertraut hat. Wie lange und wie lange willst du das noch hinauszögern? Du hast deine Tage bereits damit verbracht, deine selbstsüchtigen Wünsche zu befriedigen, wie ein niederer Sklave, nun kehre zurück und beende deine verbleibenden Tage, indem du dem Wunsch deines Schöpfers folgst. Ihr wisst bereits, dass die Lebenszeit eines Menschen kurz ist, und was von eurem Leben übrig bleibt, ist noch

Die Pflichten des Herzens Kapitel Sieben   Rabbeinu Bachya

kürzer, wie unsere Weisen sagten: "Der Tag ist kurz und die Arbeitslast ist groß" [Avos 2:15].

Du hast, mein Bruder, einen kostbaren und erhabenen Geist. Mit ihm hast du diese vergängliche und niedrige Welt geehrt und dein Ende aufgegeben, das dir noch bleiben wird. Solltest du deinen Geist nicht erheben, um an jenen erhabenen Ort zu denken, an die hohe Wohnstatt, an den Ort, wo die Geister, die dorthin aufsteigen, nicht für immer von ihrer Erhabenheit herabgelassen werden. Beeilt euch, solange die Tore der Reue noch offen sind und die Annahme und die Sühne noch verfügbar sind, wie geschrieben steht: "Sucht den Ewigen, solange er gefunden wird, ruft ihn an, solange er noch nahe ist" [Jeschaja 55,6].

Beeile dich, mein Bruder, beeil dich, bevor der Schrecken kommt, den du fürchtest, weil du nicht sicher bist, ob du auch nur einen weiteren Tag leben wirst. Prüfe dich mit einer sorgfältigen und abgewogenen Prüfung, so wie es für jemanden wie dich angemessen und möglich ist.

Und derjenige, der die Gunst seines Schöpfers erlangen will, wird durch die enge Öffnung eintreten, durch die die Frommen, die in dieser Welt [im Dienste G-ttes] ertragen. Wir alle hoffen auf das Gute. Aber nur diejenigen, die ihm entgegeneilen, werden es erreichen, die ihm entgegenlaufen, wie unsere Weisen sagten: "Sei kühn wie ein Leopard, leicht wie ein Adler, schnell wie ein Hirsch und mächtig wie ein Löwe, um den Willen deines Vaters im Himmel zu tun" [Avos 5:23], und David sagte: "Ich eilte und zögerte nicht, Deine Gebote zu halten" [Tehilim 119,60].

Berate dich mit deiner Seele. Schäme dich, mit deinem Schöpfer so umzugehen, wie du dich schämen würdest, mit einem Menschen wie dir umzugehen. Denn du weißt, dass du, wenn du auch nur einen niederen Beamten des Königs erzürnst, nicht zögern würdest, dich vor ihm zu demütigen und ihn zu bitten, dir zu vergeben, damit er dich nicht bestraft, auch wenn er dazu wenig Macht hat. Erst recht, wenn ein hochrangiger Beamter auf dich zornig wäre, und noch mehr, wenn es der König selbst wäre, würdest du dich beeilen, ihn um Verzeihung zu bitten, ihm Reue zu zeigen und ihn zu besänftigen, aus Angst, schnell bestraft zu werden. Doch ihr wisst bereits [aus dem Tor des Vertrauens dieses Buches], dass er ohne die Anordnung des Schöpfers nichts tun kann, wie der weise Mann sagte: "Das Herz eines Königs ist wie ein Wasserlauf in der Hand des Ewigen; wohin er will, wendet er es" [Mischlei 21,1]. Und das, obwohl er vielleicht nie dazu kommt, dich zu bestrafen, weil seine Herrschaft zu Ende geht, sein Reich gestürzt wird, sein Geist verwirrt oder von seinen zahlreichen Angelegenheiten abgelenkt ist und er dich vergisst oder übersieht. Dies geschieht bei offenkundigen Dingen, und

Die Pflichten des Herzens Kapitel Sieben   Rabbeinu Bachya

erst recht bei verborgenen Dingen. Obwohl du das alles weißt, würdest du nicht zögern, ihn um Vergebung für deine Übertretungen zu bitten. Du würdest dich beeilen, das zu tun, was ihn besänftigt und was für ihn annehmbar ist. Mein Bruder, wie sollten wir uns dann nicht vor unserem Schöpfer schämen, der sowohl das Offenbarte als auch das Verborgene all unserer Taten und Gedanken beobachtet. Er unterliegt weder dem Vergessen noch dem Übersehen. Keine Sache kann Ihn von einer anderen Sache ablenken. Seiner Gerechtigkeit kann niemand entkommen, und seine Herrschaft hat kein Ende? Wie können wir uns von Ihm abwenden oder es hinauszögern, uns vor Ihm zu demütigen und zu Ihm umzukehren, wenn wir weder unser endgültiges Ende noch die Anzahl der Tage kennen, die uns zugewiesen sind?

Wenn ein Mann in ein Dorf oder eine Provinz käme und den Menschen verkünden würde: "Leute, macht euch bereit, ins Jenseits zu gehen, denn einer von euch wird noch in diesem Monat sterben, aber ich werde nicht verraten, wer es ist". Ist es nicht angebracht, dass sich jeder auf den Tod vorbereitet, weil er befürchtet, dieser Mensch zu sein?

Und wir können sehen, dass der Tod jeden Monat eine große Zahl der Lebenden dahinrafft. Sicherlich ist es richtig, dass wir jeden Monat um unsere Seele fürchten, zumindest für einen Tag, und dass wir über unsere Materie, unsere Vorräte und unsere endgültige Bestimmung nachdenken, bevor wir sie brauchen, wie unsere Weisen sagten: "Bereue einen Tag vor deinem Tod" [Avos 2,10], und "lass deine Kleider immer weiß sein" [Koheles 9,8, d.h. dass du von Sünden rein bist].

Prüfe mit deinem überlegenen Verstand und deiner Erkenntnis, was du mit deinen eigenen Augen siehst, und es wird dir klarer sein, als wenn du es nur von jemand anderem gehört hättest.

Verdränge nicht das, wozu dich dein Verstand und dein Verständnis verpflichten, denn es wurde bereits gesagt: Der Schöpfer schenkt Seinen Dienern viele gute Dinge [Weisheit usw.], und wenn sie sie annehmen [sie nutzen sie, um Ihm zu dienen], werden sie gewinnen. Wenn sie sie aber ablehnen [sie benutzen, um sich gegen Ihn aufzulehnen], werden sie zu einem Grund für eine Forderung gegen sie und danach zu einem Grund, um Vergeltung gegen sie zu fordern.

Der Schöpfer hat es gut mit euch gemeint. Er hat dich mit Weisheit, Verständnis und Wissen ausgestattet. Er hat dir davon mehr gegeben als anderen. Sei vorsichtig und achte darauf, dass sie nicht zu einem Grund für eine Klage gegen dich werden.

Er hat dich bereits auf den geraden Weg gebracht [durch dieses Buch] und dich den Pfad gelehrt, der zu deinem Wohl führt, aus Barmherzigkeit für dich und um dich sanft zu führen. Er wollte nicht, dass ihr in eurer

Die Pflichten des Herzens Kapitel Sieben   Rabbeinu Bachya

Torheit und Rebellion weitermacht. Er geht mit euch auf dem Weg der Güte, wie es Ihm gebührt, und aus Mitleid und Barmherzigkeit für Seine Geschöpfe, wie geschrieben steht: "Gut und gerecht ist der Ewige; darum weist Er den Sündern den Weg" [Tehilim 25,8]. Er hat dich schon sanft und mit sanfter Sprache gerufen, dann mit Zurechtweisungen und Beschämungen, und schließlich hat Er dir Seine Strafe angedroht, damit du zu Ihm umkehrst und schnell zu Seinem Dienst zurückkehrst.

Eile, mein Bruder, und eile, Ihm Gehör zu schenken. Höre auf Seine Stimme und halte dich an Ihm fest. Wähle für deine Seele, was dein G-tt für sie erwählt hat. Begehre für sie, was dein Schöpfer für sie begehrt. Lass nicht zu, dass du aus Faulheit darin nachlässig wirst, denn wenn deine eigene Seele Licht in deinen Augen ist, was wird dann noch wichtig für dich sein?

Hüte dich davor, dass die Gedanken deines Geistes [böse Neigung] dich verführen und sagen: "Jetzt?! Wie kann ich jetzt, nachdem ich den Dienst G-ttes so lange vernachlässigt habe und die meisten meiner Tage verstrichen sind, zu G-tt zurückkehren und Seine Vergebung suchen?"

Du solltest ihm [der bösen Neigung] antworten, wie der Prophet über diese Angelegenheit sprach: "Und wenn der Gerechte sich von seiner Rechtschaffenheit abwendet und Unrecht tut.... Alle seine gerechten Taten, die er getan hat, sollen nicht in Erinnerung bleiben; in seinem Verrat, den er begangen hat, und in seiner Sünde, die er begangen hat, darin soll er sterben.... Und wenn ein Bösewicht seine Bosheit bereut, die er begangen hat, und Recht und Gerechtigkeit tut, so soll seine Seele am Leben bleiben; denn er hat sich besonnen und sich von allen seinen Übertretungen, die er begangen hat, abgewandt, so soll er leben und nicht sterben." [Yechezkel 18:24-27], bis zum Ende der Angelegenheit.

Schon die Alten verglichen dies mit einem Mann, der Silbermünzen in seinem Besitz hatte und einen großen Fluss überqueren musste. Als er das Ufer erreichte, warf er alle Münzen in den Fluss, in der Hoffnung, die Strömung zu verlangsamen und über die Münzen zu gehen, und er warf sie alle bis auf eine, die in seiner Hand blieb, und die Strömung wurde durch die Münzen nicht aufgehalten: "Nimm diese Münze, die ich in der Hand halte, und fahre mich mit deinem Boot durch den Fluss". Der Seemann tat dies, und der Mann erfüllte sich seinen Wunsch mit der verbliebenen Münze, die er in der Hand hielt. Mit dieser Münze hat er mehr erreicht als mit all den Münzen, die er im Fluss verloren hatte, und es war, als hätte er nichts verloren.

Ebenso wird einem Baal Teschuwa [Büßer], der die meiste Zeit seines Lebens mit anderen Dingen als dem Dienst G-ttes vergeudet hat, wenn er am Ende seiner Tage bereut, der Schöpfer alles vergeben, was an

Die Pflichten des Herzens Kapitel Sieben Rabbeinu Bachya

schlechten Taten in all seinen früheren Tagen geschehen ist, wie geschrieben steht: "Keine seiner Übertretungen, die er begangen hat, soll gegen ihn in Erinnerung bleiben; [für seine Gerechtigkeit, die er getan hat, wird er leben]" [Yechezkel 18:22], und "Keine seiner Sünden, die er begangen hat, soll gegen ihn in Erinnerung bleiben; [er hat Recht und Gerechtigkeit getan; er wird sicher leben]" [Yechezkel 33:16].

Es soll dich nicht zu sehr ermüden, mein Bruder, dass ich dich zur Selbstachtsamkeit ermahne, die du so lange vernachlässigt hast. Denn ich spreche nicht nur zu dir, sondern auch zu mir selbst. Beuge dich der Wahrheit. Lauft nicht vor ihr weg. Dankt dem Allmächtigen, der euch auf das aufmerksam gemacht hat, was ihr nicht wusstet, und lasst das lange Verstecken anderer Menschen nicht als Entschuldigung für euch gelten, denn dies ist eine der Verzerrungen und eine Schlinge des Yetzer [böse Neigung] für Menschen, die von schwachem Verständnis sind.

Möge der Allmächtige uns in seiner Barmherzigkeit zu denen zählen, die zu ihm eilen und von ganzem Herzen zu ihm umkehren. Amen.

Die Pflichten des Herzens

Kapitel Acht

Achte Abhandlung über die Erforschung der Seele

Einleitung

Über die persönliche Rechenschaftspflicht gegenüber G-tt sagt der Autor: Da unsere vorangegangene Diskussion das Wesentliche der Reue und ihre Bedingungen behandelte, und eine spirituelle Buchführung eine dieser Bedingungen war, hielt ich es für angemessen, mit einer Klärung der Angelegenheit der Buchführung mit sich selbst zu folgen, weil dies Dinge enthält, um sich für Dinge zu erwecken, die in beiden Welten nützlich sind, wie David, Friede sei mit ihm, sagte: "Ich habe über meine Wege nachgedacht und meine Füße auf Deine Zeugnisse gerichtet" [Tehilim 119:59].

Es ist angebracht, dass wir sechs Dinge zum Thema der geistlichen Buchführung klären.

1. Was ist mit einer geistlichen Buchführung mit sich selbst gemeint?
2. Ob die Buchführung für alle Individuen gleich ist oder nicht.
3. Auf wie viele Arten man mit sich selbst Rechenschaft ablegen sollte.
4. Was sind die Vorteile dieser Buchführung.
5. Ob die geistige Buchführung eine ständige Pflicht ist.
6. Welche Aktivitäten der Buchführung folgen sollten.

Kapitel Eins

Spirituelle Buchführung bedeutet, dass ein Mensch über seine Tora und seine weltlichen Angelegenheiten zwischen seinem Nefesh [Leib-Seele/emotionale Seite/Wille] und seinem Intellekt nachdenkt, damit er weiß, was er hat und was er noch an Pflichten schuldet. [dies wird durch Beispiele verdeutlicht].

Der Prophet [Mosche] hat uns bereits dazu ermahnt, indem er sagte: "So

Die Pflichten des Herzens Kapitel Acht Rabbeinu Bachya

erkenne nun heute und lege es in dein Herz, dass der Ewige G-tt ist" [Devarim 4:39], und David, Friede sei mit ihm, sagte: "Kostet und seht, dass G-tt gut ist" [Tehilim 34:9], "erkennt den G-tt eures Vaters und dient ihm." [Divrei Hayamim 28:9], und "Seid nicht wie das Pferd oder wie das Maultier, die keinen Verstand haben" [Tehilim 32:9].

Es wurde von jemandem gesagt, der seine Angelegenheiten nicht prüft und nicht mit sich selbst darüber abrechnet: "Keiner nimmt es sich zu Herzen, und es gibt weder Wissen noch Verstand, um es zu sagen" [Jeschaja 44,19], und "Sie gedachten nicht an Seine Hand [noch an den Tag, an dem Er sie von dem Unterdrücker erlöste]" [Tehilim 78,42], und "Gedenke der alten Tage. ..." [Devarim 32,7], und "Ich gedenke der Tage der Vorzeit [ich denke an alle Deine Werke; ich denke an das Werk Deiner Hände]" [Tehilim 143,5], und "Ich will meine Erkenntnis aus der Ferne holen [und will meinem Schöpfer Gerechtigkeit zuschreiben]" [Ijow 36,3].

Kapitel Zwei

Die Frage, ob die spirituelle Buchführung eines jeden Menschen gleich ist oder nicht, beantworte ich wie folgt:

Die Selbstabrechnung der Menschen in ihren religiösen und weltlichen Angelegenheiten variiert je nach dem Grad ihrer Wahrnehmung und Intelligenz und der Klarheit ihres Verständnisses, und jeder Mensch ist aufgefordert, mit seiner Seele [d.h. mit seinem Körper, seinem Instinkt und seinem Willen] darüber nachzudenken, welche Pflichten er im Dienste G-ttes hat, je nachdem, ob er die Gunst des Schöpfers anerkennt, sei es als Kollektiv oder als Individuum, wie es im Vers heißt: "Und wisset an diesem Tag; denn ich rede nicht mit euren Kindern, die nichts gewusst und nichts gesehen haben ... sondern eure Augen haben all das große Werk des Ewigen gesehen, das Er getan hat" [Devarim 11:2-7]. Jeder Mensch ist aufgefordert, mit seiner Seele [d.h. mit seinem Körper, seinem Instinkt und seinem Willen] darüber nachzudenken, welche Pflichten er im Dienste G-ttes hat, je nachdem, ob er die Gunst des Schöpfers anerkennt, sei es als Kollektiv oder als Individuum, wie es im Vers heißt: "Und wisset an diesem Tag; denn ich rede nicht mit euren Kindern, die nichts gewusst und nichts gesehen haben ... sondern eure Augen haben all das große Werk des Ewigen gesehen, das Er getan hat" [Devarim 11:2-7]. Der Vers will sagen, dass der Anspruch des Schöpfers auf euch stärker und offensichtlicher ist als der Anspruch auf eure Nachkommen, die die Wunder des Schöpfers nicht miterlebt haben, denn ihr habt sie mit euren eigenen Augen gesehen, und nur euch wurden diese

Die Pflichten des Herzens   Kapitel Acht   Rabbeinu Bachya

großen Wohltaten zuteil und ihr wurdet von den Plagen Ägyptens und Korachs verschont. Aber deine Nachkommen waren nicht anwesend, deshalb bist du mehr verpflichtet, G-tt wegen ihnen zu dienen.

In ähnlicher Weise können wir für andere Individuen sagen, dass ihre Verpflichtung je nach dem Grad ihres Verständnisses und der Menge des ihnen zuteil gewordenen Gutes variiert.

Es obliegt dem Gläubigen, mit seiner Seele darüber nachzudenken, was seine Pflichten gegenüber G-tt sind, und dies bis ins kleinste Detail zu durchdenken, soweit er dazu in der Lage ist, und je nach dem, was er davon begreifen kann. Dann, was immer man in der Lage ist, in der Praxis zu erreichen, sollte man sich fleißig darum bemühen und sich anstrengen, und das, was jenseits seiner Fähigkeit liegt, in der Praxis zu erreichen - er sollte ein Verständnis dafür erlangen und danach streben, wie David, Friede sei mit ihm, sagte: "Oh, dass meine Wege darauf gerichtet wären, deine Satzungen zu halten!" [Tehilim 119,5], und "sie sind begehrenswerter als Gold, als feines Gold" [Tehilim 19,11]. und der Schöpfer wird ihn wohlwollend beurteilen, und er sollte auf der Hut sein, für die Zeit, in der er in der Lage sein wird, das zu erfüllen, was ihm an seinen Schulden gegenüber dem Schöpfer möglich ist.

Er soll nicht versuchen, für sich selbst Auswege zu finden, es auf die leichte Schulter zu nehmen, es zu lassen oder zu ignorieren, damit er am großen Tag der Abrechnung nicht völlig verzweifelt, wie geschrieben steht: "Wer das Wort verachtet, wird von ihm vernichtet werden" [Mischlei 13,13].

Kapitel Drei

In Bezug auf die Frage, wie viele Wege es gibt:
Zur Abrechnung eines Menschen mit sich selbst über seine Pflichten gegenüber G-tt, sage ich, sind in dieser Angelegenheit zahlreich. Doch unter ihnen werde ich dreißig Wege darlegen, durch die deutlich wird, was ein Mensch seinem G-tt gegenüber verpflichtet ist, wenn er sie sich zu Herzen nimmt und sich vornimmt, über sie nachzudenken und sich immer daran zu erinnern.

DIE ERSTE: [Verpflichtung, G-tt dafür zu dienen, dass er ihn erschaffen hat, ihn über andere Schöpfungen erhoben hat und sich um seine Bedürfnisse gekümmert hat] Wenn ein Mensch über seine eigene Materie nachdenkt und den ersten Anfang seines Seins betrachtet, sein Auftauchen aus der Nichtexistenz zur Existenz, aus dem Nichts zu etwas, ohne dass er irgendetwas davon verdient hat, sondern allein aus reiner Güte des Allmächtigen, aus Seinem Wohlwollen und Seiner

Die Pflichten des Herzens   Kapitel Acht   Rabbeinu Bachya

Großzügigkeit. Und wenn er mit seinem Verstand erkennt, dass er in seiner Materie wichtiger ist, auf einer höheren Ebene steht und in seiner Form über den Tieren, Pflanzen und unbelebten Objekten erhaben ist, wird er erkennen, dass er verpflichtet ist, seinem Schöpfer, gepriesen sei Er, zu danken.

Nehmen wir ein konkretes Beispiel und stellen wir uns vor, dass er als Säugling von seiner Mutter auf der Straße ausgesetzt wurde und ein Mann vorbeikam, der ihn sah, sich seiner erbarmte und ihn in sein Haus aufnahm und ihn aufzog, bis er wuchs und sein Verstand reifte. Wie sehr ist er verpflichtet, den Willen seines Adoptivvaters zu tun, alle seine Gebote zu befolgen und sich von seinen Verboten fernzuhalten. [Kurz gesagt,] wie sehr ist ein solcher Mensch seinem Wohltäter verpflichtet! Entsprechend der Tatsache, dass der Schöpfer ihn beschützt und für alle seine Bedürfnisse sorgt, sollte er sich auch zu seinem Dienst hingezogen fühlen und seine Gebote befolgen. Schon der Prophet tadelte das jüdische Volk in dieser Hinsicht mit den Worten: "So zahlt ihr es dem Ewigen zurück, ihr schändliches, unkluges Volk? [Ist Er nicht euer Vater, euer Fürst? Er hat euch gemacht und aufgerichtet]" [Devarim 32:6], und Yechezkel erläutert dies mit den Worten: "Und als ich an euch vorbeiging und sah, dass ihr euch in eurem eigenen Blut wälzt..." [Yechezkel 16:6], und den Rest der Sache.

DIE ZWEITE: [Schuld gegenüber G-tt für den eigenen Körper] Sich selbst zur Rechenschaft zu ziehen für die große Gunst G-ttes an ihm, indem er seinen Körper zusammensetzte und seine Form, sein Wesen und die Anatomie seiner Glieder vervollständigte, ihn aus dem Bauch seiner Mutter nahm und seine Nahrung davor und danach zubereitete - wie es für ihn passend ist und entsprechend der Menge, die er braucht - all das ist eine Güte G-ttes an ihm. Er möge sich denken, dass, wenn ihm in seiner frühen Schöpfung Augen oder Hände oder Füße fehlten und ein gewisser Mann in der Lage wäre, sie für ihn zu machen, so dass sein Körper vollständig wäre, wie würde er dem Mann danken und ihn preisen und sich dazu hingezogen fühlen, seinen Willen zu tun und ihm zu dienen. Dementsprechend sollte man sich zum Schöpfer hingezogen fühlen, der seinen Körper und alle seine Glieder nach perfekter Funktionalität gebaut hat, wie geschrieben steht: "Gedenke, dass Du mich wie Lehm gemacht hast, und zum Staub wirst Du mich zurückgeben" [Ijow 10,9], und der Rest der Sache, und "Denn Du hast meine Zügel geschaffen, Du hast mich im Schoß meiner Mutter bedeckt" [Tehilim 139,13].

Und "Denn Du hast mich aus dem Mutterleib gezogen" [Tehilim 22,10].

DIE DRITTE: [Schuld gegenüber G-tt für den eigenen Verstand] Die

Die Pflichten des Herzens Kapitel Acht Rabbeinu Bachya

große Gunst G-ttes an ihm zu beobachten und sich selbst Rechenschaft abzulegen, weil er ihn mit Verstand und Verständnis und mit vielen guten, edlen und ehrenhaften Eigenschaften beschenkt hat.

Dadurch ist er den irrationalen Geschöpfen [Tieren] überlegen, wie geschrieben steht: "Er lehrt uns mehr als die Tiere der Erde und macht uns weiser als die Vögel des Himmels" [Iyov 35:11]. Stellen wir uns vor, er wäre ohne Verstand und Verständnis, und ein gewisser Mann käme und würde ihm helfen, sie zu erlangen, und er würde danach die Überlegenheit verstehen, die er gegenüber seinem früheren Zustand erlangt hat. Würde es ihm genügen, dem Mann für den Rest seiner Tage zu danken und ihn zu loben, um ihm seine Hilfe zu vergelten? Wie viel mehr der Schöpfer, für den es keine Grenze für seine Gunst an uns und kein Ende für seine Güte uns gegenüber gibt, wie geschrieben steht: "Vielfältig, o Ewiger, mein G-tt, sind Deine wunderbaren Werke, die Du getan hast, und Deine Gedanken, die an uns sind; sie können nicht aufgezählt werden, um sie Dir zuzuordnen; wollte ich sie verkünden und erzählen, so wären sie mehr, als man zählen kann." [Tehilim 40:5].

DIE VIERTE: [Schuld gegenüber G-tt für die Tora] Sich selbst zur Rechenschaft zu ziehen für die große Gunst G-ttes an ihm, um ihn zu dem zu erwecken, was ihm Leben in beiden Welten bringen wird - die erhabene und treue Tora, um seine Blindheit zu entfernen, seine Unwissenheit auszurotten, seine Augen zu erleuchten, ihn dem Willen G-ttes näher zu bringen, ihm die Wahrheit über die Existenz seines Schöpfers bekannt zu machen und was seine Pflicht Ihm gegenüber ist, und durch die er in beiden Welten erfolgreich sein wird, wie geschrieben steht: "Die Satzungen des Ewigen sind richtig, sie erfreuen das Herz" [Tehilim 19: 8].

Er möge sich, nachdem er ihren Wert erkannt hat, vorstellen, dass, wenn sie ihm unbekannt gewesen wäre und er danach einem bestimmten Mann begegnete, der sie ihm geschenkt hat, seine Bemühungen und Fähigkeiten, es ihm zurückzuzahlen, ausreichen würden, um seine Dankbarkeit und sein Lob auszudrücken? Dies gilt umso mehr für den Schöpfer, der ihn dazu anregt und ihm hilft, sie zu verstehen und zu erfüllen. Die geringste Dankesschuld, zu der wir verpflichtet sind, besteht darin, dass wir uns an Seine Tora klammern und uns beeilen, die Verpflichtung Seiner Gebote und Verbote anzunehmen, wie geschrieben steht: "Ich eilte und zögerte nicht, Deine Gebote zu halten" [Tehilim 119,60], und "Wie sehr liebe ich Deine Tora" [Tehilim 119,97], und "Wie süß sind Deine Worte für meinen Gaumen" [Tehilim 119,103].

DIE FÜNFTE: [Verpflichtung, die Tora nicht nur oberflächlich zu studieren] Sich selbst Rechenschaft darüber abzulegen, dass man das

Die Pflichten des Herzens Kapitel Acht Rabbeinu Bachya

Buch der Tora G-ttes nicht verstanden hat und sich damit begnügt, ihre Inhalte nicht zu begreifen.

Bei einem Buch, das ihm von einem König geschickt wurde, würde man sich nicht so verhalten. Wenn er aufgrund seiner unklaren Handschrift oder Worte oder aufgrund der Tiefe seiner Materie oder seiner Subtilität oder seiner verwirrenden Mischung von Themen oder seiner rätselhaften Worte einen Zweifel an seiner Bedeutung hätte. Vielmehr würde er sein ganzes Herz und seinen ganzen Verstand einsetzen, um die Bedeutung zu verstehen, und er würde sich sehr quälen, bis er die Bedeutung verstanden hat.

Wenn er dies tut, um die Worte eines schwachen, sterblichen Menschen wie ihm selbst zu verstehen, wie viel mehr ist es dann seine Pflicht, ein Vielfaches davon zu tun, bis er das Buch G-ttes versteht, das sein Leben und seine Rettung ist, wie geschrieben steht: "Denn es ist dein Leben und die Länge deiner Tage" [Devarim 30:20]. Wie konntest du es dir erlauben, mein Bruder, dich davor zu verstecken und dich mit dem zu begnügen, was von seinem Inhalt leicht bekannt ist und von seiner oberflächlichen Bedeutung offenbart wird, und du warst nachsichtig mit dem Rest [Wissen].

Kannst du darin deine eigene Fehlerhaftigkeit und Niedrigkeit erkennen? Dies ist ähnlich wie die Geschichte, von der gesagt wurde: "Aber über den Ewigen des Himmels hast du dich erhoben, und die Gefäße seines Hauses brachten sie vor dich, und du, deine Würdenträger, deine Königin und deine Nebenfrauen tranken Wein in ihnen, und du priesst Götter aus Silber und Gold, Kupfer, Eisen, Holz und Stein, die weder sehen noch hören noch wissen, aber den G-tt, in dessen Hand deine Seele und alle deine Wege sind - ihn hast du nicht verherrlicht" [Daniel 5,23].

DIE SECHSTE: [Verpflichtung, G-tt nicht ungehorsam zu sein] Mit sich selbst Rechenschaft ablegen, wenn man spürt, dass man dazu neigt, gegen den Schöpfer zu rebellieren und seinen Bund zu brechen. Er soll vor sich selbst Rechenschaft ablegen und sich zu Herzen nehmen, dass alles, was er in der Welt mit seinen Sinnen wahrnimmt - ob die Fundamente der Erde und ihre Äste oder ihre Elemente und Verbindungen, ihre höheren [Sterne, Planeten] und ihre niederen Schöpfungen [d.h. physische Geschöpfe] - sie alle existieren durch das Wort G-ttes und bewahren seinen Bund [folgen den Gesetzen der Physik usw.].

Sieht man irgendetwas, das die Grenzen des Dienstes G-ttes verlässt, gegen sein Wort rebelliert oder seinen Bund bricht? Wenn wir uns in unserem Geist vorstellen würden, dass eines von ihnen den Bund des Schöpfers übertreten würde, würde kein Mensch mehr am Leben sein.

Die Pflichten des Herzens   Kapitel Acht   Rabbeinu Bachya

Was würde zum Beispiel passieren, wenn eines der Elemente den Bund des Schöpfers übertreten und seine Natur verändern würde, oder wenn die Erde ihren Mittelpunkt [ihre Umlaufbahn um die Sonne] verlassen würde, oder wenn die Wasser des Ozeans über ihre Grenze hinausschwappen und alles auf dem Trockenen bedecken würden. Würde dann überhaupt noch ein Mensch auf der Erde übrig sein?

Noch wundersamer wäre es, wenn die Organe des Menschen sich gegen den Bund des Schöpfers auflehnen würden und die Organe, deren Natur es ist, sich zu bewegen, unbeweglich wären, oder die unbeweglichen sich bewegen würden, oder wenn die fünf Sinne nicht die Informationen übermitteln würden, die sie zu übermitteln befohlen wurden - die Bildung des Menschen würde zusammenbrechen, seine Zusammensetzung würde sich auflösen, und seine normale Funktionsfähigkeit würde null und nichtig werden.

Und wie kann ein Mensch sich nicht schämen, den Bund seines G-ttes in einer Welt zu übertreten, die den Bund G-ttes nicht übertritt, und dies mit Hilfe von Gliedern zu tun, denen G-tt befohlen hat, dem Wunsch des Menschen zu gehorchen und alle Angelegenheiten des Menschen zu tragen, und diese Glieder übertreten den Bund des Schöpfers nicht?

Als Analogie dazu befahl ein König einer Gruppe seiner Diener, einen seiner Minister über einen breiten Fluss mit äußerster Vorsicht an einem bestimmten Ort und zu einer bestimmten Zeit zu überqueren. Dann befahl er dem Minister, während dieser Zeit bestimmte Dinge mit ihnen zu tun. Die Diener erfüllten, was der König ihnen gegenüber dem Minister befohlen hatte, aber der Minister tat nicht, was der König ihm befohlen hatte.

Einer der Diener sagte zu dem Minister: "Du Minister, der du dich vor dem Befehl des Königs versteckst, würdest du dich nicht fürchten, wenn einer von uns es dir gleichtun und den Befehl des Königs, dich zu bewachen, übertreten würde, so wie du ihn übertreten hast, als du bei uns warst, und du würdest in diesen großen Fluss fallen und einen grausamen Tod sterben? Mach deinen Fehler rückgängig, indem du bereust und um Vergebung bittest, denn der König hat uns befohlen, dich nicht mehr zu bewachen, wenn du sein Gebot übertrittst, während du bei uns bist." Der Minister erwachte aus seiner Vernachlässigung [der Bewachung des Befehls des Königs] und korrigierte seinen Fehler.

Stell dir vor, mein Bruder, eines deiner Glieder würde das Gebot des Schöpfers in Bezug auf dich selbst übertreten, wenn du es benutzen willst. Du weißt, dass der Schöpfer in Seiner treuen Tora festgelegt hat, dass alles in der Welt dir untersteht und deinem Wunsch gehorcht, unter der Bedingung, dass du Ihm dienst, und [das Gegenteil], dass es [die Welt

Die Pflichten des Herzens   Kapitel Acht   Rabbeinu Bachya

und alles in ihr] sich gegen deinen Willen wendet, wenn du Sein Wort übertrittst, wie in Parscha Bechukotai erklärt wird: "Wenn du in meinen Satzungen gehst" [Wajikra 26,3] und an anderen Stellen.

DIE SIEBTE: [die Bedingungen des Sklavendaseins gegenüber G-tt zu vollenden] Sich selbst zur Rechenschaft gegenüber G-tt zu bringen, was die Übernahme der Bedingungen des Sklavendaseins betrifft, und die Verpflichtung des Herrendasein gegenüber seinem Schöpfer auf sich zu nehmen. Wir haben die meisten dieser Bedingungen im dritten Tor dieses Buches notiert. Der Suchende möge sie dort finden.

Man sollte an sie denken, wenn man sich der ständigen Gunst des Schöpfers bewusst wird, der ihm das bereitet, was ihm nützt, sich seiner erbarmt und ihn immer mit der Nahrung versorgt, die er braucht. G-tt hat ihn auch nicht sich selbst überlassen, als sein Verstand schwach war, um seine Angelegenheiten richtig zu regeln, und Er hat ihn mit Weisheit, Verstand und Verständnis ausgestattet, um seine Angelegenheiten zu regeln. Durch sie wird er seine Schulden bei G-tt erkennen, wie David sagte: "Ich bin Dein Knecht; gib mir Verstand, dass ich Deine Zeugnisse erkenne" [Tehilim 119:125].

Und wenn ein Sklave die großen Wohltaten seines Herrn an seiner Seele und seinem Körper und all seinen Bewegungen erkennt, und dass der Fürst ständig über ihn wacht und seine enthüllten und verborgenen Angelegenheiten kennt und all seine Bewegungen bewacht und sie mit seinen Fesseln bindet und über sie herrscht, und wie der Meister ihn mit dem, was er ihm gewährt hat, prüft und kontrolliert, ob er seine Glieder benutzt und seine Gedanken auf seine gute Neigung richtet oder ob er sie auf seine böse Neigung richtet. Und der Sklave bedenkt die Lehren der Thora und ihre Weckung, was der Wille G-ttes ist und was dagegen ist und G-ttes Zorn über ihn bringen wird - er wird alle Bewegungen seines Körpers und alle Kräfte seines Geistes für das einsetzen, was in den Augen seines Fürsten Gefallen finden und ihn Ihm näher bringen wird. Er wird den Schleier der Torheit von sich selbst entfernen und das Gewand der Ehrfurcht und Verehrung vor Ihm und der Liebe zu Ihm anziehen, und er wird begehren, was G-tt will - dann wird das große Gute und das große Licht von G-tt über ihn kommen, wie geschrieben steht: "O G-tt, im Lichte Deines Angesichts werden sie wandeln" [Tehilim 89:16], und "der Ewige wird Sein Angesicht auf Dich leuchten lassen und Dir Gunst erweisen" [Bamidbar 6:25].

Die Hauptsache von allem - ist, die Bedingungen des Sklavendaseins zu vervollständigen und G-tt allein mit dem Herrendasein zu bezeichnen - dass all dies von ganzem Herzen und treu ist, und dadurch wird die Liebe des Menschen zu G-tt von ganzem Herzen sein und ebenso wird G-tt ihn

Die Pflichten des Herzens Kapitel Acht Rabbeinu Bachya

lieben, wie geschrieben steht: "Du hast den Ewigen heute zu deinem G-tt erklärt. Und der Ewige hat euch heute zu seinem geschätzten Volk erklärt" [Devarim 26,17-18], und "um euch über alle Völker, die er gemacht hat, zu erheben" [Devarim 26,19], und "Dann werden alle Völker der Erde sehen, dass der Name des Ewigen über euch angerufen ist, und sie werden euch fürchten" [Devarim 28,10].

Der Grund dafür: Es ist bekannt, dass die Größe eines Sklaven in den Augen der Menschen der Größe seines Herrn entspricht und der Tatsache, dass sein Herr ihn erwählt und in seine Nähe gebracht hat, und da der Name des Schöpfers in den Augen der Völker über und höher als alles Hohe ist, wie geschrieben steht: "Denn vom Aufgang der Sonne bis zu ihrem Untergang wird mein Name groß sein unter den Völkern" [Maleachi 1: 11], und das Volk Jisrael, das Ihm am nächsten steht und zu Seinem Dienst auserwählt ist, sollte demnach über den anderen Völkern stehen und ihnen Ehre machen.

Der Grund dafür, "dass der Name des Ewigen über euch angerufen wird" [Devarim 28:10], ist, dass wir "das Volk G-ttes", "das Volk des Allmächtigen", "die Priester G-ttes", "die Knechte G-ttes", "die Sklaven G-ttes", "die Söhne G-ttes" und andere Titel, die diesen Worten ähnlich sind, die einen besonderen Status und eine besondere Auswahl darstellen, genannt wurden. Aber "sie werden sich vor dir fürchten", steht für die Ehre des Schöpfers und die Ehrfurcht vor Ihm, wie geschrieben steht: "Wer würde dich nicht fürchten, oh König der Nationen?" [Yirmiya 10:7], und wie der Vers von dem sagt, was wir in der Zukunft an Nähe zum Schöpfer erlangen werden, und dass wir für Seinen Dienst auserwählt werden: "Man wird sagen: 'Ich bin vom Ewigen'" [Yeshaya 44:5], und deshalb ist die Bedeutung einer Person für den Schöpfer entsprechend der Nähe der Person zu Ihm und dem Dienst an Ihm.

Deshalb, mein Bruder, lege Rechenschaft über diese Angelegenheit ab und lass dich nicht von deiner bösen Neigung beeinflussen. Gib nicht deinen niederen Begierden nach, wenn du deinen Verstand und dein Verständnis in dieser Sache einsetzt. Nimm dir zu Herzen, dass der Schöpfer deine Abrechnung mit dir selbst in deinen inneren Gedanken beobachtet, und lass deine Absicht um Seines Namens willen sein. Denke sorgfältig darüber nach, zu Seiner Ehre, aus Scham darüber, dass Er dich dabei beobachtet, wie geschrieben steht: "Der Ewige kennt die Gedanken des Menschen, dass sie eitel sind" [Tehilim 94:11].

DIE ACHTE: [Verpflichtung, G-tt aufrichtig zu dienen] Sich selbst zur Rechenschaft zu ziehen, wozu man verpflichtet ist, wenn man sein Herz allein G-tt widmet.

Die Hingabe des Herzens erfolgt auf zwei Arten:

Die Pflichten des Herzens   Kapitel Acht   Rabbeinu Bachya

Erstens: Ganzheitliche Hingabe, wenn man die Einheit G-ttes verkündet, wie wir am Anfang dieses Buches erklärt haben.
Zweitens: Ganzheitliche Hingabe an G-tt allein, wenn man eine Handlung der nächsten Welt [religiöse Handlung] ausführt, egal ob es eine Handlung ist, zu der man verpflichtet ist, oder ob es eine freiwillige Handlung ist, wie wir in Tor 5 dieses Buches erklärt haben.
Einige der wesentlichen Punkte der Anerkennung der Einheit G-ttes sind:
- anzuerkennen, dass es keinen anderen G-tt neben Ihm gibt
- Ihn nicht mit irgendeinem Bild, einer Form, einem Maß, einer Bewegung oder irgendeiner Art von physischer Repräsentation zu assoziieren, noch mit irgendeinem Zustand, ob absichtlich oder zufällig [siehe Tor 1]. zu glauben, dass es keinen Anfang Seines Seins und kein Ende Seiner Existenz gibt.
- zu wissen, dass Er [absolut] Einer ist und dass es nichts gibt, was Ihm gleicht, und dass es keinen Schöpfer außer Ihm und keinen Erschaffer außer Ihm gibt, und dasselbe gilt für Seine anderen Namen und Eigenschaften [siehe Tor 1].
Einige der wesentlichen Punkte, die bei der Ausübung einer religiösen Handlung zu beachten sind, wenn man sich G-tt allein mit ganzem Herzen hingibt:
keine andere Absicht zu haben, wenn man sie tut, als um Seines großen Namens willen, nicht aus Liebe zum Lob von den Menschen, nicht in der Hoffnung, Nutzen von ihnen zu erhalten, nicht aus Furcht vor ihnen, nicht um irgendeinen Nutzen zu bringen oder irgendeinen Schaden in dieser oder in der nächsten Welt zu verhindern, wie unsere Weisen sagten: "Seid nicht wie die Knechte, die ihrem Fürsten um des Lohnes willen dienen, sondern seid wie die Knechte, die ihrem Fürsten nicht um des Lohnes willen dienen" [Avos 1,3].
Das kannst du, mein Bruder, daran beobachten, wie sich die Menschen in Freundschaften verhalten. Wenn man spürt, dass das Herz des Freundes nicht aufrichtig zu ihm ist, und erst recht ein Fürst zu seinem Sklaven - wird er zornig auf ihn sein und seine Taten nicht begehren, auch wenn er sich nach besten Kräften bemüht und äußerlich aufrichtig erscheint, und auch wenn ein Mensch seinen Freund braucht und auf seine Hilfe angewiesen ist.
Umso mehr gilt für den Schöpfer, dass alle geschaffenen Wesen Ihn brauchen, und Er hat weder Bedarf noch Nutzen von ihnen, Er kann in ihre Herzen und ihre innersten Geheimnisse sehen. Wie können wir von Ihm erwarten, dass Er in uns das begehrt, was wir von unseren Freunden nicht erwarten, dass sie es in uns begehren, obwohl sie unsere innere Täuschung und unsere geringe Aufrichtigkeit ihnen gegenüber nicht

Die Pflichten des Herzens Kapitel Acht Rabbeinu Bachya

kennen.

Wenn der verständige Mensch über diese Angelegenheit nachdenkt, wird er Schande und Scham vor dem Schöpfer empfinden und sein inneres Selbst berichtigen und sein Herz allein G-tt widmen, wenn er Seine Einheit erklärt, eines Seiner Gebote tut oder Seine Tora lernt, und er wird es mit Anstrengung und Eifer tun, wie David sagte: "Ich werde den Weg Deiner Gebote gehen, denn Du wirst mein Herz weiten" [Tehilim 119:32].

DIE NEUNTE: [Absicht im Gebet und in den Mitzvos] Sich selbst dazu zu bringen, dass seine Handlungen und seine Anstrengung in den verschiedenen religiösen Aktivitäten im Dienste G-ttes mindestens so viel sind, wie er tun würde, wenn sein [menschlicher] König von ihm verlangen würde, eine körperliche Aktivität zu tun. Sicherlich würde er sich nicht im Geringsten zurückhalten, sich voll und nach besten Kräften [für den menschlichen König] zu verausgaben.

Wenn es sich um eine Handlung handelte, die Nachforschungen, Überlegungen und Ratschläge erforderte, würde er sein ganzes Herz, seinen Verstand, seinen Intellekt und seine Wahrnehmung einsetzen, um mit größter Sorgfalt und Eifer daran zu arbeiten.

Wenn er den König für etwas Gutes oder eine Gunst, die er von ihm erhalten hat, loben und ihm danken wollte, würde er die Botschaft der Dankbarkeit durch ein Lied oder ein Gedicht übermitteln, sei es mündlich oder schriftlich - er würde nicht auf alle Arten von Beredsamkeit, Metaphern, Analogien, Verschönerungen verzichten, ob wahr oder falsch, die man von ihm sagen kann, und wenn er ihn mit allen seinen Gliedern und seinem inneren und äußeren Wesen loben könnte, würde er das tun. Und wenn er Himmel und Erde und alles in ihnen bewegen könnte, um ihn zu loben und ihm zu danken, um dem König seine guten Gefühle ihm gegenüber zu zeigen, würde er es tun, obwohl er nur ein schwacher Mensch ist, klein und von schnell vergehenden Tagen.

Dementsprechend sollte sich der intelligente Mensch im Dienste G-ttes verhalten. Wenn er etwas davon tut.

Jeder Akt des Dienstes für G-tt muss notwendigerweise in eine der drei Kategorien fallen.

Pflichten des Herzens allein. Es war unsere Absicht, sie in diesem Buch zu klären.

Pflichten des Herzens und der Glieder zusammen, wie Gebet, Torastudium, Lobpreis und Psalmen an G-tt, Studium anderer Weisheiten, Anweisung an andere, Gutes zu tun oder Böses zu unterlassen, oder ähnliches.

Pflichten der Glieder allein, an denen das Herz keinen Anteil hat, außer

Die Pflichten des Herzens Kapitel Acht Rabbeinu Bachya

der Absicht zu G-tt zu Beginn der Handlung, wie [das Wohnen in einer] Sukkah, Lulav, Tzitzis, Mezuza, das Halten des Sabbats und der Feste, Wohltätigkeit, oder ähnliches, wo die Ablenkung des Herzens durch andere Dinge die Handlung nicht beschädigt.

Für die Pflichten des Herzens ist man jedoch verpflichtet, sein Herz von Gedanken an diese Welt und ihre Ablenkungen zu leeren und sein Herz und seinen Verstand zu dieser Zeit allein auf G-tt zu richten, wie es von einem der Asketen gesagt wurde, der in seinem Gebet zu G-tt sagte: "Mein G-tt! Der Kummer, den ich um Dich habe, hat all meinen anderen Kummer zunichte gemacht, und die Sorge, die ich um Dich habe, hat mich von allen anderen Sorgen entfernt".

Dadurch wird G-tt seine Tat annehmen und sie wünschen, von denen unsere Weisen sagten [Berachos 13a]: "Mitzvot brauchen Kavana [Absicht]".

Wenn man mit einer religiösen Handlung der Kategorie beschäftigt ist, die sowohl das Herz als auch die Glieder zusammen einbezieht, wie z.B. das Gebet oder das Loben G-ttes - sollte er seinen Körper von jeder weltlichen oder anderen religiösen Handlung befreien und sein Herz von allen Gedanken reinigen, die ihn von der Sache des Gebets ablenken. Nachdem er sich gereinigt und von jeglichem Schmutz gewaschen hat, und sich von jeglichem schlechten Geruch oder ähnlichem distanziert hat, dann sollte er sich zu Herzen nehmen:

Zu wem er zu beten beabsichtigt.

Was sucht er von ihm.

Womit er vor seinem Schöpfer sprechen will, von den Worten und dem Inhalt des Gebets.

Wisse, dass die Worte, die man mit der Zunge formt, wie die Schale sind und die Betrachtung der Worte wie die Frucht, [oder] dass das Aussprechen des Gebets wie der Körper ist und die Betrachtung wie die Seele.

Wenn jemand mit seiner Zunge betet, aber sein Verstand von etwas anderem als dem Gebet abgelenkt ist, wird sein Gebet wie ein Körper ohne Seele oder wie eine Schale ohne Frucht sein, weil sein Körper anwesend ist, aber sein Verstand nicht bei ihm in seinem Gebet ist, von dem der Vers sagt: "Denn dieses Volk nähert sich mir mit seinem Mund und ehrt mich mit seinen Lippen, aber sein Herz ist fern von mir, und seine Furcht vor mir ist ein auswendig gelerntes Gebot von Menschen" [Jeschaja 29:13].

Eine weitere Analogie dazu wurde über einen Sklaven gesagt, dessen Fürst in sein Haus kam. Der Sklave befahl seiner Frau und seinen Kindern, ihn zu ehren und alles für ihn zu tun, aber er selbst ging fort, um

Die Pflichten des Herzens Kapitel Acht Rabbeinu Bachya

sich zu amüsieren und zu lachen, und unterließ es, seinem Fürsten persönlich zu dienen und zu versuchen, ihn zu ehren und das zu tun, was ihm gebührt. Der Fürst wurde zornig auf ihn und nahm seine Ehrungen und Dienste nicht an, und er warf ihm alles ins Gesicht zurück.

Ebenso wird G-tt das Gebet eines Betenden nicht annehmen, wenn sein Herz und sein Verstand von der Materie des Gebetes frei sind, und er wird das Gebet seiner Glieder und seiner Zunge nicht annehmen. Das sieht man daran, was wir am Ende unserer Gebete sagen: "Mögen die Worte meines Mundes und die Gedanken meines Herzens Dir wohlgefällig sein, o G-tt..." Und wenn ein Mann [abgelenkt ist und] an irgendeine Sache in der Welt denkt, ob sie erlaubt oder verboten ist, und danach sein Gebet beendet und sagt "imrei fi vehegyon libi lefanecha" [mögen die Worte meines Mundes und die Gedanken meines Herzens Gunst vor Dir finden], ist das nicht eine große Schande, dass er behauptet, mit seinem Herzen und Verstand zu seinem G-tt gesprochen zu haben, während sein Herz nicht bei ihm war, und danach bittet er G-tt, es zu akzeptieren und es von ihm zu begünstigen? Er gleicht einem, von dem gesagt wurde "wie ein Volk, das vorgibt, Gerechtigkeit zu zeigen..." [Jeschaja 58:2], und unsere Weisen sagten: "Ein Mensch sollte sich selbst einschätzen - wenn er glaubt, dass er fähig ist, Absicht im Herzen zu haben, sollte er beten, andernfalls sollte er nicht beten" [Berachos 30b]. Und Rebbi Eliezer sagte, als er im Begriff war zu sterben, zu den Dingen, die er seinen Jüngern befahl - "wenn ihr betet, wisst, vor wem ihr betet" [Berachos 28b]. Und der Vers sagt: "Bereitet euch darauf vor, euren G-tt zu grüßen, oh Israel" [Amos 4:12], und unsere Weisen sagten: "Wenn ihr betet, macht euer Gebet nicht zu einer Form der Routine, sondern zu einer Bitte um Barmherzigkeit und zu einem Flehen" [Avos 2,18], und "Als meine Seele in Ohnmacht fiel, dachte ich an den Ewigen, und mein Gebet kam zu Dir in Deinen heiligen Tempel" [Yona 2,8], und "Lasst uns unser Herz mit unseren Händen zu G-tt in den Himmeln erheben" [Eicha 3,41].

ZIEL DES GEBETES: Du solltest wissen, mein Bruder, dass unser Ziel im Gebet nur die Sehnsucht der Seele zu G-tt ist, dass sie sich Ihm unterwirft, ihren Schöpfer erhebt, Seinen Namen lobt und Ihm dankt und alle ihre Bedürfnisse auf Ihn wirft.

Und da es für den Verstand schwierig ist, sich an all dies zu erinnern, war es für unsere Weisen notwendig, eine schriftliche Ordnung der Dinge aufzustellen, die die meisten Menschen brauchen, die ihnen ihr großes Bedürfnis nach G-tt und ihre Notwendigkeit, sich Ihm wegen dieser Dinge zu unterwerfen, zeigen. Dies sind die Dinge des Gebets, die geordnet und zusammengestellt wurden, damit der Mensch seinen Schöpfer begrüßen kann und sich nicht schämt, sich Ihm zu nähern, und

Die Pflichten des Herzens   Kapitel Acht   Rabbeinu Bachya

um im Gebet Dinge zu sehen, die ihm Demut und Unterwerfung vor G-tt bringen.

Und da die Gedanken des Herzens sich schnell ändern und diese Gedanken aufgrund des schnellen Auftauchens von Gedanken, die durch den Verstand blitzen, keinen festen Halt haben, ist es für einen Menschen schwierig, sein eigenes Gebet zu ordnen.

Aus diesem Grund haben unsere Weisen das Gebet mit festen Worten verfasst, um sie dem Menschen auf die Zunge zu legen, denn die Gedanken des Geistes folgen den Worten, die er ausspricht.

Deshalb hat das Gebet feste Worte und Themen. Die Worte brauchen einen Gegenstand. Aber ein Gedankengegenstand braucht keine Sprache, wenn es möglich ist, ihn in seinem Herzen zu ordnen. Denn der Gegenstand ist die Essenz unserer Hingabe und das Hauptziel, auf das unsere Aufmerksamkeit gerichtet sein sollte.

Ihr könnt sehen, was die Weisen über eine Zeit der Schwierigkeiten sagten: "Ein Mann, der einen Samenerguss erlebt hat, sollte den Segen in seinem Geist sprechen und die Worte nicht aussprechen, weder vor [dem Schema] noch danach" [Berachos 20b], und sie erlaubten, dass man eine kurze Version des [Amida]-Gebetes [unter bestimmten Umständen] betet, und wenn das Aussprechen der Worte der Hauptzweck des Gebetes wäre, wäre es uns nicht erlaubt gewesen, sie unter keinen Umständen zu reduzieren.

Deshalb, mein Bruder, berichtige die Themen deines Gebets in deinem Herzen, so dass es mit deinen Worten übereinstimmt, und lass deine Absicht in beiden nur zu G-tt sein. Halte deinen Körper frei von jeglichen Bewegungen und halte deine Sinne und Gedanken davon ab, sich mit irgendwelchen weltlichen Dingen zu beschäftigen, während du betest.

Vergleiche, was du mit deinem [menschlichen] König tun würdest, wenn du ihm dankst, ihn lobst und ihn für seine guten Taten lobst, obwohl er deine Gedanken nicht kennt. Dies gilt umso mehr für den Schöpfer, der dein äußeres und inneres Wesen beobachtet, der beobachtet, was in deinem Leben sichtbar ist und was verborgen ist.

Es ist ein Wunder, denn das Gebet ist wie ein Vertrauen und ein Depot, das der Schöpfer dir anvertraut hat, da er es in deine Hände und in deinen Bereich gegeben hat. Niemand kann darüber wachen außer Ihm.

Wenn du betest, wie der Schöpfer es dir befohlen hat, hast du deine Pflicht zur Treue erfüllt, und Er wird es von dir annehmen. Wenn du aber nicht treu bist, in deinem Herzen und auf deiner Zunge, dann gehörst du zu denen, die das Vertrauen, das G-tt in sie gesetzt hat, missbrauchen, und der Vers sagt über sie: "Denn sie sind ein sehr verkehrtes Geschlecht, Söhne, in denen kein Glaube ist" [Devarim 32:20], während der Vers von

Die Pflichten des Herzens   Kapitel Acht   Rabbeinu Bachya

denen, die treu sind, sagt: "Meine Augen werden auf die Gläubigen des Landes gerichtet sein, damit sie bei mir wohnen" [Tehilim 101:6].

PFLICHTEN DER GLIEDER: Wenn man die Pflichten der Glieder allein ausübt, wie in einer Sukka zu wohnen und einen Lulav zu nehmen, oder andere Dinge, die wir zuvor erwähnt haben [Sabbat, Feste, Mezuza, usw.], ist es eine Verpflichtung, die Absicht G-tt voranzustellen, bevor man es tut, so dass die Wurzel seiner Handlung darin besteht, das Gebot des Schöpfers zu befolgen, zu erheben, zu verherrlichen, Ihm zu danken und Ihn zu loben - für Seine großen Gunstbezeugungen und großen Wohltaten an ihm.

Und so wird er den letzten Zweck des G"ttesdienstes erreichen, zu Beginn, während der Ausführung und bis zu seiner Vollendung. Er wird sie tun [1] aus Ehrfurcht vor G-tt, [2] in dem Wunsch, Seinen Willen zu erfüllen, und [3] um sich von dem fernzuhalten, was den Zorn G-ttes auf sich ziehen wird.

Wie David sagte: "Deinen Willen zu tun, o G-tt, habe ich gewünscht" [Tehilim 40: 9], und man sollte sich vorstellen, sich selbst mit der Analogie zu prüfen, die ich am Anfang dieses Weges bezüglich des Sprechens mit einem [menschlichen] König vorangestellt habe, und dass er dies immer in seinem Verstand behalten sollte - dann wird er Eifer in seinen Gliedern für die Handlungen des Dienstes finden, mit G-ttes Hilfe, wie wir von den Worten Davids eingeführt haben: "Ich überlegte meine Wege und wandte meine Füße zu Deinen Zeugnissen, ich beeilte mich und zögerte nicht, Deine Gebote zu beobachten" [Tehilim 119:59].

DIE ZEHNTE: [das Beobachten des Schöpfers] Sich selbst gegenüber Rechenschaft darüber ablegen, dass der Schöpfer sein äußeres und inneres Leben beobachtet. Dass G-tt ihn sieht, sich an alle seine Taten erinnert und an alle Gedanken, die ihm durch den Kopf gehen, ob gut oder schlecht. Und deshalb sollte man Ihn immer fürchten und sich bemühen, sein öffentliches und privates Leben so zu korrigieren, dass es mit G-tt's Willen übereinstimmt.

Man möge die folgende Analogie zu sich selbst machen: Wenn ein Mann ihn beobachtet und ständig jede seiner Bewegungen beobachtet, würde er dann etwas tun, was den Mann dazu bringen würde, sich vor ihm zu ekeln? Und erst recht, wenn der Mann ein Wohltäter von ihm wäre, und erst recht, wenn der Mann sein Fürst wäre, und erst recht, wenn derjenige, der ihn beobachtet, sein Schöpfer wäre, wie viel größer wäre dann seine Pflicht, sich vor Ihm zu schämen und zu beschämen, und darauf zu achten, sich nicht gegen Ihn aufzulehnen, und sich zu seinem Dienst zu beeilen und zu versuchen, seine Gunst und Liebe zu erlangen.

Darüber hinaus ist uns bekannt, dass wir uns mit der besten Kleidung

Die Pflichten des Herzens Kapitel Acht Rabbeinu Bachya

schmücken, die wir tragen können, wenn wir hinausgehen, um unsere Könige, hohe Beamte oder große Männer unserer Generation zu begrüßen, weil sie unser äußeres Erscheinungsbild beobachten, wie geschrieben steht, "denn man darf nicht in Sack und Asche gekleidet zum Tor des Königs kommen" [Esther 4:2], und "Da sandte der Pharao hin und ließ Josef rufen, und sie holten ihn aus dem Kerker, rasierten ihn und wechselten seine Kleider, und er kam zum Pharao" [Bereischis 41:14]. Demnach sind wir verpflichtet, uns im Dienste G-ttes in unserem Äußeren und in unserem Inneren für G-tt zu schmücken, denn Er beobachtet uns in beiderlei Hinsicht zu jeder Zeit gleichermaßen, denn wenn wir in unserem Geist glaubten, dass die [menschlichen] Könige in der Lage wären, unser Inneres genauso zu betrachten, wie sie unser physisches Äußeres sehen können, würden wir nicht zögern, unser Inneres so zu schmücken, wie sie es von uns wünschen würden.

Du kannst beobachten, dass für die meisten Menschen der Hauptgrund, warum sie sich mit dem Studium und der Lehre auf den Gebieten der Weisheit beschäftigen, nur darin besteht, dass sie dadurch in den Augen der Könige groß werden wollen. Und ebenso verhält es sich mit vielen Teilen der Gesetze/Kultur des Königreichs, denn dem Volk wird befohlen, die Gesetze seines Königs zu befolgen.

Sicherlich ist es in Bezug auf G-tt angemessener und verpflichtender für uns, uns in Seinem Dienst in unseren inneren Gedanken, Herzen und Gliedern zu schmücken, da Er sie beobachtet und sie ständig betrachtet und nichts Ihn von irgendeiner Sache ablenken kann, wie der Vers sagt: "Ich bin der Ewige, der das Herz erforscht; Ich prüfe die Zügel" [Yirmiya 17:10], und "die Augen des Ewigen sind an jedem Ort und sehen das Böse und das Gute" [Mishlei 15: 3], und "die Augen des Ewigen, die im ganzen Land hin- und herlaufen" [Sacharja 4,10], und der Vers sagt über die Ehrfurcht, die man angesichts der Wachsamkeit des Schöpfers empfinden sollte: "Sei nicht voreilig mit deinem Mund, und dein Herz sei nicht voreilig, ein Wort vor G-tt auszusprechen; denn G-tt ist im Himmel, und du bist auf der Erde; darum lass deine Worte wenige sein" [Koheles 5,1], und "Der Ewige schaut vom Himmel auf die Menschen herab" [Tehilim 14,2].

Wenn diese Angelegenheit immer wieder in den Gedanken des Gläubigen auftaucht, und der Gläubige darüber immer mit sich selbst Rechenschaft ablegt,

dann wird der Schöpfer mit ihm in seinem inneren Bereich sein, er wird G-tt mit dem Auge seines Verstandes sehen und Ihn immer fürchten und Ihn verherrlichen und über Seine Werke nachdenken und Seine Taten bei der Leitung Seiner Schöpfungen prüfen, die von Seiner Größe,

Die Pflichten des Herzens Kapitel Acht Rabbeinu Bachya

Erhabenheit, Weisheit und Macht zeugen.

Wenn man dies fleißig tut, wird der Schöpfer ihm Frieden von seiner Traurigkeit geben und sein Herz von der Furcht vor Ihm beruhigen.

Und der Schöpfer wird ihm die Pforten Seines Wissens öffnen und ihm die Geheimnisse Seiner Weisheit offenbaren, und G-tt wird Seine Aufmerksamkeit darauf richten, ihn zu leiten und zu führen, und Er wird ihn nicht sich selbst und seinen [begrenzten] Fähigkeiten überlassen, wie es im gesamten Psalm 23 heißt: "Der Ewige ist mein Hirte; mir wird nichts mangeln." [Tehilim 23:1], bis zum Ende.

Und er wird auf einer erhabenen Ebene sein, auf der Ebene der Chasidim [extrem fromm] und auf einer hohen Ebene unter den Tzadikim [Gerechten], und er wird in der Lage sein, ohne seine physischen Augen zu sehen und ohne seine physischen Ohren zu hören und ohne eine Zunge zu sprechen, und er wird Dinge ohne seine physischen Sinne wahrnehmen und in der Lage sein, sie sich vorzustellen, ohne einen [physischen] Vergleich zu benötigen.

Er wird keine Situation ablehnen, noch wird er eine andere Situation bevorzugen, als die, die der Schöpfer für ihn gewählt hat.

Und er macht seinen Willen wie G-ttes Willen, und seine Liebe, was Er liebt. Er wird schätzen, was G-tt schätzt, und was ihm zuwider ist, ist G-tt zuwider. Von einem wie ihm sagte der weise Mann: "Gesegnet ist der Mann, der mich [die Tora] hört, der jeden Tag an meinen Toren wacht und an den Pfosten meiner Türen wartet" [Mischlei 8:34], und "Denn wer mich [die Tora] findet, findet das Leben und wird die Gunst des Ewigen erlangen" [Mischlei 8:35].

DIE ELFTE: [regelmäßige Abrechnung der eigenen Taten] Mit sich selbst eine Abrechnung über die bereits verstrichenen Tage zu machen, ob er im Dienste G-ttes oder im Dienste seines eigenen Yetzers tätig war. Er sollte die folgende Illustration auf sich selbst anwenden: Er stelle sich vor, ein König habe ihm Geld gegeben, das er für einen bestimmten Zweck ausgeben solle, und er habe ihm befohlen, nichts von dem Geld für etwas anderes auszugeben. Der König teilte ihm mit, dass er am Ende des Jahres mit ihm abrechnen würde und ihm nicht das Geringste davon verzeihen würde. Ist es nicht angebracht, dass der Mann am Ende jedes Monats des Jahres mit sich selbst abrechnet, um zu sehen, wie viel Geld er ausgegeben hat und wofür er es ausgegeben hat, damit er mit dem verbleibenden Geld und der verbleibenden Zeit sorgsam umgeht, bevor die Zeit der Abrechnung plötzlich kommt und man nicht weiß, was man beanspruchen kann und was von einem verlangt werden kann?

Nach dieser Veranschaulichung, mein Bruder, ist es notwendig, dass du, wenn du kannst, jeden einzelnen deiner Tage mit dir selbst prüfst und

Die Pflichten des Herzens Kapitel Acht Rabbeinu Bachya

damit über deinen Dienst für G-tt Rechenschaft ablegst - was deine Pflicht für diesen Tag ist. Und wenn du es versäumt hast, dies [die tägliche Abrechnung] in den Tagen deines Lebens zu tun, die bereits vergangen sind, dann mach wenigstens die Abrechnung mit dir selbst für deine verbleibenden Tage. Fahre nicht fort, es zu vernachlässigen, weil du es zuvor vernachlässigt hast, oder fahre fort, es zu übersehen, weil du es zuvor übersehen hast, denn vor G-tt gibt es keine Vernachlässigung, kein Übersehen und kein Vergessen.

Es wurde bereits gesagt, dass die Tage wie Schriftrollen sind, schreibe darauf, woran du erinnert werden möchtest, und der Vers sagt: "Seid nicht wie das Pferd oder wie das Maulesel, die keinen Verstand haben" [Tehilim 32:9], und es wird von einem gesagt, der seine Zeit des Ignorierens verlängerte, um eine persönliche Abrechnung zu machen "auch das Alter wurde in ihn hineingeworfen, aber er wusste es nicht" [Hoshea 7:9].

DIE ZWÖLFTE: [das Streben nach dem Körperlichen] Eine Abrechnung mit sich selbst zu machen, zu einer Zeit, in der das Herz aufgeregt und fleißig für weltliche Angelegenheiten ist, indem man sich voll und ganz mit seinem äußersten Einfallsreichtum und seinen maximalen Fähigkeiten einsetzt, und dies gegen seine Nachlässigkeit in Angelegenheiten seines letzten Endes und sein Abweichen vom Dienst seines G-ttes abzuwägen.

Dann wird er sehen und fühlen, dass seine Gedanken für die Angelegenheiten dieser Welt die höchsten seiner Gedanken sind, und sein Streben für diese Welt ist das höhere seiner Bestrebungen, denn alle verschiedenen Arten von Besitz werden ihm niemals im Geringsten genügen, im Gegenteil, er ist wie ein Feuer, je mehr Holz hinzugefügt wird, desto mehr vergrößert es die Flammen, und sein ganzes Herz und seine Absicht werden Tag und Nacht zu ihm hingezogen. Er wird niemanden als engen Freund betrachten, außer dem, der ihm dabei hilft, und niemanden als Freund, außer dem, der ihn zu ihnen führt. Sein Auge wird auf die Zeiten gerichtet sein, in denen es gut ist zu kaufen, und auf die Zeiten, in denen es gut ist zu verkaufen. Und er achtet auf die Verkaufspreise in der ganzen Welt. Er erforscht, wo sie billig und wo sie teuer sind, und wann sie steigen und wann sie sinken. Er wird es nicht unterlassen, an ferne Orte zu reisen. Weder Hitze, noch Kälte, noch stürmische See, noch lange Wüstenstraßen - all das aus der Hoffnung heraus, das Ende seiner Sehnsucht zu erreichen, aber es ist kein Ende in Sicht.

Es ist möglich, dass all seine Bemühungen umsonst waren und er nichts erreicht hat, außer langem Leiden, Anstrengung und Mühsal. Und selbst

Die Pflichten des Herzens Kapitel Acht   Rabbeinu Bachya

wenn er etwas von dem erreicht, was er sich erhofft hat, wird er vielleicht keinen Nutzen daraus ziehen, sondern es nur bewachen, verwalten und vor möglichem Schaden bewahren, bis es an denjenigen geht, dem G-tt es zugedacht hat, sei es zu seinen Lebzeiten, wie geschrieben steht: "in der Mitte seines Lebens wird er es verlassen" [Yirmiya 17:11] oder nach seinem Tod, wie geschrieben steht: "sie werden ihr Vermögen anderen überlassen" [Tehilim 49,11].

Schon der weise Mann warnte uns vor dem Eifer und der Anstrengung, Reichtum anzuhäufen, wie geschrieben steht: "Bemüht euch nicht, reich zu sein, sondern lasst ab von eurer eigenen Weisheit" [Mischlei 23:4], und er sprach von dem Unheil, das darin liegt, indem er sagte: "Willst du deine Augen auf das richten, was nicht ist? denn Reichtum macht sich gewiss Flügel, er fliegt davon wie ein Adler zum Himmel" [Mischlei 23:5], und der andere Weise [König David] lehrte uns und erlaubte uns, uns nur für unsere Grundbedürfnisse um Geld zu bemühen, indem er sagte: "Wenn du die Arbeit deiner Hände isst, bist du lobenswert, und es ist gut für dich" [Tehilim 128,2].

Und ebenso bat der fromme Mann G-tt, ihm seinen Lebensunterhalt nur in der Grundmenge zu geben und ihn von Reichtum, der zu Luxus führt, und von Armut, die zum Verlust von Moral und Tora führt, zu distanzieren, indem er sagte: "Zwei Dinge habe ich von dir erbeten: Gib mir weder Armut noch Reichtum, gib mir meinen Anteil an Nahrung" [Mischlei 30,7], und den Rest der Sache. Wie er, so sagte auch unser Vorfahre Yaakov, der G-tt nur um seine Grundbedürfnisse bat: "Wenn G-tt mit mir ist und mich auf dem Weg bewahrt, auf dem ich gehe, und mir Brot zu essen und ein Gewand zum Anziehen gibt" [Bereischis 28,20].

Wache auf, mein Bruder! Sieh dir den Mangel dessen an, was du eilst und verfolgst - um deinen Körper in seinem natürlichen Zustand zu erhalten. Deine Verbindung mit ihm wird nur von kurzer Dauer sein, er wird nicht von Schmerzen verschont und er wird nicht vor Schwierigkeiten bewahrt, solange du an ihm hängst. Wenn er zu viel isst, wird er krank werden. Wenn es zu wenig isst, wird es schwach werden. Wenn du es mit mehr Kleidung versorgst, als es braucht, wird es sich unwohl fühlen, und wenn du es nackt lässt, wird es Schmerzen haben. Außerdem sind ihre Gesundheit und Krankheit, ihr Leben und ihr Tod nicht nach deinem Willen und nicht in deiner Kontrolle, sondern alles wird von deinem Schöpfer gelenkt.

Wo ist die Überlegenheit deiner Seele über deinen Körper? Und die Erhabenheit ihrer Welt über die Welt des Körpers, ihr Aufsteigen nach oben [nach dem Tod], während der Körper nach unten sinkt, ihre

Die Pflichten des Herzens Kapitel Acht Rabbeinu Bachya

Spiritualität gegenüber der Körperlichkeit des Körpers, ihre unveränderliche Natur gegenüber der sich verändernden Natur des Körpers, ihre ewige Existenz gegenüber der sich verschlechternden und verschwindenden Existenz des Körpers, seine einfache Form im Gegensatz zu den zusammengesetzten Elementen des Körpers, seine reine Essenz im Gegensatz zur Niedrigkeit des Körpers, seine Weisheit und sein Verständnis im Gegensatz zur Bestialität des Körpers, seine Neigung zu den tugendhaften Eigenschaften im Gegensatz zur Neigung des Körpers zu den schändlichen Eigenschaften.

Wenn du dich mit dieser Art von Eifer und Anstrengung für die Berichtigung deines Körpers einsetzt, trotz seiner Niedrigkeit und Niedertracht und trotz deiner schwachen Fähigkeit, ihn vor Schaden zu bewahren oder ihm zu nützen, wie viel mehr ist es dann deine Pflicht, dich mit diesem Eifer und dieser Anstrengung für die Berichtigung deiner Seele einzusetzen, die so wichtig ist und die du [für immer] behalten wirst, und der du befohlen wurdest, ihre Materie zu leiten und nach Dingen zu suchen, die sie durch den Erwerb von Weisheit und Verstand berichtigen, wie geschrieben steht: "Kaufe die Wahrheit und verkaufe sie nicht" [Mischlei 23,23], und "Nimm Weisheit, nimm Verstand" [Mischlei 4,5], und "Wie viel besser ist es, Weisheit zu erwerben als Gold! und Verstand zu wählen als Silber!" [Mischlei 16,16], und "So wird die Erkenntnis der Weisheit deiner Seele sein" [Mischlei 24,14], und "Wenn du weise bist, wirst du selbst weise sein" [Mischlei 9,12], was bedeutet, dass die geistigen Errungenschaften dir gehören. Niemand kann sie dir jemals wegnehmen, anders als bei physischen Errungenschaften.

Sieh, mein Bruder, was zwischen den beiden Dingen ist, und was zwischen den beiden Dingen ist. Wende dich ab vom Luxus deiner Welt und bemühe dich um das, was du für dein Endziel brauchst. Sage nicht: "Ich werde das Schicksal des Narren teilen" [der diese Abrechnung nicht vornimmt]. Denn es wird mehr von dir verlangt werden, je nach deinem höheren Verständnis, und deine Strafe wird größer sein. Die Rechenschaft, die von dir für deine Nachlässigkeit verlangt wird, wird strenger sein. Verlassen Sie sich nicht auf eine Behauptung, für die Sie keinen Grund haben werden, und verlassen Sie sich nicht auf eine Behauptung, die gegen Sie und nicht für Sie verwendet werden wird.

Die Erörterung dieses Themas ist zu langwierig, lasst es euch genügen, was ich euch darüber erregt und euch nach eurem Verständnis gelehrt habe. Denkt über meine Worte nach und versteht meine Anspielungen. Untersuche sie im Buch der Tora G-ttes und in den Worten unserer Weisen. Du wirst ihre Erklärung aus den Versen, aus der Logik und aus

Die Pflichten des Herzens   Kapitel Acht   Rabbeinu Bachya

dem Talmud mit G-tt's Hilfe erkennen.

DIE DREIZEHNTE: [keine Zeit zu verschwenden] Mit sich selbst Rechenschaft darüber ablegen, dass seine Weisheit größer ist als seine Taten, dass seine Anerkennung [seiner Pflichten] seine Bemühungen im Dienst des Schöpfers übersteigt, und dass seine Fähigkeiten das übersteigen, was er dem Schöpfer für seine vielen Wohltaten an ihm zurückzahlt.

Man stelle sich die Analogie eines Sklaven vor, dessen Fürst ihm Land zur Aussaat gab und ihm das Saatgut nach seinem Bedarf zuteilte, und er pflanzte einen Teil des Saatguts ein und verwendete den Rest für seinen eigenen Gebrauch. Als der Fürst das Land überprüfte, stellte er fest, dass ein Teil davon nicht besät war. Als er den Sklaven dazu befragte, gab dieser zu, dass er in dieser Angelegenheit unzureichend war, und der Fürst rechnete aus, was der Sklave behauptete, von den Samen auf dem Land gesät zu haben, und prüfte das Land, um zu sehen, wie viel gesät worden war. Dann untersuchte er, wie viel von dem Land wuchs [um zu sehen, wie viel jedes Samenkorn einbringt], und verlangte dann von dem Sklaven den Rest des Saatguts, indem er von ihm verlangte, das zu bezahlen, was das Land von diesem Saatgut eingebracht hätte - sein Schmerz war groß und seine Mühe wurde vervielfacht.

Genauso, mein Bruder, ist es richtig, dass du mit dir selbst abrechnest, womit der Schöpfer dich beschenkt hat, um ihn und seine Tora zu verstehen, und wie viel Kraft und Fähigkeit er dir gegeben hat, um zurückzuzahlen, was du ihm schuldest. Dann prüfen Sie mit sich selbst, was Sie tatsächlich getan haben. Und stellen Sie sich vor, dass Sie für all das vor Gericht stehen und dafür zur Rechenschaft gezogen werden, und das umso mehr, als Sie anhaltende und beständige Wohltaten vom Schöpfer erhalten.

Es ist richtig, dass du dich mit all deiner Kraft bemühst und dich nach besten Kräften anstrengst, um es Ihm zurückzuzahlen, und dass du deine Taten dem Grad deiner Weisheit und deine Anstrengung dem Grad deiner Anerkennung gleichsetzt. Und lass all deine zusätzliche Arbeit [über das hinaus, was du für deine weltlichen Bedürfnisse, wie z.B. den Lebensunterhalt zu verdienen, arbeiten musst] entsprechend deiner Weisheit tun, und lass dich nicht auf den Luxus dieser Welt ein, damit du nicht durch das Bezahlen deiner Thora-Schulden geschwächt wirst. G-tt hat einem Menschen Kraft gegeben, je nachdem, was er für seine Tora und seine weltlichen [Bedürfnisse] braucht. Wer etwas davon für den Luxus ausgibt, auf den er verzichten kann, dem wird es an Kraft fehlen, die er für die notwendigen Dinge braucht.

Entschuldige dich nicht mit "wenn nur" oder "vielleicht", indem du sagst

Die Pflichten des Herzens Kapitel Acht Rabbeinu Bachya

"wenn ich nur diese und jene Stufe der Bildung oder des Geldes erreichen würde, dann würde ich danach alles bezahlen, wozu ich im Dienst des Schöpfers verpflichtet bin", oder andere ähnliche Antworten, denn sie sind falsche Behauptungen. Wer sich auf sie verlässt, wird abschweifen, und wer sich auf sie stützt, wird fallen. Das ist der größte Irrtum der "Pfandnehmer", den ich dir in [Kapitel 6 von] Das Tor des Vertrauens genannt habe.

Sei vorsichtig, damit Du es nicht als Entschuldigung für Dich selbst nimmst, denn dann bist Du genau wie jeder andere Sünder, der dies behauptet, und Du weißt bereits, dass diese Behauptung einen Menschen nicht vor Strafe bewahrt, wie Shlomo über einen Dieb sagte: "Die Menschen verachten einen Dieb nicht, wenn er stiehlt, um seine Seele zu befriedigen, wenn er hungert, aber wenn er ertappt wird, soll er das Siebenfache bezahlen" [Mischlei 6:30], auch wenn seine Notlage klar ist und die Notwendigkeit ihn dazu gebracht hat, das Geld anderer zu stehlen, wird er trotzdem nicht von der Strafe und der Kefel-Strafe [doppelt] verschont werden. Wie viel mehr gilt das für andere Sünden.

Mach stattdessen diese Zeit des Aufschubs zu einer Wohltat [nutze sie richtig], solange du noch deine täglichen Verpflichtungen gegenüber dem Schöpfer zurückzahlen kannst, und schiebe den heutigen Dienst nicht bis morgen auf, damit er dir nicht zu schwer wird, um ihn zurückzuzahlen, vorausgesetzt, du erreichst den morgigen Tag und bist unter seinen [lebenden] Menschen. Schlimmer noch, wenn dein Ende kommt, wird deine Ausrede in die Enge getrieben, und dein Anspruch wird aufgehalten, denn diese Welt ist wie ein Jahrmarkt, auf dem sich Menschen drängen und dann zerstreuen. Derjenige, der ein Geschäft gemacht und einen Gewinn erzielt hat, freut sich, aber derjenige, der Geld verloren hat, bereut es, deshalb sagte der Weise: "Und gedenke deines Schöpfers in den Tagen deiner Jugend, bevor die Tage des Unglücks kommen..." [Koheles 12:1].

DIE VIERZEHNTE: [das Spinnennetz] Mit sich selbst abrechnen, wenn man Liebe, Nähe oder Hingabe für jemanden empfindet, von dem man glaubt, dass er einen liebt, wie geschrieben steht: "Wie im Wasser das Gesicht das Gesicht widerspiegelt, so das Herz des Menschen zu einem anderen Menschen" [Mischlei 27,19].

Und erst recht, wenn es sich bei dieser Person um einen wichtigen Beamten oder einen Herrscher handelt, und noch mehr, wenn man Zeichen von dieser Person sieht, wie z.B. dass sie sich ihm nähert, ihm verspricht [ihm zu helfen], oder ihm etwas Gutes tut, ohne dafür etwas von ihm zu verlangen - dann wird ihn nichts davon ablenken, sich an seine Liebe zu dieser Person zu erinnern, und er wird nichts von seinen

Die Pflichten des Herzens Kapitel Acht Rabbeinu Bachya

Fähigkeiten für die Person zurückhalten, sondern seine volle Kapazität einsetzen, um den Befehl seines Freundes zu erfüllen und seinen Dienst zu tun, und in seiner Dankbarkeit wird er sich selbst, sein Geld und seine Söhne zur Verfügung stellen, um es der Person zurückzuzahlen.

Wenn man das schon für ein schwaches Geschöpf wie uns tut, wie viel mehr sind wir dann unserem Schöpfer verpflichtet, der uns durch seinen Propheten gesagt hat, dass er uns liebt, wie geschrieben steht: "Nicht weil ihr zahlreicher seid als alle anderen Völker, hat der Ewige an euch Gefallen gefunden und euch erwählt usw." [Devarim 7:7]. Und zusätzlich zu der Aussage über seine Liebe sahen wir Zeichen seiner Liebe zu uns und seiner Hilfe für uns, sowohl in der Gegenwart als auch in der Vergangenheit, und er zog uns zu sich und versprach uns für jede Generation, wie geschrieben steht: "Und dennoch, wenn sie im Land ihrer Feinde sind, werde ich sie nicht verstoßen und sie nicht verabscheuen, um sie völlig zu vernichten und meinen Bund mit ihnen zu brechen; denn ich bin der Ewige, ihr G-tt" [Wajikra 26,44], und "Denn wir sind Sklaven, und in unserer Knechtschaft hat uns unser G-tt nicht verlassen" [Esra 9,9].

Mehr zu diesem Thema: Es ist offensichtlich, dass wir bei einer Person, die der Freund unserer Väter und unserer Vorfahren war, verpflichtet sind, uns an diese Liebe zu erinnern, indem wir sie ehren und mit Liebe behandeln, wie der weise Mann sagte: "Deinen eigenen Freund und den Freund deines Vaters sollst du nicht verlassen" [Mischlei 27,10]. Und der Schöpfer erinnert uns an die Bris [den Bund] unserer Vorväter und seine Vorsehung über uns, die er ihnen zu verdanken hat, und um seinen Bund mit ihnen zu erfüllen, wie geschrieben steht: "Aber wegen der Liebe des Ewigen zu euch, und weil Er den Eid hält, den Er euren Vorvätern geschworen hat" [Devarim 7:8], und viele andere mehr wie diese.

Wenn wir nicht auf Ihn vertrauen und uns nicht auf Seine Güte verlassen, wenn wir uns nicht dazu bewegen, Ihn zu lieben und an Seinem Dienst festzuhalten, wenn wir nicht zu Ihm beten - wie grob ist unsere Natur, wie halsstarrig und kleingläubig sind wir, und wie sehr widerstehen wir dem Streben nach der Wahrheit! Wir erinnern uns nicht an Seine Liebe zu unseren Vätern und Vorvätern, noch vergelten wir die Liebe und Vorsehung des Schöpfers für uns, noch tun wir Seinen Dienst für Seine Verheißungen und dafür, dass Er uns in seine Nähe gezogen hat, noch hören wir auf Seine große Güte und Freundlichkeit uns gegenüber, noch fühlen wir uns beschämt, weil Er uns erschaffen und uns wohlwollend geführt hat.

Wach auf, mein Bruder, aus diesem Schlummer, und wälze den Vorhang, den dein Yetzer [böse Neigung] über dich ausgebreitet hat, von deinem

Die Pflichten des Herzens   Kapitel Acht   Rabbeinu Bachya

Herzen weg, bis er dich vom Licht deines Verstandes getrennt hat, wie eine Spinne, die ein Netz um das Fenster eines Hauses webt, und wenn sie darin verharrt, wird sie das Netz verdicken und das Licht blockieren, bis das Licht der Sonne völlig daran gehindert wird, ins Innere des Hauses einzudringen. Am Anfang, wenn es zum ersten Mal gesponnen wird, ist das Netz äußerst schwach und dünn, aber wenn es [das Weben] immer weiter fortgesetzt wird, wird es stärker und dicker, bis es schließlich das Licht der Sonnenstrahlen vollständig daran hindert, es zu durchdringen und in das Haus zu gelangen.

Ähnlich ist das Werk des Yetzers in deinem Herzen. Zu Beginn der Angelegenheit wird er äußerst schwach sein und wird dich nicht daran hindern, die Wahrheiten zu sehen. Wenn du ihn zu diesem Zeitpunkt wahrnimmst und ihn aus deinem Herzen vertreibst, wird es eine leichte Angelegenheit sein. Aber wenn du die Sache auf die leichte Schulter nimmst und sie vernachlässigst, wird das Werk der bösen Neigung stärker werden, und sie wird verhindern, dass das Licht deines Verstandes dich erreicht, und dann wird es schwierig sein, ihre [bösen] Auswirkungen aus deinem Geist zu entfernen.

Deshalb beeilt euch, eure Seele zu retten, und bitte G-tt, euch zu helfen, ihn von euch zu vertreiben.

Arbeite hart und strenge dich an, dann wirst du mit dem Licht der Weisheit erleuchtet werden, und du wirst die Wahrheit der Dinge mit deinem geistigen Auge wahrnehmen.

Schon die Alten verglichen die Handlungen des Yetzer an einem Menschen mit verschiedenen Analogien, die auf Versen basieren, indem sie sagten: "Und es kam ein Wanderer zu dem reichen Mann, und er weigerte sich, von seiner eigenen Herde und seinem eigenen Vieh etwas zu nehmen, um es für den Gast zuzubereiten, der zu ihm gekomen war; sondern er nahm das Lamm des armen Mannes und bereitete es für den Mann zu, der zu ihm kam" [Shmuel II 12:4], wurde er zuerst als "Wanderer" und dann als "Gast" bezeichnet und ging danach zu "Mann" über.

Ähnlich steht es geschrieben: "Glücklich ist der Mann, der nicht im Rat der Gottlosen wandelte und nicht auf dem Weg der Sünder stand und nicht auf dem Sitz der Spötter saß" [Tehilim 1,1], zuerst "ging", dann "stand", dann "saß", und viele andere ähnliche.

Sprich mit deiner Seele, mein Bruder, über diese und ähnliche Gedanken, und gib ihr die Kraft, das zu tun, was ihr Heil sein wird, denn schon der Weise sagte von denen, die die Pflicht des Nachdenkens vernachlässigen: "Böse Menschen verstehen die Gerechtigkeit nicht" [Mischlei 28,5].

DIE FÜNFZEHNTE: [Vorbereitung auf die Reise] Mit sich selbst

Die Pflichten des Herzens   Kapitel Acht   Rabbeinu Bachya

abrechnen, wenn man Vorräte vorbereitet, bevor man sie braucht, ohne zu wissen, ob er bis zu dem Zeitpunkt leben wird, an dem er sie nutzen kann. Ebenso wird jemand, der auf eine lange Reise gehen muss, die Dinge seiner Reise viele Tage im Voraus vorbereiten: Er erforscht, welche Waren er an dem Ort, an den er geht, verkaufen kann, und bereitet dann vor, worauf er reiten wird, und was er an Proviant und Gesellschaft kann, und welche Stationen er auf dem Weg anhalten wird, und ähnliches, obwohl er nicht weiß, was der Schöpfer für ihn bei all dem verfügt hat und wie lange er leben wird.

Auf diese Weise, mein Bruder, sind wir verpflichtet, uns auf die festgesetzte Zeit vorzubereiten und uns auf die ferne Reise in die andere Welt vorzubereiten, vor der wir kein Entrinnen und keine Zuflucht haben, und an den Proviant zu denken und daran, womit wir unseren Schöpfer an dem großen Tag der Abrechnung begrüßen werden, von dem die Schrift sagt "Denn siehe, es kommt der Tag, der brennt wie ein Ofen, und alle Stolzen und alle, die Böses tun, werden zu Stoppeln; und der Tag, der da kommt, wird sie in Brand stecken, spricht der Ewige der Heerscharen, dass er ihnen weder Wurzel noch Zweig lässt" [Maleachi 3,19].

Wie können wir das ignorieren, wenn die Reise beständig ist, und die Vertreibung ewig dauert, und der Weg lang ist, und die Ruhestätte weit weg ist. Warum nehmen wir es uns nicht zu Herzen, an unser Ende zu denken, und denken nicht an die Vorkehrungen, die wir für unseren letzten Aufenthaltsort treffen sollten? Wir beschäftigen uns mit einer vergänglichen Welt und lassen die ewige Welt außer Acht. Wir beschäftigen uns mit dem Leiden unseres Körpers und vergessen unsere geistigen Leiden, wir beschäftigen uns mit dem Dienst unserer bösen Neigung und geben den Dienst unseres Schöpfers auf, wir dienen unseren niederen Begierden und dienen nicht unserem G-tt.

Ach, diese Verwirrung! Wie allgemein ist sie! Und wie stark ist diese Trunkenheit, wie der Vers sagt: "denn ihre Augen sind verhüllt, dass sie nicht sehen können, und ihre Herzen, dass sie nicht verstehen können" [Jeschaja 44:18], und "ihr, die ihr trunken seid, aber nicht vom Wein, die ihr taumelt, aber nicht vom starken Getränk" [Jeschaja 29:9].

DIE SECHZEHNTE: [Nachdenken beim Anblick des plötzlichen Todes] Mit sich selbst Rechenschaft ablegen über die lange Zeit, die er in dieser Welt überlebt hat, und sich das Herannahen seines Endes und das Kommen des Todes auf ihn zu Herzen nehmen, wenn er sieht, dass andere Lebewesen, ob von der Sprache [Menschen] oder anderswo [die Tiere], plötzlich sterben, ohne Vorwissen oder auch nur einen Hinweis, und [sich zu Herzen nehmen], dass es keine Zeit gibt, in der ein Mensch

Die Pflichten des Herzens Kapitel Acht   Rabbeinu Bachya

sicher sein kann, dass es nicht seine Zeit ist. Er kommt nicht in jedem Monat des Jahres, nicht an jedem Tag des Monats und nicht zu jeder Stunde des Tages. Es kommt nicht nur im Alter und verschont die Menschen mittleren Alters, die jungen Männer, die jungen Mädchen, die Kinder oder die Säuglinge, sondern es trifft alle Lebenden zu jeder Zeit, in jedem Stadium und an jedem Ort.

Der Mensch soll sich vorstellen, als hätte ihm ein König ein Pfand anvertraut und nicht gesagt, wann er es zurückgeben soll, und der König hat ihm befohlen, jederzeit zur Rückgabe bereit zu sein, damit er nicht in eine andere Stadt geht und zur Verfügung steht, wenn der König es von ihm einfordert. Ist es denkbar, dass er sich außerhalb der Stadt des Königs aufhält, während die Kaution noch in seinen Händen ist?

Einige stellen die folgende Analogie auf: Man sollte sich vorstellen, dass man eine Schuld zu begleichen hat, für die es keinen festen Zahlungstermin gibt, und jeden Augenblick damit rechnen, dass man zur Zahlung aufgefordert wird. Er wird nicht zur Ruhe kommen, bis er sie zurückgezahlt hat.

Wenn ein Mensch über seinen langen Aufenthalt in der Welt nachdenkt und sich daran erinnert, dass viele seiner Freunde vor ihm in die andere Welt gereist sind, zu einer Zeit, als sie große Erwartungen hatten, in der Gesellschaft der Welt zu sein, und man keinen Vorteil in sich selbst sieht, der ihn dazu verpflichten würde, länger als sie zu leben - wird seine Hoffnung in dieser Welt schwinden, und er wird sein Ende bedenken. Er wird an seinen Proviant für die Zeit seiner Reise denken und vor dem Tag der Abrechnung mit sich selbst sprechen.

Einer der Weisen sagte: "Derjenige, der dem Tod zuvorkommt, hat sich selbst berichtigt".

Und der weise Mann sagte "Das Herz der Weisen ist im Haus der Trauer" [Kohelet 7,4], und "Es ist besser, in das Haus der Trauer zu gehen, als in das Haus des Festes; denn das ist das Ende aller Menschen, und die Lebenden werden es beherzigen" [Kohelet 7,2], wobei "die Lebenden" derjenige ist, dessen Herz lebendig ist, nämlich derjenige, der versteht und erkennt. Es steht auch geschrieben: "Der Mensch kommt der Nichtigkeit gleich; seine Tage sind wie ein Schatten, der vergeht" [Tehilim 144,4].

DIE SIEBZEHNTE: [Vorteile der Einsamkeit] Wenn man sieht, dass man dazu neigt, mit Menschen zusammen zu sein und sich an ihrer Gesellschaft zu erfreuen, sollte man über die Vorteile der Einsamkeit und der Trennung von Menschen nachdenken und über das Übel, das daraus resultiert, wenn man ohne Notwendigkeit in der Gesellschaft von Narren ist.

Die Pflichten des Herzens   Kapitel Acht   Rabbeinu Bachya

Das Übel in ihrer Gesellschaft: Übermäßiges Gerede, "so und so gesagt", "es wurde auf so und so gesagt", langatmiges Durcheinander ohne Zweck, und der weise Mann sagte: "An der Menge der Worte fehlt nicht die Sünde, sondern wer seine Lippen zurückhält, ist weise" [Mischlei 10,19]. Einer der Weisen würde sagen: "Hüte dich vor dem Überflüssigen deiner Worte, und gib dem Überflüssigen deiner Zunge einen Maulkorb". Über Menschen zu sprechen, ihre schlechten Taten zu erwähnen und ihre Fehler zu erwähnen. Der Vers sagt dazu: "Du sitzt und redest gegen deinen Bruder, du verleumdest den Sohn deiner eigenen Mutter" [Tehilim 50:20].

Falschheit und Lügen. Dazu sagt der Vers: "Bosheit in ihrer Mitte" [Tehilim 55:12], und "Ich hörte und hörte, aber sie redeten nicht recht" [Yirmiya 8:6].

Falsche Eide und nutzlose Eide. Der Schöpfer sagte über sie: "Denn der Ewige wird niemanden entlasten, der seinen Namen missbraucht" [Schemos 20,7], und einer der Frommen sagte zu seinen Jüngern: "Die Tora hat uns erlaubt, im Namen des Schöpfers auf die Wahrheit zu schwören, aber ich rate euch, weder auf das Wahre noch auf das Falsche zu schwören, sondern nur 'ja' oder 'nein' zu sagen".

Arroganz und Frivolität, und einige der Anwesenden herabzusetzen und mit ihnen zu lachen, und ich habe bereits ein Tor in diesem Buch zum Thema, sich von dieser Sache zu distanzieren, bezeichnet, nämlich das Tor der Unterwerfung.

Die Abwesenheit von Furcht vor G-tt in seinem Herzen zu einer Zeit, in der man sich unter die Menschen mischt und sich mit ihnen unterhält, zusammen mit der geringen Chance, davon verschont zu bleiben, dass sie seine geschäftlichen Angelegenheiten schädigen und über ihn reden.

Schmeichelei und die Liebe, sich einen Namen zu machen, stolz auf sie zu sein und zu versuchen, in ihren Augen wichtig zu sein, indem er zeigt, was er über die verschiedenen Zweige der Weisheit und der Taten weiß, ob er sie tatsächlich kennt oder nicht.

Die Verpflichtung, anderen das Gute zu gebieten und sie vor dem Bösen zu warnen, die der Schöpfer uns mit den Worten auferlegt hat: "Du sollst deinen Nächsten zurechtweisen" [Vayikra 19:17].

Wir sind verpflichtet, vor dem Bösen auf drei Arten zu warnen: Erstens, indem wir jemanden gewaltsam mit der Hand [physisch] schlagen, wie es Pinchas im Fall von Zimri und Cozby tat. Zweitens, verbal zu protestieren, wie Mosche es tat, als er zu dem bösen Mann sagte: "Warum schlägst du deinen Nächsten?" [Schemos 2:13]. Drittens, in seinem Herzen, wie David sagte: "Ich habe die Gemeinde der Übeltäter gehasst, und bei den Bösen werde ich nicht sitzen" [Tehilim 26,5].

Die Pflichten des Herzens Kapitel Acht Rabbeinu Bachya

Wenn jemand gewaltsam protestieren kann [und das wird helfen], es aber unterlässt, wird dies als ein Versäumnis seinerseits betrachtet. Wenn es ihm schwerfällt, gewaltsam zu protestieren, soll er mit Worten protestieren. Wenn er nicht mit Worten protestieren kann, ist es seine Pflicht, dies in seinem Herzen zu tun. Deshalb sind wir verpflichtet, die Bösen auf jeden Fall zurechtzuweisen, denn auch das gemeine Volk ist nicht frei von Fehlern.

Aber wenn man allein ist, ist man zweifellos von der Mitzwa entbunden, andere zum Guten zu ermahnen und sie vor dem Bösen zu warnen. Und es ist schwierig, G-tt's Gebot zu erfüllen und seiner Verpflichtung in dieser Mitzwa vollständig nachzukommen, wie die Weisen sagten: "Es ist ein Wunder, wenn es in dieser Generation jemanden gibt, der die Zurechtweisung akzeptiert" [Arachin 16b], und andere sagten: "Es ist ein Wunder, wenn es in dieser Generation jemanden gibt, der weiß, wie man eine Zurechtweisung erteilt" [ibid].

[9] Verlust der Klarheit des Denkens und des intellektuellen Verständnisses und Verstärkung des Yetzer [böse Neigung], während man sich in ihrer Gesellschaft und Kameradschaft befindet und von ihren schlechten Eigenschaften lernt, wie der weise Mann sagte: "Ein Gefährte von Narren wird verdorben sein" [Mischlei 13:20], und deshalb sagten unsere Weisen: "Sich mit Kindern zu unterhalten und in den Versammlungshäusern der Ungebildeten [amei haaretz] zu sitzen, nimmt einen Menschen aus der [kommenden] Welt" [Avot 3:14].

Das allgemeine Prinzip: Die meisten Sünden können nicht ohne zwei Menschen vollendet werden, wie unerlaubte Beziehungen, korrupte Geschäftspraktiken, falsche Eide, falsche Zeugenaussagen, alle Sünden, die von der Sprache abhängen. Alle diese Sünden können nicht ohne die Gesellschaft von anderen und durch die Vermischung mit ihnen vollendet werden.

Aber die Einsamkeit und das Getrenntsein von den Menschen ist ein Mittel, um von all den Sünden, die wir erwähnt haben, gerettet zu werden, und es ist eines der stärksten Dinge, die einen zu guten Eigenschaften bringen, und es wurde bereits gesagt, dass die Säule eines reinen Herzens die Liebe zur Einsamkeit und die Entscheidung, allein zu sein, ist.

Deshalb, mein Bruder, nimm dich in Acht, dass der Yetzer dich nicht täuscht und in deinen Augen die Gesellschaft und das Zusammensein mit Menschen verschönert, und dass er dich nicht dazu verleitet, dich nach ihnen zu sehnen, wenn du dich in der Einsamkeit einsam fühlst.

Hüte dich danach, dass dich die Träumereien deines Herzens nicht täuschen, indem sie dir sagen, dass die Gesellschaft von Weisen, die G-tt und seine Tora kennen, und die Vermischung mit großen Menschen der

Die Pflichten des Herzens   Kapitel Acht   Rabbeinu Bachya

Sache der Einsamkeit abträglich ist und die Vorteile des Alleinseins zunichte macht. In Wahrheit ist dies die vollständige Trennung und die perfekte Einsamkeit. Außerdem hat der Umgang mit Menschen, die sich durch gute Taten und Tora auszeichnen, einen viel größeren Nutzen als die Einsamkeit.

Und der weise Mann sagte: "Wer mit den Weisen wandelt, wird weise werden" [Mischlei 13,20], und "höre auf dein Ohr und lausche den Worten der Weisen" [Mischlei 22,17], und es wurde von einem gesagt, der den Umgang mit frommen Menschen meidet: "Ein Verächter liebt keinen, der ihn tadelt, und geht nicht zu den Weisen" [Mischlei 15,12]. Und die Weisen, seligen Andenkens, sagten: "Die Versammlung der Bösen ist schlecht für sie und schlecht für die Welt, aber für die Gerechten ist sie gut für sie und gut für die Welt. Das Zerstreuen der Bösen ist gut für sie und gut für die Welt, aber für die Gerechten ist es schlecht für sie und schlecht für die Welt" [Sanhedrin 71b]. Und sie sagten: "Lass dein Haus ein Versammlungsort für die Weisen sein und sitze im Staub ihrer Füße und trinke durstig ihre Worte" [Avos 1,4], und "Da redeten die, die den Ewigen fürchteten, miteinander; und der Ewige hörte und erhörte" [Maleachi 3,16].

DIE ACHTZEHNTE: [die Erhöhung des Menschen] Mit sich selbst abrechnen, wenn man spürt, dass man arrogant und stolz wird, und [als Ergebnis] übermäßig ehrgeizig in dieser Welt - um dann seine Bedeutung in der Schöpfung zu betrachten [bevor man von G-tt erhöht wird], unter den niederen und den himmlischen Schöpfungen, dann wird man seine Niedrigkeit und Geringfügigkeit unter den Werken des Schöpfers verstehen, wie ich in dieser Angelegenheit im sechsten Tor dieses Buches geklärt habe.

Danach denke darüber nach, dass der Schöpfer dem Menschen Größe verliehen hat, dass er ihn zum Herrscher über die Tiere, Pflanzen und natürlichen Ressourcen gemacht hat, wie geschrieben steht: "Du gibst ihm die Herrschaft über das Werk deiner Hände; du hast alles unter seine Füße gelegt" [Tehilim 8,7], und er hat dem Menschen die Satzungen seiner Tora bekannt gemacht und ihn dazu gebracht [zu verstehen], was sein Wohlergehen in den oberen und unteren Weisheiten dieser Welt fördern wird. Und G-tt erhob den Menschen noch weiter, indem Er ihm erlaubte und wünschte, ihn zu loben und zu danken und in Schwierigkeiten zu Ihm zu rufen und seine Gebete in schwierigen Zeiten zu erhören, und Er wählte ihn aus und setzte ihn über Seine Schöpfungen ein und übermittelte dem Menschen Geheimnisse Seiner Macht und vollbrachte Wunder durch Seine Geschätzten, abgesehen von dem, was an verborgenen und geoffenbarten Gunstbezeugungen, seien sie

Die Pflichten des Herzens Kapitel Acht Rabbeinu Bachya

körperlich oder geistig, allgemein oder speziell, Seiner Güte und Güte uns gegenüber, zu erinnern lang wäre.

Sieh, mein Bruder, wie gering dein Wert ist und wie unwichtig deine Sache ist, und doch, wie sehr der Schöpfer dich erhöht hat, obwohl Er dich nicht braucht und [ganz im Gegenteil, sieh] dein großes Bedürfnis nach Seiner Vorsehung. Vergeude nicht diese herrliche Krone, mit der Er dich gekrönt hat, und den erhabenen Status, in den Er dich in dieser Welt erhoben hat, und die große Belohnung, die Er für dich in der nächsten Welt verborgen hat, wenn du dich an Seinen Dienst hältst und Ihm dankst.

Laßt nicht zu, daß die Erhebung des Schöpfers und das, woran ich euch erinnert habe, seine Güte und Wohltaten, ein Grund sind, stolz auf euren Status und hochmütig in eurem Geist zu werden und euch aufgrund der Güte des Schöpfers an euch selbst zu verherrlichen, indem ihr denkt, daß ihr sie verdient habt und daß ihr ihrer würdig seid und daß sie euch zusteht.

Halte dich vielmehr an die Eigenschaften der Unterwerfung, der Demut und der Niedrigkeit, die dir angemessen sind, wenn du die Wahrheit deines Wertes unter den Schöpfungen des Schöpfers anerkennst, wie es ein schwacher, belangloser und unbedeutender Sklave zu tun verpflichtet ist, wenn sein Fürst ihn erhebt und ihn aus reiner wohlwollender Güte in seinen inneren Kreis der Geschätzten aufnimmt - er ist verpflichtet, sich zu demütigen und sich so zu sehen, wie er in seinem ursprünglichen Status war, Er ist verpflichtet, sich zu demütigen und sich selbst so zu sehen, wie er in seinem ursprünglichen Status war, bevor die Güte seines Meisters auf ihm lag, und nicht stolz vor seinem Meister zu werden, noch hochmütig aufgrund des Erreichens von Größe und Bedeutung, und nicht gewohnheitsmäßig seine eigenen Bedürfnisse an seinen Fürsten zu stellen, sondern er wird seine Angelegenheiten seinem Meister überlassen und auf ihn und seine Güte vertrauen.

Es wurde von einem der tzadikim [Gerechten] gesagt, der nach seinem Gebet sagen würde: "Mein G-tt, mein Verstand hat mich nicht dazu gebracht, vor Dir zu stehen, weil ich meinen geringen Wert nicht kannte und Deine Größe nicht verstand, weil Du hoch und erhaben bist und ich unbedeutend, schändlich und belanglos bin, um Dich zu bitten und vor Dir Lobpreisungen und Erhebungen auszusprechen, oder Deinen heiligen Namen mit den Worten der heiligen Engel in der Höhe zu heiligen, Vielmehr wurde ich dazu bewogen, dies zu tun, weil Du mich erhöht hast, indem Du mir befohlen hast, vor Dir zu flehen, und mir die Erlaubnis gegeben hast, Deinen großen Namen nach meinem Verständnis Deiner Herrlichkeit zu preisen, so dass ich zeigen kann, dass ich Dir diene und

Die Pflichten des Herzens Kapitel Acht Rabbeinu Bachya

mich vor Dir demütige.
Du weißt, was gut für mich ist und wie Du mich leiten kannst. Ich habe Dir meine Bedürfnisse genannt, nicht um Dich damit zu erwecken, sondern damit ich mein großes Bedürfnis nach Dir und mein Vertrauen in Dich spüre. Wenn ich Dich in meiner Unwissenheit um etwas bitte, das nicht gut für mich ist, so möge Deine erhabene Auswahl meine Auswahl überwiegen. Ich habe bereits alle meine Angelegenheiten Deinen Anordnungen unterworfen, die Bestand haben, und Deiner himmlischen Führung, wie David, Friede sei mit ihm, sagte: "O Ewiger, mein Herz war nicht hochmütig, und meine Augen waren nicht hoch erhoben, und ich verfolgte keine Dinge, die größer und wundersamer waren als ich" [Tehilim 131:1].

DIE NEUNZEHNTE: [Katastrophen der Welt] Mit sich selbst abrechnen, dass der Schöpfer ihn von den Katastrophen der Welt, ihren Leiden, den verschiedenen Krankheiten, die die Menschen befallen, den Unglücksfällen, die sie heimsuchen, wie Gefangenschaft, Hunger, Durst, Kälte, Verbrennungen, tödliche Gifte, gefährliche Tiere, Aussatz, Wahnsinn, Lähmung, verschont hat, oder ähnliches - während er weiß, dass sie ihm zustehen und er sie aufgrund seiner früheren Sünden und Missetaten vor dem Schöpfer und der Größe dessen, was in der Vergangenheit geschah, seiner Rebellion gegen G-tt und der Missachtung Seiner Worte und der Vernachlässigung seiner Pflicht, Ihm zu danken und zu loben, und der Abkehr von Seinem Dienst und der Vernachlässigung der Reue und des Bekenntnisses vor G-tt für seine anhaltende Rebellion trotz G-tts fortwährender Gunst und ständiger Wohltaten an ihm, verdient.

Wenn der intelligente Mensch sieht und betrachtet, wie der Schöpfer die Menschen mit den erwähnten Schwierigkeiten dieser Welt prüft, und daß er von ihnen gerettet wurde und von ihren Tumulten verschont blieb, obwohl er sie verdient hat - wird sein Lob für die Gunst G-ttes an ihm zunehmen, und er wird sich beeilen, Buße zu tun und Vergebung für seine vergangenen Sünden und Missetaten zu suchen, die der Schöpfer so lange verborgen hat, und er wird sich aus Furcht vor ihnen [den Strafen, die er verdient] an den Dienst des Schöpfers klammern und sie so abwenden, wie geschrieben steht: "Wenn du fleißig auf die Stimme des Ewigen, deines G-ttes, hörst... werde ich keine dieser Krankheiten auf euch legen, die ich über die Ägypter gebracht habe" [Schemos 15,26], und "der Ewige wird alle Krankheiten von euch wegnehmen, und alle bösen Krankheiten Ägyptens, die ihr kanntet, wird Er nicht auf euch legen, sondern Er wird sie auf alle eure Feinde legen" [Devarim 7,15], und einer unserer frühen Frommen sagte zu seinen Jüngern: "Seht, die Schlange

Die Pflichten des Herzens Kapitel Acht Rabbeinu Bachya

tötet nicht, sondern die Sünde tötet" [Berachos 33a], und David, Friede sei mit ihm, sagte: "Ihr sollt den Löwen und die Otter zertreten; den jungen Löwen und die Schlange sollt ihr zertreten. Weil er seine Liebe zu mir gesetzt hat, darum will ich ihn erretten" [Tehilim 91,13].

DIE ZWANZIGSTE: [Geld erwerben und ausgeben] Mit sich selbst Rechenschaft ablegen, wenn er Reichtum hat, in der Art und Weise, wie er ihn erworben hat und wie er ihn ausgibt, und ob er damit seine Verpflichtungen gegenüber G-tt erfüllt und seine Schulden bei den Menschen bezahlt, je nachdem, wie viel er hat, und nicht denken, dass das Geld für ihn allein sein wird, sondern wissen, dass es bei ihm ist wie ein Depot - es wird bei ihm bleiben, solange der Schöpfer will, dass es in seiner Hand ist, und danach wird er es jemand anderem übertragen, wenn er will.

Wenn der Reiche dies bedenkt, wird er den Schaden, den die Zeit über ihn bringt, nicht fürchten. Wenn das Geld bei ihm bleibt, wird er dem Schöpfer danken und ihn loben. Wenn es ihm abhanden kommt, wird er sein Urteil ertragen und seine Entscheidung akzeptieren. Es wird ihm leichter fallen, es zu verwenden und im Dienste G-ttes auszugeben, Gutes damit zu tun, Einlagen zurückzugeben, die man ihm anvertraut hat, und Geld zurückzugeben, das er unrechtmäßig genommen hat, und nicht den Reichtum eines anderen zu begehren oder einen Armen wegen seiner Armut zu verachten, und es wird ein starker Grund sein, ihm zu helfen, sich gute Eigenschaften anzueignen und die schlechten zu unterlassen, wie geschrieben steht: "Ehre den Ewigen von deinem Reichtum und von den Erstlingsfrüchten all deiner Erzeugnisse" [Mischlei 3: 9], und "Wer sich der Armen erbarmt, der leiht dem Ewigen; und was er gegeben hat, wird er ihm zurückzahlen" [Mischlei 19,17].

DIE EINUNDZWANZIGSTE: [über g-ttliche Hilfe] Mit sich selbst über das Ausmaß seiner Fähigkeit im Dienst G-ttes zu rechnen und sich darin zu üben und darin fleißig zu sein und sich zu beeilen und eifrig darin zu sein, bis es ihm zur Gewohnheit wird, und sich danach zu bemühen, mehr zu tun als das, was innerhalb seiner Fähigkeit lag, und sich in seinem Herzen danach zu sehnen und es in seinen Gedanken zu wünschen, und G-tt mit einem treuen und aufrichtigen Herzen und Verstand zu bitten, ihm zu helfen und ihn für das zu stärken, was über seine gegenwärtige Fähigkeit im Verstehen [Tora] und in guten Taten liegt.

Wenn man darin mehr und mehr beharrt, wird der Schöpfer seine Bitte erfüllen und ihm die Tore Seines Verstehens öffnen und seinen Intellekt und seine Glieder stärken, Stufe für Stufe, um die Gebote auf einer höheren Ebene zu erfüllen, über und jenseits seiner Fähigkeiten, wie

Die Pflichten des Herzens Kapitel Acht   Rabbeinu Bachya

geschrieben steht: "Ich bin der Ewige, dein G-tt, der dich zu deinem Nutzen lehrt, der dich auf dem Weg führt, den du gehen sollst" [Jeschaja 48,17].

Die Analogie dazu ist das Erlernen eines Handwerks und das Erlernen der Mathematik: Wenn jemand einen Beruf erlernt, wird er anfangs nur Teile davon nach seinem Verständnis und weniger als seine Fähigkeiten ausführen. Wenn sein Verständnis des Handwerks zunimmt und er darin ausdauernd ist, wird der Schöpfer ihn über die allgemeinen Prinzipien des Handwerks und seine Grundlagen aufklären und er wird in der Lage sein, neue Zweige abzuleiten, die ihm von anderen Menschen nicht beigebracht wurden.

Ähnlich verhält es sich mit dem Erlernen der Mathematik: Der Meister der Geometrie kann seinem Schüler nicht die theoretischen Lektionen in abstrakten Konzepten beibringen, sondern er wird ihm zunächst konkrete geometrische Zeichnungen beibringen, wie Euklides sie in seinem Buch der Mathematik organisiert hat. Wenn der Schüler gut versteht und mit Eifer und Interesse die Verästelungen zu erfassen wünscht, wird der Schöpfer ihm helfen, das Thema zu erhellen und sein allgemeines Verständnis zu festigen, und dann wird er in der Lage sein, daraus wundersame Formen und schöne Werke hervorzubringen, die fast überirdisch inspiriert erscheinen.

So ist es auch in anderen Bereichen der Weisheit: Der Schüler wird feststellen, dass er, wenn er seinen Geist in der Weisheit anstrengt, eine höhere spirituelle Kraft spürt, die ihm kein Mensch geben kann, worüber die Weisen sagten: "Der weise Mann ist größer als der Prophet" [Bava Basra 12a], und Elihu sagte: "Aber es ist ein Geist im Menschen und der Atem des Allmächtigen, der ihnen Verstand gibt" [Ijow 32:8].

Dadurch ist es richtig, dass du, mein Bruder, verstehst, dass der Hauptzweck der Mitzvot, die den Körper und die Glieder betreffen, darin besteht, unsere Aufmerksamkeit auf die Mitzvot des Herzens und des Geistes zu lenken, denn sie sind die Säulen des Gottesdienstes und sie sind die Wurzeln [und Fundamente] der Tora, wie geschrieben steht: "Du sollst den Ewigen, deinen G-tt, fürchten, Ihn anbeten und Ihm anhangen..." [Devarim 10:20], und "Vielmehr ist dir [diese] Sache sehr nahe; in deinem Mund und in deinem Herzen, es zu tun" [Devarim 30:14], und "Und nun, o Israel, was verlangt der Ewige, dein G-tt, von dir? Nur, dass du den Ewigen, deinen G-tt, fürchtest, dass du auf allen seinen Wegen wandelst und ihn liebst und dass du den Ewigen, deinen G-tt, von ganzem Herzen und von ganzer Seele anbetest" [Devarim 10,12].

Und weil dies jenseits der normalen Kraft des Menschen liegt und ihm

Die Pflichten des Herzens Kapitel Acht Rabbeinu Bachya

nicht möglich ist, bis er sich von den meisten seiner animalischen Begierden trennt und seine niedere Natur zwingt und alle seine Bewegungen unter Kontrolle bringt, hat der Schöpfer ihn mit seinem Körper und seinen Gliedern mit dem dienen lassen, was er zu tun imstande ist, bis es ihm leicht fallen wird, sie zu erfüllen.

Dann, wenn der Gläubige sich mit Herz und Verstand darauf einlässt und sich nach besten Kräften anstrengt, wird G-tt ihm die Pforten der geistigen Qualitäten öffnen, und er wird mit ihnen das erreichen, was über seine Fähigkeiten hinausgeht, und er wird G-tt mit seinem Körper und seiner Seele, mit seinem äußeren und inneren Wesen dienen, wie David sagte: "Mein Herz und mein Fleisch schreien nach dem lebendigen G-tt" [Tehilim 84,3].

Dies wurde bereits mit einem Mann verglichen, der Bäume pflanzt und in ihren Wurzeln gräbt. Er reinigt den Boden von Steinen, Dornen und Unkraut, bewässert ihn, wenn es nötig ist, düngt ihn und hofft danach, dass G-tt Früchte wachsen lässt. Aber wenn er es vernachlässigt, das Land zu bearbeiten und seine Bedürfnisse zu überwachen, ist es für den Schöpfer nicht angemessen, ihm Früchte davon zu geben.

Ebenso für einen, der danach strebt, Handlungen für den Dienst [G-ttes] zu tun, wenn er sich mit Fleiß und Eifer anstrengt, das zu tun, was in seiner Macht steht - G-tt wird ihm helfen, das zu erreichen, was jenseits seiner Fähigkeiten liegt, nämlich die g-ttliche Frucht und das herrliche Gute von G-tt für Seine Geschätzten und Seine Geliebten in dieser Welt, wie unsere Weisen sagten: "Wer die Tora aus der Armut heraus erfüllt, wird sie aus dem Reichtum heraus erfüllen" [Avos 4:9], und der Weise sagte: "Denn einem Menschen, der in Seinen Augen gut ist, hat Er Weisheit und Wissen und Freude gegeben" [Koheles 2,26].

Unsere Weisen sagten: "Die Tora führt zum Handeln, das Handeln führt zur Wachsamkeit, die Wachsamkeit führt zum Eifer, der Eifer führt zur Enthaltsamkeit, die Enthaltsamkeit führt zur Reinlichkeit, die Reinlichkeit führt zur Reinheit, die Reinheit führt zur Frömmigkeit, und die Frömmigkeit ist größer als alle anderen, wie geschrieben steht: 'dann hast Du in der Prophezeiung zu Deinen Frommen gesprochen' [Tehilim 89,20]".

Wenn man aber das, was in seiner Macht steht, vernachlässigt und nachlässig ist, wird sich die Hilfe und der Beistand G-ttes von ihm entfernen, wie geschrieben steht: "G-tt ist fern von den Gottlosen" [Mischlei 15,29], und "deine Sünden trennten zwischen dir und deinem G-tt" [Jeschaja 59,2].

DIE ZWEIUNDZWANZIGSTE: [für andere lieben, was man für sich selbst lieben würde] Sich selbst gegenüber Rechenschaft ablegen über

Die Pflichten des Herzens Kapitel Acht Rabbeinu Bachya

sein Zusammengehen mit Menschen zur Förderung des allgemeinen Wohlergehens, wie Pflügen oder Ernten, Kaufen und Verkaufen und andere gesellschaftliche Angelegenheiten, bei denen sich Menschen gegenseitig helfen - dass er für sie liebt, was er für sich selbst lieben würde, und dass er für sie hasst, was er für sich selbst hassen würde, und dass er Mitleid mit ihnen hat und sie nach seinen Möglichkeiten vor dem bewahrt, was ihnen schaden würde, wie geschrieben steht: "Liebe deinen Nächsten wie dich selbst" [Vayikra 19,18].

Wenden wir dazu die folgende Analogie an: Eine Gruppe von Menschen reist auf einer beschwerlichen Reise in ein fernes Land. Unterwegs müssen sie an mehreren Stationen Halt machen, und sie haben viele Tiere, die mit schweren Lasten beladen sind, und die Männer sind wenige, jeder hat viele Tiere, die er häufig aus- und umladen muss. Wenn sie sich gegenseitig beim Be- und Entladen helfen, und ihr Wunsch ist, dass alle Frieden haben und sich gegenseitig die Last erleichtern, und dass sie die Last der gegenseitigen Hilfe gleichmäßig aufteilen - dann werden sie die besten Ergebnisse erzielen. Wenn aber ihre Meinungen auseinandergehen und sie sich nicht auf einen Plan einigen, und jeder sich nur für seine eigenen Interessen einsetzt - dann werden die meisten erschöpft sein.

Auf diese Weise, mein Bruder, wird die Welt ihren Bewohnern zur Last, und ihre Arbeit und Anstrengung wird um ein Vielfaches erschwert, weil jeder seinen Anteil für sich allein haben will und mehr als den ihm zustehenden Anteil [mehr als das, was er braucht].

Und weil sie mehr begehrten, als ihnen zusteht, und von ihr auch das suchen, was ihnen nicht gehört, darum hält die Welt ihnen ihren Anteil an ihr vor und bringt für keinen von ihnen auch nur ihren Anteil an ihr hervor, darum sind sie nicht zufrieden mit ihr, und es gibt nicht einmal einen, der nicht darüber klagt und weint, und weil sie das Überflüssige in der Nahrung suchen, wurden sie sogar an den Grundbedürfnissen gehindert, außer durch ungeheure Mühsal und große Anstrengung.

Wenn aber ihre Grundbedürfnisse ihnen genügten und ihre Anstrengungen gleich wären und allen zugute kämen, und wenn sie in ihren Interessen gleich wären, würden sie in ihrer Welt Erfolg haben und noch mehr von dem erreichen, was sie sich wünschen. Aber sie helfen einander nicht nur nicht in ihren weltlichen Interessen, sondern sie schwächen sich gegenseitig, und jeder hindert den anderen und schwächt seine Kraft, bis keiner von ihnen seinen Wunsch erreicht und seine Begierden verwirklicht.

Deshalb, mein Bruder, bemühe dich, treue und reine Freunde zu gewinnen, die dir in der Tora und in weltlichen Dingen helfen. [Wie geht

Die Pflichten des Herzens Kapitel Acht Rabbeinu Bachya

das?] Wenn dein Herz ganz bei ihnen ist, und dein Herz ihnen gegenüber rein ist, und sie dir wertvoll sind wie du selbst, wenn du unter ihnen einige findest, die dessen würdig sind.

Offenbare deine privaten Angelegenheiten nur einigen wenigen von ihnen, wie Ben Sira sagte: "Lass viele deine Freunde sein, aber offenbare deine Geheimnisse nur einem von tausend" [Ben Sira 6:6]

Und der weise Mann sagte: "Salbe und Parfüm erfreuen das Herz, so auch die Süße eines Freundes durch herzlichen Rat" [Mischlei 27,9].

DIE DREIUNDZWANZIGSTE: [G-tt in der Natur zu sehen] Alles zu erforschen, was im Universum existiert, von den kleinsten Schöpfungen bis zu den größten, und die überlegenen Qualitäten, die die Menschen in der Welt haben, und die Ebenen der Schöpfungen unten und oben, und die Anordnung der himmlischen Sphären, die Bewegung der Sonne, des Mondes, der Sterne, die feststehenden und die, die sich bewegen, das Fallen des Regens, das Wehen des Windes, das Hervorgehen eines Kindes aus dem Mutterleib und andere Wunder des Schöpfers, die wundersamer, subtiler, offensichtlicher [und doch] geheimnisvoller sind, die über Seine vollkommene Weisheit und Macht und Seine gute Führung und allumfassende Gnade, Seine Barmherzigkeit und Seine reichhaltige Vorsehung über Seine Schöpfungen lehren.

Lasst euch nicht täuschen, weil ihr sie so oft seht und so lange an sie gewöhnt seid, dass ihr aufhört, euch über sie zu wundern und sie zu betrachten, und dass es unvermeidlich ist, dass euer vorheriges Wissen über sie euch dazu bringt, sie zu verharmlosen, weil ihr sie seit eurer Kindheit gewohnheitsmäßig seht und beobachtet.

Auf diese Weise finden wir die meisten einfachen Leute und viele der wichtigen Männer in dieser Angelegenheit - dass sie in Verwunderung sind, wenn sie etwas sehen, das sie nicht gewohnt sind zu sehen, wie eine Sonnen- oder Mondfinsternis, Donner und Blitze, Kometen, Erdbeben, Wirbelstürme, oder andere ähnliche Phänomene, aber sie wundern sich nicht über die Bewegung der Sphären und ihrer Bahnen, wie die Sonne, den Mond und die Sterne, den Sonnenaufgang und den Sonnenuntergang, den Regen, das Blasen des Windes oder ähnliche Dinge, die mit ihnen existieren und die sie ständig sehen. Ebenso wundern sie sich, wenn sie das Meer, seine Wellen und Stürme und die Lebewesen darin sehen, doch sie wundern sich nicht über das Fließen der Flüsse, das Schöpfen der unterirdischen Quellen und dergleichen, die Tag und Nacht beständig [um sie herum] sind.

Deshalb ist es gut für dich, mein Bruder, alles zu erforschen, was der Schöpfer geschaffen hat, ob du daran gewöhnt bist oder nicht, ob du es schon gesehen hast oder nicht. Lass dich nicht durch deine Torheit dazu

Die Pflichten des Herzens Kapitel Acht Rabbeinu Bachya

verleiten, dass du, nachdem du in deiner Kindheit töricht warst und diese Dinge nicht betrachtet hast, als du sie zum ersten Mal sahst, sie auch jetzt in deinem Erwachsenenalter und in der Zeit der starken Erkenntnis, des klaren Herzens und des reifen Verstandes nicht betrachtest, sondern schaue sie an und betrachte sie, als ob du sie nie gesehen hättest, und stelle dir vor, dass du blind warst, bevor du sie betrachtet hast, und danach wurde dein Augenlicht wiederhergestellt und du konntest sie sehen und betrachten.

Sieh, mein Bruder, dass der Narr einem Blinden gleicht, und wenn er intelligent wird, gleicht er einem Blinden, dessen Augen geheilt wurden und der nun sehen kann, wie der Vers über Adam und Eva sagt: "Die Augen der beiden wurden geöffnet" [Bereischis 3:7], obwohl wir wissen, dass sie vorher sehen konnten.

Verbirg dich nicht davor, sie zu betrachten und alles zu erforschen - dann wirst du die Wahrheit der Dinge sehen und einige der Wunder des Schöpfers erkennen, von denen du lange nichts gewusst hast und in denen du blind warst, wie einer der Weisen sagte: "Die Herzen der Weisen haben Augen, sie können sehen, was die Unwissenden nicht sehen können", wie der Vers sagt: "Habt ihr nicht gewusst? habt ihr nicht gehört? ist es euch nicht von Anfang an gesagt worden? habt ihr nicht verstanden von den Grundfesten der Erde an?" [Jeschaja 40:21].

DIE VIERUNDZWANZIGSTE: [Kinderaugen] Dass du Rechenschaft mit dir selbst ablegst und von dir selbst alles einforderst, was in dir an Wissen über G-tt und Seine Tora und die Worte der Alten und die Metaphern der Weisen und die Inhalte der Gebete, die du in deiner Kindheit und Jugend zu lernen begonnen hast, festgesetzt worden ist. Denn das Bild einer komplexen Angelegenheit von jemandem, dessen Verstand schwach ist, ist nicht wie das Bild für jemanden, dessen Verstand stark ist, und je mehr ein Mensch das Verständnis erhöht, desto mehr wird er die Klarheit erhöhen.

Gib dich daher nicht mit dem zufrieden, was sich in deinem Geist am Anfang deines Lernens der schwierigen Dinge und der tiefen Gründe gebildet hat. Vielmehr ist es richtig, dass du im Alter des reifen Verstandes und des Verständnisses damit beginnst, das Buch G-tt und das Buch der Propheten zu untersuchen, wie jemand, der nie einen Buchstaben davon gelernt hat. Gewöhne dich daran, sie zu erklären und zu verdeutlichen, und ihre Worte und ihre Struktur zu betrachten, und was du von ihrer Interpretation verstehen kannst, und was wörtlich zu verstehen ist und was nicht, und was sichtbar ist und was verborgen ist, und was man mit anderen Bereichen vergleichen kann und was nicht.

Ähnliches gilt für die Gebete und Lobpreisungen, studiere ihre Worte und

Die Pflichten des Herzens Kapitel Acht Rabbeinu Bachya

ihre beabsichtigte Botschaft, damit du, wenn du sie vor deinem G-tt sprichst, die Worte verstehst, die du aussprichst, und was dein Herz in der Sache sucht. Verhalte dich dabei nicht wie die Sitte in den Tagen der Jugend, dass du aussprichst, welche Worte auch immer folgen [ohne die Worte zu verstehen], und auf welche Weise auch immer du folgst, ohne die Sache zu verstehen, und wir haben diese Sache bereits ausreichend behandelt [in #9 und #18].

Ähnlich verhält es sich mit den Worten der Weisen und den Worten der mündlichen Überlieferung, dass du sie betrachtest und sie wohlwollend beurteilst. Gib dich nicht mit der Klarheit zufrieden, die du hattest, als du sie zum ersten Mal gelernt hast, sondern fordere von dir selbst, wie einer zu sein, der anfängt, sie zu lernen. Was du verstanden hast, rufe es dir ins Gedächtnis und arbeite es durch.

Was du jetzt im Zweifel über seine Erklärung bist [auch nach der erneuten Prüfung], und woran du in deiner Jugend nicht gezweifelt hast, das erforsche danach bei den Weisen deiner Generation, dann wirst du von den Geheimnissen der Thora und den Geheimnissen der Propheten und der Weisen sehen, was dir zu Beginn deines Studiums durch das Lernen deiner Lehrer unmöglich war zu begreifen.

Lasst euch nicht durch Arroganz täuschen, zu denken, dass deine Wahrnehmung nicht größer geworden ist, als sie in deiner Jugend war, und dass das, was damals in deinen Verstand eingedrungen ist, sich nicht ändern und dir jetzt fremd werden wird, denn das ist eine Verlockung des Yetzer [böse Neigung] auf dich, um deine Entschlossenheit zu schwächen, die Wahrheit der Dinge zu untersuchen und zu erforschen, und um dir vorzustellen, dass du ein vollkommen weiser Mann bist und dir nichts von dem fehlt, was du brauchst, wie der weise Mann sagte: "Der Faule ist in seinen eigenen Augen weiser als sieben Männer, die vernünftig antworten können" [Mischlei 26:16].

Und: "Hast du einen Menschen gesehen, der weise ist in seinen eigenen Augen? Es gibt mehr Hoffnung für einen Narren als für ihn" [Mischlei 26,12], und "die Augen des Weisen sind auf dem Kopf, aber der Narr wandelt in der Finsternis" [Koheles 2,14], was bedeutet, dass er auf den Anfang seiner Angelegenheiten schaut und auf das, was an ihm vorbeigegangen ist, von den Angelegenheiten seiner Tora und den weltlichen Angelegenheiten, und sie prüft und das Gute und das Schlechte von dem versteht, was ihm widerfahren ist, und das Gute stärkt und das Schlechte bereut.

Aber der Narr ignoriert all dies, wie einer, der in der Dunkelheit der Nacht auf einem langen Weg wandelt. Er schaut nicht auf das, was vorbeigegangen ist, denn wenn er den Kopf dreht, wird ihm das, was er

Die Pflichten des Herzens Kapitel Acht Rabbeinu Bachya

sieht, nicht klar, sondern seine ganze Aufmerksamkeit gilt nur dem, was vor ihm liegt, dazu heißt es: "der Narr aber wandelt in der Finsternis" [ebd.], und "Da sah ich, dass die Weisheit die Torheit übertrifft, so wie das Licht die Finsternis übertrifft" [Kohelet 2,13].

DIE FÜNFUNDZWANZIGSTE: [Feuer und Wasser] Mit sich selbst Rechenschaft ablegen, dass man in der Liebe zu dieser Welt versunken ist und ihre Begierden über die Liebe zu Olam Haba [der nächsten Welt] stärkt, und sich bemühen, die Liebe zu dieser Welt aus seinem Herzen zu entfernen und die Liebe zu Olam Haba darüber zu stärken, indem man darüber nachdenkt, was sein Ende in beiden Welten sein wird und was sein Endzustand in beiden Aufenthaltsorten sein wird, und versuchen, die Liebe zu dieser Welt aus seinem Herzen zu entfernen und die Liebe zu Olam Haba darin immer zu erhalten.

Einer der Weisen sagte bereits: "So wie Feuer und Wasser nicht in einem Gefäß nebeneinander existieren können, so können auch die Liebe zu dieser Welt und die Liebe zu Olam Haba im Herzen des Gläubigen nicht nebeneinander existieren". Sie sagten auch: "Diese Welt und die nächste Welt sind wie zwei eifersüchtige Ehefrauen [eines Ehemannes], wenn er einer von ihnen eine Vorliebe zeigt, wird die andere zornig.

In gleicher Weise, mein Bruder, brauchen sowohl deine Seele als auch dein Körper Führung und Gedanken.

Die Seele wird gestärkt und geläutert, indem man sie mit Sitten und Weisheiten vertraut macht und sie mit weisen Worten leitet und sie die guten Eigenschaften lehrt und sich von den körperlichen Begierden fernhält.

Die Stärkung und Besserung des Körpers besteht darin, ihn mit verschiedenen Arten von guten, schmackhaften Speisen und Getränken zu versorgen, die seiner Natur entsprechen, und ihn mit warmem Wasser zu waschen, und seine Vorteile und Bedürfnisse ständig zu überwachen.

Wenn deine Gedanken bei den Bedürfnissen deines Körpers sind und du deine ganze Aufmerksamkeit auf ihn richtest, wirst du die Verbesserung deiner Seele vernachlässigen. Wenn du deine Aufmerksamkeit auf die Verbesserung deiner Seele richtest, indem du deine ganze Aufmerksamkeit auf sie richtest, wirst du die Bedürfnisse deines Körpers vernachlässigen.

Deshalb ist der richtige Weg, deine ewige Seele gegenüber deinem vergänglichen Körper zu stärken, und dass du deine Aufmerksamkeit auf deine Seele richtest und dich um ihre Bedürfnisse kümmerst, aber ohne die Dinge zu vernachlässigen, die für deinen Körper sehr notwendig sind, und ihn dadurch zu überlasten und zu schwächen, da dies ein Mittel sein wird, um beide zu schwächen. Gib vielmehr deinem Körper die Nahrung,

Die Pflichten des Herzens   Kapitel Acht   Rabbeinu Bachya

die er braucht, um sein Funktionieren aufrechtzuerhalten, und gib deiner Seele von den Weisheiten und Sitten mehr, als sie aufnehmen kann.

Dazu sagte der weise Mann: "Sei nicht übermäßig gerecht ... warum solltest du Verwüstung über dich bringen? Sei nicht übermäßig böse und sei kein Narr; warum solltest du vor deiner Zeit sterben?" [Koheles 7,16], und "Es ist gut, dass du dies ergreifst, und auch davon sollst du deine Hand nicht abwenden" [Koheles 7,18], was bedeutet:

"Sei nicht übermäßig gerecht" - Sei nicht extrem auf den Wegen der Gerechten, die sich von dieser Welt trennen, damit du nicht zugrunde gehst.

"Seid nicht übermäßig böse" [ebd.] - Seid auch nicht übermäßig wie die Bösen, die sich nach dieser Welt sehnen und den niederen Begierden mehr nachgeben, als es euren religiösen und weltlichen Bedürfnissen entspricht.

"Warum solltet ihr vor eurer Zeit sterben" [ebd.], das bezieht sich auf den Tod der Seele, indem sie von den niederen Begierden überwältigt wird und im Meer der körperlichen Vergnügungen ertrinkt.

Halte vielmehr an dem ausgewogenen Weg fest. Haltet an eurem Endziel [Olam Haba] fest und verlasst diese Welt nicht, denn aus ihr werdet ihr euch für die ewige Welt versorgen, und sie ist wie ein Durchgang zum Ort der Ruhe, wie unsere Weisen sagten: "Diese Welt ist wie ein Korridor in die zukünftige Welt. Bereite dich im Korridor vor, damit du in den Festsaal eintreten kannst" [Avos 4:16].

Dies ist der Weg der frühen Frommen, die G-tt fürchteten.

Er sagte: "Seid nicht übermäßig weise", denn die Weisheit hat eine feste Grenze, die nicht überschritten werden kann. Die Erklärung ist, dass all die verschiedenen Zweige der Weisheit, die zum Dienst G-ttes, zur Bewahrung Seiner Gebote oder zur Demonstration Seiner Weisheit und Macht führen - diese Kategorie ist uns erlaubt, und es ist unsere Pflicht, sie zu erforschen, wie geschrieben steht: "Siehe, die Furcht des Ewigen ist Weisheit" [Iyov 28:28], und "Die Furcht des Ewigen ist der Anfang der Weisheit; und die Erkenntnis der Heiligen [gute Taten] ist Einsicht" [Mishlei 9:10], was Wissen über G-tt bedeutet, und auch: "Die Furcht des Ewigen ist der Anfang der Weisheit" [Tehilim 111:10], und "Die Weisen sind beschämt, sie sind bestürzt und ergriffen; siehe, sie haben das Wort des Ewigen verworfen; und welche Weisheit ist in ihnen?" [Yirmiyahu 8:9], und alles, was eine Weisheit außerhalb dieses Weges ist, den wir erwähnt haben - es ist verboten, sie zu studieren und nach ihr zu forschen. Deshalb sagte er: "Seid nicht übermäßig weise".

Was aber die Torheit und den Leichtsinn betrifft, so warnte er uns vor dem geringsten Maß davon, deshalb sagte er: "Seid nicht töricht", und

Die Pflichten des Herzens Kapitel Acht Rabbeinu Bachya

sagte nicht: "Seid nicht zu töricht", denn schon eine kleine Menge verdirbt viel von den guten Eigenschaften, wie geschrieben steht: "Tote Fliegen machen die Salbe des Parfümierten stinkend und faulig; so wie ein wenig Torheit die Weisheit und die Ehre überwiegt" [Koheles 10,1].

DIE SECHSUNDZWANZIGSTE: [einen sterblichen König fürchten] mit sich selbst abrechnen, daß man, wenn man im Gebot eines Königs steht, fürchtet, bestraft zu werden, wenn man das Gebot des Königs übertritt, aber man kümmert sich nicht um die Gebote G-ttes und fürchtet nicht Seine Strafe, wenn man Sein Gebot übertritt.

Wie könnte er den Unterschied zwischen den beiden Geboten und den beiden Angelegenheiten vernachlässigen und die Schwäche eines sterblichen Königs bei der Durchsetzung seiner Dekrete nicht verstehen, seine mögliche Verzögerung bei der Verhängung von Strafen gegen ihn, seine begrenzte Fähigkeit, ihn zu sehen, und seine vielen Ablenkungen [mit anderen Angelegenheiten], und der weise Mann sagte bereits: "Fürchte G-tt und den König, mein Sohn" [Mischlei 24,21], und "Die Furcht vor einem König ist wie das Brüllen eines Löwen; wer ihn zum Zorn reizt, versündigt sich gegen sein eigenes Leben" [Mischlei 20,2].

Wie kann ein intelligenter Mensch sich nicht für seinen G-tt schämen, dessen Ratschluss nicht umgestoßen werden kann, der immer über ihn wacht. Er kann nicht abgelenkt werden. Er kann durch nichts daran gehindert werden, und doch fürchtet man sein Urteil nicht? Wie kann man sich gegen Sein Wort auflehnen, wenn man weiß, dass G-tt über sein inneres und äußeres Wesen wacht? Wie kann man seine Vergangenheit nicht bereuen, indem man zu sich selbst sagt: "Wie lange habe ich gegen Sein Wort rebelliert, während Er weiterhin damit wartet, mich zu bestrafen. Ich werde Ihn um Vergebung bitten, bevor Er mich in dieser Welt vernichtet oder mich in der nächsten Welt heimsucht", so sagte David: "Der Gottlose wird in seinem Hochmut nicht suchen; G-tt ist nie in seinen Gedanken" [Tehilim 10,4].

DIE SIEBENUNDZWANZIGSTE: [Leiden ertragen] Mit sich selbst Rechenschaft ablegen, wenn er in Not gerät, sei es körperlich, finanziell oder in irgendeiner anderen Angelegenheit. Er sollte alles von seinem G-tt mit Freude empfangen und es als einer ertragen, der das Urteil G-ttes akzeptiert, und nicht als einer, der über seine Entscheidung zornig ist.

Wie geschrieben steht: "Und ich will auf den Ewigen warten, der sein Angesicht vor dem Hause Jakob verbirgt, und ich will auf ihn hoffen" [Jeschaja 8,17], und er sollte nicht wie derjenige sein, von dem der Vers spricht: "Und es wird geschehen, wenn sie hungrig sind, werden sie sich ärgern und ihr Angesicht zur Höhe wenden und ihren König und ihren G-tt verfluchen" [Jeschaja 8,21].

Die Pflichten des Herzens Kapitel Acht Rabbeinu Bachya

Wisse, mein Bruder, dass wir Avraham für die zehn Prüfungen, mit denen G-tt unseren Vorfahren geprüft hat, nicht dafür loben würden, dass er diesen Prüfungen standgehalten hat, wenn es nicht der Fall wäre, dass er alles von G-tt bereitwillig und mit einem guten Herzen angenommen hat, wie geschrieben steht: "Und fand sein Herz treu vor Dir" [Nechamia 9:8]. Was die Generation betrifft, die Ägypten verließ, so verdienten sie die Verurteilung und den Tadel in der Wüste nur, weil sie zornig wurden und ihr Herz nicht gut zu G-tt und Seinem Propheten [Mosche] war.

Wie geschrieben steht: "Aber sie schmeichelten Ihm mit ihrem Mund und belogen Ihn mit ihrer Zunge, aber ihr Herz war nicht recht mit Ihm" [Tehilim 78:36]. Viele Male zeigten sie sich widerspenstig und rebellierten gegen G-tt und brachen Seinen Bund, so wie wir sie ständig in dem Wunsch finden, nach Ägypten zurückzukehren, oder ähnliches.

Gutes Ertragen ist eine gute Charaktereigenschaft, aber wer aus Kraft [widerwillig] erträgt, erhält dafür keine Belohnung, und er erlangt dadurch keine Vergebung [Sühne].

Bedenke, mein Bruder, den Unterschied zwischen den beiden Arten des Ertragens von Leiden und betrachte die unterschiedlichen Folgen zwischen ihnen.

Du wirst sehen, dass die Angelegenheit des Ertragens [des Leidens] sich in drei Kategorien aufteilt:

Es zu ertragen, um G-tt zu dienen.

Es zu ertragen, um nicht gegen Ihn zu rebellieren.

Ertragen von den Leiden der Welt.

Diese dritte Kategorie gliedert sich in zwei Teile:

ein: Ertragen eines Verlustes

zweitens: Ertragen, weil ihm etwas fehlt, das er liebt

So oder so ist es möglich, dass diese Not als Strafe kam und dir dadurch eine Sünde vergeben wird, die du begangen hast, oder dass G-tt dich auf die Probe stellen will, und der Schöpfer dadurch deine Belohnung erhöht. Welcher dieser beiden Wege auch immer es ist, es ist richtig, dass du das, was von G-tt zu dir kommt, bereitwillig und mit guter Akzeptanz annimmst, wie König David sagte: "Alle Wege G-ttes sind Güte und Wahrheit für die, die seinen Bund und seine Zeugnisse bewahren" [Tehilim 25:10], denn die Not, die dich befällt, ist, wenn sie dazu dient, deine Sünde zu vergeben, eine "Wahrheit", und wenn sie der Anfang [einer Prüfung] ist, um dir im Gegenzug eine gute Belohnung für das Ertragen der Prüfung zu geben, ist sie eine "Güte", daher ist sie niemals etwas anderes als Wahrheit oder Güte.

Wenn du über diese Dinge gut nachdenkst, wird das Ergebnis deines Ertragens gut sein, und dein Lohn dafür ist dir gewiss.

Die Pflichten des Herzens Kapitel Acht Rabbeinu Bachya

Deshalb, mein Bruder, versäume es nicht, deine Gedanken in dieser Angelegenheit ständig zu prüfen, und dann wird deine Fähigkeit, G-tt richtig zu ertragen, gestärkt werden, und es wird dir leichter fallen, wenn harter Schmerz und bitteres Leid auf deinem Herzen lastet, zu zeigen, dass du den Beschluss G-ttes gut annimmst und dass du Trost in Ihm findest und dass dein Vertrauen auf Ihm ruht, wie geschrieben steht: "Stärkt euch selbst, und Er wird eurem Herzen Mut geben, alle, die auf den Ewigen hoffen" [Tehilim 31:25].

DIE ACHTUNDZWANZIGSTE: [totale Akzeptanz] Rechenschaft mit sich selbst ablegen, wenn, nachdem er sein Vertrauen in G-tt gesetzt hat, sich Ihm hingegeben hat, sein Geld, seine Kinder und alle seine Angelegenheiten in den Dienst G-ttes gestellt hat, dann ändern sich seine Angelegenheiten und der Schöpfer verordnet ihm etwas, das gegen seine Wünsche ist.

Er sollte an sich selbst denken: Ein Mann hat seinem Freund ein Haus oder einen Acker geschenkt, und dann denkt der Empfänger des Geschenks daran, es abzureißen und anders wieder aufzubauen oder es in seiner ursprünglichen Weise zu verändern. Ist es richtig, dass der Geber darüber trauert, was der Empfänger getan hat, und dass er trauert, weil er den ursprünglichen Zustand verändert hat, nachdem er das Haus oder den Acker bereits geschenkt hatte?

Das Gleiche gilt für dich, mein Bruder, wenn du dich selbst und deinen Besitz G-tt gegeben hast, trauere nicht, dass Er an dir handelt, wie Er es wünscht, und sich dir gegenüber so verhält, wie Er es wünscht. Und selbst wenn es dir nicht gut erscheint, so ist es doch richtig, dass du mit Ihm im Reinen bist und dich auf Seine vollkommene Führung und das Urteil Seines Beschlusses verlässt. Bereue nicht, dass du Ihm gegeben hast, was du glaubst, dass es dir gehört, und zeige keine Verärgerung über Sein Urteil über dich - und das umso mehr, als du eines Seiner Geschöpfe bist, und Er ist dein Schöpfer und der Versorger deines Lebensunterhalts und leitet dich in dem, was für dich in deinen inneren und äußeren Angelegenheiten gut ist, selbst wenn du die Sache nicht verstehst, wie geschrieben steht: "Ich lehrte auch Ephraim gehen und nahm sie bei den Armen; aber sie wussten nicht, dass ich sie heilte" [Hos 11,3].

DIE NEUNUNDZWANZIGSTE: [Größe der Seele] Die Überlegenheit der Seele über den Körper zu betrachten und zu erkennen, dass einige Menschen größer sind als andere, bis ein Mann so viel wert sein kann wie tausend Männer, und zu wissen, dass diese Überlegenheit nicht auf überlegene Eigenschaften seines Körpers zurückzuführen ist, sondern vielmehr auf den höheren Grad seiner Seele, wie es zu David gesagt wurde: "aber jetzt bist du zehntausend von uns wert" [Shmuel II 18,3].

Die Pflichten des Herzens Kapitel Acht   Rabbeinu Bachya

Auch bei Frauen, die sich durch körperliche Schönheit auszeichnen, denen es aber an geistigen Qualitäten mangelt, ist ihre Schönheit nicht nur unangenehm, sondern sie wird hässlich, wie der weise Mann sagte: "Wie ein goldener Ring in einer Schweineschnauze, so ist eine schöne Frau, von der der [moralische] Verstand abgewichen ist" [Mischlei 11,22], und "Der Reiz ist trügerisch, und die Schönheit ist eitel; aber eine Frau, die den Ewigen fürchtet, die wird man loben" [Mischlei 31,30].

Je nachdem, wie du die Größe deiner Seele über deinen Körper verstehst, ist es richtig, dass du dich um ihre Besserung und ihr Heil bemühst, damit sie bei ihrem Herrn bleibt, der beobachtet, ob sie hell oder verdunkelt [durch Sünde], lobenswert oder tadelnswert ist, ob sie das Gute oder das Böse gewählt hat und ob sie zur Vernunft oder zur Lust neigt.

Darum kümmere dich immer um ihre Angelegenheiten, mehr als du dich um die Angelegenheiten deines Körpers kümmerst, und wisse, dass es leichter ist, deinen Körper von den schlimmsten Krankheiten zu heilen, die ihn befallen, als die Seele von der Krankheit des Yetzer [böse Neigung] zu heilen, wenn er sie überwältigt, wie der weise Mann sagte: "Der Geist eines Menschen wird ihn in der Krankheit erhalten; aber ein verwundeter Geist, wer kann ihn ertragen?" [Mischlei 18,14], und "vor allem bewahre dein Herz" [Mischlei 4,23].

DIE DREISSIGSTE: [Fremder in einem fremden Land] Die dreißigste und abschließende Abrechnung - mit sich selbst Rechenschaft ablegen über die Bedingungen, die ein Fremder in dieser Welt vorfindet. Er sollte seine Stellung darin wie die eines Fremden betrachten, der aus einem fernen Land kam und keinen einzigen der Bewohner des Landes kannte, in das er kam, und keiner von ihnen kannte ihn. Der König des Landes hatte Mitleid mit ihm, weil er ein Fremder war, und unterwies ihn in dem, was seinem Wohlergehen diente. Er versorgte ihn mit seinem täglichen Lebensunterhalt und gebot ihm, sich nicht gegen seine Gesetze aufzulehnen und seine Gebote nicht zu übertreten. Und er informierte ihn über den Nutzen und die Belohnung, wenn er ihm gehorchte, und erschreckte ihn mit den Strafen [die er erhalten würde, wenn er ihm nicht gehorchte], die der Zeit und dem Ort angemessen waren. Und der König warnte den Einwanderer, dass eine Zeit kommen wird, in der er von dort weggehen muss, aber er verriet ihm nicht, wann diese Zeit sein wird.

Zu den Bedingungen, zu denen er verpflichtet ist, gehören:

Unterwerfung und Demut, und den Hochmut aufzugeben und sich von Stolz und Überheblichkeit zu distanzieren, wie es in dieser Sache geschrieben steht: "Und sie sagten: 'Dieser ist gekommen, um bei uns zu wohnen, und nun richtet er uns?'" [Bereischis 19,9].

Auf die Reise und das Weiterziehen vorbereitet zu sein und es sich nicht

Die Pflichten des Herzens   Kapitel Acht   Rabbeinu Bachya

gemütlich zu machen und sich einzuleben, wie geschrieben steht: "Das Land soll nicht auf Dauer verkauft werden; denn das Land ist mein, und ihr seid Fremdlinge und Gäste bei mir" [Wajikra 25,23].

Die Sitten und Gesetze des Landes zu erforschen und was man dem König gegenüber verpflichtet ist, wie David sagte: "Ich bin ein Fremdling im Lande; verbirg deine Gebote nicht vor mir" [Tehilim 119,19].

Einen Fremden wie ihn zu lieben, ihm zu helfen und beizustehen, wie geschrieben steht: "Du sollst den Fremden lieben" [Devarim 10,19], und "Der Fremde aber, der bei euch wohnt, soll euch wie ein Einheimischer gelten, und ihr sollt ihn lieben wie euch selbst; denn ihr wart Fremde im Land Ägypten" [Vayikra 19,34]

Er soll sich eilig und schnell an den Dienst des Königs des Landes halten, weil er keinen Freund hat, der für ihn beim König intervenieren kann, wenn er den Dienst übertritt. Sein Anliegen ist das Gegenteil der Antwort, die Shunamit gab, als der Prophet sie fragte: "Siehe, du hast dich mit all dieser Sorgfalt um uns gekümmert; was soll für dich getan werden? möchtest du beim König oder beim Hauptmann des Heeres vorsprechen?" [Melachim II 4:13,], antwortete sie: "Ich wohne unter meinem Volk", sie wollte sagen: "Mein Volk und meine Familie werden in der Zeit der Not in meinem Namen zu ihm sprechen". Bei einem Fremden ist das nicht der Fall. Vielmehr ist er, wie geschrieben steht: "Ich schaute zu meiner Rechten und sah, aber da war kein Mensch, der mich anerkennen wollte; die Zuflucht ließ mich im Stich, und niemand kümmerte sich um meine Seele" [Tehilim 142,5].

Sich mit dem zufrieden zu geben, was er an Nahrung bekommt, und mit dem, was er an Haus und Kleidung finden kann, und sich in all seinen Umgangsformen auf dem Niveau des Lebensunterhalts zu bewegen und sich nicht anzustrengen [um Luxus anzuhäufen].

Er soll sich auf die Reise vorbereiten und überlegen, welche Vorräte er unterwegs braucht.

Dass es in seinen Augen groß ist, wenn ihm jemand einen kleinen Gefallen tut, und dass er denjenigen lobt, der ihm geholfen hat.

Dass er geduldig jedes Übel erträgt, das ihm widerfährt, und jeden finanziellen Schaden, der ihn trifft - weil er zerbrochen und demütig im Geiste ist und weil er schwach ist, es zu verhindern.

Deshalb, mein Bruder, nimm die Bedingungen des Fremdseins in dieser Welt auf dich, denn du bist in Wahrheit ein Fremder in ihr.

Der Beweis dafür, dass du ein Fremder und ganz allein darin bist, ist, dass während der Zeit, in der du in das Reich der Existenz aufgetaucht bist und im Bauch deiner Mutter geformt wurdest - wenn alle Menschen in der Welt sich anstrengen würden, um deine Bildung auch nur für eine

Die Pflichten des Herzens Kapitel Acht   Rabbeinu Bachya

Sekunde zu beschleunigen oder für eine Sekunde zu verzögern, oder eines deiner Glieder mit einem anderen zu verbinden, oder eines von einem anderen zu lösen, oder zu versuchen, eines deiner Glieder zu formen, sei es ein äußeres [Gliedmaßen] oder ein inneres [innere Organe], oder einem Glied, das sich normalerweise nicht bewegen kann, Bewegung zu geben, oder einem Glied, das sich normalerweise bewegt, Ruhe zu geben [z.B. Herz, Lunge], oder die Zeit, in der ihr aus dem Leib eurer Mutter heraustritt, vor der für euch festgesetzten Zeit vorzuverlegen, oder sie um die Zeit zu verzögern, in der ihr mit einem Auge blinzeln könnt, oder euch die Geburt zu erleichtern oder zu erschweren - sie wären nicht in der Lage, euch in dieser Hinsicht zu beeinflussen [es sei denn, G-tt hat es so angeordnet].

Ebenso ist kein menschliches Wesen in der Lage, dir, nachdem du in diese Welt gekommen bist, ohne die Hilfe G-ttes Nahrung zu verschaffen. Kein Mensch kann deinen Körper größer oder kleiner machen. Wenn du dir vorstellen könntest, dass außer dir niemand mehr auf der Welt wäre und dass die ganze Welt dir allein gehören würde, würde dies die Nahrung, die dich bis zum Ende deiner Tage erreichen würde, nicht einmal um ein Senfkorn [eine winzige Menge] erhöhen.

Auch wenn sich die Weltbevölkerung um ein Vielfaches verdoppeln würde, würde euch nicht einmal ein Senfkorn von dem fehlen, was für euch bestimmt ist, nicht weniger und nicht mehr.

So ist auch keines der erschaffenen Wesen [Menschen oder andere] in der Lage, euch zu nützen oder zu schaden, und keines von ihnen ist in der Lage, die Tage eures Lebens zu verlängern oder zu verkürzen, ebenso wie alle eure Eigenschaften, euer Wesen und eure guten oder schlechten Taten.

Wenn das so ist, welche Verbindung gibt es dann zwischen dir und anderen Geschöpfen? Oder mit welcher Verwandtschaft seid ihr mit ihnen verwandt oder sie mit euch? Bist du nicht in dieser Welt wie ein Fremder, dem ihre Bewohner, so zahlreich sie auch sein mögen, keinen Vorteil bringen können und dem ihre geringe Zahl keinen Schaden zufügen kann? Bist du nicht in ihr wie ein einsamer, abgeschiedener Mensch, der außer mit seinem Fürsten keine Gemeinschaft und außer mit seinem Schöpfer niemanden hat, der sich seiner erbarmt?

Deshalb, mein Bruder, widme dich allein dem Dienst G-ttes, so wie Er allein dich erschaffen hat, dich leitet, für dich sorgt, und dass dein Leben und dein Tod allein in Seinen Händen liegen.

Setze Seine schriftliche und mündliche Tora vor deine Augen, hoffe auf Seinen Lohn und fürchte Seine Strafe, nimm die Bedingungen des Fremdseins auf dich, zu denen ich dich für alle Tage deines Lebens in

Die Pflichten des Herzens   Kapitel Acht   Rabbeinu Bachya

dieser Welt erweckt habe, und du wirst die Glückseligkeit von Olam Haba erreichen, wie der weise Mann sagte: "Mein Sohn, iss den Honig, denn er ist gut, und die Honigwabe, die deinem Gaumen süß ist. So wird die Erkenntnis der Weisheit für deine Seele sein; wenn du sie gefunden hast, dann wird es einen Lohn geben, und deine Hoffnung wird nicht vergehen" [Mischlei 24,14].

ZUSAMMENFASSUNG

Dies, mein Bruder, sind dreißig Wege, unter den Wegen, die ein Mensch mit sich selbst vor G-tt Rechenschaft ablegen sollte. Wenn du über sie nachdenkst und dich mit ihnen auseinandersetzt, dann wird ihr Licht durchbrechen, und ihre Erleuchtung wird dich umgeben. Denke ständig über sie nach.

Überprüfe sie in deinem Geist alle Tage deines Lebens. Gib dich nicht damit zufrieden, dass ich sie nur kurz erörtert und in knapper Form erwähnt habe, denn jede Angelegenheit wird sich, wenn sie richtig geklärt und erklärt wird, um ein Vielfaches von dem erweitern, was ich erwähnt habe.

Ich habe lediglich die Aufmerksamkeit für diese Themen geweckt und sie dem Suchenden in knapper Form in Erinnerung gerufen. Ich habe nicht viel über sie gesprochen, damit dieses Buch nicht zu langatmig wird und von meiner Absicht abweicht, die darin bestand, zu erwecken und zu lehren.

Lege sie vor deine Augen und vor deine Vision, verankere sie in deinem Herzen und in deinem Geist - dann, wenn du sie überprüfst, wirst du in ihnen sehen, was du ursprünglich nicht gesehen hast, an verborgenen Geheimnissen und spirituellem Mussar.

Glaube nicht, dass du, wenn du sie untersuchst und zum Verständnis der Bedeutung der Worte gelangst, bereits die ganze verborgene Materie erfasst hast, denn das wirst du erst erreichen, wenn du deine Gedanken viele Male und über eine lange Zeit hinweg fleißig und mit Anstrengung auf sie gerichtet hast.

Richte dich durch sie auf und richte andere mit ihnen auf, dann wirst du den großen Lohn von G-tt erreichen, wie geschrieben steht: "Und die Weisen werden leuchten wie der Glanz des Himmels, und die, die das Volk zur Gerechtigkeit bringen, wie die Sterne für immer und ewig" [Daniel 12,3], und der Weise sagte: "Denen aber, die zurechtweisen, wird Freude sein, und ein guter Segen wird über sie kommen" [Mischlei 24,25].

Die Pflichten des Herzens Kapitel Acht Rabbeinu Bachya

Kapitel Vier

Der Nutzen, den die von uns erwähnte geistige Buchführung bringt, sind die Ergebnisse, die die Seele entwickelt, nachdem sie:
1. Erlangung eines klaren Verständnisses der 30 erwähnten Arten der geistigen Buchführung
2. Verständnis ihrer Inhalte
3. Verstehen ihrer tatsächlichen Form
4. das Verstehen der Wahrheit ihrer Verpflichtung
5. die Sehnsucht der Seele, sie zu unternehmen, je nachdem, wie man sie verstanden und in seinen Gedanken verankert hat.

Dann, mein Bruder, wird sich in deiner Seele ein erhabenes und erhebendes Ergebnis entwickeln, [1] du wirst von ihr alle guten Charaktereigenschaften lernen, und du wirst durch sie zu allen wertvollen Dingen gelangen, nämlich [2] das Wesen der Seele von der Unklarheit der Torheit reinigen, und [3] du wirst die Dunkelheit des Zweifels, die in deinem Herzen ist, vertreiben.

Ihr wisst bereits, dass [beim Erlernen der Mathematik] die daraus resultierende Klarheit und Beherrschung von der Richtigkeit, der Anzahl und der richtigen Reihenfolge der Grundprinzipien abhängt.

Ebenso wird bei der Zubereitung eines Medikaments im Bereich der Medizin der Nutzen des Medikaments und die Potenz seiner Wirkung von der Potenz der Kräuter abhängen, aus denen das Medikament besteht.

Ebenso gilt für das Gebiet der Technik, auf Arabisch Il-Handasa genannt, dass die Qualität und Nützlichkeit des Wissens von der Anzahl der erlernten Grundprinzipien in dem gewünschten Gebiet abhängt.

So ist es mit vielen Dingen. So kann beispielsweise eine Hebelwaage nicht ohne Vorkenntnisse in den Bereichen Technik, Mechanik, Mathematik und Gewichte konstruiert werden.

Ebenso kann das Maß der Astronomen, das auf Arabisch Itztrolab heißt, nicht ohne Vorkenntnisse in Technik, Geometrie, astronomischen Bewegungen und der Fläche der Erde entworfen werden.

So wird es auch für diese von der Seele geforderte Angelegenheit für dich, mein Bruder, nicht möglich sein, bevor du nicht zuerst das, was ich dir von den geistigen Abrechnungen mit dir selbst in diesem Tor und in den anderen Toren nahegelegt habe, akzeptierst und fleißig nach ihnen handelst.

Und wenn du dies mit einem treuen Herzen und einer reinen Seele tust, wird dein Geist erleuchtet werden, und du wirst den Weg zu allen

Die Pflichten des Herzens   Kapitel Acht   Rabbeinu Bachya

erhabenen Eigenschaften sehen, und der Yetzer [böse Neigung] wird keinen Weg haben, dich zu erreichen und zu verführen, und du wirst den Status eines von G-tt Geschätzten erreichen. Ein neuer, fremder, himmlischer Sinn wird in dir erwachen, der dir von allen Sinnen, die du zu kennen gewohnt bist, fremd ist, wie der weise Mann sagte: "Die Weisheit eines Menschen lässt sein Angesicht leuchten, und die Kühnheit seines Antlitzes verändert sich" [Koheles 8,1], dann wirst du die großen Dinge wahrnehmen, und du wirst die tiefen Geheimnisse sehen, mit deiner reinen Seele, deinem reinen Herzen und deinem starken Glauben. Du wirst dich nicht von einer dauerhaften Freude in dieser und in der nächsten Welt trennen, aufgrund der Größe dessen, was du beobachtet hast, und der Größe des Geheimnisses, das dir mit G-tt's Hilfe offenbart wurde.

Ich hielt es für angebracht, Ihnen eine Analogie zu geben, die Ihnen ein wenig von dem verdeutlichen wird, was ich Ihnen gesagt habe: Stell dir vor, du befindest dich an einem Ort, über diesem Ort und hinter dir ist ein wundersames Bild, und es gibt keine Möglichkeit für dich, es mit deinen Augen zu sehen und es mit deinem Sehsinn zu betrachten. Ein gewisser Mensch hat dir gesagt, dass, wenn du ein Blech herstellst und es polierst, bis die Dunkelheit beseitigt ist, und es lange Zeit mit verschiedenen Tränken salbst, und es dann vor dein Gesicht legst - dann wirst du das obige Bild sehen, das dir vorher verborgen war, und du wirst es betrachten und dich an seinem angenehmen Aussehen und seiner strahlenden Schönheit erfreuen können.

Das hohe Bild, das du nicht mit deinen Augen betrachten kannst, ist die Weisheit des Schöpfers und seine Macht und die Schönheit der oberen Welt, deren Form und Qualität uns verborgen ist. Das Blech ist die Seele des Menschen, das Polieren ist das Führen in den Weisheiten und der intellektuellen und thoraischen Moral. Die Salbungen sind die dreißig Wege der persönlichen Buchführung, die ich dir genannt habe.

Wenn du sie dir zu Herzen nimmst und sie in deinen Gedanken verankerst, wird deine Seele gereinigt, und dein Intellekt wird erleuchtet, und alle Arten von verborgenen Dingen werden sich in deinem Geist abbilden, und du wirst wahre Formen mit offenen Augen sehen, und die Tore der Tugend werden sich öffnen, und der trennende Schleier über deinen Augen, der zwischen dir und der Weisheit des Schöpfers trennt, wird von dir entfernt werden. Und G-tt wird euch g-ttliche Weisheit und segensreiche Handlungen lehren und euch g-ttliche Kräfte verleihen, wie geschrieben steht: "Und der Geist des Ewigen wird auf ihm ruhen, der Geist der Weisheit und des Verstandes, der Geist des Rates und der Stärke, der Geist der Erkenntnis und der Furcht des Ewigen" [Jeschaja

Die Pflichten des Herzens Kapitel Acht Rabbeinu Bachya

11: 2], und "Aber es ist ein Geist im Menschen und der Hauch des Allmächtigen, der ihnen Verstand gibt" [Ijow 32:8], und "Wenn ihr sie sucht wie Silber und nach ihr forscht wie nach verborgenen Schätzen, dann werdet ihr die Furcht des Ewigen verstehen und die Erkenntnis G-ttes finden" [Mischlei 2:4-5].

Kapitel Fünf

Auf die Frage, ob diese Buchführung eine ständige Pflicht des Menschen ist oder nur zu bestimmten Zeiten und nicht zu anderen, antworte ich wie folgt:
Diese Rechenschaft ist eine Pflicht für einen Menschen entsprechend seiner intellektuellen Fähigkeit und seinem Verständnis, zu jeder Zeit, mit jedem Wimpernschlag, und wenn er kann, mit jedem seiner Atemzüge, damit er sich nicht von der Ehrfurcht, der Furcht und dem Schamgefühl vor dem Allmächtigen, möge Er erhaben sein, der ihn ständig beobachtet, trennt.
Man lerne aus dem, was G-tt einem König [Israels] befohlen hat, indem Er sagte: "Und es wird sein, wenn er sich auf seinen königlichen Thron setzt, dass er für sich selbst diese Thora auf eine Schriftrolle schreiben wird... Und sie soll immer bei ihm sein, und er soll sie alle Tage seines Lebens lesen [damit er lernt, den Ewigen, seinen G-tt, zu fürchten, alle Worte dieser Tora und diese Satzungen zu halten und sie zu tun]" [Devarim 17:18], und "Dieses Buch der Tora soll nicht von deinem Mund weichen; du sollst Tag und Nacht darüber nachdenken [damit du darauf achtest, alles zu tun, was darin geschrieben steht, denn dann wird es dir gelingen auf all deinen Wegen, und dann wirst du Erfolg haben]" [Jehoschua 1:8]. Und auch [an jeden Juden in der Shema]: "Und diese Worte, die ich dir heute gebiete, sollen auf deinem Herzen sein" [Devarim 6,6], und "du sollst sie zum Zeichen an deine Hand binden, und sie sollen Totafos zwischen deinen Augen sein" [Devarim 6,8]. Und Er bekräftigte die Angelegenheit im Kapitel Tzitzit mit den Worten: "Dies soll Tzitzit für euch sein, und wenn ihr es seht, werdet ihr euch an alle Gebote des Ewigen erinnern, um sie zu erfüllen, und ihr werdet nicht nach eurem Herzen und nach euren Augen wandern, nach denen ihr in die Irre geht" [Bamidbar 15:39], und dann: "Damit ihr euch an alle meine Gebote erinnert und sie erfüllt, und damit ihr eurem G-tt heilig seid" [Bamidbar 15:40].
Was bleibt da noch übrig, um uns in der spirituellen Buchhaltung des Gedenkens an den Schöpfer zu erwecken, was Er nicht in uns erweckt hat?!

Die Pflichten des Herzens Kapitel Acht   Rabbeinu Bachya

Dementsprechend, mein Bruder, ist es richtig, dass du dich so verhältst, dass du dich daran gewöhnst, vor G-tt jede Stunde und jeden Augenblick Rechenschaft abzulegen.

Betrachte kein Gutes, das du für Seinen Namen tust, als gering in deinen Augen, nicht einmal ein Wort oder einen Blick, denn ein wenig von dir ist viel für Ihn, und ebenso verhält es sich mit den Sünden.

Eine bekannte Analogie dafür ist die Bewegung der Sonne am Himmel. Wenn sie sich einen Meter bewegt, beträgt die zurückgelegte astronomische Entfernung viele, viele Kilometer, ebenso wie die Bewegung des Schattens im astrologischen Werkzeug.

Haltet die Taten, die ihr tut, nicht für groß in euren Augen, auch wenn ihr sie mit Absicht für Seinen Namen tut. Denn wenn du eine genaue Rechnung aufstellst, wirst du sehen, dass selbst für die kleinsten Wohltaten, die Er für dich getan hat, alle guten Taten aller Bewohner der Welt zusammengenommen nicht ausreichen würden, um Ihn dafür zu entlohnen.

Deshalb versäume es nicht, zwischen dir und deinem Schöpfer Rechenschaft abzulegen über die großen Wohltaten, die er dir erwiesen hat, und über seine großen Wohltaten, die er dir jeden Tag erweist. Wenn dein Herz sich tagsüber nicht dazu wendet, dann lass es in der Nacht geschehen. Wenn der ganze Tag [und die ganze Nacht] verstrichen ist, vollende es am zweiten Tag, wie unsere Weisen sagten: "Bereue einen Tag vor deinem Tod" [Avos 2:10], und "Lass deine Kleider immer weiß [sauber] sein" [Koheles 9:8].

Kapitel Sechs

Welche Handlungen müssen auf die Abrechnung mit sich selbst folgen? Ich sage, dies wird von einem Menschen entsprechend der Reinheit des Wesens seiner Seele sein, und entsprechend dem, was seine Seele von den Lichtern der Wahrheit empfangen hat, die sie von G-tt erreichen, gepriesen sei Er. Denn wenn der Intellekt eines Menschen, der über diese Buchhaltung nachdenkt, rein ist, und er die Absicht und den Wunsch darin versteht, und er es für G-tt allein tut - wird er die Gunst des Schöpfers erlangen, der ihm helfen wird, Seine Gebote zu tun, ihn durch das Licht der Wahrheit lehren wird, das die Wege des Zweifels von seinem Herzen entfernt, und ihn mit dem Licht der Weisheit erleuchten wird, so dass sein Intellekt hell sein wird, und sein inneres und äußeres Wesen rein G-tt gewidmet sein wird, und er wird dem ähnlich sein, was Ijow sagte: "Ich zog die Gerechtigkeit an, und sie bekleidete mich; wie ein Mantel und ein Turban war mein Gericht" [Ijow 29,14].

Die Pflichten des Herzens   Kapitel Acht   Rabbeinu Bachya

Und dann wird seine Seele zur Ruhe kommen, und seine Gedanken werden sich von den Sorgen der Welt und ihren Begierden beruhigen, und er wird sich am Dienst des Schöpfers erfreuen, und er wird sich an dem erfreuen, was er von den Geheimnissen der Weisheit und ihren Lichtern gesehen hat, und er wird sich glücklich fühlen über das, was ihn erreicht hat, über das Wissen um die Wahrheit der unteren und der oberen Welt, und den guten Plan G-ttes, und Sein Verhalten, und die Erfüllung Seiner Verordnungen über Seine Schöpfungen, wie David sagte: "Die Gerechten freuen sich des Ewigen und nehmen Zuflucht zu Ihm" [Tehilim 64,11], und "das Herz derer, die den Ewigen suchen, soll sich freuen" [Tehilim 105,3], und "So spricht der Ewige: Der Weise rühme sich nicht seiner Weisheit, der Starke rühme sich nicht seiner Macht, der Reiche rühme sich nicht seines Reichtums; sondern wer sich rühmt, der rühme sich dessen, dass er mich versteht und kennt" [Jirmija 9,22-23].

Und das ist die höchste Stufe in der Erkenntnis G-ttes, denn wer Ihn wirklich kennt, wird sich an Seinen Dienst und an die Furcht vor Ihm klammern, entsprechend der Erkenntnis in seinem Herzen und seinem Verstand, und er wird die Pflichten des Herzens und der Glieder ohne Anstrengung und ohne Mühsal erfüllen, sondern mit Verlangen und Begierde und Eifer, wie David sagte: "Ich eilte und zögerte nicht, Deine Gebote zu halten" [Tehilim 119,60], und dazu sagte der Weise: "Glücklich ist der Mann, der Weisheit findet, und der Mann, der Verstand bekommt" [Mischlei 3,13], und "Glücklich sind die, die das Recht bewahren, die allezeit Gerechtigkeit tun" [Tehilim 106,3].

Möge G-tt uns nebst denen setzen und uns in deren Kreis aufnehmen, in seiner Barmherzigkeit, Amen.

Die Pflichten des Herzens

Kapitel Neun

Neunte Abhandlung über Enthaltsamkeit

Einleitung

Da es in der vorangegangenen Diskussion um die Abrechnung eines Menschen mit sich selbst ging und die Enthaltsamkeit von den Interessen dieser Welt eine der Möglichkeiten einer solchen Abrechnung war, hielt ich es für angemessen, im Folgenden die verschiedenen Arten der Enthaltsamkeit zu erläutern und zu erklären, welche Formen der Enthaltsamkeit für Männer der Tora [religiöse Menschen] eine Pflicht sind. Denn dies fördert die Verbesserung der eigenen religiösen und weltlichen Bestrebungen und bringt Frieden für Geist und Körper in beiden Welten [hier und im Jenseits].

Es ist angebracht, dass wir sieben Dinge zum Thema Enthaltsamkeit klären.

1. Was ist allgemeine Enthaltsamkeit und warum braucht der Mensch sie?
2. Die besondere Enthaltsamkeit für die Anhänger der Tora und die Notwendigkeit der Enthaltsamkeit für sie.
3. Die Klassen der Abstinenzler nach
nach ihrer Art der Enthaltsamkeit
Abstinenz.
4. Die Bedingungen der besonderen Abstinenz.
5. Die Art der Enthaltsamkeit, die im Einklang mit unserer Tora steht
6. Was uns die Tora und die Bücher der Propheten über die Enthaltsamkeit sagen.
7. Der Unterschied zwischen den Frühen [Üb. Rishonim: die führenden Rabbiner und Poskim] und uns bezüglich der Enthaltsamkeit.

Kapitel Eins

Was ist allgemeine Abstinenz und warum braucht der Mensch sie? Ich

Die Pflichten des Herzens   Kapitel Neun   Rabbeinu Bachya

möchte ich diese Frage wie folgt beantworten: Enthaltsamkeit ist ein Begriff, mit dem viele Dinge verbunden sind. Der Begriff wird allgemein verwendet, aber die wahre Sache ist ein verborgenes Geheimnis. Wenn der Mantel abgenommen und das Siegel gebrochen wird, kommt das Verborgene zum Vorschein, und sein Zweck wird offenbart.

Die einfache Bedeutung von Enthaltsamkeit ist, die inneren Begierden zu zügeln und von etwas Abstand zu nehmen, wozu man aufgrund eines Grundes, der dazu verpflichtet, die Fähigkeit und Gelegenheit hat. Es wird gesagt: "Der Enthaltsame ist jemand, der die Macht hat, sie aber nicht nutzt".

Der Grund, der dazu verpflichtet, die inneren Begierden zu zügeln, teilt sich in zwei Kategorien:

1. Derjenige, der für die Menschen [insgesamt] und viele andere Lebewesen gilt.
2. Derjenige, der speziell für die Menschen der Tora [Juden] gilt.

Allgemeine Enthaltsamkeit ist diejenige, die für das Wohlergehen unseres Körpers praktiziert wird und um unsere weltlichen Angelegenheiten in guter Ordnung zu halten. Beispiele dafür sind: die Praxis der Könige bei der Einführung von Landesgesetzen, die von Ärzten verordnete Kur für Gesunde oder Kranke, die Praxis eines jeden intelligenten Menschen, seine Begierden nach Essen, Trinken, ehelichen Beziehungen, Kleidung, Sprache und seinen anderen Aktivitäten und Vergnügungen zu zügeln.

Die Enthaltsamkeit, die speziell für Männer der Tora [religiöse Menschen] gilt, ist die Art, die die Tora und die Vernunft zum Nutzen der Seele im Jenseits lehrt, wie ich später mit G-ttes Hilfe erklären werde.

Die Notwendigkeit der Enthaltsamkeit im allgemeinen Sinne ergibt sich aus dem, was ich bereits im dritten Tor dieses Buches eingeführt habe. Nämlich, dass der Zweck des Schöpfers bei der Erschaffung der Menschheit darin bestand, die Seele in Schwierigkeiten zu bringen und sie in dieser Welt zu prüfen, damit sie sich läutert und die Form der heiligen Engel erlangt, wie geschrieben steht: "Wenn du auf meinen Wegen wandelst und meine Weisung bewahrst, wirst auch du mein Haus richten, und auch du wirst meine Vorhöfe bewachen, und ich werde dir einen Platz geben, unter denen zu wandeln, die stehen [d.h. den Engeln]" [Sacharja 3:7].

Die g-ttliche Weisheit erfordert die Prüfung der Seele [durch Vereinigung] in physischen, irdenen Körpern, die wachsen und an Masse gewinnen können, indem sie die für sie geeigneten Nahrungsmittel zu sich nehmen. G-tt pflanzt dann in die Seelen der Menschen ein Verlangen nach den Nahrungsmitteln ein, die für ihren Körper in dieser

Die Pflichten des Herzens Kapitel Neun Rabbeinu Bachya

Welt bestimmt sind, um sie während der Zeit ihrer Vereinigung zu erhalten und zu pflegen.

G-tt pflanzte dem Menschen auch eine andere Kraft ein. Durch diese sehnt sich der Mensch nach ehelichen Beziehungen, damit ein Mensch ein anderes Individuum an seiner Stelle zeugt. Der Schöpfer gewährte ihm eine Belohnung für diese Funktionen, nämlich die Freude daran.

G-tt hat dem Menschen eine Neigung gegeben, die ihn dazu treibt, zu essen, zu trinken, eheliche Beziehungen einzugehen und andere Vergnügungen und Entspannungen zu genießen, die das Wohlergehen seines Körpers fördern, wie geschrieben steht: "Auch hat er ihnen die Welt ins Herz gegeben[...], dass ein jeder esse und trinke und das Gute seiner Arbeit genieße, das ist die Gabe G-ttes" [Kohelet 3,11-13].

Aber wenn diese Neigung den Verstand überwiegt und die Seele davon angezogen wird, wendet sich der Mensch den Exzessen zu, die zu seinem Schaden und zum Verderben seines Körpers führen. Deshalb ist eine gewisse Enthaltsamkeit von Vergnügungen und Vergnügungen notwendig, um seine Neigungen auszugleichen und seine Angelegenheiten in dieser Welt in Ordnung zu bringen, damit er in ihnen als lobenswert angesehen wird, wie geschrieben steht: "Ein guter Mensch erweist Gunst und leiht; er wird seine Angelegenheiten mit Recht leiten" [Tehilim 112:5].

Da es für die Menschen notwendig ist, Enthaltsamkeit zu üben, die ihr Wohlergehen in dieser Welt fördert, indem sie nur das Nötigste von ihr nehmen, folgt daraus, dass es in dieser Welt vollkommene Asketen geben sollte, die sich von weltlichen Beschäftigungen trennen und völlig absondern. So kann die ganze Menschheit von ihnen über die Enthaltsamkeit lernen, jeder nach seinem Bedürfnis und nach dem, was für seine Gewohnheiten und Neigungen passend ist.

Es wäre jedoch dem Wohl der Menschheit nicht förderlich, wenn alle nach ihrem Vorbild Askese üben würden, denn dies würde zur Aufgabe der Zivilisation und zum Ende des Menschengeschlechts führen, und der Vers sagte bereits: "Er hat sie nicht geschaffen, um sie zu verlassen, sondern um sie zu bewohnen" [Jeschaja 45:18].

Die Enthaltsamkeit ist einer der Grundpfeiler der Welt, und das Bedürfnis der Menschen nach ihr ist genauso wie das Bedürfnis nach anderen Wissenschaften und Berufen, in denen sich einige Nationen gegenüber anderen auszeichnen, zum Nutzen der gesamten Menschheit. Jede Klasse nimmt sich aus der Welt, was sie braucht und was für sie geeignet ist. Es würde das Wohlergehen der Welt nicht fördern, wenn sich jeder nur einem Bereich widmen würde und keinem anderen, denn das allgemeine Wohlergehen der Welt wird durch die Kultivierung aller Bereiche

Die Pflichten des Herzens Kapitel Neun Rabbeinu Bachya

gefördert, wie der weise Mann sagte: "Auch hat Er die Welt in ihr Herz gelegt" [Koheles 3:11], und "alles hat seine Zeit und seinen Ort..." [ebd. 3,1].

Mit dieser Einleitung haben wir das Konzept der allgemeinen Enthaltsamkeit und das Bedürfnis der Menschen nach ihr erklärt. Damit sie durch sie ihre Angelegenheiten in dieser Welt ordnen können.

Kapitel Zwei

- Die besondere Enthaltsamkeit für Männer der Tora Was ist die besondere Enthaltsamkeit und welche Notwendigkeit haben die Männer der Tora dafür? Die Weisen sind sich über die Definition uneins.

Einer von ihnen sagte, Enthaltsamkeit sei der Verzicht auf alles, was einen von G-tt ablenkt.

Ein anderer sagte: sich vor den Eitelkeiten dieser Welt zu ekeln und die Begierden einzuschränken.

Ein anderer sagte: Enthaltsamkeit ist die Ruhe der Seele und die Zügelung ihrer Neigung zu müßigen Vorstellungen.

Ein anderer sagte: [Enthaltsamkeit bedeutet] Vertrauen in G-tt.

Ein anderer sagte: Sich darauf zu beschränken, nur einfache Kleidung zu tragen, aus welchem Material auch immer, und ebenso, nur so viel zu essen, dass man überleben und seinen Hunger verdrängen kann, und alles andere zu verabscheuen.

Ein anderer sagte: Die Liebe zur Gesellschaft der Menschen aufzugeben und [stattdessen] die Einsamkeit zu lieben.

Ein anderer sagte: Enthaltsamkeit bedeutet Dankbarkeit für das Gute und geduldiges Ertragen von Schwierigkeiten.

Ein anderer sagte: Enthaltsamkeit bedeutet, sich allen Vergnügungen oder körperlichen Genüssen zu versagen, außer dem, was die eigene Natur verlangt und ohne das man nicht leben kann, und alles andere aus dem Geist zu entfernen.

Diese letzte Definition kommt der in unserer Tora vorgeschriebenen Enthaltsamkeit am nächsten und ist besser als alle anderen Definitionen, die wir erwähnt haben.

Die Notwendigkeit für den Thora-Beobachter, Enthaltsamkeit zu praktizieren, ist wie folgt:

Das Ziel der Tora ist es, den Verstand über alle Begierden der [niederen] Seele herrschen zu lassen und sie zu besiegen.

Es ist wohlbekannt, dass die Übermacht der Begierde über den Verstand der Anfang aller Sünde ist und die Ursache für alles Verwerfliche. Die Menschen neigten nicht zu [den Lüsten] dieser Welt, bis sie sich von der

Die Pflichten des Herzens Kapitel Neun Rabbeinu Bachya

Tora abgewandt hatten. Dann verleitete die böse Neigung sie dazu, die Pflege der Welt ihres Heils aufzugeben. Und so wandten sie sich vom Weg ihrer Vorväter ab, die sich auf das Notwendige und das Maß des Notwendigen beschränkten und sich mit dem begnügten, was für ihren Lebensunterhalt ausreichte.

Die Neigung verführte sie, indem sie das Horten und Vermehren weltlicher Die böse Neigung zwang sie dann, den Schmerz zu erleiden, den ihre Wellen verursachen. Diese Welt herrscht über sie und verstopft ihre Ohren und verschließt ihre Augen. Es gibt keinen unter ihnen, der sich nicht damit beschäftigt, sich ihren Freuden hinzugeben, wann immer er sie erreichen kann und sich eine Gelegenheit bietet. Das ist seine Thora und seine Religion, bis er von seinem G-tt völlig in die Irre geführt wird, wie geschrieben steht: "Deine eigene Schlechtigkeit wird dich zurechtweisen, und dein Rückfall wird dich zurechtweisen ... [wisse, dass es böse und bitter ist, dass du den Ewigen, deinen G-tt, verlassen hast]" [Jirmija 2:19].

Zu dieser Klasse von Menschen gehört auch derjenige, dem dieses Vergnügen verwehrt wurde, aber sein Geist ist darauf gerichtet, seine Seele sehnt sich danach und lebt dafür, und er verfolgt es von Herzen Tag und Nacht, wie geschrieben steht: "Er ersinnt Unheil auf seinem Bett; er setzt sich auf einen Weg, der nicht gut ist" [Tehilim 36,5].

Diese beiden Klassen ertrinken, jede in ihrer Sache, und doch sind sie abgeschnitten und müde, jemals etwas Gutes daraus zu erreichen. Sie verlieren in ihrem Geschäft. Ihre Seele ist geschwächt, und ihre Wahl ist schlecht.

Sie sind töricht in ihrem Tausch, wie geschrieben steht: "Sie tauschten ihre Herrlichkeit gegen das Gleichnis eines Ochsen, der Gras frisst" [Tehilim 106,20].

Der unaufhörliche Ruf der Gewohnheit überwältigt sie. Sie strengen sich an und sind stolz auf ihr Geschäft, in dem sie verlieren und das nie aufhört, ihre Gedanken von den daraus resultierenden Eitelkeiten abzulenken und ihre unaufhörlichen Wünsche in ihren Herzen zu verankern. Je mehr sie sich in diese Welt verstricken, desto mehr entfernen sie sich; und je weiter sie sich vom Licht der Wahrheit entfernen, von dem sie sich aufgrund ihrer Verbindung mit der bösen Neigung getrennt haben, desto mehr werden sie von der Dunkelheit verschlungen, und die Welt wächst an ihnen. Das Streben nach ihrer Verbesserung wurde in ihren Augen verschönert, und sie verstrickten sich in sie bis zur Zerstörung ihres Verstandes. Je mehr diese Welt verbessert wurde, desto größer wurde die Zerstörung ihres Verstandes, bis sie ihre bösen Wege für gut und ihre Irrwege für richtig hielten und

Die Pflichten des Herzens   Kapitel Neun   Rabbeinu Bachya

dies zu einem Gesetz und einer moralischen Einstellung machten.
Die Eltern vererbten diese Anschauung an ihre Kinder, die Lehrer weckten sie in ihr. Die Massen wurden dazu angehalten, ihr zu folgen. Ihre Adligen wetteiferten miteinander darin, bis sich die böse Neigung in ihnen festsetzte und sie ihre Häuser mit Eitelkeiten füllten. Was ihnen fremd war, wurde ihnen vertraut, und der rechte Weg wurde ihnen fremd. Wer zufrieden war und nicht nach Überflüssigem strebte, den hielten sie für einen Vernachlässiger seiner Pflichten.

Ein jeder von ihnen tat, was er den anderen tun sah. Wer von dieser Welt nur das nahm, was für ihn ausreichte, wurde als faul bezeichnet. Einer, der es hinauszögerte, etwas davon anzusammeln, galt als Faulpelz. Wer sich nur mit dem Nötigsten begnügte, galt als Schwächling, während derjenige, der diese Menge übertraf, als fleißig galt.

Und sie loben sich selbst und sind stolz darauf, und deswegen freunden sie sich an, werden zornig und beglückwünschen sich gegenseitig. Und um davon zu profitieren, ernennen sie ihre Bäuche zu ihrem G-tt, feine Kleidung zu ihrer Thora und gut erhaltene Häuser zu ihrer Moral.

Sie verirrten sich in den Tiefen der Torheit, bewegten sich auf dem Weg des Müßiggangs, beladen mit der Last der Begierden, und beanspruchten den Lohn der Anbeter [G-ttes], während sie die Taten der Übertreter begingen, und die Stufen der Gerechten mit dem Verhalten der Bösen, wie unsere Weisen sagten: "Sie begehen die Sünden von Zimri und suchen den Lohn von Pinchas" [Sota 22b].

Da die böse Neigung die meisten Männer der Tora [Juden] so weit gebracht hat, wie wir es beschrieben haben, ist es notwendig, ihr mit der besonderen Enthaltsamkeit entgegenzutreten, die wir am Anfang dieses Tores beschrieben haben. Mit Hilfe der Enthaltsamkeit sollten wir uns fest gegen die böse Neigung wehren, bis wir den richtigen Tora-Weg für religiöse und weltliche Aktivitäten erreicht haben.

Deshalb ist es notwendig, dass es unter den Männern der Tora besondere Personen gibt, Träger der besonderen Enthaltsamkeit, die deren Bedingungen übernehmen und dadurch den anderen Männern der Tora, die sich den animalischen Begierden der bösen Neigung zuwenden und zu ihnen neigen, helfen. So sind diese besonderen Menschen die Seelenärzte der Religion. Sie bringen Heilung für diejenigen, die von den guten Eigenschaften abgewichen sind und zu den schändlichen Eigenschaften neigen. Dann nämlich, wenn die böse Neigung über ihren Verstand gesiegt hat und wenn ihre Beschäftigung mit der Vermehrung des Überflüssigen in der Welt sie von den wesentlichen Dingen ihrer Religion ablenkt.

Wenn ein Mensch mit einer Glaubenskrankheit oder mit Zweifeln zu

Die Pflichten des Herzens Kapitel Neun Rabbeinu Bachya

ihnen kommt, werden sie sich beeilen, ihn mit ihrer echten Weisheit zu heilen.

Wenn es jemand ist, der vor dem Dienst G-ttes flieht, werden sie ihn zu ihm zurückbringen und ihn darin bestärken.

Wenn es einer ist, der durch seine Sünden belastet ist, werden sie ihn der Vergebung G-ttes versichern, wenn er seine Sünden bereut.

Wenn es jemand ist, der G-tt vergessen hat, werden sie ihn daran erinnern. Wenn es ein Tzadik [Gerechter] ist, werden sie ihn loben [um ihn zu ermutigen]. Wenn es einer ist, der G-tt liebt, werden sie ihn lieben. Wenn jemand G-tt's Allmacht verherrlicht, werden sie ihn verherrlichen. Wenn er sündigt, werden sie ihn ermahnen, sofort zu bereuen. Wenn er körperlich krank ist, werden sie ihn besuchen, und wenn sie mehr haben, als sie von der Welt brauchen, werden sie ihm davon etwas abgeben. Wenn ihm ein Unglück widerfährt, werden sie ihm zu Hilfe kommen.

In dieser Welt sind sie der Sonne ähnlich, die ihr Licht auf die Welt über und unter ihr wirft, denn sie erhellt das, was über und was unter ihr ist, die Himmelskörper und Planeten.

So leuchten sie auch auf dieser Welt, wie geschrieben steht: "G-tt sprach: Wenn ich in Sodom fünfzig Gerechte in der Stadt finde, so will ich den ganzen Ort um ihretwillen verschonen" [Bereischis 18,26]. Und: "Darum sagte Er, dass Er sie vernichten würde, wenn nicht Mose, Sein Auserwählter, vor Ihm in der Bresche gestanden hätte, um Seinen Zorn abzuwenden" [Tehilim 106,23], und im Jenseits, wie geschrieben steht: "Die Frucht der Gerechten ist ein Baum des Lebens" [Mischlei 11,30], und darum sagte Devorah: "Diejenigen, die Ihn lieben, werden sein wie die Sonne, wenn sie in ihrer Kraft aufgeht" [Schoftim 5,31].

Du wirst feststellen, dass dieses Verhalten der Enthaltsamkeit von den Propheten und den frühen Frommen in früheren Generationen praktiziert wurde, wie es in ihren Büchern klar erklärt wird, und wie ich es an der angemessenen Stelle weiter erläutern werde, mit G-ttes Hilfe, gepriesen sei Er.

Kapitel Drei

Die Klassen der Abstinenzler;
In wie viele Klassen die Abstinenzler eingeteilt werden, werde ich wie folgt beantworten:

Wie wir bereits einleitend erwähnt haben, gibt es zwei Gründe für die Abstinenz von dieser Welt: einen religiösen und einen weltlichen.

Diejenigen, die sich aus religiösen Gründen enthalten, sind die wahren Abstinenzler und werden in drei Klassen eingeteilt.

Die Pflichten des Herzens Kapitel Neun Rabbeinu Bachya

[1] Menschen, die das höchste Extrem der Askese anstreben, um wie geistige Wesen [Engel, d.h. nicht-physische Wesen] zu sein. Sie verzichten auf alles, was sie von G-tt ablenkt. Sie verließen die Zivilisation, um in den Wüsten, den Einöden und den hohen Bergen zu leben, an Orten, wo es keine Gesellschaft und keine Bekanntschaft gibt. Sie essen alles, was sie finden können, die Pflanzen, die auf dem Boden wachsen, und die Blätter der Bäume. Sie kleiden sich in abgetragene Gewänder und rohe Wolle. Sie suchen Schutz in den Felsen. Ihre Furcht vor dem Schöpfer vertreibt die Furcht vor den geschaffenen Wesen.

Ihre Freude an der Liebe zu G-tt lenkt sie so sehr ab, dass sie nicht an die Liebe zu den Menschen denken. Sie geben sich mit dem zufrieden, was G-tt für sie bereithält, und sie erwarten nichts von den Menschen.

Diese Klasse ist von allen Klassen am weitesten von dem durch die Tora vorgeschriebenen Mittelweg entfernt. Denn sie verzichten völlig auf weltliche Interessen, und die Tora gebietet uns nicht, das gesellschaftliche Leben ganz aufzugeben, wie wir bereits aus dem Vers "Er hat es nicht geschaffen, damit es eine Wüste sei, sondern damit es bewohnt werde" [Jeschaja 45,18] eingeführt haben.

[2] Die zweite Klasse, Männer, die den mittleren Weg der Enthaltsamkeit gegangen sind. Sie sind von den überflüssigen Dingen dieser Welt völlig abgestoßen und bemühen sich, ihre Lust an ihnen zu zügeln.

Die überflüssigen Dinge sind von zweierlei Art:

Erstens: Überflüssige Dinge, die außerhalb des Menschen liegen und von ihm getrennt sind, also materielle Dinge wie Essen, Trinken, Kleidung und Wohnung.

Zweitens: Überflüssige Dinge, die dem Menschen anhaften und deren Ursachen nicht außerhalb von ihm liegen, wie z.B.: [überflüssiges] Reden, Lachen, Entspannung, Muße, das Anschauen oder Zuhören nutzloser Dinge und nutzloses Grübeln.

Diese zweite Klasse hat allen "überflüssigen" Dingen abgeschworen, hielt es aber nicht für angebracht, sich aus der Gesellschaft zurückzuziehen. Sie blieben, um ihren Körper mit dem Notwendigsten zu versorgen, wie es ihre Pflicht ist. Sie tauschten die Wüsten und Berge mit der Einsamkeit in ihren Häusern und der Einsamkeit in ihrer Behausung. Sie erreichten beides und erreichten beide Teile. Sie sind dem mittleren Weg der Tora näher als die vorherige Klasse.

[3] Die dritte Klasse besteht aus denjenigen, die auf der untersten Stufe der Enthaltsamkeit wandeln. Sie haben sich in ihrem Herzen und in ihrem Verstand von der Welt getrennt. Aber sie vereinen sich äußerlich mit anderen Menschen bei der Berichtigung der Welt, wie beim Pflügen und Säen. Sie schuften auch aktiv mit ihrem Körper im Dienste G-ttes. Sie

Die Pflichten des Herzens   Kapitel Neun   Rabbeinu Bachya

erkennen, dass der Mensch in dieser Welt geprüft wird und dass er wie ein Gefangener und ein Fremder in ihr ist, der aus der Welt der Geister genommen und hierher gebracht wurde.

Sie sind von den [Vergnügungen dieser] Welt und ihrem Reichtum abgestoßen und sehnen sich nach der nächsten Welt.

Sie warten auf den Tod, und doch bewahren sie sich vor dem Tod [Gefahr]. Sie bereiten Vorräte [Thora und gute Taten] für die Zeit ihrer Reise vor, und sie überlegen, womit sie vor ihrer Abreise an ihrem endgültigen Aufenthaltsort ankommen werden. Sie nehmen aus dieser Welt das Minimum an Nahrungsmitteln zu sich, doch sie vernachlässigen es nicht, nach ihren Möglichkeiten Vorräte mitzunehmen, die für ihr endgültiges Ende gut sein wird.

Diese Klasse ist dem richtigen Gleichgewicht und dem rechten Weg, der mit der Tora übereinstimmt, am nächsten als die anderen genannten Klassen.

ENTHALTUNG IN SEKULÄREN ANGELEGENHEITEN:
Diejenigen, die Enthaltsamkeit üben, um weltliche Vorteile zu erlangen; Ihre Enthaltsamkeit bezieht sich auf ihre Glieder, aber nicht auf ihren Geist und ihr Herz. Diese fallen in drei Klassen:

[1] Diejenigen, die sich einiger ihrer Lüste oder Vergnügungen enthalten, um den Ruf der Enthaltsamkeit zu erlangen, um für ihren Glauben und ihre Frömmigkeit gelobt zu werden, so dass sie auf diese Weise ihre vollen Lüste erhalten.

Sie sind heuchlerisch im Glauben und in der Enthaltsamkeit. Sie tun dies, damit die Menschen ihnen vertrauen, ihr Geld bei ihnen anlegen und ihnen ihre Geheimnisse offenbaren, damit sie ihnen schaden können. Sie sind die schlimmste Klasse von allen Menschen. Sie sind am weitesten von der Wahrheit entfernt und noch schändlicher als alle anderen. Von solchen Menschen sagt die Schrift: "Ihre Zunge ist ein tödlicher Pfeil; sie redet Betrug; mit dem Mund redet man Frieden zu seinem Nächsten, aber innerlich legt man ihm einen Hinterhalt" [Yirmiya 9:7].

[2] Die zweite Klasse: Diejenigen, die einen kleinen Betrag an Reichtum erlangt haben. Wenn sie sehen, wie schnell das Geld verloren geht und sich die Umstände ändern, und in Verbindung mit ihrem geringen Vertrauen in G-tt, schmerzen sie sich selbst, indem sie wenig essen und sich ihrer Lüste enthalten [um ihr Geld zu sparen]. Sie behaupten dann, dass die Enthaltsamkeit sie dazu gebracht hat, so zu leben.

Aber wenn man genau hinschaut, ist das, was sie wirklich dazu gebracht hat, ihre große Liebe zu dieser Welt, ihr Eifer, ihren Reichtum zu vermehren, ihre Sorge vor Armut und ihre geringe Zufriedenheit mit

Die Pflichten des Herzens Kapitel Neun Rabbeinu Bachya

dem, was sie von dieser Welt erhalten haben. Von solchen Menschen sagte der weise Mann: "Ein Mensch, dem G-tt Reichtum und Gut und Ehre gegeben hat, und seiner Seele fehlt nichts von allem, was er begehrt; [und doch gibt G-tt ihm nicht die Macht, davon zu essen, sondern ein Fremder isst es: das ist Eitelkeit, und es ist eine böse Bedrängnis]" [Koheles 6,2].

[3] Die dritte Klasse: Diejenigen, die nicht in der Lage sind, genug Geld zu verdienen, und nur so viel Geld erworben haben, dass sie in den ärmsten Verhältnissen leben. Sie hielten es für richtig, ihre Selbstachtung zu bewahren und sich mit dem zu ernähren, was sie bekommen konnten, anstatt sich hinzustellen und zu bitten und sich zu schämen, bei anderen Menschen zu betteln. Sie zügeln ihre Begierden, indem sie ständig Hunger ertragen und sich mit einfacher Kleidung bedecken. Sie tun dies, um keine Almosen zu erhalten und um sich nicht zu schämen, andere um Hilfe zu bitten und damit in Ungnade zu fallen. Aber sie behaupten, dass sie all dies aus Askese tun.

Wenn du das wahre Motiv von jemandem prüfen willst, der behauptet, Enthaltsamkeit zu praktizieren, ob er dies aus religiösen oder weltlichen Gründen tut, prüfe ihn mit den Bedingungen für vollkommene Enthaltsamkeit, die ich erwähnen werde, und du wirst mit G-ttes Hilfe erkennen, ob er ein echter Asket ist oder nur so tut, als ob er es wäre.

Kapitel Vier

Die Zeichen der besonderen Enthaltsamkeit die Zeichen der besonderen Enthaltsamkeit sind, wie einer der Frommen erklärte:
Der [echte] Asket:
- Seine Freude ist auf seinem Gesicht, und sein Kummer ist in seinem Herzen.
- Sein Herz ist außerordentlich weit.
- Seine Seele ist außerordentlich bescheiden.
- Er hegt keinen Groll.
- Er begehrt nicht.
- Er spricht nicht negativ über jemanden.
- Er diskutiert nicht über jemanden.
- Er verabscheut es, geehrt zu werden.
- Er hasst es, über andere zu herrschen.
- Er ist ruhig und gefasst.
- Er erinnert sich gut.
- Er gibt die Wahrheit zu.
- Er hat viel Schamgefühl.

Die Pflichten des Herzens Kapitel Neun Rabbeinu Bachya

- Vermeidet es, Schaden anzurichten.
- Wenn er lacht, ist es wenig.
- Wenn er zornig wird, wird er nicht zornig sein.
- Sein Lachen ist ein bloßes Scheiteln der Lippen.
- sein Bitten liegt im Lernen.
- Seine Weisheit ist umfassend und seine Bescheidenheit ist groß.
- Seine Entschlossenheit ist stark.
- Er ist weder voreilig noch töricht in seinen Handlungen.
- Seine Argumente sind höflich, seine Antworten sind höflich.
- Er handelt rechtschaffen, wenn er zornig ist.
- Er ist mitfühlend, wenn man ihn bittet.
- Seine Freundschaft ist aufrichtig.
- Seine Entschlossenheit ist stark.
- Sein Bund ist treu.
- Er begehrt auf das Urteil des Schöpfers.
- Er beherrscht seine bösen Neigungen.
- Er spricht nicht schlecht über den, der ihm geschadet hat.
- Er beschäftigt sich nicht mit dem, was nicht nützlich ist.
- Er freut sich nicht über den Untergang seines Feindes.
- Er erinnert niemanden an ein Unrecht, das ihm diese Person angetan hat.
- Er bekümmert andere nur wenig, hilft ihnen aber viel.
- Seine Dankbarkeit ist groß, wenn es ihm schlecht geht.
- Er ist geduldig in einer Zeit des finanziellen Verlustes.
- Wenn er um etwas gebeten wird, gibt er. Wenn er beraubt wird, vergibt er.
- Wenn andere ihm etwas verweigern, wird er es trotzdem freiwillig geben.
- Wenn sie ihn auf Distanz halten, wird er sie dennoch in seine Nähe bringen [freundlich zu ihnen sein].
- Er ist weicher als Butter, süßer als Honig.
- Er ermahnt andere, an der Wahrheit festzuhalten.
- Er spricht rechtschaffen.
- Er gibt seine Begierden auf und freut sich auf seinen letzten Tag.
- Was er sagt, das tut er auch.
- Er ist weise.
- Er ist energisch.
- Seine Seele ist edel.
- Sein Bund ist wohlgefällig.
- Er ist mächtig im Lande.
- Er ist frei von allem, was tadelnswert ist.

Die Pflichten des Herzens Kapitel Neun Rabbeinu Bachya

- Er ist ein Helfer der Armen und ein Retter der Unterdrückten.
- Er deckt nicht auf, was verborgen ist, und verrät kein Geheimnis.
- Seine Sorgen sind zahlreich, aber seine Klagen sind gering.
- Wenn er Gutes sieht, erwähnt er es, wenn er Schlechtes sieht, deckt er es zu.
- Er ist gefällig in seinem Benehmen und rein in seinem Herzen.
- Seine Gesellschaft ist eine Freude, seine Abwesenheit ein Grund zum Kummer.
- Weisheit läutert ihn.
- Demut hat ihn verschönert
- Er ist ein Mentor für die Weisen.
- Er ist ein Lehrer für die Unwissenden.
- Jede Tat der anderen hält er für reiner als die eigene.
- Jeden Menschen hält er für reiner als sich selbst.
- Er ist sich seiner eigenen Unzulänglichkeiten bewusst.
- Er erinnert sich an seine Ungerechtigkeit.
- Er liebt G-tt und strebt danach, seinen Willen zu tun.
- Er rächt sich nicht für jedes Unrecht, das ihm angetan wird.
- Er behält seinen Zorn nicht lange.
- Seine Gesellschaft ist mit denen, die ihn [an seine Pflicht gegenüber G-tt] erinnern.
- Er sitzt bei den Demütigen.
- Er liebt die Menschen der Gerechtigkeit und ist den Menschen der Wahrheit treu.
- Er hilft den Armen, ist ein Vater für die Waisen und ein Beschützer für die Witwe und zeigt Respekt vor den Bedürftigen.

Zu diesen Merkmalen [eines wahren Asketen] kommt noch hinzu, dass er alle Pflichten des Herzens erfüllt, die wir bereits in diesem Buch erwähnt haben und die ich nicht zu wiederholen brauche, damit diese Abhandlung nicht zu lang wird. Nimm es selbst zur Kenntnis.

Kapitel Fünf

Welche Art von Enthaltsamkeit ist mit der Tora vereinbar; Auf die Frage, welche Art von Enthaltsamkeit mit unserer Tora vereinbar ist, möchte ich wie folgt antworten: Die von der Tora empfohlene Enthaltsamkeit bezieht sich auf drei Bereiche:

[1] Bei geschäftlichen Beziehungen zu anderen Menschen und bei sozialen Interaktionen mit ihnen.

[2] In Angelegenheiten, die nur uns selbst betreffen und andere Menschen nicht berühren, in Bezug auf die Funktion unserer

Die Pflichten des Herzens Kapitel Neun Rabbeinu Bachya

körperlichen Sinne und die Bewegungen unserer Gliedmaßen.

[3] In Angelegenheiten, die nur uns selbst betreffen und andere nicht berühren, in Bezug auf unser inneres Wesen - unsere Charakterzüge, unsere Gedanken, ob gut oder schlecht, die in unseren Herzen verborgen sind. All dies werde ich kurz und bündig erklären, so gut ich kann, mit G-ttes Hilfe.

GESELLSCHAFTLICHE ABSTINENZ Die richtige Enthaltsamkeit im Umgang mit anderen Menschen ist die folgende:

- Sie mit einem fröhlichen Gesicht zu empfangen und Freude zu zeigen, wenn man ihnen begegnet; gleichzeitig Demut, sanftes Reden und Bescheidenheit des Geistes gegenüber allen zu pflegen.
- Ihnen gegenüber Barmherzigkeit, Gnade und Mitgefühl zu zeigen. Ihnen ihre Sorgen abnehmen, gut von ihnen reden, ihnen Freundlichkeit erweisen, ohne irgendeinen Nutzen von ihnen zu erwarten, und jeden Gedanken daran aufgeben, etwas von dem zu erhalten, was ihnen gehört.
- Ihnen mit dem zu helfen, was ihr religiöses oder weltliches Wohlergehen fördern kann, und sie den Weg zu lehren, den G-tt gutheißt.
- Ihre schwierigen Worte geduldig zu ertragen, und seine Worte vor G-tt und nicht vor ihnen auszuschütten.
- Sich von Versammlungen fernzuhalten, die sich zum Essen, Trinken und Vergnügen versammeln, und alles in Verbindung mit ihnen zu vermeiden, was zur Rebellion gegen G-tt führen würde, oder die Grenzen der Bescheidenheit, der traditionellen Moral oder dergleichen zu überschreiten.

ENTHALTUNG DER SINNE UND GLIEDER

Die zweite Art der Enthaltsamkeit, nämlich die, die sich nur auf uns selbst bezieht und nur unsere körperlichen Sinne und Glieder betrifft, ist für uns angemessen. Diese wird in zwei Kategorien unterteilt.

Die erste bezieht sich auf das, was für uns verboten ist. Das sind die Verbote [negative Gebote in der Tora].

Die zweite bezieht sich auf das, was uns erlaubt ist. Das sind all die Dinge, die uns von allen erlaubten Genüssen erlaubt sind.

Beide Kategorien lassen sich in drei Bereiche unterteilen.

[Was die negativen Gebote betrifft:] Alles, was uns verboten ist, fällt notwendigerweise in eine der drei Klassen.

[1] Das, was in der Natur des Menschen liegt, diese Dinge zu begehren, wie z.B. verbotene Beziehungen, Diebstahl, Zinsnehmen, Essen oder Trinken von verbotenen Speisen.

[2] Das, was in der Natur des Menschen neutral ist, nämlich, dass er es weder begehrt noch verabscheut, wie das Tragen von Schatnez

Die Pflichten des Herzens   Kapitel Neun   Rabbeinu Bachya

[Mischungen aus Leinen und Wolle], das Säen von Kilaim [verschiedene Samen zusammen], das gemeinsame Essen von Fleisch und Milch, das Essen von verbotenem Fett und vieles mehr.

[3] Das, was in der Natur des Menschen liegt;
Es liegt in der Natur des Menschen, diese Dinge zu verabscheuen und sich vor ihnen zu ekeln, wie z.B. das Essen von einem Tierkadaver [treifa], das Essen von Blut oder von verschiedenen Arten von Lebewesen, die ein Mensch nicht essen möchte, selbst wenn sie erlaubt wären, wie z.B. die acht Arten von Nagetieren und Reptilien [Vayikra 11:29-30], oder andere derartige Dinge.

Es ist richtig für dich, mein Bruder, dich in der Enthaltsamkeit zu üben, dich von allem zu enthalten, was G-tt dir verboten hat, bis du einen Grad erreichst, dass du dich vor dem, was deine Natur begehrt, genauso ekelst wie vor dem, was deine Natur verabscheut, so dass verbotene Beziehungen oder das Erlangen von Dingen auf eine verbotene Art und Weise, die darauf abzielen, sich selbst zu ehren, indem sie einen anderen herabsetzen oder ihn verachten, was von Natur aus Dinge sind, die Menschen schnell begehren - für dich genauso abstoßend sein sollten wie das Essen von Mäusen, Blut oder Reptilien, die deine Natur verabscheut und die deine Seele hasst.

Wenn du diese Stufe der Enthaltsamkeit von verbotenen Dingen erreichst, ohne dass du deine Natur zwingen musst und ohne dass du dich dagegen wehrst, gehörst du zu der Klasse derer, die vor Sünde und Straucheln bewahrt werden, von denen der Vers sagt: "Den Gerechten wird kein Unheil widerfahren" [Mischlei 12:21].

In ähnlicher Weise fallen die erlaubten Dinge in eine der drei Kategorien.

[1] Die Einnahme von Nahrung, wobei man dies nicht in der Absicht tut, sich ein Vergnügen zu verschaffen, sondern weil man ohne sie nicht leben kann und man kein anderes Mittel [für seinen Hunger] als dieses hat.

[2] Erlaubte Nahrung in der Art des "Übersehens" [über das Notwendige hinaus] zu sich zu nehmen, zum bloßen Genuss, aber nicht im Übermaß oder im zügellosen Überschwang, um das notwendige Minimum zu ergänzen. Zum Beispiel gutes Brot mit anständig zubereiteten Speisen zu essen und guten Wein in Maßen zu trinken, und das Gleiche gilt für die Kleidung, die Wohnung und andere Bedürfnisse.

[3] Sich den erlaubten Vergnügungen zu sehr hinzugeben. Das distanziert den Menschen und verleitet ihn dazu, auch den verbotenen Vergnügungen zu frönen, abgesehen davon, dass es ihn von der Erfüllung seiner Pflichten gegenüber G-tt ablenkt, wie geschrieben steht: "Damit er nicht trinkt und vergisst, was verordnet ist" [Mischlei 31:5]

Die Pflichten des Herzens Kapitel Neun Rabbeinu Bachya

Daher ist es richtig, dass du, mein Bruder, dich mit all deinen Fähigkeiten bemühst, Enthaltsamkeit von den erlaubten Vergnügungen zu üben, bis sie in deinen Augen den verbotenen Vergnügungen gleichgestellt sind, aus Angst, dass du deine Tora aufgibst und deine Pflichten vernachlässigst. Sie wissen bereits, was die Tora einem jüdischen König gebot, als sie sagte: "Er soll sich nicht viele Frauen nehmen, [damit sich sein Herz nicht abwendet]" [Devarim 17:17], und es heißt: "Er soll nicht viele Pferde haben" [ebd. 17:16]. Außerdem heißt es: "Hat nicht Salomo, der König von Israel, durch diese Dinge gesündigt?" [Nehemia 13:26], selbst bei ihm verursachten die Frauen eine Sünde, trotz seines überragenden Intellekts, seines enormen Verständnisses und seiner Größe. Daher, [wie viel mehr für dich] nach deinem Verstand, nimm dich in Acht und hüte deine Seele und enthalte dich [von allen unnötigen Vergnügungen, auch den erlaubten - eg.], die dich von der Erfüllung der Gebote G-ttes abhalten werden.

Tut dies [zumindest] in eurem Herzen und in eurem Verstand, wenn ihr nicht in der Lage seid, euren Körper für die Angelegenheiten der nächsten Welt freizugeben, weil ihr so sehr damit beschäftigt seid, für euren Lebensunterhalt und eure Versorgung zu sorgen, wie unsere Rabbiner über viele [große Männer] berichtet haben, die sich in diesseitigen Angelegenheiten abmühten, während sie [im Herzen und im Geist] davon getrennt waren, wie Aba Chilkiya, der in der Hacke arbeitete [Taanis 23a], Schammai, der auf dem Bau arbeitete, und Hillel, der seinen Lebensunterhalt damit verdiente, Bäume zu fällen und das Holz zu verkaufen [Yoma 35b].

Lasse dich durch deine Enthaltsamkeit nicht davon abhalten, in einem weltlichen Beruf zu arbeiten, denn deine Absicht ist es, G-tt zu dienen, wie wir bereits erwähnt haben.

Aber wenn du in der Lage sein wirst, die weltliche Beschäftigung aufzugeben - verlasse sie und verbringe deine ganze Zeit im Dienst G-ttes. Aber in den Zeiten, in denen ihr nicht in der Lage seid, G-tt zu dienen, weil ihr euren Lebensunterhalt verdienen müsst, solltet ihr euch nicht mit dem zufrieden geben, was wir gesagt haben. Denn Er, der deine Gedanken beobachtet, wird dir helfen, deinen Wunsch in Bezug auf Seinen Dienst zu erfüllen, wie unsere Weisen sagten: "Wer die Tora aus der Armut heraus erfüllt, wird sie schließlich aus dem Reichtum heraus erfüllen, und wer die Tora aus dem Reichtum heraus vernachlässigt, wird sie schließlich aus der Armut heraus vernachlässigen" [Avot 4:9].

Es ist angebracht, dass Du Dich darin übst, Deine Sinne und Bewegungen zu zügeln, wie ich es Dir erklären werde:

HÜTEN DER ZUNGE; Beginne zunächst damit, deine Zunge zu zügeln

Die Pflichten des Herzens Kapitel Neun Rabbeinu Bachya

und deine Lippen zusammenzukneifen. Verzichte auf leere Worte, bis es dir leichter fällt, dein schwerstes Glied zu bewegen als deine Zunge. Denn die Zunge sündigt schneller als alle anderen Glieder, und ihre Sünden sind zahlreicher als die Sünden aller anderen. Weil sie sich leicht und schnell bewegt, vollendet sie ihre Tat leicht und hat die Macht, ohne Vermittlung Gutes oder Böses zu tun.

Deshalb, mein Bruder, obliegt es dir, dich darin zu üben, deine Zunge zu zügeln und zu beherrschen. Lass sie nicht los, um Worte zu sprechen, außer dem, was für deine Thora und deine weltlichen Bedürfnisse unerlässlich ist. Schränke die zusätzlichen Worte deiner Zunge so weit wie möglich ein, vielleicht wirst du vor ihrem Schaden bewahrt, wie der weise Mann sagte: "Leben und Tod liegen in der Macht der Zunge" [Mischlei 18:21].

Sie [die Weisen] begannen, die Zunge vor den anderen Sinnen und Gliedern zu ermahnen, weil sie schwieriger zu kontrollieren ist als alle anderen, wie David sagte: "Wer ist der Mensch, der das Leben begehrt ... hüte deine Zunge vor dem Bösen und deine Lippen davor, Trug zu reden [lass ab vom Bösen und tue Gutes; suche Frieden und jage ihm nach]" [Tehilim 34:13]. In unseren heiligen Büchern sind die Ermahnungen, die Rede zu minimieren, so zahlreich und bekannt, dass sie niemandem fremd sind.

Wenn du ein klares Verständnis von dem erlangen willst, was ich über die vielen Sünden der Zunge gesagt habe, nimm dir vor, dich daran zu erinnern, was im Laufe eines Tages in deinem Umgang mit anderen Menschen und im Verkehr mit ihnen über deine Zunge kommt. Wenn Sie alles aufschreiben können, tun Sie es. Danach, in der Nacht, wenn du frei von deinen Angelegenheiten bist, gehe es durch und denke darüber nach. Sieh, was davon notwendig und was davon überflüssig und ohne Nutzen war; und was davon schädlich für dich war, wie z.B. Falschheit, Märchenerzählen, Fluchen, Lashon hara [negative Rede über andere]. Dann wirst du deine Fehler erkennen, und du wirst deine Ungerechtigkeit sehen.

Erinnere dich immer an sie, so wie du dich an die Fehler und Missetaten deiner Feinde erinnerst. Sei dabei nicht nur für kurze Zeit fleißig, damit deine Zunge berichtigt wird und deine Worte wenige sind.

Und anstelle des vielen Redens setze langes Nachdenken, ständiges Reflektieren und geistige Rechenschaft [siehe voriges Tor], denn das Reflektieren ist wie eine Kerze, die in dein Herz eindringt, und die geistige Rechenschaft ist wie die Sonne, die die Dunkelheit deines Inneren erhellt, um dir zu offenbaren, was in deinem Inneren verborgen ist, sei es das Gute oder das Böse. Die Zunge ist das Tor zu diesem

Die Pflichten des Herzens Kapitel Neun Rabbeinu Bachya

inneren Wesen. Wenn die Zunge ungezügelt ist und nicht sorgfältig darüber wacht, was im Inneren ist, dann wird das Tor zur Schatzkammer offen sein, und es werden Dinge herauskommen, von denen du nicht willst, dass sie herauskommen, und es werden Dinge sichtbar werden, von denen du nicht willst, dass sie sichtbar sind. Wenn du aber das Tor bewachst, bewachst du die Schatzkammer und das, was darin ist, wie der weise Mann sagte: "Auch ein Narr, der schweigt, wird als weise angesehen" [Mischlei 17,28]. Er sagte auch: "Sei nicht schnell mit deinem Mund, sei nicht voreilig in deinem Herzen, etwas vor G-tt auszusprechen" [Koheles 5,1], und: "Erlaube deinem Mund nicht, dein Fleisch zur Sünde zu verleiten" [Koheles 5,5].

DAS HÜTEN DER AUGEN
Danach versuche, deine Augen zu schließen und deinen Sehsinn davon abzuhalten, das zu sehen, was du nicht brauchst, oder das, was deinen Geist davon ablenkt, an das zu denken, was dir nützt. Trenne dich so weit wie möglich von überflüssigen Anblicken, genauso wie du dich davon trennst, Dinge anzuschauen, deren Anblick verboten ist. Der Schöpfer hat dies bereits angemahnt, indem er sagte: "Ihr sollt nicht nach eurem Herzen und nach euren Augen wandern" [Bamidbar 15:39], und unsere Weisen sagten: "Das Herz und die Augen sind die beiden Agenten der Sünde [das Auge sieht, dann begehrt das Herz...]" [Talmud Yerushalmi Berachos 81]. Benutze vielmehr deine Augen, um die Werke des Schöpfers zu betrachten, sie zu untersuchen, sie zu betrachten und die Allmacht des Schöpfers und seine Weisheit und Güte aus ihnen zu verstehen, wie David sagte: "Wenn ich deine Himmel betrachte, das Werk deiner Finger, den Mond und die Sterne, die du gemacht hast" [Tehilim 8,4], und "Die Himmel verkünden die Herrlichkeit G-ttes, und das Firmament verkündet sein Werk" [Tehilim 19,2].

DIE OHREN SCHÜTZEN
Versuche danach, deine Ohren davor zu verschließen, das zu hören, was du nicht brauchst. Trenne dich so weit wie möglich vom Hören von allem Überflüssigen. Lasst euch nicht anhören, was nicht nützlich ist, wie überflüssige Worte, Lügen, Märchen und Verleumdungen. Trennt euch vom Hören dessen, was euch dazu bringt, gegen G-tt zu rebellieren oder seine Gebote zu vernachlässigen, wie die verschiedenen Arten von Liedern und Melodien, Komödien und Lustbarkeiten, die euch davon ablenken, die Gebote zu erfüllen und gute Taten zu vollbringen. Hört vielmehr auf die Worte der Weisen, die G-tt und Seine Tora kennen, wie der weise Mann sagte: "Neige dein Ohr und höre die Worte der Weisen"

Die Pflichten des Herzens   Kapitel Neun   Rabbeinu Bachya

[Mischlei 22:17], und "Das Ohr, das auf die Zurechtweisung des Lebens hört, bleibt unter den Weisen" [Mischlei 15:31].

DAS HÜTEN DIE ZUNGE

[vor überflüssiger Nahrung] Danach bemühe dich, den Geschmackssinn zu zügeln, damit du von Speisen und Getränken nur so viel zu dir nimmst, wie du für deinen Lebensunterhalt brauchst, und dich von dem, was darüber hinausgeht, fernhältst.

Die Strategie, die du in dieser Angelegenheit anwenden solltest, ist, die verschiedenen Arten von Beilagen [zum Brot] zu reduzieren und sie auf nur einen Gang zu beschränken, wenn du kannst. Und auch diese Beilage so weit wie möglich zu minimieren und sich bewusst zu machen, dass diese [Speise] dazu dient, den Transport des Brotes in den Magen zu erleichtern - nicht zum Genuss. Gewöhne dir an, dein Brot manchmal ohne Beilage zu essen, um deine Natur darin zu leiten, so dass es dir leicht fällt, dies zu tun, wenn die Beilage nicht verfügbar ist [und du nur Brot hast]. Wenn du auf Beilagen verzichten kannst, deren Zubereitung Mühe und Arbeit erfordert [Kochen usw.], und du dich stattdessen auf das verlässt, was keine Arbeit bei der Zubereitung erfordert, wie Oliven, Käse, Datteln, Weintrauben oder Ähnliches - dann tu das.

Gewöhne dir an, dein Brot manchmal ohne Beilage zu essen, um deine Natur darin zu leiten, so dass es dir leicht fallen wird, dies zu tun, wenn die Beilage nicht verfügbar ist [und du nur Brot hast]. Wenn du auf Beilagen verzichten kannst, deren Zubereitung Mühe und Arbeit erfordert [Kochen usw.], und du dich stattdessen auf das verlässt, was keine Arbeit bei der Zubereitung erfordert, wie Oliven, Käse, Datteln, Weintrauben oder Ähnliches - dann tu das.

Üb dich danach im Fasten, wenn dein Körper stark genug ist, auch wenn es nur ein Tag pro Woche ist. Tun Sie alles, was Sie tun können, um sich eine Gleichgültigkeit gegenüber Essen und Trinken anzueignen. Betrachten Sie das, was Sie essen, als Medizin [um Ihren Hunger zu stillen] und nicht als Nahrung. Du sollst nur Wasser trinken, es sei denn, du willst mit dem Wein deinem Körper Gutes tun oder dein Herz von Kummer befreien, wie geschrieben steht: "Gebt dem, der dem Untergang geweiht ist, starken Trank, und der verbitterten Seele Wein" [Mischlei 31,6]. Üben Sie danach das Fasten, wenn Ihr Körper stark genug ist, auch wenn es nur ein Tag pro Woche ist. Tun Sie alles, was Sie tun können, um sich eine Gleichgültigkeit gegenüber Essen und Trinken anzueignen. Betrachte das, was du isst, als Medizin [um deinen Hunger zu stillen] und nicht als Nahrung. Du sollst nur Wasser trinken, es sei denn, du willst mit dem Wein deinem Körper Gutes tun oder dein Herz von Kummer

Die Pflichten des Herzens Kapitel Neun Rabbeinu Bachya

befreien, wie geschrieben steht: "Gebt dem, der dem Untergang geweiht ist, starken Trank, und der verbitterten Seele Wein" [Mischlei 31,6].

DAS HÜTEN DER HÄNDE

Danach bemühe dich, deine Hände davon abzuhalten, weltliche Besitztümer zu berühren, die nicht dir gehören. Halte dich von den verschiedenen Arten von Diebstahl, Betrug und Raub fern und davon, einem Menschen etwas Böses anzutun. Haltet die Bewegungen eurer Hände zurück und denkt an die Folgen. Hüte deine Moral und deine Bescheidenheit, indem du dich davor hütest, mit ihnen Böses zu tun, wie geschrieben steht: "hält seine Hand davon ab, etwas Böses zu tun" [Jeschaja 56:2]. Es heißt auch: "der seine Hände davor schüttelt, Bestechungsgelder zu halten" [Jeschaja 33:15]. Benutze vielmehr deine Hände, um die Gebote G-ttes zu erfüllen, öffne sie, um den Armen und Bedürftigen zu geben, wie geschrieben steht: "Du sollst deine Hand ausstrecken zu deinem Bruder, zu den Armen und zu den Bedürftigen in deinem Land" [Devarim 15:11], und es heißt: "Sie streckt ihre Hand aus zu den Armen, sie streckt ihre Hände aus zu den Bedürftigen" [Mischlei 31:20].

Und ebenso müsst ihr sie für das verwenden, was euren Lebensunterhalt sichert, damit ihr nicht borgen und stehlen müsst und nicht auf die Güte der Menschen angewiesen seid, um euch zu unterstützen und zu begünstigen, und damit ihr eure Verdienste an sie verschenkt und eure Frömmigkeit dem schenkt, der euch gegenüber fromm war. Ebenso, damit du den Menschen nicht zur Last fällst, wie einer der Weisen sagte: "G-tt wird sich Seiner Diener erbarmen, die sich von dieser Welt trennen, aber nur dann, wenn seine Trennung nicht zur Last für seine Freunde geworden ist, weil er ein Gewerbe betrieben hat und sie dadurch davon befreit hat, sich um ihn zu bemühen", wie geschrieben steht: "Denn du sollst die Arbeit deiner Hände essen; glücklich sollst du sein, und es soll dir wohl ergehen" [Tehilim 128,2]. Es wurde bereits gesagt: "Der Anfang der Enthaltsamkeit ist die Sicherung des Lebensunterhalts". Und es wurde weiter ausgeführt: "Der Anfang der Enthaltsamkeit ist, richtig über die Beschaffung des Lebensunterhalts nachzudenken", d.h. zu arbeiten, um den Lebensunterhalt zu sichern.

Danach gewöhne deine Füße auf diese Weise und gehe nicht mit den Bösen, die nach Überflüssigem suchen, wie geschrieben steht: "Selig ist der Mann, der nicht wandelt im Rat der Gottlosen und nicht steht auf dem Weg der Sünder und nicht sitzt auf dem Stuhl der Verächter" [Tehilim 1,1]. Eilt vielmehr zu allen guten Taten und zu den Versammlungen der Weisen, wie geschrieben steht: "Wer mit den Weisen geht, wird weise

Die Pflichten des Herzens Kapitel Neun Rabbeinu Bachya

werden [aber wer sich mit den Toren anfreundet, wird zerbrechen]" [Mischlei 13,20], und es heißt: "damit du den Weg des Guten gehst..." [Mischlei 2,20].

Die Heilige Schrift hat bereits alles, was wir über die Zügelung der Sinne eingeführt haben, in den Worten zusammengefasst: "Wer von uns wird bei dem verzehrenden Feuer wohnen?... Derjenige, der rechtschaffen wandelt und aufrichtig redet, [der den Gewinn der Unterdrückung verachtet, der seine Hände davon abhält, Bestechungsgelder zu halten, der seine Ohren davon abhält, von Blut zu hören, und seine Augen davon abhält, Böses zu sehen]" [Jeschaja 33:14]. Und danach sammelte der Weise sie und fügte ihnen das Herz hinzu, indem er sagte: "Es gibt sechs Dinge, die der Ewiger hasst, und das siebte ist ein Gräuel für seine Seele: Hochmütige Augen, eine lügnerische Zunge und Hände, die unschuldiges Blut vergießen; ein Herz, das böse Gedanken denkt; Füße, die zum Bösen eilen; ein falscher Zeuge, der Streit unter Brüdern anzettelt" [Mischlei 6,16], und ebenso finden sie sich im Psalm 15: "O G-tt, wer wird in deinem Zelt wohnen?"...

ALLES ODER NICHTS

Es ist richtig, dass du weißt, mein Bruder, dass es dir nicht möglich sein wird, irgendeines dieser Dinge zu erfüllen, es sei denn, du tust sie alle und lässt nicht einmal eines davon aus. Denn sie sind wie eine Perlenkette. Wenn du eine von ihnen loslässt, werden alle anderen verstreut und ihre Einheit wird zerstört.

Bemühe dich also, alle diese Regeln sorgfältig zu befolgen, und dann wird jede von ihnen den anderen helfen, wie unsere Weisen sagten: "Eine Mitzwa zieht eine andere Mitzwa nach sich, und eine Sünde zieht eine andere Sünde nach sich" [Avot 4:2], und der weise Mann sagte über die enge Verbindung aller guten Taten: "Glücklich ist der Mann, der auf mich hört, der täglich an meinen Toren wacht, der an den Pfosten meiner Türen wacht" [Mischlei 8,34]. Am Anfang sagte er: "hört", und nach "wachen", und nach "bewachen".

INNERE ENTHALTUNG

Die Enthaltsamkeit, die sich auf die dritte Art bezieht, nämlich auf das, was ausschließlich uns selbst betrifft - unsere Gedanken, unser Innenleben und unsere Neigungen, gute und böse.

Der Beginn dieser Art von Enthaltsamkeit besteht darin, sich mit Herz und Verstand von materiellen Besitztümern zu trennen, mit Ausnahme von Nahrung und Lebensbedarf. Du sollst sie [Herz und Geist] nicht einsetzen, um körperliche Vergnügungen zu erlangen, oder um durch sie

Die Pflichten des Herzens Kapitel Neun Rabbeinu Bachya

Reichtum oder eine Machtposition zu erlangen, oder um stolz auf den Besitz dieser vergänglichen Welt zu sein.

Eure Enthaltsamkeit soll für G-tt sein, möge Er gepriesen sein, nicht um einen Namen zu erwerben, nicht um stolz zu sein, weil ihr euch der Vergnügungen enthaltet, und nicht, um durch eure Enthaltsamkeit Geld zu sparen. Überschreitet nicht die Grenzen der Tora, wie z.B. das Fasten am Sabbat, an den Feiertagen oder am Rosch Chodesch [neuer Monat], oder unterlasst das, wozu euch der Schöpfer mit dem Gebot des Kinderkriegens verpflichtet hat. Vielmehr sollten Ihre Angelegenheiten der Enthaltsamkeit innerlich und äußerlich im Einklang mit der Tora und der Religion stehen.

Danach verringere deine Sehnsüchte nach dieser Welt, als ob du am Abend dieses Tages von ihr weggehen würdest. Mache danach eine spirituelle Abrechnung mit dir selbst, wie wir es bereits im Tor der spirituellen Abrechnung erwähnt haben. Du solltest jeden Gedanken an das, was anderen Menschen gehört, aufgeben, während du auf G-tt vertraust und dich mit seinen Anordnungen und Urteilen zufrieden gibst. Erkenne, dass du verpflichtet bist, alle Pflichten des Herzens zu erfüllen, die zuvor geklärt wurden - und dass sie die Säule der Enthaltsamkeit von der Welt sind. Erforsche sie genau und verbinde sie mit deinem Herzen. Du wirst durch sie zu allem Guten gelangen.

Kapitel Sechs

was die Schriften über die Enthaltsamkeit sagen die Erklärung dessen, was in den heiligen Büchern geschrieben steht und die Worte unserer Weisen über die Enthaltsamkeit von der Welt.

Darunter, was Yaakov sagte: "Wenn G-tt mit mir ist und mich auf dem Weg, den ich gehe, bewahrt und mir Brot zu essen und ein Gewand zum Anziehen gibt" [Bereischis 28:20].

Dazu gehört das dreimalige Fasten von Mosche 40 Tage und Nächte lang. Ebenso Elijahu 40 Tage lang, wie geschrieben steht: "Und er stand auf und aß und trank und ging nur mit dieser Mahlzeit vierzig Tage und vierzig Nächte lang auf den Berg G-ttes" [Melachim 19,8].

Darunter das, was über den Nasir gesagt wurde, den G-tt "heilig" nennt, wie geschrieben steht: "Alle Tage seiner Enthaltsamkeit ist er G-tt heilig" [Bamidbar 6,8]. Weil er sich von den Früchten des Weinstocks enthielt und sein Haar wachsen ließ [lang]. Umso mehr hat derjenige, der sich aller körperlichen Genüsse enthält, eine größere Belohnung und Entlohnung.

Dazu gehört, was zu Aharon gesagt wurde [Vayikra 10:9]: "Du sollst

Die Pflichten des Herzens Kapitel Neun Rabbeinu Bachya

weder Wein noch Bier trinken", und dann "zwischen Heiligem und Weltlichem zu unterscheiden", und das jüdische Volk zu lehren. Damit ermahnte G-tt jeden, der einen religiösen Dienst verrichtet, sich nicht mit irgendetwas zu beschäftigen, was ihn davon ablenken würde, den Dienst [mit Hingabe] an G-tt vollständig zu verrichten, wie unsere Weisen sagten: "Wer einen reviis [etwa eine halbe Tasse] Wein getrunken hat, dem ist es verboten zu lehren, wer einen chamischis [fast dasselbe wie eine halbe Tasse] getrunken hat, soll nicht beten" [Eruvin 64a].

Darunter: Die Sache mit den Söhnen von Jonadav ben Rechav, deren Vater ihnen gebot, weder Wein zu trinken, noch zu säen, noch einen Weinberg zu pflanzen, noch ein Haus zu bauen, sondern in Zelten zu wohnen, außerhalb von festen Orten. Das ist die Sitte derer, die sich von der Welt absondern. Der Schöpfer lobte sie dafür, wie geschrieben steht: "Deshalb wird es Jonadav, dem Sohn Rechabs, nicht an einem Mann [Nachkommen] fehlen, der für immer vor mir steht" [Jirmija 35:19].

Dazu gehört auch die Geschichte von Elisa, als Elija an ihm vorbeikam, wie geschrieben steht: "Und er ging von dort weg und fand Elisa, den Sohn Schafats, wie er pflügte; zwölf Joche waren vor ihm, und er war beim zwölften. Und Elia ging zu ihm hinüber und warf seinen Mantel über ihn" [Melachim 19,19], und Elisa ließ alles fallen und folgte Elia, wie geschrieben steht: "Und er ließ die Ochsen stehen und lief Eliajau hinterher und sagte: 'Lass mich doch bitte meinen Vater und meine Mutter küssen, dann will ich dir folgen'..." [Melachim 19:20]. Das war auch die Praxis der Jünger der Propheten in jener Generation und in den vorangegangenen, dass sie darauf verzichteten, sich mit den Angelegenheiten dieser Welt zu beschäftigen und ihr körperliches Wohlbefinden vernachlässigten, indem sie in die Wüsten hinausgingen, um ihre Seelen und ihren Geist G-tt zu widmen.

Darunter auch das, was die Tora uns befohlen hat, während der Zeit der Reue und der Suche nach Vergebung zu fasten, um unsere Begierde nach allen Vergnügungen zu zügeln, die die größten Ursachen der Sünde sind, wie geschrieben steht: "Wie sie geweidet haben, so sind sie gesättigt; sie sind satt geworden, und ihr Herz ist übermütig geworden; darum haben sie Mich vergessen" [Hoschea 13,6], und im Gegenteil heißt es: "In ihrer Not werden sie mich suchen" [Hoshea 5,15].

Unter ihnen steht geschrieben: "Sie werden auch nicht ein Gewand aus grobem Haar tragen, um zu täuschen" [Sacharja 13,4], und das lehrt, dass dies die Kleidung der frühen Frommen war, und einige der anderen [nicht frommen] Männer jener Generation würden es tragen, um fromm zu erscheinen.

Und was David sagte: "Bevor ich bedrängt wurde, habe ich mich geirrt"

Die Pflichten des Herzens   Kapitel Neun   **Rabbeinu Bachya**

[Tehilim 119:67], und auch: "Es ist gut für mich, dass ich bedrängt worden bin, damit ich Deine Satzungen lerne" [Tehilim 119:71], und auch: "Die Tora Deines Mundes ist mir besser als Tausende von Gold- und Silberstücken" [Tehilim 119:72].

Darunter die Praxis von Ijow [Hiob], der von sich selbst beschrieb, wie er diese Welt und ihren materiellen Reichtum verachtete, seine Sinne zügelte, seine Hände und seine Zunge an alles band, was zur Rebellion gegen G-tt führen könnte, die Wahrheit wählte, die Unterdrückten rettete, für die Armen und Verlorenen sorgte - wie die Praktiken derer, die sich von der Welt trennen.

Zu ihnen gehört, was Daniel tat, als er zu G-tt über die Länge des ersten Exils betete, und seine Trauer darüber, dass er sagte: "Ich aß kein anständiges Brot, und es kam weder Fleisch noch Wein in meinen Mund" [Daniel 10,3], und der Engel sagte zu ihm: "Von dem ersten Tage an, da du dein Herz gesetzt hast, zu verstehen und dich vor G-tt zu kasteien, sind deine Worte erhört worden" [Daniel 10,12], und der Rest der Sache. Dies ist die beste aller Praktiken der Trennung.

Dazu gehört auch das, was die Leute von Ninive taten, als sie hörten, was der Schöpfer über sie verfügte, wie geschrieben steht: "Da glaubten die Leute von Ninive an G-tt und verkündeten ein Fasten und legten Säcke an, von den Größten bis zu den Kleinsten" [Yona 3:5], und ebenso, was unsere Väter in den Tagen Hamans taten, wie geschrieben steht: "Und in allen Provinzen, wohin des Königs Gebot und sein Erlass kam, da war große Trauer unter den Juden und Fasten und Weinen und Wehklagen, und viele lagen in Sack und Asche" [Esther 4,3], und vieles dergleichen in unseren Büchern, wenn man es nachforscht, wird man es häufig in den Worten unserer Vorfahren verstreut finden.

Darunter auch das, was Shlomo sagte: "Sei nicht unter Weintrinkern, unter gefräßigen Fleischessern" [Mischlei 23:20], und "Ein wenig Schlaf, ein wenig Schlummer, ein wenig Falten der Hände zum Liegen" [Mischlei 6:10], und was die Mutter von Lemuel sagte: "Gib deine Kraft nicht den Frauen und deine Wege nicht den Vergnügungen der Könige; es ist nicht für Könige, Lemuel, es ist nicht für Könige, Wein zu trinken, und starkes Getränk ist nicht für Herrscher, damit er nicht trinkt und vergisst, was er beschlossen hat" [Mischlei 31,3-5].

Dazu gehört auch, was geschrieben steht: "Denn dem Menschen, der in seinen Augen gut ist, gibt er Weisheit, Erkenntnis und Freude [dem Sünder aber hat er eine Beschäftigung zum Sammeln und Anhäufen gegeben]" [Koheles 2,26], und es heißt: "Das Herz der Weisen ist im Haus der Trauer, das Herz der Toren aber ist im Haus der Fröhlichkeit" [Koheles 7,4]. "Es ist besser, in das Haus der Trauer zu gehen, als in das

Die Pflichten des Herzens Kapitel Neun Rabbeinu Bachya

Haus des Festes zu gehen: [Denn das ist das Ende aller Menschen, und die Lebenden werden es sich zu Herzen nehmen" [Koheles 7,2], und es heißt: "Der Schlaf eines Mühseligen ist süß, [ob er wenig oder viel isst; aber der Überfluss der Reichen wird ihn nicht schlafen lassen]" [Koheles 5: 11], und "denn Kindheit und Jugend sind eitel" [Koheles 11:10], und "Das Ende der Sache, nachdem alle gehört haben: fürchtet G-tt und haltet Seine Gebote; denn das ist alles des Menschen" [Koheles 12:13].

Zu dem, was unsere Weisen in der Mischna und im Talmud gesagt haben. Diese sind zu zahlreich für dieses Buch, und das meiste davon findet sich im Traktat Avot. Unsere Weisen sagten: "Dies ist der Weg der Tora - Brot mit Salz essen, Wasser in Maßen trinken, auf dem Boden schlafen..." [Beraitha in Avot 6:4], und das, was in der Nähe ihrer Worte steht: "Die Tora wird auf 48 Arten erworben [ibid 6:6]: [minimale Geschäfte, minimale Vergnügungen, minimaler Schlaf, minimale Rede, minimales Lachen...]". Und im Kapitel über die Frommen im Traktat Taanit wird vieles über ihre große Trennung von dieser Welt gelehrt. Wer diese Angelegenheit untersucht, wird sie in der Schrift, in der Vernunft und in der mündlichen Überlieferung finden.

Nehmt es euch zu Herzen, denkt in eurem Inneren darüber nach, dann werdet ihr es mit G-ttes Hilfe erreichen, wie geschrieben steht: "Wenn ihr sie sucht wie Silber und nach ihr forscht wie nach verborgenen Schätzen, dann werdet ihr die Furcht vor dem Ewigen verstehen und die Erkenntnis G-ttes finden" [Mishlei 2,4].

Kapitel Sieben

Der Unterschied zwischen den Alten und uns Der Unterschied zwischen uns und unseren Vorgängern in Bezug auf die Trennung ist wie folgt. Bei den ersten, wie Chanoch, Noach, Avraham, Yitzchak, Yaakov, Iyov und seinen Gefährten, war ihr Verstand rein und ihre böse Neigung war schwach. So wurden ihre Seelen von ihrem Intellekt angezogen. Die wenigen Mitzwot, die sie hatten, in Verbindung mit ihrem aufrichtigen Glauben an G-tt, genügten ihnen, um ihren Dienst für G-tt zu vollenden, wie es bei Avraham heißt: "Du fandest sein Herz treu vor Dir" [Nehemia 9,8]. Sie brauchten nicht die Enthaltsamkeit, die den mittleren Weg verlässt, den die Tora vorschreibt.

Aber als ihre Nachkommen nach Ägypten hinabstiegen und dort zu Lebzeiten Josefs 70 Jahre in Frieden lebten, wurde ihre Begierde stark, ihr Verlangen wuchs, und ihre böse Neigung überwältigte ihre Vernunft. Sie brauchten also eine Enthaltsamkeit, die ihren Begierden entgegenwirkte und es ihnen ermöglichte, ihrer bösen Neigung zu

Die Pflichten des Herzens Kapitel Neun Rabbeinu Bachya

widerstehen. Der Schöpfer fügte ihnen zusätzliche Gebote hinzu, zu denen die Vernunft nicht verpflichtet. Diese sollten als Ersatz für die Enthaltsamkeit dienen, die ihnen nach ihren Fähigkeiten zustand, und sogar noch weniger als diese.

Als sie das Land Israel erobert und besiedelt hatten und sich an seinen Vorzügen erfreuten, begannen sie, nach Überfluss zu streben, indem sie aßen und tranken, sich mit Frauen vergnügten und Gebäude errichteten. Je mehr das Land erschlossen wurde, desto mehr verschlechterte sich ihr Verstand, wie geschrieben steht: "Damit ihr nicht, wenn ihr gegessen habt und satt seid und schöne Häuser gebaut habt und darin wohnt ... [dann wird euer Herz hoch erhoben, und ihr vergesst G-tt" [Devarim 8:12]. Und je mehr die Begierden zunahmen und stärker wurden, desto mehr schwächte sich der Verstand und verzögerte das Erfassen des richtigen Weges.

Deshalb brauchten sie eine strenge Enthaltsamkeit, durch die sie ihren Begierden widerstehen konnten, so wie der Weg des Nasir und der Jünger der Propheten, die wir bereits in diesem Buch erwähnt haben.

In späteren Generationen ist der Verstand noch schwächer geworden, während die Begierden noch stärker geworden sind. Wann immer die Menschen mit weltlichen Dingen beschäftigt sind, werden sie davon abgelenkt, sich mit Angelegenheiten der nächsten Welt zu befassen. Deshalb brauchen sie eine Trennung von dieser Welt, um sich von ihr zu befreien, wenn sie etwas mit der nächsten Welt zu tun haben.

Die frühen Menschen mit ihrem starken Intellekt und ihrer reinen Seele waren in der Lage, sowohl für diese Welt als auch für die letzte Welt zu arbeiten. Keines von beiden würde dem anderen zum Nachteil gereichen, wie geschrieben steht: "Hat dein Vater nicht gegessen und getrunken und Recht und Gerechtigkeit getan, und dann ging es ihm gut?" [Yirmiya 22:15], und es heißt: "Es ist gut, dass du dies ergreifst, und auch davon sollst du deine Hand nicht abwenden" [Koheles 7:18].

Ich sah, mein Bruder, ein mächtiges Gleichnis über die Sache der Trennung von einem der Frommen, der seinem Sohn darin sein letztes Testament auftrug. Es gefiel meinem Auge, und ich setzte es als letzte Worte für dieses Tor, so wie ich es fand, anstatt mit meiner eigenen Zurechtweisung und Belehrung zu enden. Verstehe es und prüfe es, dann wirst du mit G-ttes Hilfe das Gute und Gerechte erreichen.

Hier ist es:

Nun, mein Sohn, möge G-tt dich zu denen stellen, die hören und zuhören, und die zuhören und denken, und die denken und wissen und tun, und nicht zu den Menschen, die im Irrtum ertrinken, die trunken sind vom Wein der Torheit, die die böse Neigung versklavt hat und diese Welt über

Die Pflichten des Herzens Kapitel Neun Rabbeinu Bachya

sie beherrscht, und die die Begierden überwältigt haben und sie zu den Vergnügungen hinschwenken und sie zu den Begierden verlocken und sie zum Begehren hinziehen. Und sie, in ihrer Finsternis, sind geschlagen und bewegen sich schnell geblendet in ihrem Irrtum, sie hören, aber hören nicht, sie sagen, aber tun nicht. Sie suchten die Freuden, aber fielen in die Enttäuschungen, strebten nach dem Angenehmen, erreichten aber stattdessen das harte Leiden, ihre Seele ist müde, und ihr Körper ist erschöpft. Ihr Verstand ist leer, und ihr Verständnis ist zerrüttet. Sie horten Gold, um es zu verlieren, und flüchtiges Silber, das ihren Feinden oder ihren verräterischen Ehefrauen zum Erbe wird. Sie errichten Villen und legen sich in Gräber. Sie bauen und wohnen nicht, sie häufen an und geben nicht aus, jeder von ihnen begräbt seinen Vater und seinen Sohn und tut doch keine religiösen Taten, die ewig Bestand haben. Er vergisst seinen Zweck, erinnert sich aber an seine Wünsche. Was willst du von einem Mittelstück sagen, das beide Endstücke verloren hat, und von einem Kind, dessen Eltern es verlassen haben?

Sieh, mein Sohn, an dessen Herz der Schöpfer sein Herz geweitet hat, und dem G-tt geholfen hat, seine Gedanken zu beherrschen, ihm die Augen geöffnet hat für das, was gut für ihn ist, ihm den geraden Weg gezeigt hat und ihn an ihn herangeführt hat. Die Menschen sind ihm sicher, und er ist ihnen sicher, er hat Frieden mit ihnen und ist vor ihnen sicher. Die Menschen dienen ihrer bösen Neigung, er aber dient dem G-tt des Himmels und der Erde, der das Leben schenkt, der den Tod bringt, dem Schöpfer, der gnädig ist, und es gibt keinen G-tt außer Ihm.

Seht den Unterschied zwischen ihnen und den Menschen mit reinem Inneren [die G-tt dienen] - ihre Augen sind in Ruhe, ihre Herzen sind sicher, und in ihrer Einsamkeit erinnern sie sich mit Freude an G-tt, danken Ihm für Seine Güte in all ihren Situationen. Sie begreifen schnell alle Formen tiefer Weisheit. Sie haben den Schleier von ihren Augen gerissen, der sie daran hindert, die inneren Wege zu sehen. Sie erreichten die wahre Ruhe durch ihre Mühen. Ihre Ruhe hat sie zur Freude geführt, ihr Verlangen lenkt sie nicht ab, und ihr langes Leben lässt sie nicht zögern. Sie sind eifrig dabei, sich auf den Tag des Todes vorzubereiten, und auf das, was danach kommt. Sie bereiten sich vor, rufen zu G-tt, suchen Ihn, hoffen auf Ihn und dienen Ihm. Sie sprechen die Wahrheit, reden rechtschaffen, ohne Angst vor dem Sultan und ohne vom Satan beherrscht zu werden. Sie sind wertvoller [für G-tt] als jeder Mensch und behüteter als jede Nation. Ihre Pracht und Herrlichkeit ist größer als alle anderen, geehrt in den Häusern G-ttes und groß in den Augen der Menschen. Nichts lenkt sie davon ab, G-tt zu gedenken, und nichts hält

Die Pflichten des Herzens   Kapitel Neun   Rabbeinu Bachya

sie davon ab, Ihm zu danken. Ihre Zunge ist an Lob und Dank gewöhnt, und ihre Herzen sind voller Reinheit und Einigkeit.

Diese Welt verstellte sich, aber sie erkannten sie, traten sie und erzählten von ihr. Ihre Täuschung war vor ihren Augen nicht verborgen, und auch ihr Betrug war nicht verborgen. Diese Welt schmückte sich für sie mit schönen Gewändern [verlockte sie dazu, den Verlockungen dieser Welt nachzugehen], doch sie betrachteten sie als nackt und leer. Sie beraubte sie [des Lebensunterhalts], aber sie war gezwungen. Es versuchte, sich mit ihnen anzufreunden [mit Reichtum], aber sie schimpften es aus. Es versuchte, sie zu beeinflussen, aber sie entfernten sich von ihm. Sie sahen seine bösen Taten und verstanden seine Schandtaten, und er hat keine Herrschaft über sie und nichts, womit er sich ihnen nähern könnte. Sie sind die Auserlesensten von G-tt. Die Reinen und die Geschätzten der Frommen, die Besitzer scharfsichtiger Augen, edler Wünsche und wohlgefälliger Taten, die nach G-tt gruben und reich wurden, die mit Ihm Geschäfte machten und Gewinn erzielten, läuterten ihre Herzen und wurden rein. Sie rüsteten sich mit Furcht vor G-tt auf dem Weg des Bösen und wurden gerettet. Sie fuhren auf dem Wagen der Frömmigkeit und kamen an, trafen auf die ewige Freude und die Wonne, die niemals erodiert, wurden von der Versammlung des Gerichts verschont und wurden von den Strafen [von gehinom] gerettet.

Und du, mein Sohn, wähle das Gute für deine Seele vor dem Bedauern, das nichts nützt, und der Sorge, die nie endet. [Ende des Briefes des frommen Mannes]

Möge G-tt uns den gerechten Weg lehren und uns auf den Weg des Heils führen, in seiner Barmherzigkeit und großen Güte, Amen.

Die Pflichten des Herzens

Kapitel Zehn

Zehnte Abhandlung über die Hingabe zu G-tt

Einführung

Da unsere vorangegangene Erörterung im neunten Tor sich mit der Klärung des Themas der Trennung von dieser Welt befasste und unsere Absicht darin bestand, das Herz zu vereinen und es für die Liebe zum Schöpfer und für die Sehnsucht, Seinen Willen zu tun, zu befreien, hielt ich es für angemessen, mit einer Klärung der Wege der Liebe zu G-tt zu folgen, denn sie ist der Zweck aller Schritte und die letzte Stufe auf den Ebenen der Menschen, die G-tt dienen. Ich werde beginnen, und ich bitte G-tt, mir zu helfen.

Es ist richtig für dich, mein Bruder, dass du verstehst und weißt, dass alles, was wir zuvor über die Pflichten des Herzens und der Glieder und die Freiwilligkeit der Seele erwähnt haben, alles Sprossen und Stufen sind, die zu dieser erhabenen Angelegenheit führen, die unsere Absicht ist, in diesem Tor zu erklären. Es ist auch richtig, dass ihr wisst, dass jede Pflicht und jede gute Eigenschaft, ob sie nun durch die Vernunft, die Schriften oder die Tradition kommt, alles Stufen und Schritte sind, durch die man zu dieser Materie aufsteigt, und sie ist ihr letzter Zweck und ihr Ziel. Es gibt keine Stufe über oder nach ihr.

Aus diesem Grund hat der Prophet [Mosche], Friede sei mit ihm, sie unmittelbar nach der Einheit G-ttes gesetzt, indem er sagte "Höre, o Israel: Der Ewige ist unser G-tt, der Ewige ist eins, und ihr sollt den Ewigen, euren G-tt, lieben..." [Devarim 6:4], und er ermahnte dazu und kam immer wieder darauf zurück, wie geschrieben steht: "Du sollst den Ewigen, deinen G-tt, lieben, auf seine Stimme hören und an ihm festhalten" [Devarim 30,20]. Die Bedeutung von Anhänglichkeit ist: treue Liebe und Hingabe von ganzem Herzen, wie geschrieben steht: "Es gibt einen Freund, der enger zusammenhält als ein Bruder" [Mishlei 18,24].

Häufig stellt die Tora die Furcht vor G-tt vor die Liebe zu Ihm, wie

Die Pflichten des Herzens   Kapitel Zehn   Rabbeinu Bachya

geschrieben steht: "Und nun, Israel, was verlangt der Ewige, dein G-tt, von dir, als dass du den Ewigen, deinen G-tt, fürchtest, in allen Seinen Wegen wandelst und Ihn liebst" [Devarim 10,12], und es heißt: "Du sollst den Ewigen, deinen G-tt, fürchten, und an Ihm sollst du hängen" [Devarim 10,20]. Es ist richtig, die Furcht vor G-tt vor die Liebe zu G-tt zu setzen, weil [die Furcht vor G-tt] das letzte Ziel und das äußerste Ende der Enthaltsamkeit ist, die wiederum die nächste Stufe ist, die sich der untersten Stufe der Liebe zu G-tt nähert, und das erste Tor von ihren Toren, und es ist für einen Menschen unmöglich, es zu erreichen, ohne Furcht und Schrecken vor G-tt vorauszugehen.

Und deshalb sind wir dem Tor der Enthaltsamkeit vorausgegangen, weil es unmöglich ist, die Liebe zu G-tt in unseren Herzen zu etablieren, wenn die Liebe zu dieser Welt dort etabliert ist. Aber wenn das Herz des Gläubigen leer ist von der Liebe dieser Welt und frei von ihren Begierden, aus Erkenntnis und Verständnis - wird sich die Liebe des Schöpfers in seinem Herzen etablieren, und sie wird in seiner Seele gemäß seiner Sehnsucht nach Ihm und seiner Erkenntnis von Ihm festgesetzt werden, wie geschrieben steht: "Auf dem Weg Deiner Gerichte, o Ewiger, haben wir auf Dich gewartet [das Verlangen unserer Seele gilt Deinem Namen und dem Gedenken an Dich]" [Jeschaja 26,8].

Es ist angebracht, dass wir vom Thema der Liebe zu G-tt sieben Dinge klären:
1. Was ist die Sache der Liebe zu G-tt?
2. Wie viele Arten der Liebe zu G-tt gibt es?
3. Was ist der Weg zu ihr?
4. Ist es für ein menschliches Wesen möglich oder nicht, G-tt zu lieben?
5. was ihr abträglich ist.
6. Seine Zeichen, durch die er in einem Gläubigen identifiziert wird.
7. Die Praktiken derer, die G-tt lieben.

Kapitel Eins

Was ist die Liebe zu G-tt? Sie ist die Sehnsucht der Seele - und ihre eigene Hinwendung zum Schöpfer, damit sie sich an Sein himmlisches Licht klammern kann. Da die Seele aus einem reinen und geistigen Wesen besteht, neigt sie zu geistigen Dingen, die ihr ähnlich sind. Von Natur aus entfernt sie sich von dem, was ihrer Natur entgegengesetzt ist, nämlich von den groben physischen Körpern.

Als der Schöpfer, gepriesen sei Er, die Seele an diesen grobstofflichen Körper band, um sie zu prüfen, wie sie den Körper führen würde. G-tt erweckte die Seele dazu, sich um den Körper zu kümmern und sein

Die Pflichten des Herzens   Kapitel Zehn   Rabbeinu Bachya

Wohlergehen zu fördern, und zwar durch die Partnerschaft und Kameradschaft, die von Beginn der Entwicklung [des Körpers] an natürlich zwischen ihnen bestand.

Wenn die Seele etwas wahrnimmt, das dem Körper nützt oder sein Wohlergehen fördert, wird sie sich in ihren Gedanken dieser Sache zuwenden und sie begehren, um sich selbst Frieden von den Schmerzen des Körpers und den äußeren Dingen [Sorgen, Trieben] zu sichern, die den Körper schmerzen, ähnlich dem Wunsch eines kranken Mannes nach einem fachkundigen Arzt, der einen Helfer [des Arztes] ernennt, damit der Arzt sich auf ihn konzentrieren kann.

Aber wenn die Seele spürt, dass es Dinge gibt, die das Licht in ihrem eigenen Wesen und die Kraft in ihr selbst vermehren werden, dann wird die Seele stattdessen zu G-tt tendieren und sich in ihren Gedanken an Ihn klammern, und in ihrer Vorstellung wird sie stattdessen darüber nachdenken, wie sie Ihm näher kommen kann, und sie wird sich nach Ihm sehnen und sich nach Ihm streben. Dies ist die höchste Stufe der reinen Liebe [zu G-tt].

Aber da die Sache so ist [dass die Seele sich auch um die Bedürfnisse des Körpers sorgt], und die Rufe des Körpers zahlreich sind, und seine Rufe nach dem, was seinen Mangel ausfüllen wird, ständig sind, zu allen Zeiten und allen Perioden, und die Seele nicht in der Lage ist, innezuhalten, um über all dies nachzudenken, weil sie keine Ruhe und keinen Frieden hat, wenn sie nicht von den Beschwerden ihres Körpers [der immer ein Verlangen, eine Begierde oder eine Sorge hat] befreit ist - deshalb wurde die Seele ständig mit den Angelegenheiten des Körpers von den Dingen abgelenkt, die sie liebt, die zu ihr passen und ihrem Wesen entsprechen, durch die ihr Erfolg in der Wohnstätte ihrer Ruhe [im Jenseits] gefunden wird.

Wenn aber das Licht des Verstandes in die Seele eindringt und ihr die Schande offenbart, dass sie sich in Liebe dem Körper zugewandt hat und in ihren Gedanken von ihm angezogen wurde, während sie das vernachlässigte, was ihr in beiden Welten Erlösung bringen wird, wird sie davon ablassen und alle ihre weltlichen Interessen dem gnädigen Schöpfer überlassen und sich in ihren Gedanken der Suche nach Wegen ihrer Erlösung aus der großen Falle zuwenden, in der sie gefangen ist und von der sie so sehr versucht wurde. Dann wird sie sich von der weltlichen Welt und all ihren Vergnügungen trennen und den Körper und seine Begierden verachten.

Nicht lange danach werden sich die Augen der Seele öffnen, und ihre Sicht wird sich von der Wolke der Unwissenheit über G-tt und Seine Tora klären, und sie wird das Wahre vom Falschen unterscheiden,

Die Pflichten des Herzens Kapitel Zehn Rabbeinu Bachya

und die Wahrheit über ihren Schöpfer und Führer wird ihr offenbart werden.

Wenn die Seele Seine Allmacht und Seine unendliche Größe versteht, wird sie vor Ihm niederknien und sich vor Ihm niederwerfen, in Furcht, Angst und Ehrfurcht vor Seiner Macht und Größe, und sie wird diesen Zustand nicht verlassen, bis der Schöpfer sie beruhigt und ihre Angst und Ehrfurcht besänftigt hat - dann wird sie aus dem Becher der Liebe G-ttes trinken und die Glückseligkeit genießen, mit G-tt allein zu sein, sich Ihm von ganzem Herzen hinzugeben, Ihn zu lieben, Ihm zu vertrauen und sich nach Ihm zu sehnen. Sie wird keine andere Beschäftigung haben als die Beschäftigung Seines Dienstes, und kein anderes Grübeln als über Ihn und keinen anderen Gedanken als über Ihn. Sie wird keines ihrer Glieder bewegen, es sei denn, um etwas zu tun, das seine Gunst gewinnt. Sie wird ihre Zunge nicht lösen, außer um Ihn anzurufen, Ihn zu loben, Ihm zu danken und Ihn zu preisen, aus Liebe zu Ihm und aus dem Verlangen heraus, Seinen Willen zu tun. Wenn Er ihr eine Wohltat schenkt, wird sie Ihm danken. Wenn Er ihr Leid zufügt, wird sie es geduldig ertragen und ihre Liebe zu Ihm und ihr Vertrauen in Ihn nur noch vergrößern, wie es von einem der Frommen gesagt wird, der mitten in der Nacht aufstand und sagte: "Mein G-tt, Du hast mich hungern lassen, mich ohne Kleidung gelassen und mich in die Dunkelheit der Nacht gesetzt, und ich schwöre bei Deiner Macht und Größe, dass, wenn Du mich im Feuer verbrennst, meine Liebe zu Dir und meine Freude an Dir nur zunehmen werden. Dies ist vergleichbar mit dem, was Ijow sagte: "Wenn er mich auch tötet, so will ich doch auf ihn hoffen" [Ijow 13,15].

Darauf spielte der weise Mann an, als er sagte: "Ein Bündel Myrrhe ist mein Geliebter für mich, zwischen meinen Brüsten wird er ruhen" [Schir Haschirim 1:13], und unsere Weisen haben diesen Vers mit den Worten ausgelegt: "Auch wenn mein Geliebter mir Schmerz und Bitterkeit bereitet wie Myrrhe, 'er ruht zwischen meinen Brüsten'" [Schabbat 88b]. In ähnlicher Weise sagte der Prophet [Mosche]: "Und du sollst den Ewigen, deinen G-tt, lieben von ganzem Herzen, von ganzer Seele und mit all deiner Kraft" [Devarim 6,5].

Kapitel Zwei

Auf wie viele Arten ist die Liebe zu G-tt?
Ich werde diese Frage wie folgt beantworten. Die Liebe eines Sklaven zu seinem Fürsten besteht auf eine von 3 Arten:
1. Der Sklave liebt ihn, weil der Fürst ihm Gutes tut und ihm Freundlichkeit erweist.

Die Pflichten des Herzens Kapitel Zehn Rabbeinu Bachya

2. Der Sklave liebt ihn, weil der Fürst häufig über seine Übertretungen hinwegsieht, ihm reichlich vergibt und für seine Sünden büßt.

3. Der Sklave liebt ihn wegen seines großen und erhabenen Charakters und verehrt ihn wegen seiner angeborenen Vornehmheit - nicht aus Hoffnung [auf Nutzen] noch aus Furcht [vor Strafe].

Ähnlich ist es mit der Liebe zu G-tt bei uns. 1. Entweder lieben wir Ihn aufgrund seiner überreichen Güte an uns und seiner beständigen Güte zu uns. So werden wir Ihn aus der Hoffnung auf mehr zukünftigen Nutzen lieben.

2. Oder wir lieben Ihn, weil Er unsere Sünden ignoriert [um uns Zeit zur Umkehr zu geben] und uns unsere Übertretungen vergibt, obwohl wir immer wieder gegen Ihn rebellieren und Seine Gebote übertreten.

3. Für einige ist ihre Liebe zu G-tt auf die Ehrfurcht vor G-tt selbst zurückzuführen - Seine Herrlichkeit, Seine Größe und Seine Erhabenheit - dies ist die reine Liebe zu G-tt, gepriesen sei Er.

Der Prophet [Moshe], Friede sei mit ihm, hat uns bereits auf diese Weise ermahnt, indem er sagte: "Und du sollst den Ewigen, deinen G-tt, lieben von ganzem Herzen, von ganzer Seele und mit all deiner Kraft" [Devarim 6:5].

Wenn er sagt: "Und du sollst den Ewigen, deinen G-tt, lieben von ganzem Herzen, von ganzer Seele und mit ganzer Kraft", dann will er damit den verschiedenen Typen von Menschen mit ihren unterschiedlichen Mentalitäten in Bezug auf die Hingabe oder Nichthingabe von Körper, Geld und Ehre entsprechen. Denn die einen sind bereit, ihren Körper und ihr Geld zu geben, aber nicht ihre Ehre, die sie zurückhalten. Andere sind bereit, ihr Geld und ihre Ehre zu geben, aber nicht ihren Körper. Wieder andere sind bereit, ihren Körper und ihre Ehre zu geben, aber nicht ihr Geld, wie unsere Weisen sagten: "Wenn es heißt: 'mit ganzer Seele', warum sollte es dann auch heißen: 'mit allen Kräften', und wenn es heißt: 'mit allen Kräften', warum sollte es dann auch heißen: 'mit ganzer Seele'? [Antwort] Sollte es einen Menschen geben, dem sein Leben wichtiger ist als sein Geld, für den heißt es: 'mit ganzer Seele'; und sollte es einen Menschen geben, dem sein Geld wichtiger ist als sein Leben, für den heißt es: 'mit allen Kräften'." [Talmud Berachot 61b].

Man kann den Satz "Und du sollst den Ewigen, deinen G-tt, lieben von ganzem Herzen, von ganzer Seele und mit ganzer Kraft" [Devarim 6,5] auch so deuten, dass er sich auf die drei Arten bezieht, in denen Menschen einander lieben. Das kann man an den drei Arten von Freunden sehen.

1. Derjenige, der den Willen desjenigen, den er liebt, freiwillig und nur mit seinem Geld tut.

Die Pflichten des Herzens   Kapitel Zehn   Rabbeinu Bachya

2. Derjenige, der den Willen des Geliebten mit seinem Körper [indem er körperlich hilft] oder mit seinem Geld tut.

3. Jemand, der freiwillig den Willen desjenigen, den er liebt, mit seinem Geld, seinem Körper und seinem Leben tut, wie der weise Mann sagte: "Viele Wasser können die Liebe nicht auslöschen, und die Fluten können sie nicht ertränken" [Schir HaSchirim 8,7], und über Jonatan und David steht geschrieben: "denn er liebte ihn, wie er seine eigene Seele liebte" [Schmuel 20,17], und "wunderbar war deine Liebe zu mir, die die Liebe der Frauen übertraf" [Schmuel II 1,26].

Deshalb ermahnte uns der Prophet in der Liebe zum Schöpfer, dass sie das eigene Leben, den Körper und das Geld einschließen sollte, dass ein Mann all dies aus Liebe zum Schöpfer freiwillig geben sollte und mit keinem von ihnen sparsam sein sollte, um den Willen des Schöpfers zu erfüllen. So sagten unsere Weisen: "'Von ganzem Herzen' bedeutet, mit euren beiden Neigungen, der guten Neigung und der bösen Neigung [zu widerstehen]. Mit ganzer Seele" bedeutet, selbst wenn wir unser Leben aufgeben müssen. Mit all euren Mitteln', bedeutet mit all eurem Geld" [Talmud Berachot 54a]. Sie sagten auch: "Tu Seinen Willen, als ob es dein Wille wäre, damit Er deinen Willen tut, als ob es Sein Wille wäre. Macht euren Willen vor Seinem Willen rückgängig, damit Er den Willen anderer vor eurem Willen rückgängig machen kann" [Avos 2:4].

Man kann auch die Absicht von "Und du sollst den Ewigen, deinen G-tt, lieben mit ganzem Herzen, mit ganzer Seele und mit all deiner Kraft" [Devarim 6: 5] dahingehend erklären, dass es darum geht, sich innerlich an die Liebe G-ttes zu klammern und sie äußerlich zu zeigen, bis die Echtheit der Liebe des Gläubigen innerlich und äußerlich, privat und öffentlich, so erkennbar ist, dass sie gleichmäßig und in der richtigen Weise, im gleichen Ausmaß und auf dem gleichen Niveau zum Ausdruck kommt, wie David sagte: "Mein Herz und mein Fleisch schreien nach dem lebendigen G-tt" [Tehilim 84,3].

Man kann auch die Absicht von "Und du sollst den Ewigen, deinen G-tt, lieben mit deinem ganzen Herzen und mit deiner ganzen Seele und mit all deiner Kraft" [Devarim 6,5] so erklären, dass all deine Liebe für irgendetwas anderes als Ihn und all deine Bemühungen für jemand anderen als Ihn um Seinetwillen sein sollen - dass du die Liebe zu jemand anderem nicht mit der Liebe zu G-tt verbinden sollst, und wenn du jemand anderen liebst, dann auf eine Weise, die Ihm gefallen würde, so dass diese Liebe ein Zweig deiner Liebe zu Ihm ist. Deshalb sagte er "mit allen", mit jedem von ihnen [liebe G-tt], wie ich in Tor 3 Kapitel 5 dieses Buches bezüglich des intellektuellen Drangs erklärt habe.

Die Pflichten des Herzens Kapitel Zehn Rabbeinu Bachya

Kapitel Drei

Was ist der Weg, um die Liebe zu G-tt zu erlangen? Ich beantworte diese Frage wie folgt:
Diese Bitte ist für den Suchenden ohne viele Voraussetzungen nicht möglich. Wenn die Voraussetzungen erfüllt sind, wird aus ihnen die Liebe zu G-tt hervorgehen. Aber jemand, der die Absicht hat, sie direkt zu erreichen, wird sie nicht erreichen.
Die Voraussetzungen, die der Gläubige zuerst in seiner Seele erwerben sollte, sind: zwei Arten von Einheit des Herzens, zwei Arten von Demut, zwei Arten von spiritueller Rechenschaft und zwei Arten von Prüfungen.

Die zwei Arten der Einheit [des Herzens]:
[1] Ganzheitliche Anerkennung der Einheit des Schöpfers.
[2] Ganzheitliche Hingabe all seiner Handlungen an Ihn, und Ihm allein um Seiner Ehre willen zu dienen.

Die zwei Arten der Demut:
[1] Demut vor G-tt
[2] Demut vor den G-tt-Fürchtigen [die sich vom Bösen abwenden], und denen, die sich für Ihn entscheiden.

Die zwei Arten der geistlichen Abrechnung:
[1] Eine spirituelle Abrechnung mit sich selbst über das, was man G-tt als Gegenleistung für Seine ständigen Wohltaten schuldet.
[2] Eine spirituelle Abrechnung mit sich selbst für G-ttes Verstecken seiner Sünden, und das Zurückhalten [der Strafe] von ihm für eine lange Zeit, und Sein Vergeben.

Die zwei Arten von Prüfungen:
[1] Nachdenken darüber, was mit den Früheren [Üb. Rischonim] geschah, indem man die Bücher der Propheten und die Bücher der Früheren [Üb. Rischonim] studiert, wie geschrieben steht: "Ich erinnere mich an die Tage von damals; ich denke über alle Deine Werke nach" [Tehilim 143,5].
[2] Das Nachdenken über die Welt, in der man einige der Wunder des Schöpfers sieht, die sich in seinen Schöpfungen zeigen. Ich habe in diesem Buch bereits einige allgemeine Grundsätze zu diesem Thema dargelegt, die nach meinen Möglichkeiten ausreichend sind für jemanden, der versteht und beabsichtigt, was zu seiner Befreiung und Erlösung in dieser und in der nächsten Welt führt.

Wenn jemand all dies erfüllt und mit Enthaltsamkeit von den Vergnügungen und Begierden dieser Welt verbindet, und er die Größe des Schöpfers, seine Macht und Erhabenheit begreift, reflektiert er, wie

Die Pflichten des Herzens   Kapitel Zehn   Rabbeinu Bachya

gering sein eigener Wert ist, wie mickrig und niedrig er ist, und er erkennt das große Wohlwollen des Schöpfers an ihm und Seine große Güte mit ihm - dann wird die Liebe zu G-tt von dem Gläubigen kommen, mit einem vollkommenen Herzen und mit echter Reinheit der Seele, und eine Sehnsucht nach G-tt, die mit Anstrengung, Eifer und Leidenschaft sein wird, ähnlich dem, was gesagt wurde: "Mit meiner Seele habe ich mich in der Nacht nach Dir gesehnt" [Jeschaja 26,9], und "das Verlangen unserer Seele ist nach Deinem Namen und nach dem Gedenken an Dich" [Jeschaja 26,8], und "Meine Seele dürstet nach Dir" [Tehilim 63,2], und "Meine Seele dürstet nach G-tt" [Tehilim 42,3].

Und die mächtigsten Dinge, die helfen, diese erhabene Ebene zu erreichen, sind:
- Große Ehrfurcht vor G-tt
- Furcht vor Ihm
- Furcht vor Seinen Geboten
- Ein ständiges Bewusstsein, dass Er dein verborgenes und offenbartes, dein inneres und äußeres Leben betrachtet, und dass Er dich leitet und Mitleid mit dir hat, und dass Er alle deine Gedanken und Taten kennt, die du in der Vergangenheit getan hast und in der Zukunft tun wirst, und dass Er dir ein Versprechen gegeben hat und dich in seine Nähe gezogen hat.

Mit all dem wirst du es nicht unterlassen können, dich in deinem Herzen und in deinem Inneren mit reinem Herzen und vollkommenem Glauben an Ihn zu wenden, und du wirst dich an die Liebe zu Ihm klammern und auf Sein Erbarmen, Seine große Gnade und Seine Barmherzigkeit vertrauen. Du wirst die Liebe zu Ihm nicht mit der Liebe zu einem anderen Menschen verbinden. Und Er wird dich nicht beobachten und in dir Furcht vor etwas anderem als Ihm sehen. Du wirst Ihn nie abwesend in deinen Gedanken finden, und Er wird nie davon ablassen, deinen Augen gegenüber zu sein. Deine Gesellschaft wird in der Einsamkeit sein, und Er wird mit dir in der Wüste wohnen. Ein Ort, der voll von Menschen ist, wird in deinen Augen so erscheinen, als wäre er nicht voll [damit ihre Angelegenheiten dich nicht erschrecken - shinui nusach], und ein Ort, der leer von ihnen ist, wird so erscheinen, als wäre er nicht leer. Du wirst dich nicht einsam fühlen, wenn sie weg sind, noch wirst du dich in ihrer Abwesenheit sorgen. Du wirst dich immer mit deinem G-tt freuen, dich freuen, bei deinem Schöpfer zu sein, seine Gunst suchen und dich nach seiner Heimsuchung sehnen, wie geschrieben steht: "Die Gerechten werden sich mit G-tt freuen und zu Ihm Zuflucht nehmen" [Tehilim 64,11], und der Prophet sagte: "Ich aber will mich freuen über den Ewigen; ich will jubeln über den G-tt meines Heils" [Chavakuk 3,18], und David sagte: "G-tt ist mein Licht und mein Heil, vor wem

Die Pflichten des Herzens   Kapitel Zehn   Rabbeinu Bachya

sollte ich mich fürchten" [Tehilim 27,1], und der Rest des Psalms.

Kapitel Vier

Liegt die Liebe zu G-tt im Bereich der Möglichkeiten des Menschen oder nicht? Ich werde dies wie folgt beantworten.
Es gibt drei Arten von Liebe:
1. Dass es in den Augen des Liebenden leicht ist, wegen seiner Liebe Geld zu verlieren, aber nicht seinen Körper und sein Leben.
2. Dass es in den Augen des Liebhabers leicht ist, durch seine Liebe Geld und auch einen Teil seines Körpers zu verlieren, vorausgesetzt, er bleibt am Leben.
3. Die Liebe, für die es dem Liebenden leicht fällt, sein Geld, seinen Körper und sein Leben für seine Liebe aufzugeben.
Wir finden, dass Avraham, unser Patriarch, Friede sei mit ihm, seine Liebe zu G-tt auf all diese Arten demonstrierte, indem er bereit war, sein Geld, seinen Körper und sein Leben aufzugeben.
Mit seinem Geld: Er gab es für die Gastfreundschaft gegenüber den Wanderern aus, um ihnen Wissen über den Schöpfer zu vermitteln; was er dem König von Sodom sagte: "Weder von einem Faden noch von einem Schuhband werde ich etwas von dem nehmen, was dir gehört" [Bereischis 14,23], all das ist ein Beweis für seine seelische Großzügigkeit und dafür, dass Geld in seinen Augen Licht war [für seine Liebe zu G-tt].
Mit seinem Körper: Bei der Brit Mila [Beschneidung] zögerte er nicht, sie freudig an sich selbst und an anderen zu vollziehen.
Seine Großzügigkeit in der Bereitschaft, sein Leben aus Liebe zu G-tt aufzugeben, demonstrierte er durch seine Energie und seinen Eifer in der Angelegenheit Yitzchak, was seine reine Liebe zu G-tt und die Treue seines Herzens im Dienst für G-tt zeigte.
Dies ist die höchste der Ebenen der Liebe zu G-tt. Sie kann nicht von jedem Menschen erreicht werden, weil sie jenseits der Kapazität des gewöhnlichen Fleisches liegt, da sie gegen die Natur des Menschen läuft und ihr entgegengesetzt ist.
Wenn sie bei außergewöhnlichen Individuen gefunden wird, existiert sie nur, weil der Schöpfer sie stärkt und ihnen hilft, damit die böse Neigung sie nicht überwältigt, als Belohnung für ihre [große] Anstrengung in Seinem Dienst und ihre Erfüllung der Gebote Seiner Tora, mit einer treuen Seele, einem vollkommenen Herzen und einem reinen Verstand. Solche waren G-tt's Propheten und Seine Auserwählten und Geschätzten. Es ist nicht für jeden Menschen möglich, das zu ertragen, was wir

Die Pflichten des Herzens   Kapitel Zehn   Rabbeinu Bachya

aufgrund der Liebe zu G-tt erwähnt haben, weil die Natur und die böse Neigung dagegen sind. Aber die ersten beiden Arten liegen innerhalb der Fähigkeit der meisten Menschen, vorausgesetzt, sie bemühen sich, die Voraussetzungen zu erfüllen, die wir in diesem Tor erwähnt haben.

Das, was lehrt, dass die ersten beiden Arten ein Beweis für echte Liebe zu G-tt in einer Person sind, können wir aus dem sehen, was Satan sagte: "Fürchtet Ijow G-tt umsonst? Hast du nicht eine Hecke um ihn gemacht und um sein Haus und um alles, was er auf allen Seiten hat? Du hast das Werk seiner Hände gesegnet, und sein Besitz hat sich im Lande vermehrt. Aber wenn du jetzt deine Hand ausstreckst [und alles anrührst, was er hat, wird er dich vor deinem Angesicht lästern]" [Ijow 1,9], womit er meinte: "Er ist wie ein Kaufmann, der mit dir Geschäfte macht, denn mit seiner Liebe und seiner Furcht vor dir ist sein Preis von dir als Gegenleistung Ehre und Reichtum der Welt. Wenn Du ihm aber das wegnimmst, was Du ihm geschenkt hast, und er bleibt in seiner Frömmigkeit bei Dir - dann ist er treu in echter Liebe zu Dir". Der Schöpfer antwortete dem Satan: "Siehe, alles, was er hat, ist in deiner Hand..." [Iyov 1:12]. Und dann tat Satan das, was Sie aus dem Text wissen, mit seinem Geld und seinen Kindern, und Ijow änderte sich nicht, weder innerlich noch äußerlich gegenüber G-tt. Er behielt seine treue Liebe zu G-tt bei, wie er sagte: "Nackt kam ich aus dem Leib meiner Mutter, und nackt werde ich zurückkehren: Der Ewige hat gegeben, und der Ewige hat genommen; gepriesen sei der Name des Ewigen" [Ijow 1,21].

Dann sagte der Schöpfer zu Satan: "Hast du meinen Diener Ijow bedacht, dass es auf Erden keinen gibt wie ihn, einen aufrichtigen und rechtschaffenen Mann, der G-tt fürchtet und das Böse meidet? Und er hält immer noch an seiner Rechtschaffenheit fest, obwohl du mich gegen ihn aufhetzt, um ihn ohne Grund zu vernichten" [Ijow 2,3]. Und Satan antwortete: "Haut um Haut, ja, alles, was ein Mensch hat, wird er für sein Leben geben; aber strecke deine Hand aus und schlage sein Fleisch und sein Gebein, und er wird dir ins Angesicht fluchen" [Ijow 2,4]. Was Satan meinte, war: "Viele Menschen werden ihr Geld, ihre Frauen und ihre Kinder aufgeben, um ihren eigenen Körper unversehrt zu lassen. Aber die Aufrichtigkeit der Liebe Ijows zu Dir kann nur bewiesen werden, wenn er an seinem eigenen Körper und Fleisch geprüft wird, durch Schmerzen, die ihm zugefügt werden und die er ablehnen wird".

Da antwortete der Schöpfer dem Satan: "Siehe, er ist in deiner Hand; aber verschone sein Leben" [Ijow 2,6]. Daraufhin tat der Satan, was er gesagt hatte, indem er Ijows Körper bedrängte, und Ijow ertrug es geduldig und änderte sich nicht in seiner Treue und seinem guten Herzen zu G-tt,

Die Pflichten des Herzens   Kapitel Zehn   Rabbeinu Bachya

indem er zu seiner Frau sagte: "Du sprichst, wie eine der törichten Frauen spricht. Was? Sollen wir Gutes von der Hand G-ttes empfangen, und sollen wir das Böse nicht empfangen?" [Ijow 2:10].
So wurde die Echtheit seiner Liebe und die Reinheit seines Herzens zu G-tt dem, der daran zweifelte, dadurch bewiesen, dass er den Verlust seines Geldes und das Leiden seines Körpers ertrug, und er verurteilte das Urteil G-ttes nicht und sagte sogar in Antwort an seine Freunde: "Wenn Er mich auch tötet, so will ich doch auf Ihn hoffen" [Ijow 13,15]. Deshalb lobte der Schöpfer ihn dafür und lobte nicht seine Freunde dafür, dass sie ihn zurechtgewiesen hatten, wie geschrieben steht: "Der Ewige sprach zu Eliphas, dem Temaniter: Mein Zorn ist entbrannt gegen dich und gegen deine beiden Freunde; denn du hast nicht von Mir gesprochen, was recht ist, wie Mein Knecht Ijow" [Ijow 42,7].
Man kann beobachten, dass der Schöpfer zwei rechtschaffene Männer mit Ijow in Verbindung brachte und sie als Beispiele anführte, indem er sagte: "Wenn auch diese drei Männer in seiner Mitte wären - Noah, Daniel und Ijow -, so würden sie sich selbst mit ihrer Gerechtigkeit retten, sagt der Ewige, G-tt" [Yechezkel 14:14]. Und danach gab G-tt Ijow seinen Wohlstand zurück, wie geschrieben steht: "Der Ewige gab Ijow seinen Wohlstand zurück" [Ijow 42,10].
Das waren auch die Gefühle und das Verhalten der frühen Frommen, die Prüfungen ausgesetzt waren, wie Daniel in der Löwengrube und seine drei Gefährten im Feuerofen, die zehn Märtyrer und diejenigen, die sich wie sie verhielten.
Der Prophet fordert uns auf, diesen Grad der Liebe zu erreichen, indem er sagt: "Und du sollst den Ewigen, deinen G-tt, lieben mit ganzem Herzen, mit ganzer Seele und mit all deiner Kraft" [Devarim 6,4].
Wenn man jedoch immer danach strebt, den Grad der Liebe zu G-tt zu erreichen, der durch die Hoffnung auf Nutzen oder die Furcht vor Bestrafung in dieser und in der nächsten Welt motiviert ist, was in der Fähigkeit der meisten Menschen liegt, zu erreichen, wird der Schöpfer ihn stärken und ihm helfen, auf die echte Liebe, die aus der Ehrfurcht vor der Größe und Erhabenheit des Schöpfers entspringt, die jenseits der Fähigkeit des Fleisches liegt, wie der Vers sagt: "Ich werde denen, die Mich lieben, Liebe geben, und die Mich eifrig suchen, werden Mich finden" [Mischlei 8,17], und "Wer aber gegen Mich sündigt, schadet seiner Seele; [alle, die Mich hassen, lieben den Tod]" [Mischlei 8,36].

Kapitel Fünf

Die Dinge, die der Liebe zu G-tt schaden, sind überaus zahlreich. Unter

Die Pflichten des Herzens   Kapitel Zehn   Rabbeinu Bachya

ihnen, dass ein Mensch die Voraussetzungen, aus denen die Liebe zu G-tt hervorgeht, nicht erfüllt.
Darunter die Dinge, die in den vorherigen Toren schädlich sind, die wir früher in diesem Buch erklärt haben, und es ist nicht notwendig, sie zu wiederholen, damit die Angelegenheit nicht langwierig wird.
Darunter der Haß gegen diejenigen, die G-tt lieben, und die Liebe zu denen, die Ihn hassen, wie geschrieben steht: "Solltest du den Bösen helfen und die lieben, die den Ewigen hassen?" [Divrei Hayamim II 19:2], und es heißt: "... die Gottlosen rechtfertigen" [Jeschaja 5,23], und "Wer die Gottlosen rechtfertigt und wer die Gerechten verurteilt, [beide sind dem Ewigen ein Gräuel]" [Mischlei 17,15], und "Diejenigen, die die Tora verlassen, loben die Gottlosen" [Mischlei 28,4], und "Wer zu den Gottlosen sagt: Du bist gerecht, [den werden die Menschen verfluchen, die Völker werden ihn verabscheuen]" [Mischlei 24,24].

Kapitel Sechs

Die Zeichen echter Liebe, erkennbar an dem, der Ihn liebt:
Der Verzicht auf alles Unnötige, was ihn vom Dienst am Schöpfer ablenkt.
- Dass Zeichen der Furcht und Ehrfurcht vor G-tt in seinem Gesicht sichtbar sind, wie geschrieben steht: "dass seine Furcht vor eurem Angesicht sei, damit ihr nicht sündigt" [Schemos 20,20].
Es gibt zwei Arten der Furcht vor G-tt:
1. Furcht vor G-tt's Strafe und Gericht. Dieser Mensch fürchtet G-tt nur aus Furcht vor dem, was ihm Leid und Verderben bringen wird, denn wenn er vor dem Leid sicher wäre, würde er G-tt nicht fürchten. Von einer solchen Person sagten unsere Weisen: "Lasst uns besorgt sein, damit er nicht aus Angst zu dienen beginnt" [Megila 25b]. Diese Art von Mensch fällt hinter das Niveau der Furcht vor G-tt zurück, und davor haben uns unsere Weisen gewarnt, indem sie sagten "Seid nicht wie Diener, die ihrem Fürsten dienen, um eine Belohnung zu erhalten" [Avos 1,3].
Einer der Frommen würde sagen: "Ich würde mich vor G-tt schämen, Ihm zu dienen, um eine Belohnung zu erhalten oder eine Strafe zu vermeiden, womit ich wie ein schlechter Diener wäre, der, wenn er eine Belohnung fürchtet oder erhofft, seine Pflicht tut, aber wenn nicht, dann tut er sie nicht. Vielmehr diene ich Ihm, weil es angemessen ist, dies zu tun."
Die zweite Art der Furcht ist die Ehrfurcht vor seiner Herrlichkeit, Erhabenheit und Allmacht. Diese Ehrfurcht lässt einen Menschen sein ganzes Leben lang nicht mehr los. Sie ist die höchste der Stufen der G-

Die Pflichten des Herzens   Kapitel Zehn   Rabbeinu Bachya

tt-Furcht, die in den Büchern, die sich mit diesem Thema befassen, erwähnt werden. Sie ist der einleitende Weg zur reinen Liebe und zur schmerzhaften Sehnsucht. Wer auch immer diese Stufe der Furcht vor G-tt erreicht, wird durch nichts erschreckt werden und nichts außer dem Schöpfer fürchten, wie einer der Frommen über einen G-tt-fürchtenden Mann erzählte, den er schlafend in der Wüste fand. Er fragte den Mann: "Hast du keine Angst vor Löwen, dass du an einem Ort wie diesem schläfst?". Der Mann antwortete: "Ich würde mich vor G-tt schämen, wenn er sähe, dass ich mich vor etwas anderem fürchte als vor Ihm".

MEHR ZEICHEN VON EINEM, DER G-tt ECHT LIEBT - Ein weiteres Zeichen [der Liebe zu G-tt] ist, dass es bei der Erfüllung von G-ttes Willen in seinen Augen gleich ist, ob die Menschen ihn loben oder verachten, wenn er, um dem Schöpfer zu gefallen, ihnen gebietet, Gutes zu tun oder Böses zu unterlassen.

- Ein weiteres Zeichen, dass er bereit ist, sein Leben, seinen Körper, sein Geld und seine Kinder zu opfern, um den Willen des Schöpfers zu tun, wie geschrieben steht: "Um deinetwillen werden wir den ganzen Tag geschlachtet" [Tehilim 44:23].

- Ein weiteres Zeichen ist, dass er immer den Namen G-ttes auf seiner Zunge trägt, in Lobpreis, Dank und Psalmen, wie geschrieben steht: "Und meine Zunge wird Deine Gerechtigkeit aussprechen, Dein Lob den ganzen Tag" [Tehilim 35,28], und "mein Mund wird mit Deinem Lob erfüllt sein" [Tehilim 71,8], und er wird den Namen G-ttes nicht vergeblich, falsch oder fluchend aussprechen.

Ein eitler Eid bedeutet, einen Eid untätig, ohne Notwendigkeit und ohne Not zu leisten, wie zum Beispiel, wenn er nicht von einem Beit Din [Gericht] gezwungen wird. Ein falscher Eid ist ein Eid, zu dem das Gericht eine Person im Rahmen von Geschäftsentscheidungen verpflichtet und der falsch geschworen wird.

Aus Ehrfurcht vor G-tt ist man verpflichtet, sich vor allem zu hüten, was dazu führen könnte, im Namen des gesegneten Schöpfers einen Eid abzulegen, sei es, um Wahres zu bestätigen oder Falsches zu widerlegen, und erst recht, um Falsches zu bestätigen oder Wahres zu widerlegen, wie geschrieben steht: "Wer reine Hände und ein reines Herz hat, wer Meinen Namen nicht missbraucht und nicht falsch geschworen hat" [Tehilim 24,4], und "diesen herrlichen und ehrfurchtgebietenden Namen zu fürchten, den Ewigen, euren G-tt" [Devarim 28,58], und "Euch aber, die ihr Meinen Namen fürchtet, wird die Sonne der Gerechtigkeit aufgehen mit Heilung auf ihren Flügeln" [Maleachi 3,20], und unsere Weisen sagten: "Dies bezieht sich auf Menschen, die sich davor fürchten, G-tt's Namen unnötig auszusprechen." [Nedarim 8b].

Die Pflichten des Herzens   Kapitel Zehn   Rabbeinu Bachya

In einem Fluch: Das sind die Flüche, Beleidigungen, Lästerungen, in denen der Name G-ttes ausgesprochen wird. Dies ist eine große Schande für einen Gläubigen. Gewöhnliche Menschen haben sich dies bereits erlaubt, bis sie den Gipfel der Schande erreicht haben, und ihre Absicht dabei ist, ihre Provokationen zu betonen und ihre Beleidigungen zu steigern und zu vergrößern, und sie sind darin dem ähnlich, was der weise Mann sagte: "Es ist wie ein Sport für einen Narren, Unrecht zu tun" [Mischlei 10:23], und "über seine Waisen und seine Witwen wird er sich nicht erbarmen, denn sie alle sind Heuchler und Übeltäter, und jeder Mund redet obszönes Zeug" [Jeschaja 9:16], und "Die Zunge des Gerechten ist erlesenes Silber" [Mischlei 10:20].

- Ein weiteres Zeichen: Dass er eine Bedingung stellt, bevor er verspricht, etwas zu tun, und sagt: "So G-tt will", auch wenn die Angelegenheit sehr bald erledigt werden soll, Dies hat zwei Gründe: Erstens, aus Angst vor seinem baldigen Tod und dass er nicht in der Lage sein wird, das Versprechen zu erfüllen. Zweitens, weil er nicht weiß, ob es von G-tt verfügt wurde, dass er das Versprechen einhalten soll.

Ein weiteres Zeichen: Dass er die Menschen aufrichtet und sie den Weg zum Dienst G-ttes lehrt, sei es mit sanften oder mit harten Worten, je nach dem, was für die Zeit und den Ort nötig ist, und je nach der Klasse und dem Niveau der Menschen, und dass er dies für jeden tut, von den Großen bis hinunter zu den Männern des Shuk [Markt], wie der Weise sagte: "Ein weiser Mann wird hören und an Gelehrsamkeit zunehmen" [Mischlei 1,5], und "dem Einfältigen Klugheit zu geben, dem Jüngling Wissen und Besonnenheit" [Mischlei 1,4].

Es ist richtig, dass du weißt, mein Bruder, was das Verdienst des Gläubigen betrifft, dass er, selbst wenn er das äußerste Extrem in der Berichtigung seiner Seele in ihrer Hingabe an G-tt erreicht und den Propheten nahe gekommen ist, in ihren guten Eigenschaften, ihrem lobenswerten Verhalten, Eifer im Dienste G-ttes und reiner Liebe zu Ihm, ist es nicht wie das Verdienst dessen, der die Menschen auf den guten Weg führt und die Bösen zum Dienste G-ttes aufrichtet, denn seine Verdienste vermehren sich entsprechend ihren Verdiensten, jeden Tag und zu allen Zeiten.

Dies ist vergleichbar mit zwei Kaufleuten, die in ein Land kamen. Einer von ihnen profitierte von der Ware in seiner Hand um das Zehnfache des ursprünglichen Wertes [von 10 Goldmünzen], so dass er insgesamt hundert Goldmünzen hatte.

Der zweite Kaufmann machte nur den zweifachen Gewinn, brachte aber viele verschiedene Waren [im Wert von 5000 Goldmünzen] mit, so dass er insgesamt zehntausend Goldmünzen einbrachte.

Die Pflichten des Herzens Kapitel Zehn Rabbeinu Bachya

Daher betrug der Gewinn des ersten Händlers, selbst wenn er das Zehnfache gewann, nur 90 Goldmünzen, während der zweite Händler 5000 Goldmünzen gewann, obwohl er nur das Zweifache gewann.

Genauso, mein Bruder, wenn man nur sich selbst bessert, wird man einen kleinen Verdienst haben. Aber wenn man sich selbst und viele andere Menschen berichtigt, wird sein Verdienst entsprechend den Verdiensten aller Menschen, die er vor G-tt berichtigt hat, vervielfacht, wie unsere Weisen sagten: "Wer der Masse Verdienst bringt, wird zu keiner Sünde kommen" [Avot 5:18], und sie sagten: "Mosche war rechtschaffen und bewirkte, dass die Menge rechtschaffen wurde, das Verdienst der Menge wird ihm zugeschrieben, wie geschrieben steht: 'Er vollbrachte die Gerechtigkeit G-ttes und Seine Urteile mit Israel', und der Weise sagte: "Denen aber, die zurechtweisen, wird Wonne sein, und ein guter Segen wird über sie kommen" [Mischlei 24,25], und "Das Gesetz der Wahrheit war in seinem Munde - und wandte viele von der Ungerechtigkeit ab" [Maleachi 2,6], und "die, die der Menge Verdienst bringen, werden sein wie die Sterne für immer und ewig" [Daniel 12,3].

Deshalb hat uns der Schöpfer befohlen, diejenigen zurechtzuweisen, die bei der Erfüllung ihrer Pflichten versagen, wie geschrieben steht: "Du sollst deinen Nächsten zurechtweisen" [Vayikra 19:17], und unsere Weisen lehrten: "Bis wann ist es die Pflicht, jemanden zu tadeln? Rav sagte: 'bis er dich verflucht', Schmuel sagte: 'bis er dich angreift'" [Erechin 16b], und es wird gesagt: "Wer einen Menschen zurechtweist, wird hinterher mehr Gunst finden als der, der mit der Zunge schmeichelt" [Mischlei 28:23].

- Ein weiteres Zeichen [der Liebe zu G-tt] ist die Freude und das Entzücken über die eigenen Verdienste, nicht aus Stolz oder Arroganz, sondern aus Freude an ihnen, während man über seine Sünden trauert und sie bereut, wie David sagte: "Ströme von Wasser fließen über meine Augen, weil sie Deine Tora nicht gehalten haben" [Tehilim 119:136].

Ein weiteres Zeichen: Dass er sich nachts niederwirft und tagsüber fastet, wenn er dazu in der Lage ist, denn das nächtliche Gebet ist aus mehreren Gründen reiner als das Gebet am Tag:

1. Der Mensch ist in der Nacht freier [von seinen Angelegenheiten] als am Tage.
2. Das Verlangen des Körpers nach Essen und Trinken ist in der Nacht ruhiger als am Tag.
3. Unterbrechung der sozialen Interaktion mit anderen Menschen, z. B. wenn man von einem Freund besucht wird oder von einem Nachbarn, der sich mit ihm unterhalten will, oder von einem Kreditgeber, der seine Schulden einfordert.

Die Pflichten des Herzens Kapitel Zehn Rabbeinu Bachya

4. In der Nacht haben die Sinne Ruhe vor den zahlreichen Sinneseindrücken, weil er weder Dinge sieht, die ihn ablenken, noch Dinge hört, die [seine Gedanken] unterbrechen.

5. Er wird vor Schmeicheleien bewahrt, weil es nur wenige Menschen gibt, die nachts mit ihm wachen, während er tagsüber möglicherweise keine Zeit in der Einsamkeit verbringen kann.

6. Er ist besser in der Lage, mit G-tt zu kommunizieren, indem er an Ihn denkt und mit Ihm in Einsamkeit ist, zu einer Zeit, in der jeder Liebende mit demjenigen kommuniziert, der ihn liebt, und jeder Begehrende mit demjenigen allein ist, der ihn begehrt, wie geschrieben steht: "Meine Seele sehnt sich nach Dir in der Nacht" [Jeschaja 26,9], und "Bei Nacht auf meinem Bett suchte ich den, den meine Seele liebt" [Schir Haschirim 3,1].

Das Gebet in der Nacht wird in den heiligen Schriften gepriesen, wie z. B.: "In der Nacht gedachte ich Deines Namens, o Ewiger..." [Tehilim 119,55], und "Um Mitternacht stehe ich auf, um Dir zu danken..." [Tehilim 119,62], und "Ich stand auf, ehe der Morgen anbrach, und schrie" [Tehilim 119,147], und "Meine Augen gingen den Wachen voraus, um von Deinem Wort zu reden" [Tehilim 119,148], und "in der Nacht war ich Dir gegenüber" [Tehilim 88,2], und "Steh auf, schrei in der Nacht, schütte Dein Herz aus wie Wasser vor G-tt" [Eicha 2,19], und viele andere mehr wie diese.

Ich habe bereits einige starke Worte vorbereitet, die die Seele zurechtweisen und beschämen, so dass sie im G-ttesdienst aufgewühlt und zum nächtlichen Gebet erweckt wird. Diese sind in der hebräischen Sprache, und ich habe sie genannt: "Zurechtweisung" [Tochecha]. Danach habe ich einige poetische Worte in hebräischer Sprache des Lobes und des Dankes an G-tt und der Bitte um Vergebung und des Flehens angefügt, sanfte Worte, die das Herz des Lesers erregen und sein Wesen aufrütteln, und ich nannte sie: "Bitte" [Bakasha]. Ich habe sie an das Ende dieses Buches angehängt, für denjenigen, der sie als Gebete in der Nacht oder am Tag rezitieren möchte.

Derjenige, der diese Angelegenheit auf sich nehmen möchte, sollte wie folgt vorgehen: Er sollte die "Zurechtweisung" im Sitzen rezitieren, nachdem er einige bekannte religiöse Lieder oder andere gelesen hat, und dann aufstehen und in gebeugter Haltung die "Bitte" bis zum Ende lesen, und dann knien und sagen, welche Bitten er wünscht, und danach Psalm 119 und die Schir Hamaalot Psalmen [120-134], bis zum Ende. Wenn jemand andere Gebete sprechen oder eine andere Reihenfolge einhalten möchte, kann er dies tun. Ich habe lediglich den idealen Ablauf darin vorgeschlagen.

Die Pflichten des Herzens   Kapitel Zehn   Rabbeinu Bachya

Die Hauptsache, mein Bruder, ist die Reinheit der Seele und der Absicht des Herzens, während du das Gebet darbringst, und dass du es langsam rezitierst, und ebenso für die Dinge, die ihm nahe stehen. Lass deine Zunge nicht vor deinem Herzen eilen, denn ein wenig davon mit dem Herzen darin ist besser als viel davon mit den schnellen Bewegungen deiner Zunge und einem leeren Herzen.

Einer der Frommen würde sagen: "Lobe nicht mit leerem Herzen, das heißt, ohne Herz, sondern mit Herz, wie David sagte: "Von ganzem Herzen habe ich Dich gesucht" [Tehilim 119,10], und "Ich habe Dich von ganzem Herzen angefleht" [Tehilim 119,58], und "mein Herz und mein Fleisch schreien nach dem lebendigen G-tt" [Tehilim 84,3].

- Ein weiteres Zeichen: Freude und Wonne an G-tt und daran, Ihn zu kennen, und Sehnsucht, Gunst bei Ihm zu finden, Freude an der Liebe zu Ihm, Festhalten an Seiner Tora, Mitleid mit denen, die Ihn fürchten, wie geschrieben steht: "Ich bin ein Freund für alle, die Dich fürchten, und für die, die Deine Gebote halten" [Tehilim 119:63], und "Alle, die Dich suchen, sollen frohlocken und sich freuen" [Tehilim 40:17], und "Ich habe mich gefreut über den Weg Deiner Zeugnisse, so sehr wie über alle Reichtümer" [Tehilim 119: 14], und "Deine Zeugnisse habe ich zum ewigen Erbe genommen; denn sie sind der Jubel meines Herzens" [Tehilim 119,111], und "Doch ich will mich freuen über den Ewigen; ich will jubeln über den G-tt meines Heils" [Chavakuk 3,18].

Kapitel Sieben

Die guten Praktiken derer, die G-tt lieben, sind zu zahlreich, um sie aufzuzählen. Dennoch werde ich einige von ihnen erwähnen, die mir einfallen.

Diese Menschen kennen ihren G-tt [siehe Tor 1], und sie erkennen, was Er von ihnen will, und dass Er sie führt, erhält und für sie sorgt, und dass alles Religiöse oder Weltliche, wozu Er ihnen die Erlaubnis und den freien Willen gegeben hat, immer noch unter Seiner Kontrolle und durch Seine Regel gebunden ist.

Es ist ihnen klar geworden, und sie glauben, dass alle ihre Angelegenheiten und Bewegungen nach dem Willen und Willen des Schöpfers ablaufen. Deshalb ziehen sie es nicht mehr vor, in einer anderen Situation zu sein als der, in der sie sich befinden, und sie vertrauen darauf, dass der Schöpfer die beste und angemessenste Situation für sie auswählen wird.

Als ihnen aus der Tora klar wurde, dass G-tt sie ermahnt, die Mitzwot [Gebote] zu erfüllen, ihnen befiehlt, den Dienst am Schöpfer zu wählen,

Die Pflichten des Herzens Kapitel Zehn Rabbeinu Bachya

und sie warnt, nicht nach körperlichen Freuden zu streben, sondern sich von ihnen fernzuhalten, entschieden sie sich dafür, dem zu folgen, was Er will, nämlich sich nach Ihm zu sehnen, sich danach zu sehnen, Seinen Willen in ihrem Herzen und ihrem Inneren zu tun. In ihren Herzen und Seelen haben sie aufgehört, sich nach dieser Welt und ihren Reizen zu sehnen, sondern sie hoffen, von Ihm Hilfe und Kraft zu erhalten, um ihr Ziel in Seinem Dienst zu erreichen und das Werk zu vollenden, für das sie sich entschieden haben, um Seine Gebote zu erfüllen.

Für das, was sie vollbracht haben, werden sie G-tt loben und ihm dafür danken, und G-tt wird sie für ihre Bemühungen und ihre Wahl loben. Und für das, was sie aufgrund ihrer Schwäche nicht erreichen konnten, entschuldigen sie sich vor G-tt und beschließen, es zu tun, wenn sie dazu fähiger sein werden. Sie hoffen auf die Zeit, in der der Schöpfer ihnen helfen wird, es zu tun, und sie werden Ihn mit reiner Seele und gläubigem Herzen darum anflehen. Dies ist ihr größter Wunsch und ihr letzter Wunsch von G-tt, wie David sagte: "Meine Hoffnung ist, dass meine Wege fest sind, dass ich Deine Satzungen halte" [Tehilim 119,5]. Und der Schöpfer wird ihre Entscheidung für Seinen Dienst loben, auch wenn sie daran gehindert werden, die Taten zu erfüllen, wie Er zu David sagte: "Da es in deinem Herzen war, meinem Namen ein Haus zu bauen, hast du gut daran getan, dass es in deinem Herzen war" [Melachim 8:18].

In ihrem Herzen und Verstand haben sie die Angelegenheiten dieser Welt und die Sorge um das Wohlergehen ihres Körpers aufgegeben, abgesehen von dem, was notwendig und dringend ist, weil es in ihren Augen belanglos und unbedeutend ist. Sie konzentrieren ihre Herzen und Seelen auf ihre religiösen Angelegenheiten und auf den Dienst G-ttes, wegen Seiner Herrlichkeit und Erhabenheit. Ihre Körper sind auf der Erde, aber ihre Herzen sind in den Himmeln. Aufgrund des Wissens um die Größe G-ttes in ihren Herzen dienen sie Ihm, als ob sie mit den heiligen Engeln in den höchsten Himmeln wären.

Die [körperlichen] Begierden sind aus ihren Herzen geschmolzen, und das Verlangen nach Vergnügungen ist von ihnen entwurzelt worden, weil es durch die Sehnsucht nach dem Dienst des Schöpfers und ihre Liebe zu Ihm ersetzt wurde.

Das Feuer der bösen Neigung ist aus ihren Herzen erloschen, und seine Hitze ist aus ihren Gedanken verschwunden aufgrund der Größe des Lichtes des g-ttlichen Dienstes, das sie verschlungen hat, ähnlich wie eine Kerze in der Gegenwart des Lichtes der Sonne. Sie werden durch die Ehrfurcht vor ihrem G-tt gedemütigt. Sie bekennen ihre Unzulänglichkeiten vor Ihm. Sie trugen ihre Schultern zu Seinem Dienst und kümmerten sich nicht um irgendwelche Verluste.

Die Pflichten des Herzens   Kapitel Zehn   Rabbeinu Bachya

Wenn man mit ihnen in Kontakt kommt, wirken sie schüchtern, aber wenn man mit ihnen spricht, wird ihre Weisheit sichtbar. Wenn man sie etwas fragt, scheinen sie wissend zu sein? Wenn man gegen sie sündigt, wird ihre Demut sichtbar.

Wenn du sie ansiehst, erscheinen ihre Gesichter strahlend, und wenn du in ihre Herzen blicken könntest, würdest du ein gebrochenes Herz gegenüber G-tt sehen. In Seinem Wort sind sie sesshaft, aber in weltlichen Dingen sind sie trostlos.

Die Liebe zu G-tt hat ihre Herzen erfüllt. Sie haben kein Verlangen danach, sich an den Gesprächen der Menschen zu beteiligen, noch haben sie Freude daran. Sie sind angewidert von verdorbenen Wegen und wählen die besten Pfade,

Durch ihre Verdienste verschwinden die Leiden, und der Regen fällt. In ihren Verdiensten küsst der Mensch die Erde [die Erde bringt Nahrung hervor, und die Menschen sind glücklich], weil sie sich von Unzüchtigkeit fernhielten, ihre Hände von allen Genüssen zurückzogen und ihre Seelen von verbotenen Dingen flohen, und weil sie den guten und gerechten Weg gingen. Sie erreichten hohe Stufen, weil sie eine kurze Zeit [die wenigen Dutzend Jahre, die dem Menschen in dieser Welt zugestanden werden] ertrugen, profitierten in beiden Welten, kombinierten beide Güter und erreichten zwei Auszeichnungen, wie es im Psalm geschrieben steht: "Gelobt sei der Mann, der G-tt fürchtet..." [Tehilim 112], bis zum Ende.

Das Wunderbare an ihren Angelegenheiten ist, dass die Gebote, die der Schöpfer ihnen auferlegt hat, in ihren Augen wenig erscheinen im Vergleich zu ihren Pflichten, Ihm das Gute, das Er ihnen schenkt, zu vergelten, und im Vergleich zu der Anstrengung, der Hingabe, dem Ertragen und der Geduld, die sie auf sich genommen haben, um dem Schöpfer anzuhängen, wie ich jetzt erklären werde.

Wie die Weisen die Gebote des Schöpfers zählten, ergab sich eine Gesamtzahl von 613. Davon sind 365 negative Gebote, nicht zu tun, 65 davon sind Gebote für die Gemeinde, aber nicht für den Einzelnen. Darüber hinaus gibt es positive Gebote, deren Erfüllung von der Zeit abhängt, d.h. sie gelten zu bestimmten Zeiten, aber nicht zu anderen, wie z.B. die Sabbate, Feste, Fasttage. Es gibt auch Gebote, die nur im Land [Israel] gelten, wie die Opfergaben, zu denen der Einzelne verpflichtet ist, die Teruma, Maaser [Zehnten] und die Opfergaben an den Festen oder ähnliches. Einige Gebote hängen von anderen Dingen ab und sind nur verpflichtend, wenn die Dinge vorhanden sind, aber wenn sie fehlen, ist man von ihnen befreit, wie die Mitzwa der Brit Mila [Beschneidung] für jemanden, der keinen Sohn hat, oder pidyon haben [Erstgeborenen Mann

Die Pflichten des Herzens   Kapitel Zehn   Rabbeinu Bachya

erlösen] für jemanden, der keinen Erstgeborenen Mann hat, und die Mitzwa, einen Dachzaun zu machen für jemanden, der kein Haus besitzt, oder Vater und Mutter zu ehren für eine Waise, und andere wie diese.

Als sie die Gebote zählten, sagten sie: "Wir werden die negativen Gebote nicht mitzählen, denn das bloße Unterlassen dieser Gebote ist ihre Erfüllung und die Erfüllung ihrer Verpflichtung. Ein solcher Dienst G-ttes erschien ihnen zu unbedeutend, und ihr Dienst erschien ihnen gering angesichts ihres Wunsches und ihrer Sehnsucht, die Gunst G-ttes zu erreichen. Deshalb suchten sie nach positiven Geboten der Glieder für den Einzelnen, die für alle Zeiten, Orte und Umstände gelten. Sie fanden keine Gebote, die dazu passten, außer dem Lesen der Tora und dem Studium der Gebote, wie es im Vers heißt: "Diese Worte, die ich euch heute gebiete, sollen in eurem Herzen sein; und ihr sollt sie euren Kindern fleißig lehren und von ihnen reden..." [Devarim 6:6]. Und der Prophet [Mosche] ermahnte dies ein zweites Mal, indem er sagte: "Du sollst sie deine Söhne lehren und von ihnen reden, wenn du in deinem Haus sitzt und wenn du auf dem Weg gehst und wenn du dich niederlegst und wenn du aufstehst" [Devarim 11,19].

Und all das erschien ihnen zu gering angesichts dessen, was sie als ihre Dienstpflichten und Taten gegenüber dem Schöpfer empfanden. Also dienten sie dem Schöpfer mit vernünftigen Vorschriften [die nicht in der Schrift vorgeschrieben sind - RMH], besonderen Disziplinen und guten geistlichen Bräuchen. In ihren reinen Herzen zu G-tt fügten sie den bekannten Geboten hinzu und sie lernten von den Wegen der Propheten und den Regimen der Frommen, wie man durch sie die Gunst G-ttes sucht und seine Annahme von ihnen erlangt - diese gehören zu den Pflichten des Herzens, was unsere Absicht war, ihre grundlegenden Prinzipien zu klären und von ihren Unterteilungen in diesem Buch zu sprechen. Dies ist die Weisheit, die in den Herzen der Weisen verborgen ist und die in ihrem Inneren verborgen ist. Wenn sie davon sprechen, wird jeder sehen, dass sie darin richtig sind, denn alle intelligenten Menschen können bezeugen, dass diese Dinge wahr und gerecht sind.

Durch sie erreichten sie die erhabenen Höhen und die kostbaren Ebenen im ganzherzigen Dienst für G-tt, in der Liebe zu Ihm mit einer treuen Liebe, mit ihrem Herzen und ihrer Seele, ihrem Körper und ihren Mitteln, wie der Prophet, Friede sei mit ihm, mit den Worten ermahnte: "Und du sollst den Ewigen, deinen G-tt, lieben mit ganzem Herzen, mit ganzer Seele und mit all deiner Kraft" [Devarim 6,5]. Menschen dieser Stufen sind näher als alle anderen Menschen an der Stufe der Propheten, der Reinen und der Frommen, die die Schrift als solche bezeichnet hat: "diejenigen, die G-tt lieben" und "diejenigen, die Seinen Namen lieben",

Die Pflichten des Herzens Kapitel Zehn Rabbeinu Bachya

und über sie heißt es: "Damit ich denen, die Mich lieben, das Erbe gebe" [Mischlei 8,21].

Und wenn du, mein Bruder, einer von ihnen sein und zu ihrer Klasse gehören willst, dann gib die überflüssigen Dinge dieser Welt auf und meide sie. Begnüge dich damit, nur deine [notwendige] Nahrung von ihnen zu nehmen. Übe dich darin, auf die überflüssigen Dinge zu verzichten. Erleichtere die Last der Angelegenheiten dieser Welt von dir und befreie deinen Geist davon, tief in sie hineinzudenken. Beeile dich, die Dinge, die für dich notwendig sind, nur mit deinem Körper zu tun, aber nicht mit deinem Herzen und deinem Willen, so wie jemand, der eine bittere Medizin trinkt, sie mit seinem Mund trinkt, nicht mit seinem Verlangen, und er verabscheut das Trinken selbst, aber er erlaubt sich, ihre Bitterkeit zu ertragen, um sich von der Krankheit zu heilen. Genauso sollten die weltlichen Bedürfnisse in deinen Augen sein.

Du weißt, mein Bruder, dass deine geistigen Anstrengungen in Bezug auf deine weltlichen Angelegenheiten nicht im Geringsten zu deinem Lebensunterhalt beitragen werden [weil dies von G-tt vorherbestimmt ist]. So wird auch ein Minimum an Anstrengung und Eifer in ihnen deinen zugewiesenen Anteil nicht im Geringsten verringern. Deine geistige Ablenkung in ihnen wird dich daran hindern, an das zu denken, was dir in deinen Tora-Angelegenheiten und in den Geboten des Schöpfers, die in deinen Händen liegen und für die du dich verpflichtet hast, alle Tage deines Lebens zu arbeiten, nützen wird. So wirst du am Ende in diesem [religiösen] verlieren, ohne aus dem anderen [weltlichen] zu gewinnen.

Deshalb begehre für dich das, was dein Heil und deinen Frieden in deinem religiösen und weltlichen Leben fördert. Setzt euren Geist ein, um mit all eurer Kraft für die Quelle eurer Lebensweise einzutreten [und sie zu bewahren].

Ziehe den Eifer vor dir selbst für die Angelegenheiten deines Endes [des Jenseits] vor. Ernenne den Verstand zu deinem König, die Demut zu deinem Stellvertreter, die Weisheit zu deinem Führer und die Enthaltsamkeit zu deinem engen Freund. Gehe langsam und bedächtig vor, um dir die guten Eigenschaften anzueignen, je nachdem, wie deine Angelegenheiten es dir erlauben, sie zu ertragen. Hüte dich davor, dir zu viel oder zu schnell vorzunehmen, ohne dich allmählich zu bewegen, damit du dich nicht verlierst, denn zu viel Öl in einer Kerze führt dazu, dass ihr Licht erlischt.

Hüte dich davor, nachlässig, faul oder lasch zu werden. Lasst eine Stufe des Eifers auf eine andere Stufe des Eifers folgen, und eine Stufe der Ausdauer auf eine andere Stufe der Ausdauer. Bemühe dich, auf jede

Die Pflichten des Herzens   Kapitel Zehn   Rabbeinu Bachya

Stufe der guten Eigenschaften die nächsthöhere Stufe folgen zu lassen, die ihr am nächsten ist. Vernachlässige nicht, dein Herz zu prüfen und immer eine geistige Buchführung zu machen. Beschäftige dich mit dem gründlichen Studium dieses Buches, lies es, prüfe seine Inhalte und präge dir seine Wurzeln ein. Erforsche stets seine Folgerungen. Du wirst dadurch den Gipfel der erhabenen und geschätzten Qualitäten und das Äußerste der edlen Eigenschaften erreichen, die G-tt wohlgefällig sind. Richte dich damit auf und richte dann andere damit auf.

Hoffe nicht, dass du dies erreichst, ohne deinen Geist von den Sorgen und Ablenkungen dieser Welt befreit zu haben, auch wenn du sie verabscheust, so wie es für einen Trunkenbold nicht möglich ist, sich von seinem Verlangen nach Wein zu heilen, bis er völlig frei davon ist. Einer der Frommen würde sagen: "Wenn wir uns wirklich der Gegenwart des Schöpfers schämen würden, würden wir nicht von der Liebe zum Schöpfer sprechen, solange wir vom Wein der Liebe zu dieser Welt betrunken sind.

Deshalb bemühe dich, mein Bruder, deinen Geist von dieser Welt zu befreien, wenn dein Körper frei von ihren Angelegenheiten ist. Denn wenn dein Körper in Einsamkeit ist, sollte auch deine Seele in Einsamkeit sein. Denn es ist immer noch möglich, dass der Geist in weltliche Angelegenheiten vertieft ist, selbst wenn der Körper frei von ihnen ist und sich von ihnen erholt hat.

Überprüfe dich darin immer, mein Bruder, und bemühe dich, die Begierden dieser Welt von deinem Herzen fernzuhalten. Ersetze sie durch Dinge, die deinen Zweck und die Pflichten deines Herzens betreffen. Denke immer an sie, dann wirst du erreichen, dass der Schöpfer mit dir zufrieden ist. Sein Antlitz wird über euch leuchten, und Er wird eure guten Taten annehmen, eure Sünden vergeben, und ihr werdet Gunst in Seinen Augen finden, wie geschrieben steht: "Ich liebe die, die Mich lieben, und die Mich eifrig suchen, werden Mich finden" [Mischlei 8,17], und "die Mich ehren, werde Ich ehren, und die Mich verachten, werden zu Schanden werden" [Shmuel 2,30].

Zu deinem Nutzen und zu deiner Belehrung, mein Bruder, hielt ich es für angebracht, die Hauptthemen dieses Buches in zehn hebräischen Strophen zusammenzufassen, wobei jede Strophe eine Zusammenfassung eines jeden Tores enthält, und zwar in der Reihenfolge des Buches. Ich schließe mein Buch mit ihnen, damit sie dir als Erinnerung dienen, damit du sie auswendig lernst und sie in dein Herz und deinen Verstand legst, Tag und Nacht, wenn du dich ausruhst oder aktiv bist, damit du nicht aufhörst, die Dinge dieses Buches zu untersuchen und dich an seine grundlegenden Prinzipien zu erinnern.

Die Pflichten des Herzens   Kapitel Zehn   Rabbeinu Bachya

Wenn du an einem Dienst beteiligt bist, werden dich diese Sätze daran erinnern, dein Herz dabei ganz G-tt zu widmen. Wenn du an einer weltlichen Arbeit beteiligt bist, werden sie dich an deine spirituelle Buchführung erinnern. Wenn du in einer weltlichen Angelegenheit in Schwierigkeiten steckst, werden sie dich daran erinnern, auf G-tt zu vertrauen. Wenn du in einer Situation bist, die zu Arroganz und Hochmut führt, werden sie dich an Unterwerfung erinnern. Wenn dein Herz frei ist, werden sie dich daran erinnern, über die Wohltaten G-ttes an dir nachzudenken. Wenn du dich in einer Situation körperlicher Freude oder Vergnügens befindest, werden sie dich daran erinnern, dich von den Vergnügungen dieser Welt fernzuhalten. Wenn du in eine Angelegenheit verwickelt bist, in der du gegen G-tt rebellierst, werden sie dich daran erinnern, Buße zu tun. Wenn du deine Thora und deinen Glauben vernachlässigst, werden sie dich daran erinnern, dich an den Dienst G-ttes zu halten. Wenn du damit beschäftigt bist, G-ttes Einheit zu verkünden, werden sie dich daran erinnern, dass deine Erklärung von ganzem Herzen sein sollte.

Und ebenso werden sie dich daran erinnern, während du deine Gebete vorträgst, dein Herz zu zügeln, deine Zunge zu zügeln, deine Sinne zu binden, deine Begierden zu beherrschen, deine Glieder zu zügeln, deine Gedanken zu prüfen, deine Taten mit deinem Wissen abzuwägen, und den Rest dessen, was ich in diesem Buch über gutes Benehmen und höhere Ethik besprochen habe.

Möge G-tt uns und euch den Weg zu Seinem Dienst in Seiner Barmherzigkeit und Größe lehren, Amen.

Die Pflichten des Herzens

Nachtrag

Zehn Abschnitte [Gedicht]

Dies sind die zehn Strophen: Sie enthalten die Themen der Tore dieses Buches. Eine Strophe pro Tor.

[Takt: Yated, zwei Tenuot, Yated, zwei Tenuot, Yated und Tenuah in der ersten Hälfte der Strophe, und ebenso wiederholt in der zweiten Hälfte.]

[Einheit G-ttes] - Mein Sohn, widme deine einzigartige Seele ganz ihrem Felsen, wenn du die Einheit des einen G-ttes erklärst, der dich gebildet hat.

[Reflexion] - Untersuche, erforsche und betrachte Seine Wunder, und lass Verständnis und das Gesetz der Gerechtigkeit dein Gürtel sein.

[Dienen] - Fürchte G-tt und hüte seine Zeugnisse und Gesetze immer, damit deine Schritte nicht abschweifen.

[Vertrauen] - Lass dein Herz zuversichtlich und sicher sein, vertrauend auf G-tt, den Felsen, dass Er deine Hilfe sein wird.

[Hingabe] - Mit einem reinen Herzen tue Seine Gesetze um Seinetwillen, und erhebe keinen Menschen in deiner Generation.

[Unterwerfung] - Sieh, dass das Ende eines Geschöpfes im Staub liegt, sei niedrig für Sand, und Schmutz wird deine Wohnstätte sein.

[Reue] - Lass die Rede deines Verstandes gegen deine Torheit streiten, und tue Buße von der Unverschämtheit deines Herzens und deiner Neigung.

[Buchführung] - Die Wege G-ttes, in gerechtem und richtigem Urteil, suche mit Weisheit in deinen Gedanken und in deinem Inneren.

Die Pflichten des Herzens   Nachtrag   Rabbeinu Bachya

[Enthaltsamkeit] - Entferne aus deinem Herzen das Kindliche und Heranwachsende, und begehre nicht die Begierden deiner Jugend.

[Liebe zu G-tt] - In deiner Sehnsucht wirst du das Antlitz des ewigen G-ttes sehen, und deine einzigartige Seele wird mit deinem Felsen kommunizieren.

www.ingramcontent.com/pod-product-compliance
Lightning Source LLC
Chambersburg PA
CBHW070125080526
44586CB00015B/1558